国家社科基金
GUOJIA SHEKE JIJIN HOUQI ZIZHU XIANGMU
后期资助项目

来知德易学
哲学思想研究

A Study on Lai Zhide's Thought of
Yi-ology and Philosophy

陈培荣　著

中国社会科学出版社

图书在版编目（CIP）数据

来知德易学哲学思想研究／陈培荣著 . —北京：中国社会科学出版社，
2022.9

ISBN 978 - 7 - 5227 - 0548 - 4

Ⅰ.①来… Ⅱ.①陈… Ⅲ.①来知德—《周易》—哲学思想—研究
Ⅳ.①B248.99②B221.5

中国版本图书馆 CIP 数据核字（2022）第 131105 号

出 版 人	赵剑英	
责任编辑	孙　萍	
责任校对	闫　萃	
责任印制	王　超	

出　　版	中国社会科学出版社	
社　　址	北京鼓楼西大街甲 158 号	
邮　　编	100720	
网　　址	http：//www.csspw.cn	
发 行 部	010 - 84083685	
门 市 部	010 - 84029450	
经　　销	新华书店及其他书店	

印　　刷	北京君升印刷有限公司	
装　　订	廊坊市广阳区广增装订厂	
版　　次	2022 年 9 月第 1 版	
印　　次	2022 年 9 月第 1 次印刷	

开　　本	710×1000　1/16	
印　　张	29.75	
字　　数	534 千字	
定　　价	158.00 元	

凡购买中国社会科学出版社图书，如有质量问题请与本社营销中心联系调换
电话：010 - 84083683

国家社科基金后期资助项目

出 版 说 明

后期资助项目是国家社科基金设立的一类重要项目，旨在鼓励广大社科研究者潜心治学，支持基础研究多出优秀成果。它是经过严格评审，从接近完成的科研成果中遴选立项的。为扩大后期资助项目的影响，更好地推动学术发展，促进成果转化，全国哲学社会科学工作办公室按照"统一设计、统一标识、统一版式、形成系列"的总体要求，组织出版国家社科基金后期资助项目成果。

全国哲学社会科学工作办公室

前　　言

来知德（1525—1604），字矣鲜，号瞿塘，四川梁山（今重庆梁平）人，明嘉靖壬子举人，明代著名的易学家、理学家。他隐居万县深山研思二十九年而撰成《周易集注》。万历三十年（1602）总督王象乾、巡抚郭子章荐授翰林院待诏，知德以老疾辞，诏以所授官致仕，事迹具《明史·儒林传》。来知德另有理学著作《日录》传世。

《周易集注》全文收录在《文渊阁四库全书》中，该书面世后刊刻者不绝。来知德创立了以象解《易》的错综易学哲学，折中汉宋诸家而自成一说，当时推为绝学。后世效宗者有之，贬抑者亦有之。如方以智《周易时论合编》以正对颠对解释六十四卦卦序直接来自来知德的错综说，王夫之亦采纳来知德错综体例论卦变，而四库馆臣批评来知德孤陋寡闻、夜郎自大，认为其错综说乃袭取前人旧说，黄宗羲、毛奇龄、胡煦等明清之际的鸿儒也都相当重视来氏易学并对其有所评议。近年来，研究来知德《周易集注》的相关著作和论文多集中在其太极图、理气关系论、心性修养论、理象关系论、解《易》体例和学术思想渊源等方面，取得了丰富的成果，但也暴露了一些疑难问题，如对于来知德的易学哲学宗旨及学派归属等问题的看法存在着巨大的分歧，又如将一般与个别的范式应用于易象阐释是否科学，又如来氏将数学派的数引入理学易后其意义产生了哪些变化，又如明中后期气学、理学、心学的斗争在来氏易学中有何表现等。下面我们以重要问题为线索对来氏易学哲学的研究现状做一个简要述评。

理气先后问题。有主气本论说者，如朱伯崑《易学哲学史》认为来氏主张有天地就有太极之理在里面，这种道器不相离说实际上是说道不离器，人物之理随气的聚散而生灭，明显地把气放在第一位，这同程朱派的气有聚散而理无生灭的观点对立起来，抛弃了朱熹理先气后说而走向了气本论。又如余光贵《明末隐士来知德的哲学思想》一文认为来知德鲜明地肯定了阴阳之气是第一位的存在，太极只是依附阴阳二气的第二位的存在，从而坚持了气一元论的朴素唯物主义思想。又如官岳博士论文《来知德易学研究》认为来氏继承了宋代张载的气本论思想，阐发了以气为世界本原的唯物主义思想，否认了以理为世界本原的唯心主义思想，以象数为气的表现形式，以理为气化条理，但官岳文中又称来氏哲学为理本论。又如台湾杨自平《来知德易学特色——错综哲学》一文认为来氏的宇宙论是气一本论，来氏将气提升为形上本体义，宇宙万化都是这一气流行不已的作用。亦有主理本论说者，如林忠军《来知德易象说及其意义》一文认为来氏以太极或理为本体。又如赵中国《论来知德学术根柢是太极之学》一文认为来氏易学以理为本体，理不离气。尹辰霆《论来知德易学中的理气之辨》一文认为来氏既强调理的形上超越性，又在实然层面肯定了理气相即不离。高怀民《宋元明易学史》一书认为来氏太极图气、数是理的表现，主宰之理发散为阴阳二气，将来氏哲学判为理本论。

象理关系问题。朱伯崑认为来氏将象摆在第一位，将程颐提出的"假象以显义""因象以明理"改造为"假象以寓理"，以象为理存在的基地，无象则无理，不把象看成理自身显现自己的形式，理不能脱离象而存在。象为个体事物，理为一般的法则，理寓于象，一般的东西不能脱离个别。林忠军认为来氏的"假象寓理"说，不仅有以象为本、无象则无理的意义，也内含了以象为工具以彰显理为易学归宿的意蕴。"主宰者理"，言理主宰世界一切，易象只是理解和解释义理的工具而已，来氏以此克服了汉儒将易学研究局限在易象层面的倾向。

理数关系问题。朱伯崑认为来氏不以理为数之理，而以数为理之数，这继承了程朱派的有理则有数说，同数学派的观点对立起来。他把自然的事物看作人力无可奈何的东西，以安于造化理数为最高智慧和德性，又通向了机械的宿命论。来氏以天地之数为天地阴阳的规定性，以天地之数为阴阳之理的表现形式。陈竹义《来氏易经理数思想之研究》一文认为理数关系本质上就是天道和人事的关系，来氏把已然之事当作天道，把未然之事归诸人事，故有安数和尽理的主张，来氏这一主张的理论基础是"理数不相离"这一形上的事实。高怀民认为，天下之数出于理，数与理是直接的关系，不是朱熹有是气乃有是数的关系，而气与数分不得先后，且其数突出"自然""本然"义，来氏认为造化物理有一定自然之数，此数具于本质太极之中，圣人作《易》画卦，是由于见此本然之数而加以表现。

来氏的太极观。朱伯崑《易学哲学史》认为来氏多采《本义》之说，如以太极为理，不以太极为气，以气之动静为理所乘之机。来氏对朱熹理气"两个不曾分离"的说法加以引申，以气为理存在和流行的基地，以理气合一理解太极，抛弃了朱熹的理气先后说。官岳认为来氏圆图"对待者数""流行者气"和"主宰者理"可称作太极三理，理涵于数与气之中，是数与气之共核，也是太极之核，体用不二。来氏置象为第一位，其圆图象、气、理、数合一，道寓于器中，本体寓于现象中，一般不脱离个别。赵中国《论来知德学术根柢是太极之学》认为从思想来源看，来氏太极之说整合发展了朱熹和邵雍的太极观。关于来氏太极图来源，朱伯崑认为来氏太极图来自赵撝谦天地自然河图，高怀民认为来氏太极图来自邵雍先后天图，郭彧专著《易图讲座》认为来氏太极图来源于元代胡一桂改造过的汉代孟喜的《十二月消息卦卦图》以及明代韩邦奇《易学启蒙意见》中的两幅蚯蚓图。关于来氏太极图中的对待与流行，朱伯崑认为来氏提出阴阳之理"非对待即流行"说，为他的"错综说"提供理论依据，来氏主张邵雍先后天图式一个讲对待，另一个讲流行，二者不可偏废，分不得先后，批评朱熹只知道伏羲八卦圆图讲对待，而不知道文王八卦圆图讲流行。来氏这种造化一气流行之妙，两在故不测的说法，本于张载对"神"的解释。来氏主张八卦和六十四卦卦象中的错综之理是天地阴阳对待和流行法则在《周易》中的反映。从易学哲学史上看，以对待和流行解释变易出于朱熹。朱熹后学蔡渊在《易象意言》中以对待流行说解释邵雍的伏羲八卦圆图和文王八卦圆图，来氏的说法本于蔡氏。高怀民认为来氏将对待与流行分别合在数与气上说。奇偶对待是八卦的根源符号，《系辞》天一到地十之数是在筮法的意义上说的，北宋邵雍从天地之数相合而生物的宇宙论上推演出一套数的万物生成论。来氏继承了邵雍数的思想并道出了其中的对待之义，并作了一些卦图来表现阴阳相对待的自然之数。来氏认为河图上所呈现的主要是奇偶数的对待，伏羲效法河图而画卦。来氏太极图"贵中"，此"中"不必执着为图中间的小圆圈，"中"在易学里是因时因位制宜的意思。来氏太极图表现了阴阳二气生于中，即主宰之理发用为大圆圈之阴阳，故此"主宰者理"比"对待者数""流行者气"更为重要。数何以有如是之对待，气何以有如是之流行，则取决于形而上之理，故而说"主宰者理"。理就是太极所具有的本质。

道德修养论问题。官岳认为来氏对"贞一"加以发挥，从"天地人物受天地之中，以生其性"以及《乾·文言》元亨利贞四者之解两方面来论述理的性质和意义，后者是就人德和君子学行而言。台湾地区钟彩钧《来知德哲学思想研究》一文认为来氏既肯定形下世界的实在性，又肯定道德不朽是人所当追求的，认为人当尽力于五伦、五德之理，而安于自然之气数。来氏以理为人的本然，视理、气为一体，只排除不合理的人欲，主张超越自然秩序，追求道德价值，他切断了宋明理学的自然人文连续性的思维，开启了清代思想的先声。

易象体例问题。朱伯崑认为来知德所设想的错综等体例不能适合一切卦爻象和卦爻辞，有的解释自相矛盾，他对失传的象的发掘是一种失败的尝试，其失败证明了《周易》中的卦爻象和卦爻辞之间没有必然的联系。林忠军认为来氏错综理论以致其整个易学吸收了汉儒互体理论、京房八宫说、虞翻卦变与旁通说、孔颖达非覆即变说等象学思想。江可欣《来知德易经集注发挥虞翻易义之疏释》一文认为来氏取象多源于虞翻逸象，来氏纳甲之说源于虞翻以纳甲证《易》，来氏之错综源于虞翻之旁通、反象，来氏之中爻即是虞翻之互体，来知德承袭了虞翻以降的汉易系统援引经书以证《易》《易传》及其诸象数义例、爻位的吉凶、贵贱说，同时来知德发展了虞翻的易学，表现为援他卦之例以明己说，弥补了虞翻易学的不足之处。徐芹庭《来氏易经象数集注》一书认为来氏《集注》从渊源说有十八家，并将他们在同一卦爻辞的注解上的相同或相似之处——列举出来加以对比。这十八家是杨何、孟喜、京房、费直、马融、荀爽、荀九家、郑玄、王肃、虞翻、王弼、孔颖达、李鼎祚、郭京、邵雍、程颐、朱熹、杨万里等。徐芹庭认为，来氏不取京房、郭璞的术数之说，而务明道义。从虞翻卦象，而不从其卦变之说，代之以卦综。来氏所说的变是爻变不是卦变，此说大概从《左传》中来。虞翻言变，也有略同爻变之义。来氏"舍象不可以言易"之说，本汉儒之意。来氏八卦变六十四卦之说，从京房不从邵雍。来氏注经或从程颐《易传》，或从朱熹《本义》，能取先儒之长。此书的梳理工作是有意义的，但行文过简，未能从义理上逐家深入发掘，尤其是未能就来氏对孔疏相关易学哲学原理的儒道二派创造性转换加以重视研究。来氏《集注》受《性理大全》影响，还采撷邵雍、张载、周敦颐、蔡渊、项安世、胡一桂、胡炳文、吴澄、俞琰、薛瑄、蔡清、罗钦顺等诸多易学家的相关思想，并不局限于徐书所列举的十八家。

《集注》的版本问题。陈竹义《来氏易经理数思想之研究》一文断定"周易采图"不是来氏本人的思想，因而不列入研究，这一判定是科学的。谢莺兴《来知德周易集注版本考述》一文归纳出两个刊刻系统，一是四川系统，即康熙十六年（1677）凌夫惇圈点批注、高乔映校雠本；二是江浙系统，即以崇祯五年（1632）史应选辑本为主。此文对四库馆臣采进本之底本缺乏应有的关注，且其划分的版本系统缺乏校勘学上的支持，故其划分并不合理。王丰先《周易集注》点校说明将《集注》版本划分为张惟任系统和史应选系统，亦持之有据，可备一说。本书不将史应选本单立系统，一是因为史本在后世的传刻和影响远不及高霱映本，不足以独立成为一个系统，二是史本校勘价值不及高本。史本、高本都将卷十六的内容分附于卷十三、卷十四、卷十五之下，高本切分更细碎，二本都远非十六卷初刻本原貌，故都不能做底本用。

　　来知德生活在明中后期，当时程朱理学是官学，心学在民间盛行，气学重新崛起，佛道二教也广泛流行，来氏力排佛道，以直承孔孟之学自许，但他实际上对宋明理学各派都有所吸收。来氏继承了朱熹以太极为理，不以太极为气的观点，又以理气合一言太极。来氏多次从阴阳二气上说太极，理是实体还是气是实体，理依赖气还是气依赖理的问题无法回避，来氏强调理气不离不杂，理气是二物，是不同逻辑层次上的实体，气在理的支配下凝聚生物，究其根本来氏是理一元论者。来氏认为现实的质的可感世界与无形的严格受天地之数决定的理世界都是真实的世界，阴阳之理非交易即变易，阴阳二气运动变化的形式和过程无非阴阳之理的外在表现，运动服从于理，同时也服从于数。来氏论数受到了《语类》《启蒙》重视刘牧以河洛之数为八卦起源、以中五为贵的数本论的影响，还受到了邵雍推数及理、理数合一思想的影响，并不限于有气然后有数的理论。来氏的"数"有时与理并称为理数，是与现象界相对的幽微存在，具有一定的本原意义，这无疑是吸收了数学派的观点。物质、运动、时间和空间通过阴阳二气相互吸引且相互斗争联系在一起，来氏修正了理本论超经验论证的倾向，而在经验世界内部确立其存在和运动的根据。来氏以理气合一解释太极，突破了理本论有动静之理故有动静之事的理事二分的解释范式，他在朱熹气化流行说的基础上，通过进一步对张载一物两体说和神化说的引入，糅合了气学和理学，从阴阳二气的氤氲摩荡、相互推移斗争中说明理神这一运动根源，因而更富有理论效力。来氏《日录》太极图有很强的气本论倾向，但他并没有彻底倒向吴澄、罗钦顺的理气一物说，而是更多地受到了薛瑄"实理实气"为形而上下两种实体，但最终是理一元论的影响。来氏对在物为理和理气不分先后地过度强调，使得他趋向于气本论的同时，也使得太极之理时时有丧失本原地位的风险，但他并没有真的放弃程朱派理本论立场。不能把来氏的理仅看作气化的条理，太极是至极之理、万理本原与造化枢纽这一点在来氏思想体系中是确定的。程颐、朱熹也都强调理气不离，理气不离不等于理依赖气或气依赖理，不离是不二的意思，单凭"不离"不能作为判定第一性和第二性的根据。来氏圆图和来氏太极图的差异表明来氏"太极"的定义有广义和狭义之分，狭义的太极指至极之理，万理之本原，广义的太极指理气象数四者合体，此说更接近朱熹晚年的道体说。来氏易学是象学，但来氏易仍在一定程度上坚持了程朱派的理气体用论，在以象为理存在的基地的同时，仍把象和辞看成理显现自己的形式。我们不能把来氏易的象仅仅看成个体事物，易象更近似于冯友兰晚年所说的"具体的共相"，易象是形式与内容的统一，一般与个别的一体存在，并随占事主体不同情境的阐释在主客交互关系中不断获得新的再生意义。要客观评价来氏易学，不能因为其采用错综等体例解释的一部分卦例象辞之间没有必然联系而忽视或一并否定他所阐释的诸多富有说服力的卦例及其在局部范围的通则意义，如其以临观相综来解"八月有凶"在众说中最为可取，又如其吸收赵善誉之说对噬嗑贲等用刑四卦的解释也非常精到。

本书旨在对来知德易学哲学做一个全景式的展现和深入细致的考察，内容涵盖来氏《集注》、《日录》成书考、来氏太极说、作《易》之原、理气象数四者关系、来氏本体论与宋明理学宇宙论、气本论、理本论、心本论等思想的关系、来氏取象说诸体例、错综说溯源、错综说与其他卦变诸说的分合斗争等诸多方面来氏易学的来源极其复杂，据徐芹庭统计有十八家，在此基础上做进一步的发掘和梳理工作是非常必要的。本书坚持历史和逻辑相统一的传统治学方法，对重要概念、命题坚持逻辑分析法，对来氏与荀爽、虞翻、王弼、韩康伯、孔颖达、周敦颐、邵雍、朱熹、张载、蔡渊、俞琰、蔡清等易学史重要人物思想上的继承发展关系进行深入的溯源分析，坚持一分材料说一分话的求实之风，不过度解读，也不浅尝辄止。同时坚持易学和哲学相结合，在传统经学的基础上探析其哲学思想。本书是对来知德《周易集注》的基础性研究，也是在诸位前贤相关研究的基础上的再度研究和继续推进。在全面建设社会主义先进文化的今天，易学研究对于今天中华民族精神的重塑，对于社会主义核心价值观的弘扬具有重要的学术价值和应用价值，对于崇尚智慧、追求公平正义、渴慕圣贤品格的华夏民族来说，来氏易学所蕴含的精湛的哲学思考将会继续滋养和丰富着我们的精神世界。

摘　　要

　　来知德易学哲学是从反思明初胡广主编的《周易大全》和《性理大全》只讲义理不谈象数之弊发端的，是对程颐和朱熹易学哲学的反省和批判性改造，这体现在来氏的理气论、心性论、修养功夫论、易象观及具体的解易体例之中。来氏易学哲学以孔孟之学为宗旨，兼采京房、虞翻、王弼、韩康伯、孔颖达、刘牧、周敦颐、张载、邵雍、二程、朱熹、胡宏、蔡元定、项安世、杨万里、蔡渊、胡方平、俞琰、薛瑄、王阳明、蔡清、罗钦顺等人的思想，其理论来源极其复杂，因此来氏《周易集注》是名副其实的集注性著作，易学史上的象论、数论、气论、理本论、心本论在来氏易学哲学中皆有所体现，其间理、气、象、数、心、性等概念间的关系也比较复杂，因而判定其学术派别的归属是一个相当困难的问题，学界对此也分歧较大。本书立足于来氏《周易集注》《日录》这两种文本，结合来氏思想所涉及的前人的易学和理学原著，在朱伯崑、蒙培元、余敦康、郑万耕、陈来、林忠军、宋怀明、郭彧、王铁、钟彩钧、徐芹庭、官岳博士以及其他研究者相关成果的基础上，着眼于重要概念命题和纵向线索的发掘比较，力图真实细腻地呈现来氏易学哲学的面貌，解决来氏易学哲学中淹留的重要且棘手的问题。

　　本书分为七章。第一章勾勒来氏生平事迹，展现他四上公车不第后，断绝功名心，潜心隐居，一心圣学，并立志注《易》，试图将朱熹认为不可求的易象重新找回来的思想历程。来氏密切关注并扬弃朱熹理学和明中期以来风靡的阳明心学，吸收张载气学并提出"格去物欲"说，来氏《日录》与其《集注》同步创作、相得益彰。第二章对来氏《周易集注》的版本源流做了系统的梳理和考证，区分出万历三十八年张惟任系统和清康熙高奣映系统，判定张氏系统为此书传刻的正脉，而高氏系统版本虽传刻甚广，但增删繁多，已远非原貌，为歧出之旁支。四库馆臣选择张惟任系统本子作为底本，这是正确的选择。此章附对此书初刻本的考证，以求正本清源。

第三章聚焦于来氏圆图，来氏易学哲学思想的精华即浓缩在此圆图之中，本章侧重于来氏太极与阴阳动静关系问题的探讨，来氏《集注》《日录》在论及太极、理气关系、阴阳动静及本体实体等问题时存在表述上自相矛盾、含混不清的现象，这也是引发研究者纷争不已的重要原因，本章考察了来氏太极图和来氏圆图二图及其图说的思想义涵，区分出来氏广义和狭义两种"太极"说，并对圆图图说中来氏提到的《系辞》《说卦》有五处体现其圆图内涵的部分逐一剖析。来氏最终没有采用吴澄、罗钦顺理气一物说，而是和薛瑄一样，继承了朱熹在形上和形下两个层面论理气两种实体的理论思维模式。来氏吸收了薛瑄"实理实气"不相离、以气为形而下世界的"一本"但终究以理为世界终极本原的思想。来氏糅合了张载神化说和朱熹以理为神的思想，以此修正程朱理学在动静根源问题上的说法，更具有理论效力。本章对圆图三条注文对待者数、主宰者理、流行者气也分别加以分析，对圆图中间小白圈所代表的太极本体进行细致辨析，结合蔡渊对"在中实理"说的批判及来氏相关论述，断定来氏否定小白圈是太极之本体意在取消朱熹实体理的逻辑在先地位，但来氏对程颐"体用一源，显微无间"说的推崇及对朱熹太极是造化枢纽品汇根柢说的认可表明了他并未放弃程朱派的理本体论。来知德所谓主宰之理即阴阳二气交易变易之理、对待流行之理，落在人心则为仁义。本章还辨析了来氏圆图来源的几种说法，认定朱熹改造过的周敦颐太极图是其直接来源。第四章探讨来氏天人分合下的理数论和心性论，以及在此基础上形成的来氏格物说，分别从诚、敬、成性、贞一等角度探讨了来氏的修养功夫论。来氏理气论上并非以理气为平行实体，心性论上主张性体心用、功夫论上主张以理胜气。来氏心具理说、心与理合一说源自朱熹，但其格去物欲说的直接思想来源是王阳明及其弟子的相关说法。来氏以圆图的黑白二路来形容理欲此消彼长关系，当黑路消尽，便是达到了此心纯是一团天理的圣人境地，这种理欲截然对立的道德理想主义倾向反映了程朱和陆王两派的共同立场。

第五章论象。本章据《本义》《启蒙》《语类》《文公易说》等文本来探讨朱熹的易象观和解易体例，对比分析来知德的易象观和解易体例。朱伯崑认为来氏寻象之举是一种失败的尝试，此说没有正视来氏在易学哲学上的特殊贡献。事实上，来氏发明的错综等诸体例虽然难以贯通六十四卦三百八十四爻的卦爻辞和卦爻象，但其对于损益、泰否、既济未济、师比、小畜、履、屯、震、谦、咸、噬嗑、贲等诸卦的解释都是令人信服的，来氏探索和发掘易象体例在易学哲学史上具有重要价值。本章还探讨了来氏对易学史上一爻为主说和八卦正位说的改造及其取象上的应用，并选取来氏注解卦爻辞的典型实例予以分析。来氏易象观存在的问题主要是取象太广和取象穿凿，相比之下朱熹在取象体例和范围的问题上恪守《说卦》、采取审慎阙疑的态度更为可取。本章还对传统上习惯采用一般与个别的关系论说易学中理象关系的做法进行了考察分析。

第六章论错综。错、综、中爻、爻变是来氏拟定的四种主要的取象体例，错综说又是来氏最富有特色和代表性的易学哲学观点。本章讨论了朱熹对错、综二字的种种理解，以及错综与对待流行、交易变易等理学范畴建立起关联的过程，兼论蔡渊的对待流行思想，以及来知德对上述三组概念的区分和使用。在易学史上，错综本是讲揲蓍求卦之事，它们是如何一步步地变成了来知德讲理学核心问题的言辞工具，并同交易变易、对待流行这样重要的范畴关联起来的？朱熹已经讲到了什么程度，来知德又将其发展到什么程度？推敲这些理论细节上的演化过程，是一件有意义的工作。来氏试图取消邵雍、朱熹先后天二图的划分，并以其自创的错综图取代伏羲先天圆图，其背后的原因即在于试图从筮法上以其发明的错综之理修正朱熹以太极动静之理作为圣人作《易》的根原，并从世界观视角说明阴阳二气的对待流行关系是气化运动内在根源。

第七章论来氏错综说与易学史上卦变诸说的分合与斗争。本章溯源并考察来氏反对卦变说（错综说），大致分汉魏两晋唐代发端时期、两宋扩大化应用时期、元明归一时期及清代重新检讨时期四个时段展开论述。来氏反对卦变说是易学史上众多卦变说的一种，来氏创立此说的目的在于解释通六十四卦的辞象关系，试图建立起一个逻辑严密的体例系统，并就其自创的错综体例论证圣人作《易》之原在于圣人心中的阴阳对待流行之理。《周易集解》中赅备卦变诸说，李挺之二图也包含了乾坤卦变说、十辟卦卦变说和反对卦变说三种卦变说，两宋时期卦变诸说并行不悖，元明时期俞琰、来知德、黄宗羲等试图将卦变诸说归一到反对卦变说，明末清初何楷、万斯同、毛奇龄等检讨并清算卦变诸说，乾坤卦变说及朱熹的卦变说获得了重新重视和肯定，但反对卦变说仍具有强大的生命力。反对卦变说和其他卦变诸说的分合斗争，其关键在于应用范围的确定，来氏以反对卦变说解经，毛奇龄则称反对卦变说只能用来安排卦序，不可用以解经，若要解经，则应采用毛氏推易之法。厘清这些问题有助于我们科学衡定来氏易学哲学的性质及其在易学史上的地位。

目　　录

第一章　行年大略

《新唐书》简单介绍了来姓的起源和迁徙路线:"来氏出自子姓,商之支孙食来于郏,因以为氏。其后避难去邑,秦末徙新野……始徙江都"云云。[1] 据来氏《年谱》记载:

> 先生讳知德,字矣鲜,号瞿唐,原籍越之萧山,后徙家楚之麻城。元末,始祖泰入蜀,卜居梁山,故世为梁人。泰生均受,均受生晃富,晃富生志清,俱潜隐未仕。志清生昭,始起家为宜良令,以清白致仕。昭生尚廉,好施予。尚廉生朝,尝拾金还主,即先生父也。(附注:父拾南昌王孟六遗金二百,怜其投江恸哭,遂挈还。客分其半,辞不受。客祷祠曰:愿来氏世世子孙生英贤也。)[2]

《年谱》称来知德原籍为浙江萧山,后迁徙到湖北麻城,其祖上在元末从湖北麻城再度迁徙到四川梁山,至来知德的曾祖父来昭始出仕为云南昆明宜良县县令。来昭为官清廉,退休后以俸禄借与人,临终时烧掉了别人欠自己钱财的契券,来知德的父亲则曾拾金不昧,这一家风造就了来知德急人之难的仁厚品质。

---

[1] (宋)欧阳修、宋祁:《新唐书》卷73上,中华书局1975年版点校本,第9册,第2874页。

[2] (明)古之贤:《太史来瞿唐先生年谱》,《北京图书馆藏珍本年谱丛刊》,北京图书馆出版社1999年版影印本,第50册,第65—66页。杭州市萧山区博物馆藏有《萧山来氏家谱》,记载了萧山来氏从北宋到清末的迁徙和发展史。明中期,萧山来氏成为两浙巨族,科举考试中来氏上榜占总额常达六分之一,有"无来不出榜"的美谈。将萧山之来氏和外迁湖北、四川的来氏联系起来的历史人物是萧山人来集之(1604—1682)。来集之出生年正是来知德辞世之年。明末清初,来集之重订来知德《周易集注》,这也是萧山来氏宗族成员为外迁的来氏成员所做的一件善事。此重订本现藏南京图书馆,题名为《梁山来知德周易集注》。

清人万斯同所编的《明史》对来知德有简短介绍：

> 来知德，字矣鲜，夔州梁山人。十岁通举子业，举嘉靖三十一年
> 乡试。四赴会试不第，遂焚弃路引，专意养亲。及二亲相继没，庐墓
> 六年，不饮酒茹荤。服除，伤二亲不及禄养，终身麻衣蔬食，誓不枉
> 见有司。其学以致知为本，尽伦为要，谓《大学》之格物乃格去物
> 欲，犹孔子"克己复礼为仁"，孟子"养心莫善寡欲"之意，皆除去
> 有我之私也，识者善之。其所著有《省觉录》《省事录》《理学辨疑》
> 《心学晦明解》诸书，而《周易集注》一编用功尤笃。自言学莫邃于
> 《易》。初结庐釜山，学之六年无所得，后远客求溪山中，潜精覃思者
> 数年始悟易象，又数年始悟文王序卦、孔子《杂卦》之意，又数年始
> 悟卦变之非，盖二十九年而后书成，其专精如此。万历三十年，总督
> 王象乾、贵州巡抚郭子章合词论荐，特授翰林待诏。知德力辞。诏以
> 所授官致仕。有司月给米三石，终其身。静坐观书，老而弥励，寿八
> 十终。①

万斯同认为，来氏之学以尽伦为要，这一论断切合来氏以践履为首的
修身功夫论，认为来氏格物说本原孔孟之说，并以来氏《集注》自序为基
础总结了其治学之路，这都是符合事实的。但是万斯同这一总结不尽客
观，来知德十岁不可能通举子业，其学问宗旨也并非"以致知为本"，反
倒对阳明致良知之说多有批评。

又《四库总目提要》称"知德自乡举之后，即移居万县深山中精思易
理"，② 事实上，来氏 28 岁中举，之后连续四次春闱不第，遂彻底断绝科
举功名之心，大约在 43 岁萌生注《易》之志，53 岁（万历五年）始远客
万县精研易理。现参照来氏《年谱》、来氏《周易集注》及《日录》的各
种版本的序跋等资料，重新梳理其一生的事迹及其思想和著述的演进过
程，大致分立志学圣、提出格去物欲功夫论及开始注《易》、完成功夫论
及来氏太极图成熟三个阶段展开。

---

① （清）万斯同：《儒林传》，《明史》卷 385，上海古籍出版社 2008 年版影印本，第 8 册，
第 120 页上栏。路引，明清流行的一种类似介绍信、通行证之类的公文，由持有者所在地
的当地政府签发，持有者离乡百里之外，须持路引。
② （清）永瑢：《四库全书总目》卷 5，中华书局 1965 年版影印本，上册，第 30 页。

第一节 立志"愿学孔子"

来知德的家乡四川梁平县屡遭兵燹，其《周易集注》《瞿唐先生日录》等原始书版无存，重庆市政协主编的《锦绣梁平》对来知德有专节介绍，并附有来氏画像。[①] 清人孙奇逢称其"貌颀长，凝重不竞""居乡恂恂，少长皆接以礼，家无长物，有即助人婚葬者"，[②] 从这样的描述中我们大抵可以想见其为人。

一 中举后辞金不受（28岁以前）

嘉靖四年（1525）十月初五日亥时，来知德出生于今天重庆梁平县西沙河铺釜山下。八岁开始读书，九岁能作长短句。十岁那年，患颠疾，经常梦见上天。颠疾俗称羊角风、癫痫，《素问·奇病论》称母亲怀胎时受到惊吓，气上而不下，精气并而不居，故令孩子发为颠疾。来氏幼年患颠疾，可能与此相关。颠疾让少年来知德的读书之路变得异常艰辛，《年谱》称直到他十六岁方痊愈。十六岁游泮（在县学里学习），一位督学看了他的卷子，认为他"心思精透，口声不凡，当不止于科目"。表明病中的这几年时间里，他并未放弃学业。《年谱》载，他首修《诗经》，十七岁改学《礼记》，他本人又是个琴痴，雅好鼓琴，颇切合孔子"兴于诗，立于礼，成于乐"的教育思想。十八岁时，督学周考位居第三。十九岁娶妻倪孺人，二十三岁时，长子时敏出生。十九岁、二十二岁、二十五岁连续三次的乡试他都因病不能入场。二十六岁那年，督学陈考位居第一，陈公说"此才川中少有，须当读书"。此后两年他苦读于本县石墩寺，嘉靖三十一年壬子，来知德二十八岁，得中四川省乡试礼经科目第五名，这在梁平这个偏僻小县是件大事。《年谱》载："是年，明伦堂石砌生五色灵芝，时本县乏科百年，县令何公作兴百金，辞不受，自中式后，不复梦立巫峰矣。"[③] 梁平县已多年无人中举，县令何公赏钱百金，称为"作兴"，可是来知德谢绝了，其风骨高尚，并非常人。此后，他的癫痫病没再犯过，也

① 重庆市政协：《易学大家来知德》，《锦绣梁平》，重庆出版集团，重庆出版社2007年出版，第161—172页。

② （清）孙奇逢：《明儒考》，《理学宗传》卷24，清康熙六年刻本。

③ （明）古之贤：《太史来瞿唐先生年谱》，《北京图书馆藏珍本年谱丛刊》，北京图书馆出版社1999年版影印本，第50册，第69页。

很少再梦见独立巫峰。

二　四上公车不第，遂焚引侍养，立志做圣人（29 岁到 38 岁）

嘉靖三十二年癸丑（1553），来知德二十九岁，第一次参加进士考试，落第。御史喻巡按欣赏他之前辞作兴的高风亮节，叹道"此榜不得人也哉"，表其门曰"清节可风"。这一年来知德开始在梁平县宏仁书院担任教授，本县生员古之贤、戴诰到门下受教。十一年后，古之贤中举，半个世纪后他将负责来知德《年谱》的编纂工作。戴诰则在后来任陕西平凉（平凉今属甘肃省）同知，四十多年后戴诰致仕归田，将与梁平县令徐博卿共同负责来知德《周易集注》的初刻工作。

嘉靖三十五年丙辰（1556），来知德三十二岁，第二次赴京会试，不第。族子来时良窘甚，来知德收养，为其娶妻置田产。次子时升生。在京读到薛瑄的《读书录》，并效仿此种文体，作理学读书札记。但其《日录》初次结集成书，是万历八年（1580）的事，分内外篇则更晚。

嘉靖三十七年戊午（1558），来知德三十四岁，第三次入京会试，临行其父嘱道："如不第，不必回，可住京师，尔有琴癖酒癖，戒之。"要他坚定决心，常驻京城应考，直至衣锦还乡。翌年，客居京师一年的他再度落第，之后三年留京备考。据今传本《年谱》所附逸事，来知德这一时期读书京邸，大有声名。顺庆陈文端居相，为其儿子遍求礼经名士，得知来知德声名后，以币相聘。来知德说，大丈夫当自立，何趋相门为？竟辞病不应。① 这一记载可见其清节之风。在寓居京邸时，邻居有妇人，因丈夫下狱，自献其身，想寻求来知德的帮助，来知德毅然拒绝了，移居别处。友人会试听闻此事，无不敬服。②

嘉靖四十一年壬戌（1562），来知德三十八岁，第四次参加会试。揭榜前夕，他再次梦见独立巫峰，因叹此"乃文章秀气，非富贵梦"。发榜之后，果然不第。这时家书远至，称"父风疾发，母目疾重"，于是他作了一首《路引诗》：

> 莫遣红尘客子知，殷勤谢尔夜题诗。
> 两行黑字催人老，一幅乌丝觉我痴。

---

① （明）古之贤：《太史来瞿唐先生年谱》，《北京图书馆藏珍本年谱丛刊》，北京图书馆出版社 1999 年版影印本，第 50 册，第 176 页。

② （明）古之贤：《太史来瞿唐先生年谱》，《北京图书馆藏珍本年谱丛刊》，北京图书馆出版社 1999 年版影印本，第 50 册，第 177 页。

万里鹏程何足论，双亲鹤发已多垂。

此中有路寻尧舜，东海宣尼是引师。

诗中表达了自己厌倦科举，想要返乡奉养父母和愿学尧舜仲尼、践履儒家伦常的志向。当着身边数十会友的面，他毅然烧掉了通行证等证件（焚引），以示断绝科举功名之路的决心。在场会友不禁泣下，说本朝以科目为重，烧掉证件，就别无出路了。来知德说："尚有做圣贤一条路，做圣贤可以不论命数，无论富贵贫贱都能做得。"这是对孔子"为仁由己"思想的阐发，也是来氏义命观的表达，是其超越自然秩序而追求道德价值的人生理想的集中体现。据今传本《年谱》载，次日他在绢布上大书"愿学孔子"四个大字，缚于臂，俨然狂者姿态。又在京师邸壁上题诗道：

昔年行路不知路，今日登高始觉高。

知路知高天近午，泗滨仁目驾飞翮。

遂飘然而归。回到家后，跟父亲谈起焚引之事，父亲道："尔若做孝子，成圣贤，不做官何害！"对他的选择表示了理解和支持。今传本《年谱》所附《邑志遗》记载："因会试不第，住京邸六年，回，不遽入私室，必卧于父母榻前，叙寒燠，语京中事。如此者数十夜，然后入私室。"[1] 其孝行确实非一般人能到。

关于来知德绢书"愿学孔子"缚臂和题绝句于京师壁及题《了心歌》的时间场合，有不同的说法。王廷章《省觉录序》称：

先生嘉靖丙辰入京见薛敬轩录，即题绝句于京师壁云："昔年行远不知远，今日登高始觉高；……"此数诗散入于先生诸稿之中，昨见先生《年谱》，始知皆丙辰年所作。[2]

---

① （明）古之贤：《太史来瞿唐先生年谱》，《北京图书馆藏珍本年谱丛刊》，北京图书馆出版社1999年版影印本，第50册，第176页。

② （明）王廷章：《来瞿唐日录（省觉录序）》，《来瞿唐先生日录》（一）内篇卷4，《四库全书存目丛书》，齐鲁书社1995年版影印本，子部，第85册，第760—761页。按：丙辰年即嘉靖三十五年，也就是来知德第二次上公车不第之年，这一年他三十二岁，可推知王廷章所见《年谱》当与今传本不同，今传本嘉靖丙辰年未记载来知德入京见薛敬轩录一事，也没有题绝句于京师壁一事。此绝句被今传本的《年谱》编在了第四次公车不第之年，即嘉靖四十一年。《了心歌》依照王廷章所见的《年谱》是在嘉靖三十五年，而今传本在嘉靖四十二年。

与王序丙辰（1556）之说一致，时人周文为来氏《理学辨疑》作序称：

> 初见薛敬轩录，即以领绢大书"愿学孔子"四字系之于臂。林下近三十年义理沉潜反复，忘食忘忧，已非一日，正所谓欲得虎子必入虎穴者也。注《易》求溪十四年而后成，志坚可知矣，所以诸儒不可及。①

周文将绢书"愿学孔子"缚臂之事定在来知德初见薛敬轩录之时（1556），与今传本《年谱》将此事定在嘉靖四十一年（1562）来氏第四次公车不第之时不同。然考周文此序作于万历十八年庚寅（1590），来知德时年六十六岁，则周序可信度高于今传本《年谱》。此外，周文此处有"注《易》求溪十四年而后成"的说法，也与来氏自序"二十九年而后成"的说法有不小的出入。

然而无论"愿学孔子"志向立于何年，来知德到了北京读到薛敬轩《读书录》而定下终身学做圣人宏愿是实有其事。来氏之后开始了《省觉录》等笔札类理学心得的写作，大概是受了薛敬轩的影响，其最终结集为《日录》则是明代士子的一种风尚。这是来氏最终与科举之途决裂，而决心学做圣人的阶段。其"贤希圣"志向的确立可能在三十二岁，也可能在三十八岁。来氏曾说"公卿难到，圣人可学"，② 即是这个意思。他安于命数，绝意科举，全心追求道德理想人格的完成，可谓能得孔孟真传。

第二节　提出格物功夫论，开始注《易》

这一阶段来氏反思儒家功夫进路，于静坐涵养未发一段功夫终不能入，遂专于已发时的诚意省察，提出格去物欲说，并于隆庆四年着手注《易》的工作。

---

① （明）周文：《理学辨疑序》，《来瞿唐先生日录》（一）内篇卷6，《四库全书存目丛书》，齐鲁书社1995年版影印本，子部，第85册，第804页上栏。
② （明）来知德：《省觉录》，《来瞿唐先生日录》（一）内篇卷4，《四库全书存目丛书》，齐鲁书社1995年版影印本，子部，第85册，第765页上栏。

一 家居悟静坐之非，读《性理大全》，
初志于求象（39岁到44岁）

嘉靖四十二年癸亥（1563），来知德三十九岁，作《了心歌》，歌尾云："泰山岩岩海汪汪，洙泗真源派许长。兰桡桂桨驾一航，排开间阖登宫墙。大叫尼父坐明堂，鸣球佩玉共趋跄，回琴点瑟绕铿锵。"表达了他一心向往孔孟之道、曾点气象的抱负。

嘉靖四十三年甲子（1564），来知德四十岁，其门人古之贤中举。有司催他再上公车，可他功名心已灭，惟愿归隐山林，养亲尽年而不求出仕。作对联明志：彩服堂前幸喜双亲今八袠，红尘路上不将一日换三公。

嘉靖四十四年乙丑（1565），来知德四十一岁，家居读书已有三年，感悟到平日所读无非出口入耳之学，于是置祭田数亩，与族人轮流应祭，在宗族躬行其礼学。

嘉靖四十五年丙寅（1566），来知德四十二岁，开始静坐，体味程子终日端坐、李延平澄心默坐时的状态，体会喜怒哀乐未发之气象，并在室内画了一幅太极图，开始了本体思考，学术兴趣从礼学向易学转变。王必恭《入圣功夫字义叙》称："先生人品甚高，每日独坐，画一太极图于壁，时时坐蒲团玩之，此图与周子不同，乃先生悟造化之理而画之者。"①

隆庆元年丁卯（1567），来知德四十三岁，在家玩味太极图（其《日录》卷首《弄圆图》"弄圆"实即邵雍所谓"弄丸"，"弄丸"一词出自《庄子·徐无鬼》），并研读官修《性理大全》（此书开卷即朱熹改造过的周氏太极图），很怀疑宋儒"象不可求"的说法，于是决心将丢失千年的易象找回来，注《易》的初念此年萌发。

隆庆二年戊辰（1568），来知德四十四岁，与友人杨嘉制乘船去吴地访学。船主想要他帮忙说关，减免关税，待他极为殷勤。来知德说："我生平不说事，肯以一关故破余戒乎？"关隘主事袁三接得知此事后，赋《庐山诗》一章投之，并尽免其税。②来氏此举堪比《论语》澹台灭明之

---

① （明）王必恭：《入圣功夫字义叙》，《来瞿唐先生日录》（一）内篇卷3，《四库全书存目丛书》，齐鲁书社1995年版影印本，子部，第85册，第716页下栏。

② 据清人黄廷桂撰（雍正）《四川通志》（文渊阁四库全书本）卷三十六《选举·举人·明嘉靖年举人》载，杨嘉制，明嘉靖年举人，梁山县人。又据明万历徐鉴刻本《国朝列卿记》载，袁三接，广东香山人，嘉靖壬戌进士（时来知德三十八岁，最后一次上公车，若来知德得中进士，则与袁三接为同年），万历十年由光禄寺少卿任，十二年升太仆寺卿。

行不由径。南京之行他没有遇到讲学论道之友。当时王龙溪和钱德洪均健在，来氏未能向二位心学权威请益先天正心之学和后天诚意之学，实为憾事。后来氏北游泰山，并到北京，游西山，门人古之贤送他游山资，他辞而未受。出游归来后，做《游吴稿》诸篇。后游峨眉，周东郊公送游山资，亦不受。曰："鸿雁啄人问粟，决不能摩霄。"其高洁情操每每如此。

据明人李春熙《道听录》载："蜀梁山来知德号瞿塘，壬子卿（乡）魁，以母在不仕，高洁士也。尝手书二圆刻云：'欲为世丈夫，须立丈夫志。欲为一等人，须做一等事。人间大丈夫，挺然担道义。切莫学妇人，一团脂粉气。'又：'既同万物生，须超万物表。既居天地中，须同天地老。人生配三才，有德即为宝。切莫如草木，朝华夕即了。'夷考其行，不愧此言。"① 考李春熙为万历十九年举人，万历二十六年进士，卒于万历四十八年，据此可推知早在万历年间来知德名节已彰显于士林。

二 庐墓六年，悟格物之物乃物欲之物，
此为圣贤头脑功夫（45 岁到 50 岁）

隆庆三年己巳（1569），来知德四十五岁。《年谱》载："柱史谭公启访来知德，来知德家无备，设菜二盘待之。次日，送至溪边。谭曰：'我见尔腹中一肚子铁，以菜款御史，乃谈笑自如，尔愿学孔子成矣。'曰：'独不闻四时八节无钱使，半夜三更有客来者乎？'一笑而别。"② 柱史相当于汉代荐举孝廉的推官，大概是没有前约而造访，来知德仓促无备，只好用二盘菜招待，这也可见得他为人真实，不愿做《论语》中那个向邻居借醋买好的微生高，同时也表明他确实内心淡泊，故而柱史笑赞其"愿学孔子成矣"。这年夏天，他的父亲去世，开始庐墓守丧。

隆庆四年庚午（1570），来知德四十六岁，庐墓期间，他选取族子当中贫而可教者来时允等到自己家里教养，使二子得以入学，并为之娶妇生子。据来氏本人万历二十六年（1598）的《周易集注》自序"始于隆庆

---

① （明）李春熙：《道听录》卷四，清钞本。另，来氏《日录·省觉录》载："古之妇人，如杞梁之妻，何曾读书，然节义凛凛如大丈夫者，不昧此良心也。蔡文姬岂不读书，卒失其节者，昧良心故也。故良心一发，扩而充之，即浩然至大至刚，塞乎天地。"由此，则李春熙所录二诗虽不见于来氏《日录》，却也切合来氏言行节操。详《来瞿唐先生日录》（一）内篇卷4，《四库全书存目丛书》，齐鲁书社 1995 年版影印本，子部，第85册，第779页上栏。

② （明）古之贤：《太史来瞿唐先生年谱》，《北京图书馆藏珍本年谱丛刊》，北京图书馆出版社 1999 年版影印本，第50册，第77页。

四年庚午，终于万历二十六年戊戌，二十九年而后成书"，① 知来氏注《易》开始于隆庆四年。然此与他处记载不符。如来氏《年谱》称："万历五年丁丑（1577），来知德五十三岁。读《易》，以宋儒不言象，止言理，因客万县求溪注《易》。"②《年谱》代表了他的门人古之贤等人的看法。又如王必恭《入圣功夫字义叙》称："自丁丑岁去客寓万县求溪注《易》，于今十三年矣。"③ 杨澄《格物诸图前语》也称："丁丑岁，来知德往南岳注《易》，以破舟，来知德遂客求溪。"④ 来氏客居万县求溪注《易》自此年始。据王杨二序，二人与来知德生前都有过交往，他们的记述可信度很高。万历五年丁丑岁的说法应是就来氏客居万县求溪而言的，而来氏本人的隆庆四年庚午的说法大概是就其事实上开始的时间而言的，当时来氏在家庐墓守丧，庐墓期间，已经开始了注《易》的准备工作。来氏注《易》的开始时间应以其自序的隆庆四年庚午说为准，如此其历时二十九年而成书这一说法方能成立。又王必恭《入圣功夫字义叙》云：

> 此圣人之梯航也，不知此则莫知适从矣。先生接引后学，于《大学古本》《格物图》《省觉（录）》《省事录》之外，复作此《字义》。……先生注《易》求溪，《程传》《本义》皆以象失其传，皆言理而不言象。先生曰："易者，象也；象也者，像也。此孔子之言也。《易》不知其象，《易》不注可也。"求溪十年，后去，游五岳，复至求溪，居一楼，十夜不寐。偶思"见豕负涂"一句，遂悟其象。常与必恭曰："易象未失其传，易有错，有综，有互，有中爻，皆备于圆图、序卦之中，特宋人不潜心考究耳。"……盖先生原未读《易》，先生之《易》先画太极图而以《易》证之，则先生胸中原有《易》矣，故一见《易》而豁然也。易象与错卦、综卦，自汉儒历有宋四大儒及精其易如康节者，皆不能悟，先生独悟之，则非亲受业于孔子者乎？

① （明）来知德：《周易集注原序》，《周易集注》卷首序，《景印文渊阁四库全书》，台湾商务印书馆1986年版影印本，经部，第32册，第4页下栏。
② （明）古之贤：《太史来瞿唐先生年谱》，《北京图书馆藏珍本年谱丛刊》，北京图书馆出版社1999年版影印本，第50册，第89页。
③ （明）王必恭：《入圣功夫字义叙》，《来瞿唐先生日录》（一）内篇卷3，《四库全书存目丛书》，齐鲁书社1995年版影印本，子部，第85册，第715页上栏。
④ （明）杨澄：《重刻格物诸图前语》，《来瞿唐先生日录》内篇卷2，《四库全书存目丛书》，齐鲁书社1995年版影印本，子部，第85册，第688页下栏。

先生之互错综三体自然图，与伏羲之圆图、文王之圆图，此三图者，
皆天地自然之象数，历万古不磨者也。……刻成之后，因书数字弁诸
首，以告天下不深知先生者。①

此序表明王必恭与来知德有较密切的交往，是来氏注《易》的见证
人，故其真实性极高，对把握来氏注《易》过程颇具参考意义。王必恭所
提到的互错综三体自然图，即来氏《集注》卷首的错综图，从序中提到的
错综中爻体例及圆图、序卦等语看，来氏此时的易学取象思想已经粗具规
模。王序指出，来知德是先画太极图，而后以《易》证之，来氏《集注》
的精华确实可以以此图说尽。王序称"刻成之后，因书数字弁诸首，以告
天下不深知先生者"，② 可知来氏《入圣功夫字义》曾单行付梓。

隆庆五年辛未（1571），来知德庐墓丁母忧。

隆庆六年壬申（1572），来知德四十八岁，庐墓。据来氏《日录》前
序，是年春，太守郭棐次梁山，躬来知德之庐，二人相谈甚欢。③

万历二年甲戌（1574），来知德五十岁，庐墓。思父，作《秋风辞》
诸篇。此年来氏作《述悟赋》，改太白山为悟山，又作《悟山稿》，悟圣
门功夫以格物为大头脑，格物之物乃物欲之物，并非朱熹所谓物理之物，
也不是阳明所谓物事之物。而格去物欲之后的无欲状态，即是"一"，此
"一"即一贯之"一"，贞一之"一"，所以行之者一之"一"，三个
"一"统归为一个。来氏批评朱熹对于这三个一的训诂都有偏差，没能抓
住入圣功夫的关键。

　　所以不说"吾道一理以贯之"，止说"吾道一以贯之"。"吾道一以贯
之"，虽不外乎理，然与"吾道一理以贯之"，其差别语意，即如"由仁
义行，非行仁义也"之意。盖一者无欲也，浑身皆无欲也，即无意无必无
固无我也。若单说一个一字，则一字重而理字轻，五官百体皆说在其中
矣。若兼说个一理二字，则理字重而一字轻，此身犹见得理，则五官百体

① （明）王必恭：《入圣功夫字义叙》，《来瞿唐先生日录》（一）内篇卷3，《四库全书存目
丛书》，齐鲁书社1995年版影印本，子部，第85册，第715—718页。

② （明）王必恭：《入圣功夫字义叙》，《来瞿唐先生日录》（一）内篇卷3，《四库全书存目
丛书》，齐鲁书社1995年版影印本，子部，第85册，第718页。

③ （明）郭棐：《来瞿唐日录序》，《来瞿唐先生日录》卷首，《四库全书存目丛书》，齐鲁书
社1995年版影印本，子部，第85册，第654页下栏。

与理犹分而为二也。此毫厘之差，非死心学圣人者不能辨之。①

此段据王必恭《入圣功夫字义叙》所录，来氏反对直接以"理"字代替"一"字，而是以无欲来训"一"，来氏认为孔子不说"吾道一理以贯之"，止说"吾道一以贯之"，如此方可避免此身与此理分而为二之弊。事实上，程朱常以去私言理。

遵从古礼，为父母庐墓六年，这在明中期隆庆、万历之后并不多见，来知德孝行美名得到了地方官的肯定。据《年谱》载，县令庄公扁其庐曰"孝廉经世"，荐之两院。对于其新著《理学日录》，太守郭棐称"诗录其文蔚然有陶韦之风流，学录其理渊然得邹鲁之正脉"，扁其门曰"东川高士"，收入本府《人物志》。御史孙肯堂按梁，对诸生说："不必尚论古人，来某即是古人矣。名利关多识不透，即卑官如巡检驿丞，亦割舍不得。尔等莫将焚引事看易了。"下檄云："名儒来某扬马之文，曾闵之行，始因亲疾而焚引一旦，固人情之所难；继而亲殁而庐墓六年，岂士林之易得？且充养纯粹，不入城府。虽古之郭有道，今之陈白沙，亦不过是也。"并表其门曰"三川高士"。县令催来知德出谢，来知德书一绝句答道："十载方将一戒成，满园松菊届时生。而今若为霜威破，草木焉知不笑人。"②所谓的十年一戒成是说用了十年功夫方将名利看淡，是真实做内心体认功夫，而非沽名之举。《年谱》逸事附载："居父母丧，相继六年，不饮酒，不茹荤。亲友或以酒肴强之，云：'席中无别客，无害。'曰：'余之斋戒，非以要誉，为此心不忍也。'竟不食。"③来知德庐墓斋戒六年，不是做给人看的，这是孔子所谓"为己之学"的生动体现。

清人谈迁《国榷》记载："丙辰万历四十四年四月。敕旌梁山贡士来知德孝行。知德少有至性，乡试，考官掷其文，忽有神屡移卷几上，乃入选。"④此说应属杜撰，其目的大概在于宣扬德福一致，说明来知德少有至性，其孝行感动神灵，得以在乡试中入选举人。此说虽不足凭信，但也反映了来知德毕生躬行孝悌，其懿德操行在谈迁生活的明清之际业已成为美

① （明）王必恭：《入圣功夫字义叙》，《来瞿唐先生日录》（一）内篇卷3，《四库全书存目丛书》，齐鲁书社1995年版影印本，子部，第85册，第716页下栏。
② （明）古之贤：《太史来瞿唐先生年谱》，《北京图书馆藏珍本年谱丛刊》，北京图书馆出版社1999年版影印本，第50册，第78—80页。
③ （明）古之贤：《太史来瞿唐先生年谱》，《北京图书馆藏珍本年谱丛刊》，北京图书馆出版社1999年版影印本，第50册，第175页。
④ （清）谈迁：《国榷》卷82，中华书局1958年版点校本，第5098页。

谈，深入人心。

第三节　功夫论的完成和来氏太极图的成熟

一　《集注》和《日录》写就（51 岁到 73 岁）

这一阶段来氏易学哲学思想走向成熟，完成了格物功夫论及其圆图的创作。

万历三年乙亥（1575），先生五十一岁，欲游五岳，不果。常往侍伯兄知行，将庄田一所让兄，为衣服酒餐具。竖草堂，名快活庵，读书于中。立四禁：不枉见有司，不入城府，不释麻衣，不自奉杀牲。又编斋居日，遇斋居，即闭门谢客。

万历四年丙子（1576），来知德五十二岁，居釜山，作《客问》以明自己隐居之志，另作《釜山稿》。

万历五年丁丑（1577），来知德五十三岁，客居万县求溪注《易》。来氏《年谱》载：

> 万历五年丁丑，先生五十三岁，读《易》，以宋儒不言象，止言理，因客万县求溪注《易》。（小字注：先生尝曰："得传孔子之心，得侍四圣之坐，老死山林何憾。"）①

杨澄《重刻格物诸图前语》称：

> 丁丑岁（1577）来知德往南岳注《易》，以破舟，来知德遂客求溪。求溪近夷微万山之中，人孰得而知之？若在南岳，人犹有知者。此天意也。求溪注《易》成，丙戌岁（1586）欲于华岳订证，以不服水土而还，复客求溪，此天意也。天意欲明孔孟之道，故俾行拂乱其所为。②

---

① （明）古之贤：《太史来瞿唐先生年谱》，《北京图书馆藏珍本年谱丛刊》，北京图书馆出版社 1999 年版影印本，第 50 册，第 89 页。

② （明）杨澄：《重刻格物诸图前语》，《来瞿唐先生日录》（一）内篇卷 2，《四库全书存目丛书》，齐鲁书社 1995 年版影印本，子部，第 85 册，第 688 页下栏。

据杨序，杨澄曾多次问学来知德，自称"澄受知先生有年"云云，[①]其见闻实录真实可信。杨序称来氏钟情衡山、华山，其注《易》及修订工作地最初选择此二名山，均未如愿，杨序称为"天意"，即来氏常言之"命数"，可以看出他在选择著书之地问题上较为迷信，他客居万县求溪注《易》乃不得已。来知德嫌其家乡梁平釜山纷沓，喜万县求溪深山清净，故三十年来屡"客求溪"注《易》，实则两地相距不过百余公里。杨序称来知德丙戌岁（1586）想要到华山去订证《集注》，说明此年初稿已经完成。上文已论，来氏《集注》自序称万历戊戌（1598）该书始付梓，可推知来氏《集注》的修订工作持续十年以上。《集注》初成，来氏选择去华山修订。然而在华山不服水土，只好又重返万县求溪，故《集注》初刻前的订证工作主要是在万县求溪完成的。选择名山著书，是来氏的一个心结，反映了来氏年逾五十不坠青云之志，烈士暮年壮心不已，此正孔子所谓"狂者进取"。杨澄序中感叹来氏不得已隐遁万县深山，难为人知，据来氏《年谱》载，其本人确有建藏书冢流传后世之意。[②] 相传陈抟老祖修炼于华山，画先天图、无极图，陈抟家乡在重庆潼南，与来知德家乡梁平同为重庆下辖县。来知德多次游华山，他以华山为心仪的修订《集注》之地，或许有希慕宋人陈抟之意。

万历六年戊寅，来知德五十四岁，客居万县求溪，此年除注《易》外，他还作了《省觉录》《省事录》和《铁凤稿》，这些篇章后来都收入了他的《日录》中。此年他受人无端之谤而能以理处之。来氏心中一直存在着科举之途和贡举之途（知与行）的论战，他推崇古代贡举制，不赞同科举制。他科场屡屡失意，但践履周礼甚力。其《省觉录》称："穷理不难，但既穷其理矣，以理而见之躬行为难；精义非难，必有事焉而集义为难。……是以有宋周、程、张、朱许多门人日讲穷理精义，而反不如司马君实不言而躬行确实也。"[③] 又说"今日科举之学兴，人已不知圣学为何物"[④]，认为科举已沦为逐利的工具，距离孔孟圣学越来越远。清人陈梦雷道：

---

① （明）杨澄：《重刻格物诸图前语》，《来瞿唐先生日录》（一）内篇卷2，《四库全书存目丛书》，齐鲁书社1995年版影印本，子部，第85册，第688—691页。

② （明）古之贤：《太史来瞿唐先生年谱》，《北京图书馆藏珍本年谱丛刊》，北京图书馆出版社1999年版影印本，第50册，第142页。

③ （明）来知德：《省觉录》，《来瞿唐先生日录》（一）内篇卷4，《四库全书存目丛书》，齐鲁书社1995年版影印本，子部，第85册，第764页下栏。

④ （明）来知德：《格物诸图》，《来瞿唐先生日录》（一）内篇卷2，《四库全书存目丛书》，齐鲁书社1995年版影印本，子部，第85册，第708页上栏。

嘉靖南郊下诏言："祖宗朝虽定科贡之法，而荐举亦重，并列于三途，今举人无九卿之望，岁贡限方面之升，田野绝保举之路，以致人尚浮辞，不修实行。"大哉斯言！庶几洞悉科举之弊，人才之衰矣。……巡抚郭子章荐举人来知德，其学行皆有可观，亦止授翰林待诏。盖自中叶以来，虽荐举时行，欲比隆汉唐宋之人才一二，亦不可得。①

陈梦雷称嘉靖朝已洞悉科举之弊——不利于选拔有实修之人才，并称来知德学行俱优，虽有郭子章保荐也仅止步于翰林院待诏，未能做到人尽其才。陈梦雷此说是对来知德躬行实修的肯定。

万历七年己卯（1579），来知德五十五岁，客居求溪，作《求溪稿》。《年谱》载：

忽梦一长人齐天，手持一物，至圆至明。诣前，曰："此月也，今卖与尔。"自觉满腹肺腑无一不见。好事者闻之，诛茅成亭，曰买月亭。先生订正往日所著《太极图》《大学古本》，作《买月亭稿》。②

此记录可证万历七年己卯来氏太极图思想已成型，《大学古本》也已写就。来氏认为，月亮可譬喻太极图，蕴含阴阳造化之机，以中秋之月比喻人心纯是天理，不杂人欲，月亮盈虚显现阴阳对待流行之理。此年，来知德订正其太极图和《大学古本》。本县学博谭大腾监亭人夫妇同殁于任所，难以归葬故里。来知德捐资，修墓礼葬，并恳请县令将其子谭琼安排在学地居住，常命读书，后入梁山县学。

万历八年庚辰（1580），太守郭棐离任，来氏不远百里相送，郭氏感动之余，为其《日录》编次刊行，并作序推介。据今传本来氏《年谱》，这是来氏之前的各种理学作品首次结集。由郭序可知，《日录》本专录其理学心得，不包括其诗文，万历张惟任重刻本将诗文也收入《日录》。这些作品按照写成的时间先后排列，依次为：万历二年甲戌作《述悟赋》《悟山稿》，谈格物之物乃物欲之物，一者无欲也，格物则无欲矣；万历六年戊寅作《省觉录》《省事录》和《铁凤稿》，提出静坐非功夫正途，克己为圣学入门，致良知即遏人欲，主乎理则凝然不动；万历七年己卯作

---

① （清）陈梦雷：《松鹤山房诗文集》卷7，清康熙铜活字印本。
② （明）古之贤：《太史来瞿唐先生年谱》，《北京图书馆藏珍本年谱丛刊》，北京图书馆出版社1999年版影印本，第50册，第117页。

《求溪稿》，订正太极图和《大学古本》，其太极说成型，并对《大学》文本有了自己的思考。郭棐《来瞿唐日录序》云：

> 夔之梁山盖有瞿唐来先生云，先生躬曾闵之至行，秉箕颖之亮节，抗意云表，游情物外，诚士林之清修而明世之高蹈也。始以弱冠鹿鸣上春宫，后缘太孺人病，焚引侍养，抱终栖云壑之志。越二十余祀有司不一见其面，而乡里士民熏其德以善良，真有若阳城之居晋鄙者。予壬申春来为夔守行部，次梁山，躬先生之庐。乃先生复惠顾，秉烛款语，坐逾夜分，先生所谈吐皆根极理要。于时两院亦廉知先生贤，下有司以玄纁，旌先生为三川高士，欲致先生一见而不可得。乃先生每与予语必欢甚。间出所著《日录》及诗文凡若干卷示予，予受而读之，知先生独探理窟，不落言筌。至其诗赋，时出奇崛语，飘飘有凌云气，寄兴于寥廓而归宿于仁义，以游逍遥之虚，即庄周所谓至人者，非与？庚辰夏，予以学使将出蜀，避暑龙泉山中，先生不远数百里相送，赠《古风》四章，予无以别先生，乃次其集而序之，庶几诵先生言，如见先生云。万历庚辰夏五望日番山人郭棐笃周甫撰。①

郭氏盛赞来氏云"乡里士民熏其德以善良"，所谓君子所过者化，其以学行教化乡里，当时已获肯定。郭序证实了来氏《日录》首次结集于万历八年庚午。

万历九年辛巳（1581），来知德五十七岁，游华山，静坐山中，悟易象之理。途中因两度急人之难，囊空无措，只得重新回到万县求溪思《易》，十夜不寐。忽一夜梦一黄衣人与己相揖让，若授受意。次日，偶思"见豕负涂"一句，遂悟易象。于是作《华山稿》《太和山稿》。这是继他万历二年太白山悟得格物之旨后的又一次重大思想突破，经过这一次华山之行，他认为自己终于找回了丢失千年的易象，弄清楚了其中的道理，主要是错综之理。

万历十年壬午（1582），来知德游峨眉山，作《游峨眉稿》《论俗俚语》《死生有命吟》《富贵在天吟》《八关稿》，这些作品里也包含了来氏理数思想。他自言一日有四乐：一玩太极，题云"个中原有先天易，壁上

---

① （明）郭棐：《来瞿唐日录序》，《来瞿唐先生日录》卷首，《四库全书存目丛书》，齐鲁书社 1995 年版影印本，子部，第 85 册，第 654 页。

新添太极图，日与庖羲相揖让，人间哪得此凡夫"；二登釜山；三与兄饮；四醉卧。据《年谱》此条小字注，八关指得是进、退、生、死、富、贵、贫、贱。釜山是他梁平老家的一座小山，来氏绝大部分时间隐居万县求溪深山注《易》，有时从万县返回到梁平，登釜山，与其兄长饮酒、醉卧，或面壁体味太极图，参悟伏羲先天之易。

万历十一年癸未（1583），来知德五十九岁，客居求溪。这一年他晤傅时望，傅为其《日录》作序。据傅序，知来氏《日录》之名是郭棐所命（梦菊公即郭棐）。傅时望《重刻来瞿唐日录引》云：

> 《日录》者，瞿唐先生日所录也。曰《来瞿唐先生日录》者，郭督学梦菊公名之也。先生所著有《四省录》《釜山稿》《悟山稿》《八关稿》《铁凤稿》《快活庵稿》《游吴》《游岳》诸稿，梦菊公总名之曰《来瞿唐先生日录》云。……及癸未，先生复游铁凤，余于笈中见所解《大学古本》。余读之汗出，始知千载真儒，直接孔氏之绝学者，先生也。虽朱程复生，亦必屈服。岂知孔氏之学至今日方大明也哉？……先生讳知德，字矣鲜，瞿唐其别号也。世为夔州梁山人。其曰自比李白，盖先生自灸其面，必有所激，因有所托而逃云。万历癸未中秋日夔州傅时望撰。①

由傅序可知，其《日录》的充实和完善有一个过程。傅序提到万历十三年来氏《日录》重刻所包含的内容，今传本中的《弄圆篇》《格物诸图》《理学辨疑》《心学晦明解》《入圣功夫字义》等内容尚未纳入，《大学古本》则是其当时新作，尚未定稿。

万历十二年甲申（1584），来知德六十岁，居老家釜山，友人张成夫来访，临别索言。来知德赠言说："为学如烧窑，切不可助长。火候工夫到，烟自生清亮。"② 游白帝城，作《重游白帝稿》。

万历十三年乙酉（1585），来知德六十一岁，客居求溪，此年《大学古本》并《格物诸图》成，据此，此二书并入其《日录》的时间不会早于万历十三年。张之功为其《日录》作序，来氏格物功夫论在这一年最终形成。张之功序云：

---

① （明）傅时望：《来瞿唐日录序》，《来瞿唐先生日录》卷首，《四库全书存目丛书》，齐鲁书社 1995 年版影印本，子部，第 85 册，第 656—657 页。
② （明）古之贤：《太史来瞿唐先生年谱》，《北京图书馆藏珍本年谱丛刊》，北京图书馆出版社 1999 年版影印本，第 50 册，第 123 页。

　　傅刺史一见《大学古本》即汗出，以先生千载真儒，直传仲尼之绝学，虽程朱复生亦必屈服。董四府以清、和二圣比先生，信不诬矣。然此先生所种花木尔。若先生所解《大学古本》，兼新画太极图、《弄圆》诸篇则先生之堂奥也。《四省录》，先生之栋宇墙塘也，此不过园林别墅所种之花木，其不可晓者则奇花异木也。万历乙酉仲冬一日吴会张子功识。①

　　由张序可知，来知德将此年完成的《大学古本》《弄圆》及新画的太极图视作"堂奥"，分量极重。《弄圆篇》含《弄圆歌》和来氏太极图及其他篇章，后收入来氏《日录》，《弄圆篇》作成标志着来氏本体论和修养论成熟。张氏提及"《四省录》"一词表明除《省事录》《省觉录》外，其余两篇也已完成。

　　万历十四年丙戌（1586），来知德六十二岁，客求溪。杨两洲前往拜访来知德，回来后，友人问道："瞿唐何如人？"杨氏回答道："不枉见有司，高谈仁义，孟子再生也。"这一年，县令蔡公表其庐曰"一代大儒"。② 另外，杨澄《格物诸图前语》称："求溪注《易》成，丙戌岁欲于华岳订证，以不服水土而还，复客求溪，此天意也。"③ 表明此年来氏《集注》的初稿完成。

　　万历十五年丁亥（1587），来知德六十三岁，客居求溪，作《醉箴》《言箴》《刑于箴》《九德箴》。来氏《年谱》载此年中丞曾公寄诗云："闻君常对一尊宽，竹径烟霞胜画栏。三绝韦编曾注《易》，九还炉火自成丹。"④ 可证此岁《集注》初就。

　　万历十六年戊子（1588），来知德六十四岁，回釜山家居，作《入圣功夫字义》。四川学政郭子章的突然造访促成了二人的首次会面。此年来氏的《集注》初稿已成，格物功夫论也已提出。

　　万历十七年己丑（1589），来知德六十五岁，家居釜山。《年谱》载他此年作《格物诸图》《弄圆篇》，应属误记。《弄圆篇》作成时间应以张之

① （明）张之功：《来瞿唐日录序》，《来瞿唐先生日录》卷首，《四库全书存目丛书》，齐鲁书社1995年版影印本，子部，第85册，第655页。该序落款"之"误作"子"。

② （明）古之贤：《太史来瞿唐先生年谱》，《北京图书馆藏珍本年谱丛刊》，北京图书馆出版社1999年版影印本，第50册，第136页。

③ （明）杨澄：《重刻格物诸图前语》，《来瞿唐先生日录》内篇卷2，《四库全书存目丛书》，齐鲁书社1995年版影印本，子部，第85册，第688页下栏。

④ （明）古之贤：《太史来瞿唐先生年谱》，《北京图书馆藏珍本年谱丛刊》，北京图书馆出版社1999年版影印本，第50册，第136页。

功万历十三年乙酉说为准,《格物诸图》则可视作万历十七年作品。

万历十八年庚寅（1590）,来知德六十六岁,客居求溪,作《心学晦明解》《河图洛书论》《理学辨疑》,这是来氏《日录》后期纳入的内容。周文《理学辨疑序》云:

> 盖先生之学不求人知,家居衣服朴素如樵人渔子,满腹珠玉一毫不露,见人则饮酒,叙寒温,谈笑自若,绝口不及心学。初见薛敬轩《(读书)录》,即以领绢大书"愿学孔子"四字系之于臂。林下近三十年义理沉潜反复,忘食忘忧,已非一日,正所谓欲得虎子必入虎穴者也。注《易》求溪,十四年而后成,志坚可知矣,所以诸儒不可及。①

周序称来氏绝口不言当时盛行的阳明心学,唯服膺薛瑄《读书录》,而立下"愿学孔子"之宏愿,自许为道统承接者。若据周文序"林下近三十年义理沉潜反复""注《易》求溪十四年而后成",则来知德注《易》可能始于万历四年丙子前后,当时来知德五十二岁左右,与上文万历丁丑说相近。此说比来氏自定的隆庆庚午说晚六年。前文已论,注《易》开始时间应以来氏《周易集注》自序之隆庆庚午说为准。这一年的新作《心学晦明解》中称《集注》已成:"所注有《易经集注》《大学古本》《入圣功夫字义》《理学辨疑》诸篇,与程朱、阳明颇有异同。以世莫我知,欲请高秀才写'藏书冢'三字,藏之石室,不料海内又有知之者。"② 此时距离《集注》付梓还有八年,故来氏有将其藏入石室的计划。他所不能苟同程朱、阳明之处,除了理气问题外,还有他们主敬穷理和致良知的功夫论。

万历十九年辛卯（1591）,来知德六十七岁,客居求溪。

万历二十年壬辰（1592）,来知德六十八岁,客居求溪,改《大学古本章句》,作《革丧葬礼约》。

万历二十二年甲午（1594）,来知德七十岁,家居。

万历二十三年乙未（1595）,来知德七十一岁,家居,作《来氏家训》。分守薛公书云:"购《瞿唐集》,遍阅之,其内篇发挥明德格致之

---

① （明）周文:《理学辨疑序》,《来瞿唐先生日录》（一）内篇卷6,《四库全书存目丛书》,齐鲁书社1995年版影印本,子部,第85册,第804页上栏。

② （明）古之贤:《太史来瞿唐先生年谱》,《北京图书馆藏珍本年谱丛刊》,北京图书馆出版社1999年版影印本,第50册,第142页。

旨，知千古之圣学，不外仁敬孝慈信之五伦。推究太极阴阳之图，察人间之大欲，诚在好勇、好色、好货之三者。其义理明白爽畅，其工夫简易直截，其胸次又高明广大。匪直追前修，抑且嘉惠后学。"《瞿唐集》即是来氏《日录》，据薛公书，此时已分为内篇外篇刊行。

万历二十四年丙申（1596），来知德七十二岁，家居。伯兄知行卒，来知德哭之恸，坟墓衣冠皆来知德所备。他曾说："大丈夫以天下为一家，以万物为一体，既不知事亲从兄，则一家之中且乖戾矣，况仁民爱物乎？故曰'君子务本''孝弟为仁之本'，故曰'尧舜之道，孝弟而已矣'。"《年谱》逸事附载："人有邀饮，或遗兄，郁郁不乐，竟不往。人知其意，有请者，必先及兄。每日设酒请兄，或无肉，止蔬菜，必尽醉方回。兄不言扰，不言慢。有衣食器物，兄或用，尽与之。事兄笃厚谨饬，即年至七十，礼仪毫不敢苟。"① 据《年谱》，伯兄是他幼年的启蒙老师，与伯兄饮酒是来氏所谓一日四乐之一，遇人请客吃酒，若没有叫上他的伯兄，他是不愿去的，可知棠棣感情之深厚，来氏将孝亲、敬长真实贯注到日常实践中去了。

万历二十五年丁酉（1597），来知德七十三岁，家居。这一年《集注》正式写成。他在墙壁上书写了一副对联自警："昔卫武公九十五而不忘儆戒饮酒悔过，孔子七十而从心不踰矩不为酒困。"② 同年，《易学六十四卦启蒙》弁言写就，落款"秋八月念五日梁山来知德书于釜山草堂"③。表明其《集注》卷首部分也已完成。

关于来氏这一时期的逸事，《年谱》尚附载以下几例：

> 先生自求溪回，过万县，友人觞之，酷以极浓酒。俟醉甚，举至妓家，绐曰"此馆邸也"，置于卧榻。半夜酒醒，呼卢儿名，妓以实应。先生骇然惊起，黑夜奔回寓所。次日众友至，先生已行矣。友人密询妓，曰衣尚未解。

> 尝买一婢，甚拙，孺人每过责之。先生曰："此亦人子业。彼若

① （明）古之贤：《太史来瞿唐先生年谱》，《北京图书馆藏珍本年谱丛刊》，北京图书馆出版社 1999 年版影印本，第 50 册，第 176 页。

② （明）古之贤：《太史来瞿唐先生年谱》，《北京图书馆藏珍本年谱丛刊》，北京图书馆出版社 1999 年版影印本，第 50 册，第 152—153 页。

③ （明）来知德：《易学六十四卦启蒙》，《易经集注》卷首，上海书店 1988 年版影印本，《启蒙》部分第 1—2 页。四库馆臣删去了《易学六十四卦启蒙》的弁言，保留了《启蒙》的主体部分，定为卷首下；前边的《杂说》部分（含诸图）以及《上下经篇义》《易经字义》等定为卷首上。

有能，决不婢于我矣。"后婢逃回，先生私揭券还之。

孺人御婢甚严，先生窥见一婢盗孺人簪，隐而不言，恐其怒责。及婢殁后方言，以释孺人之疑。其度量宽容如此。

先生训子孙，只以孝弟节俭为本，不言及货利。又以功名富贵自有分定，不可强求。

先生家食，稍有余，邻里有贷，无不应。不能偿，亦不校。

先生居釜山，夜不扃钥，门常不闭。人病其疏懒而嗤之，贼感其德，未尝犯。

先生待人，礼仪一毫不苟。不独外人，即子孙，或值溽暑深夜，必着衣冠，然后令见。

与乡人处，和易可掬。即或犯，毫无芥蒂于怀。有讼，先生辄为劝解，间里多向化。①

据此数条，来知德学行俱优、清节高士之貌跃然纸上。其为人宽缓简淡，而又严于礼仪，间里皆披其教化。李景林认为，儒学不局限为一种学理系统，同时也是一种道义担当的精神，士人（知识阶层）构成为儒学教化理念之"以身体道"的群体，以活生生的人格力量使儒学的教化理念昭示于现实社会生活，并与民众生活形成一种良性互动的关系。② 来知德在世俗生活中严格践履孔孟之道，正是体现了这种"以身体道"士人精神的责任担当。

二　《集注》刻成，授翰林院待诏（74岁到80岁）

万历二十六年戊戌（1598），来知德七十四岁，家居。在梁山县令徐博卿和他的门人戴诰的主持下，这一年《集注》刻成。他筑一竹室，每日订正《集注》于中，表明《集注》刻成后来氏的修订工作仍在继续。题于柱曰：蜗室取淇园如切如磋如琢如磨睿圣武公为老友，羲经探赜隐尚辞尚变尚象尚占素王孔子是先师。

万历二十七年己亥（1599），来知德七十五岁，家居。是年五月，戴诰为新刻的《集注》作跋，冬十一月梁山县令徐博卿作序。

万历二十八年庚子（1600），来知德七十六岁，家居。

---

① （明）古之贤：《太史来瞿唐先生年谱》，《北京图书馆藏珍本年谱丛刊》，北京图书馆出版社1999年版影印本，第50册，第177—179页。
② 李景林：《教化的哲学》，黑龙江人民出版社2006年版，第451—464页。

万历二十九年辛丑（1601），来知德七十七岁，家居。七月七日，贵州巡抚郭子章作《易注序》，为其名笔表章。青螺郭公书云：

> 国朝二百五十年道学，薛文清之后，得来知德，更益彰著矣。以"错综其数"悟尽天下之象，皆根极易理，有宋诸儒所未发而来知德发之者，直上接四圣之绪。《易》云"《易》之兴也，其于中古"，祖兴云"象之明也，其于来知德"。万世而下，不能无《易》，不能无此《注》，以明易象之理，来知德有功于道学不浅。①

来氏效仿薛瑄作《日录》并躬行圣学，郭子章将薛瑄与来知德并提，主要是从修养功夫论上去讲的，郭氏这一评价是比较中肯的。郭子章又称"《易》之兴也，其于中古；象之明也，其于来知德"，不免过誉。来氏明象有功，但与伏羲作《易》之功终不可同日而语。

万历三十年壬寅（1602），来知德七十八岁，家居。四川督抚王象乾、贵州抚院郭子章为来氏《集注》疏请公帑梓行。王、郭疏云："昔为四川提学副使，读知德书，慨慕其人。及考校梁山，礼于其庐，与之语，始知其为天下士。……臣近待罪贵州，梁山为臣属县，访知德年七十余而身健神王，无异向昔。"又"奉旨添注翰林院待诏，自命下，即建优哉阁，订《集注》于中，改天元寺为既优书院，日坐优哉阁中读书不辍，罕与人接。自是始号优斋"②。又郭子章《豫章诗话》云："予友梁山来瞿唐曰：'凡人诗文心志在此，福泽亦在此……'瞿唐心事诗文全祖康节，故其福泽亦未艾……遂隐居求溪注《易》，今年七十有八矣，冬不衣绵，晨颒（huì，洗脸）犹脱衣令小奴沐其背，夫妇齐眉，三子，十七孙，五曾孙，其福泽岂可量哉！……观九喜楬，宛然安乐窝景象。以上四诗俨然尧夫气象。"③郭子章《豫章诗话》录来氏诗文，认为来知德心事诗文全祖康节，这一评价是准确的，同为隐士，来氏对邵雍的人生态度极为赞赏。

万历三十一年癸卯（1603），来知德七十九岁，居优哉阁，这一年春具疏辞官：

---

① （明）古之贤：《太史来瞿唐先生年谱》，《北京图书馆藏珍本年谱丛刊》，北京图书馆出版社1999年版影印本，第50册，第155—156页。

② （明）古之贤：《太史来瞿唐先生年谱》，《北京图书馆藏珍本年谱丛刊》，北京图书馆出版社1999年版影印本，第50册，第158—163页。

③ （明）郭子章：《豫章诗话》卷6，《四库全书存目丛书》，齐鲁书社1997年版影印本，集部，第417册，第331页。

　　……既不忍负吾亲而徒仕，乃负明时而徒隐，臣不敢也。同思先民有言，未得其位，无所发施，则讲明圣人之学，使其教益明。出处虽异，推己及人之心则一也。臣佩此言，遂将本朝纂修《五经（大全）》《性理大全》日夜诵读。及读《周易》，见诸儒皆以象失其传，不言其象，止言其理。臣愚劣，自知远不及诸儒，但思《易》乃五经之首，象既失传，则自孔子十翼之后，四圣微言秘旨，已绝二千余年矣。若不穷究其象，则以讹传讹，何以谓之明经。经既不明，何以为士。所系世道匪轻。臣遂客万县求溪深山中，反复探索，思之思之，夜以继日，如婴儿之恋慈母。数年而悟四圣之象，数年而悟文王序卦、孔子《杂卦》，又数年而悟卦变之非。始于隆庆庚午，成于万历己亥，计二十九年而后成书。……臣自《集注》成后，四肢疲敝，万念灰冷，不复问人间事矣。①

　　"成于万历己亥"与其《集注》自序"终于万历二十六年戊戌"之说相距一年，己亥年是《集注》初刊年，付梓前来氏一直订正不辍，故应以己亥说为准。清人张宗法《三农纪》释"茼"（qǐng）云："茼。来矣鲜著《易》，以蘭里坐褥，及成稿，蘭碎，执笔之指尽磨为肉结。"② 结合上引来氏辞官疏，可知来氏注《易》所下的工夫甚巨，绝非取巧之人。

　　万历三十二年甲辰（1604），来知德八十岁，家居。书一联云：天下当太平不识不知鱼跃鸢飞皆富贵，身中无个事辞官辞禄风清月白自期颐。又作《呈进〈易注〉并谢恩疏》。二月二十二日偶染疾，三月初一日辞世，后卜葬于县西十五里福德铺。

本章小结

　　来知德四次春闱不第后，立志"愿学孔子"，"与吾乡之人共为君子，以成美俗"，其"一颦一笑，一言一动教化邑人"，③ 体现了明中后期士人以身体道的儒家道德人格。《集注》《日录》的撰写时间跨度约三十年，

---

①　（明）古之贤：《太史来瞿唐先生年谱》，《北京图书馆藏珍本年谱丛刊》，北京图书馆出版社 1999 年版影印本，第 50 册，第 164—167 页。

②　（清）张宗法：《服属》，《三农纪校释》卷 11，农业出版社 1989 年版点校本，第 400 页。

③　（明）古之贤：《太史来瞿唐先生年谱》，《北京图书馆藏珍本年谱丛刊》第 50 册，第 57—59 页。

本章简要梳理了二书的成书过程。来氏《集注》自序称其注《易》的工作始于隆庆四年庚午，终于万历二十六年戊戌。来氏门人古之贤称其注《易》开始于万历五年丁丑，周文序又有万历四年丙子说。梳理其履历，《集注》工作应始于隆庆庚午（1570），成书时间则应以其辞官疏万历己亥（1599）说为准，如此其二十九年成书之说方可成立。来氏的易学、理学思想在其近三十年的注《易》生涯中是交织并进的，《集注》是其易学著作，《日录》是其理学著作，二者相通但又有别。来氏之学能兼采诸家之长而富于批判精神。他斥责义理派不懂易象以致孔子之后两千年易学如同长夜，因此重拾汉易烦琐取象注经之旧途，但在教化修德的基本问题上又取法程朱以理克欲说，并将阴阳之理非对待即流行的易学哲学思想贯注于其《集注》中；他主张取消邵氏先后天划分，但又景慕邵雍为人，其《集注》亦多采邵氏之说；他"绝口不及心学"，但其在心上格物的修养功夫论又不无阳明格心说之影响；他以直承孔孟道统自许，却又吸收张载、周敦颐气论，本原程朱理学；其《集注》思想资料来源更是多达数十家。来知德一生躬行孝悌，恪守周礼，一心学做圣人，自断科举之途，隐逸注《易》，三十年如一日，他在追求真理的过程中所展现的艰苦卓绝坚韧不拔的意志和孜孜不倦覃思力索的钻研精神是中华民族一笔宝贵的精神财富！

第二章 《周易集注》的版本系统

来知德《周易集注》梓布后，历经兵燹，其版本复杂，不乏流变错讹，给相关研究带来了困难。为此，本章尝试梳理来知德《周易集注》的版本系统，以期为来氏易学哲学的研究奠定坚实的文献基础。台湾地区《东海中文学报》2001 年 7 月载谢莺兴《来知德周易集注板本考述》一文，对明、清各时期的传本做了较为全面的梳理和介绍，将来氏《集注》版本划分为康熙十六年高奋映校雠本和崇祯五年史应选辑本两个系统。但由于该文作者所见仅为台湾地区现存版本，对于大陆和日本的藏本仅据目录学著作的著录信息推测，没能亲自目验，也未对《集注》的文本内容进行校勘比对，故而于传本间的源流关系多有遗漏或讹误，对是书刊刻系统的划分并不准确。笔者通过实际调查大陆多地传本，并结合来氏《日录》诸序及一些地方志材料，对谢文加以补正，以求尽可能地呈现来氏《集注》刊刻流行之原貌。

《中国古籍善本书目》著录：

《易经集注》十六卷，明来知德撰，明万历张之厚刻本。

《周易集注》十六卷，《杂说》一卷，《启蒙》一卷。明来知德撰，明万历三十八年张惟任刻本。

《梁山来知德先生易经集注》十六卷，明来知德撰，清康熙二十七年崔华刻本。

《梁山来知德先生易经集注》六卷，明来知德撰，清抄本，清胡启龙批注。

《周易来注》十五卷，首二卷，明来知德撰，明史应选辑，明崇祯刻本。

《新刻来瞿唐先生易注》十五卷，首一卷，末一卷，明来知德撰，清康熙十六年朝爽堂刻本。①

　　来氏《集注》初刻本已不传，包括《中国古籍善本书目》在内的今人书目著录的两三种万历二十六年或二十七年刻本也都并非初刻本。事实上，来氏《集注》的初刻本由徐博卿、戴诰于万历二十六年戊戌（1598）开雕，二十七年己亥（1599）刻成，郭子章（号青螺）可能于万历三十年壬寅（1602）重刊，初刻阶段时间跨度有六七年（1598—1604），且可能经历了由私资刊刻到官刻的性质变化，对此问题的探讨详见本章所附《来知德〈周易集注〉初刻本考》。

第一节　张惟任系统和高奣映系统

　　本书所述来氏《集注》版本系统，在时间上划定在徐博卿、戴诰初刻本和郭子章重刊本之后。今传本大体可拟定为两个主要系统：万历三十八年（1610）张惟任刊本系统和康熙十六年（1677）高奣映校雠、凌夫惇圈点批校系统。下面详述这两个系统，并对二者之间的过渡版本及其他删节本作简要的分析和介绍。②

一　张惟任系统代表着来氏《集注》版本传承的正脉

　　张惟任系统的代表版本有万历三十八年张惟任刻本、康熙二十七年崔华本及文渊阁四库全书本（下文简称崔华本、四库本）。张惟任于万历三十八年刊刻《周易集注》，北京师范大学图书馆现藏有此本，下文所论万历三十八年本主要依据北师大藏本。北师大藏本的基本情况是：卷首序依次为万历己亥徐博卿序、万历辛丑郭子章序、万历戊戌来知德序、万历庚戌张惟任序、黄汝亨序。接下来为《重刻来瞿唐易经集注》订校姓氏，有高举、郑继芳二人名，然北师大藏本仅收张、黄序，未见高、郑序，四人

———————

① 中国古籍善本书目编辑委员会编：《中国古籍善本书目》，上海古籍出版社1989年版，经部，第69—70页。

② 笔者在2010年到2011年读博士期间，历时半年多，在诸师友的指点和帮助下，调查了国家图书馆、南京图书馆、北京大学图书馆、中山大学图书馆、山东省博物馆、清华大学图书馆、北京师范大学图书馆、台北图书馆等馆藏的数十种明清藏本，并据此重新归纳来氏《集注》版本流传情况。然当时受制于客观条件，仍有若干大陆及日、韩藏本未见。

同为刊刻人，缘何只收二人序呢？[①] 可能的原因是高、郑二序成文相对较晚。张序落款"万历庚戌岁阳月"（1610，万历三十八年），黄序无落款时间；高举序落款"万历辛亥仲春之吉"（1611，万历三十九年），郑序无落款时间。阳月即十月，仲春则为二月，也就是说，张序要早于高序三到四个月，在此期间张刻本可能刊行过，故尚未写成的高序未得收入。当然，高、郑序脱佚的可能性也是存在的。订校姓氏名单落款为"大明万历三十八年重校刻于浙之虎林郡南屏山"，由"大明"二字，知其应属明本。接下来为《易经杂说诸图总目》十九条（即四库本的卷首上部分），目次为：梁山来知德圆图、伏羲六十四卦圆图、伏羲八卦方位、文王八卦方位、伏羲文王错综图、孔子太极生两仪四象八卦图、来知德八卦变六十四卦图、来知德八卦所属相错图、来知德八卦六爻变自相错图、来知德八卦次序自相综图、来知德八卦所属相综文王序卦正综图、来知德八卦四正四隅相综文王序卦杂综图、来知德八卦正位图、来知德上下经篇义、来知德易经字义（象、错、综、变、中爻）、来知德易学六十四卦启蒙、来知德考定系辞上下传补定说卦传、来知德周易集注改正分卷图、来知德发明孔子十翼图。前后编次与来序相符，可能即是初刻的次序。考此编次，则知《启蒙》部分原本应在卷首，不应像台藏本那样出现在全书之末。

　　这一系统的基本特征是：书题为"易经集注""周易集注""梁山来知德易经集注"等，版心作"易经集注"，卷端题作"周易集注"或"梁山来知德易经集注"，各卷尾有"周易集注卷之几终"或"易经集注卷之几终"。卷首有两部分构成：《易经杂说诸图总目》十九条和《易学六十四卦启蒙》，四库本将其分别定为卷首上和卷首下。《总目》十九条为一整体，中间未插入"补遗目"，卷末亦无前人"采图"一卷，"补遗目""采图"是高奫映系统的标志内容。《易学六十四卦启蒙》"同体"栏，各组卦之间，间隔一个圈、两个圈、三个圈、四个圈不等。最后，此系统刻本未将《杂卦》之文分附于六十四卦的卦画之下。

　　这一系统的正文皆为十六卷，卷十六为《考定系辞上下传补定说卦传》。这一系统的三个代表版本之间的区别：万历三十八年张惟任刻本卷十六第一部分卷端题作"考定系辞上下传"，次行作"梁山来知德考定"，卷端不题作"周易集注卷之十六"，这与前面十五卷卷端题都标明"卷某某"不同。卷十六第二部分题为"补定周易说卦传"，次行作"梁山来知

德补定"，版心作"卷之十六"，卷末有"周易集注卷之十六终"。康熙二十七年崔华本隶属于张惟任系统，但其晚出，其卷十六的卷端题作"梁山来知德易经集注卷之十六"。四库本亦属于张惟任系统，所出更晚于崔华本，其卷十六的卷端题作"周易集注卷十六"。崔华本与四库本第十六卷的卷端题中皆标明了"卷之十六"，这与万历三十八年本不同，考初刻本应与万历三十八年本最为接近，卷十六的卷端题不出现"卷十六"字样。台北图书馆藏的万历己亥本实为万历三十八年本，其卷首脱佚，内容始于卷一正文，与北师大藏万历三十八年本不同的是，台藏本《易学六十四卦启蒙》出现在卷尾，在卷十六之后形成尾一卷。

康熙二十七年崔华宝廉堂刻本和乾隆四库全书本，均属于张惟任刻本的翻刻本，四库本则直接以崔华本（即浙江巡抚采进本）为底本，四库本未录来氏的《启蒙序》。相对万历三十八年本，崔华本和四库本的其他重要变化在于将本属于《易经杂说诸图总目》内容的《上下经篇义》《易经字义》《改正分卷图》《来知德发明孔子十翼图》四篇正文提于《易经杂说诸图总目》之前，然此四篇之名未出离《总目》，四篇文字内容却似不属于《总目》。北大藏崔华本已如此，然可能经过今人重订的上海书店影印的崔华本此四篇并未提前。

本书对于《集注》卷首徐博卿、郭子章及来知德三篇序文的讨论详见于本章所附《来知德〈周易集注〉初刻本考》及第五章、第六章，此处专就张惟任、黄汝亨、郑继芳、高举四人序文加以分析。

> 先生《集注》其本原程朱，会通诸儒，而阐明未备者良多。其精义妙法俱自错综出，大中丞青螺郭公已表章其旨。海内称慕之而不尽见，其板在蜀者又多漫漶灭没。予令巫山时与先生有往还，敬其人，爱重其书，爰历吴越下谳司，重订之而梓以流布焉。讵敢云知《易》知命？庶几续韦编之遗，不晦先生苦心而已！万历庚戌岁阳月关中张惟任仲衡父撰。① （钤"张惟任印""有方居士""殿中执法"三印章。）

> 错综之法揭于吾夫子，而独悟于蜀之来矣鲜。其言左右相错上下相综变化无遗，郭青螺深著明其说，刻之蜀中。而予同年直指张公复诠其精义于简端，重付剞劂氏，嘉惠海内，俾世之学者由错综观变，

① （明）张惟任：《来矣鲜易注序》，《周易集注》卷首，北京师范大学图书馆藏万历三十八年刻本。

由变观象，由象观意。武林黄汝亨撰。①（钤"鼎力""黄汝亨印"二印章。）

关中张仲衡氏刻《集注》及《日录》成，授予读之，卒业，予殆规规然自失也。……吾仲衡氏都门郑继芳撰。②

侍御张君复为之发明其义而广远其传，是又有功于先生也。举不敏，愿学《易》以寡过未能也，则请于是编服膺焉。万历辛亥仲春之吉古淄后学高举撰。③

来知德于万历三十二年辞世，张惟任于万历三十八年翻刻其《集注》，间隔仅六年。张序称"予令巫山时与先生有往还，敬其人，爱重其书，爰历吴越下蹉司，重订之而梓以流布焉"，可知张、来二人有过交往。而张惟任刻本《周易集注》订校姓氏里有"武林黄汝亨贞父校正"字样，知黄汝亨为万历三十八年本的主事人之一；郭子章《蟫衣生傅草》卷七首页题"门人武林黄汝亨等校"，知黄汝亨为郭子章门人，而郭子章为来知德至交。④翻刻时间上极其接近，且翻刻之主事人张惟任、黄汝亨与作者皆有故交，这个本子在面貌上理应最忠实于初刻本。张惟任从"令巫山"到"爰历吴越下蹉司"，重刻此本于杭州，由蜀地到江浙的仕履变迁是来氏《集注》万历末年在江浙地区流传开来的重要原因，后来的四库全书本即出自浙江巡抚采进本，是这一系统得到官方首肯的标志。

二　高奣映系统属歧出

康熙十六年高奣映、凌夫惇刻《易经来注图解》于川中官署，遂有高奣映系统，此系统翻刻众多，影响甚大。巴蜀书社 1988 年影印出版的《易经来注图解》即是此板。国图等图书馆所藏的高毓麒刻本、周大璋—符永培系统相关的宁远堂板都应划入高奣映刻本。高奣映系统的翻刻本众多，面貌比张惟任系统的本子复杂。与张惟任系统不同的是，高奣映刻本将张惟任《杂说诸图总目》十九条分作"杂说目"和"诸图目"两部分，并在两者之间插入"补遗目"十九条，"补遗目"摘自来氏《日录》卷一

---

① （明）黄汝亨：《来矣鲜易注序》，《周易集注》卷首，北京师范大学图书馆藏万历三十八年刻本。

② （明）郑继芳：《来瞿唐易注原序》，《易经集注》卷首，上海书店 1988 年版影印本。

③ （明）高举：《来瞿唐易注原序》，《易经集注》卷首，上海书店 1988 年版影印本。

④ （明）郭子章：《蟫衣生傅草》卷 7，《四库全书存目丛书》，集部别集类，齐鲁书社 1997年版影印本，第 156 册，第 49 页下栏。

《弄圆篇》。"杂说目"十二条，依次为来瞿唐上下经篇义、来瞿唐字义象说、来瞿唐字义错说、来瞿唐字义综说、来瞿唐字义变说、来瞿唐字义中爻说、来瞿唐考定系辞上下传（小字：刘删）、来瞿唐补定说卦传（小字：刘删）、来瞿唐改正分卷图、来瞿唐发明孔子十翼图、来瞿唐六十四卦启蒙说、来瞿唐六十四卦启蒙等。与张惟任系统相比，"字义"本为一条，高奣映刻本则裂变为五条，"考定系辞补定说卦"也分作两条，"启蒙"分为两条，总共多出六条。"诸图目"十三条，依次为梁山来知德圆图、伏羲六十四卦圆图、伏羲八卦方位图、文王八卦方位图、伏羲文王错综图、孔子太极生两仪四象八卦图、来瞿唐八卦变六十四卦图、来瞿唐八卦所属相错图、来瞿唐八卦六爻变自相错图、来瞿唐八卦所属相综图（小字：文王序卦正综）、来瞿唐八卦四正四隅相综图（小字：文王序卦杂综）、来瞿唐八卦次序自相综图、来瞿唐八卦正位图。次序虽经高奣映努力地复原，但仍与来序不符。次序称谓上也由张惟任系统的"来知德"变作"来瞿唐"，此乃后出版本的标志之一。

高奣映刻本的特征是：书题作"新刻来瞿唐易注"或"重刻易经来注"，版心作"易经来注图解"。各卷卷端题作"新刻来瞿唐易注卷之几"，卷尾作"周易来注卷之几终"。各卷卷首页次行、三行下题"永川凌夫惇厚子甫圈点，庐陵高奣映雪君甫校雠"。卷首一卷，分为"杂说目""补遗目""诸图目"和"易学六十四卦启蒙"四块。卷末集前人易图而成"采图"一卷。《易学六十四卦启蒙》"同体"栏，各组卦间隔处一律只有一个圈。正文仅有十五卷，来氏《集注》自序提到的"考定系辞上下传补定说卦传"在张惟任刻本属第十六卷的内容，在高奣映刻本被打散分附于卷十三、卷十四、卷十五的相关章节下，分附方式比较细碎，这样总卷数由张惟任系统的十六卷变作高奣映系统的十五卷。其中张惟任刻本卷十六"考定系辞上下传"部分，来氏将《系辞》中十八爻按照《序卦》的顺序重新编次为上经九爻、下经九爻，分别插入《系辞上》《系辞下》，并补荀九家的易象及来氏自己所扩充的八卦物象，此卷内容争议较大，或被认为无谓而遭删除，或肢解分附他卷之下。高奣映系统即是将张惟任系统的卷十六散附于卷十三、卷十四、卷十五三卷中，遂成十五卷。崇祯五年史念冲刻本、崇祯十六年刘之勃刻本都对卷十六做了删改分附工作，从而促成十五卷本的出现。万历三十八年刻本卷十六"考定系辞"部分，高奣映刻本在表述上为"来子考定此节在某某句下"，以圆圈隔开，缀于该爻来注之末；万历三十八年刻本"补定说卦"部分作"来知德有为某为某"，高奣映刻本将此部分散入卷十五后作"来子补定有为某为某"，从

"来知德"到"来子"称谓上的变化也可推知十五卷本后出。万历三十八年本《杂卦》文字原本在卷十五，高旸映刻本将其打散分系于正文六十四卦卦画之下。

高旸映刻本的底本复杂，其所据主要是刘安刘崇祯十六年刻本，刘安刘即刘之勃，崇祯末年死于张献忠攻陷成都的战乱之中。据高旸映《凡例》，"刘安刘重刻，芟烦覆重复之语及《考定系辞》《补定卦说》（宜作'说卦'，误倒），恐失作者之旨，今仍其本，不任受过"①，知崇祯十六年刘安刘刻本删去卷十六，将其内容散附其他三卷中，而高旸映重刻时保存了刘安刘的这一重大调整，则高旸映所据底本主要为刘安刘崇祯十六年刻本。《凡例》又称"劫火之余，原本废失，藏书家多他集抄本，手自录全，遂成完书"，知其所据刘安刘刻本非足本，故以其他各钞本进行补配。又"诸图及杂说，以刘安刘之目考诸来序，编次小有参差。三十年苦心，前后次论，不知几经厘定，河马洛龟之次位，畴为妄易。今从来序编次，示无悖贤"②。则知高旸映刊刻时，根据来知德自序中所述的次序来调整刘安刘刻本诸图及杂说之编次，以求恢复来氏编次之旧貌。高旸映刻本所据来序漏了"又画八卦六爻变自相错图，又画八卦次序自相综图"两句，经高旸映刻本恢复后的目次包含了这两条目，但十九条的前后编次仍与来序不同。与万历三十八年本比对，校勘显示此本对多处来氏注文有明显增删，已远非来注之旧貌，详后。然此系统在清代影响反盛于张惟任系统，康熙二十九年高毓麒荆南署中刻本即窃取此本翻刻，雍正七年周大璋翻刻高旸映本，嘉庆十四年符永培又翻刻周大璋本，同治郭嵩焘刻本、民国上海江东书局石印本等也是据高旸映刻本翻刻。

崇祯十六年刻本是高旸映刻本的前身，高旸映刻本对其做了如下调整：将来氏《日录》里的部分易图及论述插入来氏《集注》卷首，形成"补遗目"一块；将前人易图辑为一卷附于书后，形成"采图"一卷；用其他不止一种的抄本来补配刘安刘刻本，由此所生的异文已不可确知。刘安刘刻本今无传，高旸映当时也称其"原本废失"，遂使用他集抄本补配，抄书之人加入自己的理解，对文本进行二度创造是常有的事。高旸映刻本和张惟任刻本之间异文之差距非常悬殊，这么大的差距可能根源于高旸映底本的复杂和补配，而非始于刘安刘刻本。刘安刘刻本是高旸映刻本所据的主要底本，然而不适合将其视作高旸映系统的代表。

---

① （明）来知德：《易经来注图解》，巴蜀书社 1998 年版影印本，卷首《凡例》第 2 页。
② （明）来知德：《易经来注图解》，巴蜀书社 1998 年版影印本，卷首《凡例》第 1 页。

史念冲刻本题为"周易来注"或"易经来注"，高旂映刻本除题为"新刻来瞿唐易注"外，还题为"重刻易经来注"，版心作"易经来注图解"，卷尾作"周易来注卷之几终"。从书题看，史念冲刻本与高旂映刻本似有渊源关系。且两者均为十五卷本系统，其差别仅在于是将卷十六肢解后是整块分附，还是细碎分附。笔者推测，存在这样一种可能，即崇祯十六年刘之勃刻本翻刻崇祯五年史念冲刻本，而康熙十六年高旂映、凌夫惇再翻刻刘安刘刻本。南京图书馆著录为"周易来注""易经来注"的本子，从书题看与崇祯五年本同，然而又称"宁远堂"藏板，则宜归属于高旂映系统。

第二节　两个系统之外的本子

上文已论，来氏《集注》从万历三十八年十六卷的张惟任刻本演变为康熙十六年十五卷的高旂映系统，崇祯五年史念冲刻本和崇祯十六年刘之勃刻本可视为上述两个系统之间的过渡。崇祯十六年刘之勃刻本失传，据康熙二十九年高毓麒刻本所载刘序及《题来瞿唐从祀疏》称为"易注"，其确切书题亦不可知。崇祯五年本不能单立为一个系统，因为此本后无翻刻本。从今传本看，崇祯五年史应选辑本最早将卷十六删去，并把卷十六的内容分附于卷十三、卷十四、卷十五之下，开启了高旂映十五卷本系统的先例。两者分附方式不同。崇祯五年本分附方式简单，即将卷十六肢解为三块，指出每块所附的位置。如在卷十三第十二章后为"附来知德考定第八章"，此章末句为"右第八章，依《序卦》，上经九爻与下经同"；卷十四卷末"附来知德考定第五章"，末句"右第五章，依《序卦》，下经九爻与上经同"；卷十五在说卦传末第十一章后"附来知德补定第十一章"，《说卦》终，接着是《序卦传》《杂卦传》。高旂映刻本分附方式细碎，即分别指出"来子考定此节在第几章某节下"，或者"来子考定某节在此节下"。此外崇祯五年本并未将《日录》易图及相关文字杂入《集注》卷首，卷末亦未添入前人易图。

除了上文提到的崇祯五年史应选本、崇祯十六年刘安刘本外，现存两个系统之外的本子还有：第一，清华大学藏清初冯邦荣重订本，版心作"周易变"，此本将《启蒙》分附于六十四卦的卦首，且对来注有所省改，已属改作。第二，北京国家图书馆藏二卷的清刻本《删定来氏易注象数图说》，此本收有清光绪十一年（1885）张恩霈序。第三，《浙江省图书馆古籍善本书目》著录清高昫删补的康熙三十六年愿学堂刻本《周易集注》十卷，《图解》一卷，《启蒙》一卷。第四，北京大学图书馆藏康熙六十一年俞卿刻本，题"周易集注"，卷首分上下，正文六卷，为来氏《集注》之删节本，此本将《来知德圆图》移至《孔子太极生两仪四象八卦图》之后，八卦变六十四卦图之前，在编次上甚悖来氏之旨。第八章之后，小字注称"原本上系七爻，下系十一爻，来依《序卦》，将上经九爻，尽归《上系》，下经九爻，尽归《下系》。上下经各九爻，总系一处，俾读者易见头绪，于理无碍，从之"。各爻分附之语作"原本释某某爻，来知德定归上系（或下系）第某条"，从而在上述《系辞》十八爻的两种分附法之外，出现了第三种分附法。

需要指出的是，今人所编书目对几个本子的著录有误。一是雍正七年宁远堂周大璋校刻本，应为十五卷，然或著录为十六卷，乃是将卷首一卷计入所致。此本国图、南图有藏。二是所谓"崇祯年间刊本"十五卷，惟南图藏本著录十六卷。经目验，南图正文实为十五卷，将卷首一卷计入，遂成十六卷。三是中山大学藏本，《中山大学图书馆馆藏保存本图书目录》1957 年著录明万历雷叔闻校"《易解》十五卷"，然而到了 2004 年广西师大出版的《中山大学图书馆古籍善本书目》变作"十六卷"。此本现仅存卷一至卷十一，据明清人著录推测，疑当从 1957 年著录作十五卷。中山大学藏万历雷叔闻刻本删去了来氏卦爻辞注中的圈后注，属节本，从异文看此本应划入张惟任系统。

据清高毓麒序，成都张之厚刻本可能比张惟任刻本稍晚，唯山东省博物馆有藏，著录为万历年间刻本，然卷首页题"明翰林院待诏夔梁山来知德注，成都府知府楚应城张之厚校"，此"明"字似显示其非明本，其软体似为清初刻本风格，也可能是清印本删"大明"为"明"。此本卷首和卷末皆脱落，仅余正文十六卷，经校勘，与张惟任刻本为同源，其所据底本或为蜀中初刻本。崇祯五年（1632）史念冲刻本前有陈仁锡序，陈仁锡即陈明卿，从序文来看，陈仁锡此前似未刻过来氏《集注》，故而清人高毓麒天启乙丑陈明卿刻于京师的说法可能有误。

第三节　划分两个系统的根据

上述两个系统划分的根据主要有四点，前两点是卷数、卷首卷末的具体内容和编次，前文已对比述及。这里主要谈谈后两点根据，即书题和异文校勘。

高奣映刻本卷端题为"新刻来瞿唐易注"、卷终标志作"周易来注卷之几终",版心作"来注易经图解",高奣映序又有"瞿唐易经图象全解"的题法,"图解"二字始见于高奣映系统。在作者称谓上,张惟任系统直呼"来知德"或"来知德先生",高奣映系统称"来瞿唐"或"来子"。国图藏芸生堂提善本 t1726 题"新刻来瞿唐易注",封面题名"易经来注图解",附加题名"周易来注图解",应属高奣映系统。

中山大学藏万历雷叔闻校本各卷卷首题"易解卷之几",卷终题作"易解卷之几终",版心作"易解"。"易解"作为书题曾出现在康熙中期徐乾学《传是楼书目》,后人所补的明朱睦㮮(1518—1587)《授经图》作《来氏易解》。

一 书题的变化

关于书题,来氏原序作"名曰周易集注",来氏《年谱》作"易经集注",二者应是此书最原始的两种书题。万历三十八年张惟任刻本各卷卷端题"周易集注卷之几",卷末题"易经集注卷之几终"或"周易集注卷之几终",版心作"易经集注"。所收徐博卿序题为"刻来瞿唐易经集注序",未用"重刻"或"新刻",当仍初版旧貌。郭子章序题"来矣鲜易注序",无"刻"字,表明其未参与刊刻;来知德自序题"周易集注序",说明这是原始书题。张惟任序题"重刻来矣鲜易注序";黄汝亨序题"来矣鲜易注序",所用皆为作者的字,惟徐博卿用作者的号。山东省博物馆藏万历成都张之厚刻本,各卷卷端题"周易集注卷之几",无卷终标志,版心作"易经集注"。张惟任和张之厚刻本保存了是书的原始书题。崇祯五年史应选刻本题"周易来注",版心作"易经来注",卷首上版心作"易注杂说",卷首下版心作"易注启蒙"。自此书题由"集注"变作"来注"。台藏崇祯五年本著录称十七卷,乃将卷首上、下视为二卷,加正文十五卷。南图藏崇祯五年本著录十六卷,则是将卷首上、下视作一卷,加正文十五卷。[①]来知德生前的书题有"易经集注""周易集注"二种。崇祯五年本始有"周易来注""易经来注"的题名,书题由"集注"变作"来注"。"易注"可以视为易经集注的简称,然"来注"容易使人误以为是

---

① 日藏本原为陆心源守先阁旧藏,著录为十五卷,可能是仅存正文,卷首脱佚。《中国古籍善本书目》著录的藏本为十五卷首二卷。天津图书馆藏残本,青海省民族学院图书馆,云南省图书馆亦有藏。

来知德自注，故书题不宜采用"来注"。这一变化开了康熙十六年高奣映刻本的先例。高奣映刻本卷端题为"新刻来瞿唐易注"、卷终标志作"周易来注卷之几终"，版心作"来注易经图解"，高奣映序又有"瞿唐易经图象全解"的题法。据明末清初祁承爜、黄虞稷、徐乾学目录学著作的相关著录，卷首之图说或《易注图说略》一卷曾单篇别行过。从书题看，高奣映刻本在史念冲刻本上加了"图解"二字，大概是因为将单篇别行过的卷首《杂说诸图总目》和《易学六十四卦启蒙》重新加进来所致。国图藏芸生堂提善本 t1726 题"新刻来瞿唐易注"，封面题名"易经来注图解"，附加题名"周易来注图解"，则此本可能是高奣映刻本的底本，或高奣映刻本的翻刻本，总之属高奣映一系，且在明末清初。

由七种明清人的著录，可知十五卷本的出现相对较晚。朱睦㮮辞世时，来氏《集注》尚未成书，故《授经图》所录《来氏易解》当为后人补；徐乾学著录将来氏十六卷本的《周易集注》放在十五卷本的来氏《易解》前，故十五卷本晚出且一开始题为《来氏易解》或《易解》。来氏《集注》卷十六为考定系辞上下传、补定说卦传，来氏将《系辞》中十八爻按照《序卦》的顺序重新编次为上经九爻、下经九爻，并补荀九家的易象及来氏自己所广的八卦物象，此卷内容争议较大，或被认为无谓而遭删除，或肢解分附他卷之下。据明末清初祁承爜、黄虞稷、徐乾学目录学著作的相关著录，卷首之图说或《易注图说略》一卷当时单篇别行过。中山大学藏万历雷叔闻校本《易解》，各卷卷首题"易解卷之几"，卷终题作"易解卷之几终"，版心作"易解"，或即朱、徐著录之本。

北京国家图书馆所藏宁远堂本子则是嘉庆十四年符永培翻刻雍正七年周大璋刻本，题名"来瞿唐易注"，又题"重刻易经来注"，双边框。南图藏宁远堂的本子题名"周易来注"或"易经来注"或"周易注"，无求备斋易经集成影印的即是此本。宁远堂与周大璋、符永培相关。[1] 在国图藏本中著录为文选楼藏板，李连福承刻，又题"广州林记书庄"，"积善堂藏板"，版心作"朝爽堂"，卷一首页次行下题"后裔锡蕃重刊"，此本《启蒙》末页和卷一的前若干页双边框，其余部分皆为单边，大概是补配所致。巴蜀书社影印的《易经来注图解》正文未见凌夫惇的几种圈点符号，可知非高奣映刻本之原本，乃翻刻本，国图所藏的高奣映、凌夫惇刻本则可见凌氏圈点符号，当更近原本。高毓麒翻刻本与提善芸生堂刻本行

---

[1] 北京大学藏清人周大璋编辑的《四书朱子大全精言》为清康熙四十七年（1708）宝旭斋刻本，据此知周大璋为康熙、雍正朝人。

款同，均单边框，周大璋—符永培刻本为双边框，均为半页九行二十二字，白口单鱼尾，版心皆作"批点来注"，大概因翻刻而有边框之单双不同。高毓麒本乃窃取高奫映本翻刻而成，晚出十三年左右，然而国图藏高奫映刻本也未必是原本。宁远堂版可以确定为高奫映一系，故南图藏本题"周易来注""易经来注"并题"宁远堂"的本子应属高奫映系统，而非史念冲刻本。

二　异文校勘

笔者以大量异文校勘结果来佐证这两个系统的划分。首先是《易学六十四卦启蒙》的校勘佐证，示例如下：

第一，《启蒙》师卦，张惟任系统诸本误作"综屯"，高奫映系统诸本改正为"综比"。

第二，关于《启蒙》首栏"象"即来氏所谓卦体大象之象，共计30卦下标明了六爻大象。在夬卦、姤卦二卦，张惟任系统诸本皆作夬卦象震，姤卦象艮，高奫映系统诸本作夬卦象震兑，姤卦象艮巽。张惟任系统噬嗑卦，五爻变乾，成无妄，错井，形近讹，应作"错升"；高奫映系统无误。张惟任系统睽卦二爻变震，成噬嗑，错升，形近讹，应作"错井"；高奫映系统无误。从义理上看，高奫映系统更符合来氏卦体大象之象的原意。

第三，张惟任系统于乾坤二卦不言卦气，《启蒙》中首次出现卦气是在泰卦，称"三阴三阳之卦，属坤，又正月卦"。高奫映系统乾卦卦画下著"四月之卦"，坤卦卦画下著"十月之卦"。

第四，张惟任系统在同体卦之间以一个圈、两个圈、三个圈或四个圈隔开，如宝廉堂崔华本《启蒙》部分小畜卦"同体"栏："姤大有○○同人○○○○履○夬五卦同体"；巴蜀影印高奫映本"同体"栏则全变作一个圈隔开，分组不变："姤大有○同人○履 夬○五卦同集"，此处高奫映刻本有误，应做"姤大有○同人○履○夬五卦同体"。四库本从属于张惟任系统，于此也可得到验证。两个系统的本子为何在《启蒙》"同体"栏有此不同？圈数多寡意义何在？至今不详。

其次是正文的校勘佐证：

第一，离卦的卦画下有没有"离上而坎下也"几个字。高奫映系统诸本将《杂卦》之文分附于各卦卦画下，如中孚卦画下"中孚信也"，离卦卦画下"离上而坎下也"。张惟任系统则无此特征。

第二，离卦九三注文"乐其常也"后，高奫映系统诸本无长句"凡人歌乐必用钟鼓琴瑟，则非乐其常矣。若王羲之所谓年在桑榆，赖丝竹陶写，即非乐其常矣。盖丝竹乃富贵所用之物，贫贱无丝竹者，将何陶写哉？故鼓缶而歌者，即席前所见之物以鼓之，乃安其常也"，张惟任系统诸本及张之厚刻本有此句。

第三，离卦上九小象注文"征之为言正也，寇贼乱邦，故正之"后，高奣映系统诸本有一长句"六五明于用人，上九明于人之罪恶，若非上九之明，则玉石俱焚矣。若非六五之明，上九有故纵反者之咎矣。以正邦也，言五之用九，非穷兵黩武，但取正邦，多杀何为"，张惟任系统诸本及张之厚刻本无此句。

第四，革卦初九小象注文的最后，高奣映系统的巴蜀本、朝爽堂本有"桓玄篡位"四字，张惟任系统诸本及张之厚刻本无此四字。

第五，革卦上六注文"面从之伪皆革，而心真实以向汤矣"前，张惟任系统诸本、崇祯五年本及张之厚刻本有"如民之从纣者，不过面从而心实不从也。及化行南国，《泰誓》《牧誓》，则面从之伪皆革，而心真实以向文武矣"一长句，高奣映系统诸本无此句。

第六，鼎卦初六注文"不得已也，以其顺利于出否也"后，张惟任系统诸本、崇祯五年本及张之厚刻本作"亦犹一夫一妇人道之常，既有妻，岂可得妾？今得其妾，若失尊卑之分矣。然得妾者，不得已也"，高奣映系统的巴蜀本、符永培本、朝爽堂本将此句省改为"亦犹有妻得妾非得已也"。

第七，鼎卦初六注文之末，高奣映本、光裕堂本有"正位君子，当先洗心"一句，符永培本无此八字。张惟任系统诸本、崇祯五年本及张之厚刻本均无。

第八，鼎卦九四小象注文，高奣映系统诸本有"二不我即且慎所之，故善"一句，末句为"房管之刘秩，宗元之叔文，安石之惠卿"一句，符永培本无此二句。张惟任系统诸本、崇祯五年本及张之厚刻本均无。

第九，卷十四系辞下第二章"古者包牺氏"节来注，张惟任系统诸本作"画一偶"，高奣映系统作"画二偶"，符永培本作"画一偶"。

据异文的校勘，则张惟任系统和高奣映本系统的划分是成立的。高奣映本多处省改，且所据为他本抄撮而成，多有增删，已远非原貌。

来氏《易学六十四卦启蒙》每卦所列举的同体之卦不仅是其相综卦，《启蒙序》失之笼统。来氏同体似发明朱熹卦变图"凡某阴某阳之卦各某，皆自某某而来"。且一般而言，来氏所列的最末一个同体卦乃为母卦，然师卦除外。台北藏"初刊本"和张惟任—崔华系列的本子都属于张惟任系统，在同体卦各组之间以一个圈、两个圈或三个圈、四个圈隔开，不详其意。巴蜀的影印本属于高崎映系统，同体各组卦之间则全变作一个圈隔开，分组不变。这也是两个系统的一个明显的差异。相综的两卦，其同体的母卦是一样的，且一般都置于最末，然中间间隔的圈数多有不同。如小畜、履二卦，来氏"属巽"或"属艮"的说法，似出于京氏八宫。邵子先天六十四卦方圆图也有八宫，然而是乾一到坤八的八宫，非京氏的八纯卦自初爻变而得的八宫。这两种八宫来氏都采用了，然而《启蒙》中某卦属某用的是京氏八宫。

鼎卦情性，台北藏"初刊本"作"情顺性入"，北师大藏万历三十八年本亦讹，崔华宝廉堂本改正为"情明性入"，巴蜀和文渊阁四库本皆改正为"情明性入"。盖内卦为性，外卦为情；阳卦情刚性刚，阴卦情柔性柔。其基本单位为八个三画卦的特质，即乾健、坤顺、震动、巽入、坎险、离明、艮止、兑悦。《说卦》原作"坎陷也、离丽也、兑说也"，稍有不同。艮卦卦画，台北"初刊本"六画皆阳，显误。北师大图书馆藏万历三十八年本亦误，宝廉堂本予以校正，此处四库、巴蜀书社影印本皆无误。

师卦象坎，比卦象坎，小畜象离，履卦象离，泰卦象震兑，否卦象艮巽，同人象离，大有象离，谦卦象坎，豫卦象坎，临卦象震兑，观卦象巽艮，剥卦象巽艮，复卦象震兑，无妄象离，大畜象离，颐象离，大过象坎，咸卦象坎，恒卦象坎，遁卦象巽，大壮象兑，损卦象离，益卦象离，夬卦象震，姤卦象艮（万历三十八年本、宝廉堂本、四库本亦然，巴蜀本作夬卦象震兑，姤卦象艮巽），萃卦象坎，升卦象坎，中孚象离，小过象坎。共计三十卦下标明了六爻大象（毛奇龄所谓聚分卦即类此）。其义例似不一，表现为剥复遁大壮夬姤等六卦，其中后二卦在巴蜀的本子被改。似宜作：剥卦象艮，复卦象震；遁卦象巽艮，大壮象兑震；夬卦象兑，姤卦象巽。然在此六卦的注文中似未用到这些，六爻大象之说对于其整个理论体系而言，有助于来氏论证象辞关系的逻辑统一性。

《易学六十四卦启蒙》中首次出现卦气是在泰卦，称"三阴三阳之卦，属坤，又正月卦"。巴蜀的本子乾卦称四月之卦，坤卦称十月之卦，且文字上、次序上小有差。当为传抄改写，已非原貌。四库本忠实于台北"初刊本"。八宫乃为宫主，不标所属。某月卦仅十二辟卦有此称谓，然"初刊本"于乾坤二卦不言卦气。恒卦的"恒"字台北"初刊本"不缺末笔，巴蜀缺。万历三十八年本伏羲六十四卦圆图缺笔，然注文中不缺。宝廉堂本恒卦皆缺笔。

同为万历三十八年版，北师大藏本似乎印次上更早一些。北师大藏本因版断裂而引起的横向裂纹较为少见，而台北藏本则裂纹较多。还可从异文看出。如讼卦六三爻辞"食旧德，贞厉，终吉"，北师大本朱笔校改作"厉"，台北藏本径作"厉"；六三象辞来注，北师大本校改作"乎彼"，台北藏本径作"乎彼"；蛊卦象传来注"巽则谄，止则惰"，北师大藏本误作"情"，有朱笔校改，台北藏本不误。此类异文甚多，不赘述。

附　来知德《周易集注》初刻本考[①]

来知德（1525—1604），字矣鲜，号瞿唐，四川梁山（今重庆梁平县）人，明嘉靖壬子科举人，四上公车不第，遂焚引侍养。自隆庆庚午（1570）到万历己亥（1599），历二十九年而后成《周易集注》。来氏另有《日录》传世。[②]

来氏《周易集注》对后世有着重要影响，梓布后即刊刻不绝：万历年间有张惟任刻本、张之厚刻本、雷叔闻删节本，崇祯年间有史念冲刻本、刘安刘刻本，清初有冯邦荣重订本，康熙年间有高斋映刻本、崔华刻本、高毓麒刻本、高暄删节本、俞卿刻本，雍正年间有周大璋校刻本，乾隆年间有四库全书本，嘉庆年间有符永培刻本，同治年间有郭嵩焘刻本，民国时期有江东书局石印本，等等。各种重刊本在流传中多遭增删臆改，初刻原貌已难辨。清高斋映称"《来注》初刻于郭青螺（笔者按，即郭子章）"，[③] 陈奇猷则认为康熙二十七年崔华宝廉堂藏板乃翻刻万历三十八年张惟任虎林刻本，张刻本则是将万历二十九年郭子章刻本重付剞劂，而崇祯五年的史念冲刻本后于郭刻本31年，后于虎林刻本21年，以上两种说

---

① 陈培荣：《来知德〈周易集注〉初刻本考》，北京大学《儒藏》编纂与研究中心《儒家典籍与思想研究》，2013年。该文写作过程中得到了北京大学儒藏中心李畅然老师的指导和帮助。今在已发表文章的基础上，又增补了对来知德《考定周易系辞上下传》《补定周易说卦传》的论述以及恢复初刻本原貌的新的文字和校勘证据。

② 来知德《日录》早期版本仅收录来氏六十四岁前的理学作品如《省觉录》《省事录》《大学古本》《釜山稿》等。万历三十九年张惟任重刻时增收了来氏六十四岁后的著作如《入圣功夫字义》《理学辨疑》《心学晦明解》《河图洛书论》《弄圆篇》等。四川省图书馆藏清道光十一年刻本在张惟任刻本基础上又增收来氏《优哉阁稿》一卷。

③ （明）来知德：《凡例》，《新刻来瞿唐易经集注》卷首，巴蜀书社1988年版影印本，第2页。郭子章，号青螺，隆庆进士，历任四川学政、两浙参政、贵州巡抚等职。

法均无法准确呈现此书初刻本的真实情形。① 高霁映是否为此说的首倡者已难以考证，然此论沿袭已久，日渐湮没此书初刻的真相。

一　徐博卿和戴诰的初刻工作

初刻主事人徐博卿时任梁山县令，戴诰为来知德早年的弟子。下面两段即摘自二人关于《周易集注》的序跋：

> 诰秦中致仕归田，欲梓是书，先生以未就辞之。天启文明，恭遇闽中徐侯来令吾梁，首恳是书，慨然捐俸梓之。邑大夫建吾古公、春城李公及不肖诰感侯高谊，各少补工费。通学诸友助费者诰不能悉纪。是不传之秘自先生而传，而已绝之书自徐侯而续。其成也，岂偶然哉？羽翼四圣之功亦伟矣。诰不能文，敢直书数字于其后云。时万历己亥夏午月吉旦门生戴诰顿首谨识。②
>
> 卿惟初就注《易》得，丐而传之。梓成，烂然卷帙。窃案牍之间，嗣以丙夜寓目，凡两阅月而始能稳括其旨。……邑绅戴桂屏以出先生门，谦跋《注》后而虚弁候卿。卿不敏，何能序先生？然不敢不撮其概。乃若先生之道德丰裁，具卿奏记台司诸牍中，诸略而不具，虞赘耳！时万历己亥仲冬之吉闽南九日晚学徐博卿顿首序。③

这二篇序跋皆作于万历二十七年己亥（1599），台北藏本据卷尾戴诰跋落款将其著录为万历己亥本，并误作"初刻本"。戴诰跋称"诰秦中致仕归田，欲梓是书，先生以未就辞之"，表明此次刊刻为来氏《集注》初刻。戴诰跋又称徐博卿"慨然捐俸梓之"，且列出几位少补工费的乡贤，表明初刻尚非官刻。徐序称"邑绅戴桂屏（即戴诰）以出先生门，谦跋《注》后而虚弁候卿"，戴跋叙捐俸也以徐为首，表明此时刊刻者中县令徐博卿的地位是最高的，贵州巡抚郭子章当时不在场。郭子章尝与来知德有旧（《年谱》载万历十六年戊子郭子章"考校梁山，礼于其庐"，初见来知德），④ 若

---

① 陈奇猷：《〈易经集注〉出版说明》，《易经集注》卷首，1988 年上海书店影印本。
② 戴诰跋无标题，北京师范大学藏万历三十八年张惟任刻本卷末附，另台北藏本卷末亦附有戴跋。其他刊本皆未见。
③ （明）来知德：《刻来瞿唐易经集注序》，《易经集注》卷首，北京师范大学藏万历三十八年张惟任刻本。
④ （明）古之贤：《太史来瞿唐先生年谱》，《北京图书馆藏珍本年谱丛刊》，北京图书馆出版社 1999 年版影印本，第 50 册，第 139—140 页。

郭子章当时在梁山，戴诰虚弁所候的将是郭氏而不是徐氏了。

来氏《年谱》称万历二十五年"《集注》就"，二十六年"《集注》刻成，作一竹室，日订正《集注》于中"。① 然自序一般作于全书写成之后，来氏自序落款为二十六年三月，很可能此时全书方写就。戴跋落款为二十七年五月，徐序为二十七年十一月，徐、戴为刊刻之主事人，主事人作序跋一般是在刻成之后。徐序"梓成，烂然卷帙"一语说明刻成前徐氏并未读此书，也可证是书刻成于二十七年五月戴诰作跋之时。来氏《年谱》由其门人古之贤等编撰，② 信度较高，然在某些地方记载有误，如后文提到《年谱》误记郭、徐二人作序时间。③ 故笔者不取《年谱》"二十六年刻成"之说，而是倾向于依据自序、戴跋、徐序的落款，将二十六年视为初刻开雕时间，而将刻成时间定为二十七年。

郭子章，江西泰和人。来、郭二氏《年谱》都提到，四川学政郭子章于万历十六年（1588）五月考校梁山，与来知德谈《易》及道德性命之学。④ 此为二人首次会晤，是时来氏《集注》尚未写成。那么郭子章有没有参与十年后的初刻工作呢？据郭氏《年谱》载，万历二十四年（1596），两浙参政郭子章莅闽。二十六年（1598）春正月，考绩北上，三月还家，上疏乞休，冬十月，郭子章长子卒于家，诏起郭子章为贵州巡抚，时贵州方用兵讨播，催公星夜赴黔。二十七年（1599）五月，郭子章入贵州境，六月到任贵阳。二十八年（1600）三月郭子章誓师。六月，灭播。七月，播平，犹有枕戈之忧。冬十月，谒龙场阳明祠。十二月，献俘阙下。二十九年（1601）春正月，上疏请告，不准辞。三月灭皮林。五月贵阳大饥，诏加贵州巡抚兼制湖南及川南四土司地方，贵州之兼制湖南、川南自公始。⑤ 郭子章《童蒙初告序》称"已入黔，夜郎、皮林既平，兰

① （明）古之贤：《太史来瞿唐先生年谱》，《北京图书馆藏珍本年谱丛刊》，北京图书馆出版社1999年版影印本，第50册，第153页。

② 据来氏《年谱》载，嘉靖三十二年癸丑（1553），二十九岁，古之贤、戴诰等人始至门下，朝夕与游。嘉靖四十三年甲子（1564），四十岁，家居读书，古之贤中举。

③ 来氏《年谱》载："万里二十八年庚子，先生七十六岁，家居，中丞青螺郭公作《易注序》，县令徐公作《易注序》。"与二序落款时间不合，应是《年谱》误记。

④ （明）古之贤：《太史来瞿唐先生年谱》，《北京图书馆藏珍本年谱丛刊》，北京图书馆出版社1999年版影印本，第50册，第139—140页。郭孔延：《资德大夫兵部尚书郭公青螺年谱》，《北京图书馆藏珍本年谱丛刊》，北京图书馆出版社1999年版影印本，第52册，第529页。郭孔延乃郭子章次子。

⑤ （明）郭孔延：《资德大夫兵部尚书郭公青螺年谱》，《北京图书馆藏珍本年谱丛刊》，北京图书馆出版社1999年版影印本，第52册，第536—546页。

锜之隙，乃以先王父所授书及小儿语拜友人邹尔瞻、来矣鲜所"，① 则知郭子章重访来知德是在万历二十九年三月灭皮林之后。是年五月，川南四土司地方归贵州巡抚郭子章兼制，来知德家乡夔州梁山恰为其属县，且播州土司叛乱此时已平定，无论是时机上，还是行政区划上，都为郭子章再次造访老友提供了很好的便利。

据来氏《年谱》载，万历二十九年，"青螺郭公书云：'……读《集注》'"云云，② 也可佐证郭子章"读《集注》"晚在万历二十九年，不可能参与之前的刊刻。此外，来、郭的《年谱》和文集中未见万历二十六年（1598）到二十八年（1600）二人交往的记载。可以推定，郭子章于二十九年三月之后始读到其刊行已二年的《集注》，并于七月七日为之作序。

二 郭子章可能的重刊工作

郭子章为来氏《集注》作序上距徐、戴刻成是书约两年时间。郭序未提刊刻情况，表明郭子章作序仍是就徐、戴初刻为言，初刊已由徐、戴等人完成，且徐序、戴跋对刊刻过程已有所交代。后人根据郭序落款，遂有万历二十九年"郭青螺刻本"或"郭青螺初刻本"的说法，这与徐、戴二人之名为高官郭子章所掩，徐序、戴跋基本不见于后世刻本有关。

来氏《年谱》称万历二十八年"中丞青螺郭公作《易注序》，县令徐公作《易注序》"，③ 与两序落款不合，徐序为前一年，郭序为次年。此记载以郭、徐二序并举，同样说明郭子章作序时并未重刻是书，而是仍据徐博卿初刻。郭序比徐序晚作逾一年半之久，来氏《年谱》却将郭序置徐序前，当考虑了人爵高低，然其客观后果是突出了郭子章的作用，似乎预示了徐、戴作为初刻人日后被忽视的命运。北师大藏万历三十八年张惟任刻本收有徐、戴初刻之序跋，然重刻人张惟任、黄汝亨均只言"郭青螺表章其旨，刻之蜀中"云云，已不提及徐、戴。徐序在南京图书馆藏崇祯五年本里还能看到，戴跋则在后世传本中没再出现过。相比之下，郭序在崇祯五年本、清初冯邦荣重订本、康熙十六年高崙映刻本、康熙二十七年宝廉堂本、康熙二十九年高毓麒刻本及其后的诸多刊本中皆能见到，这势必造

---

① （明）郭子章：《蠙衣生黔草》卷11，《四库全书存目丛书》第155册，齐鲁书社1997年版影印本，第346页。

② （明）古之贤：《太史来瞿唐先生年谱》，《北京图书馆藏珍本年谱丛刊》，北京图书馆出版社1999年版影印本，第50册，第155—156页。

③ （明）古之贤：《太史来瞿唐先生年谱》，《北京图书馆藏珍本年谱丛刊》，北京图书馆出版社1999年版影印本，第50册，第154页。

成郭青螺初刻于蜀中的假象。

那么郭子章有没有重刊是书呢？来氏《年谱》载"万历二十八年，方伯郭公书云'此非来氏一家私书也，献在明廷，副在石室，颁于天下，俾天下读《易》者'"云云，似有官刻献书之举。方伯郭公其人已难考。然据前所论，次年郭子章作序仍是就私梓之初刻本为言，故这可能只是方伯郭公的一句套话。康熙二十九年（1690）高毓麒重刻是书，高序称"万历三十年郭子章疏请公帑梓行"，① 不知可靠性如何，毕竟此时上距万历三十年（1602）已有八十九年。来氏《年谱》载万历三十年郭子章、王象乾合词论荐，为来知德疏请得翰林院待诏之官职，高毓麒或想当然地将此事与"疏请公帑"合为一事。② 郭氏《年谱》则称甲辰三十二年（1604）春正月上元日，郭子章作《来太史易注序》，③ 据此，郭氏为来氏《集注》前后作序二次，一次是万历二十九年，另一次是万历三十二年。不过郭氏《蠙衣生黔草》中未见此序，仅收有前文提到的万历二十九年七月七日序。④ 假如郭氏《年谱》属实，则郭子章万历三十年公帑重刊是书之说可能成立。

万历三十年距是书刻成仅三四年，初刻板片尚不致损坏，倘来氏修订不大，可以使用原版递修，以省工费。故郭子章此年若通过官方重刊的话，很可能是仅就初刻书版重印。来氏《年谱》提到，在万历二十六年来氏作一竹室订正《集注》，三十年建优哉阁并订《集注》于中，说明作者在初刻阶段（也是作者生命的最后几年）一直在对《集注》作修订，倘若郭子章重刊，来氏的订正应在重刊本中有体现，然而已不知其详了。

综上所论，来知德《周易集注》于万历二十六年由梁山县令徐博卿及其门人戴诰付梓，次年刻成，贵州巡抚郭子章在二十九年始读此书并为之作序，三十年可能疏请公帑梓行。无论"公帑梓行"是重刻还是将初刻书版修补重印，抑或根本就没有官刻一事，郭子章均未参与初刻。郭子章不是来《注》的初刻者，万历二十九年也不是来《注》的初刻年。

① （明）来知德：《新刻来瞿唐易注序》，《周易集注》卷首，国家图书馆藏本。

② （明）古之贤：《太史来瞿唐先生年谱》，《北京图书馆藏珍本年谱丛刊》，北京图书馆出版社 1999 年版影印本，第 50 册，第 156—164 页。

③ （明）郭孔延：《资德大夫兵部尚书郭公青螺年谱》，《北京图书馆藏珍本年谱丛刊》，北京图书馆出版社 1999 年版影印本，第 52 册，第 549—550 页。

④ （明）郭子章：《来矣鲜易注序》，《蠙衣生黔草》卷 11，《四库全书存目丛书》，齐鲁书社 1997 年版影印本，集部，第 155 册，第 344—345 页。此处所收郭序与郭刻本所收郭序同。

三 初刻本的复原

初刻本已失传，今人书目所载两三种万历二十六年或二十七年刻本皆属误判。除前引《中国古籍善本书目》著录的来氏《集注》相关版本外，《山西省古籍善本书目》著录有山西省文物局藏"《易经来注图解》十五卷，万历二十六年刻本"，① 应属误判，事实上题名为"易经来注图解"的本子皆可划入晚出的高奣映十五卷本系统。《日藏汉籍善本书目》著录"《新刻来瞿唐易注》十六卷，万历二十六年刊本，无穷会天渊文库藏本"，② 由"新刻"之题知其非初刻，其书题属高奣映系统。此两条著录大概误据了落款为万历二十六年的来氏自序。台北藏本著录"万历二十七年己亥本"则因卷首脱佚，误据仅存的戴诰跋而定为己亥本，其实是万历三十八年张惟任本。

据今传本看，要复原来氏《集注》初刻本，最可凭借的是万历三十八年（1610）张惟任本。与晚出的史念冲、高奣映这两种十五卷本相比，张惟任刻本代表着来氏《集注》版本传承的正脉。张惟任重刻上距徐、戴初刻仅十来年，且张氏任巫山县令时与来知德有过交往，张氏敬其人，爱重其书，故不会如史、高那样对"考定系辞传补定说卦传"部分妄加肢解分附。协助张惟任重刻工作的黄汝亨则是郭子章的门人，且张、黄次年并刻了来氏《日录》，二人很清楚来氏《集注》《日录》的分别，因此不会像高奣映刻本那样妄将《日录》部分内容及前人易图辑成"补遗目""采图"混入《集注》。在以万历三十八年张惟任刻本为根据的基础上，其他二种传世万历本可作为复原工作的参照。一是比张惟任刻本稍晚的成都张之厚刻本，仅山东省博物馆有藏，其卷首和卷末皆失落，正文十六卷经校勘，与张惟任刻本为同源。二是中山大学图书馆藏明万历雷叔闻校《易解》，仅存正文第一卷至第十一卷，此本删去了来注中的圈后注，属节本。

复原工作可以从编次和文字两方面着手。比对北京师范大学藏万历三十八年本和台北藏"万历二十七年己亥本"，发现行款字体、笔画、断版位置全同，属同一个板刷印，所谓"己亥本"实为万历三十八年本的一个残本。复原工作主要据此二本。③

---

① 《山西省古籍善本书目》，山西省图书馆编印1981年版，第2页。
② 严绍璗：《日藏汉籍善本书录》，中华书局2007年版，上册，第26页。
③ 据《中国古籍善本书目》，首都师范大学、西北大学等地也藏有万历三十八年本，另据严绍璗《日藏汉籍善本书目》著录，日本内阁文库、尊经阁文库、大阪府立图书馆等地也藏有此本，然受客观条件限制，尚未经目验。

（一）编次

来氏《集注》自序称：

> 《注》既成，乃僭于伏羲、文王圆图之前，新画一图，以见圣人作《易》本原。又画八卦变六十四卦图，又画八卦所属相错图，又画八卦六爻变自相错图，又画八卦次序自相综图，又画八卦所属自相综、文王序卦正综图，又画八卦四正四隅相综文王序卦杂综图，又发明八卦正位及上下经篇义，并各字义，又发明六十四卦启蒙，又考定《系辞上下传》，又补定《说卦》，以广八卦之象，又改正《集注》分卷，又发明孔子十翼。①

此序所列的目次是：

> 来知德圆图、伏羲圆图、文王圆图、来知德八卦变六十四卦图、来知德八卦所属相错图、来知德八卦六爻变自相错图、来知德八卦次序自相综图、来知德八卦所属相综文王序卦正综图、来知德八卦四正四隅相综文王序卦杂综图、来知德八卦正位图、来知德上下经篇义、来知德易经字义（象错综变中爻）、来知德易学六十四卦启蒙、来知德考定系辞上下传补定说卦传、来知德周易集注改正分卷图、来知德发明孔子十翼图。②

将来序所列目次与四库本《易经杂说诸图总目》目次对照发现，来氏自序未提及伏羲文王错综图、孔子太极生两仪四象八卦图。此二图在现存张惟任、高奣映二系统诸本都是存在的，初刻本应包含此二图。伏羲圆图包括伏羲六十四卦圆图和伏羲八卦方位图，文王八卦方位图即文王圆图，此处目次无病。除上述几处外，四库本其他各图与来氏自序的编次是吻合的。

来氏《集注》卷一至卷十二是对《周易》上下经六十四卦、乾坤二卦《文言》及《彖》《象》的注解，两个系统诸刻本在这十二卷编次上是一致的，初刻本原貌也应是如此。能够体现两个系统差异的主要是卷首部分

---

① （明）来知德：《周易集注原序》，《周易集注》卷首序，《景印文渊阁四库全书》，台湾商务印书馆1986年版影印本，经部，第32册，第4—5页。

② （明）来知德：《周易集注》卷首上，《景印文渊阁四库全书》，台湾商务印书馆1986年版影印本，经部，第32册，第12—13页。

以及卷十三至卷十六的内容，卷首有的刻本一卷，有的刻本二卷。经过分析鉴别，对初刻本可形成如下基本判断：

第一，初刻本卷首构成应是《易注杂说诸图总目》的"杂说"和"诸图"两部分，其中的《考定系辞上下传补定说卦传》在卷首，属于"杂说"部分，而不是像后世有些刻本那样将其独立为卷十六；《易学六十四卦启蒙》应该和其他诸图一样属于卷首"诸图"部分，而非像后世有些刻本那样附于全书之后。比对张惟任系统的四库本、上海书店影印的崔华本以及高奣映系统的巴蜀书社影印本《易经来注图解》发现，台湾藏"己亥本"缺卷首部分，而将《易学六十四卦启蒙》附于全书之末，已属变乱初刻原貌之举；四库本将《考定系辞上下传补定说卦传》独立为卷十六，是承崔华本等张惟任系统本的错误，是四库馆臣失察所致；崔华本与四库本一致，史应选本有一处不同，作"来知德周易集注改正分卷说"，其余各处皆同。《易学六十四卦启蒙》在四库本和崔华本都放在卷首，四库本卷首分上下，《诸图杂说总目》为卷首上，《启蒙》部分为卷首下，版心分别为"卷首上""卷首下"；崔华本卷首不分上下，位于前面的是卷首诸图杂说部分，版心作"易注杂说"或"易经集注杂说"，后面的《启蒙》部分版心作"启蒙"。四库本与崔华本卷首的内容都是《易注杂说诸图总目》和《易学六十四卦启蒙》两部分，只是称谓上有别，考虑到卷首内容繁复，四库本将卷首分为上、下的做法也合乎情理。某些书目著录的卷首二卷指的应是这两部分内容。

第二，初刻本卷首部分应是严格依照《易注杂说诸图总目》的编次，不应遭到肢解变乱。换言之，初刻本卷首《易注杂说诸图总目》不应失位，且《上下经篇义》四篇内容应该不会提到《总目》前面。上海书店影印的崔华本此四篇内容并未提前，可能其底本遵照了初刻本原貌，也可能是经过后人重订所致。所见其余诸本将此四篇内容前提，其篇名仍留在《总目》中。如北大图书馆所藏崔华本和四库本将属于《总目》里的《上下经篇义》《易经字义》《改正分卷图》《发明孔子十翼图》四篇内容独立出来作为全书眉眼置于《总目》之前，然而其篇名仍保留在位置靠后的《总目》中。四库本编次在《提要》《原序》之后是卷首上，卷首上始以《上下经篇义》《易经字义》《周易集注改正分卷图》《来知德发明孔子十翼图》四篇，四篇部分的版心作"卷首上"，继以《易注杂说诸图总目》，《总目》部分版心也作"卷首上"，又继以来氏圆图、伏羲文王圆图及错综图等易图，其版心也作"卷首上"，这样本应置于"卷首上"之前并统摄卷首上下的《总目》目次竟然落在"卷首上"诸图杂说等具体内容中间。已难确知造成这种"目将不目"错乱情形的原因是四库馆臣任意妄改还是其所据底本如此，但无论如何这是四库本的一处败笔，初刻本绝不如此。

第三，来氏《集注》初刻本复原工作应据《易图杂说诸图总目》进行，初刻本应是十五卷本，万历三十八年刻本卷十六乃后出，应是重刻所增。据来氏《集注》自序，初刻本《六十四卦启蒙》的位置应在卷首《易经字义》和《考定系辞上下传补定说卦传》之间。同属万历三十八年本，台藏本《易学六十四卦启蒙》位于卷末，北师大藏本置于卷首。崇祯五年本及清高崙映本、四库本等皆将此部分置于卷首。北京大学藏康熙二十七年崔华本置于卷末，与台湾藏万历三十八年本相吻合，字体比对显示北大藏本为万历三十八年本的覆刻本；上海书店影行的崔华本则又将《启蒙》置于卷首。现存其他两种万历版本，即张之厚刻本和雷叔闻刻本首尾不存，《启蒙》部分皆佚失。检视同为万历三十八年张惟任系统的康熙二十七年宝廉堂崔华本，在今人陈奇猷《出版说明》之后，是崔华序、谢开宠序、王方岐序、《重刻来瞿唐先生易经集注校订姓氏》、郑继芳序、高举序、张惟任序、黄汝亨序、郭子章序、《来瞿唐先生易经集注原订姓氏》、来知德序。诸序之后，继以《易注杂说诸图总目》，目次有两点出入：一是四库本《易学六十四卦启蒙》部分构成"卷首下"，《总目》目次《启蒙》后依次为《考定系辞补定说卦》《改正分卷图》《十翼图》，事实上四库本将《改正分卷图》《十翼图》提到卷首上了，《考定系辞补定说卦》则变作卷十六；二是《考定系辞上下传补定说卦传》不应成为卷十六，初刻本这部分应在卷首《启蒙》和《改正分卷图》之间。台北藏本卷首部分亡佚，卷一到卷十二是对上下经六十四卦、《文言》《象》、象的集注，卷十三、卷十四是《系辞》上下传的集注，卷十五是《说卦》《序卦传》和《杂卦传》的集注，卷十六内容分《考定周易系辞上下传》《补定说卦传》两部分。前面十五卷都有卷端题，卷十六没有卷端题（其他十六卷刻本在卷十六都有卷端题），但在版心位置有"卷之十六"字样。在卷十六终了之后是戴诰跋，戴跋后附《易学六十四卦启蒙》，即是说台藏"己亥本"《易学六十四卦启蒙》是独立于卷十六之外的一卷内容，而卷十六严格讲不属于来氏《集注》正文部分。故来氏《集注》正文应视作十五卷，《考定系辞补定说卦》和《易学六十四卦启蒙》如果非要脱离卷首放在全书之后的话，也应归为尾二卷，不应纳入正文称为卷十六。戴跋落款为万历己亥夏午月，跋文未提及郭子章，只提及"闽中徐侯来令吾梁，捐俸梓之"，台北图书馆据此将其误著为万历己亥本。《启蒙》以来氏自序开始，之后是正文。《启蒙》是浓缩版的六十四卦相涵摄图，《集注》的大旨从中可窥。《启蒙》的位置也许不只是装订次序问题，置于卷末带有附录的色彩，置于卷首则有纲领的作用，但据《总目》其原初位置应是在卷首。张惟任序所谓"重订之"，或许包含了对《启蒙》位置的调整。文渊阁四库全书本所据为浙江巡抚采进本，其《卷首下》录来氏《易学六十四卦启蒙》全文，但不见此序。此序总括《启蒙》部分大旨，是来氏易学哲学思想的一个提要，其重要性不言而喻。来氏《易学六十四卦启蒙序》自序列举了"注成"之后在卷首新作的诸图之名，即《杂说诸图总目》的目次，据明清人著录，此部分应单篇别行过，题名为《来氏易注图说》或《易注图说略》或《周易图说》等。①《杂说诸图总目》原不包含太极图等另属于来氏《日录》的内容，高崙映刻本始将其插入此卷，形成"补遗目"一块；另外高刻本辑前人易图而成"采图"一卷，附卷十五之后。这两大调整在高刻本《凡例》中有交代，去初刻本益远。

第四，初刻本《考定系辞上下传补定说卦传》应在卷首"杂说"部分，而不是独立为卷十六，这部分的分合、有无是来氏《集注》两大版本系统编次变化的一大焦点。万历三十八年的卷十六内容分《考定周易系辞上下传》《补定周易说卦传》两部分。四库本卷十六保留了万历三十八年本卷十六的基本内容，将"考定系辞""补定说卦"两部分变成三部分：分别题系辞上传、系辞下传、说卦传。三部分题名去掉了"考定""补定"二词，使得来氏对《系辞》《说卦》二传的调整修订工作不能彰显，故四库本已失初刻本原貌，这是四库馆臣工作疏忽之处。刨除卷首、卷尾部分，仅从正文看，十六卷系统和十五卷系统的关键区别就是《总目》"考定系辞上下传补定说卦传"部分的位置，初刻本应是放在卷首，最晚从万历三十八年本开始独立为正文的卷十六。万历三十八年本来氏在继承朱熹《本义》对《系辞》分章的基础上，照录《系辞》《说卦》原文并做了考定、补定，其工作有二：一是将《系辞上》第八章、《系辞下》第五章的十八爻排序作了调整；二是在《说卦》的八卦之象后补象。接下来我们基于万历三十八年本《集注》衡定来氏这一工作的得失。

首先，来氏对《考定周易系辞上下传》所涉十八爻重新编排。来氏的具体做法是将《系辞》里出现的十八爻依《序卦传》卦序重新排列，并将

① 祁承爜《澹生堂藏书目》著录《来氏易注图说》一卷，黄虞稷《千顷堂书目》著录《易注图说略》一卷，徐乾学《传是楼书目》著录《易注图说略》一本，万斯同《明史》著录《易注图说略》一卷，陈庆镛撰《籀经堂类稿》著录《周易图说》。

前九爻分属《系辞上》第八章，后九爻分属《系辞下》第五章，成为来氏"考定《系辞》上下传"部分。经此一动，这十八爻遂成上下《系》各九爻的对仗局面，但来氏这一改动属私意妄改。来氏将前九爻放在卷十六《系辞上》第八章"圣人有以见天下之赜"下，前九爻依次为：第十二卦否卦九五、第十三卦同人九五、第十四卦大有上九、第十五卦谦卦九三、第十六卦豫卦六二、第二十一卦噬嗑初九、第二十一卦噬嗑上九、第二十四卦复卦初九、第二十八卦大过初六。在《系辞上》第八章"慎斯术也以往，其无所失矣"句后，来氏题"右第八章，依《序卦》上经九爻与下经同"[①]。来氏将后九爻放在卷十六《系辞下》第五章"易曰憧憧往来朋从尔思"章，后九爻依次为：第三十一卦咸卦九四、第四十卦解卦六三、第四十卦解卦上六、第四十一卦损卦六三、第四十二卦益卦上九、第四十七卦困卦六三、第五十卦鼎卦九四、第六十卦节卦初九、第六十一卦中孚卦九二。在此章结尾"言行，君子之所以动天地也，可不慎乎"句后，来氏题"右第五章，依《序卦》下经九爻与上经同"。

要看清来氏此举之失，我们须对照前贤对此十八爻的处理。韩康伯、孔颖达注疏《系辞》未分章，朱熹作了分章。韩康伯《系辞注》相关十八爻的篇章安排如下：

　　　　圣人有以见天下之赜，而拟诸其形容，象其物宜，是故谓之象。圣人有以见天下之动，而观其会通，以行其典礼，系辞焉以断其吉凶，是故谓之爻。言天下之至赜而不可恶也，言天下之至动而不可乱也。拟之而后言，议之而后动，拟议以成其变化。"鸣鹤在阴，其子和之，我有好爵，吾与尔靡之。"子曰："君子居其室，出其言善，则千里之外应之，况其迩者乎？居其室，出其言不善，则千里之外违之，况其迩者乎？言出乎身，加乎民，行发乎迩，见乎远，言行君子之枢机，枢机之发，荣辱之主也。言行，君子之所以动天地也，可不慎乎？""同人先号咷而后笑。"子曰："君子之道，或出或处，或默或语，二人同心，其利断金，同心之言，其臭如兰。"

　　　　"初六，藉用白茅，无咎。"子曰："苟错诸地而可矣，藉之用茅，何咎之有？慎之至也。夫茅之为物薄而用可重也，慎斯术也以往，其无所失矣。""劳谦，君子有终，吉。"子曰："劳而不伐，有功而不

---

① 此章史应选刻本附于卷十三之后，但末句史应选本放在卷十三的第十二章之后，其改作已远非来氏《集注》初刻原貌。

德，厚之至也，语以其功下人者也。德言盛，礼言恭。谦也者，致恭以存其位者也。"亢龙有悔。"子曰："贵而无位，高而无民，贤人在下位而无辅，是以动而有悔也。""不出户庭，无咎。"子曰："乱之所生也，则言语以为阶，君不密则失臣，臣不密则失身，几事不密则害成，是以君子慎密而不出也。"子曰："作《易》者其知盗乎？《易》曰：'负且乘，致寇至。'负也者，小人之事也。乘也者，君子之器也。小人而乘君子之器，盗思夺之矣。上慢下暴，盗思伐之矣。慢藏诲盗，冶容诲淫。《易》曰：负且乘，致寇至，盗之招也。"①

中孚卦九二爻"鸣鹤在阴"句提前，不与剩余的大过初六、谦卦六三、乾卦上九、节卦初九、解卦六三五爻同段，其安排是有考虑的。中孚九二言行之感应，千里之外或应或违，同人九五以同心同德为贵，也与感应相关，故与中孚卦九二一同前提。

这十八爻在韩康伯《系辞注》中的排序是：第六十一卦中孚九二排在"圣人有以见天下之赜……拟之而后言，议之而后动，拟议以成其变化"之后，与"子曰"对此爻的解说"君子居其室，出其言善，则千里之外应之……"② 在思想内容上是前后一贯相互衔接的。接下来是同人九五、大过初六、谦卦九三、乾卦上九、节卦初九、解卦六三，以上七爻附于"圣人有以见天下之赜"节之后。③ 来氏《考定周易系辞上下传》出于对《序卦传》卦序的机械遵守，将原本在《系辞上》的中孚九二挪到《系辞下》的第五章，客观上造成了与上文"拟议"一段的撕裂，破坏了《系辞》行文语脉，是错误的调整。

韩康伯注《系辞》在伏羲氏观象制器所列诸卦之后，紧接着"是故易者象也"节，至"阴二君而一民，小人之道也"，然后附其余十一爻，依次为：咸卦九四、困卦六三、解卦上六、噬嗑初九、噬嗑上九、否卦九五、鼎卦九四、豫卦六二、复卦初九、损卦六三、益卦上九。为便于讨论，将相关段落节录如下：

---

① （晋）韩康伯：《周易系辞注》，《汉魏古注十三经·周易注》卷7，中华书局1998年版影印本，上册，第51页。

② （晋）韩康伯：《周易系辞注》，《汉魏古注十三经·周易注》卷7，中华书局1998年版影印本，上册，第50页上栏。

③ （晋）韩康伯：《周易系辞注》，《汉魏古注十三经·周易注》卷7，中华书局1998年版影印本，上册，第50页。

是故易者，象也，象也者，像也。彖者，材也，爻也者，效天下之动者也。是故吉凶生而悔吝著也。阳卦多阴，阴卦多阳，其故何也？阳卦奇，阴卦偶，其德行何也？阳一君而二民，君子之道也；阴二君而一民，小人之道也。《易》曰："憧憧往来，朋从尔思"。子曰："天下何思何虑？天下同归而殊途，一致而百虑，天下何思何虑？日往则月来，月往则日来，日月相推而明生焉。寒往则暑来，暑往则寒来，寒暑相推而岁成焉。往者屈也，来者信也，屈信相感而利生焉。尺蠖之屈，以求信也。龙蛇之蛰，以存身也。精义入神，以致用也。利用安身，以崇德也。过此以往，未之或知也。穷神知化，德之盛也。"

《易》曰："困于石，据于蒺藜，入于其宫，不见其妻，凶。"子曰："非所困而困焉，名必辱；非所据而据焉，身必危。既辱且危，死期将至，妻其可得见邪？"《易》曰："公用射隼于高墉之上，获之，无不利。"子曰："隼者，禽也。弓矢者，器也。射之者，人也。君子藏器于身，待时而动，何不利之有？动而不括，是以出而有获，语成器而动者也。"子曰："小人不耻不仁，不畏不义，不见利不劝，不威不惩，小惩而大诫，此小人之福也。《易》曰：'屦校灭趾，无咎'，此之谓也。善不积不足以成名，恶不积不足以灭身。小人以小善为无益而弗为也，以小恶为无伤而弗去也，故恶积而不可掩，罪大而不可解。《易》曰：'何校灭耳，凶。'"子曰："危者安其位者也，亡者保其存者也，乱者有其治者也，是故君子安而不忘危，存而不忘亡，治而不忘乱，是以身安而国家可保也。《易》曰：'其亡，其亡，系于苞桑！'"子曰："德薄而位尊，知小而谋大，力小而任重，鲜不及矣。《易》曰'鼎折足，覆公餗，其形渥，凶'，言不胜其任也。"子曰："知几，其神乎？君子上交不谄，下交不渎，其知几乎？几者，动之微，吉之先见者也。君子见几而作，不俟终日。《易》曰：'介于石，不终日，贞吉。'介如石焉，宁用终日？断可识矣！君子知微知彰，知柔知刚，万夫之望。"子曰："颜氏之子其殆庶几乎？有不善未尝知，知之未尝复行也。《易》曰：'不远复，无祇悔，元吉。'天地絪缊，万物化醇，男女构精，万物化生。《易》曰'三人行则损一人，一人行则得其友'，言致一也。"子曰："君子安其身而后动，易其心而后语，定其交而后求，君子修此三者，故全也。危以动，则民不与也；惧以语，则民不应也；无交而求，则民不与也。莫之与，则伤之者至矣。《易》曰：'莫益之，或击之，立心勿恒，凶。'"①

  以咸卦九四居首，在分段上承接"是故易者象也"这一节而为同一段，其余十爻则为另起的一段，这已经昭示了此爻的不同。将咸卦前提，不与剩余的十爻同段，其情形与《系辞上》所列七爻中将中孚九二前提单列类似。中孚、咸卦都讲感应，而感应在筮法上是占卜的心理依据，在治道上是善治的必要前提。这十八爻从内容上都是对主政者应修德行政的劝诫。

  这十八爻在孔颖达《周易注疏》里的排序及段落安排一仍韩康伯注本之旧，体现了孔疏对前人编次的尊重。朱熹《周易本义》对《系辞》上下传都作了分章，这十八爻分列于《系辞》的第八章和《系辞》的第五章。朱熹虽作了分章，但《系辞》第八章所涉及的七爻、《系辞》第五章所涉及的十一爻仍保留了魏晋和唐代《周易》经传原貌。来氏《集注》卷十三、卷十四注《系辞》上下遵照了朱熹的分章，这十八爻也按照朱熹《本义》的次序分布，但是卷十六却打乱了这十八爻的次序，为了迎合《序卦传》的卦序及上下经的分布，来氏将原本在朱熹《本义》排定的《系辞上》第十二章的大有上九强拉到《系辞上》的第八章，其他爻也按照通行本《周易》的卦序重排。来氏所列十八爻亦不尽同于前人，《系辞》原文相关段落十八爻有乾卦上九而无大有上九，来氏将大有上九置于这十八爻之中，清出了乾卦上九。朱熹《本义》注《系辞上》乾卦上九"亢龙有悔。子曰：'贵而无位，高而无民，贤人在下位而无辅，是以动而有悔也'"云："释乾之上九爻，当属《文言》，此盖重出。"② 朱熹之意是"贵而无位"句在《文言》解释乾上九已出现一次，在《系辞》属重出。来氏《集注》此条下亦注"重出"，③ 应是承自朱注。来氏《考定周易系辞上下传》以"重出"为由将乾上九移出十八爻之列，以大有上九取而代之。《钦定四库全书总目》开篇《经部总叙》云："经禀圣裁，垂型万世，删定之旨，如日中天，无所容其赞述。所论次者，诂经之说而已。……洛闽继起，道学大昌，摆落汉唐，独研义理，凡经师旧说，俱排斥以为不足信，其学务别是非，及其弊也悍（如王柏、吴澄攻驳经文，动辄删改之

---

① （晋）韩康伯：《周易系辞注》，《周易注》卷8，中华书局1998年版影印本，上册，第56—57页。

② （宋）朱熹：《周易本义》卷3，中华书局2009年版点校本，第232页。

③ （明）来知德：《周易集注》卷13，《景印文渊阁四库全书》，台湾商务印书馆1986年版影印本，经部，第32册，第351页上栏。

类）。……主持太过，势有所偏，才辨聪明，激而横决，自明正德、嘉靖以后，其学各抒心得，及其弊也肆（如王守仁之末派皆以狂禅解经之类）。空谈臆断，考证必疏，于是博雅之儒引古义以抵其隙。"① 四库馆臣认为孔子删《诗》属"圣裁"，乃正义之举，无可厚非，但后人诂经，妄加改作，则不免种种弊病。比较韩康伯、孔颖达、朱熹、来知德等对《系辞》上下传这十八爻的处理，则四库馆臣对宋明人注经弊病"悍""肆"的评价是有依据的。如此改动经典，四库馆臣"其弊也肆"的批评对于来氏而言也就不显得刻薄了。

其次，对来氏《补定周易说卦传》部分圈前圈后注体例的考量以及对来氏广八卦之象工作的得失衡定。朱熹将《说卦》分为十一章，在第十一章注毕总结道："此章广八卦之象，其间多不可晓者。求之于经，亦不尽合也。"② 尽管如此，朱熹还是将荀九家对乾坤震巽坎离艮兑等八卦的补象附于每一卦之后，这一点也为来氏所继承。来知德《补定周易说卦传》沿袭了朱熹章句，前十章照录《说卦》原文，在第十一章的乾坤震巽坎离艮兑等卦的卦象及朱熹所补的荀九家易象后，以小白圈断开，再进一步补象。为方便讨论，下节录一段四库本《集注》关于《说卦》的注文：

> 坤为地，为母，为布，为釜，为吝啬，为均，为子母牛，为大舆，为文，为众，为柄，其于地也为黑。○荀九家有为牝，为迷，为方，为囊，为裳，为黄，为帛，为浆。○来知德有为末，为能，为小，为朋，为户，为敦。③

异文校勘：坤卦荀九家易象有"为牝"，今所见四库本、台湾藏己亥本、上海书店影印崔华本等都误作"为此"，此处成为张惟任系统的共同错误，高奣映系统的巴蜀本此处无误。来氏自述其《集注》体例称：

> 其注先训释象义、字义及错综义，后加一圈方训释本卦本爻正意。象数言于前，义理言于后。④

① （清）永瑢：《四库全书总目》卷1，中华书局1965年版影印本，上册，第1页上栏。
② （宋）朱熹：《周易本义》卷4，中华书局2009年版点校本，第267页。
③ （明）来知德：《周易集注》卷16，《景印文渊阁四库全书》，台湾商务印书馆1986年版影印本，经部，第32册，第426页。
④ （明）来知德：《周易集注原序》，《周易集注》卷首序，《景印文渊阁四库全书》，台湾商务印书馆1986年版影印本，经部，第32册，第5页上栏。

来氏《集注》兼取象数、义理二派，以圈前注谈象数，先训释卦爻的象义、字义、错综义；以圈后注谈义理，训释卦爻正意。来氏所拟定的这一集注体例主要是应用在前十二卷对于六十四卦的训释中，但第十三、十四卷注《系辞》上下传也间或有圈前注、圈后注的情形，《说卦》在卷十五，来氏在某些章节（如"昔者圣人之作《易》也""天地定位"等章）应用了圈前圈后注的区分，因其仍符合《集注》自序所限定的情形，但在有些章节则没有圈前圈后注，如八卦之象部分。据此，四库本来氏《集注》在《说卦》荀九家易象及来知德易象之前都各加一圈，从而出现同一章节内容的注解有两个圈并出的情况，这显然不符合其自定的体例，此亦见四库馆臣粗疏及私意妄改。同为张惟任系统的台北藏本及上海书店影印的崔华本在荀九家易象和来知德易象前均没有加圈，而是代之以空格，这应是初刻本之原貌。高畚映系统的巴蜀本也只是在"来子补定有为某为某"前加一个圈，并不见两个圈，这也有可能是初刻本的一种情形。但无论如何，四库本对来氏《说卦》广八卦之象的注解部分每章节加两个圈的做法都是不妥的。

朱熹《本义》所列荀九家所补八卦易象基本自卦爻辞而来，如荀九家易象坤"为迷""为囊""为黄""为裳"，来自坤卦卦辞"先迷后得主"六四爻辞"括囊，无咎无誉"、六五爻辞"黄裳元吉"。又如荀九家所补"兑为辅颊"之易象，来自咸卦上六爻辞"咸其辅颊舌"，是从兑的口舌之象引申出辅颊舌之象，而来氏接受了这一补象，并作了进一步的发挥，来氏注此爻称："兑为口舌，辅颊舌之象也，咸卦有人身象，上阴爻为口，中三阳为腹背，下有腿脚象，故周公六爻自拇而舌"[1]。来氏在荀九家基础上对咸卦所作的进一步阐发，即认为"咸卦有人身象"很有见地，只不过这一点前人也有论及，如《周易集解》引虞翻注此爻称："虞翻曰：耳目之间称辅颊，四变为目，坎为耳，兑为口舌，故曰咸其辅颊舌"。又注咸卦九五称："九五，咸其脢，无悔。虞翻曰：脢，夹脊肉也，谓四已变坎，为脊，故咸其脢，得正，故无悔。"此二爻虞翻注运用了爻变和互体，咸卦第四爻本为阳爻，变作阴爻，则三四五爻互成离卦，离为目；咸卦第四爻阳变阴后，二三四爻互成坎卦，坎为美脊马，故为脊。由此，虞翻讲通了咸其脢、咸其辅颊舌，所谓咸，即交感，是指本爻对所处卦体（如上六处于咸卦上体兑，为口舌）或邻近的下方卦体（如上六与第四爻变化后的

---

① （明）来知德：《周易集注》卷7，《景印文渊阁四库全书》，台湾商务印书馆1986年版影印本，经部，第32册，第199页下栏。

三四五爻所互成的离卦，或者第五爻与第四爻变化后二三四爻互成的坎卦）的交感。朱熹《本义》注咸卦初六称："咸以人身取象，感于最下，咸拇之象也。"后王宗传《童溪易传》、俞琰《周易集说》、蔡清《周易蒙引》都承此说，来氏则既承其说，又变化其说，将咸卦卦体视作人体，下二阴爻为两腿之象，中间三阳爻为心腹和背脊，上一阴爻为口舌之象，遂成来氏自创的以卦画之形取象体例，与来氏剥卦象宅象床象庐、鼎卦象鼎、小过象飞鸟一例。① 但艮卦也以人身取象，如艮其趾、腓、限、身、辅等，则很难像咸卦那样，用人身之形体来讲通。这也是来氏自创体例的局限所在。

从单纯的易学角度审视来氏所补的八卦易象。乾卦补易象九条：为郊，为带，为旋，为知，为富，为大，为顶，为戎，为武。坤卦补易象六条：为末，为能，为小，为朋，为户，为敦。震卦补易象九条：为昔，为升跻，为奋，为官，为园，为春耕，为东，为老，为筐。巽卦补易象五条：为浚，为鱼，为草茅，为宫人，为老妇。坎卦补易象十条：为沫，为泥涂，为孕，为酒，为臀，为淫，为北，为幽，为孚，为河。离卦补易象十二条：为苦，为朱，为三，为焚，为泣，为歌，为号，为墉，为城，为南，为不育，为害。艮卦补易象九条：为床，为握，为终，为宅，为庐，为丘，为笃，为童，为尾。兑卦补易象六条：为笑，为五，为食，为跛，为眇，为西。从其所补的易象数目来看，里面大致贯穿了阳九阴六的思想，又以坎离易象最为丰富。我们不难将来氏所补易象依据的卦爻辞一一勾稽出来。下面仅举数条。

与荀九家类似，来知德所补的八卦易象也大都是从卦爻辞里面摘取出来，如其所补"巽为草茅"，来自他对泰卦初九的注解"变巽为阴木，草茅之象也"，需要增加爻变这一中间环节。② 又如其注丰卦九三称："丰其沛，日中见沫，折其右肱，无咎。沛，泽也，沛然下雨是也，乃雨貌。沫者，水源也，故曰涎沫，濡沫，跳沫，流沫，乃霡霂细雨不成水之意。此爻未变中爻兑，为泽沛之象也；既变中爻成坎水矣，沫之象也。"③ 在经过爻变、中爻两个中间环节后，来氏方可借助丰卦九三爻辞在《说卦》坎卦

---

① （明）来知德：《易经字义》，《周易集注》卷首上，《景印文渊阁四库全书》，台湾商务印书馆1986年版影印本，经部，第32册，第7页。

② （明）来知德：《周易集注》卷3，《景印文渊阁四库全书》，台湾商务印书馆1986年版影印本，经部，第32册，第120页下栏。

③ （明）来知德：《周易集注》卷11，《景印文渊阁四库全书》，台湾商务印书馆1986年版影印本，经部，第32册，第297页。

易象里补上"坎为沫",这是来氏注《易》的一大特点。如此辗转引申,扩大取象范围,纵有可取之处,但终究失之于琐碎而不得易象笼统涵括之妙。四库馆臣批评清初汉学称:"国初诸家,其学征实不诬,及其弊也琐(如一字音训,动辄数百言之类)。要其归宿,则不过汉学、宋学两家互为胜负。"① 来氏为谋求经文与易象的一贯体例而蹈荀九家之旧途,从卦爻辞中归纳易象,进一步将所归纳的新易象补入八卦易象。易象具有一般性,卦爻辞所涉及的象也有模糊性、一般性,但又有其具体性、特殊性,来氏本义是拿一般的易象来统领诸事物,却又不得不从具体的卦爻辞所指称的象里去抽离出这种一般的易象,逻辑上难以自圆其说。《说卦》所列八卦易象已经是比较繁杂,而汉代象数易学、荀九家及来氏的补象工作使之更加琐碎,来氏恢复失传易象的努力开清代汉学之先风,但是其琐碎之弊也已暴露无遗。

前文已述,来知德在《说卦》八卦众卦象之后有"来知德补定有为某为某",冠以圈或空格,此为"补定《说卦》"。《系辞》和《说卦》的其他章节则按原文顺序照录。后来的重刻者觉其重复,于是抽出来氏改动的部分分附于卷十三、卷十四、卷十五的相应位置下,万历三十八年本的卷十六遂遭删除。分附方式主要有二种:一是崇祯史念冲刻本,在卷十三《系辞》后题"附来知德考定第八章",末句作"右第八章,依《序卦》,上经九爻与下经同";在卷十四《系辞》后题"附来知德考定第五章",末句作"右第五章,依《序卦》,下经九爻与上经同";在卷十五《说卦》后题"附来知德补定第十一章":可见史念冲本是将此三部分整块分附在相应的位置。二是康熙高奣映刻本将来知德对《系辞》十八爻的调整逐爻分附,并注明"来子考定此节在某某下"或"来子考定某某在此节",分附方式比较细碎。用语上,万历三十八年本作"来知德考定""来知德补定",到高奣映刻本改作"来子考定""来子补定",卷端题也从直呼"来知德"到尊称"来瞿唐""来子",且高刻本逐爻或逐章节分附使得某些章节的来注有时并出两圈,打乱了来氏《集注》自序所立的圈前注和圈后注的体例,称谓上的变化和圈注符号增多均可见高奣映十五卷本晚出。

(二)文字

万历三十八年本书题作《周易集注》或《易经集注》,各卷卷端题作"周易集注卷之几",卷末有"周易集注卷之几终"或"易经集注卷之几终",卷首题"梁山来知德著",版心作"易经集注"。史念冲刻本卷端变

① (清)永瑢:《四库全书总目》卷1,中华书局1965年版影印本,上册,第1页上栏。

作"周易来注卷之几"，版心作"易经来注"，高奫映刻本卷端题"新刻来瞿唐易注"，版心作"易经来注图解"，鱼尾上方作"批点来注"。书题由"集注"到"来注"再到加上"图解"二字，一步步失真。来氏《集注》自序称"名为周易集注"，来氏《心学晦明解》则称"易经集注"，知"周易集注""易经集注"为原始书题，不可改作"来注"（"来注"易使人误解为来氏自注）；也不须加"图解"二字，因来序显示初刻本即包含卷首诸图。后人加"图解"二字，大概是因为卷首诸图富有特色，集中体现了来氏易学思想的精华。

初刻本在文字上与诸重刻本还有其他出入。卷首圆图，张惟任系统的崔华本题为梁山来知德圆图，四库本题为圆图；高奫映系统题为来瞿唐先生圆图，初刻本应从张惟任系统题名为梁山来知德圆图。高奫映本圆图在中间小白圈的上下有两条竖线，与子午线重合，但是此竖线并未贯穿中间小白圈，张惟任系统的崔华本、四库本圆图没有竖线，此竖线疑为后人添加，非初刻本所有。圆图的图说部分，张惟任系统的北师大藏万历三十八年本、崔华本、四库本皆误作"皆尚乎其中"，高奫映系统本作"皆寓乎其中"，此处宜从高本，初刻本不应误作"尚"字。又万历三十八年本《杂说诸图总目》里"伏羲八卦方位""文王八卦方位"，高奫映本均在后面加了"图"字。张惟任系统的崔华本卷首上《八卦次序自相综图》大过颐、小过中孚都是相错的关系，误作相综关系，此错误各出现两次，四库本沿袭了这些错误。[①] 高奫映系统本则于此二处无误。张惟任系统的崔华本卷首上《八卦次序自相综图》后附图说"右乾坤水火四正之卦"，此处四库本误作"右乾坤水火之正之卦"，这也是四库本新增的一处错误。[②] 高本于此处无误。考虑到初刻本在来氏生前已付梓，且经来氏多年反复订正，以上这些错误应该是后来翻刻时出现的，则初刻本的复原工作应将其一一校正。张惟任系统的崔华本卷首上《八卦所属自相错图》，"乾坤一与八错则所属自然相错"版心左侧"八卦所属自相错图"误作"八卦所属自相综图"。[③] 张惟任万历三十八年本卷首版心作"杂说"或"启蒙"，四库本卷首版心改作"周易集注卷首上或下"，这一处理虽显粗疏，但也无害。考虑到《总目》构成只有"杂说"和"诸图"两部分，初刻本

---

① （明）来知德：《周易集注》卷首上，《景印文渊阁四库全书》，台湾商务印书馆 1986 年版影印本，经部，第 32 册，第 25—26 页。

② （明）来知德：《周易集注》卷首上，《景印文渊阁四库全书》，台湾商务印书馆 1986 年版影印本，经部，第 32 册，第 26 页。

③ （明）来知德：《杂说》，《易经集注》卷首，上海书店 1988 年版影印本，第 20 页。

卷首版心应作"杂说""诸图"，《易学六十四卦启蒙》应归于"诸图"名下。

　　正文部分，万历三十八年本六十四卦卦画下未分附《杂卦》文字，到了高奣映本始将《杂卦》"乾刚"附在乾卦卦画下，"坤柔"附在坤卦卦画下，"比乐"附在比卦卦画下等。来知德错综取象说即从《杂卦》《序卦》中悟出，故作此分附并不违背作者之意，然而据万历三十八年本，初刻本可能并未作此处理。又如卷十三第八章"圣人有以见天下之赜"的"赜"字，来注认为当作"颐"，"口旁"之义。万历三十八年本北师大藏本作"颐"是对的，台北藏本作"赜"，则属误改。高奣映本作"赜"，其中朝爽堂刊本小字注"颐字易作赜"，而光裕堂刊本加圈并补了句"赜字宜作颐"，均非初刻本之貌。初刻本还有个特征，恒卦卦辞，来注："'恒'字《广韵》《玉篇》皆有下一画，独《易经》无下一画，与'无'字同，不同各经'無'字。"据此，来氏《集注》初刻本凡用于恒卦卦名的"恒"字必定缺末笔，用于无妄卦名的"无"字一定不写作繁体的"無"。所见台湾己亥本、上海书店影印崔华本、巴蜀书社影印的高奣映本在卷七恒卦注中所出现的"恒"字都缺末笔（在卷首《上下经篇义》及他处出现的"恒"字不缺末笔），忠实地执行了来氏这一意见，但在《集注》其他地方出现的"恒"字又未能彻底贯彻缺末笔，如《改正分卷图》的七卷"咸恒"的"恒"字未缺末笔，图说"附恒晋"的"恒"字缺了下一画。[①] 高奣映系统的巴蜀本在《易学六十四卦启蒙》随蛊二卦"同体"栏出现的两个"恒"字都缺末笔，在卷十五《说卦》《序卦传》《杂卦传》等多处出现的"恒"字都缺末笔，[②] 四库本则没有注意这一点，在卷七恒卦注及他处出现的是完整的"恒"字，这亦是四库馆臣的一处疏忽。无妄的无字，初刻本绝不作繁体的"無"，这一点在张惟任系统和高奣映系统都忠实贯彻了，四库本在卷首上《八卦次序自相综图》"艮四隅之卦"的"天雷无妄"误作"天雷無无"（第一个是繁体无，第二个是简体无），[③] 则是一处低级错误，可能是因为当时校改者的误改未被雕刻者看懂并采纳所致。

---

① （明）来知德：《改正分卷图》，《易经集注》卷首，上海书店1988年版影印本，第11页。

② （明）来知德：《易经来注图解》卷之首，巴蜀书社1988年版影印本，第60—61、452—480页。

③ （明）来知德：《周易集注》卷首上，《景印文渊阁四库全书》，台湾商务印书馆1986年版影印本，经部，第32册，第25页。

本章小结

　　来知德《周易集注》现存版本可划分为万历三十八年张惟任系统和康熙十六年高奫映系统，这两个系统划分的确立可以从编次和文字两个角度得到论证。虽然后者翻刻者众多，流传甚广，但是张惟任系统更为贴近初刻本原貌，是该书版本流传之正脉。四库馆臣以浙江巡抚采进本（此即张惟任系统的崔华本）为底本编成四库本，这一选择是正确的。四库本存在一些错误，有的缘于四库馆臣的私意妄改，有的缘于四库馆臣的粗疏大意，有的则是其所据底本原有的错误没能予以改正。尽管如此，今天学者的相关研究，所应凭据的仍应是包括四库本在内的张惟任系统的本子。高奫映系统诸本克服了张惟任系统诸本的一些文字错误，具有一定的校勘价值，在初刻本复原工作方面也有一定的参考价值。初刻本早已失传，但可据万历三十八年张惟任刻本，并参照张惟任系统的其他各本对初刻本做复原工作。初刻本的复原工作对于来知德易学哲学的研究而言可以廓清版本繁杂之迷雾，具有正本清源的作用。[①] 初刻本应是正文十五卷，其中卷一至卷十二为《周易》上下经六十四卦及《文言》《彖》《象》的集注，卷十三、卷十四是《系辞》上下传集注，卷十五为《说卦》《序卦》和《杂卦》集注。初刻本的卷首除了刊刻者原序及作者自序外，即是《易注杂说诸图总目》，其构成只有"杂说"和"诸图"两部分，高奫映系统诸本将

[①] 高怀民称："像历史上的许多著作一样，身后的著作往往伴随着一些迷蒙不清的问题，来氏的《周易集注》本文虽然内容无缺疑惑，一些附录的图象却因版本不同而有差别。大体上，敦仁堂《易经来注图解》中的'图象补遗'被认为出于来氏（见高雪君凡例），其他的'周易采图'则不必定出于来氏。有些可能是当时流传的前人制作，也有可能是某些人借机表达个人的思想，附于来氏易书之后。但也无从证明这些图象中无来氏之作。因为来氏既然近三十年沉潜于易学研究，在这段长久的时间中，时有玄远匪夷之思，尝试制作图象以表达，也是可想而知的，所以我们不能够因为这些图象的思想玄奇不一致，就判定非来氏之作。我们可以视此等图象为了解来氏易学的参考资料。"详见《宋元明易学史》，广西师范大学出版社2007年版，第211页。高怀民于此书第226—227页即录《来氏易注》书后附图（即"采图"部分）的"造化象数体用之图"，认为此图以其太极图合"五行"与《系辞传》"成象""成形""成男""成女"之文，并有说明文字可与其太极图相对照，录以作参考。笔者按：高怀民误据高奫映系统的《易经来注图解》"采图"内容，作为来氏太极图研究的参考，不够严谨。陈竹义《来氏易经理数思想之研究》一文对"采图"非来氏之图的问题已有详辨。此外，高怀民此书第226—227页所录造化象数体用之图实为明代韩邦奇《易学启蒙意见》所载之图，本书第三章对此有论述。

来氏《日录》的部分易图窜入其《集注》卷首形成"补遗"部分，已非初刻本原貌。万历三十八年张惟任重刻本系统十六卷本的出现是因为重刻者将原本在卷首《总目》的《考定系辞上下传补定说卦传》部分独立出来，编为卷十六。崇祯五年史应选重刻本、康熙十六年高奣映重刻本等又将此卷的内容肢解分附到卷十三、卷十四、卷十五的对应部分，背离初刻本原貌遂愈远。台北藏本将《易学六十四卦启蒙》从卷首分离出来附于全书之后，也背离了初刻本。初刻本的编次有其逻辑严密性，无论是张惟任系统还是高奣映系统都出现了重刻者任意妄改的现象，四库本作为清代官方刊行的本子，代表了此书版本传承的正脉，但仍然存在着诸多瑕疵，后世研究者不可不知。来氏考定《系辞》上下传的工作为了上下经十八爻工整对仗，不惜变乱其编次，反映了其固守卦序及思维上的僵化；其补定《说卦》的工作虽兼宗汉宋，却难免陷入烦琐。

第三章　来氏圆图的内涵和来源

元明时期，随着气学重新崛起，理学有一股非实体化思潮，[①] 朱熹理寓气中的说法得到发扬，而他理在气先、理在气上的说法受到了质疑。如吴澄、罗钦顺等人主张理与气决非二物，理在气中并作为气的条理、法则等说法盛行。来知德的理气论即是在这一理论背景下提出的，因而具有明显的折中调和特点。

第一节　作《易》之原

北宋易学主要有数学易、气学易、理学易、心学易等流派。[②] 刘牧以河图洛书为圣人作《易》之原，将数视作最高范畴。周敦颐"太极本无极"说和张载"太虚之气"说都是主张气本论，认为伏羲作《易》之原在推天道以明人事，从天道性命入手为学者作圣之功奠定宇宙论和形上学的依据。邵雍以加一倍法解释六十四卦卦数和卦象的形成，把奇偶二数的演变置于第一位，认为有此数学的法则，方有六十四卦，并以此解释《系辞》"易有太极"章。《观物外篇》说："太极一也，不动生二，二则神也。神生数，数生象，象生器。太极不动，性也。发则神，神则数，数则象，象则器，器则变，复归于神也。"其以太极为一，认为其本性不动，动而生二，有二，其变化则神妙莫测。此"一"不是数，而是数的根源，数是从二开始的，有二方有数的一系列变化，数可变，一不可变。邵雍讲的神生数，神指的是数变化神妙莫测的性能，此太极为一，"心为太极"，太极作为造化天地万物的心，即是圣人之心，人心特别是圣人之心凝然不

①　陈来：《元明理学的"去实体化"转向及其理论后果》，《中国文化研究》2003 年第 2 期。
②　朱伯崑：《易学哲学史》卷 2，华夏出版社 1995 年版，第 158—168 页。

动无思无为，此为心的本然之性，发则神，神则数。邵雍所说的圣人之心，是逻辑学和数学意义上的心，象数出自圣人之心，圣人借助象数以显意，故而先天图为心法，此居中之太极，即人之心，心法就是心所具有的形成先天图的法则，如一分为二，二分为四等，从而将易学的法则归之于人心的产物，此法则乃先验的东西，具有普遍的规律性，为世界的本源。刘牧派的易学哲学将数看成先于具体事物而存在的范畴，邵雍则将其归于思维的产物。此外，杨简是宋明时期以心解易的代表人物，他发挥了程颢和陆九渊的天人一本的思想，认为易之理即人的道德观念，这与邵雍所谓的逻辑之心又不同。理学易认为作《易》之原在理，八卦起源于太极之理，伏羲在画一阴一阳之前，便有个太极之理在那里。程颐的伏羲见兔亦可画卦说代表了理学易的观点，朱熹则改造了刘牧的河洛说，并引入邵雍先天图式，将大小横图视为太极之理自身逻辑展开的过程，将数学易、心学易的相关说法纳入理学易。

《系辞》关于圣人作《易》有两说：一是认为伏羲作《易》基于经验观察的仰观俯察说，二是"河出图，洛出书，圣人则之"的河图洛书说，认为伏羲效法河洛之数以作《易》。《易学启蒙》称"河图与《易》之天一地十者合，而载天地五十有五之数，则固《易》之所自出也""《系辞》虽不言伏羲受河图以作《易》，然所谓仰观俯察，远求近取，安知河图非其中一事耶"，[①] 认为伏羲在仰观俯察时发现了河图并据此作《易》，表面上在调和两说，实际上是勉力回护第二种说法。两宋易学家关于作《易》之原的讨论体现了理学易、数学易、气学易、心学易在最高实体问题上的理论分野。

一 朱熹论作《易》之原在自然之理

朱熹《周易本义》卷首九图图说区分了天地自然之易及四圣之易，简括了《周易》经传形成的理据及过程，探讨了作《易》之原，认为伏羲作《易》受河出图洛出书的启发，《启蒙》则认为仰观俯察说与河图洛书说可以同时成立。朱熹将河图洛书置于九图之首，称为天地自然之易（或曰画前之易），以邵雍所发明的先天四图为伏羲之易，认为伏羲则河图以画卦，又以邵雍后天八卦方位、次序图及六十四卦卦爻辞为文王、周公之易，以《十翼》及卦变图为孔子之易。朱熹将刘牧所主张的河图洛书和邵雍先天四图置于《本义》卷首，认为这些数字图式有"法象自然之妙"，

---

① （宋）朱熹、蔡元定：《本图书》，《易学启蒙》卷 1，《性理大全》卷 14，山东友谊书社 1989 年版影印本，第 1 册，第 981 页。

有自然之理势，强调数中的理，继承和发展了邵雍"推数及理"的思想。

《易学启蒙》改刘牧河九洛十说为河十洛九说，认为《周易》《洪范》之数相表里，伏羲但据河图作《易》，大禹但据洛书作《范》，《易》《范》之数自然契合，因为天地之理不容有二：

> 惟刘牧意见以九为河图，以十为洛书，托言出于希夷，既与诸儒旧说不合，又引《大传》，以为二者皆出于伏羲之世，其易置图书，并无明验。但谓伏羲兼取图书，则《易》《范》之数诚相表里为可疑耳。其实天地之理一而已矣，虽时有古今先后之不同，而其理则不容于有二也。故伏羲但据河图以作《易》，则不必预见洛书而已逆与之合矣；大禹但据洛书以作《范》，则亦不必追考河图而已暗与之符矣。其所以然者何哉？诚以此理之外无复他理故也。……下至运气、《参同》《太一》之属，虽不足道，然亦无不相通，盖自然之理也。假令今世复有图书者出，其数亦必相符，可谓伏羲有取于今日而作《易》乎？《大传》所谓"河出图，洛出书，圣人则之"者，亦泛言圣人作《易》、作《范》，其原皆出于天之意。①

《启蒙》批评刘牧"伏羲兼取图书作《易》"的观点，主张伏羲但据河图画八卦，河图代表了天地自然之易、画前之易，故《周易》的创作有其必然性，作《易》之原在自然之理。《启蒙》列举程颐之说佐证：

> 程子曰："孔子感麟而作《春秋》，麟不出，《春秋》岂不作？大抵须有发端处。如画八卦，因见河图洛书，果无图书，八卦亦须作。"因见卖兔者，曰："圣人见河图洛书而画八卦，然何必图书，只看此兔亦可作八卦，数便此中可起，古圣人只取神物之至者耳。"②

程颐认为伏羲则河图画八卦，是有感而发，河图的出现只是机缘触发，即便没有图书出现，伏羲必然还是要画八卦。这个机缘不一定非得是图书，也可以是市场上售卖的兔子，假如伏羲见了这兔子，也可以画出八卦来，见兔子也可以起数。作为理学奠基人，程颐并没有否定起数作八卦的说法，只是认为这个数随处可起，不必是图书助缘。之所以取图书，朱

---

① （明）胡广：《性理大全》，山东友谊出版社 1989 年版影印本，第 1 册，第 983—986 页。
② （明）胡广：《性理大全》，山东友谊出版社 1989 年版影印本，第 1 册，第 981—982 页。

熹认为图书是"神物之至者",具有神圣性,有神道设教的意味在里面。
对此,来知德有类似论述:

> 程子见卖兔者曰:圣人见河图洛书而画八卦,然何必图书,只有
> 此兔亦可画八卦。不知程子兔何可以画八卦?学者也须在此研究。某
> 平生无过人处,只是见古人一句书一件事,就下一个死心穷究。①

程子为何说见兔也可画八卦?来知德问而未答。古人云动如脱兔,静
如处子,兔子动静有阴阳之象,来氏之意大抵如此。程子不执着于图书,
仅将其看作伏羲作《易》的一个感发处,《易》是必然要作的,是必然要
出现的,是天理天意使然,但是不是借助图书则具有偶然性,伏羲在兔子
或他物的触发下也可画出八卦。程子这一看法富有启发性。欧阳修斥责刘
牧的河图洛书说"妖妄",程颐对数学易的看法则比较温和,没有直截否
定,也不加神化,只是将其视为伏羲画卦的一个感触机缘,将画卦本身视
为人类精神发展的必然智慧成果。

二 来知德论作《易》之原在圣人之心易

来知德扬弃了前人之说,对作《易》之原问题重新加以探讨,他创造
性地转化了朱熹《本义》卷首九图思想,绘制来氏圆图,以表现圣人作
《易》之原。

《系辞》"极天下之赜者存乎卦,鼓天下之动者存乎辞,化而裁之存乎
变,推而行之存乎通,神而明之存乎其人,默而成之不言而信存乎德行"
章,《本义》注称"卦爻所以变通者在人,人之所以能神而明之者在
德",② 朱注由卦、辞到人再归重到德,强调主体德性修为在用易实践中的
决定作用。来氏《集注》云:

> 极天下之赜者存乎卦之象,鼓天下之动者存乎爻之辞,此卦此辞
> 化而裁之存乎其变,推而行之存乎其通,此本诸卦辞善于用易者也。
> 若夫不本诸卦辞,神而明之,则又存乎其人耳!盖有所为而后成,有
> 所言而后信,皆非神明,惟默而我自成之,不言而人自信之,此则生

---

① (明)来知德:《弄圆篇》,《来瞿唐先生日录》(一)内篇卷1,《四库全书存目丛书》,
　齐鲁书社 1995 年版影印本,子部,第 85 册,第 659 页上栏。
② (宋)朱熹:《周易本义》卷 3,中华书局 2009 年版点校本,第 243 页。

知安行，圣人之能事也，故曰存乎德行。故有造化之易，有易书之易，有在人之易。德行者，在人之易也。有德行以神明之，则易不在造化，不在四圣，而在我矣。右第十二章，此章论《易》"书不尽言，言不尽意"，而归重于德行也。①

来知德提炼了朱注，提出自己的"三易说"，即造化之易、易书之易和在人之易。来氏"造化之易"，指的是在卦画和卦爻辞创作之前的天地间自然理数，此理数是一切有形有象事物生化的根源。来氏所谓"在人之易"指的是不在造化，不在四圣，亦不本诸卦辞的德行之易，这种"默而我自成之，不言而人自信之"的人就是"善于用易者"，是生知安行的圣人，并非普通的学易用易之人。来氏"在人之易"的提法立足圣人用易角度，不同于杨简立足本体论提出的天人一本、易理即人心的心易说。又来氏注《系辞》"乾以易知，坤以简能"节云：

> 易知者，一气所到，生物更无凝滞，此则造化之良知无一毫之私者也，故知之易；简能者，乃顺承天，不自作为，此则造化之良能无一毫之私者也，故能之简。盖乾始坤成者，乃天地之职司也。使为乾者用力之难，为坤者用力之烦，则天地亦劳矣。惟易乃造化之良知，故始物不难；惟简乃造化之良能，故成物不烦也。人受天地之中以生，其性分之天理为我良知良能者，本与天同其易而乃险不可知、本与地同其简而乃阻不可从者，以其累于人欲之私耳。故易则易知，简则易从。易知者，我易知乎此无私之理也；易从者，我易从乎此无私之理也。②

来氏发挥了朱熹《本义》天地自然之易的思想，从宇宙论的层面提出造化之良知、造化之良能的概念，从而将造化之易与在人之易绾结起来。造化是形而下层次，造化之理则是形而上层次，来氏此处坚持了程朱派理本体论的讲法。所谓造化即乾始坤成，二者职司不同，分工明确，自然纯粹无私，故乾的始物工作易而不难，坤的成物工作简而不烦。人受此"性分之天理"以生，故能禀受造化之良知良能，道德主体之我祛除私欲之蔽

---

① （明）来知德：《周易集注》卷13，《景印文渊阁四库全书》，台湾商务印书馆1986年版影印本，经部，第32册，第365页。

② （明）来知德：《周易集注》卷13，《景印文渊阁四库全书》，台湾商务印书馆1986年版影印本，经部，第32册，第337—338页。

后亦自然能够易知、易从此乾坤无私之理，积久贯通，则有亲有功，可久可大，而创立贤人之德业。天地有此易简，我心亦有此易简，故易简而天下之理得。来知德认为此"贤人"即圣人，能与天地并立为三。至此来知德论述了圣人之心能得乾坤易简之理，从而将作《易》之原归结为圣人之心。又来氏注《系辞》"是故著之德圆而神，卦之德方以智，六爻之义易以贡，圣人以此洗心，退藏于密"节云：

> "著之德圆而神"，筮以求之，遂知来物，所以能开物也；"卦之德方以知"，率而揆之，具有典常，所以能成务也。"六爻之义易以贡"，吉凶存亡，辞无不备，所以能冒天下之道也。圣人未画卦之前，已具此三者洗心之德，则圣人即著、卦、六爻矣。是以方其无事而未有吉凶之患，则三德与之而俱寂，退藏于密，鬼神莫窥，则著卦之无思无为寂然不动也；及其吉凶之来，与民同患之时，则圣人洗心之神自足以知来，洗心之智自足以藏往，随感而应，即著卦之感而遂通天下之故也。此则用神而不用著，用智而不用卦，无卜筮而知吉凶，孰能与于此哉？惟古之圣人聪明睿智具著卦之理而不假于著卦之物，犹神武自足以服人不假于杀伐之威者，方足以当之也。此圣人之心易，乃作《易》之本。[①]

来氏认为圣人本具著之德、卦之德、六爻之义，圣人以此三德洗心，其神自足以知来，其智自足以藏往，随感而应，能通天下之故，故能不假借卜筮。圣人未画卦之前，已具此三洗心之德，则圣人与著、卦、六爻三者达到了同一不分的境地，随之寂，随之感。来氏《集注》从筮法用易的角度反向溯源到作《易》之原的哲学问题，进一步论述了圣人之心易为作《易》之本，来氏这一提法是符合《系辞》文本之义的。从哲学上看，来氏这一提法继承了朱熹心具理及心能穷理致知的思想，反而与邵雍"心为太极"、陆九渊杨简心即理等说法相去甚远。

第二节　来氏圆图的内涵

来氏对自创的圆图极其自信，他说："读《易》且莫看爻辞并《系

---

① （明）来知德：《周易集注》卷13，《景印文渊阁四库全书》，台湾商务印书馆1986年版影印本，经部，第32册，第357—358页。

辞》并《程传》《本义》，且将图玩，玩之既久，读《易》自有长进。"①
来氏圆图及图说最直接的思想来源是周敦颐《太极图》并图说及朱熹《太
极解义》，如来氏圆图注文"流行者气""对待者数"与朱熹《太极解义》
"动极而静，静极复动，一动一静，互为其根，命之所以流行而不已也；
动而生阳，静而生阴，分阴分阳，两仪立焉，分之所以一定而不移也"两
句意思是一致的。② 在许多场合下，来氏所说的"气""象""数"通而为
一，不宜强作区分，对待之数也是气，流行之气也是数，如其云"八卦通
皆乾坤之数"，③ 又云"天地万物一对一待，易之象也"，④ 来氏不赞成朱
熹严格分辨形上下的两句"太极，形而上之道也；阴阳，形而下之器也"，
主张取消朱熹"理在事上""理在事先"的讲法，而强调朱熹理气不离的
一面。来氏云："朱子说'未有天地之先，毕竟先有此理'，此句说得不
是，有物方有理，程子说'在物为理'，说得是。"⑤ 主张以程颐在物之理
替代朱熹在天地之先的理。实际上，朱熹讲论时本原上的在先之理和禀赋
上的在中之理两方面都照顾到了，如云"须知未有此气，已有此性；气有
不存，性却常在"，⑥ 在本原之理上看，理气决是二物，分际甚明，二者是
本末主从关系，理绝对在先；但就其在物的现实表现看，性自性，气自
气，理气浑沦不可分开，二物一体，理在气中。又《语类》载："仁者，
天地生物之心，而人物之所得以为心。人未得之，此理亦未尝不在天地之
间。只是人有是心，便自具是理以生。又不可道有心了，却讨一物来安顿
放里面。"⑦ 性属理，心属气，理的绝对性和先在性与"气以成形，而理亦
赋焉"的无间隔无时差性是自洽的，不必因后者而否定前者，也不可割裂
地理解为有物之形体而后方有其理来安顿其中。朱伯崑认为，朱子哲学体
系说理气无先后是就时间过程说的，说理先气后是就逻辑关系说的。⑧ 陈

① （明）来知德：《弄圆篇》，《来瞿唐先生日录》（一）内篇卷1，《四库全书存目丛书》，
齐鲁书社1995年版影印本，子部，第85册，第665页上栏。
② （宋）周敦颐：《周敦颐集》，中华书局1990年版点校本，第4页。
③ （明）来知德：《弄圆篇》，《来瞿唐先生日录》（一）内篇卷1，《四库全书存目丛书》，
齐鲁书社1995年版影印本，子部，第85册，第665页上栏。
④ （明）来知德：《周易集注》卷13，《景印文渊阁四库全书》，台湾商务印书馆1986年版
影印本，经部，第32册，第336页。
⑤ （明）来知德：《弄圆篇》，《来瞿唐先生日录》（一）内篇卷1，《四库全书存目丛书》，
齐鲁书社1995年版影印本，子部，第85册，第659页上栏。
⑥ （宋）朱熹：《答刘叔文》，《晦庵集》卷46，《景印文渊阁四库全书》，台湾商务印书馆
1986年版影印本，集部，第1144册，第374页下栏。
⑦ （宋）黎靖德：《朱子语类》卷95，中华书局1986年版点校本，第6册，第2440页。
⑧ 朱伯崑：《易学哲学史》卷2，华夏出版社1995年版，第481页。

来认为，在本原上朱熹讲理在气先，但在构成（禀赋）上并不讲理在气先，而常常强调理气无先后。如果把论构成当作论本原而断言朱熹哲学始终是理气无先后的二元论，在理解朱熹思想上必然发生混乱。① 陈来追溯了朱熹理在气先说的提出过程，认为朱熹论理在气先的直接思想资料来源是《系辞》"易有太极，是生两仪"和《太极图说》"太极动而生阳"二处，都和易学密切相关。《太极图说解》提出太极是"造化之枢纽，品汇之根柢"，是以太极为世界所以存在、运动的根据，根柢与现象世界是体与用、本然之妙与所乘之机的关系，并不意味着在二者之间有所先后。朱熹指出"此一图之纲领，大易之遗意，与老子所谓物生于有、有生于无，而以造化为真有始终者，正南北矣"。即如果认为太极先于二五，那就与老子的思想无法划清界限，据此，在《太极解义》时期朱熹关注的是人性的本体论来源问题，还没有提出理在气先的思想。淳熙末年朱熹发表《易学启蒙》，云"太极者，象数未形而其理已具之称，形器已具而其理无朕之目"，已包含有理先气后的思想，太极即是有理在无物之前而又立于有物之后，在阴阳之外而又行于阴阳之中。淳熙十六年朱熹《大学或问》云"其所以为造化者，阴阳五行而已。而所谓阴阳者，又必有是理而后有是气"，表明理在气先思想确已形成。② 理气先后问题朱熹之说可谓完备而无余蕴，后学则往往执其一端而攻击其余。

一　来氏圆图和来氏太极图

来氏四十二岁时在壁上画太极图并反复研磨修正，其结晶即载于《日录》开篇的太极图；来氏圆图置于《集注》卷首，分量极重，可视为来氏太极观的晚年定论。来氏圆图是来氏太极图的成熟形态。圆图出现在《集注》卷首，其下方附有三条注文"对待者数""流行者气""主宰者理"，这与其图说"德之图不立文字"明显违异，虽然这三条注文是其图说思想的固有之义，但仍让人怀疑其初刻本无此注文。圆图以中间小白圈为太极，即在气中的主宰之理，以黑白二路为对待流行之气，以太极之理为太极，这是一种狭义的太极观。来氏太极图出现在其《日录》卷首，太极图不见这三条注文，来氏称此整幅图为太极图，则其所说的"太极"接近道体之义，含具了理、气、象、数等形上下四要素，而不仅是以中间一圈主宰之理为太极，这是一种广义的太极观。《日录·太极》篇论太极即是以

---

① 陈来：《朱子哲学研究》，华东师范大学出版社 2000 年版，第 92 页。
② 陈来：《朱子哲学研究》，华东师范大学出版社 2000 年版，第 80—89 页。

太极之气、太极之数、太极之理分说。称名上，来氏《日录》称"太极图"，《集注》称"圆图"。在易学史上，"圆图"是来氏专用，"太极图"可以上溯到周敦颐。来氏《年谱》多次提到太极图，他四上公车不第后赋闲在家的两三年里——嘉靖四十五年至隆庆元年（1566—1567），在自家墙壁上画太极图参悟。隆庆四年（1571）他开始注《易》，距其体味太极图已四五年。来氏圆图载于《周易集注》卷首，万历二十六年（1598）《集注》成书并付梓，刻成后来氏仍修订不辍，从壁画太极图到来氏圆图刊定时间跨度长达三十余年。来氏四十二岁后居家所把玩的壁上太极图，是《日录》卷首紧随其太极图之后的伏羲卦图。来氏《集注》最终采用了"圆图"而非"太极图"作为称名，可能是因为《集注》卷首圆图以黑白二路盈虚消长而非坎离匡廓表示阴阳二气，并且取消了阴阳未分化的无极阶段和状态，直接以阴阳二分呈现，形式上对周敦颐太极图做了重大修正。图3-1载于北京师范大学图书馆藏万历三十八年张惟任刻本《集注》卷首，题为"梁山来知德圆图"；[①] 图3-2来氏太极图载于来氏《日录》。

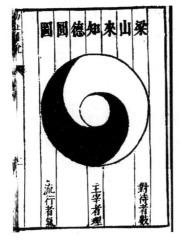

图3-1　来知德《集注》卷首
梁山来知德圆图

图3-2　来知德《日录》卷首
太极图

康熙十六年高奣映《易经集注》刻本将原载于来氏《日录》的来氏太极图插入《集注》卷首部分，使得两图在一书共现。要全面把握来氏太极

---

① （明）来知德：《梁山来知德圆图》，《周易集注》卷首上，北京师范大学图书馆藏万历三十八年张惟任刻本。

观，需将二图图说兼看。

（一）来氏圆图

图 3-3 载于文渊阁四库全书本《周易集注》卷首，题为圆图。① 此图与来氏太极图形式上相同，差别在于题名及有无三条注文。

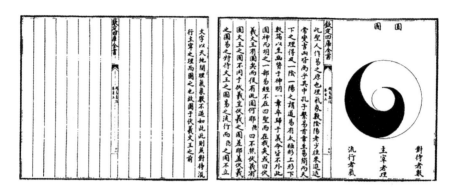

图 3-3　来知德圆图及图说

图说云：

此圣人作《易》之原也，理气象数，阴阳老少，往来进退，常变吉凶，皆寓乎其中。孔子系《易》首章至"易简而天下之理得"，及"一阴一阳之谓道""易有太极""形上形下"数篇，以至"幽赞于神明"一章，卒归于义命，皆不外此图。神而明之，一部《易经》不在四圣而在我矣。

或曰："伏羲、文王有图矣，而复有此图，何耶？"德曰："不然。伏羲有图，文王之图不同于伏羲，岂伏羲之图差耶？盖伏羲之图易之对待，文王之图易之流行，而德之图不立文字，以天地间理气象数不过如此。此则兼对待、流行、主宰之理而图之也。故图于伏羲、文王之前。"②

来氏指出其圆图包含了圣人作《易》之原，以及理气象数、阴阳老

---

① （明）来知德：圆图，《周易集注》卷首上，《景印文渊阁四库全书》，台湾商务印书馆1986 年版影印本，经部，第 32 册，第 13 页下栏。

② （明）来知德：圆图，《周易集注》卷首上，《景印文渊阁四库全书》，台湾商务印书馆1986 年版影印本，经部，第 32 册，第 13 页下栏。

少、往来进退、常变吉凶等天道人事内容，还包含了其《周易集注》对《系辞》《说卦》相关章节及命题的阐释，即孔子系《易》首章至"易简而天下之理得"，及"一阴一阳之谓道""易有太极""形上形下"数篇，以至"幽赞于神明"一章。循此线索，我们对这五处逐一分析。

其一，来氏注《系辞》首章至"易简而天下之理得"，可分"天尊地卑""刚柔相摩""乾以易知"三节。来氏注"天尊地卑"节云：

> 此一条言天地万物一对一待，易之象也。盖未画易之前，一部《易经》已列于两间。故"天尊地卑"，未有易卦之乾坤而乾坤已定矣；"卑高以陈"，未有易卦之贵贱而贵贱已位矣；"动静有常"，未有易卦之刚柔而刚柔已断矣；"方以类聚，物以群分"，未有易卦之吉凶而吉凶已生矣；"在天成象，在地成形"，未有易卦之变化而变化已见矣。圣人之易不过模写其象数而已，非有心安排也。孔子因伏羲圆图阴阳一对一待，阴错乎阳，阳错乎阴，所以发此条。①

此条来氏采取了蔡清模写说，认为易书之易不过是模写天地自然之易。来氏认为孔子依据伏羲圆图八卦方位相对待作《系辞》"天尊地卑"条，天地万物普遍地具有对待之象。"一对一待，易之象也"，与其圆图注文"对待者数"的提法对照，则知来氏象、数、气三个概念在应用到对待、流行时经常互通，并没有严格的区分。又来氏注"刚柔相摩"节云：

> 此一条言天地阴阳之流行，一施一受，易之气也。言天地万物惟有此对待，故刚柔八卦相为摩荡，于是鼓雷霆，润风雨，日月寒暑，运行往来，形交气感，男女于是乎生矣。故乾所知者惟始物，坤所能者惟成物。无乾之施则不能成坤之终，无坤之受则不能成乾之始。惟知以施之，能以受之，所以生育不穷。孔子因文王圆图"帝出乎震"，"成言乎艮"，又文王序卦阴综乎阳，阳综乎阴，所以发此条。②

有对待，故有流行，以对立面双方的对立关系为统一关系的前提，所谓摩荡、往来、交感是对立双方相互依存、相互推移的表现形式。来氏认

---

① （明）来知德：《周易集注》卷13，《景印文渊阁四库全书》，台湾商务印书馆1986年版影印本，经部，第32册，第336页。

② （明）来知德：《周易集注》卷13，《景印文渊阁四库全书》，台湾商务印书馆1986年版影印本，经部，第32册，第337页。

为孔子据文王圆图八卦方位及文王序卦阴阳相综的思想作此条，以表达阴阳流行之气的思想。又来氏注"乾以易知"节云：

> 易知者，一气所到，生物更无凝滞，此则造化之良知，无一毫之私者也，故知之易。简能者，乃顺承天，不自作为，此则造化之良能，无一毫之私者也，故能之简。盖乾始坤成者，乃天地之职司也。使为乾者用力之难，为坤者用力之烦，则天地亦劳矣。惟易乃造化之良知，故始物不难；惟简乃造化之良能，故成物不烦也。
>
> 人受天地之中以生，其性分之天理为我良知良能者，本与天同其易而乃险不可知，本与地同其简而乃阻不可从者，以其累于人欲之私耳。故易则易知，简则易从。易知者，我易知乎此无私之理也；易从者，我易从乎此无私之理也。非人知人从也。下易字，难易之易。
>
> 此一条言人成位乎中也。言乾惟知大始，是乾以易知矣；坤惟能成物，是坤以简能矣。人之所知如乾之易，则所知者皆性分之所固有，而无一毫人欲之艰深，岂不易知？人之所能如坤之简，则所能者皆职分之所当为，而无一毫人欲之纷扰，岂不易从？易知则此理之具于吾心者，常洽浃亲就，不相支离疏隔，故有亲；易从则此理之践于吾身者，常日积月累，无有作辍急荒，故有功。有亲则日新不已，是以可久；有功则富有盛大，是以可大。可久则贤人之德与天同其悠久矣，可大则贤人之业与地同其博大矣。
>
> 夫以易简而天下之理得，成贤人之德业，则是天有是易，吾之心亦有是易；地有是简，吾之身亦有是简，与天地参而为三矣。易中三才，成其六位者，此也。理得成位，即"致中和，天地位，万物育"之意。贤人即圣人，与天地并而为三，非圣人而何？
>
> 右第一章。此章"天尊地卑"一条言天地对待之体，"刚柔相摩"一条言天地流行之用，"乾以易知"一条则言人成位乎天地之中，成位乎中，则天地之体用模写于《易》者，神而明之，皆存乎其人矣。此三条孔子原《易》之所由作，通未说到《易》上去，至第二章"设卦观象"方言《易》。①

又来氏注《系辞下》末章"夫乾，天下之至健也，德行恒易以知险；

---

① （明）来知德：《周易集注》卷13，《景印文渊阁四库全书》，台湾商务印书馆1986年版影印本，经部，第32册，第337—338页。

夫坤，天下之至顺也，德行恒简以知阻"道：

> 右第十二章。此章反复论易知险、简知阻，盖"天尊地卑"首章
> 言圣人以易简之德成位乎天地，见圣人作《易》之原。此章言圣人以
> 易简之德知险知阻作《易》，而使百姓与能，见圣人作《易》之实
> 事也。①

朱熹《本义》注"乾知大始，坤作成物"道"知，犹主也。乾主始
物，而坤作成之"，以易知之易为"知大始"而"无所难"，以简能之简
为"皆从乎阳而不自作"，②着眼于乾坤职司之不同。《语类》称乾只负责
上一截事，坤之能事是成物，只负责下一截事，故云易简，《本义》认为
易简是由乾健坤顺的德性决定的。朱熹认为，众人皆能效法乾坤之道，成
为贤人；唯有贤人能得乾坤之理，能成位乎天地之中，参赞天地之化育，
能体道之极功，进而成为圣人。圣人所得即乾作坤成，一施一受的易简之
理。朱熹认为，《系辞》首章先言造化之实，据此阐明作《易》之理，又
言人能兼体乾坤之理，成位乎天地之中，与天地并为三才。《本义》注
《系辞》首章，对作《易》之理只是简单提及，来氏《集注》则对此作了
更为充分的论述。《系辞》云"天地之大德曰生""乾道成男，坤道成女"
"乾知大始，坤作成物""乾以易知，坤以简能"，《孟子》有"良知"
"良能"的说法，二经典文本融合，遂有"造化之良知""造化之良能"
之说。来氏以此解释乾坤之德，阐明人身禀赋的良知良能来自造化之良知
良能，人身之易简就是天地之易简，所以说人能成位于天地间，与天地并
立为三，这是汲取了程颐性即理的说法。此节朱注区分贤人和圣人，来注
认为贤人即圣人。朱注"乾以易知"之易为"无所难"，即难易之易，
项安世《周易玩辞·乾坤之知能》篇认为"乾以易知"之易与险相反，是
易直之易。③来氏认为，"乾以易知，坤以简能，易则易知，简则易从"
句，"下易字，难易之易"，上易字为易直之易，来氏折中了朱项二人之
注。来氏认为乾专心于知大始，坤专心于作成物，各自负责自己"性分之
天理"内的事情，所以不难、不烦，来氏的这一讲法与朱注是一致的。来

---

① （明）来知德：《周易集注》卷14，《景印文渊阁四库全书》，台湾商务印书馆1986年版
影印本，经部，第32册，第394页。

② （宋）朱熹：《周易本义》卷3，中华书局2009年版点校本，第222—223页。

③ （宋）项安世：《周易玩辞》卷14，《景印文渊阁四库全书》，台湾商务印书馆1986年版
影印本，经部，第14册，第420页下栏。

氏认为，乾坤能克除险阻，因其易简，乾坤能易简，则因其无私。"乾以易知，坤以简能"，此句知能二字《本义》未解作良知良能，来氏解作"造化之良知""造化之良能"，从思想资料基础看，是汲取了罗钦顺的说法。《困知记》云："乾以易知，坤以简能，此人之良知良能所自来也。然乾始物，坤成物，固自有先后之序矣。"①《孟子》讲良知良能，是从孩提之童无不知爱亲敬长说起，认为仁义礼智信等德性品质是先验于主体内心的，非习自后天，《系辞》"乾以易知，坤以简能"则是说乾只负责施故不难，坤只负责成故不烦。来氏认为，乾坤天然的健顺之德决定了其一施一受的分工差异，作为道德主体的贤人能够兼具乾坤健顺之德、易简之理、知能之事，所以能够成位乎天地之中，成就可久可大之德业，据此来氏继承并发展了罗钦顺的说法，以《孟子》良知良能解释《系辞》"乾以易知，坤以简能"句的知能二字。《本义》注称《系辞》首章"言造化之实，明作经之理"，来注则称此章为"孔子原《易》之所由作"，二人在探讨作《易》之理、作《易》之原的问题上，都主张乾坤之间是分工合作的关系，作《易》者在此寄托了君臣须恪守各自名分并合作成就久大德业的用意。在这一点上，朱注、来注也是一致的。

以上三条属来氏注《系辞》首章内容，来氏结合《系辞》《说卦》《孟子》文本，及邵雍先后天圆图，将宋代以来的对待流行说与其自创的错综说进行了关联对应，认为六十四卦错综之理是阴阳对待流行之理在《周易》中的反映。来氏认为"天尊地卑"条是孔子据伏羲圆图而作，表达的是阴阳对待之体，"刚柔相摩"条是孔子据文王圆图及文王卦序安排而作，表达的是阴阳流行之用，"乾以易知"条表达的是圣人成位乎天地之中，用《易》书模写阴阳对待之体和流行之用，并将其神明于心，此即圣人作《易》之本原，

来氏自述的"系辞首章至易简而天下之理得"仅指《系辞上》，来氏以《上系》为作《易》之原、易之体，以《下系》为作《易》之事、易之用。来氏注《系辞下》首章，采撷了项安世的观点。《系辞下》首章"天地之大德曰生，圣人之大宝曰位。何以守位曰仁，何以聚人曰财，理财正辞禁民为非曰义"，来注云：

　　仁义者，贞一之理也。天地有此贞一之大德，惟以生物为心，故

---

① （明）罗钦顺：《困知记》卷上，《景印文渊阁四库全书》，台湾商务印书馆 1986 年版影印本，子部，第 714 册，第 297 页。

无私覆无私载。圣人居大宝之位而与天地参，是以守其位而正位凝命也则以仁，曰仁，即天地贞一之大德也。居其位而理财正辞禁非也则以义，曰义，即天地贞一之大德也。仁以育之，义以正之。有此贞一无私之大德，所以与天地参也。《易》之为书，辞变象占，专教人以贞胜而归于一者，以此。《上系》首章举天地易简知能之德，而继之以圣人之成位，见圣人有以克配乎天地，此作《易》之原，易之体也。《下系》首章举天地易简贞一之德，而继之以圣人之仁义，见圣人有以参赞乎天地，此行《易》之事，易之用也。右第一章，此章论《易》而归之于贞一。①

来氏关于《系辞》上下首章分言易简知能之德和易简贞一之德，以及圣人作《易》之原和作《易》之事的说法，主要来自项安世。项安世《周易玩辞》有《乾坤之知能》《圣人之知能》《以象变占辞推演圣人之知能》三篇，主张知、能互文，知字不专属于乾，能字不专属于坤，乾坤即奇偶二物，知险知阻乃奇偶之所知，能说诸心能研诸虑，能定吉凶能成就伟大事业乃奇偶之所能；圣人变化云为，以辞变象占体于身措于事，此圣人之知险知阻，能取象奇偶作《易》，能与人谋，能与鬼谋，能使百姓与能，此圣人之能。② 项氏《玩辞》又云："《上系》之首章断之于易简而归之于贤人之德业，《下系》之首章断之以贞夫一而归之于圣人之仁义，大抵先以天地之理明圣人作《易》之本，复以在人之理明圣人体《易》之用也。"③ 即认为《上系》首章言易简，归于贤人之德业，以天地之理明圣人作《易》之本，《下系》首章言贞一，归于圣人之仁义，以在人之理明圣人体《易》之用。两相对照，则知来注直承项氏。与项氏不同的是，来注试图用易简之理统摄二者，来注称《上系》举天地易简知能之德，圣人良知良能克配造化之良知良能，此为圣人作《易》之本；《下系》首章举天地贞一之德，此贞一之德体现在仁义上，圣人行仁义之事即"天地之大德曰生"天道的表现。此亦是采用程颐性即理说。

至此，来氏自述其圆图的内涵首先体现为《系辞》首章所表达的圣人

① （明）来知德：《周易集注》卷14，《景印文渊阁四库全书》，台湾商务印书馆1986年版影印本，经部，第32册，第368—369页。

② （宋）项安世：《周易玩辞》卷14，《景印文渊阁四库全书》，台湾商务印书馆1986年版影印本，经部，第14册，第420—422页。

③ （宋）项安世：《周易玩辞》卷13，《景印文渊阁四库全书》，台湾商务印书馆1986年版影印本，经部，第14册，第400页。

作《易》之原和作《易》之事，其间包含了两层意思：一是阴阳对待流行之理，二是圣人克配天地易简之理，此易简之理包括知能之理和仁义（贞一）之理。来氏除了用易简、知能、仁义来绾结天道与人道，还将其归结为无私这一德性品质，体现了来注从理气论推及心性论、功夫论的注《易》理路。

其二，《系辞》"一阴一阳之谓道"节，朱熹《本义》注云："阴阳迭运者，气也，其理则所谓道。道具于阴而行乎阳。继，言其发也，善，谓化育之功，阳之事也。成，言其具也，性，谓物之所受，言物生则有性而各具是道也，阴之事也。周子、程子之书，言之备矣。……此章言道之体用不外乎阴阳，而其所以然者，则未尝倚于阴阳也。"[1] 来氏注云：

> 理乘气机以出入，一阴一阳，气之散殊，即太极之理各足而富有者也，气之迭运，即太极之理流行而日新者也，故谓之道。继是接续不息之意，《书》言"帝降"，《中庸》言"天命"，气之方行，正所降所命之时，人物之所公共之者也。此指人物未生造化流行上言之，盖静之终，动之始，静极复动，则贞而又继之以元，元乃善之长，此继之者所以善也。以其天命之本体不杂于形气之私，故曰善。成是凝成有主之意，气以成形，而理亦赋焉，乃人物所各足之者也，因物物各得其太极无妄之理，不相假借，故曰性。[2]

朱伯崑认为，此节来注不就筮法说，只就哲学中的太极即天地阴阳之理说，此节来注与朱注相比有两点不同，一是认为理随气的运动变化而日新，二是以流行过程为道，而不是朱熹"其理则所谓道"。来氏所说的一阴一阳乃气化流行之过程，太极作为阴阳之理即寓于其气化过程之中，任何条件下，理气皆不能分离，这同其筮法中的太极观"理寓于象数之中，难以名状，故曰太极"是一致的。[3] 事实上，来氏注《系辞》"一阴一阳之谓道"章道："圣人作《易》之初，不过此阴阳二画，……此一阴一阳之道在卦者也。究极此一阴一阳之数以知来，则谓之占；详通其一阴一阳

---

① （宋）朱熹：《周易本义》卷3，中华书局2009年版点校本，第228—229页。

② （明）来知德：《周易集注》卷13，《景印文渊阁四库全书》，台湾商务印书馆1986年版影印本，经部，第32册，第344页。

③ 朱伯崑：《易学哲学史》卷3，华夏出版社1995年版，第305—310页。

之变以行事，则谓之事，此则一阴一阳之道在卜筮者也。"①表明来氏也从筮法角度论"一阴一阳之谓道"。《语类》载："太极图只是一个实理，一以贯之。""太极分开只是两个，阴阳括尽了天下物事。"② 朱熹理本气末说主张太极之理是独立的实体，阴阳则是其派生出来的。朱熹《太极解义》云"真以理言，无妄之谓也；精以气言，不二之名也；凝者，聚也，气聚而成形也"，理是真实无妄的最高实体，万物成形是理气妙合而凝的结果。来氏认为人物共有此不杂形气之私的天命本体（即太极实理），此天命本体在天命帝降之时是人物所公共的，是就静终动始贞下起元、理气未合阶段人物未生造化流行上讲的。气凝成形质后太极之理也随之赋予其中，为之主宰，物物各得其太极之理而不相假借，是理气相合而成形、成性的阶段。来氏称没有受气禀影响的本然的理为天命本体、实理本体或良知本体等，与形气结合后的理来氏称为实理，都是指形而上的实体。来氏云"理乘气机以出入，一阴一阳，气之散殊，即太极之理各足而富有者也，气之迭运，即太极之理流行而日新者也，故谓之道"，一阴一阳，气之散殊，即太极之理各足而富有者也，这是从气的流行来讲理一分殊。又其《集注》云："性者，百物具足之理，情者，百物出入之机。春作夏长，百物皆有性情，非必利贞而后见，但此时生意未足，实理未完，百物尚共同一性情。至秋冬则百谷草木各正性命，保合太和，一物各具一性情，是收敛归藏，乃见性情之之确，故利贞者即乾元之性情也。则利贞之未始不为元也。"③ 未杂形气的天命本体之理是圆满具足、不相假借的，理乘气机出入，理气相合即是性情相合，遂得在物之实理。春夏为元亨阶段，性情为百物所共有，但此实理尚不完备，到了秋冬利贞阶段，百物各正性命，事物获得了自己完满的特殊规定，普遍性的太极之理与特殊的形气材料结合，实理终得完备，性情之的确乃见。此即是来氏所谓"气之迭运，太极之理流行而日新"。来氏糅合了本体论和宇宙生成论，从春夏秋冬的时间维度解释乾卦《文言》元亨利贞四德，称四德本浑然一理，不可分而言。从天命本体之理落实到具体物中夹杂形气的殊理，理不脱离气，但也不依赖气，理是形上实体，气是形下实体，在形下层面气是一本，男女万物是万殊，理与气之间是理本气末的体用关系，这个体用关系主要体现为形而

①　（明）来知德：《周易集注》卷13，《景印文渊阁四库全书》，台湾商务印书馆1986年版影印本，经部，第32册，345页下栏。

②　（宋）黎靖德：《朱子语类》卷94，中华书局1986年版点校本，第6册，第2365页。

③　（明）来知德：《周易集注》卷1，《景印文渊阁四库全书》，台湾商务印书馆1986年版影印本，经部，第32册，第76页。

上的本体与其作用或表现的关系，并非形而下的形体与其功能属性的关系。

程颐认为理是物之所以然，是事物存在及其变化的根据，包括事物的规律、本质和规范。其所谓理有五说，或指事理之当然，或指事理之固然，或指事理之必然，或指事理之自然，或指事理之所以然。程颐认为理和事在时间上无先后可言，显现乃本体自身的显现，本体同现象融合在一起。体用一源，显微无间。自理而言，即体而用在其中，所谓一原；自象而言，即显而微不能外，所谓无间。假象以显义，义是主体，象是义表现自己的形式，卦象和卦义融合在一起。理和象也是合一的，理是体，象是用。有乾坤易简之理，方有乾坤卦象及其所取之物象。理为根本，象和数是用来表现理的。物象和卦爻辞是表现其义理的手段或形式。屈伸往来只是理，气自身不具有运动变化的本性。乾坤对立本于对待之理，其变易出于往来屈伸之理，而理自身是不变的。阴阳二气生化万物是其刚健柔顺之理的体现。阴阳之理是阴阳二气存在的根据，阴阳二气是天理或天道的表现形式。有形有象的物质世界是理世界的具体化或实现化。个体事物禀受的气随其形体的消失而消失，但理无生灭，事物之理可以脱离事物存在。除了殊理能脱离形下之器及以理为卦象变易的根源这些说法外，来氏基本上继承了程颐的理气说、理象说。如其注《系辞》文"夫易彰往而察来，而微显阐幽，开而当名辨物，正言断辞，则备矣"道：

> 彰往者，明天道之已然也。阴阳消息卦爻之变，象有以彰之。察来者，察人事之未然也，吉凶悔吝卦爻之占，辞有以察之。日用所为者，显也，易则推其根于理数之幽以微之，使人敬慎而不敢慢。百姓不知者，幽也，易则就其事为之显以阐之，使人洞晓而无所疑。开而当名辨物者，各开六十四卦所当之名以辩其物，如乾马坤牛乾首坤足之类，不使之至于混淆也。正言断辞者，所断之辞吉则正言其吉，凶则正言其凶，无委曲无回避也。如是则精及无形，粗及有象，无不备矣。曰备者，皆二物有以体其撰通其德也，此其所以备也。①

来氏此注以阴阳消息之变、吉凶悔吝之占及卦爻象辞为显，以理数为幽为微，即是采用程颐"体用一源，显微无间"说，把程颐以理为幽改造

---

① （明）来知德：《周易集注》卷 14，《景印文渊阁四库全书》，台湾商务印书馆 1986 年版影印本，经部，第 32 册，第 381—382 页。

为以理数为幽，来氏"精及无形，粗及有象"句则是来自朱熹"阴阳一太极，精粗本末无彼此也"之说，来氏"推其根于理数之幽以微之"与朱熹"推其本则太极生阴阳"之说一样，都确立了理的本体地位。

来氏有时在形而下的层面使用"实体""本体"概念。如其注《系辞》云"天地者，阴阳形气之实体也"，① 又云："德为虚位，而礼有实体，修德以礼，则躬行实践之间有所依据。"② 又云："二柔在内而中虚，二刚居中而中实，虚则内欲不萌，实则外诱不入，此中孚之本体也。"③ 又注坤《文言》"坤至柔而动也刚，至静而德方"云："柔无为矣，而刚则能动；静无形矣，而方则有体。柔静者，顺也，体也；刚方者，健也，用也。"认为天地是阴阳形气之实体，礼有实体，中孚卦体中虚中实是其本体，坤卦柔静是体立，刚方是用形，其所谓"实体""本体""体"都是在形而下的意义上使用的。邵雍、朱熹、张载也都曾在形而下的层面上使用"体用"范畴，以功用、作用为用，以物质形体、体质为体，这种意义上的"体"并非指形而上的宇宙本体或心性本体。来氏在形而下的层面使用"实体""本体"，将现实世界的有形事物看成客观存在的，这种看法是王夫之"天下惟器"说的先声，来氏此说打击了佛教以现实世界为虚妄的说法。

来氏在更多情形下是在形而上的层面使用"实理""本体"。来氏《日录》定义"理"字云："理字则就当然恰好尺寸不移易上说"，"慈者乃为父当然不易之则"，"理字曰天理者，见其原于天命之性也，欲字曰人欲者，见其出于形气之私也"，④ 理是当然不易之则，理与欲相对，则其所说的理首先是事理之当然，可归于伦理学上的定言命令，指人必须遵守的道德规范。又其注《系辞》云："盖事虽至赜而理则至一，事虽至动而理则至静。故赜虽可恶，而象之理粲然当于心则不可恶也；动虽可乱，而爻之理井然有条贯则不可乱也。"⑤ 爻之理指爻变有井然不可乱之条理及本质

<hr>

① （明）来知德：《周易集注》卷13，《景印文渊阁四库全书》，台湾商务印书馆1986年版影印本，经部，第32册，第335页。

② （明）来知德：《周易集注》卷14，《景印文渊阁四库全书》，台湾商务印书馆1986年版影印本，经部，第32册，第382页下栏。

③ （明）来知德：《周易集注》卷12，《景印文渊阁四库全书》，台湾商务印书馆1986年版影印本，经部，第32册，第319页下栏。

④ （明）来知德：《入圣功夫字义》，《来瞿唐先生日录》（一）内篇卷3，《四库全书存目丛书》，齐鲁书社1995年版影印本，子部，第85册，第732页。

⑤ （明）来知德：《周易集注》卷13，《景印文渊阁四库全书》，台湾商务印书馆1986年版影印本，经部，第32册，第348—349页。

规定。又其注《系辞》"仰以观于天文，俯以察于地理，是故知幽明之故"道："天垂象，有文章，地之山川原隰各有条理。阳极而阴生则渐幽，阴极而阳生则渐明，一日之天地如此，终古之天地亦如此。故者，所以然之理也。"提到了天文地理之条理以及幽明变化的所以然之理。程颐以理为幽，以象为明，幽明之间是体用关系。张载认为幽和明是气存在的两种形式，道器之分乃形象之分，非有无之分，亦非理事之分。来氏解"幽明之故"折中了程颐和张载的观点，认为幽明是现象界阴阳二气的消息转换，幽和明都是形而下的气的状态，其背后有使其如此的所以然之理。又云："天道之诚即太极之实理，理无声无臭，何处见其诚？盖理乘气机以出入，故曰元亨诚之通，利贞诚之复。以气候论，如春来气候便渐渐温厚，秋来气候便渐渐严凝；……若以一物论，黍千年是黍，不变而为稻，稻千年是稻，不变而为梁。此便是天之诚。"① 来氏此处以诚为宇宙本体，诚体即太极，统体之太极实理借助形而下的现象而显现，他所说的理既指事理之所以然，是程朱派的本质与现象融合一体的体用显微关系，也是在讲事理之必然与事理之固然，即事物性质的稳定性及其往复运动的客观规律性。来氏认为事物有其本然之则，有其自身的性质和规律，理不是人主观赋予事物的，不是王阳明致吾心之良知于事事物物而使外在事物获得的理，而是人心可以体认、印证的客观之理。如其批评静坐功夫云："殊不知喜怒哀乐未发谓之中乃理也，理安能危坐以求之？李延平又说：'学问之道不在多言，但默坐澄心体认，天理若见，虽一毫私意之发，亦退听矣。'若依此言，则未默坐之时，又须臾离矣。"② 又云："古圣贤之嘉言善行，皆理之所在，皆古人之德也。君子多识之，考迹以观其用，察言以求其心，则万理会通于我，而我之德大矣！此君子体大畜之功也。"③ 又云："实理随处自然发见各足，无有欠缺。圣人以下未免有私意遮隔，所以有思诚之功。"④ 表明来氏承认事物客观之理的存在，将其视作天理、实理，作为形而上的实体看待，且认为道德主体可以体认和证悟此实体。又如"以其天命之本体不杂于形气之私，故曰善"，又如"又思孔门讲仁，

---

① （明）来知德：《入圣功夫字义》，《来瞿唐先生日录》（一）内篇卷3，《四库全书存目丛书》，齐鲁书社1995年版影印本，子部，第85册，第751页。

② （明）来知德：《入圣功夫字义》，《来瞿唐先生日录》（一）内篇卷3，《四库全书存目丛书》，齐鲁书社1995年版影印本，子部，第85册，第741页下栏。

③ （明）来知德：《周易集注》卷6，《景印文渊阁四库全书》，台湾商务印书馆1986年版影印本，经部，第32册，第177页。

④ （明）来知德：《入圣功夫字义》，《来瞿唐先生日录》（一）内篇卷3，《四库全书存目丛书》，齐鲁书社1995年版影印本，子部，第85册，第751页。

宜讲仁之本体矣，而又罕言仁者，何也？又以克己复礼为仁，能近取譬，为求仁之方，何也？孟轲讲义，亦不言义之本体，而乃曰乃若其情，则可以为善矣，何也？……方知五性无声无臭无形而难知，物欲有迹而易见，五性本体上半毫功夫做不得，惟当于发念上做功夫，遏人欲者，即所以存天理也。"① 来氏认为"五性本体"上做不得功夫，又提到"仁之本体""义之本体"，认为必须从本体发动处做功夫，则来氏继承朱熹"太极之本体""天命之本体"论性体是确定无疑的。其他应用实例还有："必格去有所好乐有所忧患之物欲，则有以复其良知之本体，所以说致知在格物"，② "人能克去己私，不丧失此同然之心，则良知本体发见，此心如明镜矣。"③ "既戒慎恐惧以遏人欲，则吾性之本体不为人欲所遮隔障蔽，此心如明镜止水矣，……中也者，性之本体也，故曰天下之大本，言天下万事之理皆由此出也。"④ "尽其心者，复其天命之本体也，天生此心之时，原无物欲也。"以上几条都是从未发已发的角度谈良知本体，此良知本体是实体范畴。又云："无妄者，至诚无虚妄也，……以天道言，实理之自然也；以圣人言，实心之自然也。"⑤ 强调天道的客观实在性，故称天道为实理之自然。又云："天命者至诚，乃天命之实理反身而诚者也，若自外来，岂得为天命？……大亨以正，实天之命也。天命实理无一毫人欲之私，此文王卦辞所以言元亨也。若以外来者为主，则有人欲之私，非反身而诚天命之实理，即匪正矣。"⑥ 此解无妄卦辞，认为自外来者为人欲之私，非天之所命，故匪正有眚，必待反身而诚的去私功夫，才能复得天命实理，从而得正。又其《日录》云："良知即五性中之智也，乃天理也，发而为是非之心者，此也。即诚明之明也。所以说自诚明谓之性，言有实理，自有此实知，乃不假修习，所性而有者也。盖实理中原有明，天之所命者如此，圣人之完具者亦如此，故谓之性。未能有此实理者，必明方能

---

① （明）来知德：《格物诸图引》，《来瞿唐先生日录》（一）内篇卷2，《四库全书存目丛书》，齐鲁书社1995年版影印本，子部，第85册，第687页。

② （明）来知德：《入圣功夫字义》，《来瞿唐先生日录》（一）内篇卷3，《四库全书存目丛书》，齐鲁书社1995年版影印本，子部，第85册，第737上栏页。

③ （明）来知德：《入圣功夫字义》，《来瞿唐先生日录》（一）内篇卷3，《四库全书存目丛书》，齐鲁书社1995年版影印本，子部，第85册，第745页。

④ （明）来知德：《入圣功夫字义》，《来瞿唐先生日录》（一）内篇卷3，《四库全书存目丛书》，齐鲁书社1995年版影印本，子部，第85册，第740页下栏。

⑤ （明）来知德：《周易集注》卷6，《景印文渊阁四库全书》，台湾商务印书馆1986年版影印本，经部，第32册，第172页下栏。

⑥ （明）来知德：《周易集注》卷6，《景印文渊阁四库全书》，台湾商务印书馆1986年版影印本，经部，第32册，第173页下栏。

诚，盖未能有此实理，即有私欲矣，必去此私欲，复其实理之本体，方能明而诚。"① 圣人完具天命实理，故能自诚明，常人未能有此实理，须去私欲复其实理本体，此为自明诚。良知乃天命实理，发而为是非之心。又云："天地惟诚，实有此理，所以千古此天地，万古此天地，动物千年是动物，植物千年是植物……人心惟实具此五性之理，所以虚灵不昧。"② 认为天地实有此太极之理故诚，人心实具此五性之理故能虚灵不昧。又云："人之有此实理，乃所性而有者也。天所赋之理本实，但因此理寓于躯壳之中，未免有实不实矣。其曰不实者，乃人欲也。若实理之本体，岂能增减？惟圣人浑然具此实理，所以泛应曲当。遇子自孝，遇父自慈，遇臣自忠，遇君自仁。实理随处自然发见各足，无有欠缺。圣人以下未免有私意遮隔，所以有思诚之功。"③ 又云："无欲则一团实理，故诚。"④ 统观以上数条材料，来氏认为实理之本体不因人欲（形气）而增减，则其所谓理并非单指从属于气的特定属性、条理或规律，在其哲学意义上，更主要的是指普遍的独立的作为本质规定的仁义礼智信之理，是寓于气中的超越实体。人普遍地具此太极之理，若被人欲遮蔽，则现实表现上有实与不实之分，但是实理之本体并无增减，即是说实理独立自在，并不依赖气，思诚之功也只是去私复此本体。"无增无减"本是玄奘所译《心经》字句，用以形容诸法空相，二程则以此形容太极本体人力增减不得："虽能推之，几时添得一分？不能推之，几时减得一分？百理具在，平铺放着。"⑤ 来氏亦承此说。其本体的伦理化特征是自宋代二程天理说沿袭而来的。⑥ 来氏称太极为"太极实理""太极无妄之理""至极之理"，也认可朱熹以太极

① （明）来知德：《入圣功夫字义》，《来瞿唐先生日录》（一）内篇卷3，《四库全书存目丛书》，齐鲁书社1995年版影印本，子部，第85册，第737页。
② （明）来知德：《省觉录》，《来瞿唐先生日录》（一）内篇卷4，《四库全书存目丛书》，齐鲁书社1995年版影印本，子部，第85册，第766—767页。
③ （明）来知德：《入圣功夫字义》，《来瞿唐先生日录》（一）内篇卷3，《四库全书存目丛书》，齐鲁书社1995年版影印本，子部，第85册，第751页。
④ （明）来知德：《省觉录》，《来瞿唐先生日录》（一）内篇卷4，《四库全书存目丛书》，齐鲁书社1995年版影印本，子部，第85册，第762页下栏。
⑤ （宋）程颢、程颐：《二程集》，中华书局1981年点校本，上册，第34页。
⑥ 陈来：《朱子哲学研究》，华东师范大学出版社2000年版，第6页。陈来认为，二程所体贴出来的天理把理提到上古哲学中"天"具有的本体地位，而"性即理也"的提出，表明人性的内容与宇宙的原理也是完全同一的。也正是因为天理具有人间伦常秩序的投影的意义，哲学就绝不能使"理"仅仅作为宇宙论的第一创生者，而必须更加强调它在现实世界作为普遍法则、根据的地位，于是"原始反终"的宇宙论变为"体用一源"的本体论。而理既规定为气之运动的所以然，气的聚散循环说也就让位于气之自然生生说了。

为造化之枢纽品汇之根柢的说法，从其反复强调理是"实理"这一点来看，理是在气中或器中的实体这一点是可以确定的。理是实理，气是实气，理和气始终是结合在一起的，不能说理时间上先于气，但理也不仅是从属于气的条理、属性，理还是在气中的超越的物理或性理，特殊之理随个体事物生灭而完具或消尽并不能否定普遍之理的恒久存在及其本体地位，这是来氏在理气问题上的基本立场。

《语类》载："道须是合理与气看。理是虚底物事，无那气质，则此理无安顿处。《易》说一阴一阳之谓道，这便兼理与气而言。"① 朱熹称道须"合理与气看""兼理与气而言"，道不仅是阴阳之理，还是理气之合，朱熹的这一表述如果加以图式化即是来氏理气合一的圆图，是包含了形而上超越根据之理和形而下万物气化流行的全体，是合道器兼体用而言的。程颐"所以一阴一阳者是道"强调的是超越根据之理，朱熹"道兼理气"说强调的则是实体流行之全体，道体借助万物形体显现自身，万物则是道体流行的具体内容。来氏圆图的太极包含理、气两种实体，保留了程颐"体用一源，显微无间"的讲法，理气是隐显体用关系，他以所谓"主宰者理""流行者气"阐明"一阴一阳之谓道"，从理气结合的角度谈太极之理通过散殊和迭运而显现为"各足而富有""流行而日新"的实际内容，从动因的视角指出了理对于气化流行的支配和规范作用，继承并发展了程朱的道体说和理气说。

其三，《系辞》"易有太极"节，朱熹《本义》注云："一每生二，自然之理也。易者，阴阳之变。太极者，其理也。两仪者，始为一画以分阴阳。四象者，次为二画以分太少。八卦者，次为三画而三才之象始备。此数言者，实圣人作《易》自然之次第，有不假丝毫智力而成者。画卦揲蓍，其序皆然。详见序例、《启蒙》。"② 此节来氏注云：

> 太极者，至极之理也。理寓于象数之中，难以名状，故曰太极。生者，加一倍法也。两仪者，画一奇以象阳，画一偶以象阴，为阴阳之仪也。四象者，一阴之上加一阴为太阴，加一阳为少阳，一阳之上加一阳为太阳，加一阴为少阴，阴阳各自老少，有此四者之象也。八卦者，四象之上又每一象之上各加一阴一阳，为八卦也。曰八卦，即六十四卦也。③

① （宋）黎靖德：《朱子语类》卷74，中华书局1986年版点校本，第5册，第1896页。
② （宋）朱熹：《周易本义》卷3，中华书局2009年版点校本，第240页。
③ （明）来知德：《周易集注》卷13，《景印文渊阁四库全书》，台湾商务印书馆1986年版影印本，经部，第32册，第359—360页。

朱伯崑认为，来氏以太极为至极之理，即指阴阳之理未分的状态，此未分之理寓于象数之中，难以形容，故称其为太极，来氏以邵雍的加一倍法解释"是生两仪"以下文句，此种解释不以"易有太极"的太极为世界的本原，而是以其为筮法中象数的根源。来氏强调此太极为理不能脱离象数而存在，这与其在哲学上批评朱熹理在天地先说，赞成程颐在物为理说的立场是一致的。[①] 朱伯崑指出来氏论"易有太极"也是取朱熹说，认为是讲画卦的过程，专就筮法讲象数的根源，不是讲宇宙生成，排除了世界观角度，"易有太极"的太极不是在讲世界的本原。来氏云"'易有太极，是生两仪'，不可执泥'是生'二字，盖无先后也"[②]，认为太极之理与阴阳两仪不是父生子的关系，也不是老子"道生一"的生，理与气是体用关系，显微关系，本质和现象的关系，在时间上没有先后。表现在其圆图中，来氏强调的是太极之理"寓于"象数之中，而非朱熹解周子太极图所说的将太极之理挑出放在图式的最上面，此外，"寓于"之说与王夫之"太极有于易以有易"的"太极有于易"在意义上是一致的，都是强调一般法则不离具体的变化过程。来氏此说与罗钦顺的理气观虽有一定程度上的相似性，但实质上差距很大。罗钦顺认为理气一物，理只是气之理，这在气之往来转折处观之，"有莫知其所以然而然，若有一物主宰乎其间而使之然者，此理之所以名也"，肯定了理是气往来变化的内在根据和法则，支配着气的运动，但与朱熹以理为神，以动静之理为阴阳动静循环流行的使之然者不同，罗钦顺认为理并不是神，不是气之中的另一实体。来氏的理气观更接近薛瑄"实理实气"的不同逻辑层次的双重实体说，认为太极之理是在形而下实体之气中的形而上实体，在此基础上来氏还以有形的事物为实体，因此其所谓实体更多的是在发用和流行层面上说。来氏吸收了罗钦顺理一理万之说，认为特殊规律随气的聚散而有生灭，这在殊理层面上削弱了理的实体性，同时在形下层面肯定了气的本体地位。来氏将理看作是神，认为在普遍规律的层面上理是实体。来氏在坚持程朱派理本论立场的同时，还吸收了张载一物两体的气本论思想，就气化流行过程说明作为动能的神。罗钦顺用理一分殊代替天命气质之性二分说处理人物之性，认为没有什么独立的堕在形体中的实体式的一般本性，理一即寓于分殊之中，理只是气自身的规定。来氏则承认有此实体式的一般本性，如来氏

---

①　朱伯崑：《易学哲学史》卷 3，华夏出版社 1995 年版，第 305—306 页。

②　（明）来知德：《入圣功夫字义》，《来瞿唐先生日录》（一）内篇卷 3，《四库全书存目丛书》，齐鲁书社 1995 年版影印本，子部，第 85 册，第 726 页。

云："盖天地之性自道心一边而言也，无声无臭，形而上者也，理也，道也；气质之性自人心一边而言也，有形有象，形而下者也，气也，器也。理附乎气，器寓乎道，本不相离。若以一而言之，理即气，气即理，道即器，器即道；若以两而言之，寓乎躯壳之中者纯是天理，故曰性善，若躯壳则因人所禀气质有刚柔善恶，即有善有不善矣。"① 又云："如薛文清公生时五脏露如水晶，其清透骨，有此异质，所以为名儒。"② 来氏虽然也强调理气、道器二而一的统一性，认为天理不离躯壳，但仍然坚持了以天地之性为不杂于形下器物的无声无臭的形上实体。来氏同时也借助薛瑄气禀之异的事例，吸收了朱熹气异理异、气强理弱说及罗钦顺关于在理一分殊的演化中特定的气禀决定其特定的理、性的说法，以此说明具体事物的差异性表现。朱熹阐发"易有太极"，认为"易"是指流行变易之体，并指出程颐"其体则谓之易"是说"上天之载，无声无臭"所代表的变易流行之总体只是动静循环过程，体是形而下的体质之体，太极之理的主宰功能体现于易之体质中，即是程颐所说的"其理则谓之道"，在太极之理的主宰下动静无限循环流行发用，即程颐所谓"其用则谓之神"。来氏注"易有太极"节强调"是生"不可作先后解，即是继承朱熹理气相合的道体说，强调"无体之体"的道体通过物生水流等具体内容显现，以此杜绝体用二分可能带来实体孤悬的理论隐患。

其四，《系辞》"是故形而上者谓之道，形而下者谓之器"，朱熹《本义》注云："卦爻阴阳，皆形而下者，其理则道也"，③ 朱注以卦爻阴阳为形而下，阴阳之理、阴阳之道为形而上。来氏注云：

> 道器不相离，如有天地，就有太极之理在里面，如有人身此躯体，就有五性之理藏于此躯体之中，所以孔子分形上形下，不离形字也。……阴阳之象，皆形也。形而上者超乎形器之上，无声无臭，则理也，故谓之道；形而下者则囿于形器之下，有色有象，止于形而已，故谓之器。以是形而上下化而裁之则谓之变，推而行之则谓之通，及举此变通措之天下之民，则所以变所以通者皆成其事业矣，故

---

① （明）来知德：《入圣功夫字义》，《来瞿唐先生日录》（一）内篇卷3，《四库全书存目丛书》，齐鲁书社1995年版影印本，子部，第85册，第732页。
② （明）来知德：《入圣功夫字义》，《来瞿唐先生日录》（一）内篇卷3，《四库全书存目丛书》，齐鲁书社1995年版影印本，子部，第85册，第733页。
③ （宋）朱熹：《周易本义》卷3，中华书局2009年版点校本，第242页。

谓之事业。此画前之易也，与卦爻不相干。①

　　朱伯崑认为，来氏对于形而上者和形而下者的解释本于程朱说，以阴阳之理为道，以阴阳之象为器，就易学说，乾坤卦画和阴阳卦象为器，健顺之理则为道。但来氏认为凡形器之物都有其理寓于其中，如太极作为天地之理即在天地中，人的五性之理即存于躯体之中，所以孔子讲形上形下皆不离有形之体。来氏此论表面上与程朱说相似，实际上是以形器为道或理存在的基地，其道器不相离说，实际上是说道不离器。② 朱伯崑此论侧重于来氏以形器为道之载体说，这的确是其学说的一个重要方面，但来氏并未放弃理本或道本论。与朱注不同，来氏认为《系辞》形而上下二句说的是画前之易，是实存的现实世界的全体，与卦爻不相干。朱熹认为，形上形下只就形处离合分别，形是可见与不可见的界止处，程颢称"只此两句截得上下分明"，正应是截字，若是断字，则上下绝无关联。③ 朱熹认为《系辞》只就形字说形上形下，表明道器一体不分，但道器又有体用之别，并非两个并列平行的实在。来知德认为形而上下不离形字，强调道器浑沦不分，但同时他也坚持道本器用说，二人在道器关系上的基本主张是一致的。来氏《日录》云：

　　　　凡物有形，有气，有神，如天地是形也，屈伸往来气也，所以主宰之者神也。仁乃木之神，礼乃火之神，义乃金之神，知乃水之神，此神字即命也、性也、道也、理也、太极也，但随处命名不同耳。与生俱生，与形气原不相离，如天依乎地、地附乎天相似。然虽不离形气，实不杂于形气。天生出尧舜出来，方分一个"道心""人心"，到了孔子又分一个"形而上者谓之道，形而下者谓之器"。④

　　来氏这段话从哲学世界观谈形而上下的道器之分。道不离器，理不离气，具体到圆图，即是说中间小白圈所代表的太极之理不离黑白二路所代表的太极之气。来氏云"盖易道不外乎阴阳，而阴阳之理则遍体乎

---

① （明）来知德：《周易集注》卷13，《景印文渊阁四库全书》，台湾商务印书馆1986年版影印本，经部，第32册，第364页。

② 朱伯崑：《易学哲学史》卷3，华夏出版社1995年版，第305页。

③ （宋）黎靖德：《朱子语类》卷94，中华书局1986年版点校本，第6册，第2369页。

④ （明）来知德：《格物诸图》，《来瞿唐先生日录》（一）内篇卷2，《四库全书存目丛书》，齐鲁书社1995年版影印本，子部，第85册，第698—699页。

事物"，① 又云"天之生我，有气有理，魂魄者，气之神，情性者，理之神"②，"天地者，乾坤之形体；乾坤者，天地之情性"，③ 以情性为居于形气之中的理之神。田智忠认为黄榦、陈淳开启了宋元明时期理学的去实体化路向趋势。④ 其后吴澄、罗钦顺、王廷相等也继承发展此说。如吴澄认为"太极与此气非有两物，只是主宰此气者便是，非别有一物在气中而主宰之也"，⑤ 认为理气是一物而非两物，理气始终不离。薛瑄认为"理气不可分先后"，"实理实气，无丝毫之空隙"，"器亦道，道亦器"，但薛瑄仍把理看作气中的另一种实体，其日光载鸟之喻即是说明气有聚散而理无聚散。⑥ 来氏并未采取吴澄、罗钦顺等人的理气一物说，而是采用了薛瑄的说法，以太极为气中主宰气的至极之理，理气无时间上的先后，来氏不仅以理为气的条理，还以理为气中的实理。来氏云"凡物有形，有气，有神"，其中主宰之理即是神，是物运动变化的内在根据和动力，罗钦顺则认为从功能上理虽支配着事物的运动，但理并不是神，不是气中的另一实体，两人分歧即在于此。来氏云："易不过模写乾坤之理"，⑦ "上古虽未有易之书，然造化人事本有易之理，故所作事暗合易书，正所谓画前之易也"。⑧ 此则本原朱熹说，以易书所模写的阴阳之理为画前之易。上文提到来氏注"形而上者谓之道"时，将道、器、变、通、事业合看，称"此画前之易也，与卦爻不相干"，将形上形下道器及其变通事业统称作画前之易。又称"在天成象，在地成形，未有易卦之变化，而变化已见矣。圣人

① （明）来知德：《周易集注》卷13，《景印文渊阁四库全书》，台湾商务印书馆1986年版影印本，经部，第32册，第346页。
② （明）来知德：《省觉录》，《来瞿唐先生日录》（一）内篇卷4，《四库全书存目丛书》，齐鲁书社1995年版影印本，子部，第85册，第764页下栏。
③ （明）来知德：《周易集注》卷13，《景印文渊阁四库全书》，台湾商务印书馆1986年版影印本，经部，第32册，第346页。
④ 田智忠：《当"道体"遭遇"理本"——论朱子"道体论"的困境及其消解》，《哲学研究》2020年第4期；又《简论陈淳与"去实体化"路向趋势的开启》，载《百年东亚朱熹学》，商务印书馆2016年版，第309—320页。
⑤ （元）吴澄：《吴文正集》卷2，《景印文渊阁四库全书》，台湾商务印书馆1986年版影印本，集部，第1197册，第29页。
⑥ 陈来：《宋明理学》，华东师范大学出版社2004年版，第174—177页。
⑦ （明）来知德：《周易集注》卷13，《景印文渊阁四库全书》，台湾商务印书馆1986年版影印本，经部，第32册，第346页下栏。
⑧ （明）来知德：《周易集注》卷14，《景印文渊阁四库全书》，台湾商务印书馆1986年版影印本，经部，第32册，第373页下栏。

之易，不过模写其象数而已，非有心安排也"①。朱伯崑认为来氏以模写说解释《周易》中象、理、数的来源，改造了理学派和数学派的画前有易说，把天地万物之形象及其变化的过程称为画前之易，未有卦画，先有此"易"，而圣人所作之《易》乃对画前之易即天地万物之象数的模写，不仅模写天地万物的形象，而且模写天地万物之理。② 这样，理气都是来氏模写说的内容，也都是来氏画前之易的内容，但二者并不在同一个逻辑层次上，理气之间仍是程颐所谓的体用本末的关系。朱熹称"有是理，便有是气，但理是本"，并认为存在一个可以脱离物质世界的"净洁空阔的"理世界，理在事实上和价值上都是超越气的精神本体，气则是用，是末。朱熹又强调形而上不离形而下，并以形而下者为实体性范畴，在形而下的层面气与万物是一本万殊的关系，气成为万物的本体，蒙培元认为朱熹的这一看法破坏了其"形而上"的绝对性和纯粹性，③ 实际上形而上的本体和形而下的本体在不同逻辑层次上可以共存于朱熹的理学体系中，二者并不矛盾。薛瑄、来知德继承了朱熹的这一理学双层本体论的理论思维形态，他们撇开了本原角度，仅取现实世界的构成角度，故有此二元论的主张。

张载认为气是无形而有象的形而上之道，有形之物是形而下之器，个体事物的生灭只是气的一聚一散，气散仍回到太虚中，并非消尽无余，因此气具有永恒性，物质世界具有永恒性，气和有形之物皆是真实的客观存在，并非虚幻。《系辞》云"阴阳不测之谓神""知变化之道者，其知神之所为乎"，神指气运动变化的本性。张载云："神，天德；化，天道。德，其体；道，其用，一于气而已。"天德，指气的运动本性，即合一不测；天道，指气化的过程，即推行有渐。气化的过程为道，道的内容就是一阴一阳相互推移，永不停息。一物两体是指阴阳二气统一体，统一的一面而非斗争的一面乃气运动变化的根源，一故神，两故化。合一不测为神，神主乎动，天下之动皆神之所为，气之性本虚而神，神是气所固有的运动本性，它基于阴阳对立和有差别的统一，运动变化的泉源存在于太极之气这一物质性的实体之中，气的运动过程表现为浮沉、聚散、升降、动静、絪缊、屈伸、相荡、胜负等阴阳二气相互推移。张载以阴阳二气统一体为太极，其清虚一大说又保存了汉唐以来以太极为单一实体的观点。虚无之道或天理这样单一实体的太极居于阴阳之上，是阴阳二气存在的根

---

① （明）来知德：《周易集注》卷13，《景印文渊阁四库全书》，台湾商务印书馆1986年版影印本，经部，第32册，第336页。

② 朱伯崑：《易学哲学史》卷3，华夏出版社2005年版，第288页。

③ 蒙培元：《理学范畴系统》，人民出版社1989年版，第142页。

据。作为世界本原的太虚之气充满广大虚空，其本性清虚无形，无阴阳之分。清虚是就气的本性说的，阴阳是就其表现说的，以清虚为本性的形而上的气世界表现为有形有象的形而下的器世界，气聚而为万物，散而为太虚。蒙培元认为，对于气而言，神是属性范畴，但对于物而言，神又是本体范畴，[1] 神是推动万物变化的根源，但神并不在气外，而是气所固有的性能，万物之变化皆神之所为。作为运动泉源的神不受屈伸往来的影响，神是独立实体，具体事物的运动是此实体的表现。来氏折中了张载和程颐的看法，将程颐的理与张载气中运动变化根源的神结合起来，从而有了"理之神"的实体概念，用程颐以理象隐显为体用的观点来丰富张载聚散推移的气论思想，对阴阳之气运动变化的根源和表现形式做出新的解释。来氏认为"阴阳之理非对待即流行"，以对待流行之理为阴阳二气运动变化的内在根源，这不同于张载偏于从阴阳统一体和谐依存而非斗争的方面讲运动变化的根源，也不同于程颐"屈伸往来皆是理"的单一实体动力根源说。后来王夫之以太和缊缊之气解释太极，以太极自身的展开说明作为世界本原的气同天地万物的关系，消解了张载两个世界的矛盾，沿袭的即是来氏折中理学和气学二派的路线。

　　来氏对于"神"的论述主要有以下几层含义。第一，不测之神。如云"变化者，即上文蓍卦之变化也，两在不测，人莫得而知之，故曰神。言此数出于天地，天地不得而知也，模写于蓍卦，圣人不得而知也，故以神赞之"[2]。第二，神以知来之神，指人或蓍龟预知未来的能力。如云"几者，人之所难知，能知人之所不能知，故曰神"[3]。又如"圣人则神以知来，即其易简之理而知其未然之来，此则圣人未卜筮而知险知阻也"[4]。又如"今蓍龟无思无为，不过一物而已，然方感矣，而遂能通天下之故，未尝迟回于其间，非天下之至神乎？"[5] 又如"圆者，蓍数七七四十九，象阳之圆也，变化无方，开于未卦之先，可知来物，故圆而神"[6]。第三，承张

---

① 蒙培元：《理学范畴系统》，人民出版社1989年版，第104页。

② （明）来知德：《周易集注》卷13，《景印文渊阁四库全书》，台湾商务印书馆1986年版影印本，经部，第32册，第355页上栏。

③ （明）来知德：《周易集注》卷14，《景印文渊阁四库全书》，台湾商务印书馆1986年版影印本，经部，第32册，第379页。

④ （明）来知德：《周易集注》卷14，《景印文渊阁四库全书》，台湾商务印书馆1986年版影印本，经部，第32册，第392页。

⑤ （明）来知德：《周易集注》卷13，《景印文渊阁四库全书》，台湾商务印书馆1986年版影印本，经部，第32册，第356页。

⑥ （明）来知德：《周易集注》卷13，《景印文渊阁四库全书》，台湾商务印书馆1986年版影印本，经部，第32册，第358页。

载成说，以归伸描述运动状态的鬼神之神，如云"鬼神是天地之变化运动者，如风云雷雨，凡阳嘘阴吸之类皆是"①。又如"天地之所公共者谓之鬼神。阴精阳气聚而成物，则自无而向于有乃阴之变阳，神之伸也；魂游魄降散而为变，则自有而向于无乃阳之变阴，鬼之归也"②。由此引申出祭祀意义上的鬼神之神，如"故曰卜筮者，先王所以使民信时日敬鬼神也，非屈伸往来也"③。第四，性理之神，指居于人物之中并规定其本质，主宰其运动的性理。如云"凡物有形有气有神，如天地是形也，屈伸往来气也，所以主宰之者神也。仁乃木之神，礼乃火之神，义乃金之神，知乃水之神，此神字即命也、性也、道也、理也、太极也，但随处命名不同耳。与生俱生，与形气原不相离，如天依乎地、地附乎天相似。然虽不离形气，实不杂于形气"④。又如"天地之道，阴阳尽之矣。阴阳变合而有金木水火土，是五行也。有形焉，有气焉，有理焉。……其理则五行之神，仁义礼智信是也"⑤。又如"心有形，有气，有神。形者，心之体也；气者，息之呼吸也；神者，性也，附于心之仁义礼智信之理也"⑥。又如"盖天地间不外形气神三字，如以人论，骨肉者，刚柔之体也，呼吸者，阴阳之气也，与形气不相离者，五性之神也，理也……人无仁义，则禽兽矣"⑦。仁义礼智信是五行之神，仁义又是人的本质规定。形而上实体与形而下的形质载体互相包含，互为根据。第五，作为运动变化根源的神，常表述为神妙、神化。如"神即雷风之类，妙即动挠之类，以其不可测故谓之神，亦如以其主宰而言谓之帝也。……神也者，妙万物而为言者也。以文王流行之卦图言之，雷之动，风之挠，火之燥，泽之说，水之润，艮之终始，其流行万物固极其盛矣，然必有伏羲之对待，水火相济，雷风不相悖，山泽通

① （明）来知德：《周易集注》卷11，《景印文渊阁四库全书》，台湾商务印书馆1986年版影印本，经部，第32册，第295—296页。
② （明）来知德：《周易集注》卷13，《景印文渊阁四库全书》，台湾商务印书馆1986年版影印本，经部，第32册，第342页。
③ （明）来知德：《周易集注》卷13，《景印文渊阁四库全书》，台湾商务印书馆1986年版影印本，经部，第32册，第352页。
④ （明）来知德：《格物诸图》，《来瞿唐先生日录》（一）内篇卷2，《四库全书存目丛书》，齐鲁书社1995年版影印本，子部，第85册，第698—699页。
⑤ （明）来知德：《理学辨疑》，《来瞿唐先生日录》（一）内篇卷6，《四库全书存目丛书》，齐鲁书社1995年版影印本，子部，第85册，第804页下栏。
⑥ （明）来知德：《入圣功夫字义》，《来瞿唐先生日录》（一）内篇卷3，《四库全书存目丛书》，齐鲁书社1995年版影印本，子部，第85册，第721页。
⑦ （明）来知德：《周易集注》卷15，《景印文渊阁四库全书》，台湾商务印书馆1986年版影印本，经部，第32册，第397—398页。

气，然后阳变阴化，有以运其神，妙万物而生成之也。若止于言流行而无
对待，则男女不相配，刚柔不相摩，独阴不生，独阳不成，安能行鬼神成
变化而动之挠之燥之说之润之以终始万物哉?"① 以雷风水火相对待为卦气
流行的前提来说明运动的根源，以雷风之类为神，动挠之类为妙运，来形
容物质世界运动变化的复杂多变和难以预测。又如"变化者，即上文蓍卦
之变化也，两在不测，人莫得而知之，故曰神"②。又如"神者，妙不可
测，莫知其然之谓。天之神道非有声色，而四时代谢无少差忒"③。运动变
化的根源深微难知，但表现为四时代谢则有其客观规律性。又如"由之而
莫知其所以然者，神也。以渐而相忘于不言之中者，化也"④。神是运动变
化的泉源，化是运动变化的过程。又如"盖尽同归之理是乐天功夫，神以
理言，故言穷；安一致之数是知命功夫，化以气言，故言知。理即仁义礼
知之理，气即吉凶祸福之气"⑤。运动的根源是从理上讲的，运动的过程和
表现形式是从气上讲的。又如"以其理之当然而言曰道，以其道之不测而
言谓之神，非道外有神也。……惟言阳矣而阳之中未尝无阴，言阴矣而阴
之中未尝无阳，两在不测，则非天下之至神不能与于此矣，故又以神赞
之"⑥。又如"阳极而阴生则渐幽，阴极而阳生则渐明。……故者，所以然
之理也。人物之始，此阴阳之气，人物之终，此阴阳之气。其始也，气聚
而理随以完，故生；其终也，气散而理随以尽故死"⑦。阴阳二气相互依存
而非截然割裂毫无关联，其盈虚消长推移带来复杂难知的运动变化，主宰
变化的动因是神，是理，又叫"幽明之故"，此动因存在于气化之道中，
而不在道外。朱熹认为"道体之本然"的体是包含本末精粗的理气全体，
"与道为体"的体则"较粗"，是指盛载道的万物形体，因此阴阳何以谓

① （明）来知德：《周易集注》卷 15，《景印文渊阁四库全书》，台湾商务印书馆 1986 年版
  影印本，经部，第 32 册，第 400—401 页。
② （明）来知德：《周易集注》卷 13，《景印文渊阁四库全书》，台湾商务印书馆 1986 年版
  影印本，经部，第 32 册，第 354—355 页。
③ （明）来知德：《周易集注》卷 5，《景印文渊阁四库全书》，台湾商务印书馆 1986 年版影
  印本，经部，第 32 册，第 154 页下栏。
④ （明）来知德：《周易集注》卷 14，《景印文渊阁四库全书》，台湾商务印书馆 1986 年版
  影印本，经部，第 32 册，第 370 页下栏。
⑤ （明）来知德：《周易集注》卷 14，《景印文渊阁四库全书》，台湾商务印书馆 1986 年版
  影印本，经部，第 32 册，第 377 页。
⑥ （明）来知德：《周易集注》卷 13，《景印文渊阁四库全书》，台湾商务印书馆 1986 年版
  影印本，经部，第 32 册，第 345 页。
⑦ （明）来知德：《周易集注》卷 13，《景印文渊阁四库全书》，台湾商务印书馆 1986 年版
  影印本，经部，第 32 册，第 342 页。

之道当离合看，所谓离就是理气形上下之不杂，所谓合就是二者不离且形上之道以哪种方式在现象界运动变化中起作用。朱熹道："道不可见，因从那上流出来，若无许多物事，又如何见得道？便是许多物事与那道为体。水之流而不息，最易见者。如水之流而不息，便见得道体之自然。"万物与道体之间是显隐体用关系。向世陵认为，朱熹理本论的前提是理生气，但他始终没有也不可能讲清楚理如何产生气，但既要生，本体不可能只存有不活动，活动性和主动性是理的基本规定。[1] 来氏云："形而上者超乎形器之上，无声无臭，则理也，故谓之道。"又说："道者，天地日月之正理，即太极也。"[2] 从这两条材料看，来氏所谓形上之理即是道，即是太极，并未包含气。来氏《集注》《日录》中均无明确的道体观念，但他以太极之理的"各足而富有""流行而日新"注释"一阴一阳之谓道"时，则分明是从理气相合的自然历程说"道"，实质上即是采用了程朱的道体观念。来氏以程朱派"理"与张载"神"相结合，认为事物固有的理、神不离其形体存在，但又是事物的所以然之理和幽明之故，形而上的实体与形而下的形质载体互相包含，互为根据。来氏在坚持理气形上下二元对立立场的同时，以道体流行说说明事物运动变化的动力在于其自身固有的对待流行之理（神），从而解决了道体如何在万物流行中显现自己的问题。

其五，《说卦》首章云："昔者圣人之作《易》也，幽赞于神明而生蓍，参天两地而倚数，观变于阴阳而立卦，发挥于刚柔而生爻，和顺于道德而理于义，穷理尽性以至于命。"来氏称此章内涵亦不外乎其圆图，此章来注能兼采朱熹、胡炳文、俞琰、蔡清等前贤之长。来氏注云：

> 言蓍草乃神明幽助方生，周公之爻定阳九阴六者，非老变而少不变之说也，乃参天两地而倚数也。参两之说非阳之象圆，圆者径一而围三，阴之象方，方者径一而围四之说也。盖河图天一地二天三地四天五地六天七地八天九地十，一二三四五者，五行之生数也，六七八九十者，五行之成数也。生数居河图之内，乃五行之发端，故可以起数；成数居河图之外，则五行之结果，故不可以起数。……观变者，六十四卦皆八卦之变，阳变阴，阴变阳也。如乾初爻变则为姤，二爻变则为遁，坤初爻变则为复，二爻变则为临是也。详见《杂说·八卦

---

① 向世陵：《宋代经学哲学研究（基本理论卷）》，上海科学技术文献出版社 2015 年版，第 111—112 页。

② （明）来知德：《周易集注》卷 14，《景印文渊阁四库全书》，台湾商务印书馆 1986 年版影印本，经部，第 32 册，第 367 页下栏。

变六十四卦图》。发挥于刚柔者，布散刚柔于六十四卦，而生三百八十四爻也。《易》中所言之理，一而已矣，自其共由而言谓之道，自其缊畜而言谓之德，自其散布而不可移易谓之理，自其各得其所赋之理谓之性。道、德、理、性四者，自其在人而言谓之义，自其在天而言谓之命。

"和顺于道德"者，谓《易》中形上之道、神明之德皆有以贯彻之，不相悖戾拂逆也。"理于义"者，六十四卦皆利于贞、其要无咎者，义也。今与道德不相违背，则能理料其义，凡吉凶悔吝无咎皆合乎心之制事之宜矣。"穷理"者，谓《易》中幽明之理以至万事万物之变，皆有以研究之也。"尽性"者，谓《易》中健顺之性以至大而纲常小而细微，皆有以处分之也。"至于命"者，凡人之进退存亡得丧皆命也，今既穷理尽性，则知进知退知存知亡知得知丧，与天合矣，故至于命也。惟圣人和顺于道德，穷理尽性，是以文王发明六十四卦之象辞，周公发明三百八十四爻之爻辞，有吉有凶，有悔有吝，有无咎者，皆理于义、至于命也。使非理义立命，安能弥纶天地、观象玩辞、观变玩占、自天佑之吉无不利也哉？

"幽赞"二句言著、数也，著与河图皆天所生，故先言此二句。"立卦"者，伏羲也。"生爻"者，周公也。"理义""至命"者，文王周公之辞也。上"理"字料理之理，下"理"字义理之理。自"圣人之作《易》也"下六句皆一意，幽赞于神明，参天两地，观变于阴阳，发挥于刚柔，和顺于道德，穷理尽性，一意也。生也，倚也，立也，生也，理也，至也，一意也。圣人作《易》，不过此六者而已。言"著""数""卦""爻"而必曰"义""命"者，道器无二致，理数不相离，圣人作《易》惟教人安于义命而已，故兼天人而言之。此方谓之《易》，非旧注"极功"之谓也。故下文言顺性命之理，以阴阳、刚柔、仁义并言之。①

　　来氏认为《说卦》首章讲的是天地自然之易以及伏羲、文王、周公等三圣作《易》之事，不是讲揲蓍求卦之事。蓍草与河图皆天生，"幽赞""参天"二句言著、数，代表天地自然之易；"立卦"是讲画卦之事，是伏羲之易；"生爻"是周公作爻辞；"理于义""至于命"是讲文王周公作

---

① （明）来知德：《周易集注》卷15，《景印文渊阁四库全书》，台湾商务印书馆1986年版影印本，经部，第32册，第395—397页。

卦爻辞。① 其注"参天两地而倚数",不取朱熹圆方径围之说,而是采马融"天得三合,谓一三五也;地得两合,谓二四也"之说,② 以河图五生数之和(三阳数之和、两阴数之和)确定卦中阳九阴六之爻,即所谓凡阳皆九、凡阴皆六。③ 来氏认为阳九来自天一依天三,天三依天五,阴六来自地二依地四,参天就是天一天三天五三位,两地就是地二地六两位。"观变于阴阳而立卦,发挥于刚柔而生爻"是依京房八宫法讲六十四卦的形成过程,不是讲揲蓍求卦。圣人作《易》无非道德理性义命六者,道德理性四者其实是一,只是言说角度不同。道偏在共由,德偏在蕴蓄,理偏在散布不可移易,性偏在禀赋,这四者自其在人而言谓之义,自其在天而言谓之命,这样来氏将道德理性也都归结为义、命。义即理,命即数,理数不相离,圣人作《易》,无非是教人安于义命。《说卦》首章朱熹《本义》注认为天圆地方,参天为三,两地为二,揲蓍之数倚此而起,在揲蓍三变之末有七八九六四种情形,由此立卦生爻,据占筮以断,于道德从容无所违逆,应事皆能得其条理,能穷天下之理,尽人物之性,而合于天道,这便是圣人作《易》之极功。④ 胡炳文《周易本义通释》阐发朱注,认为蓍草自有神明之德,圣人因其神明之德而赞助之,天地之数自有天圆地方之象,圣人因顺之而立天三地两之数,并衍生出七八九六之蓍数,蓍策之数自有阴阳之变,其变化自然成就刚柔之爻,圣人观此阴阳之变而立卦,发挥此刚柔而生爻。天命自然而然,圣人作《易》能无逆蓍卦之德,条理六爻之义,穷理尽性至于命,皆是因循自然,能上合天命,则是圣人作《易》之极功。⑤ 俞琰《周易集说》阐发朱注,认为蓍、数、卦、爻是圣

---

① 按,来氏认为理于义之理是料理的意思,穷理之理是义理的意思。这样,周公就出现了两次,来氏将"生爻"视作周公之事,与将"立卦"解作伏羲画卦是不能协调一致的。这是个经学训诂问题,来氏此处训诂不周密。

② 《周易义海撮要》卷九载:"幽,深也。赞,明也。参,奇也。两,偶也。七九,阳数;六八,阴数。深明神明之道而生用蓍求卦之法,五位相得而各有合,天得三合,谓一三五;地得两合,谓二与四。七九为奇,天数也;六八为偶,地数也。故取奇于天,取偶于地,而立七八九六之数也。"又《周易要义》卷九载:"正义曰:'先儒马融王肃等解此,皆依《系辞》云"天数五,地数五,五位相得而各有合",以为五位相合,以阴从阳,天得三合,谓三与五也,地得两合,谓二与四也。'"

③ 按,来氏此处只取九六,不取七八。其注"易有太极"节,取邵朱之说,认为伏羲在阴阳两仪之上再各画一阴一阳,即两仪生四象,由此否定了老变少不变即七八九六的阴阳老少四象之说,而以邵雍主张的伏羲画卦说代替《系辞》揲蓍成卦说来解释四象的由来。

④ (宋)朱熹:《周易本义》卷4,中华书局2009年版点校本,第261页。

⑤ (元)胡炳文:《周易本义通释》卷8,《景印文渊阁四库全书》,台湾商务印书馆1986年版影印本,经部,第24册,第538—539页。

人作《易》之本，据卦爻言道德义理性命则是圣人作《易》之极功。① 蔡清《蒙引》认为天之生著，未必专为卦用，然同一天地之理，同一天地之数，其理数正好相符可以演卦。圣人作《易》，肇著之生，起著之数，卦因以立，爻因以生，故凡吉凶消长之理，进退存亡之道，盈天地间所有物事，《易》皆一一依他样子模写出来，随其吉凶存亡进退所在，各有其条理而不相混，穷尽天下事物之理、性，而与天命之本然吻合无间。理、性是天命之散见，天命是理、性之本原。穷理尽性是人，至于命合于天道则是兼人天（"人而天"），其间功夫又有浅深，能以人合天方为极功。② 比较而言，《说卦》首章，朱注强调的是圣人以《易》合天，即圣人作《易》能穷天下之理，尽人物之性，而合于天道；胡炳文的解释遵循了朱注，也是强调圣人作《易》穷理尽性能够与天命合一方为极功，强调其自然而然的客观性，否定人的私意安排。朱胡之注未明言理数，但其强调客观之理的同时暗寓了理数。俞琰将圣人作《易》六事分作两部分，前四事为圣人作《易》之本，后二事为圣人作《易》之极功，以象数为基础，以义理为极功，这种划分可能对来氏有启发作用。朱胡之注认为能因循自然之理，以人合天便是圣人作《易》极功，俞琰则区分圣人作《易》的两个阶次，一是基础之功，二是极功。胡俞都恪守了朱熹不脱离筮法说《易》的解经之风。蔡清强调圣人作《易》之功首先在于著数的引入，发明揲著程序亦属圣人作《易》之事。蔡清以天命为总理，理、性为万殊之理，天地之数与天地之理相符，故可以演卦。蔡清理数二分的讲法对于朱注而言是一种发展，也是来氏理数、义命二分说的先声。除受蔡清理数二分说的影响外，来注可能还受了胡炳文"天命自然而然""非心思智虑之所为"的阐释，从而引入了数的概念，以数和理，义和命的对举，用来说明圣人之《易》的真谛在于理数，来氏义命分立的提法突出了人在命数面前处之以义的能动性和独立空间，扬弃了朱注将以人合天作为"圣人作《易》之极功"的说法。来氏强调的是圣人以《易》教化世人安于义命，这与朱熹心具理、以人合天偏于外在规范的"极功"说有显著区别。朱注偏重在天道自然之理上说以人合天，来氏理数、义命之说则能兼天人，尤其凸显了道德主体以义理处事的一面，来氏以此否定了朱熹"圣人作《易》之极功"的旧说。来氏的攻击把握住了理学派主体能动性不足的问题。来氏将

---

① （宋）俞琰：《周易集说》卷36，《景印文渊阁四库全书》，台湾商务印书馆1986年版影印本，经部，第21册，第351页。

② （明）蔡清：《易经蒙引》卷12上，《景印文渊阁四库全书》，台湾商务印书馆1986年版影印本，经部，第29册，第736—738页。

"理于义"释为"理料其义",将"义"训为"心之制事之宜",认为"义"在六十四卦中表现为"利于贞"和"其要无咎"两个方面,六十四卦卦爻辞无论吉凶悔吝无咎,皆利于正,皆合乎心之制事之宜,主体的价值选择与天之命数既有分,又有合。圣人作《易》能够贯彻形上之道、神明之德而无违逆,则吉凶悔吝无咎都能合乎道德主体内心的价值判断。下面我们从这两个方面展开分析,以便更细致深入地把握来氏理(义)、数(命)这两个核心范畴。

一方面,来氏从"利于贞"的训解角度论"义"。王弼《周易注》注家人卦"利女贞"云"其正在家内而已",① 注渐卦"利女贞"云"进而用正,故利贞也",以正训贞。② 冯椅《厚斋易学》注家人卦云:"经止言女贞,而孔子推明一家之人皆利于正,有补于世教为多。"③ 梁寅《周易参义》注大畜卦云:"以畜聚言之,则六五之君畜聚天下之人才,阳刚之君子蕴畜其德义,皆利于正也。"④ 蔡清《易经蒙引》注渐卦云:"利贞,不专谓女归宜正也,凡进皆利于正也。"⑤ 以上诸家皆训贞为正,训利贞为利于正。来氏云:"正者,六十四卦皆利于正也。"⑥ 在前贤的基础上,来氏将六十四卦卦爻辞义旨统一到利于正,以此作为论"义"的第一层意思。

来氏注"吉凶者,贞胜者也"节云:"贞者,正也。圣人一部《易经》皆利于正,盖以道义配祸福也。胜者,胜负之胜,言惟正则胜,不论吉凶也。道者,天地日月之正理,即太极也。一者,无欲也,无欲则正矣。"⑦ 此节韩康伯注云:"贞者,正也,一也。夫有动则未免乎累,殉吉则未离乎凶,尽会通之变而不累于吉凶者,其唯贞者乎?老子曰'王侯得一,以为天下贞',万变虽殊,可以执一御也。"⑧ 则来氏将贞训作正和一,

① (魏)王弼:《周易注》卷4,《易学集成》第一卷,四川大学出版社1998年版,第164—165页。

② (魏)王弼:《周易注》卷5,《易学集成》第一卷,四川大学出版社1998年版,第178页。

③ (宋)冯椅:《厚斋易学》卷35,《景印文渊阁四库全书》,台湾商务印书馆1986年版影印本,经部,第16册,第613—614页。

④ (元)梁寅:《周易参义》卷1,《景印文渊阁四库全书》,台湾商务印书馆1986年版影印本,经部,第27册,第236页上栏。

⑤ (明)蔡清:《易经蒙引》卷7下,《景印文渊阁四库全书》,台湾商务印书馆1986年版影印本,经部,第29册,第475页上栏。

⑥ (明)来知德:《周易集注》卷13,《景印文渊阁四库全书》,台湾商务印书馆1986年版影印本,经部,第32册,第346页上栏。

⑦ (明)来知德:《周易集注》卷14,《景印文渊阁四库全书》,台湾商务印书馆1986年版影印本,经部,第32册,第367—368页。

⑧ (晋)韩康伯:《周易注》卷8,《易学集成》第一卷,四川大学出版社1998年版,第195页。

是直承韩注而来。但韩康伯以老注易，其所指又不同。来氏将周敦颐"无欲故静"转化为"无欲则正"，从而摆脱了道家影响，确立其理学立场。来氏云"惟正则胜，不论吉凶"，以理胜气，这一说法来自孔颖达疏。孔疏云若要不累于吉凶，唯有贞一，任其自然，无虑无思，守正静寂，故贞正能胜吉凶。[①] 来注将贞训作正和一，意指儒家易简无私之理而非孔疏所谓虚静无为的道家立场。又《系辞》"易曰憧憧往来"节，孔疏认为心既虚寂，纯一感物，物自来应，朋自来归，不假思虑，此自然相感而生利之事，遵从的是王弼以虚无为本之说。朱熹将孔疏"纯一"转换为"理本无二"，《本义》注云："此引咸九四爻辞而释之，言理本无二，而殊涂百虑，莫非自然，何以思虑为哉？……言往来屈信，皆感应自然之常理，加憧憧焉，则入于私矣。"[②] 认为往来屈伸有感应自然之常理，顺应自然之理即可，不须思虑而后从，若思虑则入于私而悖理。来氏《集注》云："此释咸九四爻。同归而殊涂者，同归于理而其涂则殊；一致而百虑者，一致于数而其虑则百。以涂言之，如父子也，君臣也，夫妇也，朋友也，长幼也，如此之涂，接乎其身者甚殊也，然父子有亲之理，君臣有义之理，夫妇有别之理，朋友有信之理，长幼有序之理。使父子数者之相感，吾惟尽其理而已，有何思虑？以虑言之，如富贵也，贫贱也，夷狄也，患难也，如此之虑起乎其心者有百也，然素富贵行乎富贵，素贫贱行乎贫贱，素夷狄行乎夷狄，素患难行乎患难，如使富贵数者之相感，吾惟安乎其数而已，有何思虑？下文则言造化理物有一定自然之数，吾身有一定自然之理，而吾能尽其理，安其数，则穷神知化而德盛矣。"[③] 朱熹罕言命数，也很少将理、数对举。来氏在朱注言"理一"的基础上，引入了数，形成理、数分立的解释话语。来氏认为数在外，而理在我，这与程朱派在物为理，处物为义说有所不同。理和数都来自天命，理又有物理和性理之分，程朱派格物致知说通过穷外物之理而明心中之理，物理和性理是同一的，来氏则将天命之数抽离出来，与天命之性理形成自然人文的对立，并以此凸显主体的道德选择自由。来注将"同归"解释为同归于儒家五伦之理，将"一致"解释为富贵贫贱夷狄患难等人生际遇之数，从而以尽理安数解咸卦九四，丰富和发展了朱注。

程颐云："有理则有气，有气则有数。行鬼神者，数也。数，气之用

---

①　（唐）孔颖达：《宋本周易注疏》卷12，中华书局1988年版，第745—746页。

②　（宋）朱熹：《周易本义》卷3，中华书局2009年版点校本，第249—250页。

③　（明）来知德：《周易集注》卷14，《景印文渊阁四库全书》，台湾商务印书馆1986年版影印本，经部，第32册，第375页。

也。天地之数五十有五，成变化而行鬼神者也。"① 以理为主宰，以数为气之用，并以天地之数为变化的根源。其注未济上九云"诚安于义命而自乐，则可无咎"，② 又云"顺乎理，乐天也，安其分，知命也，顺理安分故无所忧"，③ 则程氏已有义命分立、理命分立的讲法，来氏理数二分并引入"数"的概念，进一步发展了程颐这一讲法。来注云："盖尽同归之理是乐天功夫，神以理言，故言穷；安一致之数是知命功夫，化以气言，故言知。理即仁义礼知之理，气即吉凶祸福之气。一部《易经》，说数即说理。"④ 张载说"神，天德；化，天道"，以神为气固有的运动本性，化指气运动的过程，气是实体范畴，神是气的属性，来氏认为穷神即穷理，知化即知命，安数是知命功夫，化以气言，气即吉凶祸福之气，这反映了来氏以理为主宰，从气上说数的理论倾向，这一点与程颐是一致的。气在一般意义上是指形而下的物质实体，是生物之具，来氏此处出于理数对言的需要，而把气说成是吉凶祸福之气，从而成了指称命运遭遇的气数之气。来氏将穷理之理训作"仁义礼智之理"，将知命功夫归结为对气、数的认知和接受，说仁义礼知之理固然是说理，说数的时候必定存在一个主体如何对待数的问题，如面对吉凶祸福等人生遭际应如何处之，来氏提出"安数""知命"，在这个意义上说数即说理，这样来氏所谓的理与数达到了同一。

朱伯崑认为就理和象的关系说，来氏不把象看成理自身显现自己的形式，而是以象为理存在的基地。⑤ 事实上，来氏既以象为理存在的基地，又保留了理学派理本用显的讲法，仍然保留着本质世界和现象世界的二分。程颐云："在理为幽，成象为明，知幽明之故，知理与物之所以然也。"⑥ 来氏云："易辞纤细无遗，其称名小矣，然无非阴阳之理默寓乎中而取类又大。……叙事大小本末极其详备谓之肆，然理贯于大小本末之中，显而未必不隐焉。"⑦ 认为阴阳之理贯穿散见于诸卦爻之中，卦爻辞叙事又是此理的显现，继承了程朱派理事体用论的讲法。又如来氏云："日

① （宋）程颐：《河南程氏经说》卷1，《二程集》，中华书局2004年版，下册，第1030页。
② （宋）程颐：《周易程氏传》卷4，《二程集》，中华书局2004年版，下册，第1026页。
③ （宋）程颐：《河南程氏经说》卷1，《二程集》，中华书局2004年版，下册，第1028页。
④ （明）来知德：《周易集注》卷14，《景印文渊阁四库全书》，台湾商务印书馆1986年版影印本，经部，第32册，第377页。
⑤ 朱伯崑：《易学哲学史》卷3，华夏出版社2005年版，第305页。
⑥ （宋）程颐：《河南程氏经说》卷1，《二程集》，中华书局2004年版，下册，第1028页。
⑦ （明）来知德：《周易集注》卷14，《景印文渊阁四库全书》，台湾商务印书馆1986年版影印本，经部，第32册，第382页上栏。

用所为者，显也，《易》则推其根于理数之幽以微之，使人敬慎而不敢慢。"① 来氏将理与数合言，认为幽微的理和数都是作为现象界的本根存在，从而在程颐的基础上，进一步将宇宙本体细分为应顺之理和应安之数，本体是不可分割的整体，理和数是此全体的不同侧面，理代表着人应知应从的必然性，数代表着人力无可奈何的客观因素，带有偶然性和不可预知性，这里的数并非刘牧河洛之数或邵雍加一倍法的逻辑推演之数。来氏又云："易简者，乾坤无私之理也。惟易直无私者，可以照天下巇险之情；惟简静无私者，可以察天下烦壅之故。六十四卦利贞者，无非易简无私之理而已。"② 将乾坤之理阐释为易简无私之理，此理可以知天下之险阻，六十四卦皆利于贞，也就是利于此易简无私之理。因此，来氏以"利于贞"解"义"，实际上就是要求占者顺理安数，顺此易简无私之理，这是来氏论"义"的第一层意思。

另外，来氏从"其要无咎"的训解中论"义"。来氏《集注》特别重视阐发六十四卦卦爻辞中的"无咎"，如云乾卦九三、九四皆重刚不中，上不在天，下不在田，宜有咎而乃无咎，这是因为九三因其时而兢惕不已，德日进，业日修，所以处危地亦无咎；九四独近九五"或之"之位，惟其疑，必审时而进，所以无咎。坤卦六四近君，居多惧之地，不可妄咎妄誉。需卦初九阳刚得正，未近于险，不冒险以前进，必义命自安，需郊不变，乃其所利，戒占者能如此，则无咎。师卦用兵利于得正，又任老成之人，故无穷兵厉民之咎。同人所同者广而无偏党之私，则无咎。大有九二中德蓄积，佐六五虚中之君，可得无咎；九四过中，然以刚居柔，不极其声势之盛，乃无咎之道。豫卦上六，冥豫，成有渝，有悔心之萌而能改变，则能补过而无咎。随，动而悦，易至于诡随，故必利于贞，方得无咎。蛊卦初六，才柔志刚，能干父蛊，因子而考得无咎；九三刚过则悔，渐趋于吉，故终无咎。临卦六三能忧而改之，故无咎；上六居临之终，坤土敦厚，吉而无咎。观卦初六犹童子识见不远，其占在小人则无咎，在君子则羞吝；九五阳刚中正，以居尊位，君子无咎；上九阳刚在上，故并君子之无咎。噬嗑初九居初无位，惩之于初，乃小人之福，故占者无咎；六二柔顺中正，听断以理，无咎之道；六三阴柔，不中不正，然时当噬嗑，于义无咎；六五居尊，必如黄之中、金之刚，而又贞厉，乃得无咎。贲上

① （明）来知德：《周易集注》卷 14，《景印文渊阁四库全书》，台湾商务印书馆 1986 年版影印本，经部，第 32 册，第 381 页下栏。

② （明）来知德：《周易集注》卷 14，《景印文渊阁四库全书》，台湾商务印书馆 1986 年版影印本，经部，第 32 册，第 391 页。

九文胜而反于质，故无咎。剥卦六三去其党而从正，其义无咎。复卦阴成朋党，然当阳复之时，阳气渐长，亦无咎病；六三频复频失，虽厉但能补过，揆之于义，故无咎。无妄九四阳刚健体，守此无妄正道，即无咎。恒必利于正，恒亨而后无咎。晋卦初六应四，守正则吉，不急于求信，惟宽裕以处之，则可以无咎；上九不系恋其私，吉而无咎。睽卦初九当睽乖之时，虽恶人亦见之，此善于处睽者，则悔亡而无咎；九四阳刚，当睽之时，必危心以处之，方可无咎。解卦初六，方解之初，六之柔，四之刚，交相为用，则不过刚，不过柔，而所事皆得宜，故于义无咎。损卦惟有孚，则元吉无咎，至薄亦无害。益卦初九位卑，本不可以任厚事，必大善而后无咎；六三受上之益而用行凶事，故无咎。夬卦九五不溺于私，必如决觉，方得无咎。姤卦九二与初本非正应，乃不正之遇，故有五月包鱼之象，占者得此，仅得无咎；上九不近阴私，亦无咎。萃卦六二九五中正相应，有引之之象，占者得此，吉且无咎。升卦九二孚信之至，故利用薄祭，亦可交神，占者如是，得遂其升而有喜，故无咎。井甃，无咎，占者能修治臣下之职，成井养之功，斯无咎。鼎卦初六居下，颠趾出否，若悖尊卑之序，于义则无咎。震卦上六畏邻戒，方得无咎。艮卦诸爻不相与应，人不获我身，我亦不见其人，仅得无咎。若时止时行，岂止无咎？初六阴柔，无可为之才，又居初卑下，以是而止，不轻举冒进，可以无咎而正；六四以阴居阴，既艮其身，则无所作为，故无咎。渐卦初六阴柔，当进之时，以渐而进，在人不免有言语之伤，其义则无咎。丰卦九三，无咎者，德（阙），用与不用，在人。九三虽不见用，乃上六之咎，于三无咎。

　　来氏所谓"无咎"，指没有咎病或言语之伤，没有指责，没有诟病，无可厚非等，其反义是有誉。[1] 丽雅各英译本《周易》"无咎"则有无过错和无可指责二义。[2] 来氏注艮卦卦辞称以艮止处艮之时，人我不相获，仅得无咎，若能时止时行，岂止无咎？表明无咎仅是中平之辞，元吉、大吉等较之更善；来氏注临上六、晋上九、萃六二云"吉而无咎""吉且无咎"，则是在吉的基础上增益以无咎，更趋于圆满，这都是从结果上去讲的。

　　《系辞》言"其要无咎"有二处，一处是"二多誉，四多惧，近也。

---

① 按，惟注坤六四"无咎无誉"作"不可妄咎妄誉"，咎字仍是指责之义，但加了一个妄字，属增字解经，与他处不协。

② （英）丽雅各：《周易》（英译）*Book of Changes*，湖南出版社 1993 年版，第 2—5、18—19 页。丽雅各将乾卦九三、九四"无咎"译作 *there will be no mistake*，意为无过错；将乾九四象辞"进无咎也"译作 *if he advance，there will be no error*. 亦是此意；将坤卦六四爻辞"无咎无誉"译作 *there will be no ground for blame or praise*，意为无可指责。

柔之为道，不利远者，其要无咎，其用柔中也"，来氏注云："二之多誉者，以柔之为道，本不利远于君，但易不论远近，大约欲其无咎而已。今柔居中位，发之于外，莫非柔中之事，则无咎矣，此所以多誉也。"① 认为六十四卦的六二爻虽远于君位却能多誉的原因是柔居中位，以柔中处事。另一处是"惧以终始，其要无咎"，来氏注云："故圣人系《易》之辞，惧以终始，不敢始危而终易者，大约欲人恐惧修省，至于无咎而已，此则易之道也。"② 认为有危机意识、忧患意识者方能归于无咎。朱熹注"其要无咎"的要字，认为有平声要约之意和去声终归之意，朱注取平声之意，③来氏此二处都是承自朱注，取平声，意指大约欲人恐惧修省，欲其无咎而已。这五种占辞，无咎介乎吉凶悔吝之间，非吉非凶，属于平辞。来氏认为，作《易》者并非务必要人趋吉避凶，大约欲其无咎而已，为此，用《易》者须有柔中之德和恐惧修省的精神，这是就主体的德性修为而言的，是来氏所说的"义"的第二层意思。

陈淳云："命字有二义，有以理言者，有以气言者，其实理不外乎气。如'天命之谓性'，'五十知天命'，'穷理尽性至于命'，此等命字，皆是专指理而言。如就气说，却亦有两般：一般说贫富贵贱、夭寿祸福，如所谓'死生有命'与'莫非命也'之命，是乃就受气之短长厚薄不齐上论，是命分之命；又一般如孟子所谓'仁之于父子，义之于君臣，命也'之命，是又就禀气之清浊不齐上论，是说人之智愚贤否。"④ 又云："理与义对说，则理是体，义是用；理是在物当然之则，义是所以处此理者。故程子曰：'在物为理，处物为义。'"⑤ 来氏理数观与陈淳理义体用论和理气二分的性命观，以及程颐理义观既有区别，又有联系。无咎是五大占辞之一，来氏认为，在占卜实践中，若占得相关的卦爻，"无咎"是教占者如何避咎。如乾九三处危地，容易招咎，占者如能做到兢惕不已则可免咎；如晋初六处进之时，虽与四应，但不可急于求信，占者宽裕以处之，可以无咎；如睽初九当睽乖之时，占者虽恶人亦见之，方为善于处睽者，如此则悔亡而无咎。王弼云"卦以存时，爻以示变"，"卦者，时也，变通者，

---

①　（明）来知德：《周易集注》卷14，《景印文渊阁四库全书》，台湾商务印书馆1986年版影印本，经部，第32册，第388—389页。

②　（明）来知德：《周易集注》卷14，《景印文渊阁四库全书》，台湾商务印书馆1986年版影印本，经部，第32册，第390—391页。

③　（宋）朱熹：《周易本义》卷3，中华书局2009年版点校本，第257—258页。

④　（宋）陈淳：《北溪字义》卷上，中华书局1983年版点校本，第1—2页。

⑤　（宋）陈淳：《北溪字义》卷下，中华书局1983年版点校本，第42页。

趣时者也", 孔颖达云"卦既总主一时, 爻则就一时之中各趣其所宜之时"。① "卦者, 时也, 六爻在一卦之中, 各以适当时之所宜以立功也", ② 都主张占者应据卦爻之总时分时, 立适时之功。来氏注无咎, 每每照应到卦爻所处的"时", 而如何将可能的有咎转化为无咎, 则需要占者主观上创造一定的条件, 此种主体功夫, 即是变通趣时。据上文简括内容, 来氏提出的转化的主观条件有: 兢惕不已、疑、惧、得正、不冒险、童、小人、无私、中、刚、贞厉、有悔、补过、改过、从正、宽裕、危心、善处、有孚、大善、能修、畏、无所作为、德等。来氏多处提到"于义无咎", 即从义理上说无咎, 此理乃心制事之宜, 是人制定的价值原则, 同时又具有客观性、普遍性, 这实际上融合了理学派在物之理和心学派心赋予意所在之物以理两种看法。来氏所提到的"义无咎", 包括了上述主观条件, 有的表现为从正、无私、中、刚、孚信、德等价值原则, 有的表现为惕、惧、畏、贞厉等主观精神状态, 有的表现为悔、宽裕、补过等处世态度, 这些主体修养功夫是占者主观上通过努力可以有所作为的部分, 来氏统称为义、理。此外, 来氏还提出有些情况下有咎还是无咎与客观因素相关, 如复卦虽阴成朋党而来, 但阳长乃大势所趋, 故此卦总体无咎, 益卦六三虽凶, 然责任在上九益之, 故六三得以免咎, 丰卦九三不见用, 是上六之咎, 九三自身无咎等, 这一部分内容则属于来氏所说的命、数, 是占者无法左右的客观因素。在这些主客观因素中, 来氏结合《系辞》相关内容, 尤其重视"悔""补过"的道德自觉意识。比较五大占辞, 来氏认为, "吉凶失得之大, 不如悔吝之小, 悔吝疵病之小, 又不如无咎之为善"③, 即无咎最能体现占者处之以义的主体性, 不被命、数所牵。来氏注云"吉凶固言乎失得矣, 若辩吉凶则存乎其辞, 辞吉则趋之, 辞凶则避之; 悔吝固言乎小疵矣, 然不可以小疵而自恕, 必当于此心方动善恶初分几微之时即忧之, 则不至于悔吝矣; 无咎固补过矣, 然欲动补过之心者, 必自悔中来也"④, 认为辞险易不同, 各指其所之, 如吉凶则趋之避之, 如悔吝则忧乎其介, 如无咎则存乎悔。吉凶已是事之显著, 惟有趋避, 悔吝则是善恶之念初萌, 可以察识, 惟无咎则嘉善其能悔过补过, 此即颜回不远

---

① （唐）孔颖达:《宋本周易注疏》卷12, 中华书局1988年版, 第741页。
② （唐）孔颖达:《宋本周易注疏》卷12, 中华书局1988年版, 第745页。
③ （明）来知德:《周易集注》卷13,《景印文渊阁四库全书》, 台湾商务印书馆1986年版影印本, 经部, 第32册, 第340页下栏。
④ （明）来知德:《周易集注》卷13,《景印文渊阁四库全书》, 台湾商务印书馆1986年版影印本, 经部, 第32册, 第341页。

复，不贰过，来氏称"此则教人观玩体卦爻吉凶悔吝无咎之功夫"，即若从功夫修为上而非结果上讲，无咎胜过吉凶悔吝，主体可以作为的空间最大，不问客观的命数，但问主体如何自处可能有咎的境地以避咎，所以《系辞》两次谈到"其要无咎"，来氏则将"六十四卦皆利于贞、其要无咎"指为"义"的两方面内容。从思想来源看，来氏此说应是受了薛瑄"合当之理""处物之义"等说法的影响。因此，《说卦》首章"幽赞于神明而生蓍"等句，来氏认为其内涵指的就是理数二分、义命二分的易学哲学思想，此即其圆图注文"主宰者理"与"对待者数"在心性论和实践功夫论上的体现。

综合以上五条，来氏圆图的内涵在于强调太极是理气合一、理数统一，阴阳之气既是一气流行，又相对待，伏羲观此阴阳对待流行之理而作六十四卦，孔子则从卦爻象中发挥出道德性命之说，最终贞定为义命。来氏注《系辞》首章揭示了圣人作《易》之原在于阴阳对待流行之理，而落实于圣人之心易，并以仁义为主宰之理。来氏认为天地自然之易、四圣之易及在人之易等"三易"皆可凝聚到此圆图中，四圣中的伏羲易之对待、文王易之流行、孔子易之太极，以及理、气、象、数诸要素都可以借此圆图彰显，故此图包含了作《易》之原。私欲属气，仁义属理，人生遭际（命）属数，来氏圆图包含了义命分立，安数顺理，格去私欲，复得我心一团实理的思想皆从气、数、理三要素而来。来氏强调其所谓主宰者理是寓于气中之理，而不是在气上气先的理，但事实上他所说的理又不仅是从属于实体之气的属性和条理，还是具有本体意义的作为存在和运动根据的太极之理。来氏强调的阴阳对待流行之理即是易简之理、仁义之理，也就是寓于气中的主宰之理。来氏在人之易和圣人心易的提出，一定程度上纠正了理学易以理为最高实体所带来的主体性暗昧沦陷之弊，他汲取张载一物两体说和神化说的内因论并提出理神概念，较好地回应了曹端薛瑄对于程朱之理作为运动变化根源的诘难和由此所带来的死理活理之争。

（二）来氏太极图所附《弄圆歌》及相关图说

《弄圆歌》云：

我有一丸，黑白相和。虽是两分，还是一个。大之莫载，小之莫破。无始无终，无右无左。八卦九畴，纵横交错。今古参前，乾坤在坐。尧舜周孔，约为一堂。我弄其中，琴瑟铿锵。孔曰太极，惟阴惟阳。是定吉凶，大业斯张。形即五形（来氏《日录》"五形"即五行之意），神即五常。惟其能圆，是以能方。孟曰弄此，有事勿忘。名为浩然，至大至刚。充塞天地，长揖羲皇。①

来氏"弄圆"一词可能受邵雍"弄环"及"弄丸"说启发。丸是圆形，阳白阴黑，阴阳实为一气，故云"虽是两分，还是一个"。此句取张载一物两体说，指阴阳二气在一个统一体中，两分指一气分阴阳，不是指圆圈分为理气二物。"大之莫载，小之莫破"出自《中庸》，本是形容君子之道费而隐，普遍存在于万事万物中，此处用以说明太极之气和太极之理是万物存在的基础，万物统一于理气。朱熹注曰"鸢飞鱼跃，道体随处发见"，② 以道兼理气体用而言，言道体遍体万物。薛瑄说"理气密匝匝地真无毫发之缝隙，无大无小，无内无外，一以贯之"，③ 表达了以理气为万物存在基础的思想，来氏"大之莫载，小之莫破"之说应是受了朱熹、薛瑄之说影响。周敦颐以无极之静为太极之动的根源，太极是混沌未分之气，太极动而生阳，静而生阴，方分化出阳气和阴气，先有阳气后有阴气，阴阳二气有开端。程颐认为动静无端，阴阳无始，理是阴阳之本原，气依赖理，气不具有实体性。"无始无终，无右无左"，来氏继承了程颐"阴阳无始"的说法，认为气是永恒的生物材料，并认为不须执着于周氏太极图第二层以左右分阴阳。程颐"阴阳无始"说否定了在阴阳产生之前有一个混沌未分的阶段，这也是程颐和周敦颐的分歧所在，来氏太极图直接以阴阳二气循环示人，取消了混沌未分状态，采取的是程颐的"阴阳无始"说，而没有完全忠实于周氏太极图。《易学启蒙》称圣人则河图画八卦，法《洪范》作九畴，来氏认为其太极图包含了八卦九畴之义，能替代河图、《洪范》成为圣人作《易》之原，故云"八卦九畴，纵横交错"。来氏乾坤卦图附说云："白路者，一阳复也，自复而临而泰而壮而夬，即为乾之纯阳。黑路者，一阴姤也，自姤而遁而否而观而剥，即为坤之纯阴。"④ 乾坤卦图是来氏太极图的一个分图，鉴于此，"今古参前，乾坤在坐"的乾坤是指六画的乾坤二卦，此图以乾坤二卦的纯阳纯阴代替了周敦颐太极图第二层三画的坎离二卦。"孔曰太极，惟阴惟阳"，来氏以此解释

---

① （明）来知德：《弄圆篇》，《来瞿唐先生日录》（一）内篇卷1，《四库全书存目丛书》，齐鲁书社1995年版影印本，子部，第85册，第658—659页。
② （宋）黎靖德：《朱子语类》卷63，中华书局1986年版点校本，第四册，第1534页。
③ （明）薛瑄：《读书录》卷8，《景印文渊阁四库全书》，台湾商务印书馆1986年版影印本，子部，第711册，第671页。
④ （明）来知德：《弄圆篇》，《来瞿唐先生日录》（一）内篇卷1，《四库全书存目丛书》，齐鲁书社1995年版影印本，子部，第85册，第660页。

《系辞》"易有太极，是生两仪"，以阴阳二气变化流行的过程总体为太极。清人王琬云："论来知德列太极图于河图前，所图黑白各半，明是阴阳，不得谓之太极。"[①] 认为来氏以阴阳为太极，王琬所持乃程朱理本论立场。"是定吉凶，大业斯张"出自《系辞》"八卦定吉凶，吉凶生大业"，说明《易》作为卜筮之书可以断疑，辅助成就功业，肯定了朱熹《易》为卜筮之书的说法。"形即五形，神即五常"，取自周敦颐《太极图说》"形既生矣，神发知矣""五性感动而善恶分"句，五常即五性仁义礼智信。"形即五形，神即五常"亦是统人物而言，五形即五行，言五形不言五行，与来氏所谓形上形下不离形字的意思是一致的，反映了来氏对形而下物质载体的基础地位的重视。来氏《日录》载《五性图》，其方位是右仁左义，上礼下智，中间为信，又载《图书论》，其方位则左木右金，上火下水，中间为土，不同于朱熹改造过的周氏太极图第三层的方位——左上为火，左下为木，右上为水，右下为金，中间为土，其位不同，也与上文来氏论阴阳不拘左右之分同义。"形即五形，神即五常"以五行五常统类天地万物的形态和性理，这是万物形化并且获得自己性质规定的阶段，是宇宙本体论的讲法。"孟曰弄此，勿助勿忘"言养浩然之气，最终落实到人的德性修养。来氏太极图其他相关图说节录如下：

> 白者阳仪也，黑者阴仪也。黑白二路者，阳极生阴，阴极生阳，其气机未常（高斋映刻本作"尝"）息也，即太极也。其中间一圈，乃（"乃"字，高斋映刻本作"非"）太极之本体也。
>
> 此图与周子之图少异者，非求异于周子也。周子之图散开画，使人易晓，此图总画。解周子之图者以中间一圈为太极之本体者，非也。图说周子已说尽了，故不必赘。
>
> 《易》以道阴阳，其理止此矣。
>
> 程子曰："天地万物之理，无独必有对，皆自然而然，非有安排也。"于此图见之矣。
>
> 朱子说："未有天地之先，毕竟先有此理。"此句说得不是。有物方有理。程子说"在物为理"，说得是。
>
> 张子曰："物之初生，气日至而滋息，物生既盈，气日反而游散。至之谓神，以其伸也；反之谓鬼，以其归也。"此图即是此道理。所以某以月本有盈亏，非受日光。

---

① （清）永瑢：《四库全书总目》卷10，中华书局1965年版影印本，上册，第86页下栏。

画此图时，因读《易》"七日来复"，见得道理原不断绝，往来代谢是如此。

"七日来复"，诸儒解之者多，然譬喻亲切者少。"来复"就譬如扇铁扯风箱相似，将手推去，又扯转来。来复者，是扯转来也，皆一气也。

将此图玩得久，就晓得长生所必无之事，而讲空寂者亦不知无不终无，必至于有，有不终有，必至于无也。二氏自不能入我之心矣。①

结合以上材料，我们拟从三个方面探讨来氏关于理气关系及动静问题的论述。

其一，来氏之学并非气一元论，而是本原论上的理一元论和构成论上的理气二元论。亚里士多德认为只有一般的形式是实体，最高的实体是永恒存在着的万物运动的最后动因即神，笛卡儿认为实体是指能够独立自存且作为一切属性的基础和万物本原的东西。亚里士多德有时以个别的具体事物为实体，但这显然并非哲学意义上的实体，而是实体的现实表现。来氏的太极是理还是气？或者是理气合一？理是实体还是气是实体？理依赖气还是气依赖理？这是研究其学说时必须面对的复杂难缠的问题。来氏有时以太极为阴阳之气运动变化的过程（道体），有时以太极为至极之理和造化之本（理本），他这种自相矛盾的表述不免引起混乱与误解，学界对其学派归属的判定也有气本论、理本论和理气合一论之不同，前言对此已有介绍。

上面引文有两处直接从阴阳说太极，一处是"孔曰太极，惟阴惟阳"，一处是"阳极生阴，阴极生阳，其气机未常息也，即太极也"，这是支撑来氏哲学归属气本论的重要依据。来氏说：

自科举之学兴，读孔子之书者也不知心学为何物。朱子集《近思录》，人乃讥之曰：入太极在篇首，是远思非近思矣。殊不知人不知太极之理，则不知理之本原，何以讲学？②

有人认为《道体》部分艰涩，放在《近思录》篇首不利于初学，来氏

---

① （明）来知德：《弄圆篇》，《来瞿唐先生日录》（一）内篇卷1，《四库全书存目丛书》，齐鲁书社1995年版影印本，子部，第85册，第658—659页。

② （明）来知德：《入圣功夫字义》，《来瞿唐先生日录》（一）内篇卷3，《四库全书存目丛书》，齐鲁书社1995年影印本，子部，第85册，第729页上栏。

认为太极之理乃理之本原，识此本原，方可讲学，故而赞同朱熹将其定为首卷。事实上，《近思录》卷首是道体而非太极，来氏并未辨析二者的区别。但来氏以太极之理为理之本原和最高实体的立场是明确的。来氏《日录》引陈淳语录云："天只是一元之气流行不息，如此即这便是大本，便是太极。万物从这中流出去，或纤或洪，或高或下，或飞或潜，或动或植，无不各得其所欲，各具一太极，去个个各足，无有欠缺，亦不是天逐一去妆点，皆自然而然，从大本中流出来，此便是天之一贯处。"来氏称赞陈淳此条语录道"宋儒说一贯，此条说得极是"①。这一条来氏实际上是以陈淳语录为据，讲一元之气与万物之间的本末关系，认为万物皆从气本中流出，这就是太极之一贯，并未提及气背后的根据之理。事实上，朱熹在以太极为至极之理的同时，也多次以太极为气，以其所以然者而言谓之体，以其流行而言谓之用，形上形下的言说角度不同，其间并无矛盾。来氏认为"有物方有理"，将理局定为物中之理。来氏《日录》将太极分作太极之气、太极之数和太极之理三个方面，称"太极虽理，离不得气"，以太极之气为太极之数、太极之理存在的物质基础。来氏认为万物都是由形气神三方面构成，人心也是由心之形体、心之气（呼吸）和心之神（仁义礼智信）构成，性以形体为基础，受到形体的限制。王阳明以血肉之心为良知"灵明"的物质载体，主张形而上者作为先验的主体意识或观念存在不能离开主体身躯即血肉之心、知觉运动之心而和形而下者混在一起，来氏之说应是受到了阳明此说的影响。来氏注《系辞》"是故形而上者谓之道"称："道器不相离，如有天地，就有太极之理在里面，如有人身，此躯体就有五性之理藏于此躯体之中，所以孔子分形上形下，不离形字也。"② 从以上这些说法看，因受周敦颐、张载、罗钦顺、王廷相等气论说的影响，来氏重视形而下物质质料的载体作用，以形而下的客观存在为实体，确实有明显的气本论色彩。来氏称阳极于六则阴生，阴极于六则阳生，故五行旋相为本，五行旋相为竭，一死一生，一代一谢，遂成四时，此太极自然之气，③ 他将自然界的现象变化看成二五之气循环终始的结果，其以气为本的倾向是非常明显的。来氏云既有形气，即有天一到地十太极

---

① （明）来知德：《入圣功夫字义》，《来瞿唐先生日录》（一）内篇卷3，《四库全书存目丛书》，齐鲁书社1995年影印本，子部，第85册，第729页

② （明）来知德：《周易集注》卷13，《景印文渊阁四库全书》，台湾商务印书馆1986年版影印本，经部，第32册，第364页上栏。

③ （明）来知德：《入圣功夫字义》，《来瞿唐先生日录》（一）内篇卷3，《四库全书存目丛书》，齐鲁书社1995年影印本，子部，第85册，第726—727页。

自然之数，则是以数为形气所固有的度量性，天地之数并非刘牧所说的先在于物质世界的纯形式概念。来氏《日录》称"易有太极，是生两仪，不可执泥'是生'二字，盖无先后也"①，反对朱熹理在气先的说法，而强调太极始终不离两仪。来氏云"《易》以道阴阳，其理止此矣"，这也是从气上说理。来氏认为"七日来复皆一气也"，物之生灭只是气之聚散归伸，物禀气而生，理随形赋予物中。来氏虽强调气的永恒性和不依赖于理的独立实体性，强调气是理存在和流行的基地，但他并未跟随罗钦顺、王廷相彻底走向气本论。罗钦顺云："理果何物也哉？盖通天地，亘古今，无非一气而已。……千条万绪纷纭胶轕而卒不克乱，有莫知其所以然而然，是即所谓理也。初非别有一物依于气而立、附于气以行也。……夫易乃两仪四象八卦之总名，太极则众理之总名也。"② 罗钦顺认为理就是规范气的运行使其不克乱的法则，太极虽是形而上者，但只是众理总名，不具有实体性，太极之理只是形而下者的模型，天地间无非一气，气是物质性实体，理的"主宰"作用仅表现为它是动静的所以然，但并非气物赖以存在的根据，由此他否认了朱熹以太极为世界本原之说。王廷相以气为通极上下造化之实体，认为理载于气，非能始气，气第一性，理第二性，并批评理能生气说即老氏道生天地说，从而真正成了气本论。来知德之后的王夫之提出"天下惟器""盈天地之间皆气也"，也是明确的气本论的表述。来氏虽然也像罗钦顺、王廷相和王夫之那样把气看成理存在和流行的载体，但在其哲学体系里，气仍是理的发用和表现形式，如来氏《日录》云"生阴生阳乃太极之流行也"，③ 明确以阴阳二气之生化为太极之理的流行发用。支撑来氏是气本论者的依据之一是来氏注《系辞》"原始反终，故知死生之说"文，来注云："人物之始，此阴阳之气，人物之终，此阴阳之气。其始也，气聚而理随以完，故生；其终也，气散而理随以尽，故死。"④ 然而死生是就个体人物而言的，随气之聚散而得以完具或灭尽的理是殊理，是受了气禀影响的各一其性之理，宇宙的普遍之理是没有生灭的永恒的实体。薛瑄日光载鸟之喻认为"物在则光在物，物尽则光在光"，

① （明）来知德：《理学辨疑》，《来瞿唐先生日录》（一）内篇卷6，《四库全书存目丛书》，齐鲁社1995年版影印本，子部，第85册，第806页下栏。
② （明）罗钦顺：《困知记》卷上，《景印文渊阁四库全书》，台湾商务印书馆1986年版影印本，子部，第714册，第280—281页。
③ （明）来知德：《入圣功夫字义》，《来瞿唐先生日录》（一）内篇卷3，《四库全书存目丛书》，齐鲁社1995年版影印本，子部，第85册，第726页下栏。
④ （明）来知德：《周易集注》卷13，《景印文渊阁四库全书》，台湾商务印书馆1986年版影印本，经部，第32册，第342页。

理是一种永恒和普遍的实体，理气结合时理在气中，气物散尽后理又回归为永恒普遍的实体自身，个体物有尽但作为公共材料的气无尽且气与理未尝暂离，理相对于气的本体地位是确定的。来氏采取了罗钦顺殊理随所附着的具体事物形气聚散而有生灭的观点，这在殊理层面上削弱了理的实体地位，但是他在一理层面上仍然坚持了太极是万化、万物之根，普遍之理不随气的聚散而生灭的理本论立场，在其学说体系中太极作为至极之理的最高实体地位并未动摇。因此，薛瑄和来知德都未放弃程朱理本体论的立场。

来氏反对把中间小白圈看成太极本体，但其《集注》《日录》都保留了太极之理的本体地位，并非把理仅仅看作依赖于气的属性、条理等第二性的东西。来氏注《系辞》"是故易有太极"称："太极者，至极之理也，理寓于象数之中，难以名状，故曰太极。"① 从筮法上讲，来氏强调理必须寓于象数之中，而不得超乎象数之上。从世界观上讲，气是理存在和流行的基地，理在气中而不在气外，也不在气先。又云："人不知太极之理，则不知理之本原。"② 认为太极之理作为至极之理，是"万般理"的本原，而不仅是"众理之总名"，万理则是本体在万事万物中的作用或表现。又云："极者，至也，无以复加也。若可复加是不及矣，若过于极是太过矣，皆不可以言太极，所谓'上天之载，无声无臭，至矣'是也。"认为太极之理是最高实体，无以复加，它上面再没有更高的存在，太极之理无声无臭，是无形的实理。又云："太极之理在天地即月印万川之意，譬之于树，有一树之太极，有一枝叶之太极，……此一条言天地万物统一太极。"此则继承了朱熹统体一太极，物物一太极之说。又说："在造化上言理曰太极，离不得天地万物，离了天地万物是老庄之说矣。在人所赋之理曰至善，曰厥中。若在造化曰至善，曰厥中，说不通矣。其实理无二理，人与造化一而已矣，特命名不同尔。"此则承认了朱熹太极之理是造化枢纽之说，来氏强调太极之理并非在外的实体，而是内在于天地万物之中，否则太极之理就成了老庄哲学中的作为悬空实体的道。从人禀受来讲，太极之理落实到人身后就不能再叫太极，而应该叫至善或厥中，是人所当然之理。尽管他也认可人所禀受的理与造化之理是同一个理，但认为命名有别，不可混用。来氏对太极之理造化枢纽地位的承认表明他并没有放弃理

①　（明）来知德：《周易集注》卷13，《景印文渊阁四库全书》，台湾商务印书馆1986年版影印本，经部，第32册，第359—360页。
②　（明）来知德：《入圣功夫字义》，《来瞿唐先生日录》（一）内篇卷3，《四库全书存目丛书》，齐鲁书社1995年版影印本，子部，第85册，第726—729页。

本体论立场。又云："周子恐人认太极为有形之物，故曰无极。朱子与陆子因此二字讲几年，讲千万言，陆子说周子不是，朱子说周子是。……其实周子加无极二字无害。"来氏并不清楚朱熹与周敦颐太极观的差异，周敦颐的无极指在太极之先的没有任何规定性的虚无实体，朱熹将无极之真解为无形而实有其理，来氏则误以为周敦颐所说的太极元气就是朱熹所说的无形实理，在朱陆分歧上来氏支持朱熹的观点，这表明他对朱熹太极之理实体性是认可的。又其《日录》载"朱子云：'不言无极则太极同于一物而不足为万化之根，不言太极则无极沦于空寂而不能为万物之根。'若如此论，是孔子之言未明备，必俟周子之言始明备矣。盖孔子之言已明备无欠缺，包括无极在其中矣。周子恐人认错了太极二字为有形之物，故云无极，正所以解太极也。朱子说平了"[①]。来氏认为孔子作《系辞》以太极为万化之根，孔子虽未讲无极，其太极无形有理的意思已经很明备了，周子怕人将太极等同于有形之物，才加上无极二字以警学者，故朱熹"不言无极""不言太极"二句是公允公平之论。来氏称朱熹之说平允，表明他认可朱熹将太极之理作为万化之根、万物之根的观点。又其《集注》云："易辞纤细无遗，其称名小矣，然无非阴阳之理默寓乎中而取类又大。……叙事大小本末极其详备谓之肆，然理贯于大小本末之中，显而未必不隐焉。"[②] 认为阴阳之理贯穿散见于诸卦爻之中，卦爻辞象是此理的显现，此又继承了程颐以"体用一源，显微无间"规定理象关系的理本论讲法。来氏在《集注》和《日录》中都肯定理的本体地位，说明来氏接受并认可程颐以理气之间为体用显微关系的说法。上节提到，来氏《日录》多次出现"复其实理之本体""若实理之本体，岂有增减"之类的说法，认为天所赋予之理本实，寓于躯壳之中，遇子自孝，遇父自慈，当恻隐自恻隐，此"实理之本体"指的就是太极之本体在人的普遍规定性，是人类的普遍本质。从这个意义上说，来氏圆图或太极图中间的小白圈就是太极之本体，异文应作"乃"，不作"非"。朱熹以此白圈为太极之理，太极之理是阴阳存在和运动的根据，动静和阴阳都是形而下的，阴阳是动静的主体，太极之理使气动时（动之理起作用时），气的性质和状态就是阳，反之就是阴，动静在此意义上独立于阴阳并先于阴阳。来氏云"'易有太极，

---

① （明）来知德：《理学辨疑》，《来瞿唐先生日录》（一）内篇卷6，《四库全书存目丛书》，齐鲁书社1995年版影印本，子部，第85册，第806页上栏。
② （明）来知德：《周易集注》卷14，《景印文渊阁四库全书》，台湾商务印书馆1986年版影印本，经部，第32册，第382页上栏。

是生两仪'，不可执泥'是生'二字，盖无先后也"①，认为太极之理与阴阳两仪不是父生子的关系，也不是老子道生一的生，理与气在时间上没有先后。从字面看，来氏否定小白圈是太极本体似乎是将在中之理看成阴阳二气的属性、条理而不具有实体性，且来氏有"孔曰太极，惟阴惟阳"及以阴阳气机未尝息为太极的说法，还有理气无先后，有物方有理，以及理气不离，道器不离甚至理即气，道即器，特殊的理随所附形器生灭而有消尽等说法，容易让人得出来氏哲学是气本论的结论，其实这是对来氏"其中间一圈非太极之本体"句的不全面的解读。来氏认为形上形下不离"形"字，强调气、象对于理的物质载体作用，实际上与程颐"与道为体"说相符，从其思想体系整体看，他并未背离理本论。

　　来氏注《系辞》"一阴一阳之谓道"章称："理乘气机以出入，一阴一阳，气之散殊，即太极之理各足而富有者也；气之迭运，即太极之理流行而日新者也，故谓之道。"② 认为理乘气机以出入，气是载体，是生物之具，理搭在气上，散殊形化，合凝为万物，物物各圆满具足一太极，故言太极之理富有万物，万物之生是理与气耦合的结果，理与气之间不是生与被生的关系，太极之理虽是生物之本，必须借助气之散殊才能完成生物的工作，而万物生化又无不是太极之理的表现，这主要是从存在角度论万物之生是理与气妙合而凝的结果。气之迭运，则是从运动的角度论太极之理与气结合，太极之理经历元亨利贞不同阶段而有流行日新之表现。来氏《集注》注《文言》"元者善之长也"四句云："元就其理之发端而言，亨就其理之聚会而言，利就其理之各归分愿而言，贞就其理之确实而言。名虽有四，其实一理而已。"③ 以元亨利贞四者为同一太极之理在不同流行阶段的具体表现而分言。程颐以万物之"始长遂成"解释"元亨利贞"，朱熹认为言物则理与气皆在其中，表示理气浑然为一而不完结中断的现象界流行整体。④ 陈淳《北溪字义·命》云："若就造化上论，则天命之大目只是元亨利贞。此四者就气上论也得，就理上论也得。就气上论，则物之初生处为元，于时为春；物之发达处为亨，于时为夏；物之成遂处为利，

① （明）来知德：《入圣功夫字义》，《来瞿唐先生日录》（一）内篇卷3，《四库全书存目丛书》，齐鲁书社1995年版影印本，子部，第85册，第726页。

② （明）来知德：《周易集注》卷13，《景印文渊阁四库全书》，台湾商务印书馆1986年版影印本，经部，第32册，第344页上栏。

③ （明）来知德：《周易集注》卷1，《景印文渊阁四库全书》，台湾商务印书馆1986年版影印本，经部，第32册，第70页。

④ 向世陵：《宋代经学哲学研究（基本理论篇）》，上海科学技术文献出版社2015年版，第113—114页。

于时为秋；物之敛藏处为贞，于时为冬。贞者，正而固也。自其生意之已定者而言，则谓之正；自其敛藏者而言，则谓之固。就理上论，则元者生理之始，亨者生理之通，利者生理之遂，贞者生理之固。"来氏从理上论元亨利贞与陈淳所论在意义上大体一致，只是用词不同，如"理之发端"与"生理之始""理之各归分愿"与"生理之遂""理之确实"与"生理之固"都是一致的，唯有亨字来氏据乾卦《文言》"亨者嘉之会"释为"理之聚会"，陈淳释为"生理之通"，稍有差异。来氏此说也可追溯到《语类》："太极阴阳五行，只将元亨利贞看甚好。太极是元亨利贞都在上面，阴阳是利贞是阴，元亨是阳。五行是元是木，亨是火，利是金，贞是水。端蒙。"① 朱熹提出元亨利贞不仅是太极之理的全体，还是自太极到阴阳再到五行始终都贯穿在内的气化流行的过程。当太极之理分殊到阴阳、五行、春夏秋冬或万物上而表现为殊理时，就有了陈淳所谓太极在四季有生理之始、通、遂、固的不同表现，也有了来注所谓太极之理"各足而富有""流行而日新"的说法，这也是朱熹及其后学从理气结合的视角谈太极与动静的关系。

来氏以形而下的实体肯定现实世界的客观性，否定佛教以世界为幻化的结论，从而为人伦价值的建立奠定现实基础。哲学意义上的实体作为万物的本原能够独立自存，来氏的思想体系中万物经理气妙合凝成，理是形而上的实体，气是形而下的实体，气是材料，理是形式动因和物的本质规定，太极之理是万理的本原。在形而下层面万物统一于气，究其根源上说万物统一于太极之理。太极之理不离气但并不依赖气，相反，来氏所说的太极之理是朱熹所主张的造化之枢纽、品物之根柢，理气之间的关系符合程颐"体用一源，显微无间"的规定。因而，来氏是理一元论者。在理实体化的过程中，程颐认为理是象的本体，象是理的表现，理象是一源无间的关系，朱熹则认为推其本则有理而后有象，理在逻辑次序上是先于象的，象是理的派生物，更为明确地把理看作第一性的实体存在。② 从实体的强弱程度说，二程的天理是弱实体，朱熹的太极之理则是强实体，来氏推崇程颐体用一源无间之说，反对朱熹理在先之说，在一定程度上削弱了太极之理的独立实体地位，来氏所主张的太极之理偏于二程的弱实体。

---

① （宋）黎靖德：《朱子语类》卷94，中华书局点校本1986年版，第6册，第2378页。

② 蒙培元：《理学范畴系统》，人民出版社1989年版，第154—155页。蒙培元认为，本体和实体在某种意义上是同一的，但并不完全等同。严格来说，二程所谓"体"并不是实体，而是潜在的本质存在或全体，朱熹对之做了进一步规定，明确肯定体是第一性的存在，用是由体派生的。

　　其二，太极图中间一圈是不是太极之本体。"白者阳仪也，黑者阴仪也，黑白二路者，阳极生阴，阴极生阳，其气机未尝息也，即太极也"，来氏认为此黑白二路阴阳互根相生不息的气机就是太极，这是以阴阳循环不已为太极，阴阳之气是永恒的、不被创造的生物材料。"其中间一圈，□太极之本体也"，此句空白之字有版本差别。万历本来氏《日录》此字作"乃"，是以中间一圈为太极之本体，这与朱熹《解义》的讲法一致。但清初高奣映刻本此字作"非"，否定了朱熹的说法，那么小白圈代表的太极之理相对于阴阳二气就不具有在先意义。参证上引四库存目本《日录》上下文"解周子之图者以中间一圈为太极之本体者，非也"句，可断定高奣映刻本《集注》作"非"是正确的，《存目丛书》所收来氏《日录》作"乃"，疑为清人所改，可能反映了康熙三十年之后官方尊朱之风的兴起。来氏所谓"解周子之图者"指朱熹，朱熹《太极解义》以周敦颐太极图第二层中间小白圈为太极之本体，太极本体与两仪阴阳是本末关系。朱熹《太极解义》云："〇，此所谓无极而太极也，所以动而阳静而阴之本体也，然非有以离乎阴阳也，即阴阳而指其本体，不杂乎阴阳而为言尔。⊗，此〇之动而阳静而阴也，中〇者，其本体也。⊗者，阳之动也，〇之用所以行也；☽者，阴之静也，〇之体所以立也。"[①] 朱熹用〇指称太极，又称第二层中〇即是太极之本体。太极与太极本体都用〇表示，第一层虚而在上之太极即是第二层阴阳中之太极，在上在先之理即是在中之理。第二层坎离匡廓表示太极动而生阳静而生阴。又朱熹《答刘文叔》云："所谓理与气此决是二物，但在物上看，则二物浑沦，不可分开，各在一处，然不害二物之各为一物也。若在理上看，则虽未有物而已有物之理，然亦但有其理而已，未尝实有是物也。……只看太极图熹所解第一段，便见意思矣。"[②] 在物上看，理气浑然一体，不可分离；在理上看，未有此物已先有其理，理可以脱离物而独存，理气不杂，决是二物。又云："细详来喻，依旧辨别性气两字不出，须知未有此气，已有此性，气有不存，性却常在。虽其方在气中，然气自气，性自性，亦自不相夹杂。……夫真者理也，精者气也，理与气合，故能成形。"[③] 朱子认为，未有此气，

① （宋）周敦颐：《周元公集》卷1，《景印文渊阁四库全书》，台湾商务印书馆1986年版影印本，集部，第1101册，第419页。

② （宋）朱熹：《晦庵集》卷46，《景印文渊阁四库全书》，台湾商务印书馆1986年版影印本，集部，第1144册，第374页。

③ （宋）朱熹：《答刘叔文》，《晦庵集》卷46，《景印文渊阁四库全书》，台湾商务印书馆1986年版影印本，集部，第1144册，第374页下栏。

已先有此性，在有形器物层面上气有不存，性却常在，局部的气相对于性而言是在后的，有聚散的，性相对于气而言是在先的恒久的实体。朱熹这些说法是来氏作此图说的背景材料，也是来氏批判的对象。朱熹《解义》以程子"体用一源，显微无间"来解周氏太极图，提出理本体论，称周氏太极图第二层坎离合抱图中间的小白圈为"太极之本体"，又称其为"所以动而阳静而阴之本体也"，又云"即阴阳而指其本体"，从存在和运动两个角度肯定了太极之理相对于阴阳、动静的本体地位。此本体即太极之理，是万物统体之太极，是万物的普遍本质，也是万物存在和运动的内在根据。来氏明确以其圆图中间小白圈为主宰之理，特别申明此小白圈不是朱熹所谓的"太极之本体"，并否定周氏太极图中间小白圈是太极之本体。如果把来氏看成气本论者，那么来氏所谓主宰者理指的就是太极之理仅仅作为二气运动的根据而主宰其运动方向，其地位和作用就是阴阳运行的内在根据，是朱熹以理为神的讲法，则来氏否定小白圈是太极本体的说法是指此太极之理并非二气存在的根据。然而这样一来就与上文的相关论述相矛盾。上文提到，来氏认可朱熹太极是造化枢纽品汇根柢的说法，那么他应该不反对此二图中间小白圈是阴阳二气存在和变化的根据，不反对理为气本，也应该不反对朱熹理气关系的逻辑在先说，那么他反对的应该仅是时间意义上的理先气后说。来氏云："阴阳之气如一个环，动静无端，阴阳无始，未曾断绝，特有消息盈虚耳。朱子说阳无骤至之理，又说一阳分作三十分云云，双峰饶氏说坤字介乎剥复二卦之间云云，通说零碎了，似把阴阳之气作断绝了又生起来。殊不知阴阳剥复就是月一般，月原不曾断绝，止有盈缺耳。"[1] 来氏多次提到阴阳流行之气不曾断绝，这是吸收了薛瑄的观点。薛瑄抓住朱熹"未有天地之先毕竟先有此理"的话头辩驳道："窃谓理气不可分先后，盖未有天地之先，天地之气虽未成，而所以为天地之气，则浑浑乎未尝间断止息，而理涵乎气之中也。"[2] 认为朱熹理在气先说使得太极别为一悬空之物而能生气，气有断绝，违背了程颐阴阳无始之说。薛瑄此处论理气先后是时间上而非逻辑上的先后，来氏熟读薛瑄《读书录》，来氏主张理气无先后也是就时间意义上说的，二人以程颐"动静无端，阴阳无始"说批评朱熹理在气先说，未解朱子"推其所从来"的本原义，因此并不相应。薛瑄和来知德的这一批评带来的一个理论后果是

---

① （明）来知德：《弄圆篇》，《来瞿唐先生日录》（一）内篇卷1，《四库全书存目丛书》，齐鲁书社1995年版影印本，子部，第85册，第668页。

② （明）薛瑄：《读书录》卷3，《景印文渊阁四库全书》，台湾商务印书馆1986年版影印本，子部，第711册，第578页。

强调气作为生物材料在整体上是恒久存在的，理涵乎气中，气并不依赖理，气在形下层面获得了实体性。由于来氏坚持将理局定在形气之中，他的这一反对同时也连带影响了朱熹理是气存在根据的逻辑在先说。来氏认为在逻辑上也不能说理在气上，因为这容易造成理在气外而成为老庄悬空实体的后果。来氏赞同程颐在物为理说，主张理必须寓于气中，这一说法也是薛瑄"理涵乎气中"的意思。总体上看，来氏并没有否定朱熹以太极为造化之枢纽、品汇之根柢的说法，朱熹此说出自其《太极解义》，这一时期朱熹尚未提出理在气先说，而是着重强调太极阴阳之间的体用关系，以太极之理为阴阳动静的根据。来氏哲学采取的是朱熹《太极解义》时期的理体气用说，而对朱熹后来淳熙年间在《易学启蒙》《论语或问》中的理在气先说未能理解接受。来氏提升了气的地位，理气相终始，始终不离，但又不相依赖，各自独立，理无情意，无造作，无计度，理不创造任何东西，气作为材料也不被创造，但气并非惰性物质，而是能造作，能在理的支配下凝聚生物。薛瑄说"理为万物之一源，理一也，万物各得其一理，分殊也"，[①]"程复心将太极图中着一气字，又从而释之曰'太极未有象数，惟一气耳'，乃汉儒涵三为一，老庄指太极为气之说，其失周子、朱子之旨远矣"，[②]"理气密匝匝地真无毫发之缝隙，无大无小，无内无外，一以贯之"，[③]"一气流行，一本也，著物则各形各色而分殊矣"，[④]"但语其微显则若理在气先"，[⑤]"四方上下，往来古今，实理实气无丝毫之空隙，无一息之间断"，[⑥]"无物非气，无气非道"，[⑦]观此数条，薛瑄虽然也在气上说一本万殊，但是仍以理为造化本原，他在本原论上是理一元论者，而非气一元论者，在构成论上则可归为理气二元论者。来氏谙熟薛瑄

---

① （明）薛瑄：《读书录》卷8，《景印文渊阁四库全书》，台湾商务印书馆1986年版影印本，子部，第711册，第671页下栏。

② （明）薛瑄：《读书录》卷8，《景印文渊阁四库全书》，台湾商务印书馆1986年版影印本，子部，第711册，第671页。

③ （明）薛瑄：《读书录》卷8，《景印文渊阁四库全书》，台湾商务印书馆1986年版影印本，子部，第711册，第671页。

④ （明）薛瑄：《读书录》卷3，《景印文渊阁四库全书》，台湾商务印书馆1986年版影印本，子部，第711册，第580页上栏。

⑤ （明）薛瑄：《读书录》卷2，《景印文渊阁四库全书》，台湾商务印书馆1986年版影印本，子部，第711册，第576页下栏。

⑥ （明）薛瑄：《读书录》卷10，《景印文渊阁四库全书》，台湾商务印书馆1986年版影印本，子部，第711册，第691页。

⑦ （明）薛瑄：《读书续录》卷10，《景印文渊阁四库全书》，台湾商务印书馆1986年版影印本，子部，第711册，第809页。

《读书录》且受其影响至深，在这一问题上他与薛瑄是一致的，来氏同样保留了朱熹太极之理造化根源的地位，因此他并未从根本上摆脱理一元论的立场。蒙培元认为，如果从形而下看，朱熹还提出以气为本体的思想，这是朱熹理气观中的一个深刻的内在矛盾。① 事实上，朱熹从形上、形下两个层次谈理本和气本，但他终究是以理为世界本原的理一元论者，薛瑄、来知德继承了朱熹的这一立场。来氏引入了张载一物两体说和神化说，丰富了程颐朱熹的理本体论，进一步从气化的意义上解决了事物运动的内在根据问题，通过阐发阴阳二气"两在不测"的对待流行、对立统一的矛盾运动辩证思想，使得明初曹端"死理"之讥，薛瑄"太极能为动静"的构想得到了较好的回应和解答。对这一问题，陆世仪也有富于价值的阐发：

> 太极在阴阳之先，在阴阳之中，只不在阴阳之外。在阴阳之先者，统体之太极也，不杂之太极也，必先有是理，然后有是气也，所以然之理也。在阴阳之中者，物物之太极也，不离之太极也，既有是气即有是理也，所当然之理也。若阴阳之外则无太极，所谓除却阴阳不是道，惟二氏则外阴阳而言太极，故老氏曰"无名天地之始"，释氏曰"空劫以前真已"。
>
> 太极在阴阳之先者，似乎在阴阳之外，然此只是即阴阳而推其所以然，如阴阳之一动一静，气也，然必先有动静之理而后动静，此之谓所以然也。所以然只就阴阳上推出，原不离阴阳，不是另有一个太极在前生出阴阳来。周子"无极而太极，太极本无极"，只是恐人外阴阳而求太极。②

陆世仪认为所以然之理指必先有是理，然后有是气，此理在阴阳之先，是不杂之太极，是统体之太极；所当然之理指既有是气即有是理，此理在阴阳之中，是不离之太极，是物物之太极。说太极在阴阳之先并非说太极在阴阳之外，而是即阴阳而推其所以然，因此这是逻辑的在先。阴阳一动一静，是在气的层面上讲的，然必先有动静之理而后有动静，这就是所以然。从阴阳上推出其所以然，并非脱离阴阳另外寻觅一个在前的太极

---

① 蒙培元：《理学范畴系统》，人民出版社1989年版，第21页。
② （清）陆世仪：《思辨录辑要》卷23，《景印文渊阁四库全书》，台湾商务印书馆1986年版影印本，子部，第724册，第200—201页。

生出阴阳。周子言"无极而太极，太极本无极"，就是怕人在阴阳之外求太极。陆世仪澄清了朱熹太极阴阳不离不杂之说，认为不杂之太极，在先之太极并非在外之太极，而是不离之太极。陆世仪以此解决理气是一物还是二物的争讼，可谓善于羽翼朱子之说。来氏太极图本只是想取消理的时间在先性，但他对"七日来复皆一气也"、理在物中、有物方有理等说法的过度强调以及他对朱熹理在气先说的怀疑和修正容易带来理的逻辑在先性一并被消解掉的风险，尽管他事实上并未背离程朱的理本体论。

　　其三，动静乃太极之本体。来氏"太极即含动静，动静乃太极之本体，生阴生阳乃太极之流行"句涉及理动不动的问题。陈来认为，朱熹说的形上之理不动，却能有形下之动静，对此他引入了"天命流行"作为中介加以解释。① 姜真硕认为，朱熹以不同主体使用"流行"一词，有指显现、循环运行、生成过程、主宰支配等多方面意义，须为之分疏。② 朱熹常讲"天命流行""道体流行""天理流行""易之流行"及造化之流行、万物之流行等，流行的主体不仅是气，还可以是兼理气而言的天理、天命、道体、易等，实际上运动的是气，理或理气作为一个整体只是随气而动，并非理自身在运动。田智忠认为，朱子有时将理、太极与道的概念相混同，这反映出朱子在论理与论道上的分裂，朱子强调理气为二、理在气先的同时主张道器一物，强调理无动静的同时主张道体不息，朱子的道体论与理气论能否自洽，道体论内部是保留形上下二分还是主张流行全体即是道体之本然，成为理解朱子哲学的关键问题。③ 牟宗三认为朱子对道体不透，将形而上的真体理解为只存有（Being, ontology being）而不活动者（merely being but not at the same time activity），对于濂溪、明道的诚体、神体、心体皆不能言，故伊川、朱子之系统是静涵静摄系统，是本体论的存有系统，是横摄系统，与宋明之大宗皆是本体宇宙论的实体之道德创生的直贯系统不同。④ 向世陵不同意牟氏之说，认为朱熹以天命流行解说的太极或理可以归结为"即存有即活动"的创生实体。⑤ 朱熹认为太极之理无情意，无计度，不造作，是一切存在和运动的纯形式性根据。要解决理动

---

① 陈来：《朱子哲学研究》，华东师范大学出版社2000年版，第100—101页。

② 姜真硕：《朱熹"与道为体"思想的哲学意义》，《孔子研究》2001年第3期。

③ 田智忠：《当"道体"遭遇"理本"——论朱子"道体论"的困境及其消解》，《哲学研究》2020年第4期。

④ 牟宗三：《心体与性体（一）》，《牟宗三先生全集》，联经出版事业有限公司2003年版，第5册，第62—63页。

⑤ 向世陵：《宋代经学哲学研究（基本理论卷）》，上海科学技术文献出版社2015年版，第109页。

不动的问题，需要回到朱熹的太极之理是不是精神实体的问题上，即使理是一种观念存在，也不表示它必然是动的或是不动的。朱伯崑认为，朱熹理在事先的观点割裂了本体和现象的关系，使得其所说的作为天地万物之理的太极成了脱离个体事物而存在的抽象观念，天地万物成了此抽象观念的化身。朱熹个体事物中的理气合一说也与亚里士多德的形式因和质料因并不完全一致。朱熹说的理不仅指事物的模型（亚氏形式因），还包括其变易的规律，朱熹说的气不仅指物质一般的规定性，又具有造化万物的能力，并非一种消极的被雕塑的材料。朱熹说的理作为事物的规范和规律是通过气化的过程而成为各种实体的，亚氏则将实物的形成归之于形式的作用，最终将"一切形式的形式"看成同质料没有任何联系的最高实体，走向了神学目的论。朱熹则认为太极之理未尝脱离阴阳二气，物物有一太极，没有倒向神学创世说。朱熹的太极与黑格尔的绝对理念都是最高的观念性实体，但黑格尔的理念是理性的化身，具有精神能动性，物质世界是绝对理念外化的产物因而不具有永恒性。朱熹的太极之理是阴阳五行之理的总和，不是理性思维活动的化身，理只是规定事物的本质和规律，它自身不能创造物质世界，物质世界的形成是气化的结果，而气是无始无终的。朱熹说的作为世界本体的太极是一种自身不能运动的观念体，将朱熹说的"理有动静"解释为理念自身能运动并外化为物质世界是一种误解。朱熹说的理是事物的所以然和所当然之则，是关于一类事物的一般概念，他将事物之理和头脑中反映事物之理的概念凝固化，永恒化，从而在本体论上导出太极不动的结论。[①] 来氏圆图注文称"流行者气""主宰者理"，又称"生阴生阳乃太极之流行"，此流行亦可理解为"天理流行"，即太极之理显现为阴阳二气的流行并主宰支配着二气的循环运动。来氏在理气的合体中保留了形上下的二分，并有形上下互为体用的意思，以此解决太极和动静的关系问题。来氏使用"主宰"概念时，在客观世界上继承了程颐"以主宰谓之帝"的说法，在精神世界上则是以心而非以性为主宰，那么他所谓"主宰者理"就不能是静态的理，而应是带有精神能动性的理，这样才能贯通宇宙和人。周敦颐谈到人道德意识的宇宙论起源时说无极之真与二五之精妙合而凝，二气交感，化生万物，"惟人也得其秀而最灵，形既生矣，神发知矣，五性感动而善恶分，万事出矣"，朱熹阐释道，无极之理与二五之气妙合而凝成万物，万物禀理成性，禀气成形，气化形化的过程中理与气始终不离不杂，人类道德智慧的开启是气与理耦合的结

---

① 朱伯崑：《易学哲学史》卷 2，华夏出版社 1995 年版，第 489、501—502 页。

果。周敦颐则主要是从无极本原之气与二五精华之气妙合而凝来解释人何以能最为灵长，何以能发出神知并产生道德意识。周敦颐以人类禀气之"秀"，朱熹则以人类禀得五性之全且中正来解释道德意识产生之源，一个从气上说，一个从性理上说，一个是生成论，一个是本质主义。心属气，性属理，作为个体的和类属的人能主宰其行为意志的是心，作为宇宙整体而言起主宰作用的是理，这是朱熹哲学体系里的一个矛盾。"以主宰言谓之帝""帝出乎震"，来氏认为帝就是乾阳之气，也是从气上说。那么这个起主宰作用的太极之理本身究竟有没有精神能动性？它为何常常被看作精神实有或观念性存在而又被认为是不动的？要协调这些看似矛盾的说法，或许只能从理气始终不离的整体存在性理解始得。来氏采用朱熹、陈淳对元亨利贞从理气两层训释，及采用罗钦顺"造化之良知""造化之良能"概念来形容宇宙仁体创生的道德哲学意义，都体现了他以理气合一的整体视角来谈动静。

朱熹《答吴德夫》云："昨来南轩尝谓'太极所以明动静之蕴'，盖得之矣。"① 赞同张栻关于太极首先是因处理动静问题而提出的概念的说法。又《答杨子直》云："盖天地之间只有动静两端循环不已，更无余事，此之谓易。而其动其静，则必有所以动静之理焉，是则所谓太极者也。圣人既指其实而名之，周子又为之图以象之，其所以发明表著，可谓无余蕴矣。……熹向以太极为体，动静为用，其言固有病，后已改之曰'太极者本然之妙也，动静者所乘之机也'，此则庶几近之。……盖谓太极含动静则可（以本体而言也），谓太极有动静则可（以流行而言也），若谓太极便是动静，则是形而上下者不可分，而'易有太极'之言亦赘矣。"②《系辞》"易有太极，是生两仪"，周敦颐解为太极动而生阳，静而生阴，朱熹认为不是先有太极而后生出动静，从本体层面上讲太极自身即包含了动静之理，从发用流行层面上讲则可说太极生阴生阳，派生出气化运动。又《语类》载："梁文叔云：'太极兼动静而言？'曰：'不是兼动静，太极有动静也。喜怒哀乐未发也有个太极，喜怒哀乐已发也有个太极，只是一个太极，流行于已发之际，敛藏于未发之时。'"③ 朱熹此处就心性说"太极有动静"，指太极之理贯穿性情已发之动和未发之静的不同阶段。姜真硕

---

① （宋）朱熹：《晦庵集》卷45，《景印文渊阁四库全书》，台湾商务印书馆1986年版影印本，集部，第1144册，第324页。

② （宋）朱熹：《晦庵集》卷45，《景印文渊阁四库全书》，台湾商务印书馆1986年版影印本，集部，第1144册，第324—325页。

③ （宋）黎靖德：《朱子语类》卷94，中华书局1986年版点校本，第6册，第2372页。

认为，朱熹"天命流行""道兼理气"所论的太极和阴阳关系不是指潜存之实体及其显现过程，而是从不动的太极如何于气化流行的阴阳上起动静之作用的论点上说的，不是有关道体及其发用流行过程的理论，而是转向于理和气之间的超越与内在、主宰与所乘、动因与运行的对待理论。① 朱熹对程颐道体理论的发展，其关键在于引入了气的概念，在道体这一嵌合体内保留了理气形上下的二元对立，以此说明在理的主宰下道体是如何显现于化育流行的现象界的。来氏在太极动静问题上继承了朱熹的说法，其圆图注文"主宰者理""流行者气"从理的主宰作用和气的流行表现两方面对朱熹"道兼理气""天命流行"说做了疏解，使理气之间的宰载关系、内在超越关系以圆图的直观方式得以呈现。来氏认为太极与阴阳始终不离，没有时间先后之分，太极是动静的根据，动静则是阴阳轮转的直接原因。来氏的这一阐发是符合朱熹《答杨子直》所表达的思想主旨的。来氏称"太极即含动静，动静乃太极之本体，生阴生阳乃太极之流行"，从气上说，他继承了张载一物两体说及神化说，其太极图以理神实体内含于气中，太极之理作为动静根源能生阴生阳，此说将周敦颐以"神妙万物"来说明本体能动性修正为以理神作为内在动因的要素。从理上说，来氏"太极即含动静，动静乃太极之本体，生阴生阳乃太极之流行"句，若严格以太极为最高实体的至极之理，则太极所含的是动静之理还是动静之事，来氏并未明言。若太极所含的是动静之理，则来氏此句是朱熹理生气说，太极之理为本体，生阴生阳是其流行发用，太极之理包含动静之理，此与朱熹所谓"有这动之理便能动而生阳，有这静之理便能静而生阴，既动则理又在动之中，既静则理又在静之中"的理本气末说一致，② "理有动静"只是说有动静之理，不是说理自身能动静，不能与"气有动静"相比附。这样，来氏所谓"生阴生阳乃太极之流行"说表明运动的动力仍在理而不在气本身，理相对于气是更本原的实体范畴。若太极所含的是动静之事，则是说形而下的动静之事是太极之理的载体，气是动静的主体，太极之动便是阳，太极之静便是阴，气随动静变换而有阴阳交替，太极有时作为静中的本体，有时作为动中的本体。其实，来氏"太极即含动静"句太极所含的既可以指动静之理，也可指动静之事，这两种说法在来氏哲学体系里都有所体现。来氏多在形下层面言动静，如云"动者阳之常，静者阴

---

① 姜真硕：《朱熹"与道为体"思想的哲学意义》，《孔子研究》2001年第3期。
② （宋）黎靖德：《朱子语类》卷94，中华书局1986年版点校本，第6册，第2374页。

之常，以天地论，天动地静"，① 以阴阳和天地为动静的主体。来氏"太极即含动静，动静乃太极之本体"说如果理解为太极之理包含了动静之理，则与《语类》所谓太极含动静是以本体言、太极有动静是以流行言之意一致。陈来认为，朱熹论太极与动静是本然之妙与所乘之机的关系，突破了体用关系的旧说，代之以本体和载体的关系。② 来氏不以其太极图中间小白圈太极之理为太极之本体，而以动静为太极之本体，这一提法包含了朱熹"与道为体"之意，动静作为形下的载体变为实体，太极作为形上实体的本原地位仍在，但其第一性、先在性遭到了来氏的否定。周敦颐《通书》称"动而无动，静而无静，神也"，朱熹解释道："此说动而生阳，动极而静，静而生阴，静极复动，此自有个神在其间，不属阳，不属阴，故曰阴阳不测之谓神。且如昼动夜静，在昼间神不与之俱动，在夜间神不与之俱静。神又自是神，神却变得昼夜，昼夜却变不得神，神妙万物。"③ 又云："神，即此理也。"④ 又云："……形而下者则不能通，故方其动时则无了那静，方其静时则无了那动。"⑤ 形而下者性质局定为水火语默飞植等，不能兼通性质相反的双方，故其存在状态或偏于静，或偏于动，自然不能神妙万物。从周敦颐到朱熹都认为神能使可感世界循环流转，但神自身是无动无静的，朱熹认为这个作为世界运动根源的神就是太极之理。来氏亦明确以太极为理为神，从运动的视角和存在的视角论生阴生阳为太极之流行，且强调"是生"不可作先后理解，以太极为运动的内在根据和原因，太极贯穿动静的不同阶段，由于阴阳之气始终不曾与理分开，所以生阴生阳是阴阳随动静而自行转换，而太极不仅是动静的使之然者，太极自身即包含了动静，即言体而用在其中。来氏"动静乃太极之本体"，即指动静是太极本体的载体，这里的动静是形而下的动静之事，是时空中的现实运动，这样其"动静乃太极之本体"命题与程颐万物与道为形体的"与道为体"命题在意义上是一致的。

来氏"太极即含动静，动静乃太极之本体，生阴生阳乃太极之流行"句，若以太极为理气之合，且以理是不依赖于气的本质范畴，以气为理的表现，则"太极即含动静"指作为道体的太极自身包含着动和静的性能，

① （明）来知德：《周易集注》卷13，《景印文渊阁四库全书》，台湾商务印书馆1986年版影印本，经部，第32册，第335页。
② 陈来：《朱熹〈太极解义〉的哲学建构》，《哲学研究》2018年第2期。
③ （宋）黎靖德：《朱子语类》卷94，中华书局1986年版点校本，第6册，第2403页。
④ （宋）黎靖德：《朱子语类》卷94，中华书局1986年版点校本，第6册，第2404页。
⑤ （宋）黎靖德：《朱子语类》卷94，中华书局1986年版点校本，第6册，第2403页。

动静是属性范畴、功能范畴，流行的主体是道体，动静是道体大全自身包含的动静。王夫之继承了张载气本体论的观点，认为太极就是一元之气，"太和絪缊之实体"内在地包含着动静，这与来氏"太极即含动静，动静乃太极之本体，生阴生阳乃太极之流行"的实体流行说并不一致。来氏《日录》卷首太极图分明是将太极看成太极之气、太极之数和太极之理的合体，这种理气合一的太极自身包含了动静，阴阳二气既对立斗争又相互推移摩荡即呈现出动静状态的转换，阴阳动静之事是太极之理的"本体"（载体），这种理解在来氏《集注》《日录》中也是有根据的，如来氏云"二柔在内而中虚，二刚居中而中实，虚则内欲不萌，实则外诱不入，此中孚之本体也"①。此即是以形而下的卦形为本体。又如"天地者，乾坤之形体；乾坤者，天地之情性"，②也是以形下为形上之载体，这与来氏视客观的物质世界为先为本的思想倾向是一致的。来氏在处理太极与动静的关系时，引入了气化说，兼取宇宙论和本体论两个视角。朱熹的理生气说是个本体论命题而非宇宙生成论命题，理气之间是体用关系，一切感性的物质存在都是理的作用或表现。二程哲学忽视气化的意义，在处理动静问题上简单地表述为有动静之理即有动静之事，理是动静之事的使之然者。朱熹克服了二程这一思想的局限性，以周敦颐、张载的气化流行说与程颐"与道为体"说相结合提出道体流行说，从而使得程颐体用论变得立体丰富而更具有整体感和创生性。来氏否定小白圈是太极本体，并主张"太极即含动静，动静乃太极之本体"，认为太极首先要处理的是动静的所以然问题，理事二分或理气二分都不能很好地回答动因问题，在坚持太极阴阳不杂的前提下同时强调二者不离，即不脱离二气相互推移斗争的浮沉升降过程才能更好地解决动因问题。太极含动静就是以理为神，而这个神又必须在阴阳二气的摩荡中显现或展现。太极之理含蕴了动静之事，动静之事是太极本体的载体，道器不离，理气不二，因此来氏"动静乃太极之本体"的本体就是形下的物质载体的意思。这与来氏将太极定义为至极之理并认可朱熹太极是万事万化之根说的理论立场也并不冲突。来氏言"体"至少有三种含义，一是指形而下的物质形体、载体，二是指事物的本质，三是指形而上的造化本原，相对应的其体用说也可分形下的形质功用说、本质现象说、实体流行说等几种情形。中国古代玄学、佛学、理学等各派

---

① （明）来知德：《周易集注》卷 12，《景印文渊阁四库全书》，台湾商务印书馆 1986 年版影印本，经部，第 32 册，第 319 页下栏。

② （明）来知德：《周易集注》卷 13，《景印文渊阁四库全书》，台湾商务印书馆 1986 年版影印本，经部，第 32 册，第 346 页。

哲学家都曾论述过"体",广泛讨论过"体"的这几层含义并形成不同的体用说,如邵雍提出"性者道之形体",程颐提出"其体则谓之易",并称"子在川上曰"句的川流"与道为体"。朱熹所谓"太极是体,二五是用"的体是"无体之体",即无形体的实体,又称"阴阳五行为太极之体",日月寒暑水流物生四者"与道为体",所说的体指形下的形器载体。陈来认为,朱熹将此形体载体进至实体,从而摆脱了程颐"与道为体"说的单纯载体观念。[1] 来知德之后的方以智提出体用互余、互转说,王夫之提出"体用胥有而相需以实""太极有于易以有易"的思想也都与此一脉相承。理学家们将这几种不同的体用说整合起来,构筑起包含形上下立体丰富的模写自然界整体历程和人文世界秩序的道体理论体系。

二 来氏圆图的三条注文

来氏圆图比其太极图多三句注文,指明了圆图包含理、气、象、数等要素及各要素的作用和状态,黑白二路代表"流行者气",中间小白圈代表"主宰者理",这两个要素比较明显,如果没有这三句注文,读者可能会忽略圆图"对待者数"这一要素。圆图图说云"德之图不立文字",事实上还是立了文字——上方题名、下方三条注文、左侧图说,这三条注文包含的思想是圆图图说本有之义,故三条注文虽未必是来氏本人添加,但仍可以作为研究来氏圆图内涵的可信资料。下面我们对这三句注文分别讨论。

(一)对待者数

《本义》卷首九图的伏羲六十四卦方位图(图3-4)图说,明确提出了"阴阳对待之数"的观念。图说称:"此图圆布者,乾尽午中,坤尽子中,离尽卯中,坎尽酉中。阳生于子中,极于午中;阴生于午中,极于子中。其阳在南,其阴在北。方布者,乾始于西北,坤尽于东南,其阳在北,其阴在南。此二者,阴阳对待之数:圆于外者为阳,方于中者为阴;圆者动而为天,方者静而为地也。"[2] 以圆于外之阳对方于中之阴,非常直观地呈现了阴阳对待之数的样貌。这是朱熹结合伏羲六十四卦方位图谈数的对待,可视作来氏"对待者数"命题的直接思想来源。

---

① 陈来:《中国哲学中的"实体"与"道体"》,《北京大学学报》2015年第3期。
② (宋)朱熹:《周易本义图目》,《周易本义》卷首,中华书局2009年版点校本,第16—17页。

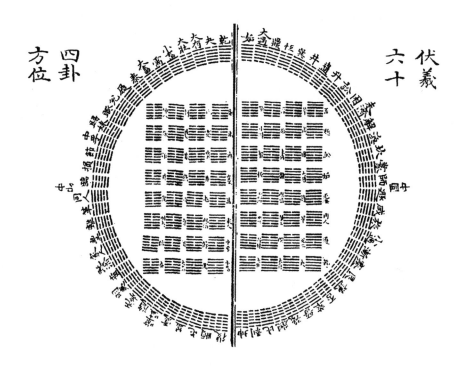

图 3 - 4　《周易本义》卷首伏羲六十四卦方位图

来氏《集注》《日录》论"对待者数"可概括为以下几种情形。

首先，对待者数表现在伏羲圆图的卦画上，即来氏所谓"伏羲之图，易之对待"。来氏没有采用朱熹《解义》阳盛、阳稚、阴盛、阴稚的表述模式，而是用了邵雍太阳、少阴、少阳、太阴的表述模式。来氏圆图的中间一圈是太极之理，黑白二路代表着阴阳二气，阳气充盈在圆图顶端，属老阳，阴气充盈于底部，属老阴，图左为少阴，图右为少阳，此即来氏所说的阴阳老少四象皆在其中。阳进阴退，阳胜则吉，阴胜则凶。阳奇阴偶，奇偶之数相对待。阴阳二气运行流转有其数的限度，体现在图中，左右上下也是互为对待，如老阴对老阳、少阴对少阳，四象两两相对。若再分为八卦，便是乾对坤，坎对离，震对巽，艮对兑，即先天八卦图。这是圆图所表达的"对待者数"的基本意思。

在来氏圆图中，"对待者数"借助两仪及四象之对待体现出来，在来氏《集注》所载伏羲八卦方位之图，"对待者数"则进一步表现为八卦之对待：

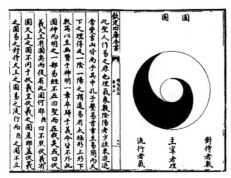

图3-5 梁山来知德圆图

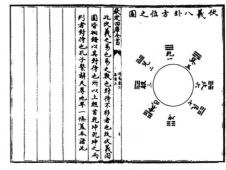

图3-6 来氏《集注》所载伏羲
八卦方位图

所附图说云："此伏羲之易也，易之数也，对待不移者也，故伏羲圆图皆相错，以其对待也。所以上经首乾坤，乾坤之两列者，对待也。孔子《系辞》'天尊地卑'一条本诸此。"① 来氏所谓伏羲圆图皆相错即是对待者数，是指伏羲先天八卦乾一对坤八、兑二对艮七、离三对坎六、震四对巽五。《说卦》"八卦相错"，相错的两卦互相对待，且每对的序数之和皆为九。从四象来看，乾一兑二属太阳所生，与太阴所生的艮七坤八对，离三震四为少阴所生，与少阳所生的巽五坎六相对。八卦两两相对，其卦画皆相错，即是其数相对。若以阳正阴负来看，八卦相错，其卦画两两相反。《说卦》"八卦相错"，来氏认为此句是专说三画的八个小成之卦，并批评宋儒不知错综二字，片面地将"八卦相错"解释为八卦相交而成六十四卦。在表述上，来氏将朱熹所主张的阴阳对待流行说（即交易变易说）中阴阳二气的对待转换为阴阳之数的对待，多了一层象数筮法的意味，其实基本意义是一致的。来氏易学哲学的"数"受到了高度的重视，天地之数、大衍之数及河图洛书之数既体现造化阴阳的次第节限，也表现为筮法上的错综变化。来氏云："错者，阴与阳相对也。父与母错，长男与长女错，中男与中女错，少男与少女错，八卦相错，六十四卦皆不外此错也。天地造化之理，独阴独阳不能生成，故有刚必有柔，有男必有女，所以八卦相错。"② 又称："以男女相配论：乾对坤者，父配乎母也；震对巽者，

---

① （明）来知德：《伏羲八卦方位之图》，《周易集注》卷首上，《景印文渊阁四库全书》，台湾商务印书馆1986年版影印本，经部，第32册，第15页上栏。
② （明）来知德：《易经字义》，《周易集注》卷首上，《景印文渊阁四库全书》，台湾商务印书馆1986年版影印本，经部，第32册，第8页。

长男配长女也；坎对离者，中男配中女也；艮对兑者，少男配少女也。"①《说卦》"天地定位"章乾坤、震巽、坎离、艮兑两两相配，以阴阳相对为错，则小成八卦两两对待相错，六十四卦亦是如此，这是来氏"对待者数"在卦画上的表现。

来氏《日录》与《集注》所载伏羲八卦方位图名称相同，但在表现形式上又有所不同。兹附来氏《日录》所载伏羲八卦方位图与其说于下：

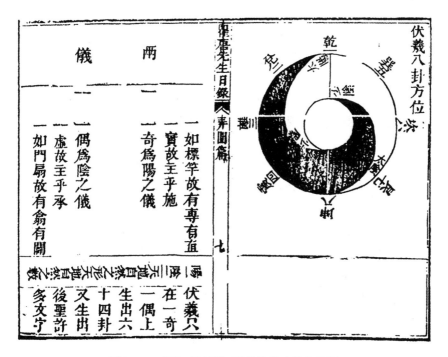

图3-7 来氏《日录》所载伏羲八卦方位图

伏羲只在一奇一偶上生出六十四卦，又生出后圣许多文字。一阳一阴，天地自然之形，天地自然之数。二分四，四分八，自然而然，不假安排，则所谓象者、卦者，皆仪也。故天地间万事万物但有仪形者，即有定数存乎其中，而人之一饮一啄，一穷一通，一夭一寿，皆毫厘不可逃者，故圣人惟教人以贞，以成大业。八卦已成之谓往，以卦之已成而言，自一而二三四五六七八，因所加之画，顺先后之序而去，故曰数往者顺。八卦未成之谓来，以卦之初生而言，一阳上添一

---

① （明）来知德：《弄圆篇·伏羲八卦方位》，《来瞿唐先生日录》（一）内篇卷1，《四库全书存目丛书》，齐鲁书社1995年版影印本，子部，第85册，第664页。

画为太阳，太阳上添一画则为纯阳，必知其为乾矣。八卦皆然。其所加之画皆自下而行上，谓之逆，故日知来者逆。（小字注：与邵子、朱子所说略不同。）①

　　此段可视作来氏对《说卦》"数往者顺，知来者逆，故易逆数也"的训解。与《集注》不同的是，《日录》所载伏羲八卦方位图不在于表达数的对待，而在于表达气之流行及伏羲画卦的过程。此图形式上更接近来氏圆图，与《集注》之伏羲八卦方位图相比，增加的要素有中央的小白圈、黑白两仪及太阳、少阴、少阳、太阴四象，减少的要素是八卦的卦画，共同的要素是八卦的卦名、卦的次序数以及外围大圆圈。来氏称"伏羲只在一奇一偶上生出六十四卦"，其自然次序是太极生出两仪一阳一阴，再二分四，四分八，由一画阳仪到二画太阳到三画纯阳而成乾卦，八卦之生成次序都是如此，这是承袭邵朱成说。来氏认为，八卦尚未形成之谓来，所加之画皆自下而上，有逆迎之意，此是从伏羲画卦的过程来讲知来者逆；八卦已成之谓往，伏羲八卦画就，从乾一兑二离三震四到巽五坎六艮七坤八，一路数下去，依照的是八卦生成的先后顺序，故称数往者顺。来氏这个讲法与朱熹有别。《本义》注称："起震而历离、兑，以至于乾，数已生之卦也；自巽而历坎、艮，以至于坤，推未生之卦也。易之生卦，则以乾、兑、离、震、巽、坎、艮、坤为次，故皆逆数也。"② 认为图的左边震、离、兑、乾有阳气渐长之意，属已生之卦，是数往者顺；图的右边巽、坎、艮、坤有阴气渐盛之意，属未生之卦，是知来者逆。朱注以乾一到坤八的次序为逆数，来氏讲伏羲画卦自下而上从一画到三画为逆，二者是有区别的。朱熹接受了邵雍的"加一倍法"的成卦原则，认为六十四卦一时俱了，"伏羲只在一奇一偶上生出六十四卦"，从先天作《易》层面上讲，并非三画或六画的乾卦坤卦生六十四卦，"虽乾坤也不能有生诸卦之理"，至于《说卦》乾坤生六子是卦成之后的变化，已属后天之《易》。来氏认为《说卦》乾坤生六子之说，相错两卦的卦德相资，且合起来后分别有生物、长物、成物之功，对待流行相须而不离，即对待中有流行。来氏据流行之气讲"对待者数"，试图取消先后天的区分，将二者统合起来。

　　来氏将"对待者数"在卦画上的表现进行了延展，如云："以相对论：

①　（明）来知德：《弄圆篇》，《来瞿唐先生日录》（一）内篇卷1，《四库全书存目丛书》，齐鲁书社1995年版影印本，子部，第85册，第661—663页。
②　（宋）朱熹：《周易本义》卷4，中华书局2009年版点校本，第262页。

此三阳对三阴也，故曰天地定位；此一阳对一阴于下，少阳对少阴于上也，故曰水火不相射；此太阳对太阴于下，一阳对一阴于上也，故曰山泽通气；此一阳对一阴于下，太阳对太阴于上也，故曰雷风相薄"①。"此一阳对一阴于下，少阳对少阴于上也，故曰水火不相射"，自下而上将三画的坎离二卦的对待分解成一阴一阳对峙于下、少阴少阳对峙于上两部分，将三画卦的对待关系分解成阴阳两仪对待并少阴少阳的四象对待。若以老阴之数九对老阳之数六，少阴之数八对少阳之数七论，则四象之对又以七八九六之数来表示。来氏将三画卦作离析二分的做法推及艮兑、震巽，以此解"山泽通气""雷风相薄"。又云："乾位乎上，君也，右则二阳居乎巽之上焉，一阳居乎坎之中焉，左则二阳居乎兑之下焉，一阳居乎离之上下焉，宛然三公九卿百官之侍列也；坤居于下，后也，左则二阴居乎震之上焉，一阴居乎离之中焉，右则二阴居乎艮之下焉，一阴居乎坎之上下焉，宛然三妃九嫔百媵之侍列也。"② 认为三爻的爻画体现了伏羲八卦方位图八卦两两对待，并以君后百官排列的贵贱位次为喻，推衍了其"对待者数"的表意范围。

其次，对待者数体现在《周易》上下经分篇上。来氏《集注》卷首《上下经篇义》从气、数两个角度对上下经分篇及卦序安排进行理论分析，认为上经首乾坤，从乾至履十卦共计六十画，阴阳各半，阴阳极六则变，至此乾坤相综而成否泰，自同人至大畜十四卦皆否泰相推而成，故其间万物吉凶消长进退存亡不可悉纪，颐大过是山泽雷风之卦，无水火则乾坤为死物，必山泽通气、雷风相薄而后乾坤之水火可交。颐有离象，大过有坎象，水火是乾坤所有之物，亦是天道之体，故上经卦序首乾坤，历否泰，至颐大过而后终之以坎离。下经首咸恒，自咸至解十卦亦六十画，阴阳各半，阴阳极六则变，至此咸综为损，恒综为益，自夬至节十八卦皆损益相推而成，其间万事吉凶消长进退存亡不可悉纪，中孚小过是山泽雷风之卦，既济未济是男女相交之卦，中孚肖离，小过肖坎，故下经卦序首咸恒，历损益至中孚小过而后终之以既济未济。上下经卦序安排都体现了气之流行变化及吉凶消长。否泰言天道，损益言人道。天道之体以否泰为主，亦有人道；人道之用以损益为主，其间亦有天道。从卦爻数目分布看，上经阳爻比阴爻多八，下经阴爻比阳爻多八，总体卦爻均平。以综卦

---

① （明）来知德：《弄圆篇·伏羲八卦方位》，《来瞿唐先生日录》（一）内篇卷1，《四库全书存目丛书》，齐鲁书社1995年版影印本，子部，第85册，第663页。

② （明）来知德：《弄圆篇·伏羲八卦方位》，《来瞿唐先生日录》（一）内篇卷1，《四库全书存目丛书》，齐鲁书社1995年版影印本，子部，第85册，第663—664页。

两卦作一卦论，上下经各十八卦，其阴阳亦均平。由此，来氏认为上下经分篇及具体卦序安排既体现了阴阳之数的对待，又体现了阴阳之气的流行。[①]

来氏《上下经篇义》称"上经首乾坤者，阴阳之定位，万物之男女也，易之数也，对待不移者也"，"下经首咸恒者，阴阳之交感，一物之乾坤也，易之气也，流行不已者也"，[②] 据此，对待者数、流行者气是来氏所主张的观点无疑。来氏认为《周易》上经以乾坤为首，阴阳定位，易之数对待不移；下经以咸恒为首，阴阳交感，易之气流行不已。上经尾二卦坎离所代表的水火是天道之体，下经尾二卦既济未济是水火相交而成，是人道为用。此处的体是在形下层面讲的，并非形上存在根据之体。来氏以中男中女的卦象水火表示男女，以此为天道之体，指的是阴阳定位的贞定、贞立状态，与阴阳交感的发用流行状态对应，都是从形下层次讲的。朱熹《太极解义》云"动极而静，静极复动，一动一静，互为其根，命之所以流行而不已也；动而生阳，静而生阴，分阴分阳，两仪立焉，分之所以一定而不移也"，是说阴阳二气递变时，阴阳互为其根，天命由此流行不已，阴阳二气分开后，阴即阴，阳即阳，乾尊坤卑，阳尊阴卑，界限分明，各有定位或分位，其性质不可变改。朱伯崑指出，朱熹易学区别阴阳变易之事和阴阳变易之理，阴阳流转属现象领域，定位不移属本质领域，阴阳的性质和关系即阴阳之理是不能转化的，两个世界有严格区分。"事物虽大，皆形而下者；理虽小，皆形而上者"。[③] 来氏"对待者数""流行者气"，对待流行的主体是现象领域的阴阳之气、阴阳之数，来氏所谓对待流行之理与其所谓主宰之理都是指阴阳二气相互推移流行不息的内在动力，此理此神属于本质领域。与朱熹易学不同的是，来氏此处论述阴阳运动的根源是存在于阴阳二气对待流行关系中的内在之理，这是其吸收张载神化说的表现。

再次，"对待者数"体现在过揲之数上。来氏《集注》多次提到数和卦的对待，"极其数以定天下之象"，从筮法上讲，揲蓍求卦的过程是数生象的过程，数的对待亦表现为已成之卦的对待，每一爻的生成都要经历四营三变并表现为七八九六之数，老阳九对老阴六，少阴八对少阳七，这也

---

① （明）来知德：《上下经篇义》，《周易集注》卷首上，《景印文渊阁四库全书》，台湾商务印书馆1986年版影印本，经部，第32册，第5—6页。

② （明）来知德：《上下经篇义》，《周易集注》卷首上，《景印文渊阁四库全书》，台湾商务印书馆1986年版影印本，经部，第32册，第5—6页。

③ （宋）黎靖德：《朱子语类》卷75，中华书局1986年版点校本，第5册，第1936页。

是来氏"对待者数"的题中之义。

最后，对待者数还体现在河图洛书中。《集注》云：

> 天数五者，一三五七九，其位有五也。地数五者，二四六八十，其位有五也。五位者即五数也，言此数在河图上下左右中央，天地各五处之位也。相得者，一对二，三对四，六对七，八对九，五与十对乎中央，如宾主对待，相得也。有合者，一与六居北，二与七居南，三与八居东，四与九居西，五与十居中央，皆奇偶同居，如夫妇之阴阳配合也。二十有五者，一三五七九，奇之所积也。三十者，二四六八十，偶之所积也。[1]

> 相薄者，薄激而助其云雨也；不相射者，不相射害也。相错者，阳与阴相对待，一阴对一阳，二阴对二阳，三阴对三阳也。故一与八错，二与七错，三与六错，四与五错，八卦不相错则阴阳不相对待，非《易》矣。宋儒不知错综二字，故以为相交而成六十四卦。殊不知此专说八卦。逆数方得相错，非言六十四卦也。[2]

> "天地定位"上章言八卦之对待，故首之以乾坤，此章言八卦对待生物之功，故终之以乾坤。乾坤始交而为震巽，震巽相错，动则物萌，散则物解，此言生物之功也。中交而为坎离，坎离相错，润则物滋，暄则物舒，此言长物之功也。暄者，明也。终交而为艮兑，艮兑相错，止则物成，说则物遂，此言成物之功也。若乾则为造物之主，而于物无所不统，坤则为养物之府，而于物无所不容，六子不过各分一职以听命耳。[3]

"天数五"章来注继承了郑玄、朱熹之注。来氏将一六居北、二七居南、三八居东、四九居西、五十居中生数与成数的关系比作夫妇之合，以此释"有合"；将天一地二相对，天三地四相对，天五地六相对，天七地八相对，天九地十相对的关系比作朋友、宾主，相对两数阴阳比邻，阳奇阴偶相随，以此释"相得"。相邻的天地奇偶之数相对，这是来氏"对待

---

① （明）来知德：《周易集注》卷 13，《景印文渊阁四库全书》，台湾商务印书馆 1986 年版影印本，经部，第 32 册，第 352 页。

② （明）来知德：《周易集注》卷 15，《景印文渊阁四库全书》，台湾商务印书馆 1986 年版影印本，经部，第 32 册，第 398 页下栏。

③ （明）来知德：《周易集注》卷 15，《景印文渊阁四库全书》，台湾商务印书馆 1986 年版影印本，经部，第 32 册，第 399 页下栏。

者数"思想的一个体现。

来氏《日录》所载河图洛书及其图说综合阐发了其对待者数、流行者气、主宰者理的思想。

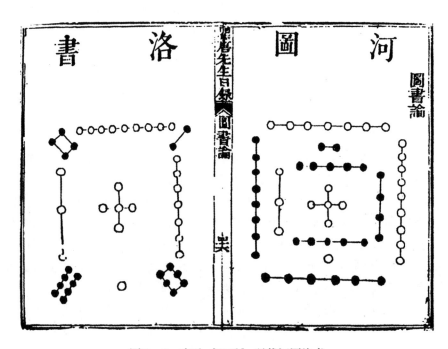

图 3 - 8 来氏《日录》所载河图洛书

以河图论之：天地严凝之气始于西南，而盛于西北，故阴由二而四，四而六，六而八；天地温厚之气始于东北，而盛于东南，故阳由一而三，三而七，七而九。

阳息于北，由北而东而南而西，故天一至天三天七天九，以渐而盈，盈极则消而虚矣；阴息于南，由南而西而北而东，故地二地四地六地八，以渐而盈，盈极则消而虚矣。

以相连论：一而九，十也；三而七，十也；二而八，十也；四而六，十也。故五为中数，故天地生数遇五而成，天地成数遇五而对。

偶者，阴阳之对待；奇者，阴阳之运行。奇者，气行于天；偶者，质具于地。孔子《系辞》"天尊地卑"一条，以对待而言也；"刚柔相摩"至"坤道成女"，以运行而言也。

以洛书论之：阳生于北，长于东，盛于南，而消于西，故天一天三天九盛之极至，天七则消矣。阴生于南，长于西，盛于北，而消于东，故地二地六地八，盛之极至，地四则消矣。此与河图一样，中五虽少地十，然四隅交错各十，亦天五地十也。

太阳之一得五而为太阴，故一与太阴相连；少阴之二得五而为少阳，故二与少阳相连；少阳之三得五而为少阴，故三与少阴相连；太阴之四得五而为太阳，故四与太阳相连。不过此数变化无穷，故天数五地数五，成变化而行鬼神也。

以二图总论之：图之东北与书相同，而西南不同，何也？盖图之阴阳，皆主阳极阴极而言，故一阳由左旋，至九而止，一阴由右旋，至八而止；书之阴阳以盛衰消长而言，故阳盛于南而九，阴盛于北而八，至西则阳衰，故天七，至东则阴衰，故地四，此所以东北相同而西南则异也。虽西南各异，然东北西南皆一奇一偶相配，又何尝异哉！

以伏羲图论：乾兑生于老阳之四九，离震生于少阴之三八，巽坎生于少阳之二七，艮坤生于老阴之一六。九有四，七有二者，阳中之阴也；八有三，六有一者，阴中之阳也。伏羲画卦之时，不求与洛书同，而自与洛书同。以文王图论，一六为水，坎居其北；二七为火，离居其南；三八为木，震居其东；四九为金，乾兑居西；五十为土，坤艮夹乎金火水木四位之间，亦中央土也。文王画卦之时，不求合乎河图，而自与河图同。可见只有此数，理一无二，所以俟之不惑考之不谬也。

以十数当中折断论：一与六对，二与七对，三与八对，四与九对，五与十对，本天地自然之数也。河图则一二三四五在内，六七八九十在外，而阴阳相间；洛书则一二三四五相连，六七八九十而阴阳比肩，相间者一倡一随，比肩者或左或右，其实一而已矣。

图书中天五，五点下一点，天一之水也；上一点，地二之火也；左一点，天三之木也；右一点，地四之金也；中一点，天五之土也。此五，若专以五行之土论，前后左右四点，辰戌丑未之土也，中一点，中央之土也。五者流行乎前后左右，贯彻乎辰戌丑未，故天地得五方可以“成变化而行鬼神”，此所以圣人作《易》“参天两地而倚数”，推而至于千千万万，无非此五者而已。

此天地自然之八卦也。是未画卦之先而卦已备矣，故曰“河出图，洛出书，圣人则之”，故有天地之八卦，有伏羲之八卦，有周孔之八卦，有吾心之八卦，能了此，则八卦不在四圣，而在吾心矣。

参天两地，何也？盖天地之数，皆始于一而成于五，一者数之始，五者，数之祖也。故金木水火非土不成质，仁义礼智非土不成

德。以自然之数论之，天一地二少其五，天三地四多其五，惟天三地
二合其五，故圣人参天两地而倚数，言依此五以起其数也，非用心以
参两之也。若依朱子"圆者径一围三，方者径一围四"之说，是参天
四地矣，是有心以参两之矣。[①]

　　来氏继承了《易学启蒙》以河图为天地自然之易的说法，认为河图、
洛书都包含了阴阳对待流行及其中的主宰之理。就数而言，天五居于河图
洛书中心位置，是数之祖，五行属土，离开天五，天地就不能成变化行鬼
神。天五是天三地二之和，"参天两地而倚数"指天三地二合为五以起数，
数偶体现阴阳对待，数奇体现阴阳运行，河图洛书自然含蕴阴阳二气的对
待流行。此外，天地生数成数也自相对待。来氏认为河图五行生数各与其
成数相对，天数一对地数六，地数二对天数七，天数三对地数八，地数四
对天数九，天数五对地数十。朱熹《本义》注"天一地二"章云："此言
天地之数阳奇阴偶，即所谓河图者也。其位一六居下，二七居上，三八居
左，四九居右，五十居中。就此章而言之，则中五为衍母，次十为衍子，
次一二三四为四象之位，次六七八九为四象之数。二老位于西、北，二少
位于东、南，其数则各以其类交错于外也。"[②] 认为中五是衍母，占据着河
图的中心位置，且为生数之母，生数之祖，七八九六代表四象之数，经由
中五才能生成，少阴八居东，少阳七居南，老阳九居西，老阴六居北，一
二三四非数，只代表四象之位，各加中五便得相应的四象之数：一是老阴
之位，加中五便得老阴之数六，二是少阳之位，加中五便得少阳之数七，
三是少阴之位，加中五便得少阴之数八，四是老阳之位，加中五便得老阳
之数九。来氏继承了朱熹的这一说法，其《日录·河图洛书论》将天数
一、三、五、七、九合看，将地数二、四、六、八合看，以描绘阴阳二气
由初生、壮盛到盈极、衰微的过程，并将河图四象之数相对待的思想表述
为"对待者数"、将老阴—少阳—少阴—老阳的阴阳盈虚消长过程表述为
"流行者气"并融入其圆图中。

　　河图之数相对待是运动变化的根源。《本义》注《系辞》"天数五，
地数五"章称："变化，谓一变生水而六化成之，二化生火而七变成之，
三变生木而八化成之，四化生金而九变成之，五变生土而十化成之。"[③] 朱

① （明）来知德：《河图洛书论》，《来瞿唐先生日录》（一）内篇卷1，《四库全书存目丛
　　书》，齐鲁书社1995年版影印本，子部，第85册，第681—684页。
② （宋）朱熹：《周易本义》，中华书局2009年版，第233页。
③ （宋）朱熹：《周易本义》，中华书局2009年版，第234页。

注以天地之数配五行，以数生象，一二三四五为生数，六七八九十为成数，阳数主变，阴数主化。此章来氏注称："变者化之渐，化者变之成。一二三四五居于图之内者，生数也，化之渐也，变也；六七八九十居于图之外者，成数也，化也。变化者，数也。"① 来注以变化为数的变化，以变为渐，以化为成，表示生数成数所呈现的事物不同变化阶段，其变渐化成说是对朱熹阳变阴化说及张载变粗化精、变著化微说的扬弃。② 朱熹称"有气有形便有数"，③ 来氏论数也多在形气之后，属后天之数，"象生数"是指物象所具的量度或卦象七八九六之数。来氏认为，数之对既至十而止，以十计之，四象中的太阳之数是九，太阳之位是一；少阴之数是八，少阴之位是二；少阳之数是七，少阳之位是三；太阴之数是六，太阴之位是四，每一象的位数之和都是十。来氏的这一说法来自《语类》《启蒙》。来氏称："周公定六爻，不曰阳而曰九，不曰阴而曰六者，以一二三四虽是阴阳，不及其五，不成其数，所以以九为太阳，以六为太阴也。"④ 认为周公定六爻爻称时，阳爻称九，阴爻称六，一二三四小于五，数非五不成，故一二三四虽有阴阳属性，并不用于爻称。《本义》注"天数五，地数五，五位相得而各有合"时，以天地之数论河图，来氏继承了这一点，从河图数的对待关系过渡到两仪、四象、八卦、六十四卦的对待，并将对待关系看作《系辞》"成变化行鬼神"的前提，运动变化的根源，认为这从筮法和宇宙论上讲都是成立的。天一对地六，地二对天七，天三对地八，地四对天九，天五对地十，生数成数分居河图内外层且两两相对，构成来氏"对待者数"的又一种情形。

　　来氏《日录》所载河图与《本义》《启蒙》所载一致。朱注乾坤二卦的卦辞云"▬者，奇也，阳之数也"⑤、"▬▬者，偶也，阴之数也"⑥，以阴阳爻符号代表阴阳之数，从筮法上讲阴阳爻的确定由揲蓍四营成易、十八变成卦而来，阴阳二气、爻象与数通而为一。来氏继承了朱熹的这一讲法，其圆图"对待者数"除理无对待外，气、象、数皆有对待，有两仪之

① （明）来知德:《周易集注》卷13,《景印文渊阁四库全书》,台湾商务印书馆1986年版影印本,经部,第32册,第352页下栏。
② （宋）张载:《横渠易说》卷3,上海古籍出版社1989年版影印本,第84页下栏。张载云:"变则化,由粗入精也;化而裁之谓之变,以著显微也。"
③ （宋）黎靖德:《朱子语类》卷65,中华书局1986年版点校本,第4册,第1610页。
④ （明）来知德:《入圣功夫字义》,《来瞿唐先生日录》(一)内篇卷3,《四库全书存目丛书》,齐鲁书社1995年版影印本,子部,第85册,第727页。
⑤ （宋）朱熹:《周易本义》卷1,中华书局2009年版点校本,第29页。
⑥ （宋）朱熹:《周易本义》卷1,中华书局2009年版点校本,第42页。

对待，四象之对待，八卦之对待，六十四卦之对待，从爻象的对待过渡到卦象的对待。来氏云"伏羲仰观俯察，见阴阳有奇偶之数，故画一奇以象阳，画一偶以象阴"①，继承朱熹《本义》的说法，认为阳奇阴偶，气与数具有同一性。来知德文王八卦方位图图说云"盖有对待，其气运必流行而不已；有流行，其象数必对待而不移"②，明言象和数皆有对待，气、象、数通为一物，只是言说的角度不同。

总之，除了表现为"伏羲之图，易之对待"及其圆图所呈现的最基本的阴阳两仪、黑白两路相对待，来知德"对待者数"还表现为：一是河图生成之数相对待；二是洛书位与数相对待；三是揲蓍之数九对六，七对八，或者过揲之数三十六对二十四，二十八对三十二，或者挂扐之数的对待等；四是《周易》上下经分篇所蕴含的对待之数。这些对待思想在《启蒙》《本义》及《语类》中都曾有过论述。

（二）流行者气

来氏圆图注文"流行者气"本于《说卦》"帝出乎震"章，以八卦配四季运行，震为春，巽为春夏之交，离为夏，坤为夏秋之交，兑为秋，乾为秋冬之交，坎为冬，艮为冬春之交，这是对传统卦气说的一种哲学表述。来氏将《本义》卷首诸图融汇到自己创制的圆图中，但他并非这一做法的首倡者，元代易学家张理将周氏太极图和文王八卦方位图融入自己创制的易图中，已开其先河。③

来氏称"文王之《易》，易之气也"，"伏羲之《易》，易之数也"，意思是二者各有偏重，伏羲图主要讲数的对待，文王图主要讲气的流行。事实上，伏羲文王之图都是兼讲对待流行。来氏圆图将伏羲之图和文王之图兼收，既讲数的对待，又讲气的流行，并且追加了"主宰者理"的内容，体现了对《本义》卷首九图的融汇与改造。河图洛书讲天地自然之数、天地自然之理，伏羲先天四图讲数的对待，文王后天二图讲气的流行，孔子卦变图持十辟卦变说故亦是讲流行之气。除了文王八卦次序图（即乾坤三索生六子图）和卦变图无法直接进入圆图的表意范围外，来氏把《本义》卷首的河图、洛书、伏羲四图、文王八卦方位图等七图都收摄到自己的圆

---

① （明）来知德：《周易集注》卷1，《景印文渊阁四库全书》，台湾商务印书馆1986年版影印本，经部，第32册，第62页。

② （明）来知德：《文王八卦方位之图》，《周易集注》卷首上，《景印文渊阁四库全书》，台湾商务印书馆1986年版影印本，经部，第32册，第15页下栏。

③ （元）张理：《大易象数钩深图》卷上，《景印文渊阁四库全书》，台湾商务印书馆1986年版影印本，经部，第25册，第2—3页。详见下节。

图中了。来氏自信其圆图能反映作《易》之原，能容纳理气象数于一体，最为完善、圆满，所以将其置于诸图之前。

来氏"流行者气"命题主要以《说卦》"帝出乎震"卦气说为文本依据。上文已论，来氏圆图所内含的河图、洛书之数及伏羲四图也可兼表气运流行、阴阳盈虚消长之意。来氏《集注》《日录》均载有文王八卦方位图并附图说，如下所示：

来氏《集注》所载文王八卦方位之图（图3-9）图说云：

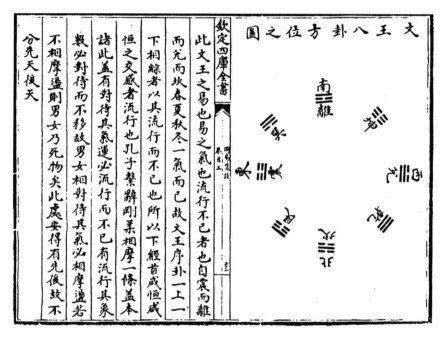

图3-9　来氏《集注》所载文王八卦方位图

　　此文王之易也，易之气也，流行不已者也。自震而离而兑而坎，春夏秋冬，一气而已。故文王序卦一上一下相综者，以其流行而不已也，所以下经首咸恒。咸恒之交感者，流行也。孔子《系辞》"刚柔相摩"一条盖本诸此。盖有对待，其气运必流行而不已；有流行，其象数必对待而不移。故男女相对待，其气必相摩荡。若不相摩荡，则男女乃死物矣。此处安得有先后？故不分先天后天。①

---

① （明）来知德：《周易集注》卷首上，《景印文渊阁四库全书》，台湾商务印书馆1986年版影印本，经部，第32册，第15页下栏。

　　所谓"流行者气"，表现在来氏《集注》所载文王八卦方位之图中，指黑白两路所代表的阴阳二气实为一气，动为阳，静为阴，动极而静，静极而动，阳中有阴，阴中有阳，阴阳迭为盈虚消长。《本义》云"易有二义"，即交易、变易，来氏论述《周易》上下经分篇及卦序安排时继承了《本义》的这一说法。来氏认为《周易》上经始于乾坤，乾坤相错，互为对待，为天道之始，这体现了朱熹交易的思想，来氏以"对待者数"命题表达伏羲八卦方位，并以《系辞》"天尊地卑"句为其文本依据；下经始于咸恒，为人道之始，艮兑作为少男少女之卦，交感而成咸恒，这体现了朱熹变易的思想，来氏以"流行者气"表达文王八卦方位，并以《系辞》"刚柔相摩"为其文本依据。邵雍、朱熹认为《系辞》"天地定位"章表达的是伏羲八卦方位，"帝出乎震"章表达的是文王八卦方位，伏羲之易属先天易，文王之易属后天易，先天为体，后天为用。来知德主张取消先后天的划分，"不分先后天"，认为伏羲之易表达的对待思想与文王之易表达的流行思想相须不离，没有阴阳奇偶之数的对待，气的流行就失去了最基本的前提；没有气的流行，对待的阴阳就成了僵死之物。来氏认为邵雍、朱熹先后天之易的区分在理论上不成立，故将其改称为伏羲之易、文王之易。宋代赵如楳曾从体用相须角度谈不分先后天，提出"乾上坤下为象之体，不必曰包牺先天；离南坎北为象之用，不必曰文王后天"。[①]

　　与《集注》相比，来氏《日录》所载文王八卦方位图（图 3 - 10）缺少东西南北四个方位的标注以及八卦卦画，且将《集注》图中虚处变为小白圈，小白圈上下有两条垂直线，表示阴阳之极（即转折处），这里吸收了罗钦顺于气之转折处观理之说。来氏《日录》所载此图所附图说云：

　　　　诸儒因邵子解文王之卦，皆依邵子之说，通说穿凿了。文王之方位本明，而解之者反晦也。殊不知文王之卦，孔子已解明矣，"帝出乎震"一节是也，又何必别解哉？朱子乃以文王八卦不可晓处甚多，不知何说也。

　　　　盖文王以伏羲之卦恐人难晓，难以致用，故就一年春夏秋冬方位卦所属木火土金水相生之序而列之，今以孔子《说卦》解之于后。

　　　　帝者，天也，一年之气始于春，故出乎震。震，动也，故以出言之。齐乎巽，巽者，入也。时当入乎夏矣，故曰巽。巽，东南也，言

　　① （宋）赵如楳：《易雅》，《周易辑闻》，《景印文渊阁四库全书》，台湾商务印书馆 1986 年版影印本，经部，第 19 册，第 311—312 页。

万物之洁齐也。盖震巽皆属木之卦也。离者,丽也,故相见乎离。坤者,地也,土也。南方之火生土,方能生金,故坤艮之土界木火于东南,界金水于西北,土居乎中,寄旺于四季,万物之所以致养也,所以成终成始也。坤,顺也,安得不致役?故言致役乎坤。兑,说也,万物于此而成,所以说也。乾,健也,刚健之物必多争战,故阴阳相薄而战。坎,陷也,凡物升于上者必安逸,陷于下者必劳苦,故劳乎坎。艮,止也,一年之气于焉终止,而又交春矣。盖孔子释卦,多从理上说,"役"字生于坤顺,"战"字生于乾刚,"劳"字生于坎陷,诸儒皆以辞害意,故愈辨而愈穿凿矣。①

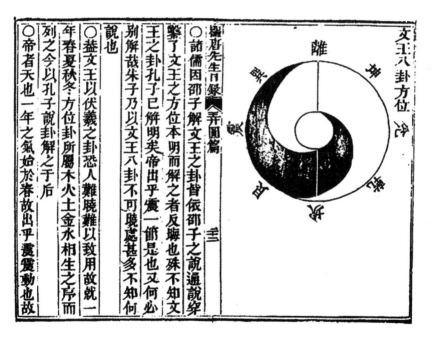

图3-10　来氏《日录》所载文王八卦方位图

来氏批评朱熹依照邵雍的讲法去解读文王之卦,将文王之卦讲穿凿了,故以为不可晓。《本义》注"万物出乎震"章云:"上言帝,此言万物之随帝以出入也。此章所推卦位之说,多未详者。"② 故招致来氏的批评。朱熹的

① (明)来知德:《弄圆篇》,《来瞿唐先生日录》(一)内篇卷1,《四库全书存目丛书》,齐鲁书社1995年版影印本,子部,第85册,第669页。

② (宋)朱熹:《周易本义》卷4,中华书局2009年版点校本,第263—264页。

理论兴趣在先天之学上，更为看重河图洛书、天地之数、大衍之数以及伏羲先天四图，其先入为主的先天卦位观念使其无法真正理解《说卦》后天卦位说。《语类》记录朱熹与门人问答先天之学的材料颇丰，但是《语类》涉及文王后天八卦方位的内容较少。① 《语类》于《易》开宗明义，首谈阴阳，且明确以对待为体，以流行为用，主张体静用动，体后用先。

> 阴阳，有相对而言者，如东阳西阴，南阳北阴是也；有错综而言者，如昼夜寒暑，一个横，一个直是也。伊川言："易，变易也。"只说得相对底阴阳流转而已，不说错综底阴阳交互之理。言易，须兼此二意。体在天地后，用起天地先。对待底是体，流行底是用，体静而用动。〔端蒙〕又一条云："阴阳有相对言者：如夫妇男女，东西南北是也；有错综言者，如昼夜，春夏秋冬，弦望晦朔，一个间一个辊去是也。"季通。②
>
> 某以为易字有二义：有变易，有交易。先天图一边本都是阳，一边本都是阴，阳中有阴，阴中有阳；便是阳往交易阴，阴来交易阳，两边各各相对。义刚。③
>
> 问："易有交易、变易之义如何？"曰："交易是阳交于阴，阴交于阳，是卦图上底，如'天地定位，山泽通气'云云者是也。变易是阳变阴，阴变阳，老阳变为少阴，老阴变为少阳，此是占筮之法，如昼夜寒暑，屈伸往来者是也。"④
>
> 徐元震问："自十一月至正月，方三阳，是阳气自地上而升否？"曰："然。只是阳气既升之后，看看欲绝，便有阴生；阴气将尽，便有阳生，其已升之气便散矣。所谓消息之理，其来无穷。"⑤
>
> 中间报去，欲改文王八卦邵子说"应天时，应地方"说下注脚，今覆检之，不得其说，恐前说有误，却错改却印本，烦令一哥检出录示，幸甚！细详此图，若以卦画言之，则震以一阳居下，兑以一阴居上而相对；坎以一阳居中，离以一阴居中，故相对；巽以一阴居下，艮以一阳居上，故相对；乾纯阳，坤纯阴，故相对。此亦是一说，但

---

① （宋）黎靖德：《朱子语类》卷65，中华书局1986年版点校本，第4册，第1608—1619页。
② （宋）黎靖德：《朱子语类》卷65，中华书局1986年版点校本，第4册，1603页。
③ （宋）黎靖德：《朱子语类》卷65，中华书局1986年版点校本，第4册，1605页。
④ （宋）黎靖德：《朱子语类》卷65，中华书局1986年版点校本，第4册，1605—1606页。
⑤ （宋）黎靖德：《朱子语类》卷65，中华书局1986年版点校本，第4册，1603页。

不知何故，四隅之卦却如此相对耳！此图是说不得也。[①]

　　据上述材料，伏羲图对应《说卦》"天地定位"章，侧重于对待，兼顾流行，朱熹与其门人谈阴阳消息多是就邵雍伏羲先天图来谈，却极少结合文王后天八卦图来谈。朱熹答徐元震问，则是谈二气消息之理。《本义》卷首九图对于文王八卦次序图所论极简，仅依《说卦》文，在图下方补注"得乾初爻""得坤上爻"等寥寥几字；[②] 对于文王八卦方位图，则云"右见《说卦》，邵子曰'此文王八卦，乃入用之位，后天之学也'"，[③] 未见朱熹本人的见解。邵、朱将文王八卦方位视为入用之位，认为其重要性无法与先天卦位相提并论。来氏攻击朱熹，认为朱熹虽深谙阴阳生生不息的交易变易之理，却未能找到其经典文本依据，未能将其与《说卦》"帝出乎震"一章及文王八卦方位图关联起来。

　　来氏自鸣得意之处，即是建立了"流行者气"与"帝出乎震"章（即所谓文王之易）的关联，并将其概括为"伏羲之图，易之对待；文王之图，易之流行"。[④] 其实来氏并非首创者，元代胡一桂《周易启蒙翼传》注《说卦》"帝出乎震"已经完成了这一关联工作：

　　　　右文王八卦，又自取东南西北四方之位，及春夏秋冬四时运行之序，震东为春，巽东南春夏之交，离南为夏，坤西南夏秋之交，兑西为秋，乾西北秋冬之交，坎北为冬，艮东北冬春之交，震巽为木，离为火，坤艮为土，兑乾为金，坎为水。春夏秋冬，木火金水，与四方俱协焉。后天八卦流行以致用又如此。天地之间有对待之体，不可无流行之用；有伏羲易，不可无文王之易。所以知得此为文王者，文王象坤有曰"西南得朋，东北丧朋"，正合此图之方位也。[⑤]

---

① （宋）朱熹：《晦庵集》卷44，《景印文渊阁四库全书》，台湾商务印书馆1986年版影印本，集部，第1144册，第281页。此条引自朱熹《答蔡季通》，所提及的邵子文王八卦"应天时应地方"说，即邵雍《皇极经世》卷13论《说卦》"帝出乎震"章："至哉，文王之作《易》也！其得天地之用乎？故乾坤交而为泰，坎离交而为既济也。乾生于子，坤生于午，坎终于寅，离终于申，以应天之时也。置乾于西北，退坤于西南，长子用事，而长女代母，坎离得位，兑艮为偶，以应地之方也。王者之法其尽于是矣！"

② （宋）朱熹：《周易本义图目》，《周易本义》卷首，中华书局2009年版点校本，第17页。

③ （宋）朱熹：《周易本义图目》，《周易本义》卷首，中华书局2009年版点校本，第18页。

④ （明）来知德：圆图，《周易集注》卷首上，《景印文渊阁四库全书》，台湾商务印书馆1986年版影印本，经部，第32册，第13页下栏。

⑤ （元）胡一桂：《周易启蒙翼传》上篇，《景印文渊阁四库全书》，台湾商务印书馆1986年版影印本，经部，第22册，第220页。

胡一桂以卦气说解释文王八卦方位，以伏羲易为对待之体，以文王易为流行之用，伏羲易之对待与文王易之流行相须而不可相无。《四库全书总目·周易大全提要》云：

> 《易》则取诸天台鄱阳二董氏、双湖云峰二胡氏，于诸书外未寓目者至多云云。天台董氏者，董楷之《周易传义附录》；鄱阳董氏者，董真卿之《周易会通》；双湖胡氏者，胡一桂之《周易本义附录纂疏》；云峰胡氏者，胡炳文之《周易本义通释》也。[1]

胡一桂《易附录纂注》卷十注《说卦》"神也者，妙万物而为言者也"章云："徐氏曰：伏羲八卦方位主造化对待之体而言，文王八卦方位主造化流行之用，而对待非流行则不能变化，流行非对待则不能自行。"[2]所引徐氏语明确提出对待流行分属伏羲易、文王易且具体用关系，二者相须不离，来氏将文王八卦与造化流行之用关联起来应是对此类思想的吸收。来氏自称读明初胡广《周易大全》时萌生注《易》的想法，胡一桂易著亦是《周易大全》取材内容，来氏极有可能读到并采撷其说。《说卦》"帝出乎震"章及文王八卦方位图是来氏圆图黑白二路二气消长（即"流行者气"）思想的直接来源，此外伏羲八卦方位图、河图、洛书也体现了二气流行消长的理念。《语类》载：谓甘叔怀曰："曾看河图洛书数否？无事时好看，虽未是要切处，然玩此时且得自家心流转得动。"[3]朱熹令甘叔怀看河图洛书之数，认为河图洛书之位、数体现了生成观念，中间虚掉五、十便是太极，奇偶数各二十即是两仪，七八九六则是四象，一三五七九为阳，二四六八十为阴，其间自然会有个阴阳盈虚消长之意，体会得来便可使"自家心流转得动"。

上节已就来氏《日录》太极图所附图说做了分析，来氏认为《庄子》"《易》以道阴阳"，说的就是这个循环往复的道理，国家的兴衰治乱、风俗的厚薄、理学之晦明、贤不肖之进退等皆可以其太极图阴阳盈虚消长来表示。张载"物之初生，气日至而滋息；物生既盈，气日反而游散"的论述与其太极图相契合，一物之生死只不过是一气之伸与归，张载基于气论立场的鬼神观为来氏太极观提供了依据。复卦"七日来复"讲的也是其太

---

① （清）永瑢：《四库全书总目》卷5，中华书局1965年版影印本，上册，第28页中栏。

② （元）胡一桂：《周易启蒙翼传》上篇，《景印文渊阁四库全书》，台湾商务印书馆1986年版影印本，经部，第22册，第172页上栏。

③ （宋）黎靖德：《朱子语类》卷65，中华书局1986年版点校本，第4册，第1610页。

极图所表达的意思，如打铁扯风箱屈伸往来都是一气，道家追求长生，佛氏讲空寂是因为二者都不懂得这个屈伸聚散之理。此篇来氏以太极图中阴阳互根互生、气机不息的全过程为太极，实质上继承了张载气之生即是易即是道的思想，气的流行不息本身就是道和太极，体现了道器不离，理气不离的一物说，也比较接近朱熹晚年的道体之说。

总的来看，来知德"流行者气"的命题可以溯源到朱熹的相关论述，但朱熹讲数、气，最终要推本到理，如云"天地之数是说造化生生不穷之理"①，这又与来氏有所不同，前面提到，来氏论天地之数、河洛之数时认为数中有自然之理。来氏《集注》注丰彖称"天地造化之理，其盈虚每因时以消息。时乎息矣，必至于盈；时乎消矣，必至于虚。虚而息，息而盈，盈而消，消而虚，此必然之理数也"，② 提出盈虚消息乃必然之理数，此处来氏谈数，不言对待，而是在阴阳二气盈虚消长的现象中谈数，即流行而谈数，以理数并举，认为天地造化之理反映在现象变化上有其量度及必然性，消息盈虚是天道之常，理数之必然，又称"天地盈虚，与时消息，天地且不常盈不虚，而况于人与鬼神乎？可见国家无常丰之理，不可忧，其宜日中，不宜本卦之日昃也"③。来氏将气化流行推致于理数，比起朱熹推致到理更多了一层数的意味，因而具有更丰富的哲学内涵。来氏从气上说太极，侧重的是实体的发用和流行而非实体的属性和样式，从根本上说是为了解决虚悬实体离器言道的形上下割裂之弊病，这与朱熹编纂《近思录》体现的道体思想即所谓"道兼理气"、天地日月阴阳寒暑水流物生皆"与道为体"、万物是"道之亲切底骨子""道体之本然"就是太极的流行展开等思想是一致的。

（三）主宰者理

朱熹论主宰有时以心言，有时以理言。如云："心妙性情之德，妙是主宰运用之意。"④ 又如："妙性情之德者，心也。所以致中和立大本而行达道者也，天理之主宰也。"⑤ 又如："天之所以为天者，理而已。天非有

---

① （宋）黎靖德：《朱子语类》卷66，中华书局1986年版点校本，第4册，第1640页。

② （明）来知德：《周易集注》卷11，《景印文渊阁四库全书》，台湾商务印书馆1986年版影印本，经部，第32册，第295—296页。

③ （明）来知德：《周易集注》卷11，《景印文渊阁四库全书》，台湾商务印书馆1986年版影印本，经部，第32册，第295—296页。

④ （宋）朱熹：《御纂朱子全书》卷44，《景印文渊阁四库全书》，台湾商务印书馆1986年版影印本，子部，第721册，第287页下栏。

⑤ （宋）朱熹：《晦庵集》卷67，《景印文渊阁四库全书》，台湾商务印书馆1986年版影印本，集部，第1145册，第320页下栏。

此道理不能为天，故苍苍者即此道理之天。故曰'其体即谓之天，其主宰即谓之帝'。如父子有亲，君臣有义，虽是理如此，亦须是上面有个道理教如此始得，但非如道家说真有个三清大帝着衣服如此坐耳。"[1] 又如："谢氏谓'帝是天之作用处自然之理'，恐不可以作用言，如程氏谓'以主宰谓之帝'，则善于形容者也。"[2] 朱熹阐释程颐"以主宰谓之帝"，认为这个主宰之帝就是天理，是天成其为天的所以然，也是人事当然之则，是事物存在和运动的根据。来氏《日录》以心为身之主宰，心包括形气神三方面，形为心体，神为心之理、心之性，气为呼吸。来氏《集注》云："若以人事论，直者，内而天理为之主宰，无邪曲也；方者，外而天理为之裁制，无偏倚也。"[3] 这是以天理为人事之主宰。又云："且言帝，则有主宰之意。"[4] 化用程颐"以主宰言谓之帝"，这是以乾君阳气为四时运化之主宰。来氏基本继承了程朱派以心或以理言主宰的立场。

张学智认为，朱熹关于太极动静的总的看法是一贯的，理能动静有二义，一是指太极之理包含动之理和静之理，动静之理是气之动静的形上根据。二是表现于气之上的理随气之动静而动静。曹端批评朱熹理气人马之喻只表出了第二义，未能彰著第一义。曹端指出朱熹此喻的局限性是为了突出第一义，即理为形上根据、为形下之动静的所以然，理是绝对的、能动的（非形下之位移），具有主宰、统御、支配具体事物的现实活动等功能。曹端关于太极动静的思想基本上与朱熹相同，不应夸大二人思想的相异之处。[5] 来氏强调理寓气中而非在外的同时，也特意以"主宰者理"命题指出了理对于气化流行的主宰统御功能，这一点应是参考了曹端对朱熹人跨马之喻局限性的批评。来氏"主宰者理"指在中之理规定着太极之气的流行方向和趋势，尤其是阴阳转折处所标识的往复方向变化，太极之理是阴阳二气循环往复的动因和根据，这是汲取了罗钦顺的说法。"主宰"所规定的理是物质运动的必然规律，是"所以然者"，是一个模型范畴、功能范畴，而非实体范畴。吴澄、罗钦顺、王廷相等都承认理是气运动的

① （宋）朱熹：《御纂朱子全书》卷12，《景印文渊阁四库全书》，台湾商务印书馆1986年版影印本，子部，第720册，第280页。

② （宋）朱熹：《晦庵集》卷51，《景印文渊阁四库全书》，台湾商务印书馆1986年版影印本，集部，第1144册，第533页下栏。

③ （明）来知德：《周易集注》卷1，《景印文渊阁四库全书》，台湾商务印书馆1986年版影印本，经部，第32册，第82—83页。

④ （明）来知德：《周易集注》卷15，《景印文渊阁四库全书》，台湾商务印书馆1986年版影印本，经部，第32册，第399页下栏。

⑤ 张学智：《明代哲学史》，北京大学出版社2000年版，第4—5页。

"所以然"并对气的运动起主宰作用，但都不以理为独立实体，吴澄认为理是气固有的规定性，并非别有一物在气中，罗钦顺所说的理是具有相对独立性的模型范畴，王廷相所说的理则完全沦为气的条理。"主宰"只能说明理是阴阳动静的所以然，并不说明理是阴阳赖以存在的所以然，能说明太极之理是阴阳形而上存在根据的表述是朱熹所谓太极是"造化之枢纽，品汇之根柢"。来氏《日录》认为朱陆之辨中朱熹太极说是平正之论，表明他认可了朱熹以太极为无形而有理的实体的说法，也认可了太极作为气的本体的说法，认可了太极之理是世界的本原。来氏认为卦爻辞所述之事与其中的义理之间是显隐关系，理通贯六十四卦，也表明他继承了程朱派的理事体用论。又其注《系辞》"原始反终，故知死生之说"道"人物之始，此阴阳之气；人物之终，此阴阳之气。其始也，气聚而理随以完，故生；其终也，气散而理随以尽，故死"，[①] 在殊理与其所搭之气的关系层面上，来氏吸收了罗钦顺的观点，认为具体物的生灭在于阴阳之气的聚散，在物之理随气的生灭而完具或消尽。前面提到，来氏注乾卦《文言》，认为春夏实理未完，百物共同一性情，秋冬实理完具，一物各具一性情，性情即理气，实理之本体乃指未与气杂的太极之理，是人物的普遍本质，实理则兼理气而言，指人物各一其性的特殊本质，故有未完到完具的日新表现。罗钦顺否定张载、程颐把普遍的一般的共性实体化的道路，来氏则坚持了理神的实体性。来氏认为在殊理层面，理随其所附之形气的聚散而有日新流行及生灭，但在一理层面，太极之理无生灭。即便在殊理层面，形生理具，形亡理尽，势必存在理气脱离的阶段，脱离之后的理回归到本质的理世界，这是继承薛瑄之说。来氏殊理有尽的说法与其局部的气有聚散生灭的说法相应，并不会动摇其理气关系论，即总体上的永恒的气与作为万理本原的太极之理分属于形而上下的实体，太极之理是唯一的根源，最终的本体，阴阳之气则是其物质载体。来氏虽云"孔曰太极，惟阴惟阳"，但他并没有像罗钦顺那样将太极之理的实体性取消，而是像薛瑄那样保留了太极之理的实体地位，来氏所取消的只是朱熹时间上和逻辑上的理在气先说。来氏说的"主宰者理"实际上就是阴阳二气对待流行之理，动静之理，此理来氏又称为神。

前面两节探讨了河图洛书在对待者数、流行者气两个方面与来氏圆图的一致性，在主宰者理方面，河图洛书与来氏圆图也是一致的。朱熹云：

---

① （明）来知德：《周易集注》卷13，《景印文渊阁四库全书》，台湾商务印书馆1986年版影印本，经部，第32册，第342页。

"太极者，象数未形而其理已具之称，形气已具而其理无朕之目，在河图洛书皆虚中之象也。周子曰无极而太极，邵子曰道为太极，又曰心为太极，此之谓也。"[1] 又道："河图中宫，天五乘地十而得。七八九六，因五得数。积五奇五偶，而为五十有五。"[2] 朱熹将河图洛书虚中之处视作太极，中宫之五连接生数和成数，七八九六四象、河图五十五数都是"因五得数"。将中宫之数五看作太极，这是朱熹理数关系上的一个重要说法。来氏认为"参其天而两其地则五矣"，"天一地二少其五，天三地四多其五，惟天三地二合其五"，"盖天地之数皆始于一而成于五。一者数之始，五者数之祖也。故金木水火，非土不成质；仁义礼智，非土不成德"，[3] 以天数为三，地数为二，相加即得连接五行生数成数之"五"，数必依五而起，因五而成。[4] 表面上看来氏与朱熹都是以三二之和为五，实际上二人说法有很大差异。朱熹采取邵雍圆者径一围三，方者径一围四之说，围三者以一为一，围四者以二为一，参其一阳而为三，两其一阴而为二，三二之和为五，以此解释参天两地而倚数。来氏不赞成邵雍圆方围三围四之说，而以天三地二的简单相加为五。朱熹明确反对把"参天两地"说成五生数中的天参地两，认为那样就成了三天二地了，参两之意不见了，参天是指参之以三，两地是指两之以二，"一个天参之而为三，一个地两之而为二，三三为九，三二为六，两其三一其二为八，两其二一其三为七"[5]。朱熹以河图洛书虚中之象为太极，来氏以河洛中五之数为数之祖，其《河图洛书论》强调二图之数共同包含对待流行之理，但并未明言以二图中虚处为太极主宰之理。前面提到，朱熹认为，就数而言，天五居于河图洛书中心位置，是数之祖，五行属土，离开天五，天地就不能成变化行鬼神。

---

① （宋）胡方平：《易学启蒙通释》卷上，《景印文渊阁四库全书》，台湾商务印书馆1986年版影印本，经部，第20册，第674页下栏。

② （宋）黎靖德：《朱子语类》卷65，中华书局1986年版点校本，第4册，第1611页。

③ （明）来知德：《河图洛书论》，《来瞿唐先生日录》（一）内篇卷1，《四库全书存目丛书》，齐鲁书社1995年版影印本，子部，第85册，第684页。

④ 来氏对河图中五的解释可能还受到了元代易学家胡炳文的影响。胡氏云："阳之一进而用三，阴之四退而用二，合二与三则为五，此河图之生数也。"《本义》将阳圆三阴围四、阳用全阴用半这一天地自然之象用于论筮法上的乾坤之策，胡氏认为还可以用它论河图之数，三用其全，四用其半，也即阳奇用三加上阴偶用二便得中五，此即"合二与三则为五"，生数用三用二，其和为五；成数用九用六，不用七八，其和均为十五。胡氏以中五作为沟通河图生数与成数的媒介，以此解释自然界与筮法中的屈伸往来之变化。来知德以"参天两地而倚数"解中五之数可能借鉴了胡氏的这一讲法。详见胡炳文《周易本义通释》卷5，《景印文渊阁四库全书》，台湾商务印书馆1986年版影印本，经部，第24册，第506页下栏。

⑤ （宋）朱鉴：《朱文公易说》卷17，上海古籍出版社1989年版影印本，第354页下栏。

来氏云"故天地得五方可以'成变化而行鬼神'",实际上是以中五之数为变化的根源,以中五作为动因的太极,在这一点上来氏继承了朱熹的观点。

　　明初儒者朱右《白云稿》曾以河图洛书论太极之体用:"图书之数出于河洛,图书之理本乎天地,而气行乎万物也。何谓数?一二三四六七八九之奇偶也。何谓气?阴阳升降阖辟也。何谓理?太极之本体也。……图、书虚中,用(宜作同)函太极之体;河图具十,洛书合十,同具太极之用,而天地之至理存焉。曰理,曰气,曰数,固未始相离,而气、数与理亦一而二,二而一者也。"① 朱右以图书虚中为太极之体,以河洛之数为太极之用,认为河图洛书都兼具太极之体用,都是特定形态的太极图式,都能表征天地之至理,朱右显然继承了朱熹理在气先气上、理是第一性的独立实体之说。朱右以太极之理为太极之体,以气、数为太极之用,来氏亦以河图洛书虚中之五为太极,在理气关系上反对理先气后说,但其《集注》《日录》又事实上不可避免地使用了理气隐显体用说,来氏理、气、数不离不杂说与朱右气、数与理一而二、二而一的说法是一致的。

　　理气离合问题往往与理气先后问题、实体性问题紧密相连。《语类》载:"道须是合理与气看。理是虚底物事,无那气质,则此理无安顿处。《易》说'一阴一阳之谓道',这便兼理与气而言。阴阳,气也,一阴一阳则是理矣。犹言一阖一辟谓之变,阖、辟非变也,一阖一辟则是变也。盖阴阳非道,所以阴阳者道也。横渠言由气化有道之名,合虚与气有性之名,意亦以虚为理,然虚却不可谓之理,理则虚尔。亦犹敬则虚静,不可把虚静唤作敬。"② 又道:"太极非是别为一物,即阴阳而在阴阳,即五行而在五行,即万物而在万物,只是一个理而已。因其极至故名曰太极。"③ 朱熹认为"一阴一阳之谓道"的道必须兼理与气看,也就是将理气合看方是道,离了气,理就没有安顿处,道是一个整体概念,单纯的理或单纯的气都不是道。来氏圆图将理气象数合为道体之全,来氏太极图则以阴阳二气流行不息的总体过程为太极,即是继承了朱熹"道兼理气"说和实体流行说。朱伯崑《易学哲学史》评价说来知德以理气合一理解太极,抛弃了朱熹的理先气后说,这一看法是中肯的。④ 又朱熹与弟子黄榦论太极是两

---

① (明)朱右:《图书经纬说》,《白云稿》卷2,《景印文渊阁四库全书》,台湾商务印书馆1986年版影印本,集部,第1228册,第28—29页。
② (宋)黎靖德:《朱子语类》卷74,中华书局1986年版点校本,第5册,第1896页。
③ (宋)黎靖德:《朱子语类》卷94,中华书局1986年版点校本,第6册,第2371页。
④ 朱伯崑:《易学哲学史》卷3,华夏出版社1995年版,第310页。

个还是三个的问题：

> 黄榦问："向者说，周子、康节说太极只说二个，《易》中是说三个。"曰："也即是这个，但周子与康节和阴阳衮说，《易》中便抬起说。周子言'太极动而生阳，静而生阴'，如言太极动是阳，动极而静，静便是阴，动时便是阳之太极，静时便是阴之太极，盖太极即在阴阳里。如'易有太极，是生两仪'，则先从实理处说。若论其生则俱生，太极依旧在阴阳里，但言其次序，须有这实理方始有阴阳也，其理则一，虽然自见在事物而观之，即阴阳函太极，推原其本则太极生阴阳。"刘砥录。[①]

朱熹说，《周易》里面的太极是指在阴阳二气之上还有一个至极之理，所以说是三个，而周敦颐和邵雍所说的太极是和阴阳之气滚在一起迭运，所以只是说两个。周、邵将太极和阴阳滚说是气论，程颐"所以一阴一阳者，道也"将太极抬起说则是理本论。事实上，《系辞》本义未必如朱熹所说的将太极抬起说。来知德未选择周、邵的说法，而是接受了朱熹"自见在事物观之，即阴阳函太极"的理气相合说和理寓气中说。来氏反对的是抬起说和在先说，他并不反对朱熹"推原其本则太极生阴阳"的理生气说，只是认为这个生不是时间上的父生子的生或宇宙论的"道生一"的生，而是太极逻辑展开为阴阳和太极是阴阳存在根据的意思，而这也是朱熹原本的意思。

来氏《日录》云："天道之诚即太极之实理，理无声无臭，何处见其诚？盖理乘气机以出入，故曰元亨诚之通，利贞诚之复。以气候论，如春来气候便渐渐温厚，秋来气候便渐渐严凝。"[②] 来氏将朱熹"太极实理"与周敦颐"诚体"关联起来，从本体论和宇宙论两个视角说明理气关系，天道之诚即是太极实理，而理不能自我表现，必须借助阴阳二气的变化之机及现象界的万物表现自己。元亨到利贞的转换，温厚到严凝的转换，太极实理不仅是自然界现象的存在根据，而且在自然现象运动变化过程中作为动因起着主导和调节作用，理和气是不同逻辑层次的两个实体，理不可见，但可见之气的运动处即表现着理的主宰作用，理作为气内部的能动力

---

① （宋）朱鉴：《朱文公易说》卷1，上海古籍出版社1989年版影印本，第20—21页。

② （明）来知德：《入圣功夫字义》，《来瞿唐先生日录》（一）内篇卷3，《四库全书存目丛书》，齐鲁书社1995年版影印本，子部，第85册，第751页。

量推动着气的运动，决定着二气运动变化的内容和形式，理气虽无时间上的先后，但理气之间存在着隐显体用关系。朱熹在继承程颐理事关系、理象关系上的一源无间的体用说基础上，还着重强调二者在逻辑上是有次序的，理是第一性的存在。朱熹主张道兼体用，有理便有气，既说气化流行，也说天理流行，气化流行即是天理的发用和表现，天理则是发育万物的潜在动能和本体存在。伴随着理的阴阳五行之气不间断的流行，万物获得了所以产生和长养的基础。来氏虽主道体内理本气末说，以理为形而上存在，气为形而下物质实体，但他反对朱熹的理先气后说。朱熹所谓"太极之有动静，是天命之流行也"，不是单纯说理气之间的隐显关系，更主要的是说太极作为动因主宰规范着阴阳二气流行的过程，此说反映了朱熹对于程颐"体用一源，显微无间"说的发展，而这也是来氏圆图注文"主宰者理""流行者气"所要表达的主旨。

第三节　来氏圆图的几种可能来源

关于来氏圆图的来源有多种说法，有的认为来自周敦颐太极图，有的认为来自邵雍先天图，有的认为来自赵撝谦天地自然河图，有的认为来自胡一桂十二月卦气图，有的认为来自韩邦奇"蚯蚓图"等，下面对此做简要分析。

一　周敦颐太极图

上节引用的来氏《日录·弄圆歌》和来氏自创的太极图及图说等材料揭示了其与周氏太极图的渊源关系，这些材料此处不再重复列出。

首先，来氏提到周氏太极图是散开画，自己创作的太极图是总画，将二者相提并论且称名都是太极图，且都有中间小白圈并单独拿出来澄清此中间一圈并非太极之本体，据此我们可以断定来氏将自创的太极图视作周氏太极图变化而成，此变化就是将周氏散开画的太极图总画，即将其五个层次合并为一。其次，《弄圆歌》"形即五行，神即五常"二句对应周氏《太极图说》"形既生矣，神发知矣"二句，五行在来氏太极图上没有呈现（其《日录》载有五性图），在周氏太极图上为第三层，五常在周氏《太极图说》《通书》中均有提及。再次，《弄圆歌》"孔曰太极，惟阴惟阳"二句就阴阳言太极，这一讲法与程朱所以阴阳者是道的立场不同，反与周敦颐太极元气论接近，但未言阴阳未生的无极本体，而是直接从阴阳

图 3 - 11　《汉上易传》所载周敦
　　　　　颐太极图①

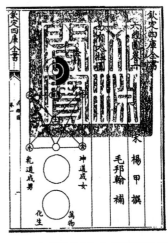

图 3 - 12　文渊阁四库全书所载杨甲
　　　　　易有太极图②

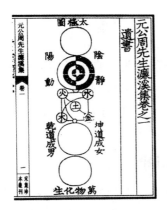

图 3 - 13　宋刻本《元公周濂溪集》
　　　　　所载周敦颐太极图③

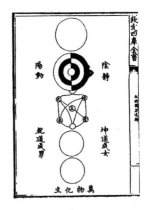

图 3 - 14　曹端《太极图说述解》所载
　　　　　周子太极图④

---

① （宋）朱震：《汉上易传》卦图卷上，《景印文渊阁四库全书》，台湾商务印书馆1986年
　版影印本，经部，第11册，第313页。
② （宋）杨甲：《六经图》卷1，《景印文渊阁四库全书》，台湾商务印书馆1986年版影印
　本，经部，第183册，第140页。
③ （宋）周敦颐：《元公周濂溪集》卷1，《宋集珍本丛刊》，线装书局2004年版影印本，第
　8册，第359页。
④ （明）曹端：《太极图说述解》，《景印文渊阁四库全书》，台湾商务印书馆1986年版影印
　本，子部，第697册，第4页。

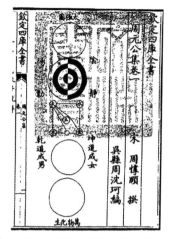

图 3 - 15　文渊阁四库全书《周元公集》
所载周氏太极图①

图 3 - 16　来知德《易经集注》所载
梁山来知德圆图②

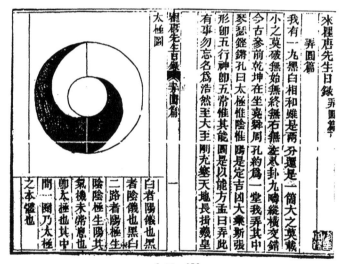

子 85—658

图 3 - 17　来知德《目录》所载太极图③

---

①　（宋）周敦颐：太极图，《周元公集》，《景印文渊阁四库全书》，台湾商务印书馆 1986 年
版影印本，集部，第 1101 册，第 416 页。

②　（明）来知德：《梁山来知德圆图》，《周易集注》卷首，北京师范大学图书馆藏万历三十
八年本。

③　（明）来知德：《弄圆篇》，《来瞿唐先生目录》（一）内篇卷 1，《四库全书存目丛书》，
齐鲁书社 1995 年版影印本，子部，第 85 册，第 658 页。

分化开始。来氏云"易以道阴阳，其理止此矣""阳极生阴，阴极生阳，其气机未尝息也，即太极也"，也都是从气上说太极。第四，来氏称"朱子说：未有天地之先毕竟先有此理。此句说得不是。有物方有理，程子说在物为理，说得是"，意在取消理作为存在根据的超越实体性，而将其变成器（气）中的理，其理论意义是提升了气的地位，同样体现了来氏向周氏太极观的回归。第五，来氏援引张载气的聚散屈伸之说讲物的生灭，援引复卦七日来复之辞讲气的屈伸往来，并从这个意义上讲有无只是气的聚散屈伸，并非佛老等讲空寂者所谓的绝对虚无，来氏对自己创作的太极图的这些规定与周氏太极图说结尾处引《系辞》"原始反终，故知死生之说"的思想也是相合的。综合上述几点，我们可以说来氏太极图最为直接的来源就是朱熹改造过的周氏太极图。

明儒黄汝亨、张惟任曾指出来氏太极图与周氏太极图的关联：

> 说天莫辨乎《易》，故先生所为弄圆图、太极图，神明乎濂溪先生之旨而悟夫天地古今治乱消息之所以然，以其悟者澄澈曾颜真实之学，故合《大学古本》，要归于格物。格物即证以克己而剔欲，认理于作止语默之间。[①]

> 先生抱才故不凡，自乡举之，京师得薛敬轩语录而有所开悟，以壹力问学。余细展其弄圆、格物诸图，则渊源于周茂叔之无欲主静，而潇洒脱落于邵尧夫之堂室。所云"三欲迷五性"，证格物于克己，省事省觉，息息不放，在在勤行，断然以圣人为必可至，即谓濂洛以后一人可也。[②]

黄汝亨云："余细展其弄圆、格物诸图，则渊源于周茂叔之无欲主静，而潇洒脱落于邵尧夫之堂室。"黄氏所指的就是载于来氏《日录》的太极图，而不是载于其《周易集注》的圆图，实则二图的差别基本可以忽略不计。来氏太极图在《日录》中有众多分图，称名不一，如黄氏此处提到的弄圆、格物诸图皆是。黄氏主张来氏太极图诸分图功夫论渊源于周敦颐《太极图说》无欲主静说，虽未直言来氏太极图来自周氏太极图，但意思庶几近之。张惟任所云"所为弄圆图、太极图，神明乎濂溪之旨而悟夫天

---

① （明）张惟任：《来瞿唐日录序》，《来瞿唐先生日录》卷首，《四库全书存目丛书》，齐鲁书社1995年版影印本，子部，第85册，第652页下栏。

② （明）黄汝亨：《来瞿唐日录序》，《来瞿唐先生日录》卷首，《四库全书存目丛书》，齐鲁书社1995年版影印本，子部，第85册，第653页下栏。

地古今治乱消息之所以然"，主张来氏太极图能得周氏太极图之要旨，也是正面肯定了二者的渊源关系。万历张惟任版来氏《日录》内篇卷一开篇即是《弄圆歌》及太极图，并无所谓弄圆图。黄汝亨、张惟任是来氏《日录》的较早刊刻者，且张惟任与来知德本人生前有往来，黄张二人的主张可以采信，即来氏太极图渊源于周氏太极图。

朱伯崑认为周氏所谓无极指虚无实体，所谓"太极动而生阳"一段文字指太极在分化过程中总是先分出阳气，而后方分出阴气，阳气总是同运动结合在一起，而阴气又同静止联系在一起，阴阳二气有开端。其所谓"自无极而为太极"乃虚生气说。太极的运动来自无极的静止，太极的运动是暂时的相对的，而不是永恒的绝对的。[①] 陈来认为，周敦颐太极图最上一白圈表示未分化的太极，其下第二圈左离右坎表示阴阳已经分化，宇宙的原初实体为太极元气，之后分化为阴阳二气，阴阳二气变化交合形成五行，各有特殊性质的五行进一步化合凝聚而产生万物。[②] 蒙培元认为周敦颐"太极本无极"是以无极为精神性本体，以太极为物质实体，二者是体用关系，周氏不仅提出了生成论哲学，还提出了本体论哲学。[③] 李景林认为周氏《太极图说》兼具下行系统和逆行回环系统，是宇宙本体论哲学。[④] 比照以上诸图，来氏舍弃了周氏太极图虚无实体无极或未分化的太极，而直接从第二圈的阴阳已经分化的状态讲起，略去了第二圈下方五行化合凝聚的部分，将末两圈"乾道成男坤道成女""化生万物"也融入了改造过的第二圈中。来氏圆图主要取材于周氏太极图的第二层次，由水火匡廓变作黑白二路。宋刻本《周元公集》所载周敦颐太极图中间一圈左黑右白，与其他图不同，来知德《弄圆歌》"无右无左"一句反与此相合。按照朱伯崑的说法，周氏《通书》认为在阴阳二气分化之前还有一个混沌未分的元气，再向上推还有一个虚无实体无极，张载认为阴阳二气来自未分阴阳的太虚之气并复归于太虚之气。来氏多次就气言太极，认为不存在生成论意义上的生气的理，来氏称太极是至极之理，是阴阳动静的根据，来氏易学体系中没有周敦颐虚无实体无极及先于阴阳二气的元气或张载所谓的太虚之气，因此其说总体上采取的是程朱派理本体论的立场。周氏太极图第二圈水火匡廓图为左离右坎，以离卦代表阳，以坎卦代表阴（离本为阴

① 朱伯崑：《易学哲学史》卷2，华夏出版社1995年版，第94—98页。
② 陈来：《宋明理学》，华东师范大学出版社2004年版，第39—41页。
③ 蒙培元：《理学范畴系统》，人民出版社1989年版，第56页。
④ 李景林：《儒学心性概念的本体化——周濂溪对于宋明理学的开创之功》，《北京师范大学学报》2004年第6期。

卦，坎本为阳卦），对应"易有太极，是生两仪"一句，在来氏太极图则将此简化为黑白二路，结合其《弄圆歌》"乾坤在坐"句，黑白二路即乾坤二卦。来氏以乾坤代替坎离来表示阴阳二气，使得其自创太极图与周氏太极图在面貌上呈现出较大的差异。朱伯崑据第二圈讲象不讲数，以坎离二卦的卦象表意阴阳，而将周氏太极图定性为象学。来氏易学体系中气、象、数经常互通。来氏圆图图说有"理气象数咸寓于其中"句，除了包含理（小白圈）、气（黑白二路）这两个显见要素外，还隐含了太极之象与太极之数，太极之数有注文对待者数揭示，太极之象指图中阴阳老少四象或指代替了坎离二卦的乾坤卦象。周敦颐云"太极动而生阳，动极而静，静而生阴，静极复动，一动一静，互为其根，分阴分阳，两仪立焉"，朱熹称推其本则太极生阴阳，即阴阳而指其本体，太极本体指中间小白圈，是动而阳静而阴之所以然根据，是形上超越之理。来氏云："朱子说未有天地之先毕竟先有此理，此句说得不是，有物方有理，程子说在物为理，说的是。"来氏所谓"主宰者理"仅指在物之理，取消了朱熹理实体的超越维度。周敦颐大体持太极元气论，其本人未曾将其图式第二层中间小白圈看作太极之理，也未明言其是第一圈无极本体或第二圈未分化的太极元气。来氏采取张载一物两体说和神化说，在运动根源问题上主张内因论，周敦颐则主张太极之动只是暂时的，运动的根源在于太极元气之上的无极之静。来氏在《性理大全》上看到的是朱熹改造过的周敦颐太极图，也就是上面曹端《太极图说述解》所载周子太极图，此图是来氏太极图（圆图）的直接来源。

二　邵雍、朱熹、俞琰的先天图

台湾学者高怀民《宋元明易学史》主张来氏圆图"对待""流行"思想采用了邵雍先后天图。[①] 下面我们结合邵雍《皇极经世书》相关材料，主要就邵雍先天图这一来源说加以探讨。

> 图虽无文（小字注：先天图也），吾终日言而未尝离乎是，盖天地万物之理尽在其中矣。
> 先天图者，环中也。

[①] 高怀民：《宋元明易学史》，广西师范大学出版社 2007 年版，第 226 页。高怀民认为，来知德采用邵雍制作的先后天图作为其"对待""流行"的根据，却未直接采用伏羲氏与周文王被历史所肯定的"八卦"与"六十四卦及辞"的制作，是一憾事，但由此也证明了邵雍易学对后世影响深远。

先天学，心法也，故图皆自中起，万化万事生乎心也。先天学主乎诚，至诚可以通神明，不诚则不可以得道。

先天学，心也；后天学，迹也。

尧之前，先天也；尧之后，后天也。后天乃效法耳。

《易》始于三皇，《书》始于二帝，《诗》始于三王，《春秋》始于五霸。所谓皇帝王霸者，非独谓三皇二帝三王五霸而已，但用无为则皇也，用恩信则帝也，用公正则王也，用智力则霸也。

法始于伏羲，成乎尧，革于三王，极于五霸，绝于秦，万世治乱之迹无以逃此矣。①

邵雍所说的"环中"指其八卦小横图的震巽位置，六十四卦大横图的复姤位置，把横图拗转成圆图（"环"状），即是"天根""月窟"处，"中"主要是指天根。如下图所示：

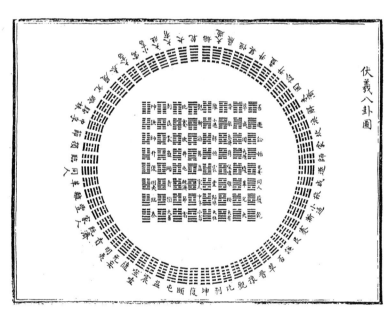

图 3 - 18　《汉上易传》所载邵雍《伏羲八卦图》②

---

① （宋）邵雍：《皇极经世书》卷 13，《景印文渊阁四库全书》，台湾商务印书馆 1986 年版影印本，子部，第 803 册，第 1069 页。

② （宋）朱震：《汉上易传》卦图卷上，《景印文渊阁四库全书》，台湾商务印书馆 1986 年版影印本，经部，第 11 册，第 311 页。此图亦见于（元）张理《大易象数钩深图》卷上，称《伏羲先天图》。

邵雍《皇极经世书》云：

> 夫易根于乾坤而生于姤复，盖刚交柔而为复，柔交刚而为姤，自兹而无穷矣。
>
> 无极之前阴含阳也，有象之后阳分阴也。阴为阳之母，阳为阴之父，故母孕长男而为复，父生长女而为姤，是以阳起于复而阴起于姤也。[①]

此处邵雍以乾坤为易之根，以姤复为阴阳之初生。无极之前、有象之后，阳父阴母，乾父坤母，刚柔互交才能化生无穷。以乾坤为阴阳二气，生化之本，这一点可能启发了来氏圆图（太极图）的创作，即将乾坤之气化作黑白二路，取代周氏太极图以坎离为阴阳的表达模式。朱熹不接受邵雍将环中的中解释为天根月窟处的做法，他把六十四卦方圆图（即朱熹蔡元定合编审定的邵雍的先天图第四图）中间的方图拿了出来，从而成虚中之状，以此虚中表示太极。《易学启蒙》曾将河图洛书虚中视作太极，这与朱熹将所改造的周氏太极图第二层坎离匡廓图中间小白圈视作太极之本体是一致的。朱熹以虚中之中代替邵雍的环中：

> 问："先天图阴阳自两边生，若将坤为太极，与太极图不同，如何？"曰："他自据他意思说，即不曾契勘濂溪底。若论他太极，中间虚者便是，他亦自说图从中起，今不合被横图在中间塞却，待取出放外，他两边生者即是阴根阳，阳根阴，这个有对，从中出即无对。"文蔚。[②]
>
> "先天图如何移出方图在下？"曰："是某挑出。"泳。[③]
>
> 又问："先天图，心法也，图皆自中起，万化万事生乎心也。"曰："其中间白处便是太极，三十二阴三十二阳便是两仪，十六阴十六阳底便是四象，八阴八阳底便是八卦。"[④]

朱熹以虚中为太极，有一个理论上的考虑就是有对无对。朱熹认为，

---

① （宋）邵雍：《皇极经世书》卷13，《景印文渊阁四库全书》，台湾商务印书馆1986年版影印本，子部，第803册，第1069页。
② （宋）黎靖德：《朱子语类》卷65，中华书局1986年版点校本，第4册，第1613页。
③ （宋）黎靖德：《朱子语类》卷65，中华书局1986年版点校本，第4册，第1613页。
④ （宋）黎靖德：《朱子语类》卷65，中华书局1986年版点校本，第4册，第1616页。

邵雍先天图环中之说有一个理论上的缺陷，即阴阳从两边生，阴阳互根而有对，但终究是在形下学的层次上讲，他挑出方图后，先天图遂成中虚，以此中虚为太极，作为生阴阳二气形上之理，可以超越形气而达到无对。太极是造化枢纽品汇根柢，必须是超越对待的。经此改动，朱熹将邵氏先天图纳入自己的理本论体系中来。他认为将先天六十四卦圆图外围环绕的六十四卦的卦画从内向外看，六十四卦的初爻分布在圆图左侧的三十二爻是阳，右侧三十二爻是阴，即所谓"三十二阴三十二阳底便是两仪"。就此六十四卦圆图，依据邵氏的加一倍法，朱熹形象地阐释了《系辞》"易有太极，是生两仪"节。《周易本义》卷首伏羲先天四图（图3－19）列于下，[①] 以方便讨论。

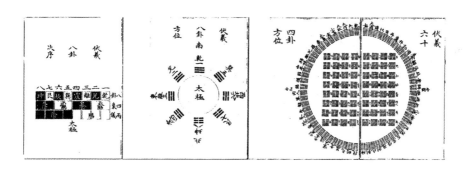

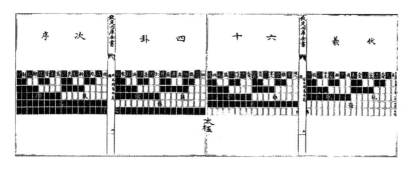

图3－19　《周易本义》卷首伏羲先天四图

《语类》载："先天图直是精微，不起于康节，希夷以前元有，只是秘而不传。次第是方士辈所相传授底。《参同契》中亦有些意思相似，与历

① （宋）朱熹：《周易本义图目》，《周易本义》卷首，中华书局1986年版影印本，第13—17页。

不相应。渊。"① 朱熹非常重视先天图，但他又认为此图并不是邵雍的独创。朱熹的阴阳交易变易理论在先天六十四卦圆图中有极其鲜明的体现：

> 某以为易字有二义，有变易，有交易。先天图一边本都是阳，一边本都是阴，阳中有阴，阴中有阳，便是阳往交易阴，阴来交易阳，两边各各相对，其实非此往彼来，只是其象如此。②
>
> 问："昨日说程子谓其体则谓之易，体，犹形体也，乃形而下者。《易》中只说个阴阳交易而已。然又尝曰在人言之，则其体谓之心，又是如何？"曰："心只是个动静感应而已。所谓寂然不动感而遂通者是也。看那几个字，便见得。因言易是互相搏易之义，观先天图便可见。东边一画阴，便对西边一画阳。盖东一边本皆是阳，西一边本皆是阴。东边阴画，皆是自西边来；西边阳画，都是自东边来。姤在西，是东边五画阳过；复在东，是西边五画阴过，互相搏易而成。《易》之变虽多般，然此是第一变。"广云："程子所谓《易》中只说反复往来上下者，莫便是指此言之否？"曰："看得来程子之意又别。邵子所谓易，程子多理会他底不得。盖他只据理而说，都不曾去问他。"广。③
>
> 安卿问："《先天图说》曰：'阳在阴中，阳逆行；阴在阳中，阴逆行。阳在阳中，阴在阴中，皆顺行。'何谓也？"曰："图左一边属阳，右一边属阴。左自震一阳，离兑二阳，乾三阳，为阳在阳中，顺行；右自巽一阴，坎艮二阴，坤三阴，为阴在阴中，顺行。坤无阳，艮坎一阳，巽二阳，为阳在阴中逆行；乾无阴，兑离一阴，震二阴，为阴在阳中逆行。"④

朱熹阐发邵雍先天图，认为先天图原本一边阳一边阴，但由于交易，而出现阴中有阳，阳中有阴的情形，其实并非彼此往来，只是有此象。来氏圆图即是以邵雍先天图改造周子太极图第二圈之后的形态，以一边阴一边阳代替了坎离匡廓。朱熹先天图所阐发的阴阳交易变易之意，在来知德圆图里以更为简约的方式呈现，两者有着密切的思想关联，高怀民主张来氏圆图"对待""流行"说采用邵子先后天图，是有根据的。下面我们在

---

① （宋）黎靖德：《朱子语类》卷65，中华书局1986年版点校本，第4册，第1616页。
② （宋）黎靖德：《朱子语类》卷65，中华书局1986年版点校本，第4册，第1605页。
③ （宋）黎靖德：《朱子语类》卷65，中华书局1986年版点校本，第4册，第1614—1615页。
④ （宋）黎靖德：《朱子语类》卷65，中华书局1986年版点校本，第4册，第1615—1616页。

高怀民此说的基础上，结合其他材料进一步论证两者之间的关联。

　　在朱熹看来，邵氏先天图和周氏太极图各有千秋，难分伯仲。朱熹偏爱先天，故对先天图也有诸多讨论。他认为，从伏羲作《易》始画八卦来看，先天图比太极图所该更广，更具有易学意义。

　　　　前书所论先天、太极二图久无好况，不暇奉报。先天乃伏羲本图，非康节所自作，虽无言语，而所该甚广，凡今《易》中一字一义无不自其中流出者。太极却是濂溪自作，发明《易》中大概纲领意思而已。故论其格局则太极不如先天之大而详，论其义理则先天不如太极之精而约。盖合下规模不同，而太极终在先天范围之内，又不若彼之自然，不假思虑安排也。若以数言之，则先天之数自一而二，自二而四，自四而八，以为八卦。太极之数亦自一而二（刚柔），自二而四（刚善刚恶，柔善柔恶），遂加其一（中）以为五行，而遂下及于万物。盖物理本同而象数亦无二致，但推得有大小详略耳。近日讲论及修改文字颇多，当候相见面言之。答黄榦。①

　　朱熹认为先天图是伏羲本作，而非邵雍所作，是无字之易，所该义理甚广，后世《易经》卦爻辞及其义理都是从先天图中流出，故其对先天图推崇备至。周氏太极图是周氏自作，是后起之作，用以发明有字之易的大概纲领。比较而言，先天图格局更大，周氏太极图义理更为精约，先天图加一倍法更加自然，从规模范围看，太极图终在先天图范围之内。二图之数，先天图自一而二，自二而四，自四而八，以为八卦，太极图自一而二，自二而四，加一以为五行，遂下及万物，二者表达的造化物理本同，象数亦无二致，只是推演过程有大小详略之差。

　　朱熹赞许先天图的理由有三：其一，先天图是作《易》之原，是伏羲本图，《易》中一字一句皆自其中流出；其二，先天图所该甚广，不立文字，规模大，格局大；其三，先天图自然，不假思虑安排。朱熹认为先天图加一倍法更加自然，是指先天图有数学先验演绎的理性成分，其前提内在地包含了结论，其推演过程有自身逻辑展开的必然性，人力不得安排。邵雍先天图对后世的影响不及周氏太极图，大概与先天图数学演绎的思维方式有关，周氏太极图阴阳五行的宇宙发生论有经验概括总结的色彩，更加符合中国人的思维习惯。朱熹从历史演变的角度出发，认为人类的一切

---

①　（宋）朱鉴：《朱文公易说》卷1，上海古籍出版社1989年版影印本，第8—9页。

发展都不出先天图这个圈子。

> 先天图今所写者，是以一岁之运言之。若大而古今十二万九千六
> 百年，亦只是这个圈子；小而一日一时，亦只是这圈子，都从复上推
> 起去。方子。①

朱熹认为人类历史的一切阴阳消长运势都可以从复卦（天根）处推
起，可以说先天图可以括尽一切历史运势。这个思想在来知德《日录》里
得到弘扬，如来氏云：

> 世道之治乱，国家之因革，山川之兴废，王伯之诚伪，风俗之厚
> 薄，学术之邪正，理学之晦明，文章之醇漓，士子之贵贱，贤不肖之
> 进退，华夷之强弱，百姓之劳逸，财赋之盈虚，户口之增减，年岁之
> 丰凶，举辟之详略，以至一草一木之贱，一饮一食之微，皆不外此
> 图。程子曰：天地万物之理，无独必有对，皆自然而然，非有安排
> 也。于此图见之矣。②

《日录》载有来氏自画的一年气象、一日气象、天地形象、帝王图等
十余幅图，所表示的也是这个阴阳对待流行盈虚消长的意思，这与邵雍伏
羲先天图所表达的阴阳对待互为消长的思想无疑是一致的。从这个意义上
讲，说来知德圆图与邵、朱先天图一脉相承也不为过。《语类》载：

> 又云："康节看物事便成四个，渠只是怕处其盛，且如看花，方
> 其蓓蕾，向盛也；半开，渐盛；正开，大盛，则衰矣。人之势焰必
> 衰，强壮者必死，是其理如此，康节一见则便能知之。先天图有一月
> 之象：自复而震属初三日，月之生也；至兑属初八日，月之上弦也；
> 乾，月之望也；巽，月之始亏也；至艮属二十三日，月之下弦也；
> 坤，则其晦日也。"万人杰录。③
> 先天图一日有一个恁地道理，一月有一个恁地道理，以至合元会
> 运世十二万九千六百岁亦只是这个道理。且以月言之，自坤而震，月

---

① （宋）黎靖德：《朱子语类》卷65，中华书局1986年版点校本，第4册，第1617—1618页。
② （明）来知德：《弄圆篇》，《来瞿唐先生日录》（一）内篇卷1，《四库全书存目丛书》，
　　齐鲁书社1995年版影印本，子部，第85册，第658—659页。
③ （宋）朱鉴：《朱文公易说》卷1，上海古籍出版社1989年版影印本，第7页下栏。

之始生，初三日也。至兑则月之上，初八日也，至乾则月之望，十五日也。至巽则月之始亏，十八日也。至艮则月之下，二十三日也。至坤则月之晦，三十日也。辅广录。①

邵雍"看物事便成四个，渠只是怕处其盛"，花开大盛则近衰，不如蓓蕾或半开状态，强梁者不得其死，为人逞强不得，都是讲持中保任的功夫。朱熹则就月体三十日的变化之象来比喻先天图的阴阳消长盛衰之势。右为来氏《日录·弄圆篇》所载的一年气象图（图3－20）及附文，此图是来氏太极图的一个衍图。

图3-20　来氏《日录》所载的
　　　　一年气象图

万古之人事，一年之气象也。春作夏长，秋收冬藏，一年不过如此，自盘古至尧舜，风俗人事以渐而长，盖春作夏长也。自尧舜以后风俗人事以渐而消，盖秋敛冬藏也。此之谓大混沌。然其中有小混沌，以人身血气譬之，盘古至尧舜如初生时到四十岁，自尧舜以后如四十到百年。

此已前乃总论也。若以消息论之，大消中其中又有小息，大息中其中又有小消，小息中又有小消，小消中又有小息，故以大小混沌言之。何以大消中又有小息，且以生圣人论。尧舜以后乃大消矣，至周末又生孔子，乃小息也，所以禄位名寿通不如尧舜。邵子元会运世只就此一年算。②

来氏一年气象论史也是宇宙发生论的讲法，认为尧舜值人类社会的黄金鼎盛时期，如个体四十岁年富力强之际，是人类社会阳气极盛之时，社

① （宋）朱鉴：《朱文公易说》卷1，上海古籍出版社1989年版影印本，第7页下栏。
② （明）来知德：《弄圆篇》，《来瞿唐先生日录》（一）内篇卷1，齐鲁书社1995年版影印本，子部，第85册，第671页。

会清明风俗醇厚，尧舜之后，人类社会开始由盛转衰，阴气渐长，以阴消阳为主，但此间又出了个孔子，是消中又有小息。来氏称为大小混沌。此一年气象图是来氏圆图的一个分图。对照来看，来氏圆图与邵朱先天图存在着思想渊源上的关系。

邵雍提出"心为太极"，此心并非程朱派所说的伦理学上的毫无私欲之心，而是逻辑学和数学意义上的心，此心"不立私意"，是推理和推算以及奇偶二数变化的根源。天道变化的法则即是人心尤其是圣人之心的法则，《周易》的法则先于卦爻画和卦爻辞而存在，即"须信画前元有易"，此画前之易为伏羲氏之发明。邵雍解释大衍之数中五，以参两之数为太极，并提出环中说。邵雍这种先验论的数学观，使他的先天图成为一种先验模式，用以解释宇宙的形成和时空的结构。[①] 康德《纯粹理性批判》《实践理性批判》提出人的先验认识能力，先验的十二范畴及先验的善良意志决定了人的知性可以为自然界立法，人的理性可以为自己立法，回答了思维和存在的关系这一基本的哲学问题。邵雍心为太极、先天图心法也等命题的提出，触及了人的先验认识能力及哲学的基本问题，他虽未能提出西方哲学史上的量、质、关系、模态等先验范畴，但也作出了相关的富有价值的理论贡献，如其以心为太极，以数为最高范畴等提法在哲学史上具有普遍启发意义，为后人俞琰、来知德所吸取。邵雍的心主要是先验的认识心，认知主体具有理性能动性，能探索发现造化自然法则和奥秘。陈来认为，邵雍讲的太极、道更多的是作为宇宙的形而上的根据，而并未赋予其伦理法则的品格，这是他在理学后来发展中不被视为主流的原因之一。[②] 来氏以圣人之心易为作《易》之原，其所谓心为太极与邵雍心为太极说相比，赋予心以仁义、良知良能等伦理法则而成为先验道德心。

来氏圆图与俞琰先天图也存在一定的思想关联。俞琰先天图是在朱熹的基础上，对邵雍先天图所作的进一步改造。四库馆臣《提要》称俞琰《易外别传》"以邵子先天图阐明丹家之旨"，[③] 然此书在易学哲学史有一定的理论地位，不限于摄生。俞琰自序云：

> 《易外别传》者，先天图"环中"之秘，汉儒魏伯阳《参同契》之学也。人生天地间，首乾腹坤，呼日吸月，与天地同一阴阳。《易》

---

① 朱伯崑：《易学哲学史》卷 2，华夏出版社 1995 年版，第 158—168 页。

② 陈来：《宋明理学》，华东师范大学出版社 2004 年版，第 97 页。

③ （清）纪昀：《易外别传提要》，《易外别传》，《景印文渊阁四库全书》，台湾商务印书馆 1986 年版影印本，子部，第 1061 册，第 577 页。

以道阴阳，故伯阳借《易》以明其大要不出先天一图，是虽易道之绪余，然亦君子养生之切务，盖不可不知也。图之妙在乎终坤始复，循环无穷，其至妙则又在乎坤复之交一动一静之间。愚尝学此矣，遍阅《云笈》，略晓其一二，忽遇隐者授以读《易》之法，乃尽得"环中"之秘，反而求之吾身，则康节邵子所谓"太极"，所谓"天根""月窟"，所谓"三十六宫"，靡不备焉，是谓身中之易。今为图如左，附以先儒之说，明白无隐，一览即见，识者当自知之。至元甲申八月望日，古吴石涧道人俞琰书。①

序中俞琰揭示邵雍先天图环中理论应归属于魏伯阳《参同契》方面的学问，君子养生大要不出此图，其妙处在于终坤始复，循环无穷，终始相连如环，六十四卦居外，太极居中，是为"环中"，正如心居人身之中，和气周流一身。因涉于道教内丹之术，首乾腹坤，呼日吸月，坤复之交，动静之间，故称身中之易。此书开篇即是心为太极图、先天天根月窟图，足见俞氏对二图的重视。②

俞琰的先天图思想折中了邵雍、朱熹。天根月窟三十六宫，是邵雍的发明。以中虚处为太极，是朱熹的观点。与朱熹蔡元定合编审定的先天六十四卦圆图不同的是，俞琰的先天图以黑白方块的形式将每一卦的卦画直观地呈现。以乾一兑二离三震四巽五坎六艮七坤八的次序渐生并排列各卦，这是邵朱先天六十四卦方圆图本有的逻辑展开次序，俞琰先天图忠实地继承了过来。朱熹所谓"其中间白处便是太极，三十二阴三十二阳便是两仪，十六阴十六阳底便是四象，八阴八阳底便是八卦"③，在此图也能清楚呈现。心为太极图（即先天图，见图3-21）附文道：

《参同契》云："终坤始复，如循连环"。邵康节诗云："自从会得环中意，闲气胸中一点无。"又云："乾遇巽时观月窟，地逢雷处见天根，天根月窟闲来往，三十六宫都是春。"④

① （宋）俞琰：《易外别传序》，《易外别传》卷首，《景印文渊阁四库全书》，台湾商务印书馆1986年版影印本，子部，第1061册，第578—579页。
② （宋）俞琰：《易外别传》，《景印文渊阁四库全书》，台湾商务印书馆1986年版影印本，子部，第1061册，第580—581页。
③ （宋）黎靖德：《朱子语类》卷65，中华书局1986年版点校本，第4册，第1616页。
④ （宋）俞琰：《易外别传》，《景印文渊阁四库全书》，台湾商务印书馆1986年版影印本，子部，第1061册，第580页。

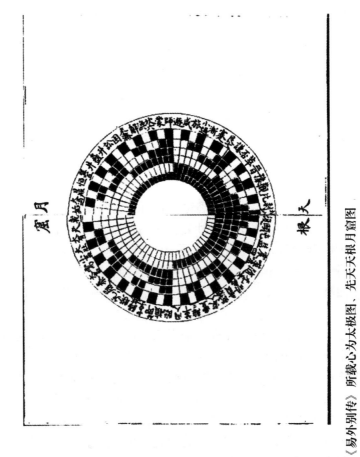

图 3 - 21 《易外别传》所载心为太极图、先天天根月窟图

先天天根月窟图（图3-21）附文道：

> 愚谓：月窟在上，天根在下，往来乎月窟天根之间者，心也。何谓三十六宫？乾一兑二离三震四巽五坎六艮七坤八是也。三十六宫都是春，谓和气周流乎一身也。如此则三十六宫不在上，而在吾身中矣。是道也，邵康节知之，朱紫阳知之，俗儒不知也。
>
> 邵康节《皇极经世书》云：先天图者，环中也。
>
> 愚谓：人之一身即先天图也。心居人身之中，犹太极在先天图之中。朱紫阳谓中间空处是也。图自复而始，至坤而终，终始相连如环，故谓之环。环中者，六十四卦环于其外，而太极居其中也。在《易》为太极，在人为心，人知心为太极，则可以语道矣。[①]

俞琰把"环中"理解为"六十四卦环于其外，太极居其中"。俞琰先天图落脚点在心为太极，突出了造化及主体的精神属性，就此而言，俞琰先天图深得邵氏易之精髓。对照可知，来知德圆图与俞琰先天图存在较强的思想关联度和兼容性。

三　赵撝谦《六书本义》所载天地自然河图

四库馆臣认为来氏圆图或太极图来自陈敷文所传蜀中太极图，即明赵撝谦《六书本义》所载的天地自然河图（图3-22）。此图载文曰：

> 又天地自然之图，虙戏时龙马负而出于荥河，八卦所由以画者也。《易》曰"河出图，圣人则之"，《书》曰"河图在东序"是也。此图世传蔡元定得于蜀之隐者，秘而不传，虽朱子亦莫之见。今得之陈伯敷氏，当熟玩之。有大极函阴阳、阴阳函八卦自然之妙，实万世文字之本原，造化之枢纽也。乌乎

图3-22　天地自然河图

① （宋）俞琰：《易外别传》，《景印文渊阁四库全书》，台湾商务印书馆1986年版影印本，子部，第1061册，第581页。

神哉！①

　　此为明初赵撝谦之图，赵氏自言此图得之陈伯敷氏，为后来四库馆臣的臆度埋下了伏笔。赵氏之图无中间小白圈，所谓"太极函阴阳，阴阳函八卦"，即以阴阳二气流行过程为太极。清四库馆臣将此图看作来知德圆图的范本：

> 《易经集注》十六卷，明来知德撰。知德有《瞿塘易注》，已著录。是编分内篇七卷，外篇五卷。内篇分十五种，一曰弄圆篇，作一大圈，虚其中以象无极，外围则用陈敷文所传蜀中太极图形，以黑白互包，象阴阳递相消长，而以人事世运绕圈旋转而注之。②

　　四库馆臣认为来氏圆图的小白圈外围阴阳二路相抱用的是陈敷文所传蜀中太极图，即赵氏天地自然河图。四库馆臣把小白圈看成无极，将外围阴阳消长看作太极，沿袭的是周敦颐"自无极而为太极"的讲法。

　　我们对照赵撝谦天地自然河图与来氏圆图，"以黑白互包，象阴阳递相消长"确实是二者的共同特征。若以阴阳鱼的眼睛白为阳爻，黑为阴爻，则图之左侧构成中间阴虚的离卦，图之右侧构成中间阳实的坎卦，赵氏此图可以与周氏太极图第二层次的坎离匡廓图对应起来。来氏以乾坤代坎离重建周氏太极图，故其所创作的圆图没有这两只鱼眼睛，形式上更为简化。它带来的理论后果是对《太极图说》"一阴一阳，互为其根"的解说有了差异。赵氏此图阴阳互根的"根"在两个鱼眼睛处。受邵氏易天根月窟说的影响，来氏圆图的"根"在图的上下两个点，即阳极盛和阴极盛之处，或谓阳初起和阴初起之处。赵撝谦此图的"根"与朱熹改造过的周氏太极图相同，既可以理解为在坎离二卦的中爻，也可以理解为坎离匡廓图的三重阴阳画的交接处，也就是子午线处。"互为其根"则有阴阳对待，朱熹承认这一点，但他进而将中间小白圈立为高于二气的太极之理，这一点是赵撝谦《天地自然河图》不能接受的。赵氏此图也是周氏太极图的流衍，来氏本人只认周敦颐而没有提及此图，我们亦不取四库馆臣此说。赵氏此图明初以来流传甚广，来知德不难看到。

---

①　（明）赵撝谦：《六书本义》图考，《景印文渊阁四库全书》，台湾商务印书馆1986年版影印本，子部，第228册，第296页。

②　（清）永瑢：《四库全书总目》卷124，中华书局1965年版影印本，第1072页下栏。

四　胡一桂、韩邦奇的易图

　　郭彧认为来氏圆图是从胡一桂和韩邦奇的易图转化过来的。① 对此，我们分别加以讨论。胡一桂《周易启蒙翼传》载有文王十二月卦气图（图3－23），并附图说。

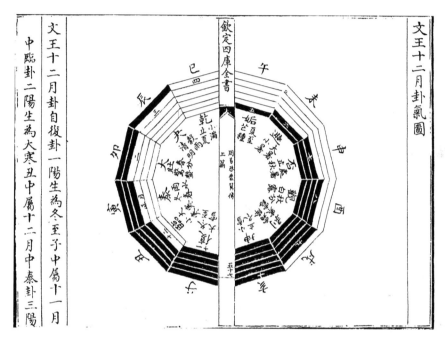

图3－23　文王十二月卦气图

　　文王十二月卦自复卦一阳生为冬至子中，属十一月中；临卦二阳生为大寒丑中，属十二月中；泰卦三阳生为雨水寅中，属正月中；大壮四阳生为春分卯中，属二月中；夬卦五阳生为谷雨辰中，属三月中；乾卦六阳生为小满巳中，属四月中，为纯阳之卦。阳极则阴生，故姤卦一阴生为夏至午中，属五月中；遁卦二阴生为大暑未中，属六月中；否卦三阴生为处暑申中，属七月中；观卦四阴生为秋分酉中，属八月中；剥卦五阴生为霜降戌中，属九月中；坤卦六阴生为小雪亥中，属十月中，为纯阴之卦。阴极则阳生，又继以十一月之复焉。

　　阴阳消长如环无端，不特见之卦画之生如此，而卦气之运亦如

———————
① 郭彧：《易图讲座》，华夏出版社2007年版，第182—187页。

此，自然与月之阴阳消长相为配合。《大传》所谓"易与天地准，故能弥纶天地之道"，于此亦可见其一端。所以知得十二月卦属文王者，以文王卦下之辞复卦"七日来复"，临卦"八月有凶"之类可见。此图既成，以四时之气配四方之位，虽与文王序卦先复不协，实自然与伏羲六十四卦圆图之位次合。卦气流行之接，卦画对待之妙，阴阳盛衰消长，相为倚伏之机，备于此图十二月卦中矣。按：朱子《本义》伏羲六十四卦横图用黑白以别阴阳爻，《答袁枢》曰："黑白之位亦非古法，但今欲易晓且为此以寓之耳。"今愚本书公法作为此图，白者为阳，黑者为阴，了然在目矣。①

胡一桂是胡方平之子，父子均为朱熹后学，在易学上宗朱是自然的。胡一桂以黑白表示阴阳爻，取自大小横图，所以他自称"今愚本书公法作为此图"，这是他宗朱的一个表现。胡一桂"卦气流行之接，卦画对待之妙"一句，与来知德"流行者气，对待者数"文意一致。在形式上，来知德圆图及其伏羲卦图也极为接近胡氏此图。郭彧认为来知德圆图源于此图，在思想义理上说是可通的。

下为明人韩邦奇《启蒙意见》所画二图（图3-24），图说附于后。

图3-24　明韩邦奇《启蒙意见》所载二图

① （元）胡一桂：《周易启蒙翼传》上篇，《景印文渊阁四库全书》，台湾商务印书馆1986
年版影印本，经部，第22册，第229—230页。

夫造化者，数而已矣。五十者，造化之体也；四十有九者，造化之用也。四十九者，万物之体也；四十有八者，万物之用也。是故五十而去一，维天之命於穆不已者也。四十九而去一，万物各正性命者也。用九用八（疑作"六"）之不同，其神化之谓乎？造化为神，生万物为化。

此节何以不用濂溪之图？夫为图所以立象也，阴阳、五行、万物不在天地之外。阴阳有渐，无遽寒遽热之理。知觉运动，荣瘁开落，卵荄之化也。①

韩邦奇此论受到了王弼太极大衍义的影响。韩氏认为造化生于数，大衍之数五十是造化之体，其用四十有九属造化之用，这是"维天之命，於穆不已"的阶段，或"大哉乾元，万物资始"的天命流行阶段。四十有九同时又是万物之体，挂其一象人，这是"乾道变化，各正性命"的阶段，天地人三才具备，万物性命各有落实。韩邦奇据《系辞》"大衍之数"章阐发造化之理，而不用周敦颐的太极图成说，反映了明中期王弼太极大衍义重新受到了易学家的重视。韩氏二图的中央，一作"维天之命於穆不已"，一作"圣人之心浑然天理"，这是从理气和心性两个角度来讲。左图言造化，配以五行，以金、水和在地成形、坤道成女属乎阴，用黑色表示；以木、火和在天成象、乾道成男属乎阳，用白色表示，中央为土。韩氏自称不用濂溪之图而作此二图，有二点原因。其一，韩氏认为，作图是为了立象，阴阳、五行、万物之象都不在天地之外，濂溪之图只有阴阳、五行、万物之象，没有呈现更大更根本的天地之象，并不究竟，所以韩氏左图除了注文表达的金木水火土、乾道成男坤道成女即阴阳二气这些濂溪之图固有的意思外，又加了在天成象在地成形两句注文分置于阴阳处，以表示天地之大象。其二，他认为濂溪之图第二圈不能充分表达阴阳有渐的自然之理，不能呈现阴阳消息盈虚、万物荣瘁开落渐变过程，故不用。客观地说，韩氏二图确实比周氏太极图更能直观表达阴阳有渐之意，在形式上更近于邵朱先天图。左图除用传统的五行范畴外，其他四句都出于《系辞》。右图中间白圈内注文三条："圣人之心浑然天理"居中，"根荄""胎卵"列于两旁，象征心为太极而主宰百行知觉运动，根荄、胎卵为太极主宰万几、荣瘁开落等自然现象。左图主要讲天道所以然之理，右图主

① （明）韩邦奇：《启蒙意见》卷2，《景印文渊阁四库全书》，台湾商务印书馆1986年版影印本，经部，第30册，第139页。

要讲人道所当然之理，二者是统一的。

韩氏二图的中央一圈所指与来知德不同。韩氏二图并立，有意将造化之太极与人极之立合观，与周氏《太极图说》讲天道而落脚于立人极中正仁义主静之说是一致的。周氏讲"几善恶"，一念之发有善几恶几，韩氏此图"万几"总言天地万物之几，不单指人意念之发。来氏《日录》论格物之后的效验，有"一理合于造化"之论，是说经过诚意正心功夫后，人欲消尽，达到心与理合一。以天道之本然讲人道之当然，以人道之当然印证天道之本然，达到宇宙秩序和道德秩序的同一性，是儒学传统的讲法，太极、人极、仁体、诚体、心体、性体等范畴的出现都是为了服务于解决道德形上学问题，为人类安身立命建立价值根源。来氏太极图从本体建构讲到道德修身，其"一理合于造化"之论与韩邦奇二图所表达的思想均符合儒学的这一传统。

韩邦奇，陕西人，生于明宪宗成化十五年（1479），卒于明世宗嘉靖三十四年（1556），是此年陕西关中大地震的遇难者。从时代看，韩邦奇是来知德的祖父辈人，韩氏卒年来知德二十二岁，居家读书，距离他中举还有六年。来知德四上公车不第之后返家，多次前往华山悟道，来氏看到韩氏二图并受其启发的可能性是不能排除的。

五　张理大易象数钩深图

元代易学家张理将河图洛书与先后天图糅合在一起，并以周敦颐太极图统率其他图式，以此论述宇宙的形成和结构。[1] 下为张理《大易象数钩深图》（图3-25），有两个分图：

张理太极贯一之图、旧太极图将文王八卦方位图与河图、洛书及周敦颐太极图的部分内容分别统合为一图，但未将伏羲先天图纳入。来氏创作圆图统率《本义》卷首诸图可能受到了张理的启发。此外，今人郑吉雄《易图象与易诠释》一书收录有明代内丹家陆西星金丹大旨系列图，其中阴阳互藏之图和坎离交媾之图在形式上与来氏太极图相近（图3-26），[2] 但陆氏与来氏是同时代人，陆氏是江苏人，并无资料显示二人生平学术有过交集。

---

[1]　朱伯崑：《易学哲学史》卷3，华夏出版社1995年版，第49—50页。
[2]　郑吉雄：《易图象与易诠释》，华东师范大学出版社2008年版，第146页。

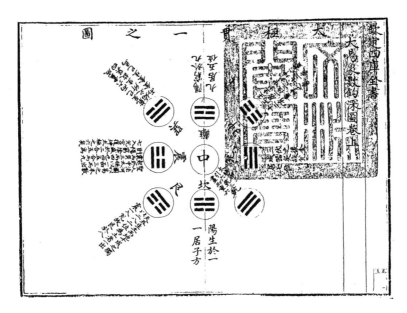

图 3-25 大易象数钩深图（1）

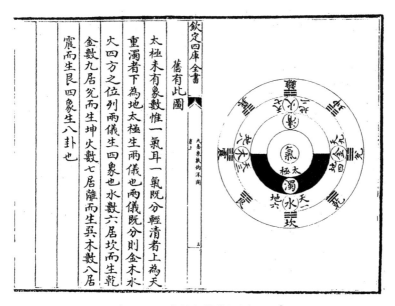

图 3-25 大易象数钩深图（2）①

---

① （元）张理：《大易象数钩深图》卷上，《景印文渊阁四库全书》，台湾商务印书馆 1986
年版影印本，经部，第 25 册，第 2—3 页。

　　来氏圆图的来源问题结论如下。第一，据来氏本人自述及其《日录》的两位刊刻者黄汝亨、张惟任之主张，可以断定来氏太极图直接来源是朱熹改造过的周敦颐太极图。第二，来氏太极图与邵、朱、俞三人的先天图思想关联度较高，具有从图形样式到思想内容上的继承关系。第三，来氏太极图与赵撝谦天地自然河图形式上差别较大，但二者同为周氏太极图之流衍，没有证据支持来氏之图与赵氏之图之间具有直接渊源关系。第四，胡一桂文王十二月卦气图与来氏太极图形式上极其相似，韩邦奇《易学启蒙意见》所载二图与来氏太极图形式上也较为相似，思想义理上也可通，不能排除来氏曾受到胡韩二氏易图的影响而作太极图，但持此说尚需更坚实的证据。

图 3 - 26　阴阳互藏之图、坎离交媾之图

本章小结

　　来氏圆图包含了伏羲先天图的对待、文王后天图的流行以及程朱派的主宰之理，能够表达圣人心易和作《易》之原，在表达天道理、气、数关系的基础上，主张六十四卦皆利于正，学《易》者须义命二分，道德主体据此图做道德修养功夫，格去形气上的物欲，复归本心之一团天理，主体之我在应事时安数顺理，得仁义易简之理。把握来氏圆图内涵，其困难在

于来氏在太极问题上表述含混、矛盾，致使我们在处理其理气先后问题、理气离合问题、阴阳动静问题及本体实体问题时不得不直面种种分歧和困扰。蔡渊云："太极随生而立，若无与于未生两仪之太极也。但人之为学，苟惟守夫物中之太极，则或囿于形而不得其正，必须识得未生两仪太极之本，则虽在两仪、在四象、在八卦以至在人心，皆不失其本然之妙矣！"[①]认为学者如果仅仅执守物中之太极，难免陋隘，囿于形体而不得太极之正理，学者既要识得在两仪、在四象、在八卦、在人心之太极，还必须识得未生两仪时的太极之本，也就是说在物之中的太极是决不可代替那个未生两仪之先的太极。蔡渊之说，可谓能坚守程朱易学之正。来氏对朱熹太极观的修正主要表现为力图取消在先在上之理，保留在中之理的实体性。来氏并没有像罗钦顺那样把理仅看作气中之条理和属性，这是因为来氏在以阴阳论太极，以阴阳为无始无终的实体性存在并走向气本论的同时，又在一定意义上坚持了程朱派的理本论。来氏强调理气不离，也坚持了理气不杂，并没有像罗钦顺那样将理气看作一物，从构成论看，来氏哲学是理气二元论，从本原论看，其学并非理气二元论，而是纯粹的理一元论。来氏哲学采取的是朱熹《太极解义》时期的理体气用说，而对朱熹后来淳熙年间在《易学启蒙》《论语或问》中的理在气先说未能理解接受。来氏区分了普遍规律和特殊规律，并认为殊理随所附事物的生灭而生灭，太极总理则无生灭，殊理有生灭说不会动摇一理层面上的理的实体地位。综合来看，来氏以太极为至极之理，理与气是形而上下两个逻辑层次上的实体。来氏圆图理气象数合一，其《日录》论太极章提到太极之气、太极之数、太极之理等概念，也有以太极为理气象数合体的考量，这一思想接近朱熹晚年主张的道体说。从来源看，来氏圆图最直接的来源是朱熹改造过的周氏太极图，来氏吸收了张载一物两体说和神化说作为运动的内在根据，从实体流行说的哲学意义上进一步丰富了朱熹以理为神的动因说。来氏圆图还融合了邵雍先天图、文王后天图等，朱熹《本义》卷首九图也大多在其表意范围之内。

---

① （宋）蔡渊：《易象意言》，《景印文渊阁四库全书》，台湾商务印书馆 1986 年版影印本，经部，第 18 册，第 116 页下栏。

第四章　格去物欲说

来知德曾说："公卿难到，圣人可学。"① 三十八岁北京四上公车不第后，他即以绢书缚臂，上书"愿学孔子"四个大字，浩然而归，从此断绝科举功名之心，一意圣学。《孟子·公孙丑》盛赞孔子为"圣之时者"，称"乃所愿，则学孔子也"，来氏发愿"愿学孔子"即从此来。来氏以得孔孟真传自许，其学对气学、理学、心学、数学等都有所吸收，同时也都有所批评，其《集注》《日录》较为充分地阐发了其心性论和修养功夫论。

第一节　天人分合下的理数论

陈来提出，张载主张天地之性人与物俱有，人与物的差别是气质的通蔽开塞造成的，其气一元论体系把太虚之气作为人性的根源，但由太虚（气）之性如何转而为仁义礼智（理）并不是没有困难，这也是二程提出理一元论的原因。② 由事实世界向价值世界的跃迁在宋代理学家那里主要是通过天人合一的思维方式加以解决的。周敦颐《太极图说》称水火木金土"五气顺布"，"五性感动而善恶分"，两宋理学家由此形成以五常之性规定世界万物的思想。程颐发挥孟子性善义，提出"性即理"说，由人生界上通宇宙界，为人性确立本体论根源。朱熹认为，太极是阴阳五行之理的全体，万物皆禀得太极全体，枯槁亦具有仁义礼智信五常之性，然而惟人禀得完备的五常之性，其他动植物禀受则不能无偏，故其理虽同而其分

---

① （明）来知德：《省觉录》，《来瞿唐先生日录》（一）内篇卷4，《四库全书存目丛书》，齐鲁书社1995年版影印本，子部，第85册，第765页上栏。
② 陈来：《宋明理学》，华东师范大学出版社2004年版，第53—54页。

则殊。陈淳认为人性之有仁义礼智，只是天地元亨利贞之理。①此论糅合《周易》与孟子四德之说，发挥程子"性即理"之义，上溯人性的天道本源，认为人的道德本质就是禀受的天地之理，仁义礼智信五性是宇宙的普遍法则，把人道提高到天道的意义上论证其普遍性和必然性，把人类社会的某些原则规范提升为具有本体意义的宇宙法则。来氏云"天人一理，故言天而即言人"，②其心性论和修养方法论即是在宋代理学家的这种理论视野下展开的。

一 太极为仁义礼智信之理

来氏提出太极之理即五性仁义礼智信之理，并以此五性之理统管天地万物之理。他说：

> 或问：宋儒已前皆不知太极为理，至宋儒乃指为理，又不明言其何理，此何理也？曰：仁义礼智信之理也。
> 或问：何以知其为仁义礼知信之理也？曰：天地之道，阴阳尽之矣。阴阳变合而有金木水火土，是五行也。有形焉，有气焉，有理焉。其形则天地万物有形象者是也；其气则五行之代谢，往来一呼一吸是也；其理则五行之神，仁义礼智信是也。③

来氏吸收周敦颐《太极图说》讲法，认为五性仁义礼智信并非专就人而言，而是统括万物之性来说。五行是从形气上说，五性则是从理上说、神上说，五行可以范围万物，作为五行之神的五性可以统括万物之理。来氏认为，宋儒指太极为理，却不知太极之理就是仁义礼智信之理。事实上，朱熹、陈淳、黄榦等都曾论述过太极与五行五常（五性）的关系。如朱熹注《中庸》"天命之谓性"道"人物之生因各得其所赋之理以为健顺五常之德，所谓性也"④，指出了人物之生都禀得健顺五常之德。《语类》对此也多有讨论，如"物亦具有五行，只是得五行之偏者耳"⑤，"木神则

① （宋）陈淳：《仁义礼智信》，《北溪字义》卷上，中华书局1983年版，第22页。
② （明）来知德：《周易集注》卷13，《景印文渊阁四库全书》，台湾商务印书馆1986年版影印本，经部，第32册，第362页上栏。
③ （明）来知德：《理学辨疑》，《来瞿唐先生日录》（一）内篇卷6，《四库全书存目丛书》，齐鲁书社1995年版影印本，子部，第85册，第804页下栏。
④ （宋）朱熹：《中庸章句》，《四书章句集注》，中华书局1983年版点校本，第17页。
⑤ （宋）黎靖德：《朱子语类》卷4，中华书局1986年版点校本，第1册，第56页。

仁，金神则义，火神则礼，水神则知，五行既不外阴阳，则五性不外乎仁义也"①。又黄榦云："天地之间只是个阴阳五行，其理则为健顺五常，贯彻古今，充塞宇宙，舍此之外别无一物，亦无一物不是此理。"②"虎狼之仁，蝼蚁之义，即五常之性，但只禀得来少，不似人禀得来全耳。"③朱熹及其弟子就太极之理即是五常之理，太极与五常之性范围天地万物的讨论丰富而深入，来氏对此失察，误以为这一点是自己的特识。

来氏认为形气中的万般理，没有能出乎仁义礼智信五者之外的，物物各具之太极，也不外乎五性，实际上采取了程颐理一元论的方案，太极之理分殊为五性之理，五性之理是五行之气的本质规定，理气合而成物，五性之理进而规定着万物的本质，通人与物皆不能外。他说："故天地有许多万形万飞潜动植，然皆属于五形，除了五者之形则无物矣。……形气中有万般理，然皆管于五性，除了五性则无理矣。且以仁言之，仁者爱之理，爱字管得宽。爱亲也是爱，爱民也是爱，爱物也是爱，义礼知信亦然，不特此也……则天下之理又有出五性之外者乎？"④认为形气中有万般理，五性统管万理，万理不出乎五性，五性即仁义礼智信可以管天地万物。又道："圣人当时在五形上看出五性来，虽是五性，总是一理。"⑤"五性之无定体，以其本于五行也。然五行一阴阳也，阴阳原无定位。……阴阳原无定位，既无定位，理亦无定在矣。"⑥来氏阐发《太极解义》"自其著者观之，动静不同时，阴阳不同位，而太极无不在焉"句，认为圣人"在五形上看出五性"，以气（器）为理存在的基地，阴阳无定位，五行一阴阳，五性本于五行，故五性无定在，五性总是一理，故理无定在，五性之理遍在于人与物。来氏所说的"五性本于五行"并非主张气本理末，而是说五性以五行为物质载体。

①　（宋）黄榦：《勉斋集》卷1，《景印文渊阁四库全书》，台湾商务印书馆1986年版影印本，集部，第1168册，第6页上栏。

②　（宋）黄榦：《勉斋集》卷7，《景印文渊阁四库全书》，台湾商务印书馆1986年版影印本，集部，第1168册，第74页上栏。

③　（宋）黎靖德：《朱子语类》卷62，中华书局1986年版点校本，第4册，第1490页。

④　（明）来知德：《理学辨疑》，《来瞿唐先生日录》（一）内篇卷6，《四库全书存目丛书》，齐鲁书社1995年版影印本，子部，第85册，第804—805页。

⑤　（明）来知德：《理学辨疑》，《来瞿唐先生日录》（一）内篇卷6，《四库全书存目丛书》，齐鲁书社1995年版影印本，子部，第85册，第805页。

⑥　（明）来知德：《理学辨疑》，《来瞿唐先生日录》（一）内篇卷6，《四库全书存目丛书》，齐鲁书社1995年版影印本，子部，第85册，第805—806页。

来氏云："人不知太极之理，则不知理之本原，何以讲学？"①明确以太极之理为万理之本原。又道："周子恐人认太极为有形之物，故曰无极。朱熹与陆子因此二字讲几年，讲千万言。陆子说周子不是，朱熹说周子是。其实周子加'无极'二字无害。"②又道："在造化上言，理曰太极，离不得天地万物，离了天地万物是老庄之说矣。在人所赋之理，曰至善，曰厥中。若在造化，曰至善，曰厥中，说不通矣。其实理无二理，人与造化一而已矣，特命名不同尔。"③认为太极是最高的至极的理，是万理之原，但离不得天地万物，只能是在物之理。太极既非虚无实体，亦非在先在上的实体。太极落实到人身，是人所禀赋的性理，称为至善、厥中。统言之，五性之理的全体或本原就是太极。分言之，太极就是仁义礼智信之理。

二　元亨为天道本然之数，利贞为人事当然之理

朱熹论理有两个层面，有万物分有太极下的理同气异，此为继善层面，此万物所同具之理；有气近理异下的殊理，此为成性层面，万物各具特殊规定性，表现为气禀不齐所致的事物差异性。朱熹道"有是理，便有是气，有是气，便有是数，盖数乃是分界限处"④，认为理在气先，数是气的分界限处，数从属于气。此在先之理是朱熹晚年特意强调的，是万物与人所共具之理；此处从属于气的数也是形器之物的量的规定性，不具有实体性。来氏否认此在先之理，只讲在物之理，但此在物之理并不局限于成性层面上的殊理，也体现为太极之理，这是他与朱熹的不同。统体之太极与物物之太极本是一个，但后者与形气结合而已。上章已论，《本义》《启蒙》论及作《易》之原，以河洛之数指称天地自然之易，偏重于从先天上去讲"数"，数与理相合，此数带有某种本原的意义。刘牧认为河洛之数是先于具体事物而存在的形式范畴，邵雍认为"神生数"，数起于圣人之心，世界的变化是奇偶之数的逻辑展开，数是世界的本源，来氏吸收了二人的数论，他在这个意义上讲的数具有先验性。另外，来氏也讲形气之

---

① （明）来知德：《入圣功夫字义》，《来瞿唐先生日录》（一）内篇卷3，《四库全书存目丛书》，齐鲁书社1995年版影印本，子部，第85册，第729页上栏。
② （明）来知德：《入圣功夫字义》，《来瞿唐先生日录》（一）内篇卷3，《四库全书存目丛书》，齐鲁书社1995年版影印本，子部，第85册，第726页上栏。
③ （明）来知德：《入圣功夫字义》，《来瞿唐先生日录》（一）内篇卷3，《四库全书存目丛书》，齐鲁书社1995年版影印本，子部，第85册，第726页上栏。
④ （宋）黎靖德：《朱子语类》卷65，中华书局1986年版点校本，第4册，第1608页。

数，此数是事物量的规定性，或以"命"来讲"数"，即命数之数，或归之于天的定数，构成了来氏讲数的另一重要方面。来氏圆图所谓"对待者数"继承了《启蒙》的讲法，成为其太极之数，兼有先后天之义。来氏主张理在气中，数乃气之数，人有一定之数不可逃。他说："故有此形气即有此象数，有此象数虽天地且不能逃，而况于人乎？人初生时既有此形气，即有定数。一死一生，一富一贵，一贫一贱，一行一止，一饮一啄皆其定数。"[①] 来氏关于命数的主张是在宋明理学的时代背景下以理、气、数等范畴的新形式提出来的，与原始儒家在根本上是一致的。天命之性、不由自主的人生遭际与可以自作主宰的道德选择，折射出天道之自然与人道之当然的哲学话题。就修身功夫而言，天道自然之理与人道当然之则既有同一性，也有其固有的紧张关系。此时来氏的数剔除了天命之性的道德内容，将仁义礼智信归属于太极之理，只保留了命数（富贵贫夭）的内容，这是其与前贤的不同之处。

来氏《集注》采撷《性理大全》众家，而以程氏《易传》、朱熹《本义》为主，兼收周敦颐《太极图说》《通书》，张载《横渠易说》《正蒙》，邵雍《皇极经世》《观物内外篇》等。如周敦颐《太极图说》有圣人立人极、定之以中正仁义而主静之说，朱熹《解义》将其解释为圣人全体此太极，揭示了本体论到心性论、功夫论的过渡，以及天道之自然与人道之当然的同一性问题。另外，诸家对于乾卦辞元亨利贞、诚体及无妄、咸、艮等卦的注释，又体现了天人之间的矛盾张力。周敦颐称乾为诚之源，元亨为诚之通，利贞为诚之复，以《中庸》之"诚"统摄元亨利贞，着重从诚体来谈天人之同一性，万物与人都可以回到五行、阴阳、太极、无极这个演化道统里，人之外的其他生物有一个天然之诚，唯有人能以其高度发达的理性对其情感欲望加以调节，如果调节失败，理性可能堕落为不当情欲的工具，故而人在突破自然之诚的过程中需要一个反身而诚的自觉德性修为功夫，以回复到中正仁义而主静的本体之诚，此即周敦颐所倡导的作圣之功。周敦颐没有专门谈理数，但其天人同一、绾结于诚的讲法，既是讲理，也是讲数。朱熹通过对周敦颐《太极图说》及《通书》的注解，将"太极""诚"等理学实体范畴提揭出来，将周敦颐宇宙论的太极观转化为理本论的太极观，以此建构自己的哲学体系。曹端云："诚即

---

① （明）来知德：《入圣功夫字义》，《来瞿唐先生日录》（一）内篇卷3，《四库全书存目丛书》，齐鲁书社1995年版影印本，子部，第85册，第728页上栏。

所谓太极也。"① 又云："五常，仁义礼智信，五行之性也；百行，孝悌忠顺之属，万物之象也。实理全，则五常不亏而百行修矣，是则五常百行之本之源，一诚而已。"② 主张诚体即太极，诚为性命之源、五常之本、百行之源，天道之本然乃人事之当然的根据。造化自然之理即是人伦之理，宇宙秩序即是人心道德秩序。

朱熹接续欧阳修之论，视《易》为卜筮之书，明确以"元亨利贞"为占辞，《本义》不用传统的"四德"而是以"大通而利于正固"解"元亨利贞"。③ 来氏注乾卦卦辞"元亨利贞"大体秉承了朱注并对之有所发挥：

> 元亨利贞者，文王所系之辞，以断一卦之吉凶，所谓彖辞也。……元亨者，天道之本然，数也；利贞者，人事之当然，理也。《易经》理数不相离，因乾道阳明，纯然无纤毫之私，惟天与圣人足以当之，所以断其必大亨也。故数当大亨，而必以贞处之，方与乾道相合，若其不贞，少有人欲之私，则人事之当然者废，又安能元亨乎？故文王言筮得此卦者，大亨而宜于正固，此则圣人作《易》，开物成务，冒天下之道，教人以反身修省之切要也。学者能于此四字潜心焉，传心之要不外是矣。此文王占卜所系之辞，不可即指为四德，至孔子《文言》纯以义理论，方指为四德也。盖占卜不论天子，不论庶人，皆利于贞。若即以为四德，失文王设教之意矣。④

来氏将元亨利贞分作两段，训元亨为所占得的天道本然（亨通与否）之"数"，训利贞为占卜者所当奉行的人事当然（宜作何选择）之"理"，认为理和数相须不离。"元亨"为占得的结果，是气运之数，故为天道之本然，这是强调占得大通（大亨）是命数的表现，但此大通之运数唯有乾道阳明之德与圣人能当得起。"利贞"则是问卜者所当为。朱注着眼于《易》书的占卜性质，云"言其占当得大通，而必利在正固，然后可以保其终也"，而来氏则认为"故数当大亨，而必以贞处之，方与乾道相合，

---

① （明）曹端：《通书述解》卷上，《景印文渊阁四库全书》，台湾商务印书馆1986年版影印本，子部，第697册，第23页下栏。

② （明）曹端：《通书述解》卷上，《景印文渊阁四库全书》，台湾商务印书馆1986年版影印本，子部，第697册，第25页下栏。

③ （宋）朱熹：《周易本义》卷1，中华书局2009年版点校本，第30页。

④ （明）来知德：《周易集注》卷1，《景印文渊阁四库全书》，台湾商务印书馆1986年版影印本，经部，第32册，第63页下栏。

若其不贞，少有人欲之私，则人事之当然者废，又安能元亨乎"，强调主体的态度，即占者当以贞处之（以人事之理处之）。所谓贞，在朱熹以正固联训的基础上，来氏又加了一个"知"字，认为贞有正、固、知三方面的含义。以贞处天命之数，这才是人能做的，也是人应当去做的。来知德的这一看法将朱熹天道本然、人事当然的讲法置换为数与理的全新角度，对朱注是积极的发展。来氏认为元亨利贞四字是文王所系之辞，作为占辞，即是圣人作《易》的传心之要，不可径直以孔子四德训释，这也反映了他对朱熹"易本卜筮之书"论断的遵从。来氏注云："元就其理之发端而言，亨就其理之聚会而言，利就其理之各归分愿而言，贞就其理之确实而言。名虽有四，其实一理而已，皆天下之至公而无一毫人欲之私者也。此四句说天德之自然，下'体仁'四句说人事之当然。"① 认为元亨利贞四者皆就天德自然至公无私立说，与上文分元亨为天道自然，利贞为人事当然又有所不同。

程颐《易传》云："无妄，《序卦》'复则不妄矣，故受之以无妄'，复者，反于道也，既复于道，则合正理而无妄，故复之后，受之以无妄也。为卦乾上震下，震，动也，动以天为无妄，动以人欲则妄矣。"又道："无妄者，至诚也，至诚者，天之道也。天之化育万物，生生不穷，各正其性命，乃无妄也。人能合无妄之道，则所谓'与天地合其德'。无妄有大亨之理，君子行无妄之道，则可以致大亨矣。无妄，天之道也，卦言人由无妄之道也。利贞，法无妄之道，利在贞正，失贞正则妄也。虽无邪心，苟不合正理，则妄也，乃邪心也，故有匪正则为过眚。既已无妄，不宜有往，往则妄也。"又道："刚自外来而为主于内，……震以初爻为主，成卦由之，故初为无妄之主。"又道："其匪正有眚，不利有攸往。……无妄者，理之正也。更有往，将何之矣？乃入于妄也。往则悖于天理，天道所不祐，可行乎哉？"② 程颐取上下体之象来解无妄卦名，认为下震动，上乾天，动以天理故称无妄，动以人欲则是妄。从天人相分出发，程子注无妄"元亨利贞"为无妄有大亨之理，无妄乃天之道，表示天之化育万物生生不穷，各正其性命；君子法无妄之道，故利在贞正，不合正理，则为妄，这是讲人道之当然。程子称无妄为至诚之天道，实理之自然，主体行为应合于天理之正，朱熹基本上继承了这一讲法。朱熹《本义》注无妄卦

① （明）来知德：《周易集注》卷1，《景印文渊阁四库全书》，台湾商务印书馆1986年版影印本，经部，第32册，第70页。

② （宋）程颢、程颐：《周易程氏传》卷2，《二程集》，中华书局1981年版点校本，下册，第822—824页。

道："无妄，实理自然之谓。……故其占当获大亨而利于正，乃天命之当然也。其有不正，则不利有所往，欲何往哉？盖其逆天之命而天不祐之，故不可以有行也。"又道："……天下雷行，震动发生，万物各正其性命，是物物而与之以无妄也。先王法此以对时育物，因其所性，而不为私焉。"又道："初九，无妄，往吉。以刚在内，诚之主也。如是而往，其吉可知，故其象占如此。"① 朱熹注无妄为实理自然，突出了天理的客观性、实体性和先在性。朱熹认为无妄从讼卦变动而来，讼二之初成无妄，初爻为无妄之主爻，故象称刚自外来而为主于内。朱熹坚持取义说和爻位说，认为无妄下体震动，上体乾健，六二九五刚中而应，故云大亨而利于正。对照程、朱对无妄卦的注释，二人都以天理来解无妄字义。合于自然之理则为无妄，不合则妄。所不同的是，程颐注重卦序，认为复卦之后，复归天理，震初爻为一卦之主，又下震上乾，有动以天理之象，故为无妄。天道之诚重心落在程传所谓"天之化育万物生生不穷，各正其性命"上，即乾道变化，各正性命，这里面既有五常之性的禀得，也带有气禀命数之义，但其重点是讲万物各诚其诚，而非占卜者所对应的客观运数。程传以乾卦《文言》"乾道变化，各正性命"训无妄，主张由天道之诚推及人道之诚，以诚贯通天人，天人相合绾结于诚。程传接下来讲人道之当然，以利贞为元亨之必要条件，君子若要致得大亨，则应当贞正自守。进一步地说，主体自我即便无邪心，若行事不合正理（天道之自然），即是匪正有眚，此又是以天道之自然为主体务必恪守之法则，不以主体内心的道德选择（邪与不邪）而转移，程颐此论，突出了天理的客观规范意义和先在性。天道之自然先于人道之当然，人道之当然本于天道之自然，这是程传注无妄卦的基本精神。朱注认为无妄乃实理自然之谓，故其占当获大亨而利于正，乃天命之当然，初九为诚之主，其以至诚解无妄，以实理自然与天命之当然相互发明，皆取程传之义。朱熹注称"其占当获大亨而利于正，乃天命之当然"，并没有对元亨利贞作二分，而是统称为"天命之当然"。来氏注乾卦元亨利贞，则继承了程传，清楚地将其作了天人二分，认为元亨代表了天道本然之数，利贞代表了人事当然之理。虽同样视作卜辞，来氏对元亨利贞的训解在朱注的基础上向前推进了。对于无妄的注解，程传实行了天人相分的讲法，以元亨为天道之理，而非天道之数。来氏则以元亨为天道之数，认为是占卜者所卜得的气运之数。来氏的这一讲法更切合朱熹所谓易本卜筮之书的论断，但是也将天道之诚的自然法则内容讲丢了。《集注》道：

---

① （宋）朱熹：《周易本义》卷1，中华书局2009年版点校本，第112—113页。

无妄者，至诚无虚妄也。《史记》作无所期望，盖惟本无妄，所以凡事尽其在我，而于吉凶祸福皆委之自然，未尝有所期望，所以无妄也。以天道言，实理之自然也；以圣人言，实心之自然也，故有正不正之分。①

惟其无妄，所以不期望。若处心，未免于妄而匪正，……若真实无妄之人，则纯乎正理，祸福一付之天而无苟得幸免之心也。②

大亨以正，实天之命也。天命实理，无一毫人欲之私，此文王卦辞所以言元亨也。若以外来者为主，则有人欲之私，非反身而诚天命之实理，即匪正矣。欲往也，将何之哉？是以天命不祐，有眚而不利也。此所以文王卦辞言元亨而又利贞也。③

来氏结合卦体下震上乾分析卦名由来，卦下体震动，上体乾天，故云动以天（理）则为无妄，反之，动以人（欲）则为妄，这是程朱的既有讲法。来氏将朱注第二层意思即《史记》"无所期望"之义融入第一层意思"实理自然"里面，认为占筮主体当纯依天理，不应患得患失，容心于祸福。这样，朱注无妄的这两层意思相得益彰，这是来注的一个贡献。简言之，循理而动则为无妄，趋避祸福而动则为有妄。来氏将其概括为"易以道义配祸福"，与孟子鱼与熊掌之喻相类。造化之自然与人事之当然皆指向人的性命之理而达到同一，在祸福之命数面前，道德主体的价值选择凸显了人的自由意志和尊严。程朱解无妄，强调的是合天道的自然秩序及人伦法则，认为只要悖理，不论动机有无邪心，皆是有妄。来氏仅以程朱理欲说来讲无妄之诚："大亨以正，实天之命也。天命实理，无一毫人欲之私，此文王卦辞所以言元亨也。若以外来者为主，则有人欲之私，非反身而诚天命之实理，即匪正矣。"来氏对人欲之私时时存警惕之心，故认为天命实理的基本规定是公而无私。又来氏注无妄大象道："天下雷行，震动发生，一物各具一太极，是物物而与之无妄者，天道之自然也；茂对时育物，撙节爱养，辅相裁成，使物物各遂其无妄之性者，圣人之当然也。"④

---

① （明）来知德：《周易集注》卷6，《景印文渊阁四库全书》，台湾商务印书馆1986年版影印本，经部，第32册，第172页下栏。

② （明）来知德：《周易集注》卷6，《景印文渊阁四库全书》，台湾商务印书馆1986年版影印本，经部，第32册，第172—173页。

③ （明）来知德：《周易集注》卷6，《景印文渊阁四库全书》，台湾商务印书馆1986年版影印本，经部，第32册，第173页。

④ （明）来知德：《周易集注》卷6，《景印文渊阁四库全书》，台湾商务印书馆1986年版影印本，经部，第32册，第173页下栏。

来氏坚持天人相分，"先王以茂对时育万物"所指乃圣人而非一般的占筮者。以天道言，实理之自然也；以圣人言，实心之自然也，故有正不正之分。圣人全体天理，所动皆合天理，尊重天时养育万物，使万物皆得其诚，代表了人道之当然最理想的状态，来氏称为实心之自然，即圣人与天道完全合一的自然至诚境地。

来氏注《系辞》"易曰憧憧往来"章，认为处理五伦关系须依咸卦九四相感之义，道德主体只需尽其相感之理，按照父子有亲之理，君臣有义之理，夫妇有别之理，长幼有序之理，朋友有信之理去行事即可，不必受人欲的干扰患得患失。天道本然之数与人事当然之理在咸卦九四可以得到印证，即安数尽理，排除私心杂念。① 此章韩康伯注称"天下之动，必归乎一，思以求朋，未能一也，一以感物，不思而至"，② 朱熹注称"言理本无二，而殊涂百虑，莫非自然，何以思虑为哉？必思而从，则所从者亦狭矣"，③ 朱注将韩注的归一解为理，但并未做理数二分，来氏在朱注的基础上，作了同归于理，一致于数的发挥，并主张尽理安数，这是来氏对朱注的一个有意义的发展。《系辞》"同归殊涂，一致百虑"原意未必如来氏所言一个讲理，一个讲数，而更应该是如韩注、朱注所说，同归于一，这个一，韩注指为虚无实体，朱注指为太极之理。来氏"人之一定自然之理"，是指仁义礼智信等当然之则，"尽其理"也就是循此当然之则行事，这是人的主观能力所能达到的；贵贱寿夭等造化自然之数却是人力难以改变的，也无须思虑纷纷，所以不妨安于其数，顺乎天命。

又来氏注乾卦九五《文言》道："合德以下，总言大人所具之德，皆天理之公而无一毫人欲之私，若少有一毫人欲之私，即不合矣。……先天不违，如礼虽先王所未有，以义起之；凡制末耜、作书契之类，虽天之所未为，而吾意之所为默与道契，天亦不能违乎我，是天合大人也。奉天时者，奉天理也。后天奉天时，谓如'天叙有典而我惇之，天秩有理而我庸之'之类。虽天之所已为，我知理之如是，奉而行之，而我亦不能违乎天，是大人合天也。盖以理为主，天即我，我即天，故无后先彼此之可言矣。"④ 据此，来氏既主张天人理数之分，又讲天人相合，不分先天后天。

---

① （明）来知德：《周易集注》卷14，《景印文渊阁四库全书》，台湾商务印书馆1986年版影印本，经部，第32册，第375页。

② （唐）孔颖达：《宋本周易注疏》卷12，中华书局1988年版影印本，下册，第759页。

③ （宋）朱熹：《周易本义》卷3，中华书局2009年版点校本，第249页。

④ （明）来知德：《周易集注》卷1，《景印文渊阁四库全书》，台湾商务印书馆1986年版影印本，经部，第32册，第79—80页。

天地无私覆载，大人所具之德，无一毫人欲之私，则合于自然法则（天理之公）。乾卦九五为天子，能顺应天时、天秩、天序等自然规律安排社会生产生活，不夺农时，撙节爱养，是所谓后天而奉天时；又能发挥人的主观能动性制作耒耜书契，创造科技文明，是所谓先天而天弗违。天人合一于理，则无所谓先天后天。这是基于理学精神对《文言》先天后天说的一种质疑批判。来氏借助大人与天地合德的形象，实现了天道自然与人道当然的同一。来氏此说来自朱熹《本义》："人与天地鬼神本无二理，特蔽于有我之私，是以梏于形体而不能相通。大人无私，以道为体，曾何彼此先后之可言哉？先天弗违，谓意之所为默与道契；后天奉天，谓知理如是奉而行之。"① 从其对朱注的吸收来看，来氏理学易的特征是显而易见的。四库馆臣《周易本义通释提要》云："羲文先后天之易，邵子于先天明其画，程子于后天演其辞，然邵程同时并地，其说绝不相谋。自朱熹比而合之，理数始备。……然宋儒说《易》，其途至杂，言数者或失之巧，言理者或失之凿，求其平正通达显有门径可循者，终以朱子为得中，则炳文羽翼之功亦未可没矣。"② 四库馆臣认为邵雍之数、程颐之理分属于羲文先后天，这一看法与来氏所主张的理数二分是一致的。又来氏注艮卦卦辞云：

> 盖理当其可之谓时，时当乎艮之止则止，时当乎震之行则行，行止之动静皆不失其时，则无适而非天理之公，其道如日月之光明矣。岂止无咎而已哉？然艮之所以名止者，亦非固执而不变迁也，乃止其所也。惟止其所当然之理，所以时止则止也。卦辞又曰"不获其身，不见其人"者，盖人相与乎我，则我即得见其人，我相与乎人，则人即能获其我。今初之于四、二之于五、三之于上，阴自为阴，阳自为阳，不相与应，是以人不获乎我之身，而我亦不见其人，仅得无咎而已。若时止时行，岂止无咎哉？八纯卦皆不相应与，独于艮言者，艮性止，止则固执不迁，所以不光明，而仅得无咎。文王卦辞专以象言，孔子彖辞专以理言。③

来氏认为艮卦"止其所"即"止其所当然之理"，但满足于止其所仅

---

① （宋）朱熹：《周易本义》卷 1，中华书局 2009 年版点校本，第 41—42 页。
② （元）胡炳文：《周易本义通释》卷首，《景印文渊阁四库全书》，台湾商务印书馆 1986 年版影印本，经部，第 24 册，第 305 页下栏。
③ （明）来知德：《周易集注》卷 10，《景印文渊阁四库全书》，台湾商务印书馆 1986 年版影印本，经部，第 32 册，第 283—284 页。

得免咎。时当止则止，时当行则行，其道方得光明，方可达致"无适而非天理之公"。来氏认为理当其可之谓时，从理字来讲时机的把握，主要讲人事之当然，也体现了来氏对程朱理学的继承。孟子称赞孔子出处进退皆以义，为"圣之时者"。来氏认为艮性止，有固执不迁之弊，故而易书提出"动静不失其时，其道光明"，文王卦辞"艮其背""行其庭"言象，孔子象辞"时止则止，时行则行"言理。《论语》未见理字，《系辞》言"易简而天下之理得"（来氏持孔子作《系辞》说）。然而孔孟之理终非程朱所说的天理，来氏自认为其说直承孔孟，但其基本学派归属仍应定为程朱派。其论艮卦，通过主体"观其时"，审时度势，当止则止，当行则行，造化之自然与人道之当然达到了合一。又来氏注象卦象辞道："刑罚不合乎理，惟乘一己喜怒之私，故民不服，若顺动，则合乎天理之公，纵有刑罚，亦天刑也，故民服。"① 来氏此处言理，与喜怒之私情相对，也是强调刑罚问题上应秉承天道自然与人事当然的相合。又来氏《日录》从理、气、数的关系论"命"：

> 命者，令也。在尊者教令乎下，方可曰命，故曰天命，曰君命，曰父命，朱注谓"天以阴阳五行化生万物，气以成形，而理亦赋焉，犹命令也"是也。此一条言命字义。
>
> 此"命"字有三义："天命"之命，以命令而言也；"莫非命也""生死有命"之命，"仁之于父子也，义之于君臣也，命也"之命，以命数而言也。然命数有两般不同："莫非命也""死生有命"之命，以命数之贫贱、富贵、夭寿、穷通而言也；"仁之于父子也，义之于君臣也，命也"之命，以命数之禀气清浊厚薄、上智下愚贤否而言也。北溪陈氏亦常辨之矣。此一条言"命"字有三义。
>
> 然"命"字之义不同，何也？盖天以阴阳五行化生万物，万物得化生之后即有形象矣。有形象即有一定之数，所以"天命之命"以命令而言也；万物受形之后，以命数而言也。以命言者，兼理与气而言也；以数言者，专以气言也。此一条原命字不同之义。②

来氏认为，陈淳《北溪字义》所言命有三义，实际上可归约为两类：

---

①（明）来知德：《周易集注》卷4，《景印文渊阁四库全书》，台湾商务印书馆1986年版影印本，经部，第32册，第139页。

②（明）来知德：《入圣功夫大字义》，《来瞿唐先生日录》（一）内篇卷3，《四库全书存目丛书》，齐鲁书社1995年版影印本，子部，第85册，第729页下栏。

有命令之命，有命数之命。朱熹"天以阴阳五行化生万物，气以成形，而理亦赋焉，犹命令也"，说的是命令之命。此命令之命，即天道之自然，乃乾道变化各正性命之命，也是天命之谓性之命，此是万物受形之前的命。万物受形之后遂有命数之命，此命又可分为两种。第一种是"仁之于父子也，义之于君臣也，命也"之命，说的是人道当然之则，兼理与气而言；第二种是"莫非命也""死生有命"之命，说的是穷通寿夭的人生遭际，是专以气言，属于天道自然的另一层意思。来氏对陈淳之三义的阐释涵盖了理、气、数三者，分天道之自然与人事之当然两层，在天道自然层面又可分出继善成性之天道与死生有命之天道，前者为性理之源，后者为人生遭际之命数。来氏在以理主气，以道德义理主宰意识活动，使知觉活动合于当然之则的同时，又表达了对客观不可抗因素的安顺态度。如来氏云："理有常主，数乃偶遭。故诚能动物，不诚未有能动者。"① 又道："数存乎天，理存乎我。到了理处，就莫要言数。到了数处，就莫要言理。"② 又道："天之与我也，管摄之以数；我之事天也，奉若之以理。……人之处我也，责备之以理；我之处人也，安遇之以数。"③ 又道："凡立身行道之人，受人无根之谤，就当知是我之数，不当归罪于所谤之人。其进以理，退以义，犹夫初也。"④ 又道："倘来之福，以义处之，如我所不当得，则虽福亦祸；倘来之祸，以命处之，如我所不当得，则虽祸亦福。以此作柄，故遇大福大祸，即凝然不动。"⑤ 其关于理、数的论述与《孟子》"口之于味也"章所言天命观、性命观息息相关。孔子曾遭叔孙武叔之毁，王阳明亦尝言"无辩止谤"，来氏居父母之丧，受人毁谤，终能淡然处之，未去追究，则是其安数的表现。在正统理学那里，天人之间是自然与当然之别，当然出于自然，天人一理，二者又是合一的。来氏提出安数尽理说，将数从自然之理中独立出来，一方面使之与"合当如此"的有目的有意志的主体道德原则形成尖锐对立，另一方面突出了自然之理无目的无意

① （明）来知德：《省事录》，《来瞿唐先生日录》（一）内篇卷5，《四库全书存目丛书》，齐鲁书社1995年版影印本，子部，第85册，第798页下栏。
② （明）来知德：《省事录》，《来瞿唐先生日录》（一）内篇卷5，《四库全书存目丛书》，齐鲁书社1995年版影印本，子部，第85册，第799页上栏。
③ （明）来知德：《省觉录》，《来瞿唐先生日录》（一）内篇卷4，《四库全书存目丛书》，齐鲁书社1995年版影印本，子部，第85册，第762—763页。
④ （明）来知德：《省觉录》，《来瞿唐先生日录》（一）内篇卷4，《四库全书存目丛书》，齐鲁书社1995年版影印本，子部，第85册，第775页下栏。
⑤ （明）来知德：《省觉录》，《来瞿唐先生日录》（一）内篇卷4，《四库全书存目丛书》，齐鲁书社1995年版影印本，子部，第85册，第780页下栏。

志的不可测与不可抗拒性。这毋宁说得自他科举屡次受挫而立志学圣的深层感悟，也是对二程"安于义命"人生哲学的继承和发展。

简言之，来氏虽然不否认朱熹太极为至极之理，太极是造化之枢纽等体用论的说法，但他更多的是从构成论看待理气先后问题，把气看作形而下实体的同时，把理看作气之中的形而上实体，认为理是实理，气是实气。来氏基于天人分合下的理数论，主张太极即是仁义礼智信之理，元亨为天道本然之数，利贞为人事当然之理。来氏所谓仁义礼智信并非特指人类的道德理性，而是宇宙万物的普遍规定，这也是周敦颐《太极图说》提出五常之性后逐渐流行开来的一般看法。来氏抛弃了朱熹从本源上所讲的太极之理逻辑在先的说法，而是立足现实世界层面从构成论角度强调理始终寓于气之中，他对朱熹理气观的这一重要修正更多的是基于现实经验观察而非出自"推其本则太极生阴阳"的抽象理性思辨，从其直接思想来源看，来氏应是汲取了薛瑄"理涵乎气之中"的说法。总的来说，来氏本体论虽然刻意弱化理的绝对在先性，但保留了理的在中实体本体地位，故仍应归属程朱理学派，其本体论并非周敦颐宇宙本体论，也不能简单看作张载气本论，距离陆王心本论则甚远。来氏继承了朱熹性属理，心属气的思想，从理气数之分谈到其理欲观，进一步发展了他的心性学说和修养方法论。

第二节　格物之头脑功夫

陈来认为，一个思想家的学派属性主要取决于他的心性论和功夫论，即他对于心性的看法和对修养方法的看法，这是理学史研究的一个基本方法原则。[①] 来知德在心性情关系上主要取朱熹之说，如认为性体情用，心主性情，心首先是知觉神明之心而非陆王所谓道德本心，故而从其心性修养论的总体上说来氏之学也应归于理学派而非气学派、心学派，但在事实上，他在心性修养问题上积极吸收了气学和心学的一些重要思想。如其吸收了张载天地之性气质之性的思想，提出去欲复性说，又如在格物致知论上，来氏不同意朱熹以致知之知为知识之知，以格物致知为即物穷理的说法，而是取王阳明以致知之知为良知的说法，但又认为良知本体上用不得功夫，故不取阳明"致"之功夫义。在修养方法上，来氏反对程朱派静中

---

① 陈来：《宋明理学》，华东师范大学出版社 2004 年版，第 229 页。

涵养本体、体验未发的方法，而是偏于在意念发动处察识诚意，其格去物欲说在主体内心做功夫，又与阳明以大人格君心之格训格物之格，将格物训作正念头，去其心之不正以全其本体之正的说法相类。公是代表社会群体利益的道德观念，私则是代表个体利益的个体意识，在追求天人合一的方法路径上，无论程朱还是陆王都将"私意""私欲"看作阻隔天理流行的障碍，在公私义利之辨上他们是一致的，都主张"去私"，通过排除气禀物欲之私，实现真正的自觉，这一路径并非形而上的自我证悟和超越，而是从形而下的已发层面立说。因此，在心性问题上，来氏折中理学、气学、心学的痕迹明显，其立场不免在三者之间摇摆。

　　来知德依据孔孟原典，对宋明时期的识仁体说、主敬说、即物穷理说、致良知说、随处体认天理说等都有所扬弃。如朱熹《大学章句》云："明德者，人之所得乎天，而虚灵不昧，以具众理而应万事者也。但为气质所拘，人欲所蔽，则有时而昏；然其本体之明，则有未尝息者。故学者当因其所发而遂明之，以复其初也。"① 又其格物致知补传云："所谓致知在格物者，言欲致吾知，在即物而穷其理也。盖人心之灵莫不有知，而天下之物莫不有理，惟于理有未穷，故其知有不尽也。是以《大学》始教，必使学者即凡天下之物，莫不因其已知之理而益穷之，以求至乎其极。至于用力之久，而一旦豁然贯通焉，则众物之表里精粗无不到，而吾心之全体大用无不明矣。此谓物格，此谓知之至也。"② 朱熹的明德说、格物说遭到了来氏的质疑和批评。据《年谱》，从万历七年重订其旧作《大学古本》到万历二十年客居求溪改《大学古本章句》，十余年里来氏对《大学》文本倾注了极大的心血。来氏《大学古本》讨论三纲八目，体现了对程、朱、王三公《大学》之注的继承与批判。其《大学古本序》云：

　　　　大学之道，修身尽之矣；修身之要，格物尽之矣。明德者，何也？昭明于天下之德也，即五达道也。格物者，修身之有头脑功夫也，即告颜子之克己也，即孟子之寡欲也。诚意者，心之要紧处也。物格则知之至矣，修身则行之尽矣，知至行尽，天下国家举而措之而已。秦汉唐已来圣人之道浑如长夜，到宋河南程氏取而表章之，朱子乃为之注，可谓有功于圣门矣！但以明德为虚灵不昧，以格物为穷至事物之理，不免失之支离。至我明阳明王氏崛起浙中，以此书原未错

---

① （宋）朱熹：《大学章句》，《四书章句集注》，中华书局1983年版点校本，第3页。
② （宋）朱熹：《大学章句》，《四书章句集注》，中华书局1983年版点校本，第6—7页。

简、朱程格物不免求之于外，可谓有功于朱程矣，但仍以明德为灵昭不昧，而教人先于悟良知，则又不免失之茫昧。①

此序作于万历十三年，应是《大学古本》结集后所作，来氏认为朱熹将《大学》格物解释为"穷至事物之理"，容易使人外求，有支离之弊；王阳明主张《大学》并未错简，将程朱格物论由外向的即物穷理转为内求，有功于朱程，但教人先悟良知，则茫然无从下手，故有茫昧之弊。来氏认为，程朱释明德为虚灵不昧，王阳明以明德为灵昭不昧，都是把明德讲到心上去了，其后果是使天下学者逐渐流而为禅，偏离孔孟本义。来氏推崇司马光的躬行精神，对于形上理论的建构和体悟缺乏兴趣，故而他将《大学》三纲八目往实处讲，并落实于践履力行，如认为"德者，得也，以五伦体之于身躬行心得也"，"明德，此五伦在天地间，昭如日月"，"明明德，上明字即人伦明于上之明"，"明明德即修身也，即有诸己也"，"克明峻德，即是敬敷五教，养国老于上庠等事"，"就虚灵上说一本《大学》通说空疏了，更无下手处，就五伦上说一本《大学》彻头彻尾"，"况下文明说'宜其家人而后可以教国人，宜兄弟而后可以教国人'，又何以为虚灵不昧"，"孟子，得孔子之真传者，孟子言设学皆所以明伦，后之儒者乃以明德解为虚灵不昧，是即释氏虚空圆明之教矣，岂孔氏之教乎"，"则明德乃五伦之德彰彰矣"，"如朱熹《章句序》'而其所以为教，则又皆本之人君躬行心得之余，不待求之民生日用彝伦之外，是以当世之人无不有以知其性分之所固有、职分之所当为'，如依序文如此解明德，则一本《大学》通畅矣，不知如何又解在心上去了"②。来氏继承了《乐记》"德者，得也"的讲法，认为德的实质内容即躬行五伦的心得。来氏将明德之明解释为五伦乃"明白显然之事"，人世间可行可见之事，并非佛家六道轮回前生后世阴间地府等空虚之事。又言三代以下设学立教的目的都是"明伦"，此为《大学》"明明德于天下"之意，批评朱王解明德为虚灵灵昭，都讲到心上去了，讲空疏了，成了释氏虚空圆明之教，已非孔门之教。

薛瑄《读书录》道："中孚二体皆中实，全体则中虚，中虚则无物，中实则有理，故曰中虚信之本，中实信之质，无物而有理，即无极而太极

①　（明）来知德：《大学古本》，《来瞿唐先生日录》（二）外篇卷7，《四库全书存目丛书》，齐鲁书社1995年版影印本，子部，第86册，第134—135页。
②　（明）来知德：《大学古本》，《来瞿唐先生日录》（二）外篇卷7，《四库全书存目丛书》，齐鲁书社1995年版影印本，子部，第86册，第140—142页。

也""太极一圈中虚无物，盖有此理而实无形也""敬则中虚无物""敬则虚，不敬则实"，① 又道："心虚有内外合一之气象"②。受薛瑄"实以理，虚于欲"说法的影响，来氏反对用"虚"字形容良知、仁体、明德、太极等实体范畴，其著作中的"虚"字只用于形容不良情欲消除后的效验。来氏的格去物欲说即是从形下层面的不良情欲为其功夫抓手，放弃了形上层面的神秘修身体验，其本体论上避虚就实，修养方法论上则避实贵虚。如来氏注咸卦大象"山上有泽，咸，君子以虚受人"道："虚者，未有私以实之也，受者，受人之善也。人之一心，寂然不动感而遂通者，虚故也。中无私主，则无感不通，闻一善言，见一善行，沛然若决江河矣。苟有私意以实之，如有所好乐，是喜之私实于中矣；有所忿懥，是怒之私实于中矣。既有私意，则先入者为主而感通之机窒，虽有至者，将拒而不受矣。故山以虚则能受泽，心以虚则能受人。"③ 认为没有私意实于中则心虚，方能做到寂然不动感而遂通，因此，虚是能感的前提条件。《大学》讲到身（心）有所忿懥恐惧好乐忧患皆不得其正，故修身在正其心，来注此条即引用《大学》之文，欲正其心，即是要把忿懥恐惧好乐忧患等情感统统虚掉，之后神感神应方至，此与朱王所谓虚灵不昧灵昭不昧言心体不滞实质上是一致的。来氏《日录》所谓明德即躬行五伦之心得，已完全落于后天之义，成为德行，反隐没了德性这一先天性理之义。他重践履而轻静坐，故批评朱王将明德讲到心上去了，讲空疏了。又其注晋卦道："自昭者，格物致知以去其蔽明之私，诚意正心修身以践其自昭之实也。明德者，即行道而有得于我者也，天下无道外之德，即五伦体之于身也。此德塞乎天地，横乎四海，如杲日当空，人人得而见之，故曰明，非《大学》旧注虚灵不昧之谓也。"④ 又其注晋卦六五爻辞道"失得勿恤者，虚中则廓然大公，不以失得累其心也，故吉，无不利"，⑤ 与其格去物欲之说相应。又注损卦道："六五当损之时，柔顺虚中以应九二，盖有下贤之实心、受天下

① （明）薛瑄：《读书录》卷1，山东友谊书社1991年版影印本，第41、68、70页。
② （明）薛瑄：《读书录》卷2，山东友谊书社1991年版影印本，第86页。
③ （明）来知德：《周易集注》卷7，《景印文渊阁四库全书》，台湾商务印书馆1986年版影印本，经部，第32册，第196—197页。
④ （明）来知德：《周易集注》卷7，《景印文渊阁四库全书》，台湾商务印书馆1986年版影印本，经部，第32册，第212页上栏。
⑤ （明）来知德：《周易集注》卷7，《景印文渊阁四库全书》，台湾商务印书馆1986年版影印本，经部，第32册，第215页上栏。

之益者也，故有此象，占者得此元吉可知，然必有是德方有是应也。"① 又
注益卦道："固守其虚中之德而后可以常保其优渥之宠锡也。……六二当益之
时，虚中处下，盖精白一心以事君，本无求益之心，而自得君之宠益者也。"②
又注益卦六三道"六爻中虚，有孚之象也"，③ 又注中孚道"二柔在内而
中虚，二刚居中而中实，虚则内欲不萌，实则外诱不入，此中孚之本体
也"，④ 基本都是承接薛瑄"实以理、虚于欲"的修身思想而来。接下来
我们结合来氏《格物诸图》及来氏对于理学重要范畴的辨析，详细阐述其
修养方法论。

一　格物之物乃物欲之物

来氏《日录》释格物之物，称孟子所谓三好的对象勇、货、色为物，
又把忿懥、恐惧、好乐、忧患等心不得其正之情感归为物。同时，来氏又
区别了物和欲，色、货是物，好色、好货则是欲，有了欲横亘在心中，就
不能推己及人，即"好此物则所藏乎身不恕"。⑤ 他批评程朱与王阳明道
"入圣之功夫少认不真，则其用功之先后，不免以缓为急，以急为缓"，⑥
"程朱在宋为名儒，今日之设科皆依其注疏，然《大学》首章头脑功夫未
免差误，他可知矣。王阳明以《大学》未曾错简，又可见天惜聪明，不肯
尽归于一人也。阳明之说是矣，然又以格物之物认为事字，教人先于良
知，而明德二字亦依朱子，又不免少差"。⑦ 朱熹将格物解作即物穷理，王
阳明解作正念头，将格物之物解为事，并在其四句教里说"为善去恶是格
物"。来知德不同意朱王对"物"字的训解，径直将格物释作格去物欲。
来氏释"格"道："格字正阳明以为格其君心之格，极说得是，但指物字

① （明）来知德：《周易集注》卷8，《景印文渊阁四库全书》，台湾商务印书馆1986年版影
印本，经部，第32册，第238—239页。

② （明）来知德：《周易集注》卷8，《景印文渊阁四库全书》，台湾商务印书馆1986年版
印本，经部，第32册，第241页。

③ （明）来知德：《周易集注》卷8，《景印文渊阁四库全书》，台湾商务印书馆1986年版影
印本，经部，第32册，第241页。

④ （明）来知德：《周易集注》卷12，《景印文渊阁四库全书》，台湾商务印书馆1986年版
影印本，经部，第32册，第319页下栏。

⑤ （明）来知德：《大学古本》，《来瞿唐先生日录》（二）外篇卷7，《四库全书存目丛书》，
齐鲁书社1995年版影印本，子部，第86册，第152页下栏。

⑥ （明）来知德：《心学晦明解》，《来瞿唐先生日录》（一）内篇卷6，《四库全书存目丛
书》，齐鲁书社1995年版影印本，子部，第85册，第820页上栏。

⑦ （明）来知德：《心学晦明解》，《来瞿唐先生日录》（一）内篇卷6，《四库全书存目丛
书》，齐鲁书社1995年版影印本，子部，第85册，第819页。

作事字又错了，将此功夫说缓了，又渺冥了。格字即下文切、磋、琢、磨也，瑟、僩、赫、喧也，克明也，顾諟也，日新又新也。"① 来氏又以孔孟等儒家原典如《论语》"克己""不迁怒不贰过"、《孟子》"好色好货好勇"、《易传》"惩忿窒欲"等话来解释格物，他解释"物"道："此心一旦豁然，始知格物之物非宋儒物理之物也，亦非近日儒者事物之物也，乃物欲之物。盖己也，忿也，欲也，怒也，过也，色也，勇也，得也，皆《大学》之所谓物也；克也，惩也，窒也，不迁也，不贰也，三戒也，皆格之之意。"② 都反映了来氏放弃朱熹格外在物理之物（即物穷理）的认识论路线，而转为阳明反身内省，着力于格去内心的非道德情感欲望的"诚意正心"之说。但在"欲"的来源问题上，来氏认为中孚中实、中虚的卦体象征着外诱不入，内欲不萌，既肯定了欲源自内在天性，反对了把欲仅归于人的说法，又承认了欲是受外物引诱的结果，其注艮卦"艮其背，不见其身"表达的也是这个意思，他将理欲极端对立而非合一共存的态度也反映了程朱、陆王在理欲问题上的共有立场，也使得他还不能像王夫之、戴震那样肯定人的自然情欲合理的一面，并提出理欲互为体、必然之理出于自然的命题。

来知德《格物诸图引》一文自述了其学问演变的三个阶段。来氏在北京备考进士期间，读到薛瑄《读书录》，遂悟格物当反求于心，而不当外求于物。他仿照薛瑄《读书录》所作的《四省录》是其理学、心学、易学的心得结集。此是由朱熹的即物穷理向内转为反身格物的阶段。经过常年记录心得，来氏尝试静坐欲识仁体，但终告失败，遂视其为禅而抛弃，自感入圣功夫无下手处，于是出游吴地及五岳，欲会当时讲学者辩难，却总不能相值。来氏出游吴地时，王龙溪尚健在且常去湖北江西等地讲学，龙溪倡"四无"之教，主张利根之人可以一超直悟本体，而来氏始终不得静坐涵养本体之法，二人未能会晤论学，乃为憾事。此为来氏功夫论形成的困学愤悱阶段。父母离世后来氏庐墓六年，断酒肉，辞室家，登太白山，悟得乱此心者无非三欲，即孔子所谓少年戒色，中年戒斗，老年戒得，孟子所谓好色、好货、好勇，此三欲乃千欲万欲之根柢。来氏遂将格物之物解为物欲之物，"盖己也忿也欲也怒也过也色也勇也得也，皆《大学》之所谓物也；克也惩也窒也不迁也不贰也三戒也，皆格之之意也"，除了三

---

① （明）来知德：《大学古本》，《来瞿唐先生日录》（二）外篇卷7，《四库全书存目丛书》，齐鲁书社1995年版影印本，子部，第86册，第152—153页。

② （明）来知德：《格物诸图引》，《来瞿唐先生日录》（一）内篇卷2，《四库全书存目丛书》，齐鲁书社1995年版影印本，子部，第85册，第687页下栏。

欲，其他情感如忿、怒等也都属于物欲之物。王阳明"意之所在便是物"，从道德主体的意念发动指向处来讲这个物字，而来氏将此范围进一步收窄了，其所谓物，专指道德主体所发出的不良的情感欲望。王阳明讲"为善去恶是格物"，为善去恶是两段功夫，来氏只讲去恶，认为去恶就是为善。此为来氏功夫论形成的第三阶段，改造朱熹的即物穷理说和阳明的为善去恶说，并最终树立其格去物欲说。来氏云："五性本体上半毫功夫做不得，惟当于发念上做功夫。遏人欲者即所以存天理也，人欲既遏则天理自然呈露，而情之所发，事之所行，皆天理矣。"① 又道："始知宋儒默坐澄心欲识仁体，欲观喜怒哀乐未发气象者不过禅学，而讲敬说礼，又讲致良知者，都令此心混杂于天理人欲之区，枉误后生晚进，深为可痛，皆非孔氏心印也。因大书'发念处即遏三大欲'八个字于壁，以当警心。"② 是其经历此三阶段后的功夫论总结。来氏认为，孔子只讲克己复礼为仁，孟子讲乃若其情则可以为善矣，孔子言性与天道不可得而闻，随处指点仁体，孟子即情言性，并不像宋明儒大谈识仁体致良知。来氏功夫论主张"发念处即遏三大欲"，称"此奸厥渠魁功夫也。盖此三欲乃形气中之元恶，奸此渠魁，其余手足容恭容重等件不过胁从功夫耳"，③ 认为若只讲敬，说识仁体，说体认天理，说致良知，恐止把做一场话说，通是不曾苦心用力，终下不得手。来氏蔑视持敬涵养功夫，认为手容恭足容重只能算作胁从功夫，没有抓住功夫要领。来氏所遏三大欲，即好得、好色、好勇之心虽分三者，其实求富贵之心为其总管。来氏基于张载"形而后有气质之性"的观点，认为三欲作为渠魁元恶并非人性本具，而是天地之性堕于形气之后杂染所致，学者若能奸灭此三欲，其他皆易如反掌。学者常忽略三欲而务本体之虚谈，却不知心微有不平即是好勇，主体之我对此极易失察。来氏认为三欲以富贵利达之心为总管，欲不可绝，人欲中正仁义处即是天理，讲敬说仁体致良知的弊病是容易流于空谈，学者学圣必于理欲可见处方下得了手。总的看来，来氏"发念处即遏三大欲"的主张专从意念已发处省察克治，虽窄狭，但又极为猛醒，且于孔孟经典有据。如据孔子"富贵如可求，虽执鞭之士吾亦为之"讲富贵利达之心，并以此统领孟子"三好"，

---

① （明）来知德：《格物诸图引》，《来瞿唐先生日录》（一）内篇卷2，《四库全书存目丛书》，齐鲁书社1995年版影印本，子部，第85册，第687页。

② （明）来知德：《格物诸图引》，《来瞿唐先生日录》（一）内篇卷2，《四库全书存目丛书》，齐鲁书社1995年版影印本，子部，第85册，第687—688页。

③ （明）来知德：《格物诸图》，《来瞿唐先生日录》（一）内篇卷2，《四库全书存目丛书》，齐鲁书社1995年版影印本，子部，第85册，第691—692页。

其学理又极正。

来知德《格物诸图》把儒者的修养过程看作闭城门、临关和破关等几个阶段，分别对应未发之心、诚意正心之心和富贵利达之心等几种心理状态。他批评程子默坐澄心流于释氏，并非儒家的闭城门功夫，认为诚意正心之时，是动亦静之时，并非全无思虑念想。来氏《日录·入圣功夫字义》阐述了心、性、理、道、诚、气、器等范畴及其关系。来氏论心云："心者，身之主宰"，"心有形，有气，有神，形者，心之体也，气者，息之呼吸也，神者，性也，附于心之仁义礼智信之理也，天所赋我之性，故有善无恶，但理附于形气之中，即有善恶矣"。① 此说继承了朱熹心具理之说，以理有善无恶，以气禀解释恶的来源，同时又以心为形气神的合体，以心形为心体，以心气为呼吸，以心神为性为理。又道："尧舜分个道心人心，论起来止是一心，无二心，然理附于形气，不容不两分矣。"以道心为理，人心为气。又道："尧舜教人以精一功夫，无非教人去形气之人欲，而存天命之天理。"② 来氏论性云："气质之性自人心一边而言也，有形有象，形而下者也，气也，器也，理附乎气，器寓乎道，本不相离，若以一而言之，理即气，气即理，道即器，器即道。若以两而言之，寓乎躯壳之中者，纯是天理，故曰性善，若躯壳，则因人所禀气质有刚柔善恶，即有善有不善矣。"又道："性即理也，心统情性，则心即性也。圣贤说话有将人心通作理说者，如言'仁，人心也'，'尽其心，知其性'，'存其心，养其性'，通作理上说。"③ 来氏论理云："理字与道字大抵相同，但道字就散见通行上说，理字则就当然恰好尺寸不可移易上说。……如父慈子孝君仁臣忠是道，然慈者乃为父当然不易之则，为人父止于慈，则父尽父道矣。"又道："理字曰天理者，见其原于天命之性也。欲字曰人欲者，见其出于形气之私也。"又道："性者，理也；道者，理也；诚者，理也。但性自天所命人所受上说，道自率其性散见于事物上说，诚则理之真实无妄者。故《大学》《中庸》止言性，言道，言诚，而不言理，以性、道、诚皆理故也。此一条言理字该得宽。""孟子曰'心之所同然者，谓理也，义也'，盖理即性，性即理。性者，天地万物之一原，天地是此理，万物

① （明）来知德：《入圣功夫字义》，《来瞿唐先生日录》（一）内篇卷3，《四库全书存目丛书》，齐鲁书社1995年版影印本，子部，第85册，第721页。

② （明）来知德：《入圣功夫字义》，《来瞿唐先生日录》（一）内篇卷3，《四库全书存目丛书》，齐鲁书社1995年版影印本，子部，第85册，第721—722页。

③ （明）来知德：《入圣功夫字义》，《来瞿唐先生日录》（一）内篇卷3，《四库全书存目丛书》，齐鲁书社1995年版影印本，子部，第85册，第732—733页。

是此理，人人是此理，岂不同然？若稍有不同，即不能同然矣。人能克去己私，不丧失此同然之心，则良知本体发见，此心如明镜矣。以之照物，妍者自妍，媸者自媸，所以能同然。此一条言人能克去己私，则理自发见。"① 来氏认为心为身之主宰，心有形、气、神，心之神即是性，是天所赋予我之性，表现为仁义礼智信之理，有善而无恶，此天理依附于我形气之中，始有善恶。心有人心道心，气质之性言人心，属于形下层面，理附于气，器寓乎道，理即气，道即器，是从一体不离的角度说的；人的躯壳因所禀气质不同而有刚柔善恶，天理寓于躯壳之中而纯粹至善，这是从两分不杂的角度说的。性即理，心统情性，来氏由此推导出心即性的结论。来氏指出圣贤有时在理上说心，明为说心，实际说的是理，如言"仁，人心也""存其心"等，实际是说仁为人之性人之理，存其性存其理，故而来氏心即性即理之说亦有经典依据。来氏认为理与道意思大抵相同，道字就散见通行上说，理字就当然恰好尺寸不可移易上说，道字宽泛，理字精确，如慈是为父的当然不易之理，如果为父的能做到止于慈，那就尽了父道。上章已论其所谓理包含有事理之必然、事理之自然、事理之当然、事理之固然、事理之所以然等，但主要指合当然之理，人伦之理，这一点亦与薛瑄一致。来氏对道、理的字义辨析采用了《北溪字义》的讲法。② 因其原于天命之性故称理为天理，因其出于形气之私故称欲为人欲。《大学》《中庸》言性、道、诚，不言理，实质上性、道、诚都是理的别称，性是自天命人受上说，道是自率性散见于事物上说，诚是就理之真实无妄上说，理字该得宽，意思最为赅备。来氏以上接孔孟之道自许，对宋明儒思想多有批评，但实际上亦多有吸收，其心性修养论重视理的主宰作用，以理统括性、道、诚，但并未有意识的辨析孟子"心之所同然"之理与程朱天理之理的异同。来氏认为，孟子以理、义为心之所同然，人人皆同此理，物物皆同此理，要想不丧失此同然之心，则须克去己私，良知本体自然发见，此亦是说心即性即理。总的来说，来氏喜合不喜分，尽管在一定程度上辨析了理、性、道、诚、心、气、器等范畴，但他最终强调的是这些范畴之间的一体不离关系，如气即理，理即气，道即器，器即道，性即理，心即性等，尤其强调形而上的天理寓于形而下的躯壳之中，其道器不相离说、理气不相离说与其圆图主旨是一致的，来氏格物诸图可以说是其

① （明）来知德：《入圣功夫字义》，《来瞿唐先生日录》（一）内篇卷 3，《四库全书存目丛书》，齐鲁书社 1995 年版影印本，子部，第 85 册，第 744—745 页。

② （宋）陈淳：《北溪字义》卷下，中华书局 1983 年版点校本，第 41—42 页。《理》篇云："道是就人所通行上立字，与理对说，则道字较宽，理字较实，理有确然不易底意。"

圆图在道德修为上的呈现。

来氏《入圣功夫字义·良知》道:"良知即五性中之智也,乃天理也,发而为是非之心者,此也,即诚明之明也。……未能有此实理者,必明方能诚,盖未能有此实理,即有私欲矣。必去此私欲,复其实理之本体,方能明而诚。"① 来氏认为,良知就是五性之智,就是是非之心,是道德主体天生具备的道德判断力,同时又是实理之本体,其表达的心即理的主张,反映了其调和心学、理学的立场。来氏以孟子良知为是非之心,并将《中庸》诚明之明与之关联。其间又有圣贤之别,圣人完具此良知实理故能自诚明,学者去除私欲之蔽后恢复其实理本体,属自明而诚。来氏将良知指定为是非之心,五性中之智,应是受了阳明"知善知恶是良知"之说的影响,这与孟子爱亲敬长的良知论不同,孟子所言良知不仅体现在善恶是非的理性鉴别上,还体现在恻隐、羞恶、辞让等道德情感方面。来氏《日录》云:"倘此横于中之物欲或得或丧,发之七情即有所忿懥、有所恐惧、有所好乐、有所忧患,是以见之于事即偏于一边,不之所亲爱而辟,必之所贱恶而辟,不之所畏敬而辟,必之所哀矜敖惰而辟。心既有所忿懥恐惧好乐忧患之偏,而所行之事又随其心之所偏而辟,则天赋于我之五性皆已牿亡丧失矣,是非之良心既以丧失,是以安其危而利其灾,此身之所以不修也。"② 来氏将《孟子》《大学》文本串联,探寻了道德主体迷失的具体成因,认为物欲横于心,不免患得患失,发之于情,则有忿懥恐惧好乐忧患,心遂不得其正;见之于事,则于其所亲爱贱恶畏敬哀矜敖惰而各有偏辟,于是身不得修,其结果是五性牿亡良心丧失。此处来氏并未辨析五性与是非之心的关系,只是将二者并提。来氏云"正心之心,已发之心","是非之心人皆有之,此所谓知也","到了知字,即仁义礼智信之智也,乃是非之心也,乃天理也,虽不离形气,然无半毫形气之私,无声无臭,下不得功夫,所以下一个致字。此一字下得轻。致者,送也,诣也,至也,只似说送与是非之心看,所以物格而后知至",③ 来氏认为,身、心、意、物属于形气,下得了功夫;知是五性之知,是是非之心,是天理,下不得功夫。来氏受王阳明将致知之知解为良知的影响,将《大学》身心意

① (明)来知德:《入圣功夫字义》,《来瞿唐先生日录》(一)内篇卷3,《四库全书存目丛书》,齐鲁书社1995年版影印本,子部,第85册,第737页上栏。

② (明)来知德:《大学古本》,《来瞿唐先生日录》(二)外篇卷7,《四库全书存目丛书》,齐鲁书社1995年版影印本,子部,第86册,第146—147页。

③ (明)来知德:《大学古本》,《来瞿唐先生日录》(二)外篇卷7,《四库全书存目丛书》,齐鲁书社1995年版影印本,子部,第86册,第147页。

知物之知等同于仁义礼智信之智。来氏将八条目正心之心，称为已发之心，偏离了朱熹注解。《大学章句》云："忿懥，怒也。盖是四者，皆心之用，而人所不能无者。然一有之而不能察，则欲动情胜，而其用之所行，或不能不失其正矣。"① 又云："心有不存，则无以检其身，是以君子必察乎此而敬以直之，然后此心常存而身无不修也。"② 故朱熹正心之心，有"察""检"的道德仲裁拣择功能，且须君子践行敬以直内的涵养功夫去"存"此心，则此心决非来氏所谓的已发之心。朱熹以忿懥恐惧好乐忧患为心之用，则其所存之心是本体之心。来氏说"是非之心人皆有之，此所谓知也"，这个"知"有"问断"功能，能裁断是非、公与不公，即所谓良知知是知非。来氏训"致知"为"送与是非之心看"，以"知"字当五性之智，当四心之是非之心，当天理，此处心、性、理都是形上层面的。朱熹以正心之心为道德监察仲裁之心，且此心须平时敬存，并不以正心之心为已发之心，来氏以正心之心为形而下的已发之心，以是非之心为监察、裁断之心，且认为是非之心（良知）下不得功夫，亦无须存养。来氏论心虽不如朱熹整全端的，但其特色之偏也正体现于此。来氏《训意》二篇云："然心者身之主也，使此心不觉照，心不在而失其本心，惟知眷恋于物欲，有所忿懥恐惧好乐忧患，虽视之亦不见，听之亦不闻，食之亦不知其味矣，安能修身乎？故在于正心，必定要此心不偏邪，一团天理，惟仁也，惟敬也，惟孝慈信也，则身可得而修矣。"③ 来氏此处以心为身之主宰，是能觉照的道德本心，如果眷恋物欲则不能觉照，即所谓心不在焉，失其本心。来氏认为，修身在正其心，使此心不偏邪，一团天理，仁敬孝慈信等良善的道德品质充满此心。正心在诚意，意诚则心正，意乃心之所发，初发之际，诚能好好色，恶恶臭，而不自欺，则此心可得而正。如见好色而不能好之，见恶臭而不能恶之，则意念之发不诚，其心不能得正。来氏云："故必致吾是非之心以鉴之，晓然明白，知其何者为仁敬孝慈信之善所当好也，知其何者为忿懥恐惧好乐忧患之恶所当恶也，斯意可得而诚矣。"④ 意念发动之时，道德主体能否做到好善如好好色，恶恶如恶恶臭，其前提是对善恶真妄、天理人欲有一个基本的鉴别，故"必致吾是非

---

① （宋）朱熹：《大学章句》，《四书章句集注》，中华书局 1983 年点校本，第 8 页。
② （宋）朱熹：《大学章句》，《四书章句集注》，中华书局 1983 年点校本，第 8 页。
③ （明）来知德：《大学古本》，《来瞿唐先生日录》（二）外篇卷 7，《四库全书存目丛书》，齐鲁书社 1995 年版影印本，子部，第 86 册，第 147 页。
④ （明）来知德：《大学古本》，《来瞿唐先生日录》（二）外篇卷 7，《四库全书存目丛书》，齐鲁书社 1995 年版影印本，子部，第 86 册，第 147—148 页。

之心以鉴之",经过是非之心的鉴别,格去忿懥恐惧好乐忧患等不良情感,则能确保未发之中与已发之和。此处,心是心,理是理,性是性,判然有别,来氏分得很清楚。来氏《物格而后》篇对于身心意知物及心性之别,有镜、目之喻:"心譬如镜也,本光明也。物者,镜上之尘垢也。格者,去其尘垢也。……心者,譬如目也,本光明也,物者,目上之翳也。格物者,以药点之,去其翳也。知至者,复其光明之本体也。"① 无论是目还是镜,其本体都是光明的,本具辨物、照物之功能,如同道德本心,格了物,知即至,光明之本体得复。来氏此处镜目之喻,所指的是人的道德本心,而不是已发之心。来氏熟悉阳明致良知教,此处其所谓知至之知,所指即是良知本体。这与朱熹格物致知补传"致吾之知"不同,朱熹此处的知有二义,一是人心之灵莫不有知,指人的先验认识能力(兼具先验的认识心和道德心);二是知识,"莫不因其已知之理而益穷之,以求至乎其极",这是经验层面的知识积累(兼具科学知识和道德知识的积累)。朱熹注"诚意慎独"云:"诚其意者,自修之首也。毋者,禁止之辞。自欺云者,知为善以去恶,而心之所发有未实也。谦,快也,足也。独者,人所不知而己所独知之地也。言欲自修者知为善以去其恶,则当实用其力,而禁止其自欺。使其恶恶则如恶恶臭,好善则如好好色,皆务决去而求必得之,以自快足于己,不可徒苟且以殉外而为人也。然其实与不实,盖有他人所不及知而己独知之者,故必谨之于此以审其几焉。"② 所谓人所不知而己所独知之知,即是道德主体本具的道德判断力,与孟子、王阳明所谓良知同义。来氏镜目喻心,所取也是此义。简言之,朱熹格物致知补传的知,含义比较全面,兼具先验的认知心和道德心;朱熹注诚意慎独之知,特指先验的道德判断力,王阳明良知取的是后一义,而来氏此处跟随的是阳明良知义。来氏主张性即理,可是他又不能充分肯定理对于气的超越根据地位,他对于气实体地位的强调在形而下的层面上走向了气本论。受阳明良知学时代思潮的影响,来氏对于道德本心的是非判断力有较深的体认,却又避讳以虚灵不昧状心体,始终没有明确肯定心体是伦理法则的根源,其学说虽一定程度上接近陆王心即理的主张,但又终究没有真正落实到心即理。

来氏注损卦云:"泽深山高,损下以增高,损之象也。惩者,戒也,

---

① (明)来知德:《大学古本》,《来瞿唐先生日录》(二)外篇卷7,《四库全书存目丛书》,齐鲁书社1995年版影印本,子部,第86册,第148—149页。

② (宋)朱熹:《大学章句》,《四书章句集注》,中华书局1983年版点校本,第7页。

窒者，塞也，忿多生于怒心，刚恶也，突兀而出，其高如山，况多忿如少男乎？故当戒；欲多生于喜心，柔恶也，浸淫而流，其深如水，况多欲如少女乎？故当塞。忿不惩必迁怒，欲不窒必贰过，君子修身所当损者，莫切于此。"① 来氏格去物欲论在其注解损卦大象时体现最为鲜明。少男之忿、少女之欲取象代指不道德的情感欲望，是来氏所谓格物之物，惩、窒则是来氏所谓格物之格。来氏此论偏于理欲对立的一面，但他也曾论及理欲相统一的一面，如云："此三欲又绝不得，绝则释氏矣，天理人欲同行异情，惟圣人定之以中正仁义，虽人欲亦天理矣。"② 这是继承了胡宏《知言疑义》"天理人欲同体而异用，同行而异情"之说，承认理欲都是源自天性，把欲和理统一在性中，包含着对人欲的某种价值肯定。又来氏注益卦云："风雷之势交相帮助，益之道也。善者，天理也，吾性之本有也；过者，人欲也，吾性之本无也。理欲相为乘除，去得一分人欲，则存得一分天理。人有善而迁从，则过益寡；己有过而速改，则善益增，即风雷之交相帮助矣。"③ 从卦名来看，益卦适于阐发儒学的正面充养功夫，然而来氏注解并未就此着墨。来氏云"善者，天理也，吾性之本有也"，却并未阐发道德主体应如何对此本有之善作养护之功，而只是简单地认为"理欲相为乘除，去得一分人欲，则存得一分天理"，认为去人欲即是存天理，两者是同一个功夫过程。从儒学修身传统来看，来氏格物功夫论并不完备，其用力之处在于对不良道德情感欲望的省察克治，摒弃了宋明儒者静中涵养未发的一段功夫。程颢生前讲"识仁体"，死后《行状》赞其"充养有道，纯粹如精金，温润如良玉"，程颐每见人静坐则叹其善学，程门高弟杨时开创的道南学派传至罗从彦李延平一贯秉承静坐澄心体验未发的修养功夫，朱熹本人静坐实践不如其师，但在理论体系中还是为涵养须用敬的未发功夫留下了地盘。陈白沙提倡静中养出端倪，以这个善端为作圣的根本，阳明致良知、王龙溪四无之教也都充分肯定了道德主体先验的无善无恶无滞的道德本心。来氏将这一段功夫视为禅学而舍弃，反映出他对宋明儒学传统的理解是偏颇的。宋儒为应对佛教挑战，为原始儒家建构形而上的本体依据，遂有宇宙论、本体论、本源论、心性论和存养功夫论等

---

① （明）来知德：《周易集注》卷 8，《景印文渊阁四库全书》，台湾商务印书馆 1986 年版影印本，经部，第 32 册，第 236—237 页。

② （明）来知德：《格物诸图》，《来瞿唐先生日录》（一）内篇卷 2，《四库全书存目丛书》，齐鲁书社 1995 年版影印本，子部，第 85 册，第 691 页下栏。

③ （明）来知德：《周易集注》卷 8，《景印文渊阁四库全书》，台湾商务印书馆 1986 年版影印本，经部，第 32 册，第 240 页下栏。

一系列的理论发挥,形成新儒家学说,其杰出的理论贡献应予以肯定。来氏消解掉"仁之本体""义之本体"等形而上的讲法,对于静坐涵养未发的一段修身功夫不得其门而入,使得其道德修养理论少了上面一截,这是一种缺憾。来氏批评朱王,常以上追孔孟自许,事实上我们追溯到先秦儒家,孔子气象"望之俨然,即之也温,听其言也厉",孟子践形,牛山之木一段,养护夜气、平旦之气,充养吾浩然之气等篇章,都是谈正面的充养功夫。

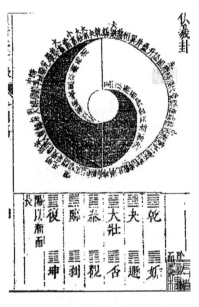

图4-1　伏羲卦图

来氏《日录》载有伏羲卦图(图4-1),是他长期在家体会的修身功夫图。来氏解释此图云:"坤而复焉,一念之醒也,而渐至于夬,故君子一篑之土,可以成山。乾而姤焉,一念之差也,而渐至于剥,故小人一爝之火,可以燎原。"① 实际上他对坤而复一念之醒的涵养扩充功夫重视不够,而专于对乾而姤的一念之差的省察克治功夫。他画此图取的是汉易阴阳二气消息之意,故以十二消息卦配之,后来发现此图与邵雍所谓的伏羲六十四卦卦序安排相合,能体现阴阳二气对待流行之理,遂命名为伏羲图,此图在汉代十二辟卦消长说的基础上兼容了邵雍乾一兑二到坤八的先天卦序。来氏认为,"学者只将此图黑白消长玩味,就有长进",又云此图"可见造化自然之数非有所安排也",② 参得造化性命之学,明白进退存亡,立身处世的道理,尤其是从黑白的力量对比中可验理欲之消长,是学者做心性功夫所臻境地最为简明的图样。此图亦是其圆图的一个分图。

来氏《格物诸图》篇载有来氏圆图的一系列分图,将其修身功夫论充

---

① (明)来知德:《弄圆篇》,《来瞿唐先生日录》(一)内篇卷1,《四库全书存目丛书》,齐鲁书社1995年版影印本,子部,第85册,第660页。

② (明)来知德:《弄圆篇》,《来瞿唐先生日录》(一)内篇卷1,《四库全书存目丛书》,齐鲁书社1995年版影印本,子部,第85册,第660页。

分地表现出来，此处选取其中几幅做简要分析，见图 4－2。① 来氏五性为三欲所迷图中学者之心似有一个恒定空间，白处为五性（仁义礼智信），黑处为三欲（好货好色好勇），去除掉一分人欲，即是光复一分天理，这与孟子以志帅气、持其志、无暴其气的充养之功迥异，不可不辨。

来氏将理归为仁、义、礼、智、信五性，将欲归为好勇好货好色三者，而这些不良喜好的对象勇货色三者即是格物之物。理洁白光辉，欲漆黑一团，理阳欲阴。五性堕于三欲之中，如黑地上白点。一理图表示心体全体是理，故一片皎洁。这种心与理合一的逻辑前提不是认知心合于外物之理，而是心本身内在地具有理这一普遍原则。其"理欲相为乘除"之说，指的是阴阳二气的此消彼长在修身功夫上的体现。朱熹认为心是理气之合，"理与气合，便能知觉"，心包理，理在形体之心中，心具众理，理具于心，心的本体便是理，从本体论上说的心与理一是指主体意识自我超越达到与宇宙本体的合一，从作用上说是指除去形气之蔽达到的心与理一，心和理之间不仅是认知关系，还是价值关系。朱熹所谓穷理是为了明吾心之全体大用，实现浑然一理的境界，心中浑然一理，才是真正的心理合一。如此，心方可妙性情之德，成为天理之主宰。来氏汲取了朱熹"心具众理"和罗钦顺心是理的"存放处"等心理主客二分的讲法，他主张在心上格除物欲，也并非纯粹的认识问题，而是一种价值拣择的行为，他虽然对道德本心的认识不足，也不认可基于道德本体的自我觉悟和自我超越的神秘体验，但他在心与理主客相分的前提下，从形下的已发的诚意功夫出发，追求心与理在本体价值上的合一，其修养论的总体方向及预期效果与朱熹是一致的。又来氏五性图所附图说云：

> 凡物有形，有气，有神，如天地是形也，屈伸往来气也，所以主宰之者神也。仁乃木之神，礼乃火之神，义乃金之神，知乃水之神，此神字即命也、性也、道也、理也、太极也，但随处命名不同耳。与生俱生，与形气原不相离，如天依乎地、地附乎天相似。然虽不离形气，实不杂于形气，天生出尧舜出来，方分一个道心人心，到了孔子又分一个形而上者谓之道、形而下者谓之器，虽如此分得明白，但因他粘搭在形气上，又因佛氏出来混杂一番，所以自孔孟以后儒者通不晓得下功夫，说识仁体，说致良知，说随处体认天理，通将功夫用错

---

① （明）来知德：《格物诸图》，《来瞿唐先生日录》（一）内篇卷 2，《四库全书存目丛书》，齐鲁书社 1995 年版影印本，子部，第 85 册，第 698—709 页。

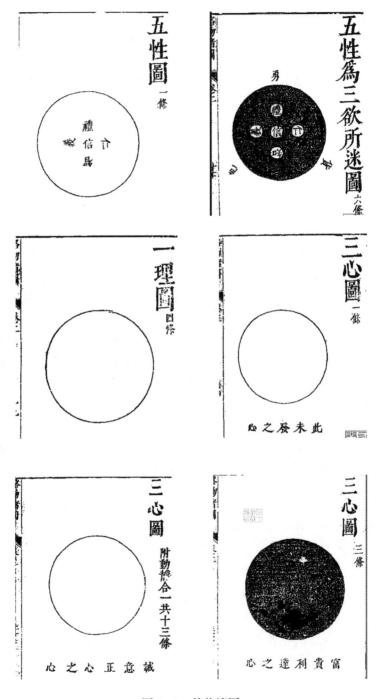

图 4 - 2　格物诸图

了。殊不知五性无声无臭，何处下手？惟格形气上物欲，则五性自呈露矣，此孔门传心至捷之法也。①

来氏以五性仁、义、礼、智、信为五行之神来范围万物，其理气不离不杂的讲法表面上沿袭朱熹成说，实则来氏强调不离，弱化淡化不杂，亦是出于其功夫论的需要。来氏认为假如强调不杂，学者津津于空谈识仁体、致良知，作圣功夫无下手处。惟有强调不离，充分肯定形气的载体作用，通过格形气上物欲，五性自然呈露。这一过程可称作来氏特色的"功夫尽处即是本体"。

来氏五性为三欲所迷图图说云："五性其植立如松柏，三欲便是缠松柏之藤萝，格物功夫是斩藤萝之刀。五性其光明如月，三欲便是遮日月之烟雾，格物功夫是吹烟雾之风……"② 来氏用了六组比喻来形容理欲的关系及格物功夫，将理与欲看作对立的二物，对正当合理的情欲及理欲相统一的一面虽有提及（详前）但终究不是其议论重心所在，其结论是"千古圣学不明，只为五性搭附在形气上"，批评称前贤在敬、静中涵养未发本体的修养功夫错在不懂得五性离不得形气，入圣功夫须从形气入手，五性上下不得功夫。又来氏一理图图说云："五性在人身浑然一理。譬如一桶水，贮在一处，未曾分散脚下，一面有四孔，从东边孔来者是恻隐之心也，从西边孔来者是羞恶之心也"，③ 认为五性是一理，发而为恻隐羞恶辞让是非之心，这一讲法承自朱熹理一分殊说及心统性情说。来氏认为"所以说天理本然上做不得功夫，以理无声无臭无定在故也"。④ 其功夫论从对治后天不良情欲入手，带有浓厚的经验论色彩，来氏对于主体神秘的道德直觉体验缺乏兴趣，对于纯粹先验的道德本心缺乏真实体悟，其道德本心的力量不够，他以良知为性，为心之神，故其心性论与阳明心学尚有距离。来氏讲格去物欲，认为物欲障蔽于心，暗昧了性理，执行格物的心不应限于是非鉴别的认识能力，此心还应先验地具有羞恶、恻隐、辞让等道德情感。来氏攻击程颢"识仁体"之说，认为体上做不得功夫，反对持敬

① （明）来知德：《格物诸图》，《来瞿唐先生日录》（一）内篇卷2，《四库全书存目丛书》，齐鲁书社1995年版影印本，子部，第85册，第698—699页。
② （明）来知德：《格物诸图》，《来瞿唐先生日录》（一）内篇卷2，《四库全书存目丛书》，齐鲁书社1995年版影印本，子部，第85册，第699—700页。
③ （明）来知德：《格物诸图》，《来瞿唐先生日录》（一）内篇卷2，《四库全书存目丛书》，齐鲁书社1995年版影印本，子部，第85册，第701页上栏。
④ （明）来知德：《格物诸图》，《来瞿唐先生日录》（一）内篇卷2，《四库全书存目丛书》，齐鲁书社1995年版影印本，子部，第85册，第701页上栏。

涵养，实则暴露其未深察此心，他主要以此心为神明之心而非超越的本体存在，他所说的心与理之间主要是包含关系，而非显微呈现关系，故而其修养论局限于以主体认识能力格除不良情欲以明心中之性，而讳言道德本心的自我超越的体验活动。来氏继承了阳明良知即天理的说法，认为良知是五性中的智，"有实理自有此实知"，"必去此私欲，复其实理之本体方能明而诚"，良知源于宇宙本体，又是心之本体（神），他通过良知之性将心和理联结起来，良知可以即事发为恻隐、羞恶、辞让、是非之心，但在他的观念体系中良知终究是性而非心。

来氏三心图及图说分别论及未发之心、富贵利达之心和诚意正心之心，主张通过理性自觉从个体现实存在向道德本体复归，从生物学的感性存在提升为社会化的理性存在。其论未发之心，攻击时人借用佛家"本来面目"一词来形容观喜怒哀乐未发气象的做法，认为为人子者日常践行孝之事，则仁之本来面目自见；为人臣者尽职尽责不贪不暴，则义之本来面目自见，认为这是儒者的求仁功夫与集义功夫。① 来氏此说的意义在于重视力行，这一点也有取于朱熹，朱熹强调知先行后，但也强调行重于知。来氏一生力行孝悌，其攻击设科取士不如汉朝举孝廉，也是主张力行。来氏所谓未发之心既指学者应事接物前意念不起的未发阶段，也指相对于已发之情的深微不发的性体，来氏称其为"闭城门心"，认为在此未发阶段上做不得功夫，并批评程子涵养用敬，李延平默坐澄心已流为禅，错在用功于此未发之心。来氏认为释氏打坐所用即是此心，"又如非有想非无想，非有非非想非无非非想之类皆是。总归一个圈套，打破了左来右去不过是二边不住中道不安的功夫，就说此等话出来了，然终何用哉？三纲绝矣"，批评佛教八不中道之类的言说套路不仅于世事无补，反致三纲断绝。"吾儒要出来应世，要明德新民，以天下为一家，中国为一人，全在人情物理上做功夫，所以格物为入手功夫。若观喜怒哀乐未发气象，求本来面目，即是禅矣"，认为必须打开城门处理世务，而不可闭关脱离人情物理去做功夫。据此，来氏对于所谓闭城门心持否定态度，将静坐求未发之中归为禅。又说"传流至李延平，一向通讲默坐澄心。所以然者，只因'格物'二字体认不真，不知圣门有此头脑功夫故耳"，② 认为苏轼、陆九渊、程颐、李侗等因"格物"二字体认不真而涉禅，不懂得学者须在形气上格

---

① （明）来知德：《格物诸图》，《来瞿唐先生日录》（一）内篇卷2，《四库全书存目丛书》，齐鲁书社1995年版影印本，子部，第85册，第702页下栏。
② （明）来知德：《格物诸图》，《来瞿唐先生日录》（一）内篇卷2，《四库全书存目丛书》，齐鲁书社1995年版影印本，子部，第85册，第703—704页。

物。郭子章的门人黄汝亨则不同意来氏的观点，他辩解道：

> 然道同太虚，而教者所指与学者之各有所入，譬之日月光本无全亏，而随眼力所到，归之见日月而止。先生指宋儒观喜怒哀乐未发气象与静坐默认，及象山之主静、新建之致良知，以为涉于禅宗，而窃窃然辨之，余不敢谓然也。即如佛老之教与吾儒轨物黑白相反，而其微而至者可以相证，不可以言传。先生以形为俗流，气为仙佛，神为吾儒，又诋诃佛氏，比之夷狄禽兽，此杜祁公未读《楞严》时语也。[1]

黄汝亨认为，三教在某些方面达成一致的意见是合乎情理的，在静坐体验形上本体方面，儒家、佛家和道家都有自己的神秘体验，只因个人经验色彩太浓而很难有普遍适用的推广法则。在身心修养方面，儒者也可以静坐，以"虚灵不昧"形容良知本体不是释氏的专利。能不能证悟道体取决于个人的眼力，"微而至者可以相证，不可以言传"，黄氏所谓"相"未必是易象，但他以相为证道之具，说明同为儒者的他并未像来氏那样放弃对道的证悟。来氏其论富贵利达之心道"此人心也，全在形气上用功夫，口之于味要吃好的，耳之于声要听好的……"，[2] 常人在形气上用功夫，有此躯壳便有口腹食色等自然欲望，便有私心，因此与理难以相合。来氏批评程颐等宋儒主敬涵养跑偏了，不懂格物功夫为最大，认为孟子"口之于味也"章理欲说得分晓，自述其功夫论宁取孟子卑浅粗大的形气物欲讲法，舍弃宋儒高深精细的本体未发讲法。又来氏论诚意正心之心，认为此为"学者临关功夫最难关一开"，称为临关功夫，是意念发动之后的理欲交战时段，是最难一关。来氏主张"故曰敬者天理也，乃吾性之礼偶然所发而无一毫人欲之私者也"，"非终日端坐此心不之东西谓之敬也，所以说程子看敬字略差了"，极言圣学头脑功夫不以敬为先，剖析程子主一无适来讲敬的弊端，认为慎独功夫也有禅学之嫌，主一无适乃闭心功夫未发时段，批评程子敬的功夫只在威仪上看，不在天理上看，因此其整齐严肃只是表面功夫，忽视了敬字内必有天理主持，不如其所倡导的格物欲功夫将忿懥恐惧忧患好乐等形气上七情私欲格去来得真切实在。来氏认为"人有此形气，意念所发，义理少而物欲多"，理常不胜欲，故其功夫进路

---

① （明）黄汝亨：《来瞿唐日录序》，《来瞿唐先生日录》卷首，《四库全书存目丛书》，齐鲁书社1995年版影印本，子部，第85册，第653—654页。
② （明）来知德：《格物诸图》，《来瞿唐先生日录》（一）内篇卷2，《四库全书存目丛书》，齐鲁书社1995年版影印本，子部，第85册，第709—710页。

从负面物欲的格除入手。来氏对于"义理少"不作涵养扩充之功，因其一贯主张本体上做不得半毫功夫。来氏承认意念发动处有善有恶，但义理少而物欲多，这一立论带来的消极影响是对人性之善信心不足，道德主体价值之源难以挺立起来。"格了形气上物欲，则是非之心呈露。凡事临前尺尺寸寸晓然明白，所以意方诚得"，① 在功夫次第上，在形气上格去物欲，则本然的是非之心呈露，断得了是非，之后意方诚得，开始于意念发动处格去物欲，完成于意念发动归于诚，中间担任道德仲裁的是主体本然的是非之心，上引来氏攻击宋明儒者体验《大学》《中庸》慎独功夫是"葱岭而来"，暴露了他对先秦儒家本有的体验道德本心的传统了解不够，且正视不够，在这个意义上，来氏虽兼有某些性即理、心即理的调和色彩，但未能就道德本心深究。此本然的是非之心并非被动地呈现，实际上此是非之心即是格去物欲功夫的执行者，即道德主体、价值之源，这一点是来氏所未体察的。故来氏论心终不究竟。

来氏《格物诸图》第一图即是"发念处即遏三大欲"八个大字，表明其功夫论着重在已发的念头上察识，而不是在未发状态下存养。黄宗羲批评他极力强调本体上着不得功夫，将儒家的存心养性之领地拱手让给佛家，遂成一"无头的学问"，这一批评是中肯的。然而，仅看黄宗羲的评价，我们就无法看到来知德格去物欲论的独特价值。清初孙奇逢评价道："瞿塘学术甚正，集中亦多快论，然其所效直谅于先儒者往往亦有偏处，偏处由其识力未到，涵养之疏，而快处颇为明醒，不可不存其人也。"② 孙奇逢指出来氏"识力未到，涵养之疏"，但也肯定来知德格去物欲论是"明醒的快论"。另外，清人张夏评价道："格去物欲之说，涑水亦主之。虽非格物正解，而有功于人。至瞿塘指出三戒，尤令人有下手处。第君子有三戒，分少、壮、老，岂格物亦分三时耶？此遵阳明宗旨而变化其说者。"③ 张夏指出，北宋司马光已用格去物欲来讲格物，这不是正解，但不碍此说有功于学者，来知德格物论中的"三戒"说比较切近常人实际，使得做功夫之人易于下手。张夏指出来知德"遵阳明宗旨而变化其说"，也是有见地的，来氏格物论不取朱熹即物穷理说，而是反身内求，从道德主体的不良情感欲望下手，与阳明格心去恶之说相近，只是少了为善一段功

① （明）来知德：《格物诸图》，《来瞿唐先生日录》（一）内篇卷2，《四库全书存目丛书》，齐鲁书社1995年版影印本，子部，第85册，第704—708页。
② （清）孙奇逢：《理学宗传》卷24，《明儒考》，清康熙六年刻本。
③ （清）张夏：《雒闽源流录》卷16，《四库全书存目丛书》，齐鲁书社1996年版影印本，史部，第123册，第259页下栏。

夫，故张夏称其"遵阳明宗旨而变化其说"。王阳明四句教称"有善有恶意之动""为善去恶是格物"，由此他提出诚意正心之学，认为人欲乃性体发用之流弊，"去得人欲，便识天理"，"须是平时好色好利好名等项一应私心扫除荡涤，无复纤毫留滞，而此心全体廓然，纯是天理"，① 故而强调于一念发动处下功夫。《传习录》下记录九川之问曰："又思来吾心之灵何有不知意之善恶，只是物欲蔽了，须格去物欲，始能如颜子未尝不知耳！又自疑功夫颠倒，与诚意不成片段。"阳明答道："……但指其充塞处言之谓之身，指其主宰处言之谓之心，指心之发动处谓之意，指意之灵明处谓之知，指意之涉着处谓之物，只是一件。意未有悬空的，必着事物，故欲诚意，则随意所在某事而格之，去其人欲而归于天理，则良知之在此事者无蔽而得致矣，此便是诚意的功夫。"② 阳明将《大学》身心意知物打并为一，提出"诚意正心"之说，认为意诚则物格，去人欲则归天理，由此数条，来氏格去物欲、诚意省察于已发的修养功夫论确与阳明与其弟子之成说联系密切，与钱德洪后天诚意之学在意念起处省察克治，待功夫圆熟，心体自寂，性体自显的精神是一致的。简言之，来氏作《格物诸图》主要讲其功夫次第，不取程朱以敬为先，不喜慎独之功夫，而主张形气上格去物欲，故以诚意为先。其所谓未发之心为闭城门的状态，此不同于佛家的静坐。诚意正心之心则是日常应事接物，为临关状态，须有常理把持。富贵利达之心则是为物欲所制，正是破关的好场所，来氏认为破除了此心，五性就能全体呈露。来氏诚意之意为形下的心之所发之意，刘宗周所主张的意根乃心之所存之意，既是超越的道德意识，又是具体的感性存在。

二 《大学》头脑功夫不以敬为先

来氏《年谱》载其本人在四上公车不第后居家体验静坐："画太极图于室中，味程子终日端坐、李延平澄心默坐，遂无天无地、无人无我。""家居静坐，玩太极图，或时看《性理》，倦则鼓琴。坐二年，觉是禅学。"③ 来氏于静坐实践终不相契，后予以抛弃，由此对主敬涵养于未发的

① （明）王守仁：《王文成全书》卷 1，《景印文渊阁四库全书》，台湾商务印书馆 1986 年版影印本，集部，第 1265 册，第 24 页。

② （明）王守仁：《王文成全书》卷 3，《景印文渊阁四库全书》，台湾商务印书馆 1986 年版影印本，集部，第 1265 册，第 80—81 页。

③ （明）古之贤：《太史来瞿唐先生年谱》，《北京图书馆藏珍本年谱丛刊》，北京图书馆出版社 1999 年版影印本，第 50 册，第 67 页。

修养方法进行了批判。

（一）三戒即去病痛功夫，敬字即存诚温养功夫

来氏主张功夫有次第，三戒、克己之功夫是入门的功夫，去病痛的功夫，唯有在去恶、去蔽的功夫完成之后，方可将敬作为后续的温养功夫提出来。他说："学者惟克己、主敬、穷理三件事，程子以主敬为入门，朱子以穷理为入门，某则以克己为入门。"① 又说："三戒是闲邪功夫，敬字是存诚功夫，譬之修炼家，必将此身筑基炼己，身上无病痛方可温养。三戒即去病痛功夫也，敬字即温养功夫也，若身上尚有病痛，岂能温养哉？"② 又说："儒释之分只在诚意，把意上说个诚字，教人如好好色，如恶恶臭，则天理人欲判然分明，如只是整齐严肃，终日端坐，求识仁体，则此心终不分晓。"③ 程子主张涵养须用敬，主一无适之谓敬，朱子则向外穷理，来氏认为二人都没说到究竟，因为敬字不能判教，儒释之分只在诚意，而诚意又落在理欲分晓上，故而《大学》头脑功夫决不可以敬为先，格物才是圣学头脑功夫。来氏云："孔孟已后儒者不晓得做功夫，认格物二字不真，专去五性阳明上求，殊不知五性无声无臭，何以做得功夫？……故《大学》头脑功夫不以敬为先。"④ 又云："宋儒把个敬字作功夫，近日儒者把个良知作功夫，就窅窅冥冥，茫茫荡荡，无下手处。只依孔子格物作功夫，就有下手处，事事物物通有把捉。"⑤ 来氏以其格物功夫论对程子主敬涵养本体的功夫论进行根本消解，他认为如果懂得此心之东之西乃是妄想心，有所好乐忿懥之心，乃是格物之物，并实落格物功夫，则不消下一敬字，批评程子所谓的不之东不之西的主一无适功夫仅仅做到了专一精神，却依然令思虑混杂于天理人欲间，因而只能是一种"闲心功夫"，而称自己所倡导的格物功夫则专于遏制人欲，去除"三好"，是一种鲜明的去恶功夫。

---

① （明）来知德：《省觉录》，《来瞿唐先生日录》（一）内篇卷4，《四库全书存目丛书》，齐鲁书社1995年版影印本，子部，第85册，第765页上栏。

② （明）来知德：《省觉录》，《来瞿唐先生日录》（一）内篇卷4，《四库全书存目丛书》，齐鲁书社1995年版影印本，子部，第85册，第763页。

③ （明）来知德：《格物诸图》，《来瞿唐先生日录》（一）内篇卷2，《四库全书存目丛书》，齐鲁书社1995年版影印本，子部，第85册，第708页下栏。

④ （明）来知德：《格物诸图》，《来瞿唐先生日录》（一）内篇卷2，《四库全书存目丛书》，齐鲁书社1995年版影印本，子部，第85册，第705页下栏。

⑤ （明）来知德：《大学古本》，《来瞿唐先生日录》（二）外篇卷7，《四库全书存目丛书》，齐鲁书社1995年版影印本，子部，第86册，第154页下栏。

（二）敬字须在天理上看

程颐以端坐为敬，主张涵养须用敬，以敬为涵养功夫，义为省察功夫，认为释氏之学虽有敬以直内，但其"敬以直内"在根本上也是错误的。来氏发挥程子这一观点道："盖释氏冥心闭日，终日端坐，无非求其空，吾儒之敬是件件求其实。如入宗庙之中不期敬而自敬，是敬神也，非空敬也。"① 来氏认为，释氏在敬以直内方面与儒家有本质的区别，释氏之学是"空敬"，儒者之敬则是"件件求其实"，有个着落，如入宗庙则敬鬼神，见大人君子则敬大人君子，不仅在静中敬，在应事接物的动处也无不敬。程氏门人弟子流于夷，主张无思无虑之虚静，在来氏看来，这都脱离了日用常行，已无异于释氏的"空敬"。来氏认为，程子说敬只在威仪气象上看，讲求整齐严肃，未能归结到天理上看。他说："盖吾性之理本一也，其所发者自其恻隐而言谓之仁，自其恭敬而言谓之礼，自其羞恶而言谓之义，自其是非而言谓之智。程子全在威仪气象看，所以教人整齐严肃，殊不知敬虽离不得整齐严肃，然要晓得是天理所发。"② 来氏认为，性理总起来是一个太极之理，理之所发，从恻隐看是仁，从恭敬看是礼，因此推究敬之所从来，乃是五性中礼之所发，是天理的表现。程子只讲了个整齐严肃，在来氏看来是说个表面功夫。因而要真正做到敬，就不能满足于威仪气象上的功夫，仍要推本到遏人欲存天理，从这个意义上说，敬是遏人欲存天理，而礼则是天理的节文表现。来氏从理欲关系注坤卦《文言》"敬以直内，义以方外"道：

> 人心惟有私，所以不直。如知其敬乃吾性之礼存诸心者，以此敬为之操持，必使此心廓然大公而无一毫人欲之私，则不期直而自直矣。人事惟有私，所以不方，如知其义乃吾性之义见诸事者，以此义为之裁制，必使此事物来顺应，而无一毫人欲之私，则不期方而自方矣。今既有敬以含义之体，又有义以达敬之用，则内外夹持，表里互养，日用之间，莫非天理之流行，德自充满盛大而不孤矣。③

① （明）来知德：《入圣功夫字义》，《来瞿唐先生日录》（一）内篇卷3，《四库全书存目丛书》，齐鲁书社1995年版影印本，子部，第85册，第749—750页。

② （明）来知德：《格物诸图》，《来瞿唐先生日录》（一）内篇卷2，《四库全书存目丛书》，齐鲁书社1995年版影印本，子部，第85册，第707页。

③ （明）来知德：《周易集注》卷1，《景印文渊阁四库全书》，台湾商务印书馆1986年版影印本，经部，第32册，第85—86页。

　　来氏认为，敬的本质是心中所存的五性之礼，以此敬操持此心，则此心廓然大公而无一毫人欲之私，自然如绳墨之直。义则是个裁制之心，人心有私，裁制便易失宜，若全依乎天理，无一毫人欲之私，则应事自然方正。这样一来，来氏就将敬、义二字都归结到天理上来了。敬与义相为夹持，表里互养，敬以含义之体，义以达敬之用，敬的极处外必方，义的极处内必直，则动静内外，日用常行之间，无非天理流行。因而程朱所讲的主敬涵养功夫论又可进一步归至于理欲关系，并最终归结为"发念处即遏三大欲"的格物论。须注意的是，此处来氏袭取了张载、朱熹"心统性情"之说，直、方都是心体所用之功，所以直之、方之的仍是理，"既有敬以含义之体，又有义以达敬之用"，敬是一种严肃专注的心理状态，而义理则是统领这一心理状态的内在本体。

　　来氏云："端坐也是敬，但敬中之一事耳。所谓敬者，无动无静，无常无变，无内无外，皆敬也，故曰无不敬。"① 这是针对宋儒普遍说"敬"和偏好静坐的功夫论提出来的驳难。又说："朱子言'周子说主静，正是要人静定其心，自作主宰'，将周子'静'字略认错了。他见程子说'敬则自虚静，不可把虚静唤作敬'，因有此说。"② 来氏认为对周敦颐"主静立人极"句的理解，应依其本注"无欲故静"，此静字同于"人生而静，天之性也"之静字，因此朱熹以"静定其心，自作主宰"来解，成了静坐的静，流为禅学，则是略认错了，此为宋儒通病。来氏推究其原因，认为朱熹是受了程子"敬则自虚静，不可把虚静唤作敬"一说的影响。对于"敬则自虚静"，来氏也不能认同。他说："静坐之时，如心思道理，此之谓静亦动；如禅家静坐之时不敢开关思道理，谓之理障，是静而不能动者也。……行事之时，全在天理，此之谓动亦静，如富贵利达之学，是动而不能静者也。"③ 静坐的时候，心里想的合于道理，没有邪念，则虽有思虑之发动，也是敬，而坐禅的人屏息思虑，是死静而不能动，做事情的时候依乎天理，虽是在动作，但动中有静，而违背天理去追求富贵利达则是动而不能静。来氏将"道理""天理"看作"敬"的本质要求，思虑发动合于理也可谓之敬，坐禅的人无思无虑，虽身心皆静，若不合理，反倒非

---

①　（明）来知德：《入圣功夫字义》，《来瞿唐先生日录》（一）内篇卷3，《四库全书存目丛书》，齐鲁书社1995年版影印本，子部，第85册，第749页下栏。

②　（明）来知德：《格物诸图》，《来瞿唐先生日录》（一）内篇卷2，《四库全书存目丛书》，齐鲁书社1995年版影印本，子部，第85册，第708页下栏。

③　（明）来知德：《格物诸图》，《来瞿唐先生日录》（一）内篇卷2，《四库全书存目丛书》，齐鲁书社1995年版影印本，子部，第85册，第708页下栏。

敬。只要合理，无论念想思虑还是行为举止，都是即动即静的，于是敬相对于静的前提地位被"道理""天理"替代了。这是对程子"敬则自虚静"命题的一个理学化的改造。而朱熹以"静定其心，自作主宰"来训解周敦颐的"主静"也难以为来氏赞同，来氏认为须从理欲关系上去讲方得究竟。周氏自注"无欲故静"，而在来氏看来，无欲即是一于理，即是克去私欲纯乎天理的状态，当身心动静皆合于理了，无私欲遮蔽了，就自然静了，同时也就自然敬了。朱熹云："敬者，一心之主宰而万事之本根也。"① 又云："且如释氏擎拳竖拂运水般柴之说，岂不见此心？岂不识此心？而卒不可与入尧舜之道者，正为不见天理而专认此心以为主宰，故不免流于自私耳！前辈有言：'圣人本天，释氏本心'，盖谓此也。"② 又云："未发时着理义不得，才知有理有义，便是已发，当此时有理义之原，未有理义条件，只一个主宰严肃便有涵养工夫。伊川曰'敬而无失便是，然不可谓之中，但敬而无失即所以中也。'"③ 朱熹认为儒佛都以心为主宰，释氏不见天理，儒家能见得天理，但未发时只须以敬涵养，不可执着义理。后学对朱熹此说加以修正，如薛瑄实践"有主"的持敬，胡居仁认为只有静时戒慎恐惧，应事时主一省察，动静皆有主，敬贯动静，为操存要法，王阳明亦不赞成朱子以主一为专一说，主张主只是主一个天理，这些说法可看作来氏提出"敬字须在天理上看"命题的思想资源。

三　格物正所以致良知

上文提到来知德注晋卦大象"明出地上，晋，君子以自昭明德"，结合了《大学》三纲八目从功夫践履的角度去讲明德，认为格物和明德是一个功夫的两个方面。来氏指出宋儒和阳明在格物功夫上的偏颇，认为宋儒将格物"说前了"，而王阳明又将此功夫"说后了"。他说："格物者，正所以致良知也，就譬如说磨镜之尘垢者，正所以求镜之明也。所以不说'欲致其知者，先格其物'，说'致知在格物'，以格了物即知之至，所以说不得个先后字。"④ 批评朱熹"欲致其知者，先格其物"的说法将格物

---

① （宋）朱熹：《四书或问》卷1，《景印文渊阁四库全书》，台湾商务印书馆1986年版影印本，经部，第197册，第218页上栏。
② （宋）朱熹：《晦庵集》卷30，《景印文渊阁四库全书》，台湾商务印书馆1986年版影印本，集部，第1143册，第666页上栏。
③ （宋）朱熹：《御纂朱子全书》卷24，《景印文渊阁四库全书》，台湾商务印书馆1986年版影印本，子部，第720册，第587页。
④ （明）来知德：《大学古本》，《来瞿唐先生日录》（二）外篇卷7，《四库全书存目丛书》，齐鲁书社1995年版影印本，子部，第86册，第152页上栏。

和致知分成了两段功夫，认为格去物欲的去恶过程就是王阳明所说的致良知的过程。来氏云："盖人禀五行以生，有形有神，智属水，乃水之神也。神何以做得功夫？只将物欲格了，五性自呈露矣。"① 又道："格字，正阳明以为格其君心之格，极说得是，但指物字作事字，又错了，将此功夫说缓了，又渺冥了。"② 又道："物字，阳明指为事字，就说得缠绕了，就说'知者意之体，物者意之用'，使后学不明不白，指为物欲之物就直切了。"③ 主张以物欲之物训释格物之物，不同意王阳明意之所在即是物的训解。来氏云：

> 宋儒说格物说前了，何也？"讲学以耨之"一句是也，盖讲学乃薅草功夫也；"好学近乎知"一句是也，盖好学乃开我愚蒙功夫。故今日格一物，明日格一物，博学而详说者，正以反说，于约以求，格吾身心之私欲也。是宋儒之说，说去前一步矣。近日儒者说致良知，又说后了，何也？格物者，正所以致良知也，盖孩提之童知爱亲敬长者，以无物欲也，及长成人，物欲蔽之，是以丧失其旧日孩提之良知矣。今格去其物欲者，正所以复还孩提之良知也。④

朱熹以即物穷理释格物，在来氏看来是一个博学外求的过程，今日格一物，明日格一物，是一个基本前提，却没讲到由博返约，以格去内心之私欲，因此还没有说到位，说得迂阔，功夫太缓，不够直切，因此是"说前了"。来氏认为物格和知至是同一个过程，格去物欲了，良知自然呈露。阳明致良知在良知上推致，却不懂得良知是性，无声无臭，下不得手，也没有体会到致知在格物，阳明顿悟良知的功夫太急，故而是"说后了"。

程朱都有去私欲存天理之说，朱熹云："只是克去己私，便心无私主。若心有私主，只是相契者应，不相契者则不应。如好读书人见读书便爱，不好读书人见书便不爱。"⑤ 这是以克去己私作为感通的必要条件，其所谓

---

① （明）来知德：《大学古本》，《来瞿唐先生日录》（二）外篇卷7，《四库全书存目丛书》，齐鲁书社1995年版影印本，子部，第86册，第152页。

② （明）来知德：《大学古本》，《来瞿唐先生日录》（二）外篇卷7，《四库全书存目丛书》，齐鲁书社1995年版影印本，子部，第86册，第152—153页。

③ （明）来知德：《大学古本》，《来瞿唐先生日录》（二）外篇卷7，《四库全书存目丛书》，齐鲁书社1995年版影印本，子部，第86册，第153页。

④ （明）来知德：《大学古本》，《来瞿唐先生日录》（二）外篇卷7，《四库全书存目丛书》，齐鲁书社1995年版影印本，子部，第86册，第154页。

⑤ （宋）黎靖德：《朱子语类》卷72，中华书局1986年版点校本，第5册，第1814页。

相契相应的基础是理，来氏格去物欲说其实是发挥了朱熹理欲说的一个方面。来氏将格物与一贯联系起来，格去物欲之后，达到无欲的状态，也就是一于理，主体之心纯乎天理，以此纯一之心去贯通万事万物，即是一贯。来氏还用此"一"打通《大学》的格物功夫、《中庸》的戒慎恐惧功夫、乾卦"诚"和"进德居业"的功夫和坤卦"敬以直内，义以方外"的功夫。他说："格物者，格去其物欲也，格去其物，则无欲而一矣。"① 又说："言吉凶惟以贞而胜，不论其吉凶。"② 来氏认为性字上加不得功夫，此性此理本纯粹至善，无声无臭，又增他不得，又减他不得，又污浊他不得，惟人欲遮隔故不能发见，所以遏人欲即所以存天理。《易经》"闲邪存其诚"是要学者操存此人心，戒慎恐惧，时时觉照，使不放失，就是存天理功夫。来氏云"孔子未尝教人识仁，教人致良知也"，③ 孟子所谓良知指"人之所不虑而知者"，而王阳明说致良知，却不知良知上用不得致字。④ 因此来氏认为良知上用不得功夫，唯有从已发入手，遏人欲即是存天理，不必分开说。

四　成性乃人之良知良能，圣人特能存之又存

《系辞》云"继之者善也，成之者性也""成性存存，道义之门"，《中庸》云"天命之谓性，率性之谓道，修道之谓教"，两宋大儒张载、程子、胡宏、朱熹等将《系辞》与《中庸》结合起来，阐发他们的心性学说及功夫论，成性问题的讨论由此生发。

（一）程颐"成之在人则为性"与张载"知礼以成性"

程颐云："知则崇高，礼则卑下。高卑顺理，合天地之道也。高卑之位设，则易在其中矣。斯理也，成之在人则为性（小字注：成之者性也），人心存乎此理之所存，乃道义之门也。"⑤ 又云："告子云'生之谓性'则可，凡天地所生之物，须是谓之性。皆谓之性则可，于中却须分别牛之

---

① （明）来知德：《入圣功夫字义》，《来瞿唐先生日录》（一）内篇卷3，《四库全书存目丛书》，齐鲁书社1995年版影印本，子部，第85册，第755页上栏。

② （明）来知德：《入圣功夫字义》，《来瞿唐先生日录》（一）内篇卷3，《四库全书存目丛书》，齐鲁书社1995年版影印本，子部，第85册，第755页下栏。

③ （明）来知德：《入圣功夫字义》，《来瞿唐先生日录》（一）内篇卷3，《四库全书存目丛书》，齐鲁书社1995年版影印本，子部，第85册，第733—734页。

④ （明）来知德：《入圣功夫字义》，《来瞿唐先生日录》（一）内篇卷3，《四库全书存目丛书》，齐鲁书社1995年版影印本，子部，第85册，第737页上栏。

⑤ （宋）程颢、程颐：《河南程氏经说》卷1，《二程集》，中华书局1981年版点校本，下册，第1029页。

性、马之性，……'修道之谓教'，此则专在人事。以失其本性，故修而求复之，则入于学，若元不失，则何修之有？是由仁义行也。则是性已失，故修之。'成性存存，道义之门'，亦是万物各有成性，'存存'，亦是生生不已之意，天只是以生为道。"① 程子认为告子"生之谓性"的说法有合理之处，《中庸》"天命之谓性、率性之谓道"两句是通人物而言，"修道之谓教"是专就人而言，因为只有人会失其本性，故须修而求复之，此即成之者性也。《系辞》"成性存存"则是统就万物而言，讲天以生为道，存存就是生生不已的意思。张载论成性道："人之刚柔缓急，有才与不才，气之偏也。天本参和不偏，养其气，反之本而不偏，则尽性而天矣。性未成则善恶混，故亹亹而继善者，斯为善矣。恶尽去则善因以亡，故舍曰善，而曰成之者性。"② 又道："知礼成性，则道义自此而出也。道义之门者，由仁义行也。圣人亦必知礼成性，然后道义从此出。……智极其高，故效天；礼着实处，故法地。人必礼以立，失礼则孰为道？"③ 张载认为天命本然之性是善的，人生而气禀的性是气质之性，其间善恶混杂，唯有将礼视作进德之阶，能够诚于礼、不息于礼，勉勉不息地做为善去恶功夫，才能达到仁至义尽时中的成性状态，方是复得了天地之性，此为知礼以成性，"成之者性"。

（二）朱熹"成性是见成底性"

《语类》结合《系辞》"继之者善也，成之者性也"及"成性存存，道义之门"两句，对"成性"和"成之者性"反复辨析，认为"成之者性"是从上说来，即从天命流行这个大本大原落实到各个具体物上说来，是乾道变化、各正性命的阶段；而"成性"则是已成底性，如成说之成、成德之成，即已经现实地完成了的无有丝毫亏缺的性，即是圆满具足的天地之性。朱熹物物各具一太极指的即是此天地之性。这两者的差别是"只争些子"，如同诚意和意诚、正心和心正的细微区别一样。朱熹认为程颐和张载"成其性""存其存""习以成性"的讲法过分强调人为的因素，过分关注去除私欲气质蒙蔽呈露性体的一面，忽视性现成完满自足的本善特征，容易与孟子践形说混淆，批评张载"知礼成性"与"习与性成"同

① （宋）程颢、程颐：《河南程氏遗书》卷 2，《二程集》，中华书局 1981 年版点校本，上册，第 29—30 页。

② （宋）张载：《正蒙一》，《张子全书》卷 2，《景印文渊阁四库全书》，台湾商务印书馆 1986 年版影印本，子部，第 697 册，第 114 页下栏。

③ （宋）张载：《张子全书》卷 11，《景印文渊阁四库全书》，台湾商务印书馆 1986 年版影印本，子部，第 697 册，第 263 页。

意，有模糊甚而放弃儒家性善论立场的危险倾向。朱熹主张"知崇礼卑而性自存"，认为性是本然已成之性，不待后天修习，《本义》引张载"知礼成性而道义出"时，将其改作"知礼存性而道义出"，改"成"为"存"。《本义》注"天地设位而易行乎其中矣，成性存存，道义之门"道："天地设位而变化行，犹知礼存性而道义出也。成性，本成之性也。存存，谓存而又存，不已之意也。"① 又注"继之者善也，成之者性也"道："道具于阴而行乎阳。继言其发也，善谓化育之功，阳之事也；成言其具也，性谓物之所受，言物生则有性，而各具是道也，阴之事也。周子、程子之书言之备矣。"②《本义》这两处注解贯彻的即是朱熹对成性的理解以及对张载成性说的扬弃。《语类》载："或问：'《正蒙》中说得有病处，是它命辞不出有差，还见得差？'曰：'他是见得差，如曰"继之者善也方是善恶混云云，成之者性是到得圣人处方是成得性，所以说知礼成性而道义出"，似这处都见得差了。'叶贺孙录。"③ 认为《正蒙》成性之论有病处，不是命辞表述有问题，而是张载对性的认知见解不到位。朱熹继承张载天地之性、气质之性二分理论的同时，没有放弃对其成性之论进行批判，批评张载过分强调凡圣之别和由凡入圣的功夫，忽视了凡人所禀得的即是圆满之性。朱熹认为，孔子作《系辞》，张载对《系辞》继善成性及成性存存这二处的解释不合《系辞》原意，指出张载成性之论与古人不同，即与孔子之意不相似。张载说的成性功夫，是指学者将浑成底性或曰未成的善恶混之性通过不间断去恶功夫，去除气禀物欲之私后修成消除善恶对立的天地之性，因此朱熹称其有习以成性的意思。朱熹主张知崇礼卑而性自存，认为性是本然已成之性，成性不是人为的做功夫，成性与成之者性都是指从乾道变化那里禀得的自足之性，不待后天修为，二者差别可以忽略。朱熹指出，程颐说成性是万物自有成性，这一处说得好，但是其《经说》解《易》又说成其性，存其存，就说不通了。朱熹认为众人多是将"成性"说到圣人处，这是因为在人性问题上，他们以为现实人性是有亏欠的、待完成的、须修习的，唯有圣人天性圆满具足。在朱熹看来，成性指现成的性就是好的，只要做到了知崇礼卑，就能做到存而不失，应事接物自然符合道义，"成性存存"不必专主圣人讲，因为寻常人现成底性元是好的。朱熹说："成性只是本来性。"④ 又说："成性不曾作坏底。

---

① （宋）朱熹：《周易本义》卷3，中华书局2009年版点校本，第230—231页。
② （宋）朱熹：《周易本义》卷3，中华书局2009年版点校本，第228页。
③ （宋）朱鉴：《朱文公易说》卷10，上海古籍出版社1989年版影印本，第227页。
④ （宋）黎靖德：《朱子语类》卷74，中华书局1986年版点校本，第5册，第1909页。

存，谓常在这里，存之又存。"① "成性存存"不必专主圣人言，这是出于对人性本善的自信。

向世陵认为，不能将一般天理与已具形质的人性混淆起来，朱熹"继善成性"说的优长在于它将由天至人的生成序列解释为一个以天道为本而构筑本性的思辨逻辑，同时兼顾个体形质生成带来的特殊性，而本性只是"存"而非"成"，以卫护本然之性纯善无恶的假定。② 这一看法是符合朱熹思想实际的。事实上，朱熹批评张载的"成性"观点是有偏差的，张载天命和气质之性二分的讲法并没有将现实人性视为有欠缺的，而是强调气禀遮蔽了天地之性。张载所谓"性未成而善恶混"也不同于扬雄"性善恶混"的讲法，张载并没有背离孟子人性本善的根本立场。张载所说的"性未成"，也并非朱熹说的接近"习以成性""习与性成"的观点，张载不是要在后天修习中养成善性，其实他也是主张在去蔽的过程中恢复原初的天地之性。朱熹认为张载成性之说容易使人误以为人性是有欠缺的，故对其有此批评。

（三）来知德"成性是浑然天成之性"

湖湘学派代表人物胡宏认为气主乎性，性主乎心，心以成性，其《知言疑义》说"心也者，知天地，宰万物，以成性者也"，性虽然是宇宙的根本，而心才是道德实践的用力之地和根本出发点，心的作用决定着能不能定性、尽性、成性，人性的完成必须依赖和通过心的作用，只有充分地把心的先验功能实现出来，才能使性得到完成。③

来氏主张以理化气、责志变习，如云："学者才能觉即能变旧习，才能觉便长进。"④ 又道："心之动者乃气，有主不动者乃理。"⑤ 又道："学者讲学专要胜人，始终是好勇的气质未变，道理无穷，彼此讲明，即是不必言自我出，门户自我立也。"⑥ 又道："学者做不上去只是志衰，程子曰'学者为气所胜、习所夺，只可责志'，此言说得好，当玩之。"⑦ 理主不

① （宋）黎靖德：《朱子语类》卷74，中华书局1986年版点校本，第5册，第1909页。
② 向世陵：《论朱熹对"继善成性"说的规范》，《周易研究》2011年第1期。
③ 陈来：《宋明理学》，华东师范大学出版社2004年版，第120—122页。
④ （明）来知德：《省觉录》，《来瞿唐先生日录》（一）内篇卷4，《四库全书存目丛书》，齐鲁书社1995年版影印本，子部，第85册，第762页下栏。
⑤ （明）来知德：《省觉录》，《来瞿唐先生日录》（一）内篇卷4，《四库全书存目丛书》，齐鲁书社1995年版影印本，子部，第85册，第762页下栏。
⑥ （明）来知德：《省觉录》，《来瞿唐先生日录》（一）内篇卷4，《四库全书存目丛书》，齐鲁书社1995年版影印本，子部，第85册，第770页下栏。
⑦ （明）来知德：《省觉录》，《来瞿唐先生日录》（一）内篇卷4，《四库全书存目丛书》，齐鲁书社1995年版影印本，子部，第85册，第765页上栏。

动，道德理性主宰于心，则可胜形气之私蔽，不为之所动。来氏修身立论坚持性善论，强调道德主体的自觉，但此处所说的气，更多的是个体所禀受的习气，如讲学中的好勇之弊，此气质障蔽有待实践理性祛除，此间又须学者立学圣之志，有决心有勇气，方可做到以理胜气，变去旧习，使志不为习气所夺。观此数条，来氏功夫论取法张载、程朱，以理为主，认为学者当以理胜气，变化气质。

来氏注《系辞》"知崇礼卑"和"成性存存，道义之门"，基本上是按照张载"成性浑然"来讲的，而且认为能够做到将"浑然天成"之良知良能存而不失的唯有圣人。他说：

> 天清地浊，知阳礼阴，天地设位，而知阳礼阴之道即行乎其中矣。易字即知、礼也。知、礼在人则谓之性，而所发则道义也。门者，言道义从此出也。盖天地设位，而知阳礼阴之道已行乎其中矣，其在人也则谓之成性，浑然天成，乃人之良知良能，非有所造作而然也，圣人特能存耳。今圣人知崇如天，则成性之良知已存矣；礼卑如地，则成性之良能又存矣。存之又存，是以道义之得于心为德，见于事为业者，自然日新月盛，不期崇而自崇，不期广而自广矣。圣人崇德广业以此，此《易》所以为至也。①

来氏认为"成性"是知阳礼阴之道落实于人，是专属于人的，圣贤之别在于圣人能存而不失此"成性"中的良知良能，凡人则常蔽于物欲，故需要一个复性的功夫找回本心，但来氏并未像张载那样将此复性的过程叫作成性，而是将人天赋的良知良能叫作成性，认为唯有圣人能知崇如天、礼卑如地，故唯有圣人能将此成性之良知、成性之良能"存之又存"，其发为道义，见于事业，故能崇德广业。来氏说的所存之性与外在德业之间是体用显微关系，这又是取法程颐存性之说，但程颐存养本体并实现本体的静中涵养之义被来氏抛弃了。程颐朱熹以知礼配天地，来氏以知礼配阴阳。朱熹所强调的是先天的天地之性纯然至善，对此性只须"存之又存"，存性的主体不必是圣人。来氏的讲法折中了张载、程子、胡宏和朱熹的讲法，主张去除物欲以呈现人性本体的功夫进路，在现实上有一个复性的历程，但又认为常人"成性"中的良知良能易为物欲遮蔽。但来氏和朱熹一

---

① （明）来知德：《周易集注》卷13，《景印文渊阁四库全书》，台湾商务印书馆1986年版影印本，经部，第32册，第347页。

样，对实践主体心的能动性重视不如胡宏、张载。性的完成除了先天本具的天地之性外，还必须借助道德本心的先验力量将其道德本性充分地实现出来。

五 "贞夫一"而非"贞夫理"

《语类》载朱熹论濂溪"寡欲以至于无"道："到无欲，非圣人不能"，又称所寡之欲是"合不当如此者，如私欲之类"，并非"饥而欲食，渴而欲饮"等正当之欲。[①]《语类》又载刘问"心既诚矣，固不用养，然亦当操存而不失否?"，朱熹答道："诚是实也，到这里已成就了，……何用养? 何用操存?"又问"反身而诚"，朱熹答道："此心纯一于理，彻底皆实，无夹杂，亦无虚伪。"[②] 后来曹端言"一即太极，是纯一不杂之谓也，只是纯然是个天理，无一点私欲"，王阳明言"一是专主一个天理"，在阐释周敦颐"一者无欲也"时，用程颐、朱子的理去修正"一"，[③] 来氏论此心纯是一团天理的功夫境界亦是承此传统而来。来氏云："诚者，真实无妄之谓。有在天之诚，天命之性付与人物之实理是也；有在人之诚，反身而诚是也。因圣贤不同，所以分个至诚、思诚。"[④] 来氏认为功夫论问题上，圣贤不同。"至诚"是就圣人而言，至诚无息，圣人同天。"思诚"是就贤人而言，思诚是个尽性的功夫，格去形气之私，复尽其性，则可与天地参。又云："盖性者，天地万物之一原，天地万物止有此一个太极之理。止有此性，特人与万物分散之耳。所谓万物统体一太极，一物各具一太极也。我能尽此性，则我即天地矣。"[⑤] 来氏主张主体之我能复尽此性，则可以与天地合一，达至其《日录》所谓"一理合于造化"之境。圣人同天，圣人能全体此太极之理，故圣人"乃于太极之理上做功夫"，[⑥] "常人则于形气上做功夫。口之于味也，目之于色也，……无非奉承此血肉之躯耳。殊不知既有形气则有象数，既有象数则有成有败，有聚有散，

---

① （宋）黎靖德：《朱子语类》卷94，中华书局1986年版点校本，第6册，第2414页。
② （宋）黎靖德：《朱子语类》卷94，中华书局1986年版点校本，第6册，第2414页。
③ 张学智：《中国儒学史（明代卷）》，北京大学出版社2011年版，第83页。
④ （明）来知德：《入圣功夫字义》，《来瞿唐先生日录》（一）内篇卷3，《四库全书存目丛书》，齐鲁书社1995年版影印本，子部，第85册，第751页。
⑤ （明）来知德：《入圣功夫字义》，《来瞿唐先生日录》（一）内篇卷3，《四库全书存目丛书》，齐鲁书社1995年版影印本，子部，第85册，第734页上栏。
⑥ （明）来知德：《入圣功夫字义》，《来瞿唐先生日录》（一）内篇卷3，《四库全书存目丛书》，齐鲁书社1995年版影印本，子部，第85册，第728页。

有吉有凶，有祸有福"。①《孟子》"口之于味也"章原是讲"性也，有命
焉，君子不谓性也"，即不把食色之性等自然属性看作人的本质属性，认
为贵贱寿夭有其定数，不可强求，不应借口自然之性而沉溺于酒色财气不
知节制。来氏援引此章强调格去过分的物欲即复尽天理，常人执迷于形气
上的私欲而不知人生遭际皆有定数。来氏批评程颢"识仁体"、王阳明
"致良知"和湛若水"随处体认天理"通通将功夫用错了，错在以圣人之
标准要求常人。来知德认为物皆由形、气、神构成，而人有圣贤之别。圣
人可于太极之理上做功夫，而常人则气禀不够清全，境界、识度不到，故
须在形气上做功夫。五性之理无定在且无定体，对于常人而言难以把捉，
故而五性无声无臭，终非下手处，常人唯在形气上格去物欲之私，则五性
自然呈露。

在贯通天命人事的问题上，来氏对朱熹多有指摘，主要表现在对"太
极""一贯""贞"字的训诂上。其间有理气论、心性论问题，也有功夫
论问题。他说：

> 朱注说"一理浑然而泛应曲当，譬则天地之至诚无息而万物各得
其所也"，此四句解得极是，盖大道理原不过如此。但朱子虽解得是，
还略差些微。不如解"一"即"惟精惟一"之一，"纯一不已"之
一。一以贯之，譬天地之有太极而万物从此出也。……后孔子而生者
亦曰："圣可学乎？曰一为要。一者何也？无欲也。"人之所以学圣人
者不过学此"一"而已矣。但"天下之动贞夫一"等话皆论理，不曾
说到我身上来。既不曾说到我身上来，则我与理相为对待，犹为二
也。独精一之一，纯一之一，则我即理，理即我矣。故孔子不曰"参
乎！吾道一理以贯之"，乃舍"理"字而曰"吾道一以贯之"可知
矣。……一者，无欲也，无欲则我此身一团天理，无意必固我之私。②

朱熹注乾卦卦辞"元亨利贞"的"贞"字，以正固联训，认为《系
辞》"吉凶者，贞胜者也"是说吉凶本就常相胜而不已，认为张载对此句
的注可概括为"贞便能胜得他"，但其解贞为正，不能贯通下文"天地之
道贞观者也，日月之道贞明者也，天下之动贞夫一者也"的三个贞字。来

---

① （明）来知德：《入圣功夫字义》，《来瞿唐先生日录》（一）内篇卷3，《四库全书存目丛
书》，齐鲁书社1995年版影印本，子部，第85册，第728页下栏。
② （明）来知德：《入圣功夫字义》，《来瞿唐先生日录》（一）内篇卷3，《四库全书存目丛
书》，齐鲁书社1995年版影印本，子部，第85册，第757—758页。

氏不同意朱熹的看法，他用"正理""贞固"解下文的三个贞字，自认为取得了贯通的理解。来氏注《系辞》"吉凶者，贞胜者也"章道："贞者，正也。圣人一部《易经》皆利于正，盖以道义配祸福也，故为圣人之书。术家独言祸福，不配以道义，如此而诡遇获禽则曰吉，得正而毙焉则曰凶，京房、郭璞是也。胜者，胜负之胜，言惟正则胜，不论吉凶也。"[①] 朱熹注"天地之道，贞观者也；日月之道，贞明者也；天下之动，贞夫一者也"章云："观，示也。天下之动，其变无穷，然顺理则吉，逆理则凶，则其所正而常者，亦一理而已矣。"此处"常"字是恒常之义，且以"理"字训"一"字，"贞夫一"即以顺理而动为得正守常。来氏则从欲上讲"一贯"，他所理解的"一"即格尽物欲之后的纯乎天理状态。来氏认为，"无欲即与天同，纯是理矣，所以在造化为太极，在圣人为一贯。"又说："一也，是天理之心去贯万事，无一毫人欲之私。忠也，是天理之心去行恕，无一毫人欲之私。所以将忠恕释一贯。"他认为朱熹讲得虽是，但是"还略差些微"，即认为朱熹解"忠恕""一贯"作"一理浑然而泛应曲当，譬则天地之至诚无息而万物各得其所也"在功夫论上不够猛醒，且显得略高，终不如克去私欲明白切实。来氏认为"惟精惟一"之"一"，"纯一不已"之"一"，皆可训作无欲。[②]

　　来氏认为朱熹从理上讲"天下之动贞夫一"，造成主体之我与客观的理离析为二，其理论后果是所贞之一与主体我无涉。来氏认为自己所主张的精一之"一"，纯一之"一"，理即是我，我即是理，忠恕之道，一以贯之，以内心之理泛应万事，可避免朱熹从客观上讲理致使主客二分的支

---

① （明）来知德：《周易集注》卷14，《景印文渊阁四库全书》，台湾商务印书馆1986年版影印本，经部，第32册，第367—368页。

② "惟精惟一"出自《尚书·虞书》，"纯一不已"较早见于唐代吕岩对未济卦的注解。清乾隆曾燠刻本《吕子易说》卷下载："然易理深渊，终于未济者，何也？正所以见易理之变化终不可穷也。易不可穷，则纯一不已，天人相为贞胜也。"然此书疑为伪书，不足为凭，且来氏所用并非此意。来氏称文王纯一不已，在史料来源上当作"纯亦不已"。郑玄笺《周颂·维天之命》"文王之德之纯"的"纯"字，云"纯亦不已也"，这是可见的最早将"纯亦不已"四字连言的例子。《维天之命》原作"维天之命，於穆不已，於乎不显，文王之德之纯！假以溢我，我其收之。骏惠我文王"。宋人范处义《诗补传·皇矣》则是较早以"文王之德纯亦不已"八字连言的例子。在讲到文王之德这一问题上，当作"纯亦不已"，不当作"纯一不已"。来氏改"亦"字为"一"字，或为有意，或为误用，其用意则是将此改后的"一"等同于"惟精惟一"之"一"，"一贯"之"一"，"所以行之者一也"之"一"，且将它们全都解作无欲，从而在功夫论上融通起来。他不满朱熹以"理"解"一贯"，以"诚"解"所以行之者一也"，认为这样成了两个"一"，引发后人争议。

离之弊。"后孔子而生者"指周敦颐，来氏以"无欲"解"一"，来自周敦颐学圣之要在无私欲之一的说法："一为要，一者，无欲也，无欲则静虚动直。静虚则明，明则通；动直则公，公则溥。明通公溥，庶矣乎!"①来氏认为"一"字本是理，我无欲而纯是天理，故不谓之理而谓之一，指明了"一"字能统括主体之我与客体之天理，朱子将贞夫一解作贞夫理，偏在客观之天理而忽视了主体之我，所以引发了后人对一贯、忠恕的纷纷议论。来氏认为"贞胜"即正则胜，不正则不胜，不论其吉凶。来氏认为，有一毫人欲之私则不正，无欲则正，正与不正在于有无私欲。无欲即是一，即一于天理、纯乎天理、不杂人欲。"贞夫一"，即无欲则正，纯乎天理则正；"贞胜"，即正则胜，不论吉凶。来氏认为"盖贞则不伪妄，一则不驳杂，皆是无人欲之私。但不驳杂方能不伪妄，所以说'贞夫一'"，这是将"一"视作"贞"的前提，"贞夫一"即是"贞于一"，其心纯乎天理（即一）了，才能达到正。朱熹将"贞夫一"解为顺理则得正守常，具有方法论、实践论的意义；来氏则解为无欲而纯乎天理则正，偏重功夫论效验的意义。来氏自认为训"贞"为正，训"一"为无欲，实现了对上下文四个"贞"字的训诂贯通。朱熹在比较张载和程子对"贞"的训释后，抛弃了张载训为"正"的解法，选用了程子作"常"的训解。张载取《系辞》"乾，其静也专，其动也直"来训乾卦辞之"贞"，称"贞者，专静也"，②注《系辞》"八卦成列"章"吉凶者，贞胜者也"句，则是将贞字训作"正"。张载说："能正夫一则吉凶可胜，……又有义命当吉当凶当否当亨者，圣人不使避凶趋吉，一以贞胜而不顾，如'大人否亨'，'有陨自天'，'过涉灭顶，凶，无咎'，损益'龟不克违'及'其命乱也'之类，三者异情，不可不察。"③张载称"能正夫一则吉凶可胜"，又注"天地之道贞观者也，日月之道贞明者也，天下之动贞夫一者也"道："贞，正也，本也"，又道"所以不炫惑者何？正以是本也。本立则不为闻见所转，其见其闻须透彻所从来乃不炫惑，此盖谓人以贞而观天地、明日月、一天下之动也。贞明是己以贞而明日月、观天地也，为日月之明与天地变化所炫惑，故必己以正道观之，能如是，不越乎穷理。岂惟耳目所闻见？必从一德，见其大源，至于尽处则可以不惑也。存默识，实有信有此，苟不自信，则终为物役。"④张载此说具有强烈的主体意味，主体之我以

① （宋）周敦颐：《通书·圣学第二十》，《周敦颐集》，中华书局1990年版点校本，第31页。
② （宋）张载：《横渠易说》卷1，上海古籍出版社1989年版影印本，第2页。
③ （宋）张载：《横渠易说》卷3，上海古籍出版社1989年版影印本，第85页。
④ （宋）张载：《横渠易说》卷3，上海古籍出版社1989年版影印本，第85—86页。

"贞"观天地日月及天下之动，方不为物役、不为变化炫惑、不为闻见所转，因为内心有定见，有正见为本，而这一切都来自主体之我的穷理功夫及对天地正道的把握。来氏摒弃了程颐的讲法，选取了张载这一说法。来氏注"贞"为正，取自张载《横渠易说》，之后两宋间人郭雍也有此讲法。郭雍注"吉凶者，贞胜者也"道："贞，正也。吉凶之道，正则胜而常吉，匪正则弗胜而常凶，如是则吉凶在夫正与不正之间，故惟贞可以胜吉凶也。"① 郭注与张注是一致的。

在注乾卦《文言》"贞者事之干也"时，来氏说："贞有三意：知也，正也，固也。如孟子所谓知斯二者弗去是也，知者，知之意也。惟知事亲从兄，正之意也。弗去，固之意也。故贞即吾性之智。"② 来氏在正、固联训的前面又加了个"知"字，来表明贞即吾性之智，并以孟子"智之实，知斯二者弗去是也"来说明，从而赋予了"贞"三层含义，反对不区分时间、地点、场合的固守，而特以"知"字来明变通之义。朱熹道："贞固是固得恰好，如尾生之信，是不贞之固，须固得好方是贞。"③ 来氏以知、正、固三字训贞，盖出于此。来氏《日录》称："穷理不难，但既穷其理矣，以理而见之躬行为难；精义非难，必有事焉而集义为难。使不能行其理、集其义，则穷之精之者，犹未至也。"④ 来氏修身功夫论最终落脚于穷理精义之后的躬行实践、集义固守，这是其贞、一思想的应有之义。来氏"贞夫一"说兼具主体之我与客体之天理，是主观动机论和客观规范论的统一，这得益于他对张载气学和阳明心学的吸收，故比起朱熹"贞夫理"之说显得更为全面。

本章小结

朱熹答中和之问云"然静而不知所以存之，则天理昧而大本有所不立

---

① （宋）郭雍：《郭氏传家易说》，《景印文渊阁四库全书》，台湾商务印书馆1986年版影印本，经部，第13册，第241页。

② （明）来知德：《周易集注》卷1，《景印文渊阁四库全书》，台湾商务印书馆1986年版影印本，经部，第32册，第70页上栏。

③ （宋）黎靖德：《朱子语类》卷68，中华书局1986年标点本，第5册，第1703页。

④ （明）来知德：《省觉录》，《来瞿唐先生日录》（一）内篇卷4，《四库全书存目丛书》，齐鲁书社1995年版影印本，子部，第85册，第764页下栏。

矣；动而不知所以节之，则人欲肆而达道有所不行矣"，① 朱熹论修身功夫既有静时操存，亦有动时节制，认为无静存功夫则天理昧而天命之性大本不立。来氏认为本体上下不得功夫，而取消静存一段功夫，失去了上面一截，故仅于发用处用力，这是其格物功夫论的特色之处，也是不周全之处。《论语》载孔子不轻易以仁许人，朱熹与其弟子亦多次谈到仁的境界问题，如朱熹道"会到私欲净尽天理流行处皆可谓之仁"，② 陈淳道"仁者此心浑是天理流行，到那礼仪三百威仪三千亦都浑是这天理流行，到那义之裁断千条万绪各得其宜亦都浑是这天理流行，到那智之分别万事是非各定亦都浑是这天理流行"，③ 又《语类》载"观子路颜子孔子之志"一段，④ 朱熹认为子路虽能与朋友共财，当仍在车马轻裘等形气上做功夫，未离躯壳；颜回虽能不伐善，不存私心，但犹有意，仅一半出躯壳；惟有孔子能超脱躯壳，达到了圣人境界的"安仁"，既无私、无我，又能无心、无意。来氏《日录》论及格物功夫论的最终效验，用去私后的"一理合于造化"状态括之，大体能继承孔子的基本精神，亦能将朱熹"会到私欲净尽天理流行处皆可谓之仁"的精神贯彻其中。在这一问题上，来氏思想中理的地位明显优于气的地位。来氏云"人欲既消，此身虽是血肉之躯，乃一团天理矣。既是一团天理，无一毫人欲之私，则能与天地合其德，日月合其明云云"，⑤ 即认为太极之理体现于人，仁义礼智信五性主宰于心，人欲消尽后，此心虽是形气之化，但已是一团天理，以之应事接物，则无入而不自得。人的内心充满天理与客观世界天地万物的天理上下同流，主体意识与宇宙本体、主观精神与客观精神达到同一，这与朱熹天人合一于理的说法是一致的。这种理欲截然对立的态度容易使人忽视理欲相统一的一面，难以对人欲亦可推动历史发展的合理价值做出适度的肯定，从而走向极端的道德理想主义。来氏圆图"主宰者理"在修养功夫论上而言，是以五性之理主宰形气之私并格去之，在宇宙论、理气论方面，来氏所说的理与气分属形而上下的实体，理是实理，气是实气，其所谓主宰是在气中规定和支配着阴阳二气的流行，此理不具有先于气的超越性，但也不能只看

① （宋）朱熹：《四书或问》卷3，《景印文渊阁四库全书》，台湾商务印书馆1986年版影印本，经部，第197册，第257—258页。

② （宋）朱鉴：《朱文公易说》卷16，上海古籍出版社1989年版影印本，第348页下栏。

③ （宋）陈淳：《仁义礼智信》，《北溪字义》卷上，中华书局1983年版，第22—23页。

④ （宋）黎靖德：《颜渊季路侍章》，《朱子语类》卷29，中华书局1986年版点校本，第2册，第754页。

⑤ （明）来知德：《格物诸图》，《来瞿唐先生日录》（一）内篇卷2，《四库全书存目丛书》，齐鲁书社1995年版影印本，子部，第85册，第713页上栏。

作从属于气的条理、属性。来氏"一理合于造化"之说，是对其格去物欲功夫论最终效验的概括，实践理性与宇宙法则达到同一，从而安排天地间的价值秩序，绝不是把自然界看成纯粹客观的对象去认识或改造。来氏反对空敬，而主张实之以一理；其去蔽成性说，也是复此一理；贞定于一，指的即是定于此一理，因此，来氏格物功夫论可以"一理合于造化"该之，实际上这是在实践理性上主张主体即实体。来氏未深察孟子所发明的恻隐羞恶辞让是非四心所代表的道德本心，其格物功夫论的执行者仅局限于是非之心，本体之心和知觉作用的界限模糊，其先验道德心不够整全充沛，其功夫论的道德主体难以真正挺立，故终究是不彻底的。来氏宗程朱理学，却又不能充分肯定理对于气的超越根据地位，虽强调气的实体存在和理的在中实体地位，但又没有真正放弃理对于气的超越根据地位。来氏受阳明良知学这一时代思潮的影响，对于道德本心的是非判断力有较深的体认，却又回避以虚灵不昧状心体，始终没有明确肯定心体是道德意识的根源，虽偶有心即理的说法，但又没有真正落实为陆王心学的心即理。来氏对这些重大问题的矛盾摇摆态度在其《集注》《日录》中均有所体现，但他同时也开启了后世刘宗周即心即理，即体即用，即主宰即流行的内在超越之途。

第五章　论象

易象是来知德作《周易集注》的切入点，也是该书的特色之一。来知德经过多年苦思，认为丢失了千年的易象可以找回来，他远接虞翻为代表的汉易传统，列出了数种卦象的体例，以补《说卦》取象之不足，自信解决了朱熹留下来的诸多疑惑。朱伯崑认为，就来知德易学体系的概念、范畴和命题说，就其《周易》经传的注文看，其易学颇受《周易本义》的影响，如其主张四圣之易、以元亨利贞为四德、以"奇者阳之数，天者阳之体，健者阳之性"释乾卦卦义、不脱离筮法释《易》等都是取《本义》说或发挥朱熹说，同义理派有着继承关系。但来氏对卦爻辞的解释又主取象说，提出中爻、爻变、错综说等体例。就其易学哲学说，主道不离器，理气合一说，从而又对朱熹提出批评，其易学可以说是从理学派中分化出来的。其论理和象的关系，主理寓于象中，以象为第一位，这又继承了象数学派特别是象学解易的传统。[1] 朱伯崑对朱熹易学与来氏易学之间关系的判定是准确的，但来氏是否以象为第一位则是值得商榷的。比较朱熹和来知德在取象上的不同态度和主张，有助于我们更好地把握来氏易学的特质，也有助于我们更好地把握朱熹之后易学发展的新趋向。来氏论象多针对朱熹相关易说而发，要全面把握来氏论象，我们需要对照朱熹和来知德的相关论述展开分析。

第一节　朱熹论象

朱熹论象的基本主张是易象必定有其固有的体例，只不过很多已不可再考，不可考的部分姑且阙疑，所能做的就是据《说卦》卦德和物象进行

---

① 朱伯崑：《易学哲学史》，华夏出版社 2005 年版，第 272—274 页。

有限推断，《易》只是空说个道理，故看象须得正路脉，大着心胸看，且须添一重卜筮意，不可牵强附会，也不须理会那些零碎处。

一 《易》之取象固必有所自来，顾今不可复考，则姑阙之

朱熹《易象说》一文是其易象观的总说，其全文如下：

> 《易》之有象，其取之有所从，其推之有所用，非苟为寓言也。然两汉诸儒必欲究其所从，则既滞泥而不通；王弼以来直欲推其所用，则又疏略而无据。二者皆失之一偏，而不能阙其所疑之过也。且以一端论之，乾之为马，坤之为牛，《说卦》有明文矣。马之为健，牛之为顺，在物有常理矣。至于案文责卦，若屯之有马而无乾，离之有牛而无坤，乾之六龙则或疑于震，坤之牝马则当反为乾，是皆有不可晓者。是以汉儒求之《说卦》而不得，则遂相与创为互体、变卦、五行、纳甲、飞伏之法，参互以求，而幸其偶合。其说虽详，然其不可通者终不可通，其可通者又皆附会穿凿而非有自然之势。惟其一二之适然而无待于巧说者，为若可信，然上无所关于义理之本原，下无所资于人事之训戒，则又何必苦心极力以求于此而欲必得之哉？故王弼曰"义苟应健，何必乾乃为马；爻苟合顺，何必坤乃为牛"，而程子亦曰"理无形也，故假象以显义"，此其所以破先儒胶固支离之失，而开后学玩辞玩占之方，则至矣！然观其意，又似直以《易》之取象无复有所自来，但如《诗》之比兴、《孟子》之譬喻而已。如此则是《说卦》之作为无所与《易》，而"近取诸身，远取诸物"者亦剩语矣，故疑其说亦若有未尽者。因窃论之，以为《易》之取象固必有所自来，而其为说必已具于太卜之官，顾今不可复考，则姑阙之，而直据辞中之象以求象中之意，使足以为训戒而决吉凶。如王氏、程子与吾《本义》之云者，其亦可矣！固不必深求其象之所自来，然亦不可直谓假设而遽欲忘之也！①

朱熹认为"《易》之有象，其取之有所从，其推之有所用，非苟为寓言也"，《易》中的取象都是有一定义理依据的，遵循着一定的规则，不可与"寓言"等同。寓言故事往往是在一个具体的事例中包含着具有共通性

---

① （宋）朱熹：《晦庵集》卷67，《景印文渊阁四库全书》，台湾商务印书馆1986年版影印本，集部，第1145册，第307—308页。

的道理，比如守株待兔的故事启示人们做事情不能以僵化的思维去应对变化的世界，不能将偶发事件当作必然规律。《周易》的取象则不同，比如乾卦有马这个象，是因为乾卦有刚健不息的卦德，取象有义理为据。"譬喻说"则认为《周易》取象与"譬喻"类似，如《孟子》载告子以杞柳流水喻人性。朱熹认为《周易》坤、离二卦取牛象基于柔顺品质，相比而言，譬喻过于宽泛。朱熹也反对将易象看作《诗经》的比兴手法，如"硕鼠硕鼠"讥讽贪腐、"风雨如晦，鸡鸣不已"为渲染思念的气氛而起兴等，均为文学艺术的表现手法，其形式灵活多样。《说卦》取象则具有其固定的律则，且一般是紧贴八卦的卦德，有着较为明显的归类、统类特征，故而能够范围天地万物，冒天地之道。

朱熹认为汉儒和王弼各走一个极端，汉儒"必欲究其所从"，想要为卦爻辞里的每个字找到对应的卦象，结果是牵强附会，"滞泥而不通"；王弼扫除汉儒象数之弊，专言义理，即朱熹所谓"直欲推其所用"，却又忽视了义理之辞毕竟是附着于象数而系的，丢掉象数而谈义理，难免"疏略而无据"。这两种偏颇的解《易》路子失误都在于没有阙其所疑。鉴于此，朱熹坦率地承认易象有多处皆不可晓，如《说卦》乾为马表示刚健之理，然而案文责卦，却发现屯卦爻辞有马，上下体皆非乾，不知屯卦所取的马的象从何而来；《说卦》震为龙，乾卦上下体无震，却多取龙之象，也不知为何；《说卦》坤为牛，离卦上下体皆离，没有坤，而离卦象辞却言"畜牝牛"，也不知为何。朱熹以上所阙疑之处，汉儒则在《说卦》取象之外，通过创设一些体例，将其讲通，这些体例包括互体、变卦、五行、纳甲、飞伏等。朱熹不赞成这些做法，他批评道："其说虽详，然其不可通者终不可通，其可通者又皆傅会穿凿，而非有自然之势。唯其一二之适然而无待于巧说者，为若可信，然上无所关于义理之本原，下无所资于人事之训戒，则又何必苦心极力以求于此而欲必得之哉？"朱熹对汉儒穿凿求象的批评与王弼当时扫象所持的观点大体是一致的。朱熹赞同王弼"义苟应健，何必乾乃为马；爻苟合顺，何必坤乃为牛"和程子"理无形也，故假象以显义"的说法，认为这种将义理视为象数内在精神的路子开辟了后学关注卦爻辞义的风尚，破除了汉儒之弊。但又指出王弼撇开象数不谈，程子将易象仅看作"显义"的假借工具，这样的话，《说卦》所列的八卦取象跟《周易》就没有多少关系了，《系辞》所谓"近取诸身，远取诸物"的取象行为也成了多余的废话。朱熹由此质疑二人对易象的理解未尽其意蕴。朱熹认为如果将易之取象与《诗》之比兴，《孟子》之譬喻类比，将其仅仅视为显义的工具手段，那么《说卦》就跟《周易》文本失去了必然联系，孔子也就没有必要作《说卦》。"然观其意，又似直以《易》之取象无复有所自来"，《易》之取象应当是有来历的，"近取诸身，远取诸物"不是虚谈，《说卦》列八卦取象有其内在的理据，有其内在的逻辑体例，不是随意的。易象在《周易》中的地位和重要性高于比兴在《诗经》中的地位和譬喻在《孟子》中的地位。朱熹肯定了《周易》取象"固必有所自来"，易象必有其内在的体例，这些体例曾经为三代的太卜之官掌管，后来失传，不可复考，姑且阙疑。虽不必像汉儒那样非要自创体例去深求其象，也不必以"假设""譬喻"之辞目之，而应"直据辞中之象以求象中之意，使足以为训戒而决吉凶"，仅依据《说卦》所列八卦的基本取象，对应各卦的卦爻辞，从象和辞的结合中来推求其间的义理。朱熹强调了《易》的占筮性质，指出求得象中之意后，落脚点在于引以为戒而决断吉凶。朱熹云："某尝作《易象说》，大率以简治繁，不以繁御简。"① 即抓住纷繁易象中的规律性的东西以及易象所想要表达的义理，不能淹没在汉儒支离破碎的穿凿求象之中而遗忘了义理及易例。《系辞》《说卦》为圣人所作，其象可据，除此之外皆不可轻信。这便是朱熹《易象说》的精神所在。朱熹通过对"譬喻说""比兴说"和"寓言说"分析批驳，认为易象有其固有体例，只是很多已失传，在卦爻辞取象问题上强求不得，不如谨慎阙疑，仅据守《说卦》取象范围，不轻易增加新的体例。应该说，这是一种客观的科学的治学态度。来氏不同意朱熹易象"不可复考"的观点，而执意要把朱熹所谨慎阙疑的、丢失了千年的易象找回来。为方便探讨朱熹和来氏易象说的不同，我们须进一步分析朱熹在易象问题上的具体观点。

二 看象须得正路脉

朱熹从《易》的言说方式、《易》的卜筮性质、立象能尽意的信念及有些易象推求不得的谨慎阙疑态度等多方面论述其"看象须得正路脉"的易象观。

（一）《易》只是仿佛说，学者须是大着心胸方看得

朱熹认为，《系辞》所谓"象也者，像也"，只是仿佛有这个意思，这就要求读《易》之人不可说得太细，不可求得太深，学者需要大着心胸去看才是。朱熹作《周易本义》时语言极为简略，自称"某只就语脉中略牵

---

① （宋）黎靖德：《朱子语类》卷66，中华书局1986年版点校本，第4册，第1640页。

过这意思"。①《语类》载：

> 易也者，象也，象也者，像也，只是仿佛说，不可求得太深。程
> 先生只是见得道理多后，却须将来寄搭在上面说。渊。②
> 圣人作《易》，有说得极疏处，甚散漫，如爻象，盖是泛观天地
> 万物，取得来阔，往往只仿佛有这意思，故曰不可为典要。又有说得
> 极密处，无缝罅，盛水不漏，如说吉凶悔吝处是也。学者须是大着心
> 胸方看得。譬如天地生物有生得极细巧者，又自有突兀粗拙者，近赵
> 子钦有书来，云某说《语》《孟》极详，《易》说却太略。譬之此烛
> 笼，添得一条骨子，则障了一路明，若能尽去其障，使之体统光明，
> 岂不更好？盖着不得详说故也。方子。③

来知德在其《周易集注》中表面上继承了朱熹的"仿佛"说，但他所
要表达的却是象"非真有其事"这一观念，其挖掘汉易烦琐取象之举并未
得朱熹"大着心胸看"之真意。在论及《系辞》"圣人有以见天下之赜，
拟诸其形容，象其物宜，是故谓之象"时，朱熹认为圣人借助象，可于杂
乱中掌握其不杂乱之理，这是象的强大功能所在。

> "圣人有以见天下之赜"，赜字在《说文》曰"杂乱也"，古无此
> 字，只是啧字，今从赜，亦是口之义。"言天下之至赜而不可恶"，虽
> 是杂乱，圣人却于杂乱中见其不杂乱之理，便与下句"天下之至动而
> 不可乱"相对。僴。④
> "天下之至赜"与《左传》"啧有烦言"之"啧"同，那个从口，
> 这个从臣。是个口里说话多杂乱底意思，所以下面说不可恶。若唤做
> 好字，不应说个可恶字也。"探赜索隐"，若与人说话时也须听他杂乱
> 说将出来底，方可索他那隐底。渊。⑤

朱熹不赞同将易象与譬喻、比兴等同，他认为易象是实有其象，且易
象有其特定的取象体例，并非如《诗》比兴之"虚说"。如"田有禽"，

---

① （宋）黎靖德：《朱子语类》卷67，中华书局1986年版点校本，第5册，第1654—1655页。
② （宋）黎靖德：《朱子语类》卷76，中华书局1986年版点校本，第5册，第1945页。
③ （宋）黎靖德：《朱子语类》卷67，中华书局1986年版点校本，第5册，第1655页。
④ （宋）黎靖德：《朱子语类》卷75，中华书局1986年版点校本，第5册，第1911页。
⑤ （宋）黎靖德：《朱子语类》卷75，中华书局1986年版点校本，第5册，第1911页。

此爻必定有此象，至于其取象之由，已是不可考了。他说：

> 蔡文说江德功说易象如譬喻，《诗》之比兴同，熹谓不然。往复
> 数书辨此。"潜龙勿用，阳在下也"，阳谓九，下谓潜。阴疑于阳必
> 战，谓其嫌于无阳也，故称龙焉，易象说得如此分明。黄显子录。①
>
> 前辈也曾说《易》之取象似《诗》之比兴，如此却是虚说，恐不
> 然。如"田有禽"，须是此爻有此象，但今不可考。渊。②

朱熹批评了伊川乾坤生六子的看法，认为这样实际上是从乾坤变作其
他几卦，先有了乾坤的诸象，后有了六子卦。朱熹认为，事实上应该依据
伏羲画卦之序，从太极到阴阳各一画，逐爻加上去，六十四卦一时俱了，
非有先后。待到六十四卦都画成了，才就已成的卦画上取象，系卦爻辞。

> 伊川说"乾坤变为六子"，非是，卦不是逐一卦画了旋变去，这
> 话难说，伊川说两仪四象自不分明。卦不是旋取象了方画，须是都画
> 了这卦，方只就已成底卦上面取象，所以有"刚柔""来往""上
> 下"。渊。③
>
> 卦象指文王卦言，所以乾言为寒为冰。渊。④

朱熹认为先有伏羲画卦，卦成之后方就上面取象，而不是先取了卦象
之后再画卦，因此，凡易象问题都是在文王卦上讲。朱熹认为卦画的设立
虽是伏羲所为，属先天，然《说卦》所举的八卦卦象以辞的方式表达出
来，对应的却是文王后天八卦方位。文王八卦方位图上乾在西北，故可取
象寒、冰。来氏取消了朱熹先后天的划分，但其注《说卦》时，仍以文王
八卦方位"乾居亥位"解乾卦寒冰之象。⑤

(二)《易》只是空说个道理

朱熹比较了《易》与《诗》《书》的不同，认为《诗》《书》都是依
凭着事实做出来的，《易》却是悬空做出来的，并不凭借具体的事实，

---

① （宋）朱鉴：《朱文公易说》卷8，上海古籍出版社1989年版影印本，第173页下栏。
② （宋）黎靖德：《朱子语类》卷66，中华书局1986年版点校本，第4册，第1640页。
③ （宋）黎靖德：《朱子语类》卷71，中华书局1986年版点校本，第5册，第1781页。
④ （宋）黎靖德：《朱子语类》卷77，中华书局1986年版点校本，第5册，第1974页。
⑤ （明）来知德：《周易集注》卷15，《景印文渊阁四库全书》，台湾商务印书馆1986年版
　　影印本，经部，第32册，第403页。

《易》最初只是浑然一太极，继而生出一阳一阴之象，于是吉凶悔吝的道理也就跟着出来了，占者被告知的吉凶悔吝的道理是从象中呈现的。

> 看《易》须是看他卦爻未画以前是怎模样，却就这上见得他许多卦爻象数是自然如此，不是杜撰。且《诗》则因风俗世变而作，《书》则因帝王政事而作，《易》初未有物，只是悬空说出。当其未有卦画，则浑然一太极，在人则是喜怒哀乐未发之中，一旦发出，则阴阳吉凶事事都有在里面。人须是就至虚静中见得这道理周遮通珑方好，若先靠定一事说，则滞泥不通了，此所谓洁静精微《易》之教也。学履。〇焘录云：未画以前便是寂然不动，喜怒哀乐未发之中，只是个至虚至静而已。忽然在这至虚至静之中有个象，方说出许多象数吉凶道理，所以《礼记》曰"洁静精微《易》教也"，盖《易》之为书，是悬空做出来底，谓如《书》，便真个有这政事谋谟方做出《书》来，《诗》便真个有这人情风俗方做出《诗》来。《易》却都无这已往底事，只是悬空做底。未有爻画之先，在《易》则浑然一理，在人则浑然一心。既有爻画，方见得这爻是如何，这爻又是如何，然而皆是就这至虚至静中做许多象数道理出来。此其所以灵。若是似而今说得来恁地拖泥带水，便都没理会处了。①

朱熹所谓的《易》书空说个道理，指的是《易》书中的物象不能执定作一物来看，如龙，不能就看成一条真龙，而应看作龙象。《易》书的不易读，也就在这里。其他经典如《诗经》《尚书》《论语》《礼记》等说一事就是一事，说一物就是一物，《易》书则是以象的方式来表达一类事物的意蕴义理，所以是空说个道理。

> 《易》难看，不比他书。《易》说一个物，非真是一个物。如说龙非真龙。若他书则真是事实，孝弟便是孝弟，仁便是仁。《易》中多有不可晓处，如"王用亨于西山"，此却是享字，只看"王用亨于帝，吉"，则知此是祭祀山川底意思。如"公用亨于天子"亦是享字，盖朝觐燕飨之意。《易》中如此类甚多，后来诸公解只是以己意牵强附合，终不是圣人意。《易》难看，盖如此。赐。②

---

① （宋）黎靖德：《朱子语类》卷67，中华书局1986年版点校本，第5册，第1660页。
② （宋）黎靖德：《朱子语类》卷67，中华书局1986年版点校本，第5册，第1660—1661页。

《易》只是空说个道理。只就此理会，能见得如何，不如《诗》《书》、执礼皆雅言也，一句便是一句，一件事便是一件事，如《春秋》亦不是难理会底，一年事自是一年事，且看礼乐征伐是自天子出，是自诸侯出，是自大夫出，今人只管去一字上理会褒贬。要求圣人之意，千百年后如何知得他肚里事？圣人说出底，犹自理会不得，不曾说底更如何理会得。淳。①

朱熹认为，伊川《易传》讲道理很完备，但是缺了象数，也就很难泛应万物，那么一爻就只能作一事来看，三百八十四爻也就只能作三百八十四事看。

《易传》言理甚备，象数却欠在。又云：《易传》亦有未安处，如无妄六二"不耕获，不菑畬"，只是说一个无所作为之意，《易传》却言"不耕而获，不菑而畬，谓不首造其事"，殊非正意。闳祖。②

问：伊川《易》说理太多。曰：伊川言圣人有圣人用，贤人有贤人用，若一爻止做一事，则三百八十四爻止做得三百八十四事也，说得极好，然他解依旧是三百八十四爻止做得三百八十四事用也。淳。③

所谓《易》只是空说个道理，是从正面肯定易象在表达义理上的"套子"的作用。从反面来说，虚灵方能应物不爽，朱熹所要反对的就是程氏《易传》不言象数只言理以至于讲得过于实在、失去占筮本义的解《易》路子，如程颐以舜之事解乾卦六爻等。来知德后来所提倡的"《易》非有实事也，只有其象而已"即从此出。此外，这也是对杨万里《诚斋易传》等以史解易派的批评。

（三）只此数画该尽天下之理

《语类》载朱熹论《程易》之失，深入谈到了《易》书的言说方式：

问时举看《易》如何，曰："只看《程易》，见其只就人事上说，无非日用常行底道理。"曰："《易》最难看，须要识圣人当初作《易》之意，且如泰之初九'拔茅茹，以其汇，征吉'，谓其引贤类进

---

① （宋）黎靖德：《朱子语类》卷67，中华书局1986年版点校本，第5册，第1658页。
② （宋）黎靖德：《朱子语类》卷67，中华书局1986年版点校本，第5册，第1652页。
③ （宋）黎靖德：《朱子语类》卷67，中华书局1986年版点校本，第5册，第1652页。

也，都不正说引贤类进，而云拔茅，何耶？如此之类，要须思看某之《启蒙》，自说得分晓，且试去看。"因云："某少时看文字时，凡见有说得合道理底，须旁搜远取，必要看得他透。今之学者多不如是，如何？"时举退看《启蒙》。

　　晚往侍坐，时举曰："向者看《程易》，只就注解上生议论，却不曾靠得《易》看，所以不见得圣人作《易》之本意。今日看《启蒙》，方见得圣人一部《易》皆是假借虚设之辞，盖缘天下之理若正说出便只作一件用，唯以象言，则当卜筮之时看，是甚事都来应得。如泰之初九，若正作引贤类进说，则后便只作得引贤类进用，唯以拔茅茹之象言之，则其他事类此者皆可应也。《启蒙·警学篇》云'理定既实，事来尚虚，用应始有，体该本无'，便见得《易》只是虚设之辞，看事如何应耳。"领之。①

　　朱熹认为，泰卦初九"拔茅茹，以其汇，征吉"，所要表达的意思是引贤类进，那么此爻为什么不直言引贤类进，而是以拔茅茹之象言之呢？这是一个言说方式的问题。正面说出引贤类进，那么此爻就只能当一件事来看，取象"拔茅茹"，以象的方式假借虚设地说出，那么占卜的时候若是占得此爻，都能以此爻去应他，如此才体现《易》的无穷。程子虽然也批评一爻当一事看的流弊，但在朱熹看来，《程易》自身还是犯了这个错误。其根源在于程子对《易》本是卜筮之书这一点认不真，故对易象的看法不准确，这就决定了他在表达方式上，过于直白地讲日用常行之道理，于易象之妙应万事的优点体察得不够，且偏重于人事上说，所以见不到圣人作《易》的本义。

　　朱熹认为言辞不能穷尽义理意蕴，所以圣人才设立卦象，以象来曲尽圣人之意。这也是对程子偏于卦爻辞而忽视象的批评。朱熹对象的表意功能很有信心，认为"只此数画该尽天下之理"。

　　尝谓伏羲画八卦，只此数画，该尽天下之理。阳在下为震，震，动也；在上为艮，艮，止也。阳在下自动，在上自止。欧公却说《系辞》不是孔子作，所谓"书不尽言，言不尽意"者非。盖他不会看。立象以尽意，惟其言不尽意，故立象以尽之。学者于言上会得者浅，

----

① （宋）黎靖德：《朱子语类》卷67，中华书局1986年版点校本，第5册，第1655页。

于象上会得者深。广。①

朱熹以贲卦大象为例，认为"明庶政是就离上说，无折狱是就艮上说，离明在内，艮止在外"，象辞的设置与内卦、外卦的卦德正相切合。程子解为贲饰，则属于离象而悬空说道理，并不亲切，不懂得就象中说《易》则意味深长。这里，朱熹是以卦德为卦象的，来知德在其《周易集注》里继承了这一点。《说卦》八卦之德本来是八卦取象的义理基础，以卦德为卦象，势必使得"象"的内涵扩展，这也是来氏易象观的一个重要特点。

问："'君子明庶政，无敢折狱'，《本义》云，'明庶政'是明之小者，'无折狱'是明之大者，此专是就象取义。伊川说此，则又就贲饰上说。不知二说可相备否？"曰："'明庶政'是就离上说，'无折狱'是就艮上说。离明在内，艮止在外，则是事之小者可以用明。折狱是大事，一折便了，有止之义。明在内，不能及他，故止而不敢折也。大凡就象中说，则意味长。若悬空说道理，虽说得去，亦不甚亲切也。"学履。②

朱熹在与弟子问答中谈到"圣人自取之象"问题时，无奈地表示当前所能做的只能是"因象看义"了，因为"以上底"推求不出，只好"从象下面说去"。朱熹主张十翼文本为圣人所作故应予以尊重，应从《说卦》现有的取象范围去解说卦爻辞，而不应去主观臆测或自创新的解《易》体例。所谓"以上底"指的则是圣人立象的准则和体例。

问："《易》之象似有三样，有本画自有之象，如奇画象阳，偶画象阴是也；有实取诸物之象，如乾坤六子，以天地雷风之类象之是也；有只是圣人以意自取那象来明是义者，如'白马翰如'、'载鬼一车'之类是也。实取诸物之象决不可易。若圣人姑假是象以明义者，当初若别命一象，亦通得，不知是如此否？"曰："圣人自取之象也不见得如此，而今且只得因象看义，若恁地说，则成穿凿了。"学履。③

---

① （宋）黎靖德：《朱子语类》卷66，中华书局1986年版点校本，第4册，第1640页。
② （宋）黎靖德：《朱子语类》卷77，中华书局1986年版点校本，第5册，第1781—1782页。
③ （宋）黎靖德：《朱子语类》卷66，中华书局1986年版点校本，第4册，第1640—1641页。

以上底推不得，只可从象下面说去。王辅嗣、伊川皆不言象，如今却不敢如此说，只可说道不及见这个了。且从象以下说，免得穿凿。渊。①

总的来说，朱熹对于卦画该尽天下之理充满信心，在象和理的关系问题上，充分肯定象的表意功能，认为这是卦爻辞文字形式所不具备的。程颐认为理无形，故假象以显义，然而理借助辞来呈现毕竟是有限的，辞不能尽意，象则可以曲尽圣人之意和天下之理，故须因象看义。朱熹的这一看法为来知德所肯定并发扬。

（四）说《易》须用添一重卜筮意

朱熹认为《易》本是卜筮之书，对六十四卦卦爻辞的解释都要充分注意到《易》的这一占卜性质，才能讲得自然。这一命题是针对孔子之后的义理派解《易》不言象或者对象的认识有偏颇的易学家而言，如《程氏易传》就受到了朱熹及其弟子的反复批判。朱熹说："《易》只是设个卦象以明吉凶而已，更无他说。"② 换言之，《易》的直接目的并非要讲明义理，而是要明吉凶，占断吉凶祸福，这是《易》书的最为原初的属性，圣人设个卦象首先所要达到的也是这个目的。程子《易传》讲义理精到，这是朱熹所服膺的，但他同时又毫不隐讳地指出了程氏《易传》忽视了《易》原本的占卜性质，结果是"装定做人说"，完全从人事上去讲道理，不能做到随占者的身份、占卜的事项、时节和所处的"位"等方面去切实体会。这样，道理纵然说得精彩，于辞、变、象、占四者，也只说得了一个辞及其中的理（程颐乾坤卦变说是说变），而不免遗弃了象、占两个方面，因此并不切合《易》的本义。

问："《程传》大概将三百八十四爻做人说，恐通未尽否？"曰："也是。则是不可装定做人说，看占得如何。有就事言者，有以时节言者，有以位言者。以吉凶言之则为事，以初终言之则为时，以高下言之则为位。随所值而看，皆通。《系辞》云'不可为典要，惟变所适'，岂可装定做人说？"学履。③

《易传》义理精，字数足，无一毫欠阙，他人着工夫补缀，亦安

① （宋）黎靖德：《朱子语类》卷66，中华书局1986年版点校本，第4册，第1640页。
② （宋）朱鉴：《朱文公易说》卷8，上海古籍出版社1989年版影印本，第172页下栏。
③ （宋）黎靖德：《朱子语类》卷66，中华书局1986年版点校本，第4册，第1652页。

得如此自然？只是于本义不相合。《易》本是卜筮之书，卦辞爻辞无所不包，看人如何用。程只说得一理。①

朱熹认为，即便是程子所重点关注的"辞"，程子理解得也并不准确。他说：

> 《易》有象辞，有占辞，有象占相浑之辞。甘节录。②
>
> 如《易》之词乃是象占之词，若舍象占而曰"有得于词"，吾未见其有得也，此皆过高之弊，所以不免劳动心气，若只虚心以玩本书，自无劳心之害。答吕祖俭。③

在程子那里，卦爻辞是圣人用以显义的语言工具。朱熹则紧扣《易》的卜筮性质，将卦爻辞分作象辞、占辞和象占相浑之辞三种。如潜龙是象辞，勿用是占辞，利牝马之贞是象占相浑之辞。因此，朱熹尖锐地批评程子等义理派易学家自鸣"有得于词"，却不知道舍象占之辞，则《易》别无辞。不从象、占二角度去理解卦爻辞，道理讲得再好，也是"劳动心气"，徒然过高而已。朱熹在与学生的对话中也曾从象辞和占辞的区分角度去检讨《程传》之失：

> 问："初六，晋如摧如，象也；贞吉，占辞。"曰："'罔孚，裕无咎'又是解上两句，恐'贞吉'说不明，故又晓之。"又问："受兹介福，于其王母，指六五以为享先妣之吉占，何也？"曰："恐是如此。盖《周礼》有享先妣之礼。"又问"众允，悔亡"。曰："众允，象也；悔亡，占也。"又问："晋其角，维用伐邑，《本义》作'伐其私邑'，《程传》以为'自治'，如何？"曰："便是《程传》多不肯说实事，皆以为取喻。伐邑如堕费、堕郈之类是也。大抵今人说《易》，多是见《易》中有此一语，便以为通体事当如此，不知当其时节地头，其人所占得者其象如何。若果如今人所说，则《易》之说有穷矣。又如'摧如'、'愁如'，《易》中少有此字，疑此爻必有此象，但今不可晓耳。"铢。④

---

① （宋）黎靖德：《朱子语类》卷67，中华书局1986年版点校本，第5册，第1651页。
② （宋）朱鉴：《朱文公易说》卷8，上海古籍出版社1989年版影印本，第173页下栏。
③ （宋）朱鉴：《朱文公易说》卷8，上海古籍出版社1989年版影印本，第173页下栏。
④ （宋）黎靖德：《朱子语类》卷72，中华书局1986年版点校本，第5册，第1825—1826页。

由检讨《程传》之失，朱熹也顺带批评了当时人说《易》的一个通病，即看见《易》中有那么一句话，就对应一件事，全然不顾在占者所处的"时节地头"，即特定场合下，什么身份的人，问的什么事，占得的是什么卦象。若作一件事看，三百八十四爻就只能对应三百八十四件事。惟有考虑到占者的时、位及所占之事，才可就所占得的象去断其吉凶，才符合《易》书"不可为典要，唯变所适"的特性。

朱熹认为，取象各有不同，要考虑到占者的身份：

> 取象各不同，有就自己身上取底，有自己当不得这卦象，却就那人身上取。如"潜龙勿用"是就占者身上言，到那"见龙"，自家便当不得，须把做在上之大人。九五"飞龙"便是人君，"大人"却是在下之大人。渊。①

此处举乾卦初九潜龙勿用，潜龙指占者自身，九二"见龙在田，利见大人"，指的是利于拜见在上位之大人，非指自身；九五爻辞"飞龙在天，利见大人"，九五已是君位，此爻所见大人是在下位之大人，即九二。所以，取象宜考虑占者身份，并非一例从自身取，也非一例不从自身取。孔子作《十翼》，说出一番道理，淡化了《易》作为卜筮书的原初色彩，加上象失传，遂使后人漠视象占二者而专言义理，朱熹认为这是导致《易》"极难理会"的主要原因。

> 问："看《易》如何。"曰："《诗》《书》、执礼，圣人以教学者，独不及于《易》，至于'假我数年，五十以学《易》'，乃是圣人自说，非学者事。盖《易》是个极难理会底物事，非他书之比。如古者先王顺《诗》《书》、礼、乐以造士，亦只是以此四者，亦不及于《易》。盖《易》只是个卜筮书，藏于太史、太卜，以占吉凶，亦未有许多说话。及孔子始取而敷绎为十翼，《彖》《象》《系辞》《文言》《杂卦》之类，方说出道理来。"偲。②

朱熹认为，《易》书本来是专为卜筮而作，后来的学者以为难登大雅之堂而不愿承认这一点。然而撇开卜筮这一层考虑去解《易》，费力且不

---

① （宋）黎靖德：《朱子语类》卷 66，中华书局 1986 年版点校本，第 4 册，第 1641 页。
② （宋）黎靖德：《朱子语类》卷 67，中华书局 1986 年版点校本，第 5 册，第 1658 页。

自然。假若添上一重卜筮意，则可以得到《易》的本义，道理也能讲得通透了。

> 据某看得来，圣人作《易》专为卜筮，后来儒者讳道是卜筮之书，全不要惹他卜筮之意，所以费力。今若要说且可，须用添一重卜筮意，自然通透。如乾初九"潜龙"两字是初九之象，"勿用"两字即是告占者之辞，如云占得初九，是潜龙之体，只是隐藏不可用。作《小象》《文言》，释其所以为潜龙者，以其在下也，诸爻皆如此，推看怕自分明，又不须作设戒也。浩。①

所添的这一重卜筮意，无非是正视卦爻辞中的象辞、占辞、象占相浑之辞，并且懂得告占者之辞是据卦爻象而生发出来的。"故其象占如此""占得者如何如何""占者有是德，亦如是占也""咸临与初同而占不同者如何如何"等此类语句在来氏《周易集注》中屡见不鲜，表明来知德基本是继承了朱熹《本义》"易本卜筮之书"的观点和解《易》路子。

（五）《易》毕竟是有象，只是今难推

朱熹认为程子"譬喻"之说的一个弊病，就是否认特定的卦对应有特定的象以及圣人当初设立此象时所据的特定的体例。朱熹认为，必定有个象与某些卦爻辞相对应，如乾卦初九"潜龙"一词，卦中便一定有个潜龙的象，由此衍生出的道理则据此象再去推求。数也是如此，《易》中凡言二篇、十年、三岁、七日、八月等，都不是圣人随意设置的辞，而必有取此数的道理在。朱熹遇到的困难是"所以有象底意思不可见"，也就是文王周公系卦爻辞时，所据以立象的那个背后的道理不可见，导致如今《说卦》之外的卦象已是"晓他不出"。但又不能因为今天弄不清楚部分圣人立象的准则，而效法王弼将象数扫尽。朱熹说：

> 伊川只将一部《易》来作譬喻说了，恐圣人亦不肯作一部譬喻之书。浩。②
>
> 凡言十年、三年、五年、七月、八月、三月者，想是象数中自有个数如此，故圣人取而言之。至于十年不克征，十年勿用，则其凶甚

---

① （宋）黎靖德：《朱子语类》卷67，中华书局1986年版点校本，第5册，第1651—1652页。
② （宋）黎靖德：《朱子语类》卷67，中华书局1986年版点校本，第5册，第1651—1652页。

矣。偎。①

　　伊川说象，只似譬喻样说。看得来须有个象如此，只是如今晓他不出。渊。②

　　他所以有象底意思不可见，却只就他那象上推求道理。不可为求象不得，便唤作无。如潜龙，便须有那潜龙之象。渊。③

　　朱熹称伊川将《易》作譬喻说了，具体表现如以舜之事注乾卦各爻之象，又如伊川注坤六四"括囊，无咎无誉"道："……其自处以正，危疑之地也。若晦藏其知，如括结囊口而不露，则可得无咎，不然则有害也。既晦藏，则无誉矣。"④ 注屯六三"即鹿无虞，惟入于林中"道："……如即鹿而无虞人也，入山林者，必有虞人以导之，无导之者，则惟陷入于林莽中。"⑤ 注比九五称"故圣人以九五尽比道之正，取三驱为喻，曰'王用三驱，失前禽，邑人不诫，吉。'"，⑥ 注师六五"田有禽"道："若禽兽入于田中，侵害稼穑，于义宜猎取，则猎取之……"⑦ 注蒙上九"击蒙"道："如苗民之不率，为寇为乱者，当击伐之。"⑧ 以上几例，程颐用"如""若""为喻"等辞来解说卦爻辞中的象，故朱熹批评他将易象作譬喻说了，未得易象真义。《语类》载："季通云，看易者，须识理象数辞，四者未尝相离，盖有如是之理，便有如是之象，有如是之象，便有如是之数，有理与象数，便不能无辞。《易》六十四卦，三百八十四爻，有自然之象，不是安排出来。且如潜龙勿用，初便是潜，阳爻便是龙，不当事便是勿用。见龙在田，离潜便是见，阳便是龙，出地上便是田。即鹿无虞，惟入于林中，此爻在六二、六四之间，便是林中之象。鹿，阳物，指五。无虞，无应也。以此触类而长之，当自见得。端蒙。"⑨ 此段以蔡元定口吻说出，引号起止不易定夺。有理而后有象，有象而后有数，这符合朱熹之说，但与《启蒙》将图书之数置首有所不合。此段释潜龙勿用之象与朱熹

①　（宋）黎靖德：《朱子语类》卷71，中华书局1986年版点校本，第5册，第1789页。
②　（宋）黎靖德：《朱子语类》卷66，中华书局1986年版点校本，第4册，第1640页。
③　（宋）黎靖德：《朱子语类》卷66，中华书局1986年版点校本，第4册，第1641页。
④　（宋）程颐：《周易程氏传》卷1，《二程集》，中华书局1981年版点校本，下册，第710页。
⑤　（宋）程颐：《周易程氏传》卷1，《二程集》，中华书局1981年版点校本，下册，第716—717页。
⑥　（宋）程颐：《周易程氏传》卷1，《二程集》，中华书局1981年版点校本，下册，第742页。
⑦　（宋）程颐：《周易程氏传》卷1，《二程集》，中华书局1981年版点校本，下册，第736页。
⑧　（宋）程颐：《周易程氏传》卷1，《二程集》，中华书局1981年版点校本，下册，第722页。
⑨　（宋）黎靖德：《朱子语类》卷67，中华书局1986年版点校本，第5册，第1662页。

《本义》并不忤逆，但以屯卦六二六三六四互体成坤释林中之象则与朱熹上述取象原则亦有所不合。卦爻辞出现的数字等代表的象，朱熹推想其背后必有个"所以有象底意思"，以象为然，以圣人设象之理据为所以然，这个所以然已很难推求，但一定存在。是象数中自有个数，圣人才如此说，如十年不克征、十年勿用，都是占得极其凶险之象。除了上文总说部分所列举的朱熹坦率承认自己所阙疑的取象外，朱熹还在以下的谈话中多次提到易象已是难以考求：

> 坎体中多说酒食，想须有此象，但今不可考。晏渊录。[1]
> 卦中有两个"孕妇"字不知如何取象，不可晓。渊。[2]
> 《易》之象理会不得。如乾为马，而乾之卦却专说龙，如此之类，皆不通。恪。[3]
> 《易》毕竟是有象，只是今难推。如既济"高宗伐鬼方"在九三，未济却在九四。损"十朋之龟"在六五，益却在六二，不知其象如何。又如履卦、归妹卦皆有"跛能履"，皆是兑体，此可见。可学。[4]

以上几处朱熹疑惑的地方，来氏都给出了自己的解释。如坎体多说酒食，来氏认为来自坎卦有水象，酒属水。《说卦》乾为马，乾卦却多说龙，来氏认为，龙、马二象均可表刚健之义，但龙具有随四时寒温而变化的特点，这是因卦情而立象。至于既济、未济"高宗伐鬼方"在九三、九四，损、益"十朋之龟"在六五、六二，来氏认为这缘于两卦相综，故取象如此。

来氏对于数的取象有其穿凿之弊。如认为离为三，故《易》中凡言三的地方，都与离卦相关。乾一、兑二、离三、震四，这是邵雍排列出的小横图的次序，来知德却据此赋予离卦以"三"这一易象，并不惮费力几经周折地采用自创的错卦、综卦、爻变、互体等说法去牵合附会。朱熹在这些问题上更为谨慎。朱熹表示，在卦德上命字比起取象更为亲切。比如蒙卦下体为坎，上体为艮，故象辞说"蒙，险而止"；复卦下体为震，上体为坤，故象辞说"复，刚动而顺行"，都明白亲切。至于《大象传》所列出的山下出泉，地中有雷，朱熹认为都是后人添上去的，所以难理会，不

---

① （宋）朱鉴：《朱文公易说》卷8，上海古籍出版社1989年版影印本，第177页上栏。
② （宋）黎靖德：《朱子语类》卷73，中华书局1986年版点校本，第5册，第1859页。
③ （宋）黎靖德：《朱子语类》卷66，中华书局1986年版点校本，第4册，第1641页。
④ （宋）黎靖德：《朱子语类》卷66，中华书局1986年版点校本，第4册，第1641页。

如《彖传》以卦德来说更亲切。这是朱熹在文本问题上的怀疑，在他看来，《彖传》自然要比《大象传》更早也更可靠。《大象传》的一些说法可能本身就没有多少道理可讲，穷究其取象也就没有多大的意义了。他说：

> 《易》中取象，不如卦德上命字较亲切。如蒙险而止，复刚动而顺行，此皆亲切。如山下出泉，地中有雷，恐是后来又就那上面添出。所以《易》中取象处，亦有难理会者。学履。①

朱熹认为易象中最亲切有味儿的是彖传中多次出现的以卦德取象，既是讲象，也是讲人事当然之理；比较而言，六十四卦大象之象，如蒙卦大象山下出泉，复卦大象地中有雷，就不是那么自然亲切了，恐怕是后人有意造作的。此外，朱熹还追溯了易象失传的过程，认为孔子只从义理上说《易》是个转折点。孔子之时，象数分明，孔子不须多说。然而待到孔子《十翼》大行，象数反而式微湮灭。程子作《易传》，走的是孔子义理的路子，只能算作"说得半截，不见上面来历"。所谓"上面来历"，即义理所赖以附丽而存在的象数以及占筮体例。《语类》载：

> 问：孔子专以义理说《易》，如何？曰：自上世传流至此，象数已分明，不须更说，故孔子只于义理上说。伊川亦从孔子。今人既不知象数，但依孔子说，只是说得半截，不见上面来历。大抵去古既远，书多散失。今且以占辞论之。如人占婚姻，却占得一病辞，如何用？似此处，圣人必有书以教之，如《周礼》中所载，今皆亡矣。可学。②

朱熹提出了一个棘手的问题：有人占婚姻，却占得一病辞，如何用？他认为这里面肯定有其体例去断，有专门的书籍相传授，可惜都亡佚了。这是他从古书的存亡上谈易象、占法的失传，申其"不可复考"之说。

（六）惟互体之说《易》中不言

总的来说，朱熹对互体取象是不认同的。他指出以互体取象来弥补《说卦》取象的不足，始于《左传》陈侯筮得观之否，以观卦六四爻占，

---

① （宋）黎靖德：《朱子语类》卷66，中华书局1986年版点校本，第4册，第1641页。
② （宋）黎靖德：《朱子语类》卷66，中华书局1986年版点校本，第4册，第1641—1642页。

解作"风为天于土上，有个艮之象"一句，汉儒袭用这一体例，至王弼将其破除，朱震在其《汉上易传》里又加以发扬。朱熹承认《左传》以互体释占辞的这项事例的确有其道理，但是今天用来推其他卦，又多不合。且《左传》里这条例子虽妙，却不能保证它就不是附会。后人据此例再作推衍，也就不足信了。朱熹说：

> 互体自左氏已言，亦有道理，只是今推，不合处多。可学。[1]
> 王弼破互体，朱震用互体。渊。[2]
> 朱震互体，一卦中自二至五又自有两卦，这两卦又伏两卦，林黄中便倒转推成四卦，四卦里又伏四卦，此谓互体，这自那"风为天于土上，有个艮之象"来。渊。[3]

朱熹认为，朱震以中四爻互成两卦，此两卦"又伏两卦"，从而扩大取象的范围，用以说明卦爻辞。林栗是朱熹的论敌，两人曾就"易有太极"章有过交锋。林栗将一卦的全体视作太极，内卦和外卦为两仪，两仪加上中四爻互成的两卦为四象，各自颠倒，遂取为八卦。林栗此处的八卦之说与上面的"伏两卦"说法稍有差别。朱熹认为这样是太极包两仪、四象、八卦，而不是生。所谓生，必是先有太极，次为阴阳各一画，再逐爻叠加，以成二画的四象和三画的八卦，也就是邵雍所主张的"加一倍法"。这里面有一个严格的逻辑先后，不可错乱。若依林栗的"包"的说法，则会出现未有太极先有两仪，未有两仪先有四象，未有四象先有八卦的荒唐情形，明显与《系辞》之文相悖。这是朱熹从伏羲作《易》次序的角度批评互体之说。

> 林黄中以互体为四象八卦。德明。[4]
> 林黄中来见，论"易有太极，是生两仪，两仪生四象，四象生八卦"，就一卦言之，全体为太极，内外为两仪，内外及互体为四象，又颠倒取为八卦。曰：如此则不是生，却是包也。始画卦时只是个阴阳奇偶，一生两，两生四，四生八而已。方其为太极，未有两仪也，由太极而后生两仪，方其为两仪未有四象也，由两仪而后生四象，方

---

① （宋）黎靖德：《朱子语类》卷67，中华书局1986年版点校本，第5册，第1668页。
② （宋）黎靖德：《朱子语类》卷67，中华书局1986年版点校本，第5册，第1668页。
③ （宋）黎靖德：《朱子语类》卷67，中华书局1986年版点校本，第5册，第1668页。
④ （宋）黎靖德：《朱子语类》卷67，中华书局1986年版点校本，第5册，第1679页。

其为四象未有八卦也，由四象而后生八卦，此之谓生。若以为包，则是未有太极已先有两仪，未有两仪已先有四象，未有四象已先有八卦矣。林又曰："太极有象，且既曰'易有太极'则不可谓之无，濂溪乃有无极之说何也？"曰："有太极是有此理，无极是无形器方体可求，两仪有象，太极则无象。"林又言三画以象三才。曰："有三画方看见似个三才模样，非故画以象之也。"闳祖。①

朱熹在与弟子的问答中，否定了几种常见的以互体取象的卦例。

又《易》二体，初四、二五等爻相应，二五中正不中正，此是《易》中分明说了，惟互体之说《易》中不言，今诸儒必附会为之说。方曰：颐中有物曰噬嗑，此岂非互体之验？曰：颐中有一物在内，非谓互体，且别无例。蔡又谓人举二四同功、三五同功。曰：如此举证又疏。又引某卦自泰来，某卦自某来，曰：此王辅嗣谓之（阙）。蔡曰：王辅嗣说象，某却不是。黄显子录。②

问《易》中互体之说，共父以为"杂物撰德，辨是与非，则非其中爻不备"，此是说互体。曰："今人言互体者皆以此为说，但亦有取不得处也。如颐卦、大过之类是也。王辅嗣又言纳甲、飞伏尤更难理会。纳甲是震纳庚、巽纳辛之类，飞伏是坎伏离，离伏坎，艮伏兑，兑伏艮之类也，此等皆支蔓，不必深泥。"时举。③

学者常用"颐中有物曰噬嗑"一句作为例证，来证明《易》用互体。朱熹认为此句应该从字面上去解，作颐中有一物在内，即口含一物，没有证据可以证明"一物"就是九四爻。学者或认为此爻变阴爻，全卦遂成颐卦，或认为初爻至四爻互成颐卦，朱熹认为这些说法不成立。并且若依此说，六十四卦止此一卦符合此类情形，孤证难立。有人以《系辞》"二四同功""三五同功"为互体的文本依据，朱熹认为此种举证太过疏忽。因为此两句分明是讲第二爻与第四爻，第三爻与第五爻的位置和处境的比较，《系辞》说得很明白："二多誉，四多惧""三多凶，五多功"，与互体无涉。有人认为《系辞》"杂物撰德，辨是与非，则非其中爻不备"一

① （宋）黎靖德：《朱子语类》卷67，中华书局1986年版点校本，第5册，第1679—1680页。
② （宋）朱鉴：《朱文公易说》卷8，上海古籍出版社1989年版影印本，第173页下栏。
③ （宋）黎靖德：《朱子语类》卷67，中华书局1986年版点校本，第5册，第1668—1669页。

句是说互体，朱熹指出，这是当时人谈互体最常用的依据，但也有"取不得处"，也就是说有行不通的地方，不能将诸卦贯穿。朱熹举颐卦、大过为例，若依互体的说法，颐卦中四爻互成坤卦，大过中四爻互成乾卦。

> 朱震又多用伏卦、互体说阴阳，说阳便及阴，说阴便及阳。乾可为坤，坤可为乾，太走作。近来林黄中又撰出一般翻筋斗互体，一卦可变作八卦，也是好笑。浩。[1]

朱熹指出了朱震的伏卦互体说"说阳便及阴，说阴便及阳"，乾卦可变作坤卦说，坤卦可变作乾卦说，变化太过随意而没有止限，太过走作。林栗又加了一重颠倒看的意思在里面，一卦可以变成八卦，成了翻筋斗互体。以此扩大取象范围，去迎合卦爻辞，是不可靠的。

至于纳甲、飞伏，朱熹认为据此取象，都是枝蔓。这是继承了王弼的看法。来氏《集注》多用互体，且在互体的基础上再加以错、综的方式取象，比起林栗所得的卦更多。林栗所用的颠倒来看，就是来氏所谓的卦综取象。来氏这一做法是朱熹旗帜鲜明地加以反对的。

朱熹认为，卦中要看得亲切，须是兼象看，但他同时又认为卦爻辞中的取象有诸多不合乎《说卦》之处，这是因为相关的象失传所致。对于比他时代稍早的郑东卿所论的《周易》取象，朱熹认为虽有好的地方，但终究是小零碎处，属牵合附会。《语类》载朱熹评论郑东卿易象观的材料有：

> 郑东卿《易》专取象，如以鼎为鼎，革为炉，小过为飞鸟，亦有义理。其他更有好处，亦有杜撰处。砺。[2]
>
> 郑东卿少梅说易象，亦有是者。如鼎卦分明是鼎之象。他说革是炉之象，亦恐有此理。泽中有火，革，上画如炉之口，五四三是炉之腹，二是炉之下口，初是炉之底。然亦偶然此两卦如此耳。广。[3]
>
> 郑东卿说《易》，亦有好处。如说中孚有卵之象，小过有飞鸟之象。孚字从爪从子，如鸟以爪抱卵也。盖中孚之象以卦言之，四阳居外，二阴居内，外实中虚，有卵之象。又言鼎象鼎形，革象风炉，亦是此义。此等处说得有些意思。但《易》一书尽欲如此牵合附会，少

---

① （宋）黎靖德：《朱子语类》卷67，中华书局1986年版点校本，第5册，第1651—1652页。
② （宋）黎靖德：《朱子语类》卷66，中华书局1986年版点校本，第4册，第1643页。
③ （宋）黎靖德：《朱子语类》卷66，中华书局1986年版点校本，第4册，第1643页。

间便疏脱。学者须是先理会得正当道理了，然后于此等些小零碎处收拾以相资益，不为无补。若未得正路脉，先去理会这样处，便疏略。偁。文蔚同。①

郑东卿认为鼎有鼎象，革有炉象，中孚有卵象，小过有飞鸟之象，都是从卦形入手，以物体的象状去附会。在朱熹看来，这样看确实有些意思，但未得易象的正路脉。学者应当先厘清易象的"正当道理"，然后再将这些"小零碎处"收拾来补益。所谓"正当道理"，有两种理解：一是这些卦的主旨所在；二是这些卦取象的科学的体例。

朱熹还批评了他的朋友程迥对井卦易象的看法：

程沙随以井卦有"井谷射鲋"一句，鲋，虾蟆也，遂说井有虾蟆之象。木上有水，井。䷜云：上，前两足；五，头也；四，眼也；三与二，身也；初，后两足也。其穿凿至于此！某尝谓之曰：审如此，则此卦当为虾蟆卦方可，如何却谓之井卦！广。②

朱熹明确反对学者随意地将物象与卦象相附会，程沙随以此穿凿求象无非是想要讲通井卦爻辞里的"鲋"字，在朱熹看来，这不是探求易象的正路脉。来知德八种取象体例中"以卦画之形取象"与此相类，如其解释中孚象辞"利涉大川，乘木舟虚也"一句道"乘木舟虚者，本卦外实中虚，有舟虚之象"③，又解小过象辞，"卦体内实外虚，有飞鸟之象焉，故卦辞曰飞鸟遗之音"④，这是朱熹谈到过且不太认可的易象体例。

第二节 来知德论象

来知德基于其理气合一说，提出象理合一说，并提出错、综、中爻、爻变等若干条取象体例。传统上用一般与个别的关系来分析来氏的象理关

---

① （宋）黎靖德：《朱子语类》卷66，中华书局1986年版点校本，第4册，第1643页。
② （宋）黎靖德：《朱子语类》卷66，中华书局1986年版点校本，第4册，第1643—1644页。
③ （明）来知德：《周易集注》卷12，《景印文渊阁四库全书》，台湾商务印书馆1986年版影印本，经部，第32册，第319页下栏。
④ （明）来知德：《周易集注》卷12，《景印文渊阁四库全书》，台湾商务印书馆1986年版影印本，经部，第32册，第323页下栏。

系并不准确，这主要是因为易学上的象不能简单地对应个体事物，易象具有丰富的内涵。

一　假象以寓理，舍象不可以言《易》

张载以健顺动止等性能为气之象，认为六十四卦的卦画是形，其阴阳吉凶刚柔动静的性质为象。凡象皆气，一切存在都是有象的，一切物象都是气的表现，气是一切事物的实体。象指刚柔动静等性能，是事物存在的根据。在易学上，象是主体，义存于象中，辞所以说象，观象以求意。没有阴阳二气便没有卦爻象；抛弃卦爻象，就没有卦爻的意义。张载的这些主张与程颐有理而后有象，世界统一于理的观点是对立的。来氏论象折中了张载和程颐的相关看法。传统说法认为象是个体事物，理为一般的法则，理寓于象，意味着一般的东西不能脱离个别，此种观点就道器问题说是主张道器不相离，这种说法是值得商榷的。来氏融合取义取象二说，但来氏所说的象不能简单说成是个体事物。来氏注《系辞》"是故易者，象也，象也者，像也"章道：

> 易卦者，写万物之形象之谓也，舍象不可以言《易》矣。象也者，像也，假象以寓理，乃事、理彷佛近似而可以想象者也，非造化之贞体也。象者，象之材也，乃卦之德也。爻者，效天下之动者也，象之变也，乃卦之趣时也。是故伏羲之《易》惟像其理而近似之耳，至于文王有象以言其材，周公有爻以效其动，则吉凶由此而生，悔吝由此而著矣。而要之，皆据其象而已，故舍象不可以言易也。若学《易》者不观其象，乃曰"得意在忘象，得象在忘言"，正告子所谓"不得于言，勿求于心"者也。若舍此象，止言其理，岂圣人作《易》前民用以教天下之心哉？[①]

来氏此段发挥了朱熹四圣之易的说法。一方面，来氏认为象是"事、理彷佛近似而可以想象者"，故而可以"假象以寓理"。象的最早确立者是伏羲，伏羲画卦，从而有了卦象和爻象。伏羲《易》没有卦爻辞，只有卦画，这些卦画创设的目的是近似地模写天地万物形象及其内在之理，故伏羲《易》也是"惟象其理而近似之耳"。来氏圆图包含理气象数四者，且

---

① （明）来知德：《周易集注》卷14，《景印文渊阁四库全书》，台湾商务印书馆1986年版影印本，经部，第32册，第374页上栏。

自称"主宰者理"。来氏又云:"盖以理为主,天即我,我即天,故无后先彼此之可言矣。"① 来氏承认象本身不是目的,象只是理的寓所,理才是这个寓所的主人,卦画只是圣人借以"象其理"的工具,从而在象理关系上坚持了以理为主。来氏在理气关系上主张理是无形无广延的形而上实体,理不离气但并不依赖气,理是独立的实体。来氏所说的阴阳二气虽然是形而下的,但气不是理生成的,气与理自始至终不离,气是无广延的形下实体。来氏论理象关系与其论理气关系是一致的。来氏虽然有走向气本论的倾向,但并不真的就是气本论,来氏虽然强调不可舍象言易,假象以寓理,但也并没有真的置象于第一位。来氏只是对程颐假象以显义之说进行修正,并没有推翻理象之间本质和现象的关系,并没有否定理本论。上节所论朱熹有"只此数画便该尽天下之理"的命题,对于《系辞》所谓圣人"立象以尽意"作了肯定,对于卦象弥纶天地万物之理充满了信心。来氏"假象以寓理"的说法与此是一致的。另一方面,来氏认为伏羲画卦之后,文王作彖以言一卦之德,周公系爻辞以明象之变,于是有了吉凶悔吝。但卦爻辞是系搭在卦象、爻象上的,只有待伏羲把卦象画出来后,文王、周公系辞才能有一个物质的载体和基本依据,因此,后人说《易》,如王弼、程子不言易象而径直阐释卦爻辞,欲从中讲出道理,非但缺乏易学史常识,也并非圣人作《易》教人之心,故而轻谈"得意在忘象"必然使得所欲求得的义理失其象据。要之,来氏一方面主张假象以寓理,承认象最初是伏羲为了显明天地自然之理而设,另一方面主张要讲明其中所包含的义理,就不能舍弃卦象这个模写工具,此即舍象不可以言《易》。

来氏《集注》自序云:

> 夫"《易》者象也,象也者像也",此孔子之言也。曰"像"者,乃事、理之仿佛近似可以想象者也,非真有实事也,非真有实理也。若以事论,金岂可以为车,玉岂可以为铉?若以理论,虎尾岂可履,左腹岂可入?《易》与诸经不同者全在于此。如《禹谟》曰"惠迪吉,从逆凶,惟影响是",真有此理也。如《泰誓》曰"惟十有三年,大会于孟津",是真有此事也。若《易》则无此事,无此理,惟有此像而已。有象则大小、远近、精粗、千蹊万径之理咸寓乎其中,方可弥纶天地。无象则所言者只一理而已,何以弥纶?故象犹镜也,有镜

---

① (明)来知德:《周易集注》卷1,《景印文渊阁四库全书》,台湾商务印书馆1986年版影印本,经部,第32册,第79页下栏。

则万物毕照，若舍其镜，是无镜而索照矣。不知其象，《易》不注可也。①

来氏"象犹镜"之喻是非常精妙的，镜子有照物之功，但不滞留于所照之物，易象如同一面面镜子，每一面镜子都有表某类事理之功，但又不等同于所表之理。《庄子·应帝王》有"圣人用心若镜，不将不迎，应物不藏，故能胜物而不伤"之喻，来氏"象犹镜也"之论盖取于此。此序是来氏晚年所作，时值《周易集注》付梓之际，可谓其易象观的晚年定论。序中依然是通过"事""理"来说明"象"，与正文注的内容一致。来氏"非真有实事也，非真有实理也"指金车玉铉、入于左腹等虚构之物、反常理之事，但此句引起了清人张云章的反对：

> 张云章曰："其说专取《系辞》中错综其数论易象，而以《杂卦》治之，如乾坤坎离大过颐小过中孚，无反对之卦，所谓错也，余五十六卦皆综，列图及说于前。自序以为文王周公立象皆藏于序卦之错综中，不知文王序卦、孔子《杂卦》，则《易》不得其门而入，自孔子没而四圣之易如长夜者二千余年。何其信之过而蔑视诸先儒耶？《杂卦》反对上下经皆十八卦，先儒言之者多矣。《易》固圣人设卦观象之书，要之，有理而后有象，谓《易》非有实事可也，谓非有实理可乎？且其说以卦变为非，以一分二、二分四、四分八以至于六十四卦为一直死数，未免有意与先儒违异矣。"②

张云章同意来氏易卦取象可以"非有实事"的说法，但不同意来氏"非有实理"的说法。张云章认为正确的说法应是有理方有象，这是站在朱熹易学立场上发表此番驳斥言论的。来氏所谓象"非真有实事"的观点继承了朱熹的相关说法。上节已论，朱熹认为易象"只是仿佛说"，故不可如程子那样去深求，《易》只是空说个道理，《易》书不同于《诗》《书》《春秋》等书真有其事，不可将易象执定做一事一物看。招来张云章批评的是"非真有实理"一句。来氏的论证只有两句话：虎尾岂可履？左腹岂可入？这是对履、明夷二卦卦爻辞的思考。来氏说："'惠迪吉，从

① （明）来知德：《周易集注原序》，《周易集注》卷首序，《景印文渊阁四库全书》，台湾商务印书馆1986年版影印本，经部，第32册，第3—5页。
② （清）张云章：《钦定续文献通考》卷144，《景印文渊阁四库全书》，台湾商务印书馆1986年版影印本，史部，第630册，第41—42页。

逆凶，惟影响是'，是真有此理。"来氏并没有否定理的实有，张云章误读此句反映了他并未把握来氏易象真义。第三章我们论述过，来氏主张理是实理，具有实体性。来氏并非否定理的实体性，而是想要说明易象只是"像其理而近似之"，为人想象其中的理提供一个很好的道具和广阔的空间，所以易象才会像镜子一样，可寓众理而非只寓一理，弥纶天地之道，范围天地之化。履虎尾，入于左腹，皆违背常理，故来氏称无此理。履虎尾虽不合常理，但未必就凶。来氏注履卦称，六三阴爻，其才性眇、跛，柔弱暗昧却不自量力，强明强行，故有履虎尾遭咥之象占；九四是阳爻，有刚明之才，虽有履虎尾之象，因其愬愬（恐惧）而有终吉之占。又其注明夷六四小象道："凡人腹中，心事难以知之，今入于左腹，已得其心意，知其不可辅矣，微子所以去也。"将"入于左腹"解释为微子摸清了商纣王心意故弃之而去。这两句反常理的卦爻辞，经过来氏注解后，都从义理上讲通了，因此张云章并未对来氏易象易理说做到同情之理解，其批评是不中肯的。

来氏在学术观点和性格气质上深受邵雍影响，在易象问题上来氏也与邵雍易学有一定的相关性，邵雍《皇极经世书》论象云：

> 君子于易，玩象，玩数，玩辞，玩意。象起于形，数起于质，名起于言，意起于用。有意必有言，有言必有象，有象必有数。数立则象生，象生则言彰，言彰则意显。象数则筌蹄也，言意则鱼兔也。得鱼兔而忘筌蹄则可也，舍筌蹄而求鱼兔，则未见其得也。
>
> 易为意象，立意皆所以明象。统下三者：有言象，不拟物而直言以明事；有象象，拟一物以明意；有数象，七日、八月、三年、十年之类是也。
>
> 易有内象，理致是也；有外象，指定一物而不变者是也。自然而然不得而更者，内象、内数也，他皆外象、外数也。乾为天之类，本象也；为金之类，别象也。①

《系辞》称易有辞变象占等圣人之道四，王弼主张得意忘象，非忘象无以制象。邵雍认为易可以玩味者有象、数、辞、意四者，而以象居首，以意居末。四者所起，有形、质、言、用的次序。王弼所贵重之"意"在

<hr />

① （宋）邵雍：《皇极经世书》卷13，《景印文渊阁四库全书》，台湾商务印书馆1986年版影印本，子部，第803册，第1067页上栏。

邵雍看来是隐藏于形、质、言背后的功用性的东西，这个用是《系辞》"以前民用"之用，从筮法上讲指的是占卜的实践需求，从哲学上讲指的是"圣人作《易》将以顺性命之理"，"圣人以神道设教而天下服"的现实需要。"易为意象，立意皆所以明象"，邵雍认为易就是意象，即包孕意义的具象，圣人立意都是用来明象的，邵氏大胆地提出了"立意以明象"，与《系辞》"立象以尽意"正统经文对立，实质上是将象的重要性拔高了，认为意从属于象，而不是相反，体现了他敢于质疑甚至背叛《系辞》传文的独立思考精神。"统下三者：有言象，不拟物而直言以明事；有象象，拟一物以明意；有数象，七日、八月、三年、十年之类是也"，邵氏称"意言象数者，易之用也"①，他在王弼言象意三者的基础上增加了数，成为言象意数四者，以此构成易之用。他认为，易象可分为言象、意象、象象、数象四种，意象统领言象、象象、数象三者，意象最能代表易的精神，故"易为意象"。邵雍以卦象推步宇宙演化，四库馆臣指出其所谓卦象与《说卦》卦象多有不同，②这是需要注意的。然而何为意象，邵雍并未明言。《观物外篇》云："夫意也者，尽物之性也，言也者，尽物之情也，象也者，尽物之形也，数也者，尽物之体也……尽物之性者谓之道，尽物之情者谓之德，尽物之形者谓之功，尽物之体者谓之力。"③《观物外篇》又云："天使我有是之谓命，命之在我之谓性，性之在物之谓理。"④邵雍认为意能尽物之性，象能尽物之形，则其所谓意象涵括事物之表里精粗，外至形象，内至性理。意象一词的提出，表明邵雍不满于象的筌蹄地位，象不是工具性的空壳，而是内在具足了性理、义理（即所谓鱼兔）的意象。"有意必有言，有言必有象，有象必有数"，意无法自我表现，必须借助言、象、数来表现，这是从圣人画卦系辞以表达天道性命之理来说的。"数立则象生，象生则言彰，言彰则意显"，奇偶之数立则卦爻象生，

---

① （宋）邵雍：《皇极经世书》卷11，《景印文渊阁四库全书》，台湾商务印书馆1986年版影印本，子部，第803册，第1035页下栏。

② 文渊阁四库全书子部术数类一《皇极经世书提要》称："乾在《易》为天而《经世》为日，兑在《易》为泽而《经世》为月，以至离之为星，震之为辰，坤之为水，艮之为火，坎之为土，巽之为石，其取象多不与《易》相同，俱难免于牵强不合。"

③ （宋）邵雍：《皇极经世书》卷11，《景印文渊阁四库全书》，台湾商务印书馆1986年版影印本，子部，第803册，第1037页上栏。

④ 邵雍以奇偶变化法则为理，强调其自然性、客观性，《观物外篇》云："《老子》五千言，大抵皆明物理。"又云："佛氏弃君臣父子夫妇之道，岂自然之理哉？"又云："《易》之为书，将以顺性命之理者，循自然也。孔子绝四从心，一以贯之，至命者也。颜子心齐履空，好学者也。子贡多积以为学，亿度以求道，不能剂心灭见，委身于理，不受命者也。《春秋》循自然之理，而不立私意，故为尽性之书也。"

卦爻象生则卦爻辞得以系搭，系辞之后圣人之意得以彰显。以上六句说的是圣人画卦作《易》，认为言、象、数都是用来表达圣人心意的，数、象、言、意四者前后之间构成逻辑上的条件关系，而非时间先后关系。王弼称"言者象之蹄，象者意之筌"，主张得象而忘言，得意而忘象，其价值递进序列是言、象、意，后者是前者的目的，前者是后者的工具或手段。但在邵雍这里，言被提升到了与意并重的鱼兔的地位（这里有可能存在文本之误，因为邵雍所重乃先天之学，言所代表的卦爻辞属于他所说的后天之易，并非其所重）。邵雍认为"得鱼兔而忘筌蹄则可也，舍筌蹄而求鱼兔，则未见其得也"，并没有否定王弼得意忘象、得象忘言说，只是强调作为筌蹄的象数不可舍弃，舍弃象数则言意必不可得，这反映了其为象数争取易学地位的立场。换言之，邵雍在承认义理重要性的前提下，明确指出了象数是达到义理必不可少的门径，不可扫除。邵雍认为"易为意象，立意皆所以明象"，意和象是易中两种重要元素，而立意都是为了明象，这样一来，易象的地位升居意之上而居首了，这无疑是对王弼得意忘象说的颠覆。邵雍认为易道包括四象，即意象、言象、象象、数象，用以明事明意，而又以意象最为重要，可以统领其他三象。象又有内象、外象之别，内象即内在的理致，外象则指定一物行迹数据而不变。这里，邵雍将象的范围扩大了，言、理、数都纳入了象。邵雍努力提升象的地位并扩大汉唐易学取象范围的做法对后世的象数派易学家如蔡清、来知德等产生了重要影响。邵雍易学首先是数学，其次才是卦象，在奇偶之数基础上讲卦象的变化，主张数生象，具有象数易学的突出特征。数指奇偶二数，大衍之数，天地之数，其所说的一分为二，二分为四，四分为八等皆属于数的范畴。象指阴阳刚柔之象，器指卦画和有形的个体事物。邵雍肯定意的重要性的同时，极大地提升象的地位，发明"意象"一词来调和象数派和义理派，将言、数、理等纳入易象，扩大了取象范围，模糊了象数派和义理派的界限。来氏以卦德作为物象来源，如解《说卦》"乾为天为圆"道"纯阳而至健，故为天；天体圆，运动不息，故为圆；乾之生乎万物，犹君之主万民也"，又其注《系辞》云"天地者，乾坤之形体；乾坤者，天地之性情"。但来氏有时走向反面，甚至直接以卦德为象，将健顺动入陷明止悦等八卦之德视为象，造成以象兼义从而使得义理有失去其独立性的危险后果。张载论气无形而有象时，就曾以八卦卦德健顺动止入悦陷丽为象，邵雍"意象"一词实际上则是以象统意，认为象中有意，意不离象，张、邵对象的论述对来知德易学观有重要的影响。总之，来氏主张象理合一，卦德是物象的来源，有时甚至直接以卦德为象，理象不离甚至融合为一，但是二者又是不杂的关系，来氏主张舍象不可以言《易》，以象为理依附的形器，但他并没有真正发展到像邵雍那样提出"意象"一词以象统意的程度，并没有明确以象为第一性，理为第二性。来氏《集注》云："盖事虽至赜，而理则至一，事虽至动，而理则至静，故赜虽可恶，而象之理犁然当于心则不可恶也；动虽可乱，而爻之理井然有条贯则不可乱也。是以学易者比拟其所立之象以出言，则言之浅深详略自各当其理。"① 现象界的事象杂乱纷繁，但象之理、爻之理清晰井然而不乱，这个理不仅是条理，还是作为主宰的至一，属于至静的本质领域，这是来氏以理一分殊论理事关系、理象关系。学《易》者据易象出言，其言才能当理，这也是强调舍象不可以言《易》。来氏主张假象以寓理，保留了程朱派以理为主的立场，来氏在理象关系上也没有背离理本论。来氏在以气化的过程为道的同时，并没有放弃在动静之所以然视角上以理为本的立场，也没有放弃程颐"体用一源，显微无间"说理象之间为体用隐显关系的理本论立场。李景林认为，冯友兰晚年经历了一种哲学观念的变化，其早年凸显形式性观念，后期肯定内在关系论哲学观念，经由分别共殊到超过共殊而建立"具体的共相"的思想。② 易象虽不能等同于"具体概念"，但也大体相通，易象是包含了具体内容的形式，是圣人讲出义理的凭借工具，既有统类的特征，又有具体的物象。来氏认为事物形象和其理是统一的，卦爻象模写万物形象和万物之理，因此来氏所谓象不能简单对应一般与个别关系中的个别或个体事物，如果非要采取此类范畴、范式阐释的话，易象应看作具体的一般，具体的共相。来氏注《系辞》"书不尽言，言不尽意""圣人立象以尽意"道："书本所以载言，然书有限，不足以尽无穷之言；言本所以尽意，然言有限，不足以尽无穷之意。立象者，伏羲画一奇以象阳，画一偶以象阴也。立象则大而天地，小而万物，精及无形，粗及有象，悉包括于其中矣。"③ 因此，易象能涵括精粗本末于一体，是一般性和个别性的统一，是具体物象呈现的一般性，与卦爻辞等概念相比，易象具有更强大的表意功能，也能带来更广阔的想象空间，因而是觉悟道体的更为有力的工具。占事决断务必考虑占者的身份、时位及所疑之事类属与是否合义，这种具体情境的限定与具有普遍意义的卦爻象辞的关联对应解释，其哲学意

---

① （明）来知德：《周易集注》卷13，《景印文渊阁四库全书》，台湾商务印书馆1986年版影印本，经部，第32册，第348—349页。

② 李景林：《冯友兰后期哲学思想的转变》，《文史哲》2016年第6期。

③ （明）来知德：《周易集注》卷13，《景印文渊阁四库全书》，台湾商务印书馆1986年版影印本，经部，第32册，第362页下栏。

义在于易象要抽离掉其具体的观念内容而尽可能地成为形式化的一般性存在，但出于服务现实人生解惑的需要，易象又不能完全脱离具体的后天的感性经验而成为绝对的纯形式，占者断事本身对个体先天认识形式和价值判断有很高的要求，易象并非僵化的客观存在物，而是与主体对他的阐释和重构息息相关，因此这种具体的共相在主客交互中不断获得再生的新的意义。

二　卦中立象有不拘《说卦》乾马坤牛乾首坤腹之类者

来氏《集注》卷首《易经字义》篇阐释了象、错、综、变、中爻五个概念的字义及其取象的基本主张：

> 中爻者，二、三、四、五所合之卦也，《系辞》第九章孔子言甚详矣。大抵错者，阴阳横相对也；综者，阴阳上下相颠倒也；变者，阳变阴，阴变阳也；中爻者，阴阳内外相连属也。周公作爻辞不过此错、综、变、中爻四者而已。
>
> 孔子韦编三绝，于阴阳之理悦心研虑已久，故于圆图看出错字，于序卦看出综字，所以说错综其数。又恐后人将序卦一连，不知有错综二体，故杂乱其卦，惟令二体之卦相连，如乾刚坤柔，比乐师忧是也。又说出中爻，宋儒不知乎此，将孔子《系辞》"所居而安者"文王之序卦，"所乐而玩者"周公之爻辞，认"序"字为卦爻所著事理当然之次第，故自孔子没而《易》已亡至今日矣。①

此段的"序卦"指文王安排的卦序，并非指《序卦传》。来氏对错、综、变、中爻等体例作了简要概括，并批评邵朱为代表的宋儒由于过于重视先天圆图之对待，偏重于天理处讲次第，忽视了卦序安排及《杂卦传》，不懂得先天圆图讲对待，后天文王八卦图讲流行，不知错综之理。来氏认为这是易象暗昧不明的根本原因。朱熹曾有过以卦德作卦象的使用实例，并认为卦德至少比各卦的大象象辞更亲切些，这也影响了其后的易学家。来氏继承了《说卦》通用的取象范围，并将卦德、卦体、卦的性情等统统列入取象所资利用的范围，从而大大地扩展了"象"的内涵。来氏《易经字义》篇云"卦中立象有不拘《说卦》乾马坤牛、乾首坤腹之类者"，确

① （明）来知德：《易经字义》，《周易集注》卷首上，《景印文渊阁四库全书》，台湾商务印书馆 1986 年版影印本，经部，第 32 册，第 10 页。

立了八种取象体例，事实上《集注》在这八种体例外，还采用了以爻变取象、以一卦主爻取象和以八卦正位取象等其他三种体例，接下来对其逐一探讨。

（一）有自卦情而立象者

> 卦中立象有不拘《说卦》乾马坤牛、乾首坤腹之类者。有自卦情而立象者，如乾卦本马而言龙，以乾道变化，龙乃变化之物，故以龙言之。朱子《语录》或问卦之象，朱子曰"便是理会不得，如乾为马而说龙，如此之类皆不通"，殊不知以卦情立象也。且荀九家亦有乾为龙。又如咸卦艮为少男，兑为少女，男女相感之情莫如年之少者，故周公立爻象曰拇、曰腓、曰股、曰憧憧、曰脢、曰辅颊舌，一身皆感焉。盖艮止则感之专，兑悦则应之至，是以四体百骸，从拇而上，自舌而下，无往而非感矣，此则以男女相感之至情而立象也。又如豚鱼知风，鹤知秋，鸡知旦，三物皆有信，故中孚取之，亦以卦情立象也。又如渐取鸿者，以鸿至有时而群有序，不失其时，不失其序，于渐之义为切，且鸿又不再偶，于文王卦辞"女归"之义为切，此亦以卦情立象也。①

朱熹承认搞不懂为何《说卦》乾为马可是乾卦卦爻辞言龙不言马。来知德认为卦中取象不拘《说卦》乾马坤牛之说，并将龙之善变特征称为乾卦的卦情，创立以卦情而立象之体例。《本义》云："阳数九为老，七为少，老变而少不变，故谓阳爻为九。潜，藏也。龙，阳物也。初阳在下，未可施用，故其象为潜龙，其占为勿用，凡遇乾而此爻变者，当观此象而玩其占也。"②来氏《集注》云："潜，藏也，象初。龙，阳物，变化莫测，亦犹乾道变化，故象九。且此爻变巽错震，亦有龙象，故六爻即以龙言之，所谓拟诸形容象其物宜者，此也。勿用者，未可施用也。象为潜龙，占为勿用，故占得乾而遇此爻之变者，当观此象而玩此占也。"③对照二人乾初九之注，来注基本继承了朱熹《易》为卜筮之书的主张，区分象辞占辞，不同的是，朱熹"变"字从阳九之数而来，老变少不变，来氏

① （明）来知德：《易经字义》，《周易集注》卷首上，《景印文渊阁四库全书》，台湾商务印书馆1986年版影印本，经部，第32册，第7页上栏。

② （宋）朱熹：《周易本义》卷1，中华书局2009年版点校本，第30页。

③ （明）来知德：《周易集注》卷1，《景印文渊阁四库全书》，台湾商务印书馆1986年版影印本，经部，第32册，第63—64页。

"变"字从龙变幻莫测的物性而来，来氏称其以卦情立象，来氏还据初爻变后乾卦下体为巽，巽错震而《说卦》震为龙，推出此爻有龙象，这是以爻变取象。来氏通过这两种取象方式，解答了朱熹的疑惑。来氏以卦情而立象的卦例还有咸卦以男女相感之至情立象，男女相感之速莫如年少者，故周公立爻象曰拇、曰腓、曰股、曰憧憧、曰脢、曰辅颊舌，一身皆感；中孚卦德讲诚信，豚鱼、鹤和鸡都是有信之物，故圣人取此立象；渐卦取象鸿是因为鸿鸟飞行有秩序，因时节迁徙，且不再偶，与士昏礼礼节相合。来氏的这一取象体例是从六画卦的整体卦义出发取象，与《说卦》以三画的小成八卦取象说不同，但二者又都是以义为物象根源。

（二）有以卦画之形取象者

　　　　有以卦画之形取象者，如剥言宅，言床，言庐者，因五阴在下，列于两旁，一阳覆于其上，如宅，如床，如庐，此以画之形立象也。鼎与小过亦然。①

　　来知德认为卦画之形与所象之物的形状有时可以类比，如剥卦一阳在上，五阴在下，看上去像一张床的形状，所以爻辞里言"剥床以足"等。来氏以此体例解恒卦九四爻辞"田无禽"道："本卦大象与师卦大象皆与小过同，故皆曰禽。应爻巽为鹳，亦禽之象也。"②来氏据小过有飞鸟之象，恒卦师卦在卦形上与小过都是阳爻居中阴爻居上下（坎卦形）而成飞鸟象，故取象"禽"，又可据荀九家巽为鹳推导出应爻在下体巽而得恒卦九四有"禽"之象。又来氏注井卦卦辞道："中爻离，瓶之象也，在离曰缶，在井曰瓶，曰瓮，皆取中空之意。"③离中虚，故有瓶之象，来氏以此解井卦卦辞中"羸其瓶"之象。来氏主张鼎卦有鼎象，小过有飞鸟之象，前文提到朱熹批评郑少卿和程迥所取的物象，就属于这一类情况。

（三）有卦体大象之象

　　关于这条体例，邵雍已有论述，《语类》也多处谈及，如"凡卦中说

---

① （明）来知德：《易经字义》，《周易集注》卷首上，《景印文渊阁四库全书》，台湾商务印书馆 1986 年版影印本，经部，第 32 册，第 7 页。

② （明）来知德：《周易集注》卷 7，《景印文渊阁四库全书》，台湾商务印书馆 1986 年版影印本，经部，第 32 册，第 203 页上栏。

③ （明）来知德：《周易集注》卷 9，《景印文渊阁四库全书》，台湾商务印书馆 1986 年版影印本，经部，第 32 册，第 265 页下栏。

龟底，不是正得一个离卦，必是伏个离卦，如'观我朵颐'是也。兑为羊，大壮卦无兑，恐便是三四五爻有个兑象。渊"①。清刘绍攽论及此，称大壮六五，《本义》注云："卦体似兑，有羊象"。② 刘氏遂引《语类》"中孚是个双夹的离，小过是个双夹的坎"，称"此云似兑，以双夹言也，来知德通谓之大象"。③ 朱熹此处所谓"伏得这卦"，指的是渐卦，即是来知德所说的大象之象，刘氏指出了这一相承关系。《语类》又载："此卦多说羊，羊是兑之属，季通说这个是夹住底兑卦，两画当一画。渊。"④ "中孚便是大底离，小过是个大底坎。又曰：中孚是个双夹底离，小过是个双夹底坎，大过是个厚画底坎，颐是个厚画底离。"⑤ 都是来氏所说的大象之象。来氏道：

> 又有卦体大象之象，凡阳在上者皆象艮巽，阳在下者皆象震兑，阳在上下者皆象离，阴在上下者皆象坎。如益象离，故言龟；大过象坎，故言栋；颐亦象离，故亦言龟也。又如中孚"君子以议狱缓死"，亦取噬嗑火雷之意，以中孚大象离而中爻则雷也。故凡阳在下者动之象，在中者陷之象，在上者止之象；凡阴在下者入之象，在中者丽之象，在上者说之象。⑥

这条也是来氏对前人已有观点的一个总结。如来氏注颐卦卦辞"观颐"时道："本卦大象离目，观之象也"，⑦ 是其实际运用。在其《易学六十四卦启蒙》里，每卦都以"象"开始，此处的"象"指的即是卦体大象之象，如损益二卦"象离"，夬卦"象震"（疑当作兑），姤卦"象艮"（疑当作巽），萃、升象坎，困、井、革鼎等卦则于六子卦无所象。来氏发明卦体大象之象，进一步扩大了取象的解释空间，增强了卦爻象与卦爻辞之间的关联性。来氏据其大象之象的体例谈其在卦序上的发现，《集注》云：

① （宋）黎靖德：《朱子语类》卷66，中华书局1986年版点校本，第4册，第1642页。
② （宋）朱熹：《周易本义》卷2，中华书局2009年版点校本，第138页。
③ （清）刘绍攽：《周易详说》卷2，清乾隆刘氏传经堂刻本。
④ （宋）黎靖德：《朱子语类》卷72，中华书局1986年版点校本，第5册，第1825页。
⑤ （宋）黎靖德：《朱子语类》卷67，中华书局1986年版点校本，第5册，第1667—1668页。
⑥ （明）来知德：《易经字义》，《周易集注》卷首上，《景印文渊阁四库全书》，台湾商务印书馆1986年版影印本，经部，第32册，第7页。
⑦ （明）来知德：《周易集注》卷6，《景印文渊阁四库全书》，台湾商务印书馆1986年版影印本，经部，第32册，第180页上栏。

上经终之以坎离，坎离之上，颐与大过，颐有离象，大过有坎象，方继之以坎离；下经终之以既济未济，既济未济之上，中孚与小过，中孚有离象，小过有坎象，方继之既济未济，文王之序卦精矣。①

来氏认为上经最后四卦排序是颐、大过、坎、离，颐卦下震上艮，其大象之象为离，大过下巽上兑，其大象之象为坎，故以坎离二卦继之；下经最后四卦依次是中孚、小过、既济、未济，中孚下兑上巽，其大象之象是离，小过下艮上震，其大象之象是坎，而既济未济上下体或坎或离，故继之以既济未济。

（四）有以中爻取象者

又有以中爻取象者，如渐卦九三妇孕不育，以中爻二四合坎中满也；九五三岁不孕，以中爻三五合离中虚也。②

来氏认为"三岁不孕""妇孕不育"是因为互体有坎卦和离卦。离中虚，象不孕；坎中满，象妇孕，坎中爻变阴爻成坤体，为不育。来氏注《系辞》"若夫杂物撰德，辨是与非，则非其中爻不备"句道：

物者，爻之阴阳；杂者，两相杂而互之也。德者，卦之德；撰者，述也。内外二卦固各有其德，如风山渐，外卦有入之德，内卦有止之德，又自其中爻二五、三四之阴阳杂而互之，则二四有坎陷之德，三五有离丽之德，又撰成两卦之德矣。辨是与非者，辨其物与德之是非也，是者当于理也，非者悖于理也。盖爻有中有不中，有正有不正，有应与无应与，则必有是非矣，故辨是与非非中爻不备。〇初与上固知之有难易矣，然卦理无穷，内外有正卦之体，中爻又有合卦之体，然后其义方无遗缺。若夫错陈阴阳，撰其德以辨别其是非，使徒以正卦观之，而遗其合卦所互之体，则其义必有不备者矣。③

① （明）来知德：《周易集注》卷12，《景印文渊阁四库全书》，台湾商务印书馆1986年版影印本，经部，第32册，第322—323页。

② （明）来知德：《易经字义》，《周易集注》卷首上，《景印文渊阁四库全书》，台湾商务印书馆1986年版影印本，经部，第32册，第7页。

③ （明）来知德：《周易集注》卷14，《景印文渊阁四库全书》，台湾商务印书馆1986年版影印本，经部，第32册，第387—388页。

认为内外二卦只是正卦之体，要辨明物与德是否合乎理，仅仅看内外卦之体是不够的，还必须看中间四爻即二、三、四、五爻所构成的合卦之体，如风山渐，二到四爻互成坎卦，三到五爻互成离卦，这样就在原有的巽入艮止的"正卦之体"卦德基础上，又撰成了"合卦之体"坎险和离丽之德，如此一来，一卦之义才能完备。来氏"中爻"之注采撷了俞琰《周易集说》的说法。俞琰注云：

> 中爻谓初上之间四爻，卦之互体是也。物谓爻之阴阳，德谓卦之德。内外二卦固各有其德，而杂物撰德，则自其中四爻之阴阳杂而互之，又自撰成两卦之德于其间也。爻有中有不中，有正有不正，有应有不应，有与有无与，故有是与非。是者何？当于理也；非者何？悖于理也。初上为事之始终，初则是非未见，上则是非已定，辨其是非则在中间四爻，非此则不备也。崔景曰："孔疏扶王弼义，以此中爻为二五，必不然矣。"洪容斋曰："中爻者，谓二三四与三四五也，如坤坎为师，而六五之爻曰'长子帅师'，以正应九二而言，盖指二至四为震也；坤艮为谦，而初六之爻曰'用涉大川'，盖自二而上，则六二九三六四为坎也。"紫阳朱子曰："先儒解此，多以为互体。"又曰："互体说，汉儒多用之，《左传》中占得观卦处，亦举得分明，看来此说不可废。"①

对照可知，来氏基本采用了俞琰《周易集说》的说法。据俞琰对中爻说的梳理，孔颖达疏此章时，以二五爻为一卦的中爻，崔憬不同意孔说，洪迈则指明中爻谓二三四与三四五所成之卦，并举师卦与谦卦爻辞为证。朱熹《本义》注云："此谓卦中四爻"，② 而不是指二五之爻，朱熹不废互体说，但其《本义》注经实践未见此说。来氏云："渐之'三岁'，巽之'三品'，皆以中爻合离也。"③ 邵雍卦序云乾一兑二离三震四，来氏据此认为离有"三"之象，以此解渐巽二卦中爻的"三"字，不免穿凿。

---

① （宋）俞琰：《周易集说》卷 35，《景印文渊阁四库全书》，台湾商务印书馆 1986 年版影印本，经部，第 21 册，第 340 页下栏。

② （宋）朱熹：《周易本义》卷 3，中华书局 2009 年点校本，第 257 页。

③ （明）来知德：《易经字义》，《周易集注》卷首上，《景印文渊阁四库全书》，台湾商务印书馆 1986 年版影印本，经部，第 32 册，第 10 页。

（五）有将错卦立象者

来氏云："有将错卦立象者，如履卦言虎，以下卦兑错艮也。"①《说卦》艮为虎，履卦"履虎尾"之象来自其下体兑错艮。又来氏解释小过象辞"飞鸟遗之音"道："小过错中孚，象离，离为雉，乃飞鸟也。既错，变为小过，则象坎矣。见坎不见离，则鸟已飞过，微有遗音也。"②《说卦》离为雉，来氏认为中孚肖离，离有雉象，小过错中孚，小过肖坎，表示离消失不见，象鸟飞过有遗音，此亦从错卦体例取象。事实上，来氏错综说汲取了俞琰的说法。俞氏云：

> 反体覆体。反体覆体皆原于先天图卦位之相对。乾与坤刚柔相反，坎与离刚柔相反，如颐大过、中孚小过皆是也。覆体者，屯颠倒翻转则为蒙、需颠倒翻转则为讼是也。六十四卦，惟乾坤坎离颐大过中孚小过不可倒，余皆一卦倒转为两卦，故上经三十卦约为十八，下经三十四卦亦约为十八。三画卦亦然。震倒转为艮，巽倒转为兑，并乾坤坎离为八卦，不过六卦而已。
>
> 先儒谓乾坤坎离是反，震巽艮兑是对，以先天图观之，其实皆对体也，岂独以震巽艮兑为对哉？
>
> 伏体。伏体之说出于京房占法，如乾伏坤，坤伏乾之类。以见者为飞，不见者为伏。如同人言"大师"，盖全体伏师卦也。或攻伏体不可用，以为认坎为离，是水火无别也。然亦有可取者，如小畜六四互离而言"血去"者，离乃坎之反体，伏坎为血，见离而不见坎，故曰"血去"。③

俞琰所揭示的反体、覆体、伏体，都是从纯粹的易学角度去讲的，来氏以相错称谓其反体、伏体，以相综来称谓其覆体，并从易学推及世界观，讲到了哲学层面。俞琰所举小畜六四爻辞"血去惕出"，此说为来氏全取，即以中爻互体离卦，又以坎错离，从而将之讲通。俞琰云同人言"大师"因其全体伏师卦，此说也被来氏采用。来知德《集注》大量吸收俞琰思想，研究者亦不必为之讳言。

---

① （明）来知德：《易经字义》，《周易集注》卷首上，《景印文渊阁四库全书》，台湾商务印书馆 1986 年版影印本，经部，第 32 册，第 7 页。

② （明）来知德：《周易集注》卷 12，《景印文渊阁四库全书》，台湾商务印书馆 1986 年版影印本，经部，第 32 册，第 322—323 页。

③ （宋）俞琰：《读易举要》卷 2，上海古籍出版社 1990 年版影印本，第 24 页。

（六）有因综卦立象者

综字之义，即织布帛之综，或上或下，颠之倒之者也。如乾坤坎离四正之卦，则或上或下；巽兑艮震四隅之卦，则巽即为兑，艮即为震，其卦名则不同。如屯蒙相综，在屯则为雷，在蒙则为山是也。如履小畜相综，在履则为泽，在小畜则为风是也。如损益相综，损之六五即益之六二，特倒转耳，故其象皆十朋之龟。夬姤相综，夬之九四即姤之九三，故其象皆臀无肤。综卦之妙如此！非山中研穷三十年，安能知之？宜乎诸儒以象失其传也！①

来氏综字字义，以织布帛为喻，如屯蒙二卦为同体关系，卦体六爻毗邻关系不变，将卦体整体颠倒上下，其结果或为屯卦，或为蒙卦。来氏综卦即是孔颖达所谓覆卦。损益、夬姤、履小畜相综两卦其卦爻辞象也皆相同或相类。

（七）有即阴阳而取象者

有即阴阳而取象者，如乾为马，本象也，坎与震皆得乾之一画，亦言马；坤为牛，本象也，离得坤之一画，亦言牛，皆其类也。②

来氏此条的依据是《说卦》乾坤三索而生六子的情形，在《集注》中应用较少。朱熹之前已有人提到过一画之象，朱熹表示过赞同，俞琰《周易集说》《读易举要》对一画之象也有提及。

（八）有相因而取象者

有相因而取象者，如革卦九五言虎者，以兑错艮，艮为虎也，上六即以豹言之，豹次于虎，故相因而言豹也。③

此条南宋初年朱震已有说，宋元间人俞琰也有过表述，并非来氏发

---

① （明）来知德：《易经字义》，《周易集注》卷首上，《景印文渊阁四库全书》，台湾商务印书馆1986年版影印本，经部，第32册，第8—9页。

② （明）来知德：《易经字义》，《周易集注》卷首上，《景印文渊阁四库全书》，台湾商务印书馆1986年版影印本，经部，第32册，第7页下栏。

③ （明）来知德：《易经字义》，《周易集注》卷首上，《景印文渊阁四库全书》，台湾商务印书馆1986年版影印本，经部，第32册，第7—8页。

明。然而以虎豹相因的例子说明这一现象，则是来氏提出来的。来氏注震卦卦辞道："震艮二卦同体，文王综为一卦，所以《杂卦》曰'震起也，艮止也'，因综艮，艮为虎，故取虎象，非无因而言虎也。"① 这是其《集注》在同体相综体例的基础上运用相因取象之例，在《集注》中应用较少。

（九）以爻变取象

来氏《易经字义·变》云：

> 变者，阳变阴，阴变阳也，如乾卦初变即为姤，是就于本卦变之。宋儒不知文王序卦，如屯蒙相综之卦，本是一卦，向上成一卦，向下成一卦，详见前伏羲、文王错综图。如讼之"刚来而得中"，乃卦综也，非卦变也，以为自遁卦变来，非矣。如姤方是变。卦变玄之又玄，妙之又妙，盖爻一动即变，如渐卦九三，以三为夫，以坎中满为妇孕，及三爻一变，则阳死成坤，离绝夫位，故有"夫征不复"之象，既成坤，则并坎中满通不见矣，故有"妇孕不育"之象。又如归妹九四，中爻坎月离日，"期"之象也；四一变，则纯坤而日月不见矣，故"愆期"，岂不玄妙！②

此段"文王序卦"指文王安排卦序的工作，不是指《序卦传》。来氏主张"变者，阳变阴，阴变阳也"，即指爻阴阳性质的变化，并以爻性的变化来解释渐卦、归妹等卦爻辞所涉及的卦爻象，来氏认为这种爻变才是真正的卦变，卦综不是卦变。以爻变取象，朱熹也有论及，如《语类》载："'其究为躁卦'，此卦是巽，下一爻变则为乾，便是纯阳而躁动。此盖言巽反为震，震为决躁，故为躁卦。此亦不系大纲领处，无得工夫去点检他这般处，若恁地逐段理会，得来也无意思。"③ 朱熹认为《说卦》震为决躁，巽震相反，故巽为躁卦，这一说法即来氏错卦取象。朱熹还有另外一种解释，即三画的巽卦下爻变则成乾，乾三画皆阳，纯阳躁动，采用爻变来解释《说卦》巽卦"其究为躁卦"的取象背后的义理。朱熹并不看重这一点，认为不是大纲领，不须费工夫理会。

---

① （明）来知德：《周易集注》卷10，《景印文渊阁四库全书》，台湾商务印书馆1986年版影印本，经部，第32册，第279页上栏。

② （明）来知德：《易经字义》，《周易集注》卷首上，《景印文渊阁四库全书》，台湾商务印书馆1986年版影印本，经部，第32册，第9—10页。

③ （宋）黎靖德：《朱子语类》卷77，中华书局1986年版点校本，第5册，第1974—1975页。

来氏《集注》大量使用爻变讲明易象，如注中孚六四爻辞"月几望，马匹亡，无咎"云：

> 月几望者，月与日对而从乎阳也。本卦下体兑，中爻震，震东兑西，日月相对，故几望。曰几者，将望而犹未望也。因四阴爻近五阳爻，故有此日月之象。马匹亡者，震为马，马之象也，此爻变，中爻成离牛，不成震马矣，马匹亡之象也。匹者配也，指初九也，曰亡者，不与之交而绝其类也。无咎者，心事光明也。〇六四当中孚之时，近君之位，柔顺得正，而中孚之实德，惟精白以事君，不系恋其党与者也。故有月几望马匹亡之象。占者能是，则无咎矣。①

来氏注六四爻的小象象辞"绝类上也"为"绝其类应，而上从五也"，以此来解六四爻辞"马匹亡"，沿袭了以传释经的解《易》之风。二三四爻互体成震卦，即来氏所谓中爻，震为马，六四爻变，则二三四爻互体成离牛而马不见，以此来解"马匹亡"。六四初九为正应，六四弃绝初九（同类）而上事九五之君，故称其有"中孚之实德，惟精白以事君，不系恋其党与者也"，此为"绝类上"。来氏爻变说，是《易》学史上卦变说的一种形式。

萃卦六二比较能反映历代注家对爻变说的态度，下面我们选取虞翻、王弼、朱熹等注，与来氏注做对比分析。萃卦六二曰："引吉，无咎，孚乃利用禴。"象曰："引吉无咎，中未变也。"虞翻据《说卦》"巽为绳直""艮为指"取象说释"引吉"，据六二中正，与九五正应的爻位说释"无咎"。九四与初六相应，且九四阻隔于二五两爻之间，利于引四之初，清除阻隔，则六二九五得应。初爻至五爻互体观卦，观卦辞"盥而不荐，有孚颙若"，有祭祀义，故"利用禴"。四之三，指四三两爻爻位互易，则双双得正。下体坤卦，《说卦》"坤为子母牛"，大牲之象。四之三，则三四五互离，荀九家有离为牝牛。虞翻不取下体坤为大牲，而取爻位变化之后的中爻互体得离为大牲。虞翻释萃卦初六"有孚不终，乃乱乃萃"道："孚，谓五也。初四易位，五坎中，故有孚。失正当变，坤为终，故不终。萃，聚也。坤为聚，故乃乱乃萃。失位不变，则相聚为乱。故象曰其志乱也。"此处的爻变指初四易位的爻位之变，并非爻性之变。易位之后，以

---

① （明）来知德：《周易集注》卷12，《景印文渊阁四库全书》，台湾商务印书馆1986年版影印本，经部，第32册，第321页下栏。

五居互体坎卦之中爻，释"有孚"，这是据坎卦卦辞"有孚"而来，是虞翻以经解经，经文互释之例的体现。又释初六"一握为笑，勿恤"道"初动成震，震为笑。四动成坎，坎为恤"，两次使用爻性变化训解。又释六三道"动得位，故往无咎，小吝，谓往之四"，释九四道"动而得正"，释九五道"四变之正，则五体皆正，故元永贞。与比象同义。四动之初，故悔亡"，释上六道"三之四，体离坎"。① 综观虞翻释萃卦六爻，反复使用爻变体例，既有爻位之变，又有爻性之变，通过爻变，再结合爻位相应说、阻隔说、互体及取象说，来讲通各爻爻辞。来氏对于虞翻爻变体例的继承主要体现在爻性变化上，舍弃了爻位变化说。

王弼注萃卦六二称其有"与众相殊，异操而聚。民之多僻，独正者危"之象，易遭障害。"未能变体以远于害，故必见引，然后乃吉而无咎也"，②王弼据六二小象象辞"引吉无咎，中未变也"，认为六二坚守节操，不同流合污于上下两爻，要想远害，必须有人引援，方得吉而无咎。《集解》所录王弼注径作"必待五引"，明确了"见引"的施助者为应爻九五。王弼《略例·明爻通变》云"夫爻者何也？言乎变者也。变者何也？情伪之所为也。夫情伪之动，非数之所求也。故合散屈伸，与体相乖。形躁好静，质柔爱刚。体与情反，质与愿违"，体现了卦体与爻义相合相反。萃卦言聚，六二爻独正殊众而言散，故云"合散屈伸，与体相乖"。朱伯崑认为这是王弼以爻义之变来解六二爻辞，此为王弼爻变说的一种情形。③

朱熹注萃六二沿袭王弼的观点，主要采用爻位说，用词更为简当："二应五而杂于二阴之间，必牵引以萃，乃吉而无咎。又二中正柔顺，虚中以上应，九五刚健中正，诚实而下交，故卜祭者有孚诚，则虽薄物亦可以祭矣。"④ 以九五牵引六二走出二阴围困危局为"吉，无咎"的必要条件，以二五两爻均中正且能孚诚相应为利于用薄祭的根本原因。但是朱注舍去了王弼关于萃卦卦体与六二爻爻义相反相合的精彩议论，对其爻义之变的爻变说未给予足够重视。来氏注萃六二云：

> 引，开弓也，与君子引而不发之引同。本卦大象坎，又此爻变坎，坎为弓，引之象也。凡人开弓射物，必专心于物，当物之中，不

① （唐）李鼎祚：《周易集解》卷9，巴蜀书社1991年版点校本，第184—186页。
② （魏）王弼：《周易注》卷5，《汉魏古注十三经》上册，中华书局1998年版点校本，第32页下栏。
③ 朱伯崑：《易学哲学史》卷1，华夏出版社1995年版，第264—265页。
④ （宋）朱熹：《周易本义》卷2，中华书局2009年版点校本，第167—168页。

偏于左，不偏于右，方得中箭，盖中德不变之象也。二虽中正，居群
小之中，少偏私则非中矣。故言引则吉无咎也。中爻艮手，故初曰一
握，握者，手持之也；二曰引，引者，手开之也，皆手之象也。吉
者，得萃于九五也。无咎者，二与九五皆同德又正应也。孚者，孚于
五也。利用禴者，言薄祭亦可以交神。又与五相聚，吉而无咎之象
也。坎为隐伏，有人鬼之象。此爻变坎成困，故困之二爻亦利享祀，
未济坎亦言禴，涣亦言有庙也。此爻变，中爻成离，禴，夏祭，故与
既济皆言禴。〇六二中正，上应九五之中正，盖同德相应者也。二中
德不变，故有引之之象。占者得此，不惟吉而且无咎矣。然能引则能
孚信于五，而与五相聚矣，故有利用禴之象，其占中之象又如此。①

　　来氏注萃六二兼采取义说和取象说，较为详审。其注六二称"中德不
变"故引吉无咎，以小象象辞释爻辞。"二虽中正，居群小之中，少偏私
则非中矣"，此说与王弼同取爻位说，但未作卦体萃聚、爻体离散的发挥。
以"中爻艮手"解初六"握"、六二"引"，与虞翻互体取象说同。"孚
者，孚于五也"，来注对孚字的解释不取虞翻以初四易位后互体五居坎中
为孚的说法，而是以二五爻相应为孚，来注在初六爻是以初四爻相应为有
孚。虞翻以坤为聚，来自《说卦》坤为众，来注则云"得萃于九五"故
吉、"而与五相聚矣，故有利用禴之象，其占中之象又如此"，以二五同德
正应为萃聚之象，也未取虞翻之说。利用禴是占辞，同时又是象辞，来氏
称为占中之象，此体例是对朱熹《本义》的继承和发展。来注云："坎为
隐伏，有人鬼之象。此爻变坎成困，故困之二爻亦利享祀，未济坎亦言
禴，涣亦言有庙也。此爻变，中爻成离，禴，夏祭，故与既济皆言禴。"
来氏为萃六二爻辞"利用禴"寻找取象依据，采用了爻变说，此爻变则下
体成坎，坎为隐伏，有人鬼之象，则萃卦祭祀用禴可解。来氏另举困、未
济、涣等卦作为旁证，说明坎象与鬼神、享祀、宗庙等辞之间的关联。来
氏又取中爻（即互体）说，认为六二爻变之后，二三四爻成离卦，离为
火，禴为夏祭，来氏认为这样也可讲通"禴"象，并举既济上体离故言禴
佐证。

　　通过分析各家对萃六二的注解，不难发现虞翻爻变说使用频繁，萃卦
六爻都提到了爻变。虞翻所谓爻变指的主要是爻位之变，有相应的两爻易

<hr />

① 　（明）来知德：《周易集注》卷9，《景印文渊阁四库全书》，台湾商务印书馆1986年版影
　　印本，经部，第32册，第254—255页。

位，有相邻的两爻易位，其理论是"失正当变"，即阳爻当居阳位，阴爻当居阴位。王弼称"卦以存时，爻以示变"，其注萃六二时所谓爻变，指的是爻义之变，即爻义与卦义相背离，一言散一言聚。朱熹注此爻义爻位中正相应为主，不言爻变。来氏对上三家都有吸收，其言爻变，不讲爻位之变，专讲爻性之变。又如来氏解明夷九四，以此爻变，成为阳爻，与六二、九三互成巽卦，巽为入，明夷上体为坤，坤为腹，然后再辗转生出"左"的象，以此讲通"入于左腹"四字。我们不难看到来氏为卦爻辞寻找取象依据的努力，但是辞象之间的这种对应只能适用于若干例，很难说具有普遍性，如此辗转取象，比起虞翻取象说更显穿凿。

（十）以一卦之主爻取象

一爻为主说，始见于彖传解经，如屯卦卦辞和初九爻辞都有"利建侯"，彖解释为"刚柔始交而难生"，刚柔始交指此卦初九，此卦卦义即取决于初九爻。彖传此说，京房将其发挥为"定吉凶，只取一爻之象"，这一爻，在京房八宫世应体系里指的是世爻。之后王弼、程颐、朱震、蔡渊、俞琰等易学家在注易实践中都比较重视一卦主爻说。王弼《周易注》经常据象解经，并认为一卦之义定于一爻。这一爻或是指爻辞直接同卦辞相联系的一爻，或是指居中位之爻，即二五爻，或是指一卦之中阴阳爻象之最少者。蔡渊也曾在注《易》中实践过一卦主爻体例："小畜者，巽畜乾也；大畜者，艮畜乾也。巽之主，柔爻也；艮之主，刚爻也。故小畜主四，柔畜刚也；大畜主上，刚畜刚也。"[1] 这是以一卦主爻的刚柔性质来解释卦名，小畜的主爻是六四，是阴柔之爻，其力量薄弱，所畜止的力度较小，故名小畜；大畜的主爻是上九，是阳刚之爻，其所畜止的力度、成效都较大，故称大畜。因此一爻为主说也可以看作《易》学史上的一种取象说。

来氏汲取前人的这一主张，采用一卦主爻说来解释卦爻辞，在其《集注》中也多处使用，试举几例。如注屯卦卦辞"屯，元亨利贞，勿用有攸往，利建侯"云："初九阳在阴下而为成卦之主，是能以贤下人得民而可君者也，占者必从人心之所属望立之为主，斯利矣，故利建侯。建侯者，立君也，险难在前，中爻艮止，勿用攸往之象。震一君二民，建侯之象。"[2] 又注小畜六四爻辞"有孚，血去惕出，无咎"道："本卦以小畜

---

① （宋）蔡渊：《易象意言》，《景印文渊阁四库全书》，台湾商务印书馆1986年版影印本，经部，第18册，第117页上栏。

② （明）来知德：《周易集注》卷2，《景印文渊阁四库全书》，台湾商务印书馆1986年版影印本，经部，第32册，第88—89页。

大，四为畜之主，近乎其五，盖畜君者也。畜止其君之欲，岂不伤害忧惧？盖畜有二义：畜之不善者，小人而羁縻君子是也；畜之善者，此爻是也。"① 又注震卦初九爻辞"震来虩虩，后笑言哑哑，吉"道："初九、九四，阳也，乃震之所以为震者，震动之震也。二三五上，阴也，乃为阳所震者，震惧之震也。初乃成卦之主，处震之初，故其占如此。"② 来氏注屯初九"利建侯"称"初九阳在阴下而为成卦之主""震一君二民，建侯之象"，注小畜六四"有孚，血去惕出，无咎"称"本卦以小畜大，四为畜之主，近乎其五，盖畜君者也"，注震初九"震来虩虩，后笑言哑哑，吉"称"初乃成卦之主，处震之初，故其占如此"，以上几例都是来氏明言某爻为一卦之主。但并非每一卦都是如此，如履卦，王弼以六三为主爻，来氏则未明言卦主。如注履卦卦辞"履虎尾，不咥人，亨"道："帝指五，九五刚健中正，德与位称，故不疚。"又注履卦六三爻辞"眇能视，跛能履，履虎尾，咥人凶，武人为于大君"道："六三不中不正，柔而志刚，本无才德而自用自专，不能明而强以为明，不能行而强以为行，以此履虎，必见伤害，故有是象，占者之凶可知矣。亦犹履帝位者，必德称其位而不疚。武人乃强暴之夫，岂可为大君哉？徒自杀其躯而已。武人为大君，又占中之象也。"又注履卦九五爻辞"夬履，贞厉"道："盖象辞以履之成卦言，六爻皆未动也，见其刚中正，故善之。爻辞则专主九五一爻而言，以变爻而言也，变离则又明燥而愈夬矣，故不同。……五之夬则正而危者，戒之也。"③ 来氏认为，履卦六三乘九二之上，是以柔履刚，六三眇且跛，不中不正，柔而志刚，履虎见伤在所难免。履卦九五中正，在孔子象辞为履帝位而不疚，有光明之象，在爻辞为夬履贞厉之戒，象爻不同，原因在于象辞是就六爻未动成卦之体言，爻辞是专就九五一爻之变言，九五爻性变，则上体为离，愈发明燥而不能中庸，故戒之虽正亦危。来氏云"帝指五，九五刚健中正，德与位称，故不疚"，表明其不取六三而以九五为履卦之主。

（十一）以八卦正位说取象

王弼、朱震、蔡渊等都使用过卦主说，俞琰则论述过八卦正位说，并

---

① （明）来知德：《周易集注》卷3，《景印文渊阁四库全书》，台湾商务印书馆1986年版影印本，经部，第32册，第114—115页。

② （明）来知德：《周易集注》卷10，《景印文渊阁四库全书》，台湾商务印书馆1986年版影印本，经部，第32册，第280页下栏。

③ （明）来知德：《周易集注》卷3，《景印文渊阁四库全书》，台湾商务印书馆1986年版影印本，经部，第32册，第116—119页。

在《周易集说》采用此说来注解卦爻辞。俞琰注兑卦六三象辞"来兑之凶，位不当也"道："位不当，明六三位不正也。乾正位在九五，坤正位在六二，震以初九，离以六二，艮以九三，巽以六四，坎以九五，兑以上六，或以六三为重兑之主，非也。"① 俞琰认为，兑卦六三之凶因其阴爻居阳位，位不当故凶，由此引出其八卦正位论，发前人所未发，极富见地。又其注家人卦卦辞"女正位乎内，男正位乎外"道："以六居二，以九居五，其位皆正，故曰女正位乎内，男正位乎外。"② 又注需卦象辞"位乎天位以正中也"道："位乎天位，谓以九居五也，上五两爻皆属天位，而五为天之正位，故言天位。正中，谓正得其中也。"③ 俞琰虽提出八卦正位说，但《集说》仅家人、需、兑等几卦提及。

来氏继承且积极发展了此说，并制作了八卦正位图，在其《集注》中多处采用了此说，并与卦主说巧妙结合，作出了令人信服的注释。《集注》大约 14 卦涉及八卦正位说，明确运用八卦正位说多达 11 处，有效地扩大了其运用范围。来氏采用八卦正位说解释卦爻辞，也可看作其取象说的一种。一般来说，一卦主爻常常是处于八卦正位的爻，故《集注》一卦主爻说和八卦正位说经常结合使用。图 5 - 1 为来氏《八卦正位图》：

来氏认为，阳爻居一、三、五阳位为得正位，阴爻居二、四、六等阴位为得正位，六画的八卦各有其正位，具体而言，乾坎二卦正位在五，坤离二卦正位在二，艮卦正位在三，兑卦正位在上，震卦正位在初，巽卦正位在四。来氏在《集注》中多次使用此例，如注坤卦六二爻辞"直方大，不习无不利"道："盖八卦正位乾在五，坤在二，皆圣人也。故乾刚健中正，则飞龙在天；坤柔顺中正，则不习无不利。占者有是德，方应是占矣。"④ 九五爻是乾卦主爻，六二爻是坤卦主爻，且都居中得正，飞龙在天合乎乾刚健之德，不习无不利合乎坤柔顺之德，来氏借助卦主说和八卦正位说解释二爻的爻辞，又采用朱熹之说，指出这两句是占辞，占卜者必须有此刚健或柔顺之德，才能应验此占。又如来氏注屯卦初九道："盘，大石也，鸿渐于盘之盘也。中爻艮，石之象也。桓，大柱也，檀弓所谓桓楹

---

① （宋）俞琰：《周易集说》卷25，《景印文渊阁四库全书》，台湾商务印书馆 1986 年版影印本，经部，第 21 册，第 248 页上栏。
② （宋）俞琰：《周易集说》卷17，《景印文渊阁四库全书》，台湾商务印书馆 1986 年版影印本，经部，第 21 册，第 169 页上栏。
③ （宋）俞琰：《周易集说》卷14，《景印文渊阁四库全书》，台湾商务印书馆 1986 年版影印本，经部，第 21 册，第 141 页上栏。
④ （明）来知德：《周易集注》卷1，《景印文渊阁四库全书》，台湾商务印书馆 1986 年版影印本，经部，第 32 册，第 83 页上栏。

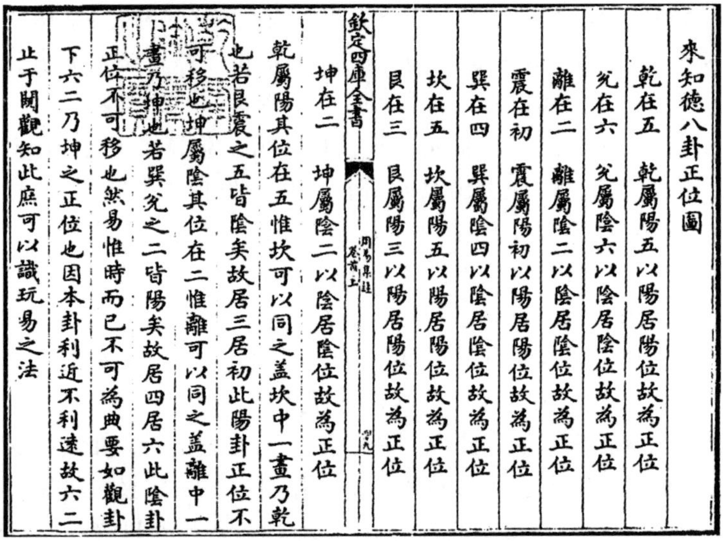

来知德八卦正位圖

乾在五　乾屬陽五以陽居陽位故為正位
兌在六　兌屬陰六以陰居陰位故為正位
離在二　離屬陰二以陰居陰位故為正位
震在初　震屬陽初以陽居陽位故為正位
巽在四　巽屬陰四以陰居陰位故為正位
坎在五　坎屬陽五以陽居陽位故為正位
艮在三　艮屬陽三以陽居陽位故為正位
坤在二　坤屬陰二以陰居陰位故為正位

欽定四庫全書　周易集註　居首上

乾屬陽其位在五皆陰爻故居三皆離中一……坎中一畫乃乾……惟坎可以同之蓋坎中一畫乃乾……惟離可以同之蓋離中一……屯若艮震之五皆陰爻故居三皆陽爻故居四居六此陰卦……然易惟時而已不可為典要如觀卦……畫乃坤也若巽兌之二皆陽爻故居四居六此陰卦正位不可移也因本卦……下六二乃坤之正位也因本卦利近不利遠故六二止于閱觀知此庶可以識玩易之法

图 5-1　来知德八卦正位图①

也。震，阳木，桓之象也。张横渠以盘桓犹言柱石，是也。自马融以盘旋释盘桓，后来儒者皆如马融之释，其实非也。八卦正位震在初，乃爻之极善者。国家屯难，得此刚正之才，乃倚之以为柱石者也，故曰盘桓，唐之郭子仪是也。震为大涂，柱石在于大涂之上，震本欲动，而艮止不动，有柱石欲动不动之象，所以居贞而又利建侯，非难进之貌也，故小象曰：'虽盘桓，志行正也'。曰心志在于行，则欲动不动可知矣。"② 盘桓，来氏不取马融盘旋之说，而采张载柱石之说，以应初九之德。屯卦下体震，为长子，是刚正之才，屯卦以初九为主爻，得八卦正位，国家屯难之时，可倚为柱石。又来氏注需卦卦辞"需，有孚，光亨，贞吉，利涉大川"道："八卦正位坎在五，阳刚中正，为需之主，正之象也。皆指五也。坎水在前，乾健临之，乾知险，涉大川之象也。……言事若有所待，而心能孚信，则光明而事通矣。而事又出于其正，不行险以侥幸，则吉矣，故利涉大川。"③ 来氏认为，八卦正位坎在五，阳刚中正，为需卦之主，有正

① （明）来知德：《周易集注》卷首上，《景印文渊阁四库全书》，台湾商务印书馆1986年版影印本，经部，第32册，第29页下栏。
② （明）来知德：《周易集注》卷2，《景印文渊阁四库全书》，台湾商务印书馆1986年版影印本，经部，第32册，第89—90页。
③ （明）来知德：《周易集注》卷2，《景印文渊阁四库全书》，台湾商务印书馆1986年版影印本，经部，第32册，第97页。

之象，以此解卦辞"贞吉"的"贞"字。需卦本义是等待，不行险侥幸，但是并不是一味地消极等待，而是待时而动，坎险在前，乾知险，有涉大川之象，故卦辞在全卦有所待的大气候下仍提醒占者利涉大川，这是来氏结合《系辞》所言乾德（《系辞》称乾"德行恒易以知险"）而解"利涉大川"。① 又来氏注小畜彖辞"柔得位而上下应之"道："得位者，八卦正位巽在四也。……上下者，五阳也，以柔得位而上下应之，则五阳皆四所畜矣。以小畜大，故曰小畜。"② 来氏认为，八卦正位巽在四，小畜六四为卦主，居其正位，故有柔得位之象，上下五阳爻皆响应六四并为其所畜止。又来氏注乾卦九三"劳谦，君子有终"道："艮终万物，三居艮之终，故以文王卦辞'君子有终'归之，八卦正位艮在三，所以此爻极善。"③ 来氏认为，八卦正位艮在三，谦卦九三为卦主，故其爻辞与卦辞同，九三是谦卦最具代表性的一爻，是谦卦精神实质所在，《说卦》称艮卦"万物之所成终，而所成始"，艮具有终之象。又来氏注咸卦卦辞"咸，亨，利贞，取女吉"道："彖辞明。盖八卦正位艮在三，兑在六。艮属阳，三则以阳居阳；兑属阴，六则以阴居阴。三为艮之主，六为兑之主，男女皆得其正，所以亨，贞吉。"④ 以上所列情形，都是来氏以其八卦正位说和一卦之主爻说相结合来解释卦爻辞，客观地说，有很强的解释力，具有重要的易学价值。来氏在其《集注》中还有几处使用了八卦正位说，不再赘述。来氏同时也指出，易惟时而已，亦须考虑占者身份，不可拘泥于八卦正位，如其认为观卦六二本是正位，爻辞"窥观"却利女贞，其占惟女子则得其正，乃女子之正道，丈夫志在四方，非其所利。

三　《集注》综合运用多种取象体例的典型卦例

来氏《集注》经常将其发明的多种取象体例综合使用，试举两处典型卦例。

首先，来氏注中孚时，联系丰、噬嗑、解、旅、贲五卦，对刑狱之象的取象体例作了小结：

---

① 需要注意的是，来氏释需卦以坎体诚信充实于中为"孚"（虞翻释萃卦也是以坎体为孚），释萃卦初六、六二以初四相应、二五相应释"孚"，其取象体例在《集注》中并不一贯。

② （明）来知德：《周易集注》卷3，《景印文渊阁四库全书》，台湾商务印书馆1986年版影印本，经部，第32册，第112—113页。

③ （明）来知德：《周易集注》卷4，《景印文渊阁四库全书》，台湾商务印书馆1986年版影印本，经部，第32册，第137页下栏。

④ （明）来知德：《周易集注》卷7，《景印文渊阁四库全书》，台湾商务印书馆1986年版影印本，经部，第32册，第195—196页。

圣人之于卦，以八卦为之体，其所变六十四卦中，错之综之，上之下之，皆其卦也。如火雷噬嗑，文王之意以有火之明，有雷之威，方可用狱。孔子大象言用狱者五，皆取雷火之意。丰取其雷火也，旅与贲，艮综震，亦雷火也。解则上雷而中爻为火也，下体错离亦火也。此爻则大象为火，而中爻为雷也。盖孔子于《易》韦编三绝，胸中之义理无穷，所以无往而非其八卦，不然风泽之与议狱缓死何相干涉哉？《易经》一错一综，大象中爻，观此五卦自然默悟。兑为口舌，议之象；巽为不果，缓之象。①

中孚大象"君子以议狱缓死"，因上下体"兑为口舌，议之象；巽为不果，缓之象"，故属于不利用狱的情况。来氏列举了《易》中"利用狱"的另外五卦，认为都是从雷火取象，震雷代表行动，即用狱，离火代表明察，故利于行动。如解卦大象"君子以赦过宥罪"，贲卦大象"君子以明庶政，无敢折狱"，噬嗑象辞"利用狱"、大象"先王以明罚敕法"，丰卦"君子以折狱致刑"，旅卦大象"君子以明慎用刑而不留狱"，要么是上下体有雷火之象，要么是中爻有雷火之象，要么是因错综而得雷火之象。来氏立足于《说卦》八卦基本卦德和物象，通过取义说和取象说的有机结合，综合使用错、综、中爻等体例来说明这五卦的刑狱之象，是令人信服的。

其次是其对于蛊巽二卦先甲先庚问题的注解，这是易学史上最为棘手的问题之一。蛊卦卦辞"蛊，元亨，利涉大川，先甲三日，后甲三日"及巽卦九五爻辞"贞吉，悔亡，无不利，无初有终，先庚三日，后庚三日，吉"，王弼注疏时将二者合看，专意于义理的阐发，郑玄注有浓厚的经师解字色彩，孔颖达《正义》疏解王注而驳斥郑注，来氏则结合先后天八卦方位图另立新说。我们先看王弼注及孔颖达《正义》注。

王弼注蛊卦象辞"巽而止"道："既巽又止，不竞争也，有事而无竞争之患，故可以有为也"，②此是以老子无为不争思想来解蛊卦上下体之德。又王氏注"蛊，元亨而天下治也"道："有为而大亨，非天下治而何也？"注"利涉大川，往有事也，先甲三日，后甲三日，终则有始，天行也"道：

---

① （明）来知德：《周易集注》卷12，《景印文渊阁四库全书》，台湾商务印书馆1986年版影印本，经部，第32册，第319—320页。

② （魏）王弼：《周易注》卷2，《汉魏古注十三经》，中华书局1998年版影印本，上册，第14页下栏。

蛊者，有事而待能之时也，可以有为，其在此时矣，物已说随，则待夫作制以定其事也，进德修业，往则亨矣，故元亨利涉大川也。甲者，创制之令也。创制不可责之以旧，故先之三日，后之三日，使令治而后乃诛也。因事申令，终则复始，若天之行，用四时也。①

王氏以蛊为"有事而待能之时"，可以有所作为之时，《序卦》随蛊相比，随卦上悦下动，动而悦，随，比喻王者已得民心跟随，此时当"作制以定其事"，即创制刑法以确定各种行为的性质，此为立法工作，有利于政道和治道，即利涉大川；并且效法天道运行一年四季周而复始，普法宣传也要先甲三日后甲三日，三令五申，务必人人知晓深入人心，"因事申令"，结合已发未发的社会行为反复申明法令，此为普法工作；新法试行期间，若有人触犯刑法，不可责之以旧法，类似今日刑法不溯及既往原则，从旧兼从轻原则，即新刑法公布之前的行为是否认定为犯罪行为的问题，这又是执法环节的问题。其间包含了爱民思想，普法启蒙思想，不滥杀思想。

对于蛊卦卦辞，孔颖达疏称：

正义曰：蛊者，事也，有事营为则大得亨通，有为之时，利在拯难，故利涉大川也。先甲三日后甲三日者，甲者，创制之令。既在有为之时，不可因仍旧令。今用创制之令以治于人，人若犯者，未可即加刑罚，以民未习，故先此宣令之前三日殷勤而语之，又于此宣令之后三日更丁宁而语之，其人不从，乃加刑罚也。其褚氏、何氏、周氏等并同郑义以为甲者造作新令之日，甲前三日取改过自新，故用辛也，后三日取丁宁之义，故用丁也。今案，辅嗣注"甲者，创制之令"，不云创制之日，又巽卦九五先庚三日后庚三日，辅嗣注"申命令谓之庚"，辅嗣又云"甲、庚皆申命之谓"，则辅嗣不以甲为创制之日，而诸儒不顾辅嗣注旨，皆妄作异端，非也。②

孔氏训蛊为事，为难，这一点为来氏大加发挥，这一训解从《序卦》"以喜随人者必有事，故受之以蛊"而来，但不符合《杂卦》"随无故也，

---

① （魏）王弼：《周易注》卷2，《汉魏古注十三经》，中华书局1998年版影印本，上册，第15页上栏。

② （唐）孔颖达：《宋本周易注疏》，中华书局1988年版影印本，上册，第263页。

蛊则饬也"之意。饬，是整顿治理之义。基于这一字训解的不同，孔氏认为，蛊卦所处的是一个多事险难时期，对于在位者而言也是一个可以有所营为甚至大有作为的时期，即利涉大川。王氏注未强调蛊卦所处的时段是险难多事之秋，而主张是既得民众悦随而法制未立待创之时期，在这一时期，首要且紧要的事情是创制法令，创制法令本身为涉大川。王注看到了法制对于社会治理的极端重要性，是一国极为重大的事体，就像渡越大江大河一样不可轻忽。孔疏认为"既在有为之时，不可因仍旧令，今用创制之令以治于人"，是以新令代旧令，这多少是受了郑玄注的影响。王弼注并未将先甲三日后甲三日往实处讲，逐字逐句地找一个象去落实，郑玄褚氏等人的注则不同了，经师作风，每一字必有来历，于是以先甲三日为辛，后甲三日为丁，丁为丁宁，辛为改过自新。孔氏指出，为了讲通这一点，郑玄注将王弼注的"甲者创制之令"妄改为"甲者创制之日"，又结合巽卦九五"先庚三日后庚三日"，王弼注云"申命令谓之庚"，王弼又云"甲、庚皆申命之谓"，即先甲后甲、先庚后庚都是普法宣传反复再三的意思，而不是具体指辛日、丁日、癸日，因此，郑玄褚氏等人貌似遵循王注，实则抛弃了王注，不啻为异端邪说。简言之，孔颖达正义认为，王弼注蛊巽二卦，抓住了其精神实质，做到了得意忘象、得意忘言，而郑玄等人则拘泥于文辞不免牵强附会。

上文提到，来氏训蛊为事，而非饬，是承《序卦》义而不取《杂卦》义，与王注不同而与孔疏一致。来氏解蛊卦卦辞，采取了中爻（互体）体例，解先甲后甲时，用到了伏羲圆图、文王圆图（图5-2）来扩大取象范围；解巽卦九五爻辞先庚后庚时，用到综卦取象体例。来注云：

> 利涉大川者，中爻震木在兑泽之上也。先甲后甲者，本卦艮上巽下，文王圆图艮巽夹震木于东之中，故曰先甲后甲，言巽先于甲、艮后于甲也。巽卦言先庚后庚者，伏羲圆图艮巽夹兑方于西之中，故曰先庚后庚，言巽先于庚、艮后于庚也。分甲于蛊者，本卦未变，上体中爻震木，下体巽木也。分庚于巽者，本卦未变，上体综兑金，下体综兑金也。十干独言甲庚者，乾坤乃六十四卦之祖，甲居于寅，坤在上乾在下为泰。庚居于申，乾在上坤在下为否。大往小来，小往大来，天地之道不过如此；物不可以终通，物不可以终否，易之为道亦不过如此，所以独言甲庚也。曰先三后三者，六爻也。先三者，下三爻也，巽也；后三者，上三爻也，艮也。不曰爻而曰日者，本卦综随，日出震东，日没兑西，原有此象，故少不言一日二日，多不言九

日十日，而独言先三后三者，则知其为下三爻上三爻也明矣。以先甲用辛取自新，后甲用丁取丁宁，此说始乎郑玄，不成其说矣。①

图 5-2　伏羲圆图、文王圆图

来氏借助文王圆图和伏羲圆图来说明卦爻辞先甲后甲、先庚后庚，《集注》原图伏羲圆图在上，文王圆图在下，是出于排版的需要，此处为节省空间，将其作并排处理。蛊卦上艮下巽，文王圆图艮巽空间方位所夹的是震，时空上是艮为冬春之交，东北方位；巽为春夏之交，东南方位，所夹的震为春，正东方位，五行属阳木，即寅木、甲木。据此，来氏将蛊卦卦辞先甲后甲与文王圆图联系起来，注称"先甲后甲者，本卦艮上巽下，文王圆图艮巽夹震木于东之中，故曰先甲后甲，言巽先于甲、艮后于甲也"，此说不可谓不精致，但是有不通处，即在时空序位上，应是艮先于甲（震）、巽后于甲（震），如此才是文王圆图一气流行春夏秋冬四季的体现。此不通处，是其穿凿附会之处。其注巽卦九五爻辞先庚后庚，则是兼取伏羲圆图、文王圆图，只取空间方位不取时间顺序，来氏认为，伏羲圆图中巽处西南方位，艮处西北方位，所夹的是正西方，而正西方在文王圆图中是兑方，兑五行属金，可以对应十干之庚，于是先庚后庚之辞就

---

① （明）来知德：《周易集注》卷4，《景印文渊阁四库全书》，台湾商务印书馆1986年版影印本，经部，第32册，第146页。

有了解释。至于伏羲圆图艮巽所夹的坎作何解释，来氏未置一词。这是其另一穿凿附会之处。郑玄以先甲三日为辛，取日新之意，后甲三日为丁，取叮咛之意；以先庚为丁，后庚为癸，以合七天为循环一周（七日来复）之天道运行法则。来氏着力破除郑玄成说而立己新说，却未察其所据邵朱乾南坤北、离东坎西之说出自道教经典《参同契》，胡渭《易图明辨》卷三对此有详述。来氏后文注称"分甲于蛊者，本卦未变，上体中爻震木，下体巽木也"，蛊卦中爻（即三四五爻互体）震为木，属甲木、寅木，这是没错的，但是下体巽木，则是乙木、阴木、卯木，属于花草小木，并不契合先甲后甲的甲木。来氏在其《集注》《日录》里提到过甲乙木、阴阳木的区分。此处来氏不通，是其又一穿凿附会处。

来氏注巽卦九五爻辞先庚后庚，采用了综卦体例。注称"分庚于巽者，本卦未变，上体综兑金，下体综兑金也"，是说巽卦上下体都是巽，巽综兑，兑为金，对应申金，故其九五爻辞言先庚后庚。郑玄以庚日逆推三日得丁日为先庚三日，顺推三日得癸日为后庚三日，是以十干推演，来氏则在十干之外，加上了先后天八卦图的八卦，又联系《参同契》"十五乾体就，盛满甲东方"等，将十二地支寅、申也关联起来加以阐发，使得其注文缴绕难解。

这里来氏想要讲通蛊卦"终则有始，天行也"及巽卦九五爻辞"无初有终"，并试图打通二者的内在关联性。来氏注巽卦九五道："先庚后庚详见蛊卦。五变则外卦为艮成蛊矣。先庚丁后庚癸，其说始于郑玄，不成其说。九五居尊，为巽之主，命令之所由出者也。以其刚健中正，故正而又吉。然巽顺之体，初时不免有悔，至此则悔亡而无不利矣。惟其悔亡而无不利，故无初有终也。然命令之出，所系匪轻，必原其所以始，虑其所以终，先庚三日，后庚三日，庶乎命令之出如风之吹物，无处不入，无物不鼓动矣，占者必如是而吉也。"[1] 来氏此处采用了变爻的体例取象。巽卦第五爻是该卦的主爻，此爻变则成蛊卦。来氏试图以此变爻连接二卦，说明巽蛊二卦都出现"终始"卦爻辞的内在关联性。然而，这种尝试并没有成功。巽卦九五"无初有终"从何而来？来氏采用了爻位说，九五所居卦体是巽体，《说卦》巽有犹豫不果之象，故其初难免有悔，然九五刚健中正，居于尊位，是出令者，故其终则悔亡无不利。那么，蛊卦"终则有始，天行也"从何而来？承上文，来氏发挥道："十干独言甲庚者，乾坤乃六十四卦之祖，甲居于寅，坤在上乾在下为泰；庚居于申，乾在上坤在下为

---

① （明）来知德：《周易集注》卷11，《景印文渊阁四库全书》，台湾商务印书馆1986年版影印本，经部，第32册，第306页上栏。

否。大往小来，小往大来，天地之道不过如此；物不可以终通，物不可以终否，易之为道亦不过如此，所以独言甲庚也。"① 此句不宜从空间理解，宜从时间理解。泰否二卦属十二消息卦（十二辟卦），泰为正月，否为七月，正月建寅，七月建申，对应天干，正月甲木，七月庚金，来氏"甲居于寅，坤在上乾在下为泰；庚居于申，乾在上坤在下为否"即是此意。十干为什么只讲到了先甲后甲、先庚后庚，却未提及先后乙丙丁戊己辛壬癸等其他八干？来氏认为，这是因为甲、庚相应的地支寅、申月最能体现阴阳二气的消长往来，天地终始之道。

《易纬·乾凿度》发明爻辰说（详见图5-4），称"泰否之卦，独各贞其辰，其比辰左行相随也"。泰否二卦配十二辰，有自己的体例，与乾坤二卦、屯蒙二卦的体例不同。郑玄注称："谓泰贞于正月，否贞于七月"，即泰贞于寅，否贞于申。朱伯崑认为，"比辰左行相随"，是说泰从正月到六月皆阳爻，否从七月到十二月皆阴爻，各自相从。朱伯崑制作图示如下：

朱伯崑解释（图5-3）道，所以如此相配，据说，如以泰贞于戌，则与乾卦上九戌位相重；否贞于亥，又与辟卦坤亥相重，此即郑注所说："泰否乾坤体气与之相乱，故避之而各贞其辰"②。来氏所谓"甲居于寅，坤在上乾在下为泰；庚居于申，乾在上坤在下为否"，于此图大体可见，泰否二卦的卦气起于寅申，故六十四卦为表达"终始"之道，于卦爻辞中只见到先甲后甲、先庚后庚，即所谓十干独言甲庚而不及其余。

泰 否 爻 辰 图

图5-3 泰否爻辰图

---

① （明）来知德：《周易集注》卷4，《景印文渊阁四库全书》，台湾商务印书馆1986年版影印本，经部，第32册，第146页。

② 朱伯崑：《易学哲学史》卷1，华夏出版社1995年版，第184页。

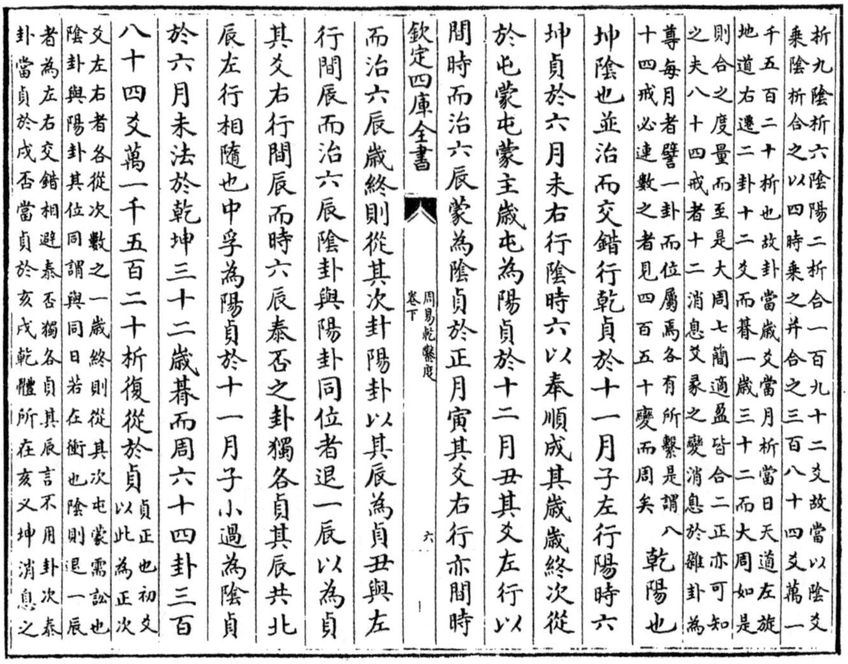
析九陰析六陰陽二析合一百九十二爻故當以陰爻乘陰析合之以四時乘之并合之三百八十四爻萬一
千五百二十析也故卦當歲爻當月析當日天道左旋地道右遷二卦十二爻而朞一歲三十二而大周如是
則合之度量而至是大周七簡適盈皆合二正亦可知之夫八十四戒者十二消息爻彖之變消息於雜卦為
尊每月者譬一卦而位屬焉各有所繫是謂八十四戒必連數之者見四百五十變而周矣 乾陽也
坤陰也並治而交錯行乾貞於十一月子左行陽時六
坤貞於六月未右行陰時六以奉順成其歲歲終次從
於屯蒙屯蒙主歲屯為陽貞於十二月丑其爻左行以
間時而治六辰蒙為陰貞於正月寅其爻右行亦間時
欽定四庫全書　　周易乾鑿度 卷下　　六
而治六辰歲終則從其次卦陽卦以其辰為貞丑與左
行間辰而治六辰陰卦與陽卦同位者退一辰以為貞
其爻右行間辰而時六辰泰否之卦獨各貞其辰共北
辰左行相隨也中孚為陽貞於十一月子小過為陰貞
於六月未法於乾坤三十二歲朞而周六十四卦三百
八十四爻萬一千五百二十析復從於貞 貞正也初爻以此為正次
爻左右者各從次數之一歲終則從其次屯蒙需訟也陰卦與陽卦其位同謂與同日若在衝也陰則退一辰
者為左右交錯相避泰否獨各貞其辰言不用卦次泰卦當貞於戌否當貞於亥戌乾體所在亥又坤消息之

图5－4　《周易乾凿度》发明爻辰说①

魏伯阳月体纳甲图以乾坤括始终，如果我们认为此处来氏是结合先后天八卦方位图的乾坤方位来谈始终，即以后天八卦图中，坤上乾下成泰卦，先天八卦图中，乾上坤下成否卦，泰否二卦卦辞小往大来、大往小来，《序卦》物不可以终通、物不可以终否，昭示了天地终始之道不过如此，是比较牵强的，来氏所讲到的甲居于寅，庚居于申，在先后天图示中难以妥善落实。换一个思路，来氏的这一段发挥，如果结合《参同契纳甲图》和《汉上纳甲图》（图5－5），比较容易理解。②

来氏所说的“甲居于寅，坤在上乾在下为泰；庚居于申，乾在上坤在下为否”在上二图中大致可以直观地看到。但也有不通处，即《汉上纳甲图》震对应庚西，在图中实际上居于东北方位。简言之，来氏为了说明蛊

① （汉）郑玄注：《周易乾凿度》卷下，《景印文渊阁四库全书》，台湾商务印书馆1986年版影印本，经部，第53册，第876页。

② （清）胡渭：《易图明辨》，《景印文渊阁四库全书》，台湾商务印书馆1986年版影印本，经部，第44册，第690页。

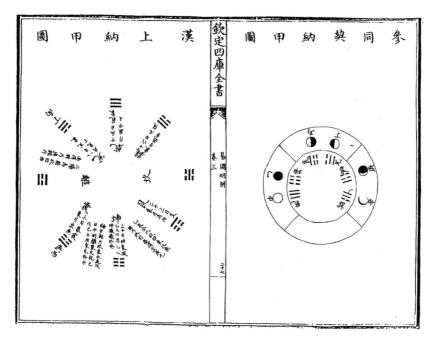

图 5-5　参见契纳甲图、汉上纳甲图

巽二卦卦爻辞的终始问题，煞费苦心地引入先后天八卦方位图，并牵连到纳甲图，但其论证难以圆通周正。

来氏发挥道："曰先三后三者，六爻也。先三者，下三爻也，巽也；后三者，上三爻也，艮也。不曰爻而曰日者，本卦综随，日出震东，日没兑西，原有此象，故少不言一日二日，多不言九日十日，而独言先三后三者，则知其为下三爻上三爻也明矣。"① 蛊卦综随，随卦上体兑下体震，文王八卦方位图震东兑西，是日出日落之方，故有"终则有始，天行也"之象。而先三后三，来氏以下三爻上三爻对应落实。来氏注多处以离卦有三之象，此处则不提离三。来氏扩大取象，其烦琐及穿凿程度有甚于汉易。

对于蛊卦中心思想的注解，来氏采用义理派的讲法，以卦德论致蛊之由及治蛊之道，是比较出彩的地方。来氏注称："蛊者，物久败坏而蛊生也，以卦德论，在上者止息而不动作，在下者巽顺而无违忤，彼此委靡因循，此其所以蛊也。"即是说，蛊卦上体艮，表示居上位者不作为，下体

---

① （明）来知德：《周易集注》卷4，《景印文渊阁四库全书》，台湾商务印书馆1986年版影印本，经部，第32册，第146页。

巽表示在下位者服从因循而不敢有异见违逆，整个局面死气沉沉，因循守旧，没有生机活力，久而久之，就像物品被蛀虫啃噬一样慢慢破弊掉了。客观地说，来氏这一发挥，紧扣上下体卦德立论，是颇具说服力的。来注又称：

> 当蛊之时，乱极必治，占者固元亨矣。然岂静以俟其治哉？必历涉艰难险阻以拨乱反正。知其先之三爻乃巽之柔懦所以成其蛊也，则因其柔懦而矫之以刚果；知其后之三爻乃艮之止息所以成其蛊也，则因其止息而矫之以奋发。斯可以元亨而天下治矣！①

面对这一颓废的局面，如何对治？来氏认为，以刚果矫治下体巽之柔懦，以奋发矫治上体艮之止息怠惰，此为治蛊之道，如此则可拨乱反正，得元亨。结合六爻的爻辞，来氏认为，继位的子女想要干父之蛊，干母之蛊，中间虽有危厉，然终不失其吉而得誉，反之，裕父之蛊而不敢整治，则往吝、往未得，长此以往，会有麻烦，渐趋于凶而不得安宁。来注与孔疏训蛊为事，为败坏的政治局面，与蛊卦大象"君子以振民育德"是切合的，是据大象象辞解释卦名的体现：

> 山下有风，则物坏而有事更新矣。振民者，鼓舞作兴以振起之，使之日趋于善，非巽之柔弱也，此新民之事也。育德者，操存省察以涵育之，非艮之止息也，此明德之事也。当蛊之时，风俗颓败，由于民德之不新，民德不新，由于己德之不明，故救时之急在于振民，振民又在于育德，盖相因之辞也。②

来注大象象辞，采用的是《大学》明德新民之说。朱注此处沿用孔疏，认为振民育德二者是治己治人之道，来注此处与前贤一致。须注意的是，此处所强调乃是道德教化，而非政令、法令的普及宣传，同为治蛊之道，二者有不同的内涵和方式，前者是德治，后者更偏于法治。综合来看来氏对于蛊卦的注解，除了采用了综卦、中爻、变爻取象体例外，他还将先后天八卦方位图吸纳进来，并牵连《参同契纳甲图》，其义理阐发精到，

---

① （明）来知德：《周易集注》卷4，《景印文渊阁四库全书》，台湾商务印书馆1986年版影印本，经部，第32册，第146页下栏。

② （明）来知德：《周易集注》卷4，《景印文渊阁四库全书》，台湾商务印书馆1986年版影印本，经部，第32册，第147页下栏。

但其取象有辗转曲折之弊，难免穿凿附会。

毛奇龄《易小帖》卷四论蛊彖"先甲三日，后甲三日"、巽五"先庚三日，后庚三日"云：

> 马融谓甲在东方……，胡云峰先天图离在东主甲……，至来知德又袭两家说，以蛊合艮巽，取《易》原图为说，与马氏同而略颠倒之，以下巽为先甲，上艮为后甲，藉以明异，而于巽之先庚后庚，则又取先天圆图为说，谓艮巽夹兑于西之中，则错乱极矣。先天不当于《易》本图两相错举，且巽只是巽，而主兑，而夹以巽，且复加艮，展转无理，来易之袭旧儒说而每多不合有如此。

按，马融注"先甲三日，后甲三日"云："甲在东方，艮在东北，故云先甲，巽在东南，故云后甲。"[1] 又来知德注蛊卦辞云："先甲后甲者，本卦艮上巽下，文王圆图艮巽夹震木于东之中，故曰先甲后甲，言巽先于甲，艮后于甲也。巽卦言先庚后庚者，伏羲圆图艮巽夹兑方于西之中，故曰先庚后庚，言巽先于庚，艮后于庚也。分甲于蛊者，本卦未变，上体、中爻震木，下体巽木也。分庚于巽者，本卦未变，上体综兑金，下体综兑金也。"[2] 因此，毛奇龄认为来氏注先甲后甲、先庚后庚是兼取马融甲在东方、胡云峰离在东主甲之说而变化之，是符合事实的。《集解》马融以艮为先甲，巽为后甲，来氏《集注》则称巽先于甲，艮后于甲，正相颠倒。马融艮先巽后之说依据的是《说卦》八卦方位，即艮、震、巽的卦气顺序，来氏先巽后艮依据的是邵雍先天图的次序，即巽五坎六艮七之序。来氏注先庚后庚称"伏羲圆图艮巽夹兑方于西之中"，确实如毛奇龄所说，来氏此处将先天圆图与《易》本图（即后天方位图）两相错举而造成错乱。但毛奇龄心粗，未发现来注并非"谓艮巽夹兑于西之中"，而是夹兑方于西之中。兑方是指文王八卦方位震东兑西之西方，而艮巽是指伏羲八卦方位巽西南、艮西北之方位，来氏以此言巽先庚、艮后庚，所以毛奇龄批评来氏将先后天图两相错举造成错乱，也是符合事实的，二图的确不应混用于先甲后甲、先庚后庚的注解中。来注云"分甲于蛊者，本卦未变，上体、中爻震木，下体巽木也。分庚于巽者，本卦未变，上体综兑金，下

① （唐）李鼎祚：《周易集解》卷5，巴蜀书社1991年版点校本，第88页。
② （明）来知德：《周易集注》卷4，《景印文渊阁四库全书》，台湾商务印书馆1986年版影印本，经部，第32册，第146页上栏。

体综兑金也",解释为何蛊卦言甲、巽卦言庚,来氏采用了其综卦说、中爻说,故毛奇龄批评其"且巽只是巽,而主兑",正是攻击其应用综卦说解释巽卦先庚后庚之辞。来氏两次提到"本卦未变",是针对虞翻之注而言的:"谓初变成乾,乾为甲,至二成离,离为日,谓乾三爻在前,故先甲三日。贲,时也。变三至四,体离。至五成乾,乾三爻在后,故后甲三日"①。虞翻是以本卦逐爻迭变而言的,来氏则强调"本卦未变",仅以本卦卦体,借助其综卦说和中爻说讲通先甲后甲之辞。总的来看,毛奇龄批评来氏滥用综卦说注先甲、先庚之辞,这一批评是中肯的。

本章小结

来氏融合取象取义二说并以取象说统率取义说,提出假象以寓理和舍象不可言易的命题,其所谓象包括卦情之象、卦画之象、大象之象、中爻取象、错卦立象、综卦立象、以阴阳而取象、相因而取象、爻变之象、以八卦正位取象和以一卦主爻取象 11 种体例。朱伯崑认为,来氏出于对官方所修《周易大全》《性理大全》不满而提出多条占筮体例,是对官方正统易学的一次挑战,他提出的错、综、中爻、爻变诸说,都是企图以此说明取象说或象学乃四圣之易的微言秘旨,这样,其易学便从理学派分化出来,成为明代象学的代表。关于来氏以离卦有三之象的说法,朱伯崑反驳道,蛊卦卦辞"先甲三日,后甲三日",来注称"曰先三后三者,六爻也,先三者,下三爻也,巽也;后三者,上三爻也,艮也",其所以如此解释,是因为蛊卦艮上巽下,按其错综等体例,引不出离卦象来。朱伯崑这一举例反驳对于来氏《周易集注》自创的错综体例是一个有力的打击。朱伯崑认为,来氏所设想的体例,不能适合一切卦爻象和卦爻辞,而且有的解释自相矛盾,至于他用哪种体例解释哪些卦爻辞,更没有什么通则,哪种体例能将卦爻象和卦爻辞的联系解释通,就用哪种体例,他自认为研究三十年,将已失传的《周易》的象发掘出来,实际上仍旧是一种失败的尝试,他的尝试又一次证明《周易》中的卦爻象和卦爻辞之间没有必然的联系。②朱伯崑对于来氏寻象之举的总体评价是否定的,没有正视和肯定来氏在易学哲学上的特殊贡献。事实上,来氏错综体例虽然难以贯通六十四卦三百

---

① （唐）李鼎祚:《周易集解》卷 5,巴蜀书社 1991 年版点校本,第 88 页。
② 朱伯崑:《易学哲学史》卷 3,华夏出版社 1995 年版,第 284—293 页。

八十四爻的卦爻辞和卦爻象，但对于损益、泰否、临观、既济未济、师比、小畜、履、屯、震、谦、咸、丰旅、噬嗑贲等诸卦的解释都是令人信服的，他在错综之外还将易学史上一爻为主说和八卦正位说结合起来解释卦爻辞，提出以卦情立象等体例都有一定的说服力，一定程度上推动了象数易学的发展，来氏探索和发掘易象体例在易学哲学史上具有重要价值，我们对他的贡献应当给予更多的尊重和肯定。其取象说虽有牵强附会处，但瑕不掩瑜，不必求全责备。来氏《集注》以集注自称，因此并未掠人之美，而是采集众美并予以融会贯通，这种治《易》精神仍值得我们今天学习。在象理关系上，来氏主张假象以寓理，以理为主，但同时也主张舍象不可言《易》，强调义理的阐发必须依据易象进行。来氏并未以象为第一性，而是在取象说和取义说之间折中，并保留了理本论。他在以二五之气以及形体之体为实体的同时，并未放弃形而上之理的本体地位，这实际上沿袭了朱熹在"无体之体"与"与物为体"对待中构筑更严密的道体理论的做法，① 也可视作后世王夫之道器互为体用说的先声。从道器关系看，来氏所谓象可以看作载道之器，然而就一般与个别的关系说，来氏所谓象不能仅看作个体事物，来氏称象是事理仿佛近似而可以想象者，非造化之贞体，则其所谓象，确切地讲，应是指具体的一般、具体的共相，如此方能在占筮上虚灵应事。在这一问题上，来氏与朱熹以象为空套子的看法基本是一致的。来氏有时以卦德为象，将义理纳入易象的统率之下，使得其易象的抽象形式性得以加强，在具体物象的基础上能够满足不同占筮主体的特殊需求，通过断占者的解释在主客交融的情境下易象不断生成新的意义，这些意蕴是传统易学哲学史写作惯以一般与个别范式阐释易象难以照顾到的。朱伯崑认为就理和象的关系说，来氏不把象看成理自身显现自己的形式，而是以象为理存在的基地。② 事实上，来氏既以象为理存在的基地，又保留了理学派理本用显的讲法，仍然保留着本质世界和现象世界的二分。

---

① 姜真硕：《朱熹"与道为体"思想的哲学意义》，《孔子研究》2001 年第 3 期。
② 朱伯崑：《易学哲学史》卷 3，华夏出版社 2005 年版，第 305 页。

第六章 论错综

"错综"二字在易学文献中最早见于《系辞》《说卦》，宋元明易学家如朱熹、蔡渊、俞琰、蔡清等多从易学而非哲学角度对此二字加以阐释，他们虽广泛讨论了对待流行问题，但尚未将对待流行与错综关联起来考察。来知德在整理前人思想的基础上，使用错综范畴对朱熹及其后学思想进行了哲学上的修正改造，使得"错""综"上升为易学哲学的一对重要范畴和话语模式，对方以智、王夫之及清代易学家们产生了重要的影响。我们先从朱熹论错综谈起。

第一节 朱熹及其弟子论错综

"错综"二字出自《系辞》"参伍以变，错综其数"及《说卦》首章"八卦相错"节，易学家们有时又将此二字与"参天两地而倚数"句相关联。

一 错综皆谓揲蓍求卦之事

《说卦》首章，王弼注"参天两地而倚数"道："参，奇也；两，偶也。七九，阳数；六八，阴数。"这是以参两之数为奇偶之数，并据此在揲蓍中得到七八九六之数，七八九六之数的确立以参两之数为基础。孔颖达疏称："倚，立也。既用蓍求卦，其揲蓍所得，取奇数于天，取偶数于地，而立七八九六之数，故曰'参天两地而倚数'也。"孔颖达疏下文"观变于阴阳而立卦"称"此言六十四卦，非小成之八卦"，"用蓍在六爻之后，非三画之时"，[1] 意在强调此段是讲揲蓍求卦的过程，而不是伏羲画

---

① （唐）孔颖达：《宋本周易注疏》，中华书局 1988 年版影印本，下册，第 811—812 页。

卦的过程。揲蓍所求得的七八九六之数即决定了每一爻所对应的阴阳老少之象，这就是"极其数以定天下之象"。

虞翻注《说卦》首章"参天两地而倚数"道："倚，立；参，三也。谓分天象为三才，以地两之，立六画之数，故倚数也。"[①] 清人李道平疏称这是以偶承奇，乾数奇，初、三、五，加上坤数偶，二、四、上，即为"立六画之数"。又虞翻注《系辞》"参伍以变，错综其数"云："逆上称错；综，理也。谓五岁再闰，再扐而后挂，以成一爻之变，而倚六画之数。卦从下升，故错综其数，则三天两地而倚数者也。"[②] 将"参伍以变，错综其数"与"参天两地而倚数"两节糅合到了一起。虞翻三天两地所立的六画之数即是奇偶之数，七九为奇，是阳数，六八为偶，是阴数。虞翻认为，"参伍以变"即是在揲蓍三变成一爻的过程中，每一变都经历了"五岁再闰"（一挂，两揲，两扐）的程序，三变则经历了三个"五岁再闰"，这就是"参伍以变"。三变之后所得的一爻在数上或为七，或为八，或为九，或为六，共有此四种可能的情形。经过揲蓍十八变，六画之数从下到上，逆数上升而画出，即成一大成之卦。从初爻到上爻的成卦过程，虞翻名之为"逆上称错"。那么，"综"字怎么理解呢？虞翻的注太过简略，作"综，理也"。我们可以参考李道平的疏，李氏疏道：

> 《说卦》曰"易，逆数也"，故"错"称"逆上"。刘向《列女传》"推而往，引而来，综也"，综有文理，《易》"顺性命之理"有阴阳往来之义，故云"综，理也"。参，三也。一挂，两揲，两扐，为五岁再闰。挂当为卦，再扐而后卦。凡三变而成一爻，是三其五以成一爻之变，故曰参五以变。倚，立也。一爻之变，七九八六也。易始于一，壮于七，究于九，故三画而成乾，阴并阳生，一而二，七而八，九而六，故参天两地以立六画之数也。易气从下生，以下爻为始，故云卦从下升，即所谓"逆上称错"也。错为六画，综为参两，故"参天两地而倚数"也。[③]

李道平疏将"综，理也"进一步解作阴阳往来的文理，并称"综为参两"，即上文所谓"天象分三才，以地两之"而得到六画之数的过程。在

---

① （唐）李鼎祚：《周易集解》，巴蜀书社 1991 年版点校本，第 329 页。
② （唐）李鼎祚：《周易集解》，巴蜀书社 1991 年版点校本，第 281 页。
③ （清）李道平：《周易集解纂疏》卷 8，上海古籍出版社 1994 年版点校本，第 591 页。

这个过程中，天数一、七、九各配以地数二、八、六，一、二作为数之始不参与爻变之中，而以七八九六之数定一爻之阴阳老少之象，始于一，壮于七，究于九，一而二，七而八，九而六，这一气化过程所体现的参天两地之文理即是"综"。可见，"综"是讲每一爻的求得过程中的阴阳往来之理，"错"是讲每一爻求得后从初爻到上爻的成卦过程。这便是虞翻和李道平对"参伍以变，错综其数"的理解。此即李道平所谓"错为六画，综为参两"，并引用《乾凿度》"易气从下生"之语予以说明。

《系辞》"参伍以变，错综其数"章，王弼无注，孔颖达疏是从揲蓍过程来说的，认为错即是阴阳之数相交错，综即是阴阳之数总聚起来。孔颖达疏称：

> 参伍以变者，参，三也，伍，五也，或三或五，以相参合，以相改变，略举三五，诸数皆然也。错综其数者，错谓交错，综谓总聚，交错总聚其阴阳之数也。通其变者，由交错总聚，通极其阴阳相变也。遂成天地之文者，以其相变，故能遂成就天地之文，若青赤相杂，故称文也。极其数遂定天下之象者，谓穷极其阴阳之数，以定天下万物之象，犹若极二百一十六策以定乾之老阳之象，穷一百四十四策以定坤之老阴之象，举此余可知也。非天下之至变其孰能与于此者，言此易之理，若非天下万事至极之变化，谁能与于此者，言皆不能也。此结成易之变化之道，故更言"与于此"也。前经论易理深，故云"非天下之至精"，此经论极数变通，故云"非天下之至变"也。①

此外，孔颖达注《说卦》"参天两地而倚数"节，称七九为阳数，六八为阴数。具体来说，老阳之策是四九三十六，老阴之策是四六二十四，少阳之策是四七二十八，少阴之策是四八三十二，这四种情况在揲蓍过程中属于过揲之数。从"极二百一十六策以定乾之老阳之象，穷一百四十四策以定坤之老阴之象"的疏文看，孔颖达是以过揲之策数为阴阳之数的。然而，乾之策二百一十六，坤之策一百四十四，是据乾、坤各六爻分别与三十六、二十四相乘得到，将六爻的乾卦坤卦称为"老阳之象""老阴之象"，这与后来邵雍以二阳画为老阳、二阴画为老阴不同，也与传统的以九为老阳之象、六为老阴之象不同。《周易集解》"大衍之数五十"章所

---

① （唐）孔颖达：《宋本周易注疏》，中华书局 1988 年版影印本，下册，第 711—712 页。

载崔憬注，以乾卦为老阳，坤卦为老阴，震坎艮为长、中、少阳，巽离兑为长、中、少阴，去除天一地四，以剩余八个天地之数对应此三画的八个基本卦。崔憬以乾坤二卦为老阳老阴，与孔颖达以六画的乾坤二卦为老阳老阴之象仍不尽同。所用四十九根蓍草之策数本无阴阳，孔颖达所说的错、综，指的是揲蓍过程中，分二、挂一、揲四、归奇四营之后成一易，三次变易成一爻，这个过程中所得到的过揲之数与挂扐之数的分合错杂关系。按照这种计法，四营成一易，第一变的过揲之数是四十四或者四十，第二变的过揲之数是四十、三十六或三十二，第三变的过揲之数是三十六、三十二、二十八或二十四。孔颖达所取的是第三变后的过揲之数，以此定一爻的阴阳老少。前二变只是第三变的基础，虽然影响第三变的结果，但最终所据的只有第三变的过揲之数。因为只有第三变的四种可能全部对应了老阳、老阴、少阳、少阴的策数，从而具有了阴阳属性。

　　挂扐之数相对过揲之数也有四种情形，但策数较少，这四种情形是老阴二十五，少阳二十一，少阴十七，老阳十三，这四种情形是三次变易后所得的挂扐之数的总和。在《易学启蒙》中，朱熹主张以寡御众，以挂扐之数为原，以过揲之数为委，所以他提出三变皆挂，并以挂扐之数而非过揲之数来最终确定三变之后所得一爻的阴阳老少之象。挂扐之数出现的情形是，第一变之后非五则九，第二变和第三变之后均是非四则八。三变后的排列组合为五四四则定为老阳，五四八，五八四，九四四则定为少阴，五八八，九四八，九八四则定为少阳，九八八定为老阴。三次变易，每次的挂扐或五、九，或四、八，其中五、四为奇，九、八为偶。单凭其中的任何一次变易的结果都不能确定所得之爻的阴阳属性，必须三次变易合起来看，即在上述的八种排列组合情形下，才能知道所得之爻是老阳、老阴、少阴或少阳。孔疏所谓的七八九六，可以通过第三变的过揲之数来确定，也可以通过三变挂扐之数的总和来确定。孔疏中"交错其阴阳之数""总聚其阴阳之数"，所谓"阴阳之数"指的是一爻形成之前的揲蓍过程，"交错""总聚"的对象就是以上所说的挂扐之数或过揲之数。

　　可见，从虞翻到孔颖达对《系辞》"参伍以变，错综其数，通其变遂成天地之文，极其数遂定天下之象，非天下之至变，其孰能与于此"节的"错""综"的注疏都是就揲蓍成卦的过程来讲的。朱熹继承了这一讲法，并加入了自己的理解和发挥。在和弟子的问答中，朱熹又赋予了"错""综"以其他的意思，这在《朱子语类》等文献中有体现。在《本义》"参伍以变，错综其数"节，朱熹从揲蓍角度作了较为详细的注解。在《语类》和《朱文公易说》中，朱熹及其弟子对此节多次从揲蓍角度加以探讨，现一并列出：

> 此尚象之事。变，则象之未定者也。参者，三数之也；伍者，五数之也。既参以变，又伍以变，一先一后更相考核，以审其多寡之实也。错者，交而互之，一左一右之谓也；综者，总而挈之，一低一昂之谓也：此亦皆谓揲蓍求卦之事。盖通三揲两手之策以成阴阳老少之画，究七八九六之数以定卦爻动静之象也。①
>
> 参伍以变，错综其数，参谓三数之，伍谓五数之，揲蓍本无三数、五数之法，只言交互参考，皆有自然之数。如三三为九，五六三十之类，虽不用以揲蓍，而推算变通未尝不用。错者，有迭相为用之意，综又有总而挈之之意，如织者之综丝也。谟。②
>
> 参伍是相牵连之意，如三要做五，须用添二；五要做六，须着添一，做三须着减二。错综是两样，错是往来交错之义，综如织底综，一个上去一个下来，阳上去做阴，阴下来做阳，如综相似。渊。③
>
> 问“参伍以变，错综其数”。曰：《荀子》说参伍处，杨倞解之为详，《汉书》所谓欲问马先问牛，参伍之以得其实。综如织综之综，大抵阴阳奇偶变化无穷，天下之事不出诸此。成天下之文者，若卦爻之陈列变态者是也。定天下之象者，物象皆有定理，只以经纶天下之事也。人杰。④
>
> 综字之义，沙随得之，然错综自是两事。错者，杂而互之也；综者，条而理之也。参伍、错综又各是一事。参伍所以通之，其治之也简而疏；错综所以极之，其治之也繁而密。⑤

朱熹将“参”“伍”解作“三数之”“五数之”，认为这些都属于虚说，因为筮法中并没有三数五数之法，只有四数之法，即“揲之以四以象四时”，并由此形成挂扐之数和过揲之数。朱熹认为“参伍以变”所要表达的意思是“一先一后更相考核，以审其多寡之实也”。在三变成一爻的过程中，先后有一变、二变、三变，朱熹主张以三次变化所得到的挂扐之数排列组合，得到前述八种情形之一，从而确定一爻的动静之象，即所谓

---

① （宋）朱熹：《周易本义》卷3，中华书局2009年版点校本，第237—238页。
② （宋）黎靖德：《朱子语类》卷75，中华书局1986年版点校本，第5册，第1920页。
③ （宋）黎靖德：《朱子语类》卷75，中华书局1986年版点校本，第5册，第1920页。
④ （宋）黎靖德：《朱子语类》卷75，中华书局1986年版点校本，第5册，第1920页。
⑤ （宋）朱鉴：《朱文公易说》卷12，上海古籍出版社1989年版影印本，第252页下栏。

"通三揲两手之策以成阴阳老少之画,究七八九六之数以定卦爻动静之象也"。在每一爻求得过程的三变中,互为先后的两次变化呈现一种关联比照,形同"欲问马先问牛",询问者(即占者)可由已知的熟悉的情形去推度未知的类似或相关的情形。这是朱熹所理解的"参伍以变"的意思,是从孔疏"或三或五,以相参合,以相改变,略举三五,诸数皆然也"的说法中发展而来的。比起虞翻的每一变各经历"五岁再闰",三变则为"参伍以变"的说法,朱熹的理解虽然也是着眼于揲蓍,但更强调了在动态中把握筮法变化的整体状况,且前后关联比照去"审其多寡之实",从而显得较为精细。

《本义》的相关注解中,朱熹将"错"解作"交而互之,一左一右之谓也",指的是揲蓍过程中,分二挂一之后,置右手之策于案,先以右手四揲左手之策,归奇于无名指间,再以左手四揲右手之策,归奇于中指间。体现了左右手的"迭相为用""杂而互之"和"往来交错",这里的往来是一左一右的横向往来,而非纵向的往来。朱熹对"错"的解释不同于虞翻的"逆上称错"的说法,朱注是从孔颖达的"错谓交错",即交错其阴阳之数的说法发展而来的,只是孔疏过简,而朱注对筮法的探讨汲取了时人程迥《周易古占法》的说法,与孔疏相比已发生了一些变化,详情已难考知。

上面几则材料中,朱熹对"综"的解释有两种,一是"总而挈之",二是"条而理之",分别来自虞翻"综,理也"和孔颖达"综谓总聚"的说法。在朱注中这两种解释是相关联的。朱熹以织布为喻,称综"如织者之综丝""一低一昂之谓",又说"一个上来一个下去,阳上去做阴,阴下来做阳",这也是就筮法过程讲的,是成卦之前的事。但是具体所指不太明确。朱熹所谓的低昂、上下、阴阳互易指的是十八变成六爻的全过程中,七八九六之数所确定的卦爻阴阳老少之画及其动静之象,老变少不变,除去概率极低的乾卦、坤卦外,绝大多数情形下,揲蓍求得的卦都不是纯阳纯阴之卦,其六爻会呈现出七八九六之数的波动起伏,七九为阳数,八六为阴数,即上引《语类》"成天下之文者,若卦爻之陈列变态者是也"。结合《易学启蒙·考变占》中朱熹蔡元定借鉴程迥《周易古占法》所确立的占筮体例,一爻变占本卦变爻,二爻变以本卦二变爻占,仍以上爻为主等,或许符合朱熹对"综"字所作的说明。

图6-1为织布机的图片(http://image.baidu.com),可以帮助理解朱熹的比喻。朱熹的这一比喻后来被来氏吸收。

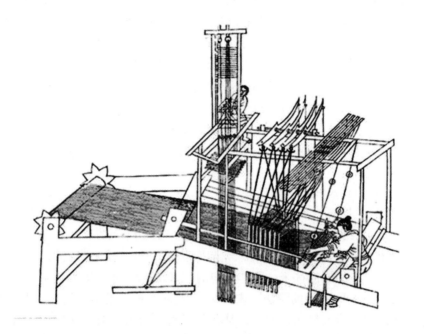

图 6-1　织布机

二 以交易变易说统摄对待流行说和反对说

朱熹将交易、变易看作邵雍先天图中阴阳二气的对待流行关系，并认为卦序安排有消长进退之意，《杂卦》有反对之意，卦与卦之间有反有对，反与对所指不同，先天图从两边生者有对，从中生者无对。这些观点构成了来知德错综说重要的思想资源。

其一，变易便是流行底，交易便是对待底。除了孔颖达易有三义说的理论来源，朱熹对"易"字的理论概括还受了邵雍交易说和程颐变易说的影响。朱熹在其《本义》开卷即提出"易"字有交易、变易二义，以此作为阴阳二气运动变化的法则。朱熹说："周，代名也，易，书名也。其卦本伏羲所画，有交易、变易之义，故谓之易。"[1] 这是从画卦而非世界观的角度来谈"易"字的内涵。朱熹在与弟子的问答中，又从筮法、卦图和世界观等诸方面谈交易、变易这一组概念，并将其与对待、流行范畴相关联。有弟子问道："《易本义》曰'易，变易也，交易也'，如何？"朱熹回答说："变易如阴变而阳，阳变而阴，老阴变少阳，老阳变少阴之类，此正是占筮之法。交易如阳交于阴，阴交于阳之类，卦图上谓天地定位，山泽通气，雷风相薄，水火不相射，八卦相错是也。"[2] 又说："变易便是昼夜往来相为屈伸者。"[3] 筮法老阴六变少阳七，老阳九变少阴八，便是朱熹所说的"变易"之义在占筮过程中的表现。朱熹补充说，我们日常所见的昼夜轮替现象，白昼为阳，黑夜属阴，阴而后阳，阳而后阴，这是"变易"在现实生活中的表现。"交易"之义则是从阴阳互相交错来说的，邵雍先天八卦方位图中乾对坤，坎对离，震对巽，艮对兑，卦画相反的两卦之间的这种阴阳交错关系，朱熹称为"交易"。

在解释周敦颐《太极图说》时，朱熹将交易、变易二义安置其中，从一气流行分作阴阳二气对待的哲学世界观角度阐发。朱熹道："阴阳有个流行底，有个定位底。'一动一静，互为其根'，便是流行底，寒暑往来是也；'分阴分阳，两仪立焉'，便是定位底，天地上下四方是也。易有两义：一是变易，便是流行底；一是交易，便是对待底。魂魄，以二气言，阳是魂，阴是魄；以一气言，则伸为魂，屈为魄。"[4] 此处已明确提出，所谓"交易"便是"分阴分阳、两仪立焉"的定位关系，体现了阴阳二气的

---

① （宋）朱熹：《周易本义》卷1，中华书局2009年版点校本，第29页。

② （宋）朱鉴：《朱文公易说》卷19，上海古籍出版社1989年版影印本，第403页上栏。

③ （宋）朱鉴：《朱文公易说》卷19，上海古籍出版社1989年版影印本，第403页上栏。

④ （宋）黎靖德：《朱子语类》卷65，中华书局1986年版点校本，第4册，第1602页。

对待，如天地上下四方的空间相对；所谓"变易"便是寒暑往来的一气流行关系。对待为体，流行为用。这样，交易、变易与阴阳之气的对待、流行建立起关联。

其二，《序卦》见消长进退之义，《杂卦》有反对之义。朱熹说："《序卦》《杂卦》圣人去这里见有那无紧要底道理，也说则个了过去，然《杂卦》中亦有说得极精处。"① 朱熹认为程迥否定《序卦》是圣人之书，是不对的。韩康伯认为《序卦》非圣人之蕴，朱熹校正说："先儒以为非圣人之蕴，某以为谓之非圣人之精则可，谓非《易》之蕴则不可。周子分精与蕴字甚分明，《序卦》却正是《易》之蕴，事事夹杂，都有在里面。"② 朱熹对《序卦》《杂卦》二传不甚看重，但也承认其间有些道理，认为《杂卦》有些地方颇精微，《序卦》也是圣人之意的表达，算不得圣人之精，可看作圣人之蕴。周敦颐说："圣人之精，画卦以示；圣人之蕴，因卦以发。卦不画，圣人之精不可得而见；微卦，圣人之蕴殆不可悉得而闻。"自注称："精者，精微之意，画前之易，至约之理也。伏羲画卦，专以明此而已。蕴，谓凡卦中之所有，如吉凶消长之理，进退存亡之道，至广之业也。有卦，则因以形矣。"③ 周敦颐以伏羲据天地之理以画卦为圣人之精，以文王、周公、孔子据卦画系卦爻辞、作传为圣人之蕴。朱熹认为周敦颐将精、蕴二字分得很清楚，并同意这一区分。弟子又问："如《序卦》中亦见消长进退之义，唤作不是精不得？"朱熹回答道："此正是事事夹杂有在里面，正是蕴。须是自一个生出来以至于无穷，便是精。"④ 朱熹和邵雍一样，重先天而轻后天，重画卦的过程而轻卦成之后所系的卦爻辞及十翼。弟子认为《序卦》中包含有消长进退的道理，似乎可以称作圣人之精，朱熹认为《序卦》已是六十四卦既成之后，圣人于其中发挥、推衍出来的道理，所以"事事夹杂"，已远非圣人作《易》之原，精微之意了。惟有"自一个生出来以至于无穷"，才是圣人精意所在。弟子问道："如何谓《易》之精？"朱熹回答说："如'《易》有太极，是生两仪，两仪生四象，四象生八卦'，这是《易》之精。"⑤ 肯定邵雍的"加一倍法"反映了自然天理的必然逻辑展开程序，有自然理势，如此方为圣人之精。关于《杂卦》，弟子问道："《杂卦》反对之义，只是反复，则其吉凶、祸

① （宋）黎靖德：《朱子语类》卷77，中华书局1986年版点校本，第5册，第1976页。
② （宋）黎靖德：《朱子语类》卷77，中华书局1986年版点校本，第5册，第1975页。
③ （宋）周敦颐：《通书·精蕴第三十》，《周敦颐集》，中华书局1990年版点校本，第37页。
④ （宋）黎靖德：《朱子语类》卷77，中华书局1986年版点校本，第5册，第1975页。
⑤ （宋）黎靖德：《朱子语类》卷77，中华书局1986年版点校本，第5册，第1975页。

福、动静、刚柔皆相反了。"朱熹回答说:"是如此。不知如何数卦又不对了。大畜时也,也晓不得又与无妄不相反是如何?临、观更有与、求之义,临以二阳言之,则二阳可以临上四阴;以卦爻言之,则六五上六又以上而临下。观自下而观上则为观,是平声;自上而为物之观,是去声。噬嗑,食也,贲,无色也,义虽可通,但不相反。谦轻,是以谦抑,不自尊重。女待男而行,所以为渐。"① 朱熹已经注意到有一部分处于相反或相对的两卦的卦义、吉凶、祸福、刚柔、动静也是相反的,如临与观,卦象相对,卦义相反。但是有些卦虽是反或对的关系,卦义却并不相反,因此说"不知如何数卦又不对了",比如噬嗑与贲卦,卦象相对,卦义却不相反,大畜与无妄也是如此。朱熹称"谦轻,是以谦抑,不自尊重",却并没有与豫卦作比较。在《语类》中,朱熹谈道:"谦轻而豫怠,轻是卑小之义,豫是悦之极便放倒了,如上六冥豫是也。"② 如此,豫有敖惰之义,则与谦轻卦义相反。从《语类》说,朱熹精蕴之辨重《系辞》而不重《序卦》《杂卦》,但并不否认《序卦》见消长进退之义,《杂卦》有反对之义。

其三,卦有反有对。朱熹说:"卦有反有对,乾坤坎离是反,艮兑震巽是对。乾、坤、坎、离倒转也只是四卦,艮、兑、震、巽倒转则为中孚、颐、小过、大过,其余皆是对卦。"③ 这个说的是六画卦。朱熹以乾、坤、坎、离为反卦,以艮、兑、震、巽为对卦,来知德所谓的错卦即是朱熹所说的反卦,综卦即是对卦。朱熹说"艮、兑、震、巽倒转则为中孚、颐、小过、大过",指的是倒转关系的上体下体组成的六画卦,如中孚巽上兑下,大过兑上巽下,颐艮上震下,小过震上艮下,上下体互为倒转。孔颖达指出六十四卦"二二相偶,非覆即变",朱熹卦有反有对的说法有此思想背景。此外,朱熹称邵雍亦主张六十四卦可以看成三十六个相反对的卦:"康节只说六卦:乾、坤、坎、离四卦,震、巽含艮、兑。又说八卦:乾、坤、坎、离、大过、颐、中孚、小过,其余反对者二十八卦。"④ 康节只说六卦,指的是三画卦;又说八卦,指的是六画卦。《语类》另有一则记录称:"《易》上经始乾坤而终坎离,下经始艮兑震巽而终坎离。杨至之云:上经反对凡十八卦,下经反对亦十八卦。曰:林黄中算上下经阴阳爻适相等,某算来诚然。"⑤ 在朱熹的时代以反对称谓《杂卦》中成对

① (宋)黎靖德:《朱子语类》卷77,中华书局1986年版点校本,第5册,第1976页。
② (宋)黎靖德:《朱子语类》卷77,中华书局1986年版点校本,第5册,第1976页。
③ (宋)黎靖德:《朱子语类》卷67,中华书局1986年版点校本,第5册,第1668页。
④ (宋)黎靖德:《朱子语类》卷67,中华书局1986年版点校本,第5册,第1648页。
⑤ (宋)黎靖德:《朱子语类》卷67,中华书局1986年版点校本,第5册,第1667页。

出现的两卦之间的关系是普遍接受的，此外，朱熹还使用过"颠倒""番覆""番转"等词汇表示对卦关系。

朱熹反卦、对卦的思想根据在于三画的四正卦说法。朱熹据邵雍的先天八卦方位图，以乾坤坎离为四正卦。邵雍认为四正卦是不易之卦，四隅卦艮兑震巽则是可易之卦，所以四正卦翻转过来仍是其自身，而四隅卦翻转后，艮变作震，兑变作巽，所以有艮兑含震巽之说。转换为六画卦，道理是一样的。朱熹继承了邵雍的这一讲法。有弟子问："乾、坤、大过、颐、坎、离、中孚、小过八卦番覆不成两卦，是如何？"朱熹回答说："八卦便只是六卦，乾坤坎离是四正卦，兑便是番转底巽，震便是番转底艮，六十四卦只八卦是正卦，余便只二十八卦番转为五十六卦。"（学蒙录云："自此八卦外，只二十八卦番转为五十六卦，就此八卦中又只是四正卦，乾坤坎离是也。"）[1] 朱熹以三十六宫中的八卦为不易之卦，以二十八卦为可易之卦，八个不易之卦之间又两两互为反卦，二十八个可易之卦的每个又内涵有两个互为对卦关系的卦。这种关系的根据即在于小成八卦中只有乾坤坎离是四正卦。来知德以乾坤为相错关系，以屯蒙为相综关系，其《集注》卷首的正综杂综等图式吸收了邵雍朱熹基于四正卦说而推演出的反对卦说。

其四，先天图自两边生者有对，从中出即无对。《语类》载："太极图'无极而太极'上一圈即是太极，但挑出在上。"[2] 朱熹以周敦颐太极图最上一圈为太极，而非无极。有弟子问："先天图阴阳自两边生，若将坤为太极，与太极图不同，如何？"朱熹回答说："他自据他意思说，即不曾契勘濂溪底。若论他太极，中间虚者便是，他亦自说图从中起，今不合被横图在中间塞却，待取出放外。他两边生者即是阴根阳，阳根阴，这个有对，从中出即无对。"[3] 朱熹认为先天图中间虚空即是太极，但邵雍本人却是以坤为太极，坤卦位于先天图底部纯阴处。朱熹认为如果按照邵雍本人的这一看法，阴阳是从两边生，有周敦颐太极图说阴阳互根之意，阴阳构成对待关系；阴阳从中虚处生出则是理生气，理与气不构成对待关系。朱熹以周敦颐太极图第二圈中间小白圈对应邵雍先天图中间空虚处，并以之表征太极之理，试图调和邵雍先天图和周敦颐太极图，使二者能够在理论上达成一致。朱熹"他两边生者即是阴根阳，阳根阴，这个有对，从中出

---

[1] （宋）黎靖德：《朱子语类》卷 67，中华书局 1986 年版点校本，第 5 册，第 1667—1668 页。

[2] （宋）黎靖德：《朱子语类》卷 94，中华书局 1986 年版点校本，第 6 册，第 2365 页。

[3] （宋）黎靖德：《朱子语类》卷 65，中华书局 1986 年版点校本，第 4 册，第 1613 页。

即无对"指的是先天图本来左边都是阳,阳气从坤复之间生起,右边本都是阴,阴气从乾姤之间生起。阴阳互为其根,周流无穷,没有始终。阴与阳之间便是对待的关系。如果停留在这个层次上,便是一般的气论思想。朱熹又说"从中出即无对",是说如果将阴阳二气看作从先天圆图中间的太极处生出,也就是将阴阳看作一物,而不是看作两物,那么阴阳便是太极之理派生出来的,逻辑上太极之理在先,气在后,此时便不再存在对待的问题。朱熹说:"熹以为易字有二义,有变易,有交易。先天图一边本都是阳,一边本都是阴,阳中有阴,阴中有阳,便是阳往交易阴,阴来交易阳,两边各各相对,其实非此往彼来,只其象如此。"① 朱熹用自己的交易、变易思想对邵雍先天图加以解释,并指出邵雍先天图中间空虚处还有一个能生气动气的太极之理。朱熹扬弃了孔颖达易有三义说,而代之以"易有两义"说,并以太极为阴阳二气交易、变易的在先支配之理,来氏将朱熹此说修正为阴阳的错综关系及在物之理。

三　错综有对待流行义

在理、象、数的关系问题上,朱熹继承了程颐的观点,认为有理而后有象,有象而后有数。朱熹虽明确反对互体、纳甲,但对汉易有些体例是认可或存疑的。除上文揲蓍求卦义外,朱熹认为"错综其数"还体现了卦象和筮数上的对待流行,故又从筮法上去引申其义。卦象是就已成之卦而言,筮数则是就三变成一爻的过程和结果而言。我们选取《语类》中的两条材料来说明这一点:

> 错综其数,《本义》云:错者交而互之,一左一右之谓也,莫是揲蓍以左揲右,右揲左否?曰:不特如此。乾对坤,坎对离,自是交错。又问:综者总而挈之,莫是合挂扐之数否?曰:且以七八九六明之,六七八九便是次序,然而七是阳,六压他不得,便当挨上,七生八,八生九,九又须挨上,便是一低一昂。学蒙。②

> 或问经纬错综之义。曰:"错是往来底,综是上下底。综便是织机上底,古人下这字极子细,但看他那单用处,都有个道理。如经纶底字,纶是两条丝相合,各有条理。凡用纶处便是伦理底义,统字是上面垂一个物事下来,下面有一个人接着,便谓之统。但看垂字便可

① （宋）黎靖德:《朱子语类》卷65,中华书局1986年版点校本,第4册,第1605页。
② （宋）黎靖德:《朱子语类》卷75,中华书局1986年版点校本,第5册,第1921页。

见。"又曰:"错综其数,便只是七八九六,六对九,七对八,便是东西相错。六上生七为阳,九下生八为阴(元本云:七下生八为阴,八上生九又为阳),便是上下为综。"又曰:"古人做《易》,其巧不可言。太阳数九,少阴数八,少阳数七,太阴数六,初亦不知其数如何恁地,元来只是十数,太阳居一,除了本身便是九个,少阴居二,除了本身便是八个,少阳居三,除了本身便是七个,太阴居四,除了本身便是六个,这处古来都不曾有人见得。"义刚。[①]

　　《本义》成书后,弟子就其中对"错""综"二字的定义提问,[②] 朱熹认为,"错"字除了其弟子所提到的揲蓍以左揲右,右揲左的含义之外,还表现为三变成一爻时所得到的七八九六之数之间的对待关系,如老阴之数六对老阳之数九,少阴之数八对少阳之数七,以及卦画相反的两卦之间的交错关系,如乾与坤对,坎与离对等,这也是对一左一右的理解,不仅是左右手揲蓍的筮法,而是形同空间位置上的东西南北相对。这里的乾坤坎离所指是小成八卦,不是因重之后的六十四卦。朱熹据《说卦》"天地定位,山泽通气,雷风相薄,水火不相射,八卦相错"一节概括伏羲四图,将"错"字从揲蓍过程拉出来,并结合邵氏先天图,用"错"字来形容卦画相反的两小成卦之间的相对待关系。

　　弟子又问《本义》将"综"字解为"总而挈之",是否可以看成合挂扐之数?所谓"合挂扐之数",指的是三变之后,所得的八种排列组合情形(详前),每一情形的三个数字相加所得的总挂扐之数,其结果为二十五(老阴)、二十一(少阳)、十七(少阴)或十三(老阳)。孔颖达以"综"为总聚阴阳之数,说的是过揲之数(即以三十六为老阳,三十二为少阴,二十八为少阳,二十四为老阴),而不是挂扐之数,但孔疏以"综"为"总聚"之义,这一点为朱熹所继承。朱熹在《启蒙》中抛弃过揲之数,而采用挂扐之数来确定一爻的阴阳老少之象,所以弟子才会发出此问。朱熹认同将"综"看成是"合挂扐之数"这一看法,在《启蒙》中,三变的挂扐之数不合就不能确定一爻的性质。朱熹认为"综"字的理解不

---

① (宋)黎靖德:《朱子语类》卷75,中华书局1986年版点校本,第5册,第1921—1922页。

② 据朱伯崑考证,王懋竑《年谱》称《本义》成书于淳熙四年,实际上是草稿,《启蒙》成书于淳熙十三年,从其《别集》所录的谈话涉及以上二书来看,《本义》在其晚年定稿。上面材料中的答弟子问体现了朱熹在《本义》说法的基础上作了进一步发挥,对"错""综"二字的解释正是如此,以防后人将此二字作片面理解,才借此问答对《本义》注文加以阐发。

能停留在《本义》"总而挈之"注文的层面上，还要看到其中"条而理之"的含义，即在揲蓍三变所可能得到的四种结果七八九六之数中，六为阴之极，形同谷底，必定上去，变而为少阳七；九为阳之极，必定从峰顶下来，变而为少阴八。至于七下来生八，八上去生九，都是从七九为阳数在上，六八为阴数在下出发讲阴阳上下往来的。按次序，六生七，七生八，八生九，九再返回来生八，阴阳迭用，一上一下，一低一昂，这种阴阳老少之间的流转关系，正如织布一样，有其固有的文理，对这种文理的把握，就是"条而理之"。这是"综"字的另一层含义，也是常人容易忽视的，故而朱熹此处颇费辞章地加以强调。来氏基本上继承了朱熹对"综"字所作的"一低一昂"的理解。

　　除筮法角度外，朱熹还从阴阳运动变化的过程和形式等哲学角度谈错综之义，提出了"错综底阴阳交互之理"的命题。

　　　　体是体质，犹言骨子也。易者，阴阳错综交换代易之谓。如寒暑昼夜，阖辟往来，而实理流行，盖与道为体也。①

　　　　所谓易者，变化错综，如阴阳昼夜，雷风水火，反复流转，纵横经纬而不已也。②

　　　　阴阳，有相对而言者，如东阳西阴，南阳北阴是也；有错综而言者，如昼夜寒暑，一个横、一个直是也。伊川言"易，变易也"，只说得相对底阴阳流转而已，不说错综底阴阳交互之理。言易须兼此二意。

　　　　体在天地后，用起天地先。对待底是体，流行底是用。体静而用动。端蒙。

　　　　又一条云：阴阳有相对而言者，如夫妇男女、东西南北是也；有错综言者，如昼夜、春夏秋冬、弦望晦朔一个间一个辊去是也。季通云。③

　　朱熹依阴阳来讲错综，阳与阳迭用，"一个间一个"滚去，处于永恒的流转过程中。前面材料所引朱熹明确指出错和综是两个物事，此又将其合看成阴阳交易之义，既偏重于对待之义，又以昼夜寒暑合释之，取的是

---

① （宋）黎靖德：《朱子语类》卷95，中华书局1986年版点校本，第6册，第2422页。
② （宋）黎靖德：《朱子语类》卷95，中华书局1986年版点校本，第6册，第2422页。
③ （宋）黎靖德：《朱子语类》卷65，中华书局1986年版点校本，第4册，第1603页。

二气流行之意，且指出"一个横，一个直"，以错对应横，以综对应直，朱熹以错综表达阴阳对待、流行的意图是很清楚的。朱熹对交易、变易二义作的阐释既有易书层面的，也有造化实体层面的："交易是阳交于阴，阴交于阳，是卦图上底。如天地定位，山泽通气云云者是也。变易是阳变阴，阴变阳，老阳变为少阴，老阴变为少阳。此是占筮之法，如昼夜寒暑，屈伸往来者是也。"① 卦图即邵雍的先天八卦方位图，图式表达的即是阴阳定位，互为对待的关系，是易学的，也是哲学的。占筮之法中的阴阳老少之递换，如同昼夜寒暑和屈伸往来之气，这是从易学推及世界观来讲的。朱熹以本来讲筮法的"错综"二字来形容阴阳二气的交易、变易关系，从而过渡到哲学的世界观的视野下。来氏继承了这一做法并以"错"来讲阴阳对待或阴阳交易关系，以"综"来讲阴阳流行或阴阳变易关系。

《系辞》云"五位相得而各有合"，汉代经籍常借此阐发五行生成之数，如《春秋疏》云："此五者阴无匹，阳无偶，故又合之。地六为天一匹也，天七为地二偶也，地八为天三匹也，天九为地四偶也，地十为天五匹也。二五阴阳各有合，然后气相得，施化行也。"又《礼记正义·月令疏》云："阳无偶，阴无配，未得相成，地六成水于北，与天一并，……地十成土于中，与天五并也。"又《汉书·五行志》云："故水以天一为火二牡，木以天三为土十牡，土以天五为水六牡，火以天气为金四牡，金以天九为木八牡，阳奇为牡，阴偶为妃，故曰：水，火之牡也；火，水之妃也。"② 由此，在汉代《系辞》"五位相得而各有合"就已经包含了两种对待义：一是五行生成之数一与六、二与七的对待，用"匹""偶"表示这种对待关系；二是一与二、三与十、五与六等基于五行相克的对待，用"妃""牡"表示这种对待关系。孔疏云："五位相得而各有合者，若天一与地六相得合为水，地二与天七相得合为火，天三与地八相得合为木，地四与天九相得合为金，天五与地十相得合为土也。"③ 以一与六、二与七等解相得，以一六合水、二七合火等解有合，但未言对待。《周易集解》注云："虞翻曰五位谓五行之位，甲乾乙坤相得合木，谓天地定位也。丙艮丁兑相得合火，山泽通气也。……或以一六合水，二七合火，三八合木，四九合金，五十合土也。"④ 虞翻注不言数，而是以纳甲中的十干、八卦、五行作解，也未明言对待。

① （宋）黎靖德：《朱子语类》卷65，中华书局1986年版点校本，第4册，第1605—1606页。
② 朱伯崑：《易学哲学史》卷1，华夏出版社1995年版，第199—204页。
③ （唐）孔颖达：《宋本周易注疏》卷11，中华书局1988年版影印本，下册，第703页。
④ （唐）李鼎祚：《周易集解》卷14，巴蜀书社1991年版点校本，第277页。

两宋易学家多就河图论伏羲画卦。《语类》载有人请教朱熹河图之数与八卦之数如何能够关联起来，朱熹答道："卦虽八而数须十。八是阴阳数，十是五行数。一阴一阳便是二，以二乘二便是四，以四乘四便是八。五行本只是五而有是十者，盖一个便包两个：如木便包甲乙，火便包丙丁，土便包戊己，金便包庚辛，水便包壬癸，所以为十。"① 朱熹认为八卦之数与十数之数是两种数，八卦是阴阳数，十数是五行数，河图数十与八卦数八虽有差异，但同具阴阳五行之气，因此伏羲可则河图十数画出八卦。这里的十指的是天地之数、河图之数，五行数本来只有水火木金土所对应的一二三四五等五个数，由于五行各具阴阳——木分甲乙，火分丙丁，土分戊己，水分壬癸，金分庚辛，故五行数有十个数。蔡渊也分析了其原因："或谓河图与卦画不相似，伏羲则之而画卦，若之何而则之？夫河图之数，自一至十，一三五七九为阳，二四六八十为阴，一者阳之始，二者阴之始，故圣人取一以画⚊，取二以画⚋。造化之道，气有二而行有五，一三五七九者，阳之行也；二四六八十者，阴之行也。二非五则不能变化，五非二则不能自行，故夫子总天之五数得二十五，总地之五数得三十，盖言阴阳之所以成变化行鬼神者，在乎五也。"② 蔡渊认为伏羲则河图画卦缘于河图十数与八卦卦画有内在关联。河图十数，阳奇阴偶，分属二气，伏羲取阳一画作成三画之乾，取阴二画作成三画之坤。阴阳二气能成变化行鬼神取决于五，这个五是五行之五（不是三二之合则为五的五），二气与五行相须，共同作用构成事物运动变化的根源。

朱熹还就河图论一阴一阳相错之义。朱熹称："数，只有大衍之数五十与天数五地数五两段。大衍之数是说蓍，天地之数是说造化生生不息之理。除此外，都是后来人推说出来底。"③ 认为《周易》讲数最可依据的是《系辞》里的天地之数和大衍之数，前者说造化之理，后者说蓍，天地之数最为根本。朱熹又说："圣人说数，说得简略高远疏阔，《易》中只有个奇偶之数，天一地二是自然底数也，大衍之数是揲蓍之数也，惟此二者而已。康节却尽归之数，窃恐圣人必不为也。"④ 认为天地之数、大衍之数归根结底也都是奇偶之数，《周易》也只讲个奇偶之数。又道："数只有二，只有《易》是。老氏言三，亦是二，共生三，三其子也。三生万物，

---

①（宋）黎靖德：《朱子语类》卷75，中华书局1986年版点校本，第5册，第1915页。

②（宋）蔡渊：《易象意言》，《景印文渊阁四库全书》，台湾商务印书馆1986年版影印本，经部，第18册，第112页下栏。

③（宋）黎靖德：《朱子语类》卷66，中华书局1986年版点校本，第4册，第1640页。

④（宋）黎靖德：《朱子语类》卷67，中华书局1986年版点校本，第5册，第1649页。

则自此无穷矣。后人破之者非。扬子云是三数，邵康节是四数，皆不及《易》也。"① 认为数只有《易》所说的奇偶之数，老氏所说的三实质上也只是二，三是二之子，扬雄重三、邵雍重四等皆为流衍而生，非数之本。朱熹只认可二数，不认可三数、四数的讲法，肯定天一地二的奇偶对待，体现了他的对待思想。来知德"对待者数"的命题，继承了朱熹"数只有二"的看法，不取扬雄三数和邵雍四数的说法，所以显得简洁凝练。

《启蒙》首章阐述伏羲效法河图洛书作《易》："然则圣人之则之也奈何？曰：则河图者虚其中，则洛书者总其实也。河图之虚五与十者，太极也。奇数二十偶数二十者，两仪也。以一二三四为六七八九者，四象也。析四方之合以为乾坤离坎，补四隅之空以为兑震巽艮者，八卦也。"② 又道："洛书而虚其中，则亦太极也。奇偶各居二十，则亦两仪也。一二三四而含九八七六，纵横十五而互为七八九六，则亦四象也。四方之正以为乾坤离坎，四隅之偏以为兑震巽艮，则亦八卦也。……是则洛书固可以为《易》，而河图亦可以为《范》矣。且又安知图之不为书，书之不为图也耶？"③ 《启蒙》以河图洛书虚中为太极，与朱熹《解义》以周氏太极图中间小白圈为太极本体在理论上是一致的，虚中太极分化为奇偶数各二十为两仪，虽未明言对待，但事实上谈到了阴阳之数的对待。

《语类》多处就河图洛书之数、天地之数及大衍之数来说明数的对待。如云："一二三四、九八七六最妙，一藏九，二藏八，三藏七，四藏六。（德明云：一得九，二得八，三得七，四得六，皆为十也。）"④ 又云："或问：河图自五之外，如何一便成六七八九十？曰：皆从五过，则一对五而成六，二对五而成七，三对五而成八，四对五而成九，到末梢五又撞着个五，便成十。"⑤ 又云："大凡易数皆六十：三十六对二十四，三十二对二十八，皆六十也。⑥又云："老阳少阴少阳老阴，即除了本身一二三四，便是九八七六之数……以十言之，即如前说，大故分晓。若以十五言之，九便对六，七便对八，晓得时也好则剧。……天地只是不会说，请他圣人出

① （宋）黎靖德：《朱子语类》卷65，中华书局1986年版点校本，第4册，第1610页。
② （宋）朱熹、蔡元定：《易学启蒙》卷1，《性理大全》卷14，山东友谊书社1989年版影印本，第1册，第1009页。
③ （宋）朱熹、蔡元定：《易学启蒙》卷1，《性理大全》卷14，山东友谊书社1989年版影印本，第1册，第1012页。
④ （宋）黎靖德：《朱子语类》卷65，中华书局1986年版点校本，第4册，第1611页。
⑤ （宋）黎靖德：《朱子语类》卷65，中华书局1986年版点校本，第4册，第1611页。
⑥ （宋）黎靖德：《朱子语类》卷65，中华书局1986年版点校本，第4册，第1609页。

来说，若天地自会说话，想更说得好在。如河图洛书，便是天地画出底。"① 上述材料中，朱熹结合河洛之数和揲蓍之数，分为以十言之、以十五言之、以六十言之、以生数成数言之、以奇偶数言之等若干情况，离析的双方无不相为对待，这些是来知德"对待者数"命题得以提出的重要思想来源。又《本义》注《系辞》"天一地二"节及"天数五，地数五"节道：

> 此言天地之数阳奇阴偶，即所谓河图者也。其位一六居下，二七居上，三八居左，四九居右，五十居中，就此章而言之，则中五为衍母，次十为衍子，次一二三四为四象之位，次六七八九为四象之数，二老位于西北，二少位于东南，其数则各以其类交错于外也。……相得谓一与二，三与四，五与六，七与八，九与十，各以奇偶为类而自相得。有合谓一与六，二与七，三与八，四与九，五与十皆两相合。②

朱注认为一与二，三与四等"相得"，一与六，二与七等"有合"，天地之数阳奇阴偶，分居上下左右中，就是所谓河图，七八九六是四象之数，一二三四是四象之位，中五是衍母，次十是衍子。朱熹未明言对待，但也承认"其数则各以其类交错于外"，隐含了对待之义。赵如楳不同意朱熹河图说，但从此图中发挥出对待之义。赵如楳云："盈天地之间可见皆象，可计皆数，虽殊类异形千变万化，曾莫越象数之外，曰象曰数，有体有用，为图凡四，乾上坤下为象之体，不必曰包牺先天；离南坎北为象之用，不必曰文王后天。一六二七为数之体，不必曰河图；一九三七为数之用，不必曰洛书。"③ 又《图书释第十八》云："易书有衍数，有积数，自五衍而为五十者衍数也，自一二三四五积而为五十五者积数也，图书二数皆积数之俦，不可以与于揲蓍也，故舍图书之名而论二数则自有妙理，强二数以图书之名则于经无据，况欲牵合九六七八以为四象，傅会五行生成以配八卦，而谓之作《易》之原，可乎？"又道："为则图画卦之说者，以九六七八配阴阳老少，谓圣人画卦盖本诸此，不知九六七八为揲蓍策数，乃先有卦而后揲蓍，非先得数而后画卦。"又道："虽然，此二数者如不名之为图书而直论其数，则有不可废者，一对二，三对四，而五居中，

① （宋）黎靖德：《朱子语类》卷65，中华书局1986年版点校本，第4册，第1612页。
② （宋）朱熹：《周易本义》卷3，中华书局2009年版点校本，第233—234页。
③ （宋）赵如楳：《易雅》，《周易辑闻》，《景印文渊阁四库全书》，台湾商务印书馆1986年版影印本，经部，第19册，第311—312页。

六七合一二，八九合三四，而十合五，而十合五，奇偶胥对，阴阳有合，而数之体以立，圣人所谓阴阳合德而刚柔有体者此其类也。"① 赵如楳认为汉儒扬雄、孔安国始武断地以河图洛书为数，遂有宋刘牧河九洛十之说，朱熹又将其改为河十洛九说，《启蒙》将河图洛书之数视作圣人作《易》之原，然而这些都是没有经典依据的傅会。赵氏认为天地之数是积数，大衍之数是衍数，图书二数是积数之类，不可与揲蓍混用，《本义》《启蒙》将揲蓍之数七八九六看作是四象，又傅会五行生成八卦，混淆了作《易》之事和用《易》之事。赵氏作数体图、数用图，认为数有体有用，其数体图即《启蒙》所谓河图，数用图即《启蒙》所谓洛书，但赵氏经过考证认为此数体、数用图并非《系辞》说的河图洛书。"对布之以立体，错布之以通用"，故此二数体用图虽然不可用河图洛书命名，但直论其数仍有价值，如一对二，三对四，而五居中，六七合一二，八九合三四，奇偶胥对，阴阳有合，数之体得以立，这就是《系辞》所说的"阴阳合德而刚柔有体"。

在朱熹看来，河图本具阴阳奇偶之数的对待关系，所以才能启发圣人画卦。朱熹在与弟子的问答中对此有所探讨。

　　问："河图之数不过一奇一偶相错而已，故太阳之位即太阴之数，太阴之位即太阳之数，少阴之位即少阳之数，少阳之位即少阴之数，见其迭阴迭阳，阴阳相错，所以为生成也。天五地十居中者，地十亦天五之成数。盖一二三四已含六七八九者，以五乘之故也。盖数不过五也。……不知可如此看否？《启蒙》言其数与位皆三同而二异，三同谓一三五，二异谓河图之二在洛书则为九，河图之四在洛书则为七也。盖一三五阳也，二四阴也，阳不可易而阴可易，阳全阴半，阴常从阳也。然七九特成数之阳，所以成二四生数之阴，则虽阳而实阴，虽易而实未尝易也。不知是否？"答云："所论甚当，河图相错之说尤佳。"②

这是董铢对河图奇偶相错（材料中又称阴阳相错）现象的思考，得到了朱熹的赞许。董铢认为，河图生数和各自加五所得的相应的成数之间存

① （宋）赵如楳：《易雅》，《周易辑闻》，《景印文渊阁四库全书》，台湾商务印书馆 1986 年版影印本，经部，第 19 册，第 314—316 页。
② （宋）朱鉴：《朱文公易说》卷 1，上海古籍出版社 1989 年版影印本，第 4—5 页。

在"相错"的关系,即生数与自己所成的成数相对待。如一对六,同居于河图下方;二对七,同居于河图上方;三对八,同居于河图左方;四对九,同居于河图右方。董铢说"天五地十居中者,地十亦天五之成数",他没有做进一步的推论,即天五和地十之间既然是生成关系,是否也存在此种对待关系?如果存在的话,那就意味着象征着太极的中五、中十对待,等于说太极内部包含对待,这与朱熹的太极观是相违背的。朱熹赞许道"河图相错之说尤佳",认可了董铢之说。朱熹使用了"相错"这一概念,表达的就是数或卦象之间的对待关系,它同来氏"错综"之"错"的意义和理论价值是等同的。这是朱熹在揲蓍求卦之外使用"错"的一种代表情形。来知德《日录·河图洛书论》继承了朱熹就河洛图式讲"错综"的做法,对圣人则河图画卦的说法表示赞同。在论述河洛图式的时候,来氏使用了对待、流行这一对范畴,并且做了更为充分的论述。

四 蔡渊论错综与对待流行

蔡渊是朱熹的弟子,他明确提出了伏羲八卦圆图因对待而作,文王八卦圆图因流行而作。蔡渊说:

> 天地之间对待流行而已,易体天地之撰者也。故伏羲八卦圆图(天地定位至水火不相射)以对待而作也,文王八卦圆图(帝出乎震至成言乎艮)以流行而作也;伏羲六十四卦横图(始乾夬大有终观比剥坤)以流行而作也,文王六十四卦横图(始乾坤屯蒙终既济未济)以对待而作也。是知主对待者必以流行为用,主流行者必以对待为用,学者不可不察也。[①]

蔡渊大概是最早将对待、流行这一对范畴与伏羲、文王八卦方位图关联起来的易学家。"天地之间对待流行而已,易体天地之撰者也",是说天地之间无非阴阳二气的对待和流行,此等变易法则是天地之数的体现。撰字,训为数。气是服从于数的,所以说气的变易过程即是数的体现。他同时指出,伏羲六十四卦横图或曰次序图主要体现了气和数的流行法则,文王六十四卦横图,即现行文本的卦序,主要体现了气和数的对待法则。将伏羲六十四卦横图看作因流行而作,将文王六十四卦横图看作因对待而

---

① (宋)蔡渊:《易象意言》,《景印文渊阁四库全书》,台湾商务印书馆1986年版影印本,经部,第18册,第118页下栏。

作。在邵氏所谓的三十六宫之中，符合对待关系的仅有乾坤坎离颐大过中孚小过等八宫，其余二十八宫处于流行关系。蔡渊认为伏羲八卦主对待，文王八卦主流行；伏羲六十四卦主流行，文王六十四卦主对待。换言之，蔡渊在朱熹讲对待流行的基础上，主张伏羲卦对待中有流行，文王卦流行中有对待。"主对待者必以流行为用，主流行者必以对待为用"，实际上是主张对待、流行相须不离。天地之间对待流行须臾不离，而《易》书之易能模写天地之数，故八卦、六十四卦的排序、位置也体现了对待流行，有伏羲八卦之对待为体，则必有文王八卦流行为用；有伏羲六十四卦流行为体，则必有文王六十四卦的对待为用。这样，邵雍、朱熹以对待为体，以流行为用的说法就被蔡渊打破了。在蔡渊看来，对待流行互为体用，不可分离。

蔡渊以《说卦》"天地定位"节来说明"对待"的含义，以"帝出乎震"节来说明"流行"的含义，这与朱熹是一致的。后来的来知德也是这个讲法，只是增加了错、综二范畴来表达同样的意思。蔡渊"对待"一词有着更为丰富的内容，他说："乾坤者对待之醇也，坎离者对待之交也，咸恒者对待之行也，既济未济者对待之杂也。"又说："气化者，有生之始而初生也，故上经始乾坤；形化者，运行之终而复生也，故下经始咸恒。然皆终于坎离者，运行当止于对待，乃能复生也。既济未济虽非坎离，坎离之交也。震巽艮兑，动而运行者也。"[1] 将对待作了醇、杂、交、行的分类，乾坤二卦相对待，是醇正的对待关系，上经首乾坤，气化有生之始必以此对待为前提；坎离二卦相对待，属于对待之交，坎离是乾坤二五爻互易交感的结果，上下经都以坎离为终结，体现了阴阳的交感中和之气。咸恒是下经之首，表征着形化阶段，有运行之终而复生之意，以咸、恒二卦为"对待之行"，指的是对待中包含着流行之气，因山泽通气成咸卦、雷风相搏成恒卦。既济未济二卦为对待之杂，蔡渊认为，既济未济是坎离之交，其卦体六爻均一阴一阳交错，故称杂，又居六十四卦之末尾，与六十四卦之首乾坤二卦的纯阳纯阴相反。蔡渊关于对待之醇杂交行的分类思想是对朱熹对待流行思想的一个发展，其中"对待之行"的思想为来氏所吸取。蔡渊又结合卦爻辞解释《系辞》"参伍以变，错综其数"：

　　或问："'参伍以变，错综其数'与'变数，象之所系'，先后义

---

① （宋）蔡渊：《易象意言》，《景印文渊阁四库全书》，台湾商务印书馆 1986 年版影印本，经部，第 18 册，第 115 页下栏。

未明，何也?"曰:"夫子之言曲而无不中，今且举其一二例以明之。如'涣之刚来而不穷，柔得位而上同'，所谓参以变也，贲之'柔来而文刚，分刚上而文柔'，所谓伍以变也。如揲蓍之法分二之后，置右揲左，复置左揲右，左右者，所谓错其数也;置揲而复置揲者，所谓综其数也。故通其上下往来之变，则于贲遂成天之文，于涣遂成水之文，极其归奇之数，则得十二者遂定老阳之象，得二十四者遂定老阴之象，得二十者遂定少阳之象，得十六者遂定少阴之象也。"①

蔡渊阐述了变、数、象三者之间的共时关系，"参伍以变，错综其数"本是讲揲蓍求卦程序，蔡氏同时又巧妙地关联上贲、涣二卦的象辞，认为通揲蓍程序的错综往来上下操作则成贲涣二卦的天文、人文，极揲蓍中的归奇之数则成老阳老阴少阳少阴四象，这样就打通了揲蓍程序与既成之卦象辞中的往来上下之辞，不拘于数、象之别。蔡渊论"错综"二字，是就揲蓍过程讲的，虽也涉及阴阳老少四象，但是他并未将错综与对待、流行和交易、变易这两组概念进行关联。蔡渊以揲蓍之法的参伍之变来解释涣、贲二卦的象辞"文刚""文柔"。蔡渊说的"置右揲左，复置左揲右，左右者所谓错其数也"，是朱熹对"错"字作出的两种解释的第一种。来知德后来就是从此生发出自己的独特理解:六十四卦中的八个不易之卦两两并列，一左一右，卦画相反，此种关系就是"错"，这一理解即是汉易的飞伏，并与孔颖达所说的"变"，朱熹所说的"反"字同意。蔡渊说的"置揲而复置揲者，所谓综其数也"，即是虞翻、孔疏到朱熹所说的总聚其阴阳之数，纯粹是从筮法角度作解，非来氏错综之义。又蔡渊论及先后天八卦道:

> 伏羲八卦之序以二气消长成，文王八卦之序以万物盛衰成。
> 伏羲八卦是造化生物之理，文王八卦是造化运行之理。②

蔡渊认为，伏羲八卦之序体现了阴阳二气的消长，即对待中有气之流行，这对于朱熹专以伏羲八卦讲对待是一种理论上的突破。蔡渊还认为，文王八卦之序以万物盛衰成，体现了造化运行之理，这也突破了蔡元定、

---

① （宋）蔡渊:《易象意言》，《景印文渊阁四库全书》，台湾商务印书馆1986年版影印本，经部，第18册，第118—119页。
② （宋）蔡渊:《易象意言》，《景印文渊阁四库全书》，台湾商务印书馆1986年版影印本，经部，第18册，第112页上栏。

朱熹以伏羲八卦方位的卦位来讲文王八卦方位的思维定式，他试图从造化运行，即气之流行的视角来看文王八卦之序，这无疑会给后世以启迪，可看作来氏以文王八卦之序讲二气流行的先声。

第二节　来知德论错综

从易学史上看，汉代盛行的阴阳盈虚消长理论，郑玄的易有变易不易说，孔颖达的易有简易变易不易说，朱熹的交易变易说等，为来氏的错综易学哲学思想的产生奠定了基础。来氏错综说包括了以错综论卦序、《周易》分卷及上下经篇义、河图、象辞关系及以错综统摄交易变易、对待流行等多个方面。

一　以错综论《周易》分卷、卦序安排及上下经分篇

来氏批评了孔颖达对《周易》上下经的分卷，认为它违背了《周易》卦序排列中固有的错综思想。在上下经分卷问题上，孔颖达《正义》的分法是：卷一，乾；卷二，坤、屯、蒙、需、讼；卷三，师、比、小畜、履、泰、否、同人；卷四，大有、谦、豫、随、蛊、临、观、噬嗑、贲、剥；卷五，复、无妄、大畜、颐、大过、坎、离；卷六，咸、恒、遁、大壮、晋、明夷、家人、睽、蹇、解；卷七，损、益、夬、姤、萃、升、困、井、革；卷八，鼎、震、艮、渐、归妹、丰；卷九，旅、巽、兑、涣、节、中孚、小过、既济、未济。

来氏批评道：

> 右旧分卷，前儒不知文王立序卦之意，止以为上下篇之次序，取其多寡均平，乃以屯附坤，需附蒙，小畜附比，泰附复，谦附大有，随附豫，噬嗑附观，剥附贲，颐附大畜，坎附大过，遁附恒，晋附井，震附鼎，深失文王立序卦之意矣。今依孔子《杂卦传》改正。①

此段"文王立序卦之意"指文王安排六十四卦卦序的精神，不是指

---

① （明）来知德：《周易集注改正分卷图》，《周易集注》卷首上，《景印文渊阁四库全书》，台湾商务印书馆1986年版影印本，经部，第32册，第11页下栏。

《序卦传》。来氏批评孔颖达割裂乾坤，同人大有，剥复，革鼎，丰旅等同体相综之卦，不能把握文王安排卦序的深意。来氏《周易集注改正分卷图》重新做了分卷：

　　上经分卷，共十八卦，相综者两卦止作一卦，相错者一卦自为一卦，此即文王序卦。一卷，乾坤；二卷，屯蒙，需讼；三卷，师比，小畜履，泰否；四卷，同人大有，谦豫，随蛊；五卷，临观，噬嗑贲，剥复；六卷，无妄大畜，颐大过，坎离。

　　下经分卷，共十八卦，此即文王序卦。七卷，咸恒，遁大壮，晋明夷；八卷，家人暌，蹇解，损益；九卷，夬姤，萃升，困井；十卷，革鼎，震艮；十一卷，渐归妹，丰旅，巽兑；十二卷，涣节，中孚小过，既济未济。

　　十三卷，系辞上；十四卷，系辞下；十五卷，说卦序卦杂卦；十六卷，考定系辞上下补定说卦传。①

　　这一新的分卷，是来氏依据《杂卦传》做出的重大调整，体现了他的错综哲学思考。

　　来氏《集注》注《杂卦》，对朱熹声称讲不通的地方用其错综说来解释。比如释"大畜时也，无妄灾也"道："此以综言，大畜上卦之艮下而为无妄下卦之震，故孔子曰'刚自外来而为主于内'，无妄下卦之震上而为大畜之艮，故孔子曰'刚上而尚贤'。止其不能止者，非理之常，乃适然之时；得其不当得者，非理之常，乃偶然之祸。"②又释"谦轻而豫怠也"道："此以综言，谦之上六即豫之初六，故二爻皆言'鸣'。谦心虚，故自轻；豫志满，故自肆。"③指出谦豫卦义相反。又释"噬嗑食也，贲无色也"道："此以综言，贲下卦之离上而为噬嗑之上卦，故孔子曰'柔得中而上行'，噬嗑上卦之离下而为贲之下卦，故孔子曰'柔来而文刚'。颐中有物，食其所有；白贲无色，文其所无。"④认为二卦卦义包含了有无相

---

①　（明）来知德：《周易集注改正分卷图》，《周易集注》卷首上，《景印文渊阁四库全书》，台湾商务印书馆 1986 年版影印本，经部，第 32 册，第 11 页。

②　（明）来知德：《周易集注》卷 15，《景印文渊阁四库全书》，台湾商务印书馆 1986 年版影印本，经部，第 32 册，第 413 页上栏。

③　（明）来知德：《周易集注》卷 15，《景印文渊阁四库全书》，台湾商务印书馆 1986 年版影印本，经部，第 32 册，第 413 页下栏。

④　（明）来知德：《周易集注》卷 15，《景印文渊阁四库全书》，台湾商务印书馆 1986 年版影印本，经部，第 32 册，第 413 页下栏。

反的情形。通过这几例，可见来氏对这一问题的思考要比朱熹更周详了，注解也是合乎情理的，并不穿凿。来氏基于文王卦序安排及《杂卦》讲错综，朱熹已开其端绪，只是朱熹使用的是反、对这一组概念且未对卦义相反这一点加以深究。

来知德将《杂卦》末几卦的次序按照错综卦象的原则重新做了调整。《杂卦》末几句原作："大过，颠也。姤，遇也，柔遇刚也。渐，女归待男行也。颐，养正也。既济，定也。归妹女之终也，未济男之穷也。夬，决也，刚决柔也。君子道长，小人道消也。"朱熹发现有些卦又不对了，不知如何，指的就是《杂卦》末几句不再是两两成对出现，但他并没有对此作调整。来知德将其调整为："大过颠也，颐养正也。既济定也，未济男之穷也。归妹女之终也，渐女归待男行也。姤遇也，柔遇刚也；夬决也，刚决柔也。君子道长，小人道消也。"并按错综取象的原则加以注解，如注"大过颠也，颐养正也"道："此以错言，弱其本末，故颠；择其大小，故正。《序卦》曰'颐者，养也，不养则不可动，故受之以大过'，有此作证。蔡氏方改易，所以序卦有功于《易》。"来氏将他从《杂卦》中受到的启发来观察卦序，自称从文王卦序安排中看出了综字。来氏屡称"文王序卦"，主要是指通行本六十四卦的卦序安排，并非指《十翼》中的《序卦传》。朱熹注《系辞》"是故君子所居而安者，《易》之序也；所乐而玩者，爻之辞也"节道："《易》之序，谓卦爻所著事理当然之次第。"[1]来氏不满意朱熹此注，认为它未能看到卦序安排的奥妙在于错综，孔子为防止后人将六十四卦依照卦序连读，不知有"错综"二体，故作《杂卦传》，打乱原有卦序，杂乱其卦，惟令二体之卦相连，如乾刚坤柔、比乐师忧之例，如此错综之义得以呈现。易学史上关于《周易》经分上下篇问题的讨论颇多。孔颖达云：

> 案：《乾凿度》云孔子曰"阳三阴四，位之正也"，故易卦六十四分为上下而象阴阳也。夫阳道纯而奇，故上篇三十，所以象阳也；阴道不纯而隅，故下篇三十四，所以法阴也。乾坤者，阴阳之本始，万物之祖宗，故为上篇之始而尊之也。离为日，坎为月，日月之道，阴阳之经，所以始终万物，故以坎离为上篇之终也。咸恒者，男女之始，夫妇之道也。人道之兴必由夫妇，所以奉承祖宗，为天地之主，故为下篇之始而贵之也。既济未济为最终者，所以明戒慎而全王道

---

[1]　（宋）朱熹：《周易本义》卷3，中华书局2009年版点校本，第224—225页。

也。以此言之，则上下二篇文王所定，夫子作纬以释其义也。①

孔颖达认为《周易》上下篇有阴阳之象，其依据的是《易纬·乾凿度》"阳三阴四，位之正也"句。阳道纯而奇，阴道不纯而隅（当作偶），故以上篇三十，下篇三十四分属阴阳。上篇以乾坤坎离为始终，下篇以咸恒既济未济为始终。咸恒为艮兑震巽之交，既济未济为坎离之交，故为不纯。孔颖达认为下经咸恒代表人道之兴，虽未明言上经为天道，但已包含了这一层意思。孔颖达论上下经篇义，奠定了之后宋明易学相关论述的基础。

邵雍《皇极经世书》论《周易》上下篇结构道："《易》之首于乾坤，中于坎离，终于水火之交不交，皆至理也"。又"自乾坤至坎离，以天道也；自咸恒至既济未济，以人事也"。又"乾坤交而为泰，变而为杂卦也"。又"上经起于三，下经起于四，皆交泰之义也。乾坤坎离为上篇之用，兑艮震巽为下篇之用也，颐中孚大过小过为二篇之正也"。又"乾坤天地之本，坎离天地之用，是以《易》始于乾坤，中于坎离，终于既未济，而泰否为上经之中，咸恒为下经之首，皆言乎其用也"②。邵雍认为《周易》的卦序排列是有深意的，首乾坤，中坎离，终于水火之交与不交，泰否为上经之中，咸恒为下经之首，其中有至理，即乾坤是天地之本，坎离是天地之用，一部《易经》的精神即在于经世致用，于此可见圣人之心。虞翻主张乾坤生六子卦，乾坤相推生十二消息卦，十二消息卦生杂卦。邵雍吸收虞翻此说，认为乾坤交而为泰，变而为杂卦。邵雍认为《周易》上经明天道，下经明人事，乾坤为体，坎离为用，泰否为上经之中。邵雍之后宋代易学家就《周易》上下经分篇问题热议不休，代表性的如俞琰、胡一桂等。俞琰对《周易》经分上下篇问题作了比较详细的梳理和论述，节引如下：

卦有上下二体。凡六十四阳，六十四阴，约为三十六，则上经纯阳卦六，纯阴卦四，下经纯阴卦六，纯阳卦四，阴阳相重之卦，上下经皆八。

上经三十卦，阳爻八十六，阴爻九十四，约为十八，则五十二

① （唐）孔颖达：《宋本周易注疏》卷首《易序》，中华书局 1988 年版影印本，上册，第 35—36 页。
② （宋）邵雍：《皇极经世书》卷 13，《景印文渊阁四库全书》，台湾商务印书馆 1986 年版影印本，子部，第 803 册，第 1066 页。

阳，五十六阴，共一百八。下经三十四卦，阳爻一百六，阴爻九十八，约为十八，则五十六阳，五十二阴，亦一百八。

上经首乾坤，历十卦而泰否，为乾坤之交。下经首咸恒，男女少长之正也，历十卦而损益，男女少长之交也。

下经中孚小过连既济未济，盖以六子终之。上经颐大过连坎离，亦以六子终之。

乾坤阴阳之纯，坎离阴阳之中，为天地四正，故《易》以乾坤坎离居上。震巽艮兑反是，则居下。咸恒损益在下，盖震巽艮兑之交也。上经首乾坤者，天地之道，二体之分也。下经首咸恒者，夫妇之道，二体之合也。易道贵中，不欲其终穷，故以坎离终上经。既济未济乃坎离之交，故以之终下经。泰否在上，乾父坤母之自交也。需、讼、同人、大有、无妄、大畜、小畜、履，以乾父交六子，故亦在上。师、比、谦、豫之在上，则以坤母交三男也。晋、明夷、萃、升之在下，则以坤母交三女也。剥、复、临、观所以进而之上者，一阳二阳为主也。夬、姤、遁、大壮所以退而之下者，一阴二阴为主也。困、井、革、鼎、家人、睽、蹇、解、丰、旅、涣、节，此六子自交，故居下。屯蒙亦六子自交而居上者，三男继父母用事也。屯蒙以坎交震艮而在上，故噬嗑贲以离交震艮亦在上，随、蛊、渐、归妹皆震巽艮兑之交，而随蛊在上，长男长女为主也，渐归妹在下，少男少女为主也。颐、大过、中孚、小过虽皆震巽艮兑之交，然颐大过互乾坤，故在上。中孚小过互坎离，故在下。无非皆崇阳而抑阴，尊君而卑臣，先长而后少，《易》之教盖如此也。

卦画自下而起，先震次坎后艮，三男具而震下坎上为屯，坎下艮上为蒙，此屯蒙所以继乾父坤母之后。

易道始于父母，终于六子，故乾坤居上篇之首，中孚小过既济未济居下篇之末，中间用事亦以六子，故坎离咸恒居上下篇之交。

邵康节曰：乾坤者，天地之本，离坎者，天地之用，是以《易》始于乾坤，中于坎离，终于既未。愚谓：颐肖离，大过肖坎，故附上经坎离之纯。中孚肖离，小过肖坎，故附下经既济未济坎离之交。①

俞琰认为，上经首乾坤体现了天地之道，阴阳二体之分；下经首咸

① （宋）俞琰：《经分上下二篇》，《读易举要》卷4，上海古籍出版社1990年版影印本，第56—59页。

恒，体现了夫妇之道，阴阳二体之合。这是从天地人三才去讲的，与孔颖达天道与人道对举的讲法有所不同。俞琰舍弃了孔疏阳三阴四的讲法，认为卦序的安排体现了崇阳抑阴，尊君卑臣，先长后少的《易》教思想。在上下经始终八卦的问题上，俞琰的论述更为细致，他以乾坤为阴阳之纯，坎离为阴阳之中，咸恒既济未济为艮兑震巽四子的阴阳之交，坎离为阴阳之中的讲法是对孔颖达观点的一个完善，坎离是中男中女故言阴阳之中。"上经首乾坤，历十卦而泰否，为乾坤之交；下经首咸恒，男女少长之正也，历十卦而损益，男女少长之交也"，俞琰对上经泰否、下经损益等四卦作为上下经节点地位的论述，被来氏所继承。俞琰对上下经卦爻数的计算，来氏《集注》也予以采纳。"易道贵中，不欲其终穷，故以坎离终上经。既济未济乃坎离之交，故以之终下经"，坎离为中男中女，俞琰据上下经二篇都以坎离或坎离之交为终，提出了"易道贵中"的思想。俞琰在邵雍相关论述的基础上，对颐大过、中孚小过分别贴近上经之终坎离二卦、下经之终既济未济二卦的卦序安排也作了解释，他认为颐中孚二卦肖离，大小过二卦肖坎，故而以此四卦分别贴近于上下经之终的坎离既济未济四卦。来氏《上下经篇义》汲取了孔颖达、邵雍、俞琰等前人的思想，运用错综说分析《周易》上下经的分篇。来氏云：

上经首乾坤者，阴阳之定位，万物之男女也，易之数也，对待不移者也，自乾坤历屯蒙需讼师比小畜履十卦，阴阳各三十画，则六十矣。阳极于六，阴极于六，至此乾坤变矣。故坤综乾而为泰，乾综坤而为否，泰否者，乾坤上下相综之卦也。乾坤既迭相否泰，则其间万物吉凶消长进退存亡不可悉纪。自同人以下至大畜，无非否泰之相推，无否无泰，非易矣。水火者，乾坤所有之物，皆天道也，体也，无水火则乾坤为死物，故必山泽通气、雷风相薄而后乾坤之水火可交。颐大过者，山泽雷风之卦也，颐有离象，大过有坎象，故上经首乾坤，必乾坤历否泰至颐大过而后终之以坎离。

下经首咸恒者，阴阳之交感，一物之乾坤也，易之气也，流行不已者也。自咸恒历遁大壮晋明夷家人暌蹇解十卦，阴阳各三十画，则六十矣。阳极于六，阴极于六，至此男女变矣。故咸之男女综而为损，恒之男女综而为益，损益者，男女上下相综之卦也。男女既迭相损益，则其间万事吉凶消长进退存亡不可悉纪。自夬以下至节，无非损益之相推，无损无益，非易矣。既济未济者，男女所交之事，皆人道也，用也。无既济未济则男女为死物，故必山泽通气、雷风相薄而后男女之水火可交。中孚小过者，山泽雷风之卦也。中孚有离象，小过有坎象，故下经首咸恒，必咸恒历损益至中孚小过而后终之以既济未济。要之，天道之体虽以否泰为主，未必无人道；人道之用虽以损益为主，而未必无天道。上下经之篇义蕴蓄其妙至此！

若以卦爻言之，上经阳爻八十六，阴爻九十四，阴多于阳者凡八。下经阳爻一百有六，阴爻九十有八，阳多于阴者亦八。上经阴多于阳，下经阳多于阴，皆同八焉，是卦爻之阴阳均平也。若以综卦两卦作一卦论之，上经十八卦成三十卦，阳爻五十二，阴爻五十六，阴多于阳者凡四；下经十八卦成三十四卦，阳爻五十六，阴爻五十二，阳多于阴者亦四。上经阴多于阳，下经阳多于阴，皆同四焉，是综卦之阴阳均平也。上下经之篇义卦爻其精至此！孔子赞其至精、至变、至神，厥有由矣。[①]

来氏认为上经首乾坤，体现了阴阳定位和对待不移之数；下经首咸恒，体现了阴阳交感和流行不已之气。由此他认为文王对上下经的篇章安排同样体现了错综的易学哲学思想。来氏认为，上经前十卦每卦六爻，总计六十爻，其中阴阳爻各三十，阳极于六，阴极于六，至此乾坤生变，表现为乾坤上下相综而成泰否二卦，泰的卦序为第十一卦，否的卦序为第十二卦。乾坤迭相否泰，则吉凶消长进退存亡等天道人事变化无穷。自同人至大畜历经十四卦，无非否泰二卦相推而成。没有否泰二卦的相推，这十四卦的变化不能产生。水火是乾坤所有之物，是天道之体，没有水火，乾坤则成为死物，即不能生成变化。而水火之交又必待山泽通气、雷风相薄。颐、大过二卦是山泽雷风之卦，颐有离象，大过有坎象，经此二卦，上经以坎离为终。下经自咸卦至解卦共十卦，总爻数为六十，阴阳爻各三十，阳极于六，阴极于六，至此男女生变。咸之男女综而为损，恒之男女综而为益。损益二卦乃男女上下相综之卦。男女迭相损益，则其间吉凶消长进退存亡的天道人事变化无穷。自夬至节等十八卦，无非损益二卦相推而成。既济未济是男女所交之事，乃人道之用。无既济未济则男女为死物，故必待山泽通气、雷风相薄之后，男女之水火可交。中孚、小过二卦乃山泽雷风之卦，中孚肖离，小过肖坎。故下经首咸恒，必咸恒历损益至中孚小过而后终之以既济未济。总之，上经天道之体以否泰为主，其间亦

———

[①]（明）来知德：圆图，《周易集注》卷首上，《景印文渊阁四库全书》，台湾商务印书馆1986年版影印本，经部，第32册，第5—6页。

有人道之用；下经人道之用以损益为主，其间亦有天道之体。来知德认为这就是上下经分篇所蕴含的妙义。来氏计算了上下经的卦爻数，他发现上经阴阳爻比例为94∶86，阴爻比阳爻多8个，下经阴阳爻比例为98∶106，阴爻比阳爻少8个，通览上下经，则阴阳爻数均平。若以综卦两卦作一卦论，上下经各十八卦。上经阴阳爻比例为56∶52，下经阴阳爻比例为52∶56，则上下经总的阴阳爻数均平。来知德认为上下经分篇的至精之处于此可见。上经中泰否，下经中损益卦的地位和作用，以及上下经的阴阳爻画相等的说法，俞琰等易学家已讲过，并非来氏首倡。来氏认为天道与人道是体用关系，天道为体，人道为用。上经言天道，天道以乾坤相综所得的否泰二卦为主，但未必无人道；下经言人道，人道之用以男女相综的损益二卦为主，但亦有天道体现。这是来氏对孔疏及俞琰等前人成说的一种修正。以上经首乾坤为阴阳定位，为对待之数，为错；以下经首咸恒位阴阳交感，为流行之气，为综。这里的错综既有易学上的意蕴，又有哲学上的意蕴。在《周易》上下经分篇问题上，来氏以错综统合上下经的观点是颇具启发意义的。

二　以错综论河洛之数和揲蓍成卦

来氏注《系辞》"天数五，地数五"节结合河图谈到阴阳之数的对待流行：

> 天数五者，一三五七九，其位有五也。地数五者，二四六八十，其位有五也。五位者，即五数也，言此数在河图上下左右中央，天地各五处之位也。相得者，一对二，三对四，六对七，八对九，五与十对乎中央，如宾主对待相得也。有合者，一与六居北，二与七居南，三与八居东，四与九居西，五与十居中央，皆奇偶同居，如夫妇之阴阳配合也。二十有五者，一三五七九，奇之所积也。三十者，二四六八十，偶之所积也。①

来氏注"相得""有合"都是取《本义》的讲法，来氏同样以朱蔡拟定的河图来讲天地之数，来氏就"相得"发挥出河图生数和成数、奇数和偶数相对待的思想，即以生数一对二，三对四，成数六对七，八对九，以

---

① （明）来知德：《周易集注》卷13，《景印文渊阁四库全书》，台湾商务印书馆1986年版影印本，经部，第32册，第352页。

及生数五对成数十于中央等五组数的对待关系来解释"五位相得"。来氏以一六同居于北，二七同居于南，三八同居于东，四九同居于西，五十同居于中央等五组奇偶之数（生成之数）的同居配合关系来解释"各有合"。这里奇指的是天数或阳数，偶指的是地数或阴数。在奇偶之数相对待的基础上，来氏通过注解天地之数节下文"所以成变化而行鬼神"句中的"变""化"二范畴，又进一步阐述了奇偶之数所体现的流行或运行属性。他说：

> 变者，化之渐；化者，变之成。一二三四五居于图之内者，生数也，化之渐也，变也；六七八九十居于图之外者，成数也，化也。变化者，数也，即下文"知变化之道"之变化也。"鬼神"指下文卜筮而言，即下文"神德行"，"其知神之所为"之鬼神也。故曰卜筮者，"先王所以使民信时日、敬鬼神也"，非屈伸往来也。言天地之数五十有五，成变化而鬼神行乎其间，所以卜筮而知人吉凶也。故下文即言大衍之数、乾坤之策、四营成易也。①

来氏称"变者，化之渐；化者，变之成。一二三四五居于图之内者，生数也，化之渐也，变也；六七八九十居于图之外者，成数也，化也。变化者，数也"，这一讲法是对《本义》"变化谓一变生水而六化成之，二化生火而七变成之，三变生木而八化成之，四化生金而九变成之，五变生土而十化成之"的扬弃。朱蔡拟定的河图，五生数居于河图之内，五成数居于河图之外。来氏以一二三四五这五个生数为变，以六七八九十这五个成数为化，据此解释《系辞》天地之数五十有五来成变化、行鬼神的变化之道。朱伯崑认为，关于阴阳流行，朱熹综合了孔疏以变为"渐变"、化为"顿化"，及张载《易说》"变言其著，化言其渐"，另外还有汉注阴变阳、阳化阴等多方观点，提出渐化和顿变说。《本义》注"乾道变化"时说"变者化之渐，化者变之成"，此是取孔疏说；注"刚柔相推而生变化"时说"言卦爻阴阳迭相推荡，而阴或变阳，阳或化阴"，此是本于汉注；《语类》"变是自无而有，化是自有而无"，"变是自阴之阳，化是自阳之阴"，则企图将汉注同张载说结合起来。同时朱熹指出张载脱离阴阳

---

① （明）来知德：《周易集注》卷13，《景印文渊阁四库全书》，台湾商务印书馆1986年版影印本，经部，第32册，第352页下栏。

变易讲变化不合《周易》本义。① 来氏折中先贤变化观，主张五生数为变，变言其渐，五成数为化，化言其成。来氏称"变化者，数也"，说明天地之数、大衍之数两节是在筮法层面上讲变化，以数为变化的根源。朱熹将河洛之数列于《本义》卷首九图之首，来氏《集注》《日录》卷首都保留（列出）了河图洛书。来氏认为"天地之数""大衍之数"两节应该连起来合看，"变化者，数也"，这里的变化不是指自然界的阴阳变化，而是指河图中阴阳二数的运行变化，在"大衍之数"节则是指揲蓍求卦过程中的分挂揲归等数的演算变化。

来氏《河图洛书论》将河图洛书之数与阴阳二气的消长盈虚关联起来，以大量笔墨阐述了河洛图式中的对待流行关系，明言"偶者阴阳之对待，奇者阴阳之运行，奇者气行于天，偶者质具于地"，"以十数当中折断论，一与六对，二与七对，三与八对，四与九对，五与十对，本天地自然之数也"，② 第三章已就此详细探讨过，此处不赘述。《河图洛书论》论河图之数，阳息于北，河图之数由天一至天三、天七、天九，方位上由北而东，而南，而西，体现了阳气（天地温厚之气）渐盛而达到盈极；阴息于南，河图之数从地二到地四、地六、地八，方位上由南而西，而北，而东，体现了阴气（天地严凝之气）渐盈而极。一三七九与二四六八表征了阴阳二气渐盛的数量上的递增，二气的盈虚消长又是在相互依存状态下的一个此消彼长的关联过程，这样来氏所谓河图之数包含的阴阳二气量的推移之象与其所创制的圆图黑白二路对待流行之象就融合为一了。河图天数之和二十五，地数之和三十，总计五十有五，即《系辞》所谓天地之数，这是图书派的共有讲法。来氏采用了汉易及《启蒙》的相关论述，以五行、四象八卦等来论河图之数。来氏以五行生克关系来讲河洛之数，认为河图相克者相对待，洛书相生者相对待，河图从方位相沿上讲，从东到南到中到西到北，又体现了木火土金水的相生关系，洛书从北到西到南到东到中，则体现了水火金木土的相克关系。河图相克中有相生，洛书相生中有相克。相克即为五行之气的对待关系，相生则为五行之气的流行或运行关系。来氏以四象八卦讲河图之数，采取的是邵雍及《启蒙》的一些讲法。乾一兑二到艮七坤八，这是邵雍所谓加一倍法的四象八卦论。"以河图数论，太阳居一而数九，是乾得九阳之数而兑得其一之位也，故乾一兑

---

① 朱伯崑：《易学哲学史》卷 2，华夏出版社 1995 年版，第 450—451 页。

② （明）来知德：《河图洛书论》，《来瞿唐先生日录》内篇卷 1，《四库全书存目丛书》，齐鲁书社 1995 年版影印本，子部，第 85 册，第 681—684 页。

二皆属太阳"云云,这样河图与邵雍小横图建立起了关联,四象之位与四象之数分属于四象中二卦。来氏将河图相连之数如一与九,三与七等相加皆为十的现象视为自然而然,不假安排,并据此说明河图之数的自然合理性。来氏认为洛书阳由北而东而南而西,经历了天一天三天九天七,体现了生长盛消的阶段;洛书阴生于南,长于西,盛于北而消于东,经历了地二地六地八地四的变化。这样,洛书与来氏所创制的圆图也可以融合为一了。来氏认为二图东北相同,西南不同,原因在于河图的阴阳主阳极阴极而言,如一三七九,二四六八,体现了阴阳从微弱到极致的演变过程;洛书的阴阳则以盛衰消长而言,阳盛于南而九之后,至西则阳衰为七,阴盛于北而八之后,至东则阴衰为地四。来氏论洛书时主张"二八为少阴,四六为老阴",与其论二图阴极阳极之说出现矛盾。来氏论二图与先后天八卦图的契合时认为邵雍所谓先天八卦方位圆图是伏羲所画,此图与洛书之数吻合,表现为乾兑生于洛书东南方位的老阳之数四九,离震生于洛书东北方位的少阴三八,巽坎生于洛书西南方位的少阳之数二七,艮坤生于洛书西北方位的一六。所以他说伏羲画卦不求与洛书同,而自与洛书同。与此相仿,来氏认为文王八卦方位图与河图之数相吻合,表现为离南坎北对应河图北方的一六之水与南方的二七之火,震东兑西乾西北对应河图东方的三八之木与西方西北方的四九之金,西南坤东北艮则对应中央五十之土,所以来氏说文王画八卦方位不求合乎河图,而自与河图相合。这样,来氏通过与河图洛书建立关联,就把《本义》卷首的伏羲八卦方位圆图、文王八卦方位图也顺理成章地纳入其创制的圆图之中,成为题中之义。来氏认为二图中五之数,即天五,其五点可以视作天一之水、地二之火、天三之木、地四之金与天五之土,也可以视作辰戌丑未之土与中央之土。五者流行于前后左右,贯彻于辰戌丑未,故天地得五方可以"成变化而行鬼神",这实际上是以中五之数为变化的根源。来氏论中五之数亦坚持了阴阳对待流行原则。此中五之数既是天数五,又自然包含了五行之气的全体,还可以解释为五行之土的全体,是生数转化为成数,变化得以发生的前提条件(中五居河图洛书的中央,在来氏圆图中具象化为中间的小白圈,即以之为主宰之理)。来氏论河洛之数可见错综之义,认为天地间只有此数同,天一到地十之数,河图洛书只不过是铺列位次不同,颠之倒之,上之下之,皆成文章,孔子《系辞》所谓"参伍以变,错综其数,通其变遂成天地之文,极其数遂定天下之象",在二图之数中也得以体现。参伍错综本来是讲揲蓍求卦之事,来氏将其移用到河洛之数的形容上,至此,河洛之数所包含的阴阳对待流行关系与来氏所发明的错综之义建立起了关联，河洛图式确实呈现为参伍错综之貌，来氏称其颠倒上下皆成文章，从其论河洛二图的思路所贯彻的对待流行之理及用语看，其相连、相间、比肩、纵横左右位数之和或为十，或为十五，故而他用"错综"一词来形容河图洛书之数的铺列位次是贴切的。

来氏结合河洛之数讲阴阳流行变化，不再局限于筮法层面，而是推致造化实体层面。综合来看，来氏汲取了刘牧、邵雍和朱熹《启蒙》的观点，肯定了圣人依照河图洛书作《易》的说法，并将河洛图式称为"天地自然之易"。来氏不同意邵雍和朱熹以圆者径一围三，方者径一围四来解说"参天两地而倚数"，认为是有心于参两，而是以天三地二释之，而这一说法恰是朱熹明确批评过的，详第三章。来氏以三天加地二得出中五之数，并以中五之数为数之祖，是连接五行生数和成数的关键，也是气、质、数变化流行的根据。来氏的太极统含了气、理、数、象，其圆图（太极图）即是理气象数四者融为一体，这不同于朱熹以不动的总天下万物之理为太极的观点。朱伯崑指出，朱熹在谈话中也曾提到过太极只是一气，迤逦分作两片气，但这不是朱熹太极观的根本。朱熹以中五之数为太极，来自邵雍将宇宙视作参两之数展开的说法，来氏虽也重视参两之数（即中五之数），但仅将其看作太极整体内涵的一个重要部分。来氏从河图和洛书的图式中都看出了对待和流行，他以奇数为阴阳之气流行于天，以偶数为阴阳之数对待于地，并从气、质、数等角度加以说明，从而使得对待、流行范畴具有了更为丰富的内涵。他借助阴阳对待流行关系，将河洛二图与伏羲文王先后天八卦图视作相合相同的关系，从而将以上四图与其自创的圆图融为一体，并认为河洛之数所呈现的颠倒上下之文也可见得错综之义，从而又与其发明的错综体例关联起来。

《河图洛书论》两次提到"只有此数"，一次是论伏羲图与洛书、文王图与河图相契合时，一次是论河图与洛书同是天地之数，只是铺列位次不同时。"只有此数"所指即是天地之数，体现了来氏对《启蒙》讲法的继承。来氏认为，不仅河图洛书可以统一为天地之数，邵朱所主张的伏羲文王先后天八卦方位图也可以统一到天地之数中去。《河图洛书论》试图将《本义》卷首九图所提出的天地自然之易、伏羲之易、文王之易和孔子之易统一起来，来氏据以统一四易的基础就在于天地之数以及其中所包含的"理一无二"，此理即对待流行之理。

上文说过朱熹主张错综皆谓揲蓍求卦之事，错综有对待流行之义和阴阳交互之理，来氏继承了朱熹的这些讲法并有所变化。来氏注解《系辞》"参伍以变，错综其数，通其变遂成天地之文，极其数遂定天下之象，非天下之至变，其孰能与于此"节时，从筮法角度，提出了"参伍言蓍，错综言卦"的易学命题。注云：

> 此尚变、尚象之事，"参伍""错综"皆古语，三人相杂曰参，五人相杂曰伍。参伍以变者，此借字以言蓍之变，乃分、揲、挂、扐之形容也。盖十八变之时，或多或寡，或前或后，彼此相杂，有参伍之形容，故以参伍言之。错者，阴阳相对，阳错其阴，阴错其阳也，如伏羲圆图乾错坤、坎错离，"八卦相错"是也。综即今织布帛之综，一上一下者也，如屯蒙之类，本是一卦，在下则为屯，在上则为蒙，载之文王序卦者是也。天地二字即阴阳二字，成文者，成阴阳老少之文也，盖奇偶之中有阴阳，纯杂之中有老少，阳之老少即天之文，阴之老少即地之文。"物相杂故曰文"，即此文也。定天下之象者，如乾坤相错，则乾马坤牛之类各有象，震艮相综，则震雷艮山之类各有其象是也。变者，象之未定；象者，变之已成。故象与变二者不离，蓍、卦亦不相离，故参伍言蓍，错综言卦，所以十一章言"圆而神"，即言"方以知"也。○参伍其蓍之变，错综其卦之数，通之极之而成文成象，则奇偶老少不滞于一端，内外贞悔不胶于一定，而变化无穷矣。非天下之至变，其孰能与于此？故以动者尚其变，以制器者尚其象。[①]

来氏主张蓍卦不相离，蓍之德圆而神，卦之德方以智，所指为用《易》之事，分揲蓍求卦的成文阶段和成卦之后的定象阶段。来氏将《说卦》"错综其数"与《系辞》"八卦相错"联系起来，并用后者解释前者。来氏将"错"字的意义确定为已成之卦如乾与坤，坎与离的相对、相错，与朱熹以"错"为揲蓍过程中的九六相对、七八相对不同。来氏将参、伍看成分、揲、挂、扐之形容，与朱熹"参数之""五数之"的说法也有所不同。从象和变的区分来说的，来氏认为，变指揲蓍过程中数的变化，还没有形成卦象，所以是"象之未定"；象指经过揲蓍过程一系列数的变化后，求得了卦象，所以是变的完成。来氏因此说"参伍其蓍之变，错综其卦之数"，提出"参伍言蓍，错综言卦"的命题，表明卦象的生成来自揲蓍之数，生成之后的卦象则具有或错或综的关系。这与朱熹的提法已有了

---

① （明）来知德：《周易集注》卷13，《景印文渊阁四库全书》，台湾商务印书馆1986年版影印本，经部，第32册，第355—356页。

较大的不同。总的来看，来氏对于错、综的解释从朱熹而来，只是朱熹讲的是揲蓍过程中，到卦画还没有最终形成之前的蓍策现象，而来氏讲的是卦求出来后的相错和相综关系。朱熹结合邵雍先天八卦方位图讲反、对，却不用错、综二字来讲先后天八卦方位，而来氏将错综与朱熹反对、交易变易、对待流行等范畴都作了一一对应的处理。来氏的处理结果显得简明醒目，但丢失了朱熹论错、综的一部分含义，并且模糊了朱熹错综说与其反对说、交易变易说、对待流行说等几对范畴的使用范围。明末易学家魏濬批评来氏错综说道：

> 反对之卦有二，有正反，有倒反。正反者，阴阳相反，如大过颐之类；倒反者，全体颠倒，如师比之类。其说寓于《杂卦》。……近来氏以错综二字训之。《大传》云"错综其数"，此似不谓之数，然犹于理未悖。但爻内求之不得，至于错而复综，综而复错，以求象之必合，则去本爻之义益远矣。又有就本爻求之不得，遂以为变之某卦者，如乾初则变为巽，兑初则变为坎之类。其说亦起汉魏诸人，大非作《易》本旨。①

蓍策之数毕竟不是既成卦之后的卦象，魏濬发现来氏将《系辞》"错综其数"移用为错综其卦象的做法，但并未对之加以指责，而是宽容地认为来氏出于阐发易理的需要而作此发挥犹不悖于理。但是对于来氏在爻内求象不得时反复采用错综、爻变等办法扩大取象范围的做法，魏濬认为这不是圣人作《易》本旨，总体上他基于严肃的经学立场对来氏错综说使用过于泛滥的情况持否定态度。清人李塨批评来氏以错综释象辞之举道：

> 至来知德又专归反对，名之曰综，夫反对见于《杂卦》，本属经意，但专以此解往来诸辞，则其说有难尽通者。如贲与噬嗑反对，贲象曰"柔来而文刚"，来注曰"噬嗑上卦之柔来文贲之刚"，柔指离之阴卦，刚则艮之阳卦；"分刚上而文柔"，来注曰"分噬嗑下卦之刚上而为艮以文柔"，刚指震之阳卦，柔指离之阴卦。夫噬嗑上卦为离，下卦为震，是亦可曰柔文刚，刚文柔矣，且分字何解？犹是一阳二阴

---

① （明）魏濬：《易义古象通》总论，《景印文渊阁四库全书》，台湾商务印书馆1986年版影印本，经部，第34册，第178页下栏。

之卦，只一倒观，并无移动，何以言分？①

何楷最先指出来氏综卦说在贲卦"分"字训解问题上遇到的困难，李塨此说并非创见。李塨指出来注噬嗑上卦柔来文贲之刚，柔指离之阴卦，刚指艮之阳卦，分刚上而文柔，来注曰分噬嗑下卦之刚上而为艮以文柔，刚指震之阳卦，柔指离之阴卦，李塨认为来注刚柔指的是卦而非变动之爻，虽勉强可通，但"分"字没法落实。这一质疑亦属经学角度。李塨认为噬嗑与贲仅仅是倒观，并无移动，这个"分"字讲不通。其言外之意是，要讲清这个"分"字，刚柔指的就不是上下体之卦，而是卦中之爻。何楷、李塨的这一质疑暴露了反对卦变说的弱点，促使我们更为深入地分析反对卦变说。来氏《集注》使用卦综说，其所谓刚柔有时指卦，有时指爻，从哲学角度看便于发挥义理，但从经学角度看确实存在一定的困难。清人陈法《易笺》讨论了《系辞》圣人观象制器十三卦，并对来氏以错综说注解此十三卦提出了批评：

> 以变与象言，参者，奇也，伍者，偶也，奇偶之变不穷，揲著而交互其策为错，合核其数为综。会通其变而六爻相杂，天地之文见矣；十有八变以究极其数，而奇偶森列，众卦之象亦可定矣。今观《说卦》并十三卦之取象，无非由阴阳奇偶之数而定，而要莫非神之所为也。②

此亦即制器示人以观象之法也。前数句领取一节大意，天地以生物为心，生之而不能养之治之，乃笃生圣人以作之君师，生人之初以相生相养为急，财以养人，非谓守位者必以财也，理财正辞，禁民为非，盖居教养之大端矣，而其具圣人皆取之于《易》，盖其象已在卦中矣。夫圣人之画卦原则图书，而又仰观俯察，近取远取，其理皆与图书吻合无间。乃画为八卦，通天地神明之德以为人用，类万物之情使各适其用，盖其理已得之图书。此只以取象言，《易》非专为制器也。然《易》冒天下之道，卦皆有其象，网罟似离象，两旁用竹木以为干，而绳络其中，茹毛饮血之时所先也。上古以人耕，其未耜之状与今异矣，以益象观之，盖上下有横木，两旁有直木而中虚，上木曲

---

① （清）李塨：《周易传注》卷1，《景印文渊阁四库全书》，台湾商务印书馆1986年版影印本，经部，第47册，第29页。

② （清）陈法：《易笺》卷5，《景印文渊阁四库全书》，台湾商务印书馆1986年版影印本，经部，第49册，第199页。

故曰揉木，下木盖斫齿于横木之下，一人伏而推之，一人前挽之，故曰耦耕。……夫然后文字兴焉，夬一阴而五阳，古人之书以竹简为之，漆书其上，有孔贯以韦，所谓简书，所谓韦编。契，民间交易所用，一札两端而刻其侧，卦一阴上阙下贯诸简诸札，皆有其象。今人不见古人之书契，故不知其所取之象。末三卦皆言上古，盖溯之荒远，后世圣人亦不知始自何时也。又诸卦皆以象言，不取卦德，求之于象而不得，乃泛言卦德耳。卦有其象，故夫子疑其制作之始有取于此，亦以见《易》之取象皆拟诸其形容，多以重卦取象，非《说卦》所能尽，今人拘于《说卦》则《易》之象不可通矣。又取象只就本卦而言，而来氏于此亦言错综。至上古云云盖原其始耳，无象可取也，而来氏于穴于薪之类一一错综言象，何其谬也！教稼、通商、立市、衣食、宫室，皆理财也；书契以治百官、察万民，正辞也；御暴客、威天下，禁民为非也。故宜为此章缘起，只以制器言，涣、随、豫、暌、小过诸卦取象制器，乃黄帝尧舜时事，如济不通御寇，皆穷则变也。诸卦皆然，或因变通二字谓筮法始于黄帝者非。①

陈法认为《易》冒天下之道，并非专为制器而作，但象已在卦中，圣人观卦象而制器，以此为教养之大端，万民由此得以养得以治。离有网象，益有耦耕象，夬有契象，虽然今人不知古之取象，但这十三卦确实有此等象，孔夫子怀疑上古圣人制器之始取象于此十三卦，这十三卦都是直接以重卦取象，已经超出了《说卦》取象范围，今人拘于《说卦》而不能通此十三卦之象。取象只能就本卦而言，来知德错综说却兼及他卦取象。上古云云讲宫室棺椁创制的由来，本无象可取，但来知德用其错综法对穴、薪一一加以说明，显得非常荒谬。以上是陈法的主张。事实上，来知德注《系辞》时"穴"字无注，"薪"字来氏注云"巽为木，薪之象也"，②大过下体为巽，来氏此处乃就本卦取象，没有用到错综法，因此陈法的这一批评是不成立的。陈法认为"涣、随、豫、暌、小过诸卦取象制器，乃黄帝尧舜时事"，也表明他同意《系辞》圣人制器尚象说。陈法主张"揲蓍而交互其策为错，合核其数为综"，"《说卦》并十三卦之取象，无非由阴阳奇偶之数而定"，这是从筮法角度讲错综字义，认为数生象，

① （清）陈法：《易笺》卷6，《景印文渊阁四库全书》，台湾商务印书馆1986年版影印本，经部，第49册，第209—210页。
② （明）来知德：《周易集注》卷14，《景印文渊阁四库全书》，台湾商务印书馆1986年版影印本，经部，第32册，第372页下栏。

《系辞》圣人制器取象的十三卦都是由阴阳奇偶之数而定。来氏《集注》云："……然百官以治，万民以察，卒归之夬之书契者，盖器利用便则巧伪生，圣人忧之，故终之以夬之书契焉。上古虽未有易之书，然造化人事本有易之理，故所作事暗合易书，正所谓画前之易也。"①来氏认为上古圣人制作耒耜、网罟、宫室、棺椁、衣裳、舟楫、车马、集市、门柝、杵臼、书契都是出于造化人事本有的易理，上古圣人并无易书可凭据以制器，但是上古圣人"所作事暗合易书"，这就是画前之易，此说表明来氏反对《系辞》所谓上古圣人据卦象制器的制器尚象说，认为圣人制器出于自然易理，易书的出现是后来的事。陈法则赞同《系辞》圣人观象制器说，陈法批评来氏主要在于两点，一是取象必须恪守只就本卦取象的原则，但来氏错综说兼及它卦取象；二是《系辞》十三卦上古云云不应据《说卦》取象，而应就此十三卦卦形取象，《说卦》取象的基础是八个三画的小成卦，而这十三卦都是重卦，但来氏却据《说卦》以其错综说取象。其实陈法所说的离象网、益象耦耕、夬象契即是来氏所谓的以卦画之形取象。四库馆臣《易笺提要》称：

> 至来知德以伏卦为错，反对为综，法则谓《大传》所云错综者以揲蓍而言，错综其七八九六之数，遂定诸卦之象，今以错综诸卦定象，是先错综其象也，又以错综言数，是错综其象以定数也。先儒虽言卦变，未有易其阴阳刚柔之实，颠倒其上下之位者，今以乾为坤，以水为火，以上为下，混淆汩没，而易象反自此亡矣。其辨最为明晰。②

与魏濬类似，陈法批评来氏将《系辞》错综其数以定象讲成了错综其象以定数，错综本是专就揲蓍而言，错综归奇所得的七八九六之数以定卦爻动静之象，来氏却据伏羲圆图乾错坤等卦爻象相错发挥其对待者数的思想，成了错综其象以定数。陈法的批评是基于经学的立场，而来氏的这一挪移发挥是哲学层面的。陈法批评来氏以乾为坤、以水为火而使得错综之法滥用，反致易象混淆汩没，这一点也须两说。一方面无限制滥用确实可能出现陈法所言之弊，另一方面乾坤坎离相错即所谓伏卦，古法有之，也

---

① （明）来知德：《周易集注》卷14，《景印文渊阁四库全书》，台湾商务印书馆1986年版影印本，经部，第32册，第373页下栏。
② （清）永瑢：《四库全书总目》卷6，中华书局1965年版影印本，上册，第42页。

不可完全否定。其实，魏濬、陈法的这一批评意见在明初的蔡清那里已有讨论：

> 一说，错综其数，谓合十八变之数以观，则七八九六之毕陈，但见其数有七焉九焉，有八焉六焉，六则与九对，八则与七对，而有左右交互之义，或阳上而阴下，如注所谓"阳上去做阴，阴下来做阳"亦得，所谓"六上生七为阳，九下生八为阴"亦得，此谓错综其数，只是究七八九六之数以定卦爻动静之象也，亦皆冠于"盖"字之下，不复以别于"错综其数"之句也。是即朱子注中所谓"错综所以极之，其治之也繁而密"者也。①

> 按，前说于参伍之义固可通，惟错综之义于朱子小注之说似尚可疑，今细论之。朱子谓"错是往来的"，又曰"是往来交错之义"，又曰"六对九，七对八，便是东西相对错"。愚谓，当揲扐之际，但得奇则为阳来，阳来则阴往，就为右边有一阴为对矣；但得偶则为阴来，阴来则阳往，就如左边有一阳为之对矣。况所揲扐者不但有奇，又间有偶，不但有偶，又间有奇，纵使诸变纯是奇，亦自各有偶之对，纯是偶，亦自各有奇之对也。此谓奇偶，犹仍旧说以数之九八为偶，五四为奇也。②

> 又问："《本义》云：'错者，交而互之，一左一右之谓也。'莫是揲著以左揲右，以右揲左否？曰：'不特如此，乾对坤，坎对离，自是交错。'"清谓："既云不特如此，所谓左揲右、右揲左者，亦其一义矣。但曰乾对坤，坎对离，则所未晓。盖错综其数，似犹是只以三变成爻者言，安得便有三画之乾坤坎离等卦？及至于究七八九六之数以定卦爻动静之象，亦只是以所占得之卦六爻言，或兼以所定卦言，或一爻变，或二爻三爻变，或四五爻变，初无乾对坤坎对离之象也。此盖朱子后来纵说直说不胶于《本义》处，又或记者之欠始末也。"③

---

① （明）蔡清：《易经蒙引》卷10下，《景印文渊阁四库全书》，台湾商务印书馆1986年版影印本，经部，第29册，第647页。

② （明）蔡清：《易经蒙引》卷10下，《景印文渊阁四库全书》，台湾商务印书馆1986年版影印本，经部，第29册，第649页。

③ （明）蔡清：《易经蒙引》卷10下，《景印文渊阁四库全书》，台湾商务印书馆1986年版影印本，经部，第29册，第648页。

蔡清认为朱子错综其数指的是七八九六之数或奇偶阴阳之数的对待，只以三变成爻者言，不应指三画卦乾坤坎离之对，不然究七八九六之数以定卦爻动静之象的尚占之道就说不通了，因此，蔡清怀疑这要么是朱子后来不拘泥《本义》的发挥，要么是记录者始末不详所致。这反映了来氏"错综其象以定数"的反经学解释早在朱熹那里就已经有了根源。

三　以错综论六十四卦象辞关系

来氏将错、综、变、中爻列为其取象的四大体例，但他最为重视的是错综说，他创作错综图，以此论六十四卦在象辞关系上的统一性和规律性。来氏自称从邵雍所拟定的伏羲圆图看出错字，从文王排出的六十四卦两两成对的卦序看出综字。来氏在解释卦爻辞的取象、卦义的时候也充分考虑到这一点。在其《易经字义·错》一文中，来氏陈述了其"错"字字义及此体例的应用：

> 错者，阴与阳相对也。父与母错，长男与长女错，中男与中女错，少男与少女错，八卦相错，六十四卦皆不外此错也。天地造化之理，独阴独阳不能生成，故有刚必有柔，有男必有女，所以八卦相错。八卦既相错，所以象即寓于错之中。如乾错坤，乾为马，坤即利牝马之贞；履卦兑错艮，艮为虎，文王即以虎言之，革卦上体乃兑，周公九五爻亦以虎言之；又睽卦上九纯用错卦，师卦"王三锡命"，纯用天火同人之错，皆其证也。又有以中爻之错言者，如小畜言云，因中爻离错坎故也，六四言血者，坎为血也，言惕者坎为加忧也。又如艮卦九三，中爻坎，爻辞曰"熏心"，坎水安得熏心？以错离有火烟也。[①]

这一解释有两个角度，一个是从造化实体上说，"天地造化之理，独阴独阳不能生成，故有刚必有柔，有男必有女，所以八卦相错"，阴阳必须成对出现，才能生成万物，所以宇宙间阴阳二气的对立是生化功能的基本前提。这是以阴阳相对为错。另一个是从卦图上说，即来氏根据邵雍伏羲先天八卦圆图和《说卦》"天地定位"一节，以小成八卦的两两相对为错。来知德所创造的错的体例主要是用来取象，讲通卦爻辞的。所以他说

---

① （明）来知德：《易经字义》，《周易集注》卷首上，《景印文渊阁四库全书》，台湾商务印书馆 1986 年版影印本，经部，第 32 册，第 8 页下栏。

"八卦既相错，所以象即寓于错之中。如乾错坤，乾为马，坤即利牝马之贞"。来氏将此体例广泛地应用到了诸多卦的注解当中，甚至衍生出了"中爻之错"，大大地扩展了特定一卦取象的应用范围。

《说卦》"八卦相错"，《周易本义》注云："此伏羲八卦之位，乾南坤北，离东坎西，兑居东南，震居东北，巽居西南，艮居西北，于是八卦相交而成六十四卦，所谓先天之学也。"① 朱熹讲"八卦相错"包含了两种意义，其一是圣人作《易》之事，即八卦相交而成六十四卦；其二是据《说卦》"天地定位"节，沿袭邵雍先天八卦方位说，以"八卦相错"表征八经卦两两对待的关系。来知德摒弃了第一种意义，采用了第二种意义，以此构建自己的错综理论。易学史上的主流解释，即认为"八卦相错"是讲八卦重为六十四卦的作《易》过程，来知德认为"八卦相错"只是讲三画的八经卦两两对待。朱熹承邵雍之说制定了伏羲先天四图，主张从太极分出一阳、一阴开始，经过一分为二、二分为四、四分为八等前三分，继续以加一倍法生成六十四卦。来氏采纳了此法前半部分，而用京房的八宫说代替了其后半部分，即八卦到六十四卦的变化过程，详见林忠军《来知德易象说及其意义》一文。② 来知德不同意朱熹对"因而重之"的这种解释。来氏注"八卦成列"节称：

> 八卦，以卦之横图言。成列者，乾一兑二离三震四阳在下者列于左，巽五坎六艮七坤八阴在下者列于右。象者，八卦形体之象。不特天地雷风水火山泽之象，凡天地所有之象，无不具在其中也。因而重之者，三画上复加三画，重乾重坤之类也。阳极于六，阴极于六，因重成六画，故有六爻。"八卦成列"二句言三画八卦，"因而重之"二句言六画八卦，至"刚柔相推"言六十四卦。如乾为天，乾下变一阴之巽，二阴之艮，三阴之坤，是刚柔相推也。③

来氏注"八卦成列"，以三画卦乾一至坤八列左列右，以象为八卦形体之象，这是袭取朱熹的说法。注"因而重之"为"三画上复加三画，重乾重坤之类也"，是指三画的八经卦各自相重为六画的八经卦，即乾下乾上为乾，坤下坤上为坤，以至于艮下艮上为艮，兑下兑上为兑等，在此六

① （宋）朱熹：《周易本义》卷4，中华书局2009年版点校本，第262页。

② 林忠军：《来知德易象说及其意义》，《周易研究》2009年第4期。

③ （明）来知德：《周易集注》卷14，《景印文渊阁四库全书》，台湾商务印书馆1986年版影印本，经部，第32册，第366—367页。

画的八经卦基础上，采用京房八宫卦逐爻递变的讲法，"刚柔相推，变在其中矣"，如乾为天，乾下变一阴之巽，得姤；二阴之艮，得遁；三阴之坤，得否，继而观、剥、晋、大有等，加上本宫乾，乃成乾宫八卦，其他七宫坤、震、巽、坎、离、艮、兑等各宫之变依此类推，由此得到六十四卦。来氏《集注》卷首八卦变六十四卦图所附图说云："盖三画卦若不重成六画，则不能变六十四，惟六画则即变六十四矣。所以每一卦六变，即归本卦，下爻尽变为七变，连本卦成八卦，以八加八即成六十四卦。"① 又云："故六十四卦不过八卦变而成之。如乾为天，天风姤，坤为地，地雷复之类是也。若邵子八分十六，十六分三十二，三十二分六十四，不成其说矣。"② 批评邵雍朱熹所主张的加一倍法太僵化机械，反而不如京房八宫卦的逐爻递变法能见阴阳自然造化之妙。这样，来氏舍弃了邵朱"八卦相错"而成六十四卦的说法，采取京房八宫卦说来讲六十四卦的形成过程，却又保留了邵朱"八卦相错"在伏羲先天八卦方位图上的两两对待以成变化之意，以此作为其"错"字训解的文本依据。

　　据《年谱》载，万历九年来知德游华山，途中因两度急人之难，囊空无措，只得重新回到万县求溪思《易》，十夜不寐。忽一夜梦一黄衣人与己相揖让，若授受意。次日，偶思"见豕负涂"一句，遂悟易象错综之理。"见豕负涂"见睽卦上九爻辞，来氏注云："负者，背也。涂者，泥也。离错坎，坎为豕，又为水，豕负涂之象也。"③《说卦》坎为豕，然而睽卦下兑上离，并无坎，来氏十夜不寐后灵光乍现，从坎离相错旁通取象来将它讲通。又来氏运用错卦体例注中孚上九爻辞"翰音登于天，贞凶"云：《礼记》"鸡曰翰音"，而此亦曰"翰音"者，以巽为鸡也，因错小过"飞鸟遗之音"，故九二曰"鹤鸣"，而此曰"翰音"也。④ 来氏将中孚、小过二卦合看，二者相错，故以错来讲通二卦卦爻象与卦爻辞之间的逻辑关联。来氏据小过卦辞"飞鸟遗之音"解释中孚九二爻辞"鸣鹤在阴"里的"鹤鸣"，中孚上体为巽，《说卦》巽为鸡，《礼记》云"鸡曰翰音"，故中孚上九爻辞出现"翰音"之象，小过卦辞有"飞鸟遗之音"之象，小

① （明）来知德：《周易集注》卷首上，《景印文渊阁四库全书》，台湾商务印书馆 1986 年版影印本，经部，第 32 册，第 21—22 页。

② （明）来知德：《周易集注》卷 13，《景印文渊阁四库全书》，台湾商务印书馆 1986 年版影印本，经部，第 32 册，第 360 页。

③ （明）来知德：《周易集注》卷 8，《景印文渊阁四库全书》，台湾商务印书馆 1986 年版影印本，经部，第 32 册，第 228 页上栏。

④ （明）来知德：《周易集注》卷 12，《景印文渊阁四库全书》，台湾商务印书馆 1986 年版影印本，经部，第 32 册，第 322 页。

过错中孚，故中孚九二"鹤鸣"、上九"翰音"与之相应。此条即汉儒所谓旁通、伏卦。

来氏所谓综卦即是朱熹所说的"对卦"。来氏对"综"的陈述是从卦体的正视、覆视来讲的，所谓"综"即同一个卦体从上往下看与从下往上看各成一卦，如屯蒙同体，正视为屯，覆视为蒙。《语类》载朱熹及其弟子是较早将这一现象作为问题提出来的人：

> 福州韩云：能安其分则为需，不能安其分则为讼，能通其变则为随，不能通其变则为蛊，此是说卦对，然只是此数卦对得好，其他底又不然。渊。○文蔚录作：险而能忍则为需，险而不能忍则为讼。[1]
>
> 益损二卦说"龟"，一在二，一在五，是颠倒说去。未济与既济说"伐鬼方"亦然，不知如何。未济看来只阳爻便好，阴爻便不好，但六五、上九二爻不知是如何。盖六五以得中故吉，上九有可济之才，又当未济之极，可以济矣，却云"不吉"，更不可晓。学蒙。[2]
>
> 大抵损益二卦诸爻皆互换，损好，益却不好，如损六五却成益六二，损上九好，益上九却不好。渊。[3]
>
> 未济与既济，诸爻头尾相似，中间三、四两爻如损、益模样颠倒了他，"曳轮""濡尾"在既济为"无咎"，在此卦则或"吝"，或"贞吉"，这便是不同了。渊。[4]
>
> 未济九四与上九"有"字皆不可晓，只得且依稀如此说。又曰：益损二卦说"龟"，一卦在二爻，一卦在五爻，是颠倒此卦，与既济说"伐鬼方"，亦颠倒，不知是如何。学蒙。[5]

朱熹及其弟子注意到了需讼、随蛊、损益、未济既济等几组相反对卦在卦德卦义及卦爻辞上的关联，但对其背后的原因则称不可晓。后来俞琰在其《周易集说》里对此已有比较完备的论述，较好地回答了朱熹之疑惑并反思卦变之非，来氏的观点与其大体一致。

来氏试图通过两卦相综的关系，发现其中卦爻辞重复的一些规律。"如损益相综，损之六五即益之六二，特倒转耳，故其象皆十朋之龟；夬

---

① （宋）黎靖德：《朱子语类》卷 67，中华书局 1986 年版点校本，第 5 册，第 1668 页。
② （宋）黎靖德：《朱子语类》卷 72，中华书局 1986 年版点校本，第 5 册，第 1835 页。
③ （宋）黎靖德：《朱子语类》卷 72，中华书局 1986 年版点校本，第 5 册，第 1836 页。
④ （宋）黎靖德：《朱子语类》卷 73，中华书局 1986 年版点校本，第 5 册，第 1873 页。
⑤ （宋）黎靖德：《朱子语类》卷 73，中华书局 1986 年版点校本，第 5 册，第 1873 页。

姤相综，夬之九四即姤之九三，故其象皆臀无肤。"来氏举此两例来印证综卦之妙。来氏使用邵雍、朱熹乾坤坎离四正卦震巽艮兑四隅卦之说来解释"综"字，这是一个纯粹易学角度的解释，到了后面用伏羲先天八卦圆图来解释错、综的时候，又形成了阴阳二气对待、流行的哲学性解释。来知德袭用了朱熹织布帛的比喻，以此来说明综卦上下颠倒翻转，一卦而作两卦看的情形。

四正之卦乃不易之卦，四隅之卦乃可易之卦，所以来氏说："如乾坤坎离四正之卦，则或上或下；巽兑艮震四隅之卦，则巽即为兑，艮即为震，其卦名则不同。"来氏据京房八卦变六十四卦的八宫模式作八卦所属自相综图（图式此处从略），置于《周易集注》的卷首，并区分出正综和杂综，以各宫的前五变所生之卦的相综为正综，末二变所生的尾二卦为杂综。六画的八经卦，互为相错的两卦其所属各卦又互为相综关系。具体来说，乾之属与坤之属相综，坎之属与离之属相综，震之属与兑之属相综，巽之属与艮之属相综。四正卦与四正卦所属相综，四隅卦与四隅卦所属相综。来知德发现，"如乾初爻变姤，坤逆行五爻变夬，与姤相综，所以姤综夬"，由此他推论出，"八卦通是初与五综，二与四综，三与上综"（宜作三与三综）。① 采用京房八宫说的术语表述，来氏的意思是，乾宫一世卦姤与坤宫五世卦夬相综，乾宫二世卦遁与坤宫四世卦大壮相综，乾宫三世卦否与坤宫三世卦泰相综，依此类推。来氏八卦所属自相综图称："乾之属自姤至剥顺行与坤所属相综""坤之属自复至夬逆行与乾所属相综""坎之属自节至丰顺行与离所属相综""离之属自旅至涣逆行与坎所属相综""艮之属自贲至履顺行与巽所属相综""巽之属自小畜至噬嗑逆行与艮所属相综""震之属自豫至井顺行与兑所属相综""兑之属自困至谦逆行与震所属相综"，则来氏以乾坎艮震四阳卦之属为顺行递变，以坤离巽兑四阴卦之属为逆行递变，故而来氏认为此类相综关系体现了阳顺行，阴逆行，并感叹造化之玄妙于此可见。"若乾坤所属尾二卦，晋大有、需比之类，乃术家所谓游魂归魂，出于乾坤之外者，非乾坤五爻之正变，故谓之杂综。"其文王序卦杂综图以乾之游魂卦晋综坎之游魂卦明夷，以乾之归魂卦大有综离之归魂卦大有，以坤之游魂卦需综离之游魂卦讼，以坤之归魂卦比综坎之归魂卦师，此为四正卦与四正卦的尾二卦交错相综，故称杂综。四隅卦杂综则为游魂卦相错，归魂卦相综，此不赘述。来氏又有八

---

① （明）来知德：《易经字义》，《周易集注》卷首上，《景印文渊阁四库全书》，台湾商务印书馆 1986 年版影印本，经部，第 32 册，第 9 页上栏。

卦次序自相综图，沿用邵雍乾一坤八之序，但其相综次序无规律可循。来氏论"综"依据的是阴阳流行说，与文王后天八卦方位图卦气说相对应。

朱熹"对卦说"曾谈到损益二、五爻皆有"十朋之龟"的取象，但他没有以此解卦爻辞。来氏则以其错综说取象并解说卦爻辞，上文已提到二例：损益皆有龟象，夬姤皆有臀无肤象，即所谓"如损益相综，损之六五即益之六二，特倒转耳，故其象皆十朋之龟。夬姤相综，夬之九四即姤之九三，故其象皆臀无肤"。朱熹《本义》注临卦道："临，进而凌逼于物也。二阳浸长，以逼于阴，故为临，十二月之卦也。……然至于八月，当有凶也。八月，谓自复卦一阳之月至于遁卦二阴之月，阴长阳遁之时也。或曰八月谓夏正八月，于卦为观，亦临之反对也。"[1] 旧说认为临是十二月之卦，观是八月之卦，从临数到观历经八月。朱熹认为复卦为十一月之卦，遁卦为六月之卦，从复卦历经八个月到遁卦，朱熹以此解释临卦"至于八月有凶"。朱熹并非不知道临观二卦相反对，可以据建酉之月来解八月，只是未取此说。来氏注临卦云："临综观，二卦同体，文王综为一卦，故《杂卦》曰：临观之义，或与或求。言至建酉，则二阳又在上，阴又逼迫阳矣。至于八月，非临数至观八个月也，言至建酉之月为观，见阴之消不久也，专以综卦言。"[2] 来氏认为临观相综，在十二消息卦中观卦对应八月，即建酉。观卦二阳在上，临卦二阳在下，二卦同体相综，故临卦卦辞在"元亨利贞"之后言"至于八月有凶"。来氏认为临卦卦辞"至于八月有凶"指的就是建酉之月，而不是历经八个月的八月。来氏否定了朱熹从复卦到遁卦历经八个月的说法，也否定了从临数到观为八个月的旧说。参稽众说，来氏以临观相综来解"八月有凶"，最为可取。来氏以综卦取象的卦例众多，下面选取几例分析：

> 八卦既相综，所以象即寓于综之中。如噬嗑"利用狱"，贲乃相综之卦，亦以狱言之；旅丰二卦亦以狱言者，皆以其相综也。有以上六下初而综者，"刚自外来而为主于内"是也；有以二五而综者，"柔得中而上行"是也。盖《易》以道阴阳，阴阳之理流行不常，原非死物胶固一定者，故颠之倒之，可上可下者，以其流行不常耳！故读《易》者不能悟文王序卦之妙，则《易》不得其门而入，既不入门而

---

[1] （宋）朱熹：《周易本义》卷1，中华书局2009年版点校本，第95页。

[2] （明）来知德：《周易集注》卷5，《景印文渊阁四库全书》，台湾商务印书馆1986年版影印本，经部，第32册，第151页。

宫墙外望，则"改邑不改井"之玄辞，"其人天且劓"之险语，不知何自而来也。噫！文王不其继伏羲而神哉？①

来氏此段列举了噬嗑贲、旅丰、无妄大畜、井困、家人睽五组相综卦所出现的卦爻辞重复的现象，来佐证其相综取象说。来氏称"盖《易》以道阴阳，阴阳之理流行不常，原非死物胶固一定者，故颠之倒之，可上可下者，以其流行不常耳"，由易学到理学的发挥，从卦象的相综推致宇宙论。损益、夬姤、履小畜相综两卦其卦爻辞象也皆相同或相类。六十四卦，除了乾坤坎离颐大过中孚小过八卦两两相错外，其余五十六卦实际上每二卦共用一个卦体，为二十八个卦体，加上相错的八卦，即构成所谓的三十六宫。孔颖达"二二相偶，非覆即变"的卦序理论，来氏转变为错卦、综卦的取象体例，上述材料中提到的丰旅、夬姤、噬嗑贲、否泰、临观、剥复、遁壮等互为错综关系的两卦，其对应的卦辞、象辞、爻辞相同、相近或相反。丰旅、噬嗑贲四卦皆有"狱"象，至于"利用狱"还是"留狱"又要视情况而定。来氏论井困相综云："有因综卦立象者，如井与困相综，巽为市邑，在困为兑，在井为巽，则改为邑矣。"② 井卦"改邑不改井"，上体《说卦》坎为水代表井，下体巽在《说卦》有"近利市三倍"之象，来氏遂发挥作"巽为市邑"。困卦上体兑泽，下体坎水，困卦倒转过来得井卦，坎水仍旧是坎水，遂有"不改井"之说；兑倒为巽，又巽为市邑，遂有"改邑"之说。又来氏注未济九四爻辞道："未济与既济相综，未济九四即既济九三，故爻辞同，亦如损益相综，损之六五即益之六二，夬姤相综，夬之九四即姤之九三，所以爻辞皆同也，综卦之妙至此。"③ 列举损益、夬姤、既济未济三组相综之卦，指出其爻辞相同的原因就在于相综二卦的卦体本来就是一个，只是颠倒来看，遂成二卦。既济未济二卦同体，既济九三爻辞"高宗伐鬼方，三年克之，小人勿用"，未济九四爻辞"贞吉，悔亡，震用伐鬼方，三年有赏于大国"，二爻爻辞高度相似，来氏径直称其爻辞同，其背后的体例即是二卦同体相综。来氏认为这就是综卦取象之妙。来氏注《杂卦传》"比乐师忧"道："此以综言。

---

① （明）来知德：《易经字义》，《周易集注》卷首上，《景印文渊阁四库全书》，台湾商务印书馆 1986 年版影印本，经部，第 32 册，第 9 页。

② （明）来知德：《易经字义》，《周易集注》卷首上，《景印文渊阁四库全书》，台湾商务印书馆 1986 年版影印本，经部，第 32 册，第 7 页下栏。

③ （明）来知德：《周易集注》卷 4，《景印文渊阁四库全书》，台湾商务印书馆 1986 年版影印本，经部，第 32 册，第 332—333 页。

因二卦同体，文王相综为一卦，后言综者仿此。顺在内故乐，险在内故忧。"比卦下体坤在《说卦》为顺，坤顺居内卦故乐；师卦下体坎在《说卦》为险，坎险居内卦故忧。师比相综，忧乐之象相反，其原因就在于它们内卦一顺一险之义相反，这是以卦德为卦象的根源。来氏又将其综卦区分为正综、隅综，以扩大其易象的覆盖面："凡综卦有四正综四正者，比乐师忧、大有众同人亲之类也。四隅之卦，艮与震综，皆一阳二阴之卦，艮可以言震，震可以言艮；兑与巽综，皆二阳一阴之卦，兑可以言巽，巽可以言兑，如随蛊、咸恒之类是也。有以正综隅隅综正者，临观屯蒙之类是也。前儒不知乎此，所以言象失其传，而不知象即藏于错综之中，因不细玩《杂卦》故也。"①《集注》卷首有八卦自相综图，以乾坤坎离为四正卦，震艮巽兑为四隅卦，认为易象就蕴藏在错综之中，并未失传。来氏云"盖易以道阴阳，阴阳之理流行不常，原非死物胶固一定者，故颠之倒之可上可下者，以其流行不常耳"，认为其综卦体例体现了阴阳流行之理，故有颠倒上下之象。朱伯崑认为来氏以卦综说来说明卦爻辞、卦爻象之间的对应关系并不成功，如损益二卦相综等富有说服力的卦例并不能运用到否泰上，否泰二卦的初爻爻辞都有"拔茅茹，以其汇"，来氏注否卦初九道"变震为蕃，茅茹之象也，否综泰，故初爻辞同"，若从相综来看，应是二卦的初上两爻构成相综关系，不应是二卦的初爻构成相综关系。② 朱伯崑所揭示的来氏综卦体例所面临的窘境是真实存在的，但对来氏有说服力的卦例则未加正视。

　　来氏《集注》将错综体例贯穿六十四卦的每一卦，如来氏注乾初九"潜龙勿用"云："此爻变巽，错震，亦有龙象。"③ 又注坤上六"龙战于野，其血玄黄"云："六阳为龙，坤之错也，故阴阳皆可以言龙，且变艮综震，亦龙之象也。"④ 又注屯卦六三"即鹿无虞，惟入于林中"云："震错巽，巽为入，入之象也。"⑤ 又注蒙卦初六"发蒙，利用刑人，用说桎梏"云："坎错离，艮综震，有噬嗑折狱用刑之象，故丰、旅、贲三卦有

① （明）来知德：《周易集注》卷15，《景印文渊阁四库全书》，台湾商务印书馆1986年版影印本，经部，第32册，第412页。

② 朱伯崑：《易学哲学史》卷3，华夏出版社1995年版，第284—285页。

③ （明）来知德：《周易集注》卷1，《景印文渊阁四库全书》，台湾商务印书馆1986年版影印本，经部，第32册，第64页上栏。

④ （明）来知德：《周易集注》卷1，《景印文渊阁四库全书》，台湾商务印书馆1986年版影印本，经部，第32册，第84页。

⑤ （明）来知德：《周易集注》卷2，《景印文渊阁四库全书》，台湾商务印书馆1986年版影印本，经部，第32册，第91页下栏。

此象，皆言狱。"① 此处不一一列举。来氏认为其创立的错综体例是朱熹交易变易说在易学上的体现，他不仅在哲学上阐发其对待流行说，而且在注六十四卦时将此普遍原则真切地落实到了卦爻辞和卦爻象的对应阐释上了。

四　以易学上的错综说涵蕴哲学上的对待流行说、交易变易说

来氏《易学六十四卦启蒙序》云：

> 《易》自孔子没而亡至今日矣。《易》亡者何？以象失其传也。故先之以象，此则六爻大象也。诸象则详见《易经字义》。伏羲之卦主于错，文王之卦主于综，故次之以错综。文王、周公系辞，皆不遗中爻，至孔子始发明之，故次之以中爻。同体者，文王之序卦皆同体也。一卦有一卦之情性，一爻有一爻之情性，如乾性健，坤性顺，此一定不移者也。若有一爻之变，则其情性皆移矣。如乾初爻变则为姤，姤之情性与乾之情性相去千里，故情性之后，继之以六爻之变。六爻既变，则即有错、综、中爻矣。故六爻变之下，复注错、综、中爻。六爻变后，犹有错、综、中爻，何也？盖天地间万物独阴独阳不能生成，故必有错，而阴阳循环之理，阳上则阴下，阴上则阳下，故必有综，则错综二字，不论六爻变与不变，皆不能离者也。若无错综，不成《易》矣。故六爻变后，复注错综，而中爻者，亦阴阳也，故继之。若地位、人位、天位者，乃三才也，故又继之。四圣千古不传之秘，尽泄于此。学者能于此而熟玩之，则辞变象占犁然明白，四圣之《易》不在四圣而在我矣。万历丁酉秋八月念五日梁山来知德书于釜山草堂。②

《易学六十四卦启蒙》是浓缩版的六十四卦相涵摄图，来氏《集注》的大旨从中可窥。来氏《启蒙序》称："盖天地间万物独阴独阳不能生成，故必有错；而阴阳循环之理，阳上则阴下，阴上则阳下，故必有综。则错综二字，不论六爻变与不变，皆不能离者也。若无错综，不成《易》矣。"错综不仅是卦序安排的逻辑，而且是易学取象体例，即便在六爻变后，所

---

① （明）来知德：《周易集注》卷2，《景印文渊阁四库全书》，台湾商务印书馆1986年版影印本，经部，第32册，第94页上栏。

② （明）来知德：《易学六十四卦启蒙》，《周易集注》卷尾附录，台北图书馆藏万历本。

得新卦仍不能脱离错综之理，这样来氏就从错综言象的易学角度过渡到以错综讲阴阳循环之理的哲学角度，其间已包含了用其错综说统摄朱熹交易变易思想的理论态度。来氏《集注》六十四卦为了讲通卦爻辞，基本上每一卦都采用了错综体例，但来氏想要说明的是错综理论不仅仅是用来解释卦爻辞的，而更应该是六十四卦卦爻象的通例，即便卦爻辞中没有出现反映错综关系的言辞，也不要忘记了从错、综的普遍法则角度去看待这些卦爻象，这就是所谓的无论"六爻变与不变"，都不能脱离错综去读《易》。这实际上是在其"舍象不可以言《易》"命题的基础上进一步提出了"舍错综不可以言《易》"。

来氏《集注》据《系辞》首章，提出其错综说，并以此统领宋明以来主流的对待流行说、交易变易说。来氏《集注》继承了朱熹交易变易说：

> 以易名书者，以字之义有交易、变易之义。交易以对待言，如天气下降以交于地，地气上腾以交于天也。变易以流行言，如阳极则变阴，阴极则变阳也。阴阳之理非交易则变易，故以易名之。①

> 圆者，著数七七四十九，象阳之圆也。变化无方，开于未卦之先，可知来物，故圆而神。方者，卦数八八六十四，象阴之方也。爻位各居，定于有象之后，可藏往事，故方以知。易者，一圆一方，交易变易，屡迁不常也。②

上述材料显示，来氏在《集注》卷一开篇释"易"字义时，采用了朱熹的交易变易说，并将之与对待流行说进行了对应。阴阳之理非交易则变易，朱伯崑认为可以归之为阴阳之理非对待则流行。③《系辞》"著之德圆而神，卦之德方以知"句，来氏以著数奇象阳之圆，卦数偶象阴之方。著为未卦之先，来氏以朱熹变易之义配之；卦为有象之后，来氏以朱熹交易之义配之。朱熹《本义》注此句称"圆神，谓变化无方；方知，谓事有定理"，④说的是现象与本质的关系，并未用到交易变易之说。来氏此注采自俞琰《集说》："著用于卦未定之先，故其德圆；卦成于著已定之后，故其

① （明）来知德：《周易集注》卷1，《景印文渊阁四库全书》，台湾商务印书馆1986年版影印本，经部，第32册，第62页下栏。
② （明）来知德：《周易集注》卷13，《景印文渊阁四库全书》，台湾商务印书馆1986年版影印本，经部，第32册，第358页上栏。
③ 朱伯崑：《易学哲学史》，华夏出版社2005年版，第304页。
④ （宋）朱熹：《周易本义》卷3，中华书局2009年版点校本，第239页。

德方。著之德圆象天，天数用九而体七，七七则五十而亏一；卦之德方象地，地数用六而体八，八八六十而盈四。神谓其知来，知谓其藏往也。"①俞注是经学，来注是经学基础上的哲学，来氏以朱熹交易变易说来对应解释著之未定和卦之已定两种状态，这是一种创造性的阐释。来氏接着注下文"六爻之义易以贡，圣人以此洗心，退藏于密，吉凶与民同患，神以知来，知以藏往，其孰能与于此哉？古之聪明睿知神武而不杀者夫"道：

> 洗心者，心之名也。圣人之心无一毫人欲之私，如江汉以濯之。又神，又知，又应变无穷，具此三者之德，所以谓之洗心。……六爻之义易以贡，吉凶存亡，辞无不备，所以能冒天下之道也。圣人未画卦之前，已具此三者洗心之德，则圣人即著卦六爻矣。是以方其无事而未有吉凶之患，则三德与之而俱寂，退藏于密，鬼神莫窥，则著卦之无思无为寂然不动也。及其吉凶之来与民同患之时，则圣人洗心之神自足以知来，洗心之智自足以藏往，随感而应，即著卦之感而遂通天下之故也。此则用神而不用著，用智而不用卦，无卜筮而知吉凶。孰能与于此哉？惟古之圣人聪明睿智，具著卦之理而不假于著卦之物，犹神武自足以服人，不假于杀伐之威者，方足以当之也。此圣人之心易，乃作《易》之本。②

朱熹《本义》对此注称："易以贡，谓变易以告人。圣人体具三者之德，而无一尘之累。无事则其心寂然，人莫能窥；有事则神知之用，随感而应，所谓无卜筮而知吉凶也。神武不杀，得其理而不假其物之谓。"③ 对照二注可知，来注继承了朱注"圣人无卜筮而知吉凶"的基本精神，并对朱注作了两点扩充发挥：一是将朱注"圣人无一尘之累"转换为"圣人无一毫人欲之私"，二是提出"圣人之心易乃作《易》之本"的命题。据《三国志·王弼传》载，何晏主张圣人无喜怒哀乐，王弼则认为圣人神明茂于常人，虽也以情应物，但能不为情累。朱熹认为圣人无一尘之累，一方面指的是圣人以理应物，而不受情欲或前见、世俗偏见等的支配，另一方面指圣人聪明睿智，体具著卦爻三德，其应物轻松而无累。

---

① （宋）俞琰：《周易集说》卷31，《景印文渊阁四库全书》，台湾商务印书馆1986年版影印本，经部，第21册，第305页上栏。
② （明）来知德：《周易集注》卷13，《景印文渊阁四库全书》，台湾商务印书馆1986年版影印本，经部，第32册，第358页。
③ （宋）朱熹：《周易本义》卷3，中华书局2009年版点校本，第239页。

来氏以无私形容圣人之心，但无私不能涵盖蓍卦爻三德，即神、知和应物时中等智慧品质，故来注后文又言及此三德。来氏顺着朱熹的思路，也是从天道本然说到人道之当然，但来氏将朱熹所说的理字训为无私，且用无私贯穿天道与人道。来氏的圣人品格强调公心，与来氏此节的注解是紧密相关的。

来氏提出"圣人即蓍、卦、六爻"，这与朱熹"圣人体具三德"的讲法是一致的，圣人洗心，包具蓍之德、卦之德和六爻之义等三德，故能神以知来，知以藏往，无事则寂，有事则随感而应。"洗心"，韩康伯注云"洗涤万物之心"，[①] 孔颖达疏称："圣人以此《易》之卜筮洗荡万物之心。万物有疑则卜之，是荡其疑心；行善得吉，行恶遇凶，是荡其恶心也"。[②] 韩注过简，孔疏则从断疑和去恶两个角度疏解"圣人洗心"，断疑乃去除疑心，去恶乃自荡恶心，是从主体应物和修为上去讲的。韩孔之说朱熹未取，《本义》对"洗心"没有直接训释。此节俞琰注称：

> 曰"洗心"，曰"退藏于密"，则圣人此心无一尘之累矣，又曰"吉凶与民同患"，则圣人此心不胜其忧焉。何也？曰：蓍之德圆而神，天下之志通矣；卦之德方以知，而天下之业定矣；六爻之义易以贡，而天下之疑断矣。圣人遂以此洗心涤虑而无思，退藏于密，无事则潜心渊默，寂然不动，人莫能窥；及其有事，则其神知之用又随感而应，故曰"吉凶与民同患"。当知无思无为寂然不动者，易也，在圣人则洗心退藏于密；感而遂通天下之故者，易也，在圣人则吉凶与民同患。圣人即易，易即圣人，其道一也。[③]

俞琰认为，圣人心无尘累与圣人吉凶与民同患二者并不矛盾，其所指为无事和有事两个不同的阶段。无事、有事，是朱注的说法，这一说法俞琰和来氏都采用了。俞琰据此认为易道有寂、感两种状态，圣人洗心则退藏于密，感通应事则吉凶与民同患，圣人与易道是合一的。俞琰提出的"圣人即易，易即圣人"，来氏提出的"圣人即蓍、卦、六爻"，所主张的都是圣人与易道的合一。来氏在此基础上又提出"圣人之心易乃作《易》之本"的命题，将圣人体具三德的问题转向了作《易》之原的问题，并在

① （唐）孔颖达：《宋本周易注疏》卷11，中华书局1988年版影印本，下册，第717页。
② （唐）孔颖达：《宋本周易注疏》卷11，中华书局1988年版影印本，下册，第720页。
③ （宋）俞琰：《周易集说》卷31，《景印文渊阁四库全书》，台湾商务印书馆1986年版影印本，经部，第21册，第305页下栏。

《本义》卷首九图提出"伏羲以上没有文字，只有图画，可见作《易》之原"的基础上，将其延展到对圣人心易的探讨上。朱熹主张先有此理后有此画，来氏主张先有此心后有此画，体现了来氏试图糅合邵雍心为太极说与朱熹理为太极说，将理学易向心学易转变的倾向。朱注笔下的圣人"得其理而不假其物"，不借助卜筮而知吉凶是因为圣人体具蓍、卦、六爻之三德，掌握了太极之理，具有穷理致知的理性精神。来氏提出"圣人之心易"的概念，与朱熹提出的"圣人体具三德"和"得其理"相比，更能凸显主体的能动性和创发精神。就《大传》而言，来氏之说更贴近文本原意。但从调和的立场看，《易》之创作出自圣人之心，心具理，圣人先天本具的理性能力和伦理品格是作《易》之本，则朱注、来注又可达成一致。朱注所谓"得其理"指太极之理、至极之理、造化根源之理。来注"圣人之心易"指的是圣人神明之心具蓍卦之理而不假于蓍卦之物，神感神应，其具体内容即是其圆图所表达的"对待者数""主宰者理""流行者气"三条，其中蓍之德圆而神对应流行者气，卦之德方以知对应对待者数，六爻之义易以贡对应主宰者理。此主宰之理既是天道之理——造化之良知良能，也是人道当然之则——仁义之德，圣人应物，常人据爻变断疑，都是此太极之理主宰性的表现。

来氏将对待流行说与其错综说进行关联对应体现在《系辞》首章的注解工作上。"天尊地卑，乾坤定矣"节称："孔子因伏羲圆图阴阳一对一待，阴错乎阳，阳错乎阴，所以发此条。"注"是故刚柔相摩，八卦相荡"节称："孔子因文王圆图帝出乎震，成言乎艮，又文王序卦阴综乎阳，阳综乎阴，所以发此条。"证实了来氏结合《系辞》《说卦》文本，及邵雍先后天圆图，将宋代以来的对待流行说与其自创的错综说进行了关联对应，并试图以其错综新说统摄传统的对待流行说。来氏指出，《系辞》首章三条交代了圣人作《易》之本原，即在于圣人通过《易》书模写天地间对待流行之理。至此，来氏论圣人作《易》之原、作《易》之本，包含了两层意思：一是对待流行之理，二是圣人神明之心具此对待流行之理，并能够以卦画的形式将其表现出来，圣人所克配的天地易简之理贯通宇宙法则和人心法则，包括知能之理和仁义（贞一）之理两个方面。来氏除了用易简、知能、仁义来绾结天道与人道，还极力强调无私这一德性品质对于实现天人合一的关键作用，这也是理学各派的共同主张。私欲属于形气，私欲能否得到满足属于数，对私欲的节制则属于主宰之理，一个"私"字统会理、气、数三者。

前文已论，朱熹提出易有交易、变易两义，在具体的使用中又经常和对待流行范畴互换，且在解释"错综其数"的错字时，指出其有相对的意思，错综有阴阳交互之理，朱熹承认错综和交易变易、对待流行有一定的关联性，但朱熹并未将交易变易、对待流行与错综范畴直接相互置换。来知德则将交易变易、对待流行纳入其自创的错综说，并以此论述圣人作《易》之本。接下来我们通过对《系辞》相关章节注解的对照来阐明这个问题。

《系辞》"古者包犧氏之王天下也，仰则观象于天，俯则观法于地，观鸟兽之文，与地之宜，近取诸身，远取诸物，于是始作八卦，以通神明之德，以类万物之情"节，朱熹注称："俯仰远近，所取不一，然不过以验阴阳消息两端而已。神明之德，如健顺动止之性；万物之情，如雷风山泽之象。"① 此节来知德注称：

> 包牺氏之王天下也，仰观俯察，与鸟兽之文与地之宜，近取诸身，远取诸物，见得天地间一对一待成列于两间者，不过此阴阳也。一往一来流行于两间者，不过此阴阳也。于是画一奇以象阳，画一偶以象阴，因而重之以为八卦，以通神明之德，以类万物之情。②

《本义》注乾卦称"伏羲仰观俯察，见阴阳有奇偶之数，故画一奇以象阳，画一偶以象阴"，③ 以阴阳爻画为数，来氏亦采朱熹此注讲伏羲画卦作《易》之事。上文来知德注"八卦成列，象在其中矣"句，采取了朱熹横图之说，即主张乾一兑二至艮七坤八分列于左右，从而成八卦形体之象。④ 此节朱注简略，只提及伏羲画卦以验阴阳消息两端，来氏则以对待、流行范畴进一步阐释朱熹的注文。来氏称伏羲"画一奇以象阳，画一偶以象阴"，此二画一对一待成列于天地间，一往一来流行于天地间，此正朱注所谓"阴阳消息两端"。

朱熹注《系辞》"乾坤其易之缊邪？乾坤成列，而易立乎其中矣。乾坤毁，则无以见易，易不可见，则乾坤或几乎息矣"节，兼取筮法和世界

---

①　（宋）朱熹：《周易本义》卷3，中华书局2009年版点校本，第246页。

②　（明）来知德：《周易集注》卷14，《景印文渊阁四库全书》，台湾商务印书馆1986年版影印本，经部，第32册，第369页下栏。

③　（宋）朱熹：《周易本义》卷1，中华书局，2009年点检本，第29页。

④　（明）来知德：《周易集注》卷14，《景印文渊阁四库全书》，台湾商务印书馆1986年版影印本，经部，第32册，第366页下栏。

观两个角度，其中易字不仅指易书之易，也指变易之易。注称："易之所有，阴阳而已。凡阳皆乾，凡阴皆坤。画卦定位，则二者成列而易之体立矣。乾坤毁，谓卦画不立；乾坤息，谓变化不行。"[①]《易》中有三画的乾坤，有六画的乾坤。此节"乾坤成列"，结合朱注"八卦成列"为乾一到坤八成列，在因而重之之前[②]，则其所指应为三画的乾坤。然而此段朱熹提出"凡阳皆乾，凡阴皆坤"的易学命题，则其所强调的非三画六画，而是乾坤的阴阳属性，即一阳画可称乾，一阴画可称坤。"成列"，即朱熹所谓交易、对待之义；"变化"，即朱熹所谓变易、流行之义。与汉易以三画的乾坤并建而成变化根源的传统说法相比，朱熹以一阳画一阴画成列构成变化的根源，是受了邵雍圣人画卦作《易》说的影响，实际上是以邵雍所谓的阴阳两仪作为交易变易的主体。俞琰《周易集说》注《系辞》"刚柔者，立本者也"节，继承发挥了朱熹的这一思想。注云："《易》六十四卦，凡三百八十四爻，不过一刚一柔而而已。《易》中凡言刚柔，即九六也。乾九坤六，是以易之本立。易非九六，则何者为之本？"[③] 俞琰的这一注解承自朱熹。俞琰以刚柔两画为《易》之本，其实也是对朱注此节的阐发。朱注称："一刚一柔，各有定位，自此而彼，变以从时。"[④] 实际上已指出了刚柔两爻为对待流行、交易变易的主体。以阳九阴六（或乾九坤六）为刚柔所指，为《易》书之本、易道之本，这一训解相对于韩康伯、孔颖达的注疏而言，属于后起之新解。韩康伯注"刚柔者，立本者也；变通者，趣时者也"称"立本况卦，趣时况爻"。[⑤] 孔颖达疏称"卦既总主一时，爻则就一时之中各趣其所宜之时"，[⑥] 孔疏基本是遵照韩康伯的思路，韩孔都是以立本形容不易之卦体，而以趣时形容爻变。"刚柔者，立本者也"句，来知德未采取韩、孔之注疏，而是汲取了朱熹、俞琰之说，来注云：

> 《易》六十四卦三百八十四爻，不过一刚一柔，九六而已。《易》

---

① （宋）朱熹：《周易本义》卷3，中华书局2009年版点校本，第242页。

② （宋）朱熹：《周易本义》卷3，中华书局2009年版点校本，第244页。

③ （宋）俞琰：《周易集说》卷32，《景印文渊阁四库全书》，台湾商务印书馆1986年版影印本，经部，第21册，第315—316页。

④ （宋）朱熹：《周易本义》卷3，中华书局2009年版点校本，第244页。

⑤ （晋）韩康伯：《周易系辞下第八》，《周易》卷8，《汉魏古注十三经》，中华书局1998年版影印本，上册，第55页。

⑥ （唐）孔颖达：《宋本周易注疏》卷12，中华书局1988年版影印本，下册，第741—742页。

有九六，是为之本。无九六，则以何者为本？故曰立本。[1]

两相对照，不难发现来氏"《易》有九六，是为之本"命题的提出，其直接来源是俞琰之注。来氏认为一部《易》书，就是乾坤九六之数的对待和流行关系，六十四卦三百八十四爻体现了七八九六之数的变化。《系辞》"乾坤其易之缊邪？乾坤成列，而易立乎其中矣。乾坤毁，则无以见易，易不可见，则乾坤或几乎息矣"节，俞琰《周易集说》注云：

> 缊之义与《论语》"缊袍"之缊同，衣中之绵絮胎是也。"乾坤其易之缊耶"，谓乾坤缊于《易》六十四卦之中，非谓《易》缊于乾坤两卦之中也。《易》中所缊，奇偶是也。奇为九，偶为六。凡九皆乾，凡六皆坤。六十四卦，凡三百八十四爻，为奇者百九十二，皆乾画也；为偶者百九十二，皆坤画也。以每爻三十六策积之，则六千九百一十二，皆乾策也；以每爻二十四策积之，则四千六百八，皆坤策也。合之，则万有一千五百二十，无非皆乾坤之策。兹非乾坤为《易》之缊乎其中矣？易之所以为易者，乾九坤六之变易也。两不立则一不可见，故九六毁而不成列，则无以见其为易也。易不可见，则乾坤九六两者之用息矣。乾坤未尝毁，亦未尝息，特以爻画之九六若不成列，则无以见其变易之理尔。下篇云"刚柔者，立本者也"，本即缊之谓也。前言"易行乎其中"，此言"易立乎其中"，立与行同欤？异欤？曰：立者，体也；行者，用也。[2]

此节来氏注云：

> 易者，易书也。缊者，衣中所著之絮也。乾坤其易之缊者，谓乾坤缊于《易》六十四卦之中，非谓《易》缊于乾坤两卦之中也。成列者，一阴一阳对待也，既有对待，自有变化。毁谓卦画不立，息谓变化不行。盖《易》中所缊者皆九六也，爻中之九皆乾，爻中之六皆坤，九六散布于二篇而为三百八十四爻，则乾坤成列而《易》之本立乎其中矣。《易》之所以为《易》者，乾九坤六之变易也。故九六毁，

---

① （明）来知德：《周易集注》卷14，《景印文渊阁四库全书》，台湾商务印书馆1986年版影印本，经部，第32册，第367页上栏。

② （宋）俞琰：《周易集说》卷31，《景印文渊阁四库全书》，台湾商务印书馆1986年版影印本，经部，第21册，第313页。

不成列，九独是九，六独是六，则无以见其为《易》，《易》不可见则独阳独阴不变不化，乾坤之用息矣。乾坤未尝毁，未尝息，特以爻画言之耳。乾坤即九六，若不下个缊字，就说在有形天地上去了。①

对照俞琰与来氏对此节的注释，可知来注基本采纳俞注并有所变化。两者都不以乾坤为两卦，而是以乾坤为九六，俞琰又称乾坤为奇偶、为乾画坤画，来氏又称乾坤为阴阳，只是称谓不同，仍是九六爻之义。俞琰在以乾坤为乾画坤画的基础上，又进一步以乾策坤策这个更小的单位来称谓乾坤，并以之为《易》书之缊，可以说把这个问题讲得非常透彻了。来氏训"缊"为衣絮，将"乾坤其易之缊"解释为九六之画是《易》六十四卦的基本构成单位，而非《易》缊于乾坤二卦之中，这是其《集注》直接采用俞琰说法的体现。对"易"字的训解，俞琰和来氏都将其训为变易。俞琰采用了张载"两不立则一不可见"命题来解释"成列"，认为九六成列，方可见乾九坤六之变易，虽未言交易二字，实际上已包含了交易（或对待）是变易（或流行）的前提这一思想。来氏则指出"成列"即是一阴一阳对待，有对待方有变化，其思想主旨和俞琰是一致的。两人都是从筮法上注解此节，反对说到有形天地上去。不以乾坤为天地，也不以之为健顺之德，而是将其看作阴阳两爻，实际就是邵雍横图所讲卦画形成的过程，即太极分出阳爻和阴爻两仪的过程。这样，来氏所说的"错"不仅指八卦或六十四卦的相对、相错关系，还可以归约为阴阳两画的对待相错关系。朱熹认为易书之易的基本内容或单位就是乾坤二画，乾为阳画，坤为阴画。以乾坤为卦画之乾坤，而非天地之乾坤或卦体之乾坤。乾坤二画成列，则阴阳定位，易之体得以确立；乾坤二画毁灭，则易书之易失去了确立的根基，乾坤若不相交，卦爻之变化也无法推行。这是朱熹交易变易说、对待流行说在筮法上的表现。

来氏注《系辞》"一阴一阳之谓道"章道："圣人作《易》之初，不过此阴阳二画。"② 又其注《系辞》"《易》之为书也不可远，为道也屡迁，变动不居，周流六虚，上下无常，刚柔相易，不可为典要，惟变所适"道：

---

① （明）来知德：《周易集注》卷13，《景印文渊阁四库全书》，台湾商务印书馆1986年版影印本，经部，第32册，第363页下栏。

② （明）来知德：《周易集注》卷13，《景印文渊阁四库全书》，台湾商务印书馆1986年版影印本，经部，第32册，第345页下栏。

　　《易》之为书不可远，以其为道也屡迁，所以不可远也。何也？《易》不过九六。是九六也，变动不居，周流于六虚之间，或自下而上，或自上而下，或刚易乎柔，或柔易乎刚，皆不可以为一定之典要，惟其变之所趋而已。道之屡迁如此，则广大悉备，无所不该，此所以不可远也。①

　　来氏称易不过九六，即不过阴阳二画之意，此二画周流于一卦六爻之位，有上下刚柔之变易，易道无所不包，所为一阴一阳之道其要即在此阴阳两画的对待流行关系。

　　前文已论，朱熹联系"八卦相错"讲交易之义，认为占筮过程中的阴阳老少之变是变易，卦成之后体现在伏羲圆图上的阴阳对待相交是交易，变易（即流行）就占筮而言，交易（即对待）就卦图而言。对待、流行之说在朱熹时代是普遍共识，非朱熹自创。项安世注"天地定位"章称"天地以上下直对，水火以东西横对，雷风山泽以四角斜对"，② 亦是取对待义。俞琰注此章称：

　　　　乾南坤北，离东坎西，兑居东南，震居东北，巽居西南，艮居西北，康节邵子以此为伏羲八卦，所谓先天之学也。夫天上地下，一高一卑，此定位也。故乾南坤北上下正相对，山通泽之气，泽通山之气，山泽之气往来相通，故艮居西北，兑居东南，上下斜对。风得雷而烈，雷得风而迅，雷风相薄而相为用，故震居东北，巽居西南，上下斜对，水火本一燥一湿而相害者也，今一东一西而横对，则不相犯也。八卦相错，谓八卦列于八方，其画皆以一阴对一阳，二阴对二阳，三阴对三阳，而又交相错杂之象。③

　　俞琰列出了上下正相对、上下斜对和东西横对等八卦相对的三种情形，此相对即是对待流行之对。俞琰认为"八卦相错"是指八卦列于东西南北、东北西南、西北东南等八方，不仅其所处的方位相对，其卦画也是

---

①　（明）来知德：《周易集注》卷14，《景印文渊阁四库全书》，台湾商务印书馆1986年版影印本，经部，第32册，第385页。

②　（宋）项安世：《周易玩辞》卷15，《景印文渊阁四库全书》，台湾商务印书馆1986年版影印本，经部，第14册，第426页上栏。

③　（宋）俞琰：《周易集说》卷36，《景印文渊阁四库全书》，台湾商务印书馆1986年版影印本，经部，第21册，第353页上栏。

正相反对。邵雍据此节而发挥出伏羲先天八卦方位图，所指是三画的八卦，但俞琰称"其画皆以一阴对一阳，二阴对二阳，三阴对三阳"，应是指两两成对的三画卦，其初画、二画、三画都分别阴阳相反对。此种相对的情形，呈现出交相错杂之象。来氏将八卦相错解释为八卦的卦画各相反对，故以对待训释"错"字，项安世、俞琰已有明确的表述。又蔡清注"天地定位"章称：

> "天地定位"四句，对待者也；"数往者顺"四句，流行者也。讲此者当先言伏羲始画八卦乾一兑二离三震四云云，此是横图，乃作《易》之根原也。为其无以象浑天之形，阴阳消息之数，故以此规为圆图，取乾坤而南北之，取兑艮而东南西北之云云。[①]

蔡清认为"天地定位"节既有对待义，又有流行义，具体来说，"天地定位，山泽通气，雷风相薄，水火不相射"四句讲对待，"数往者顺，知来者逆"二句讲流行。蔡清认为此节须先从伏羲画卦看，从乾一到坤八，此小横图是"卦画之成"的过程，体现了太极、两仪、四象、八卦的生成过程，故为作《易》之根原。在此横图基础上，为了进一步将浑天之形、阴阳消息之数模拟形容出来，则须将其规为圆图，配以八方之位，置乾坤于南北，置兑艮于东南西北等，遂成伏羲先天八卦圆图。蔡清认为，横图体现的是卦画之成，圆图体现的是卦气之运，而方图则一向皆逆。即便如此，蔡清并未将对待流行与"错综"二字作对应理解。蔡清解"八卦相错"，沿用的是邵雍朱熹的成说，即三画的八卦继续以加一倍法，按照乾一兑二到艮七坤八的次序，经过四画、五画再到六画而成六十四卦的过程。蔡清未将"八卦相错"的错字训为对待义或交易义，蔡清此节所说的对待指的是"天地定位"到"水火不相射"四句。蔡清主张此节既包含了对待，又包含了流行，是横图基础上的圆图，是伏羲作《易》之根原，来知德则主张此节是讲伏羲圆图《易》之对待，两人的主张是有差异的。又蔡清注"帝出乎震"道："后天之易乃文王取伏羲先天卦位而更置之，以八卦之位当一岁之运，起震终艮，为造化流行之序也。"[②] 认为先有伏羲先天卦位，后来文王在此基础上调整卦位，有了离南坎北震东兑西的后天八

① （明）蔡清：《易经蒙引》卷12上，《景印文渊阁四库全书》，台湾商务印书馆1986年版影印本，经部，第29册，第741页。
② （明）蔡清：《易经蒙引》卷12上，《景印文渊阁四库全书》，台湾商务印书馆1986年版影印本，经部，第29册，第747页下栏。

卦方位，起震终艮，模拟一年四季的运行，故为造化流行之序。以文王卦位讲阴阳流行，蔡渊已明确表述过，蔡清也只是因袭蔡渊之说。来氏以伏羲文王圆图讲对待流行，朱熹、蔡渊、俞琰、蔡清等为其提供了充分的思想准备，俞琰《集说》以对待解"八卦相错"的错字，可以看作来知德论错综之义的直接思想来源。蔡清《蒙引》对邵朱先后天八卦方位图的体用关系及相须关系作出过较为详细的讨论，认为"伏羲八卦乃对待之体，而谓之先天；文王八卦乃流行之用，而谓之后天"，① 来知德"伏羲之图《易》之对待，文王之图《易》之流行"的命题即由此生发。来氏以其错综新说进一步统合对待流行说，认为对待流行分别体现在先后天八卦方位图上，都可以从卦图上看出。来氏认为"八卦相错"不能解作八卦变成六十四卦的成卦过程，而应该解释为八个小成卦两两相对，以强调此对待关系是生物成物之功的前提。他批评了宋儒邵雍和朱熹对这一句的误读。来氏注"天地定位"节道：

> 相薄者，薄激而助其云雨也。不相射者，不相射害也。相错者，阳与阴相对待，一阴对一阳，二阴对二阳，三阴对三阳也。故一与八错，二与七错，三与六错，四与五错，八卦不相错，则阴阳不相对待，非《易》矣。宋儒不知错综二字，故以为相交而成六十四卦，殊不知此专说八卦逆数方得相错，非言六十四卦也。乾一兑二离三震四前四卦为往，巽五坎六艮七坤八后四卦为来。数往者顺，数图前四卦乾一至震四往者之顺也；知来者逆，知图后四卦巽五至坤八来者之逆也。是故易逆数者，言因错卦之故，所以易逆数，巽五不次于震四而次于乾一也。〇惟八卦既相错，故圣人立圆图之卦，数往者之既顺，知来者之当逆，使不逆数，而巽五即次于震四之后，则八卦不相错矣。是故四卦逆数，巽五复回次于乾一者，以此。②

朱熹注"天地定位"节云："邵子曰：'此伏羲八卦之位，乾南坤北，离东坎西，兑居东南，震居东北，巽居西南，艮居西北，于是八卦相交而成六十四卦，所谓先天之学也。'"③ 朱熹采用邵说将"八卦相错"解为

---

① （明）蔡清：《易经蒙引》卷 12 上，《景印文渊阁四库全书》，台湾商务印书馆 1986 年版影印本，经部，第 29 册，第 748 页上栏。
② （明）来知德：《周易集注》卷 15，《景印文渊阁四库全书》，台湾商务印书馆 1986 年版影印本，经部，第 32 册，第 398—399 页。
③ （宋）朱熹：《周易本义》卷 4，中华书局 2009 年版点校本，第 262 页。

"八卦相交而成六十四卦"。来氏出于对"错综"二字的独特领悟，对"八卦相错"作出了不同的解释，故而对邵朱的这一提法也予以了批评。来氏将"八卦相错"解为"一阴对一阳，二阴对二阳，三阴对三阳"，采取的是俞琰的原话，但来氏又进而阐发为"故一与八错，二与七错，三与六错，四与五错，八卦不相错，则阴阳不相对待，非《易》矣"，将八卦乾一兑二离三震四巽五坎六艮七坤八的两两相对关系解释为"八卦相错"，将俞琰的题中之义明确表达了出来。来氏否定邵朱等宋儒以"八卦相错"为讲六十四卦生成过程的说法，认为其错误缘于对"错综"二字的误解。来氏解乾一至震四为顺，巽五至坤八为逆，这是既有成说，但他提出在横图巽五次于震四，在圆图巽五却次于乾一而非震四，其原因就在于前四卦顺数，后四卦逆数。假如不是后四卦逆数，则圆图中八卦之位就无法相错，后四卦逆数是八卦在伏羲圆图中得以相错的前提。又来氏注"雷以动之"节道：

> "天地定位"上章言八卦之对待，故首之以乾坤。此章言八卦对待生物之功，故终之以乾坤。乾坤始交而为震巽，震巽相错，动则物萌，散则物解，此言生物之功也。中交而为坎离，坎离相错，润则物滋，晅则物舒，此言长物之功也。晅者，明也。终交而为艮兑，艮兑相错，止则物成说，则物遂此，言成物之功也。若乾，则为造物之主，而于物无所不统；坤则为养物之府，而于物无所不容。六子不过各分一职以听命耳。右第四章。此章言伏羲八卦相错，生物成物之功。[1]

来氏将八卦相错解释为八卦之位、八卦之画两两相对，并将此节雷动风散、雨润日晅、艮止兑说解释为乾坤始交、中交、终交下的生物、长物和成物之功，在理论上体现为以对待为乾坤生物成物之功的必要前提。四库馆臣撰清人查慎行《周易玩辞集解提要》称："……次为《八卦相错说》，谓相错是对待，非流行，又谓相错只八卦，非六十四卦相错。"[2] 查慎行主张"八卦相错"是指八卦对待，且只有八卦相错，六十四卦不得相错，其看法主要来自俞琰、来知德。事实上，在来氏易学哲学体系中所谓

---

① （明）来知德：《周易集注》卷15，《景印文渊阁四库全书》，台湾商务印书馆1986年版影印本，经部，第32册，第399页上栏。

② （清）永瑢：《四库全书总目》卷6，中华书局1965年版影印本，上册，第41页。

相错不限于八卦相错，还推广到六十四卦两两相错，但六十四卦相错说到底还是基于八个小成卦相错。来氏云："乾与坤错，坎与离错，泽风与山雷相错，风泽与雷山相错。六十四卦惟此八卦相错，其余皆相综。"① 又云："错者，阴与阳相对也。父与母错，长男与长女错，中男与中女错，少男与少女错，八卦相错，六十四卦皆不外此错也。天地造化之理，独阴独阳不能生成，故有刚必有柔，有男必有女，所以八卦相错。"② 从造化实体来看，独阴独阳不能生成，则八卦相错，阴阳对立，是万物生成的前提。相错本来是指小成八卦两两相错，实际上六十四卦都不外乎此错，如师与同人相错，但此二卦并未在通行卦序中前后成对出现，这也是来氏作错综图揭示错综原则通行于六十四卦之间的原因所在。俞琰《读易举要》举同人卦包含"大师克相遇"之辞来讲师卦乃此卦之伏体，来氏错综图则是将这一卦例变成六十四卦通例。因此，来氏相错对待不仅体现在伏羲圆图上，其《集注》卷首的错综图、八卦所属相错图、八卦六爻变自相错图等图式也都包含了六十四卦皆相错的思想。来氏相综体例仿此。来氏注《说卦》"帝出乎震"章，使用卦气说及阴阳五行理论，以明文王圆图乃易之流行。他说：

> 此文王圆图。帝者，阳也，阳为君，故称帝，"乾以君之"乃其证也。且言帝，则有主宰之意，故不言阳而言帝。……震方三阳开泰，故曰出。致者，委也。坤乃顺承天，故为阳所委役。至戌亥之方，阳剥矣，故与阴战。曰战乎乾者，非与乾战也，阳与阴战于乾之方也。伏羲圆图之乾以天地之乾言，文王圆图之乾以五行乾金之乾言。至坎，则以肃杀相战之后，适值乎慰劳休息之期，阳生于子，故曰劳。至艮方，阳已生矣，所以既成其终，又成其始。③

来氏认为文王圆图卦气流行中的主宰之帝是阳君（"乾以君之"之君），而非主宰之理，阴与阳交战于西北乾位，流行中有对待。范仲淹提出气为实体，理为模型的范畴，他以阴阳二气为世界万物的根源，以乾阳

---

① （明）来知德：《周易集注》卷6，《景印文渊阁四库全书》，台湾商务印书馆1986年版影印本，经部，第32册，第183页下栏。

② （明）来知德：《周易集注》卷首上，《景印文渊阁四库全书》，台湾商务印书馆1986年版影印本，经部，第32册，第8页下栏。

③ （明）来知德：《周易集注》卷15，《景印文渊阁四库全书》，台湾商务印书馆1986年版影印本，经部，第32册，第399页下栏。

刚健之气为造化之"真宰",万物变化和四时运行的规律、法则就是理。[①]
来氏在形而下的发育流行层面以乾阳为主宰之帝,继承了范仲淹的这一传
统说法。又其注"万物出乎震"章道:

> 此因文王圆图"帝出乎震"八句,孔子解之。虽八卦震、巽、
> 离、坤、兑、乾、坎、艮之序,实春夏秋冬五行循环流行之序也。盖
> 震巽属木,木生火,故离次之。离火生土,故坤次之。坤土生金,故
> 兑乾次之。金生水,故坎次之。水非土亦不能生木,故艮次之,水土
> 又生木火。此自然之序也。若以四正四隅论,离火居南,坎水居北,
> 震,动也,物生之初故居东;兑,说也,物成之后故居西:此各居正
> 位者也。震阳木,巽阴木,故巽居东南巳方;兑阴金,乾阳金,故乾
> 居西北亥方;坤阴土,故居西南;艮阳土,故居东北:此各居四隅者
> 也。右第五章。此章言文王圆图,帝出乎震一节言八卦之流行,后一
> 节言八卦流行生成物之功。[②]

来氏从文王八卦方位四正四隅谈到离南坎北,实际上是主张流行中亦
有对待。他从五行相生的关系来讲五行之气的流行,与其论河图洛书里的
五行之气、五行之质的流行是一致的。来氏使用文王八卦的离坎震兑四正
卦说来讲阴阳流转关系,将其看成与伏羲八卦的乾坤坎离四正卦说具有同
等重要的地位,这与邵雍、朱熹重先天轻后天的理论倾向是颇为不同的。
来氏圆图图说云:"盖伏羲之图易之对待,文王之图易之流行,而德之图
不立文字,以天地间理气象数不过如此,此则兼对待、流行、主宰之理而
图之也。故图于伏羲、文王之前。"来氏圆图糅合了伏羲图和文王图,所
以能将对待、流行关系合为一体,其自信就在于其融合先后天图为一体的
理论创造。来知德以《说卦》"天地定位"章讲八卦之对待,以"帝出乎
震"章讲八卦之流行,汲取了项安世、俞琰、蔡清等前贤的说法而有所发
展。前文已论,蔡渊已论述过先后天图相须不离,蔡清《易经蒙引》所引
梁氏之说亦云:"梁氏谓邵子以此为文王八卦,盖因坤、蹇、解三卦象辞
而推之也。伏羲八卦乃对待之体,而谓之先天;文王八卦乃流行之用,而
谓之后天。二者之次序固为不同,而亦未尝不相须也。"[③] 来知德指出朱熹

---

①　蒙培元:《理学范畴系统》,人民出版社 1989 年版,第 6—7 页。
②　(明)来知德:《周易集注》卷 15,《景印文渊阁四库全书》,台湾商务印书馆 1986 年版
　　影印本,经部,第 32 册,第 400 页。
③　(明)蔡清:《易经蒙引》卷 12 上,《景印文渊阁四库全书》,台湾商务印书馆 1986 年版
　　影印本,经部,第 29 册,第 748 页上栏。

称此两章"未详"，承认自己讲不通，在于他不懂得伏羲圆图和文王圆图分不得先后。他说：

> 神即雷风之类，妙即动挠之类，以其不可测故谓之神，亦如以其主宰而言谓之帝也。动，鼓也。挠，散也。燥，干也。泽，地土中之水气皆是也。水者，冬之水，天降雨露之属皆是也。逮，及也，谓相济也。既，尽也。成，生成也。前节言伏羲之对待，曰雷动风散者，雷风相对也；曰雨润日晅者，水火相对也；曰艮止兑说者，山泽相对也。此节言文王之流行，曰动万物者春也，曰挠万物者春夏之交也，曰燥万物者夏也，曰说万物者秋也，曰润万物者冬也，曰终始万物者冬春之交也，所以火不与水对，山不与泽对。先儒不知对待流行，而倡为先天后天之说，所以《本义》于此二节皆云未详，殊不知二图分不得先后。譬如天之与地，对待也；二气交感，生成万物者，流行也。天地有先后哉？男之与女，对待也；二气交感，生成男女者，流行也，男女有先后哉？所以伏羲、文王之图不可废一，孔子所以发二圣千载之秘者，此也。此节乃总括上四节二图不可废一之意，所以先儒未详其义。〇神也者，妙万物而为言者也。以文王流行之卦图言之，雷之动，风之挠，火之燥，泽之说，水之润，艮之终始，其流行万物固极其盛矣，然必有伏羲之对待，水火相济，雷风不相悖，山泽通气，然后阳变阴化，有以运其神，妙万物而生成之也。若止于言流行而无对待，则男女不相配，刚柔不相摩，独阴不生，独阳不成，安能行鬼神成变化而动之挠之燥之说之润之以终始万物哉？第三章天地定位，第四章雷以动之，言伏羲圆图之对待，第五章"帝出乎震"二节言文王圆图之流行，此则总二圣之图而言文王之流行必有伏羲之对待而后可流行也。①

来氏认为，阴阳对待是阴阳流行的基础和前提，离开了对待，则独阴独阳难以生成。对待、流行是相须不离的关系，如果离开了流行（"若不相摩荡"），对待之男女就成了死物，哪里还能生成万物？所以文王之易不能小视，先后天之易的区分并不妥当。邵雍、朱熹兴趣在先天之学，称六十四卦卦爻辞为后天之学。邵氏之易不注卦爻辞，朱熹《本义》注文也甚

---

① （明）来知德：《周易集注》卷15，《景印文渊阁四库全书》，台湾商务印书馆1986年版影印本，经部，第32册，第400—401页。

简略，多少跟他们推崇画前之易和先天之理，鄙薄后天之学有关。来氏认为，伏羲之易蕴含了阴阳定位、对待不移之理，表现在伏羲大小圆图上，不仅三画的八卦两两相错，六画的六十四卦，从乾一到坤八，所属的各卦也两两相错。孔子据此相错之理，而作《系辞》首章"天尊地卑"一条。文王之易讲气的流行，文王排序六十四卦，使之两两成对，其中相综者五十六卦，每对相综的两卦同体，一上一下颠倒方成两卦，此种相综关系也是易之气流行不已在卦象形体上的表现。文王安排《周易》下经以咸恒为首，咸恒二卦从卦体构成上体现了少男少女、长男长女之交感，包含阴阳流行之义。孔子据此流行之义作《系辞》"刚柔相摩"一条及《说卦》"帝出乎震"节，刚柔相摩代表了造化自然阴阳二气的交感，离坎震兑后天八卦的四正卦代表了春夏秋冬一年四季的气运。将先后天图合看，来氏称有对待，其气运必流行不已；有流行，其象数必对待不移。对待、流行不可分离，谈一方则另一方也必然相伴出现。正如刚柔相摩，必待双方始可相摩，只有刚或只有柔，不成相摩，万物之男女道理也是如此，独阴独阳不能生成。为此，来氏作伏羲文王错综图（图6-2），包括伏羲圆图相错图和文王序卦相综图二图，来氏认为有了此图，就可不用伏羲圆图。

> 右文王序卦六十四卦，除乾、坤、坎、离、大过、颐、小过、中孚八个卦相错，其余五十六卦皆相综，虽四正之卦如否、泰、既济、未济四卦，四隅之卦，如归妹、渐、随、蛊四卦，此八卦可错可综，然文王皆以为综也。故五十六卦止有二十八卦，向上成一卦，向下成一卦，共相错之卦三十六卦。所以上经分十八卦，下经分十八卦。其相综自然而然之妙，亦如伏羲圆图相错。自然而然之妙，皆不假安排穿凿，所以孔子赞其为"天下之至变"者，以此。汉儒至宋儒止以为上下篇之次序，不知紧要与圆图同，诸象皆藏于二图错综之中。惟其不知序卦紧要之妙，则《易》不得其门而入矣，因此将二图并列之。因有此相错图，所以不用伏羲圆图。①

此为来氏的发明。② 此图将二图合并，所以可以分作两部分看，一是上方的相错图，二是下方的相综图。但又须合看，因为上方相错图六十四

---

① （明）来知德：《周易集注》卷首上，《景印文渊阁四库全书》，台湾商务印书馆1986年版影印本，经部，第32册，第16—18页。

② 按，此图下方相综图部分，四库本缺咸卦，困卦重复，致使八组相综卦排版错乱，这是四库本《周易集注》的一处硬伤。

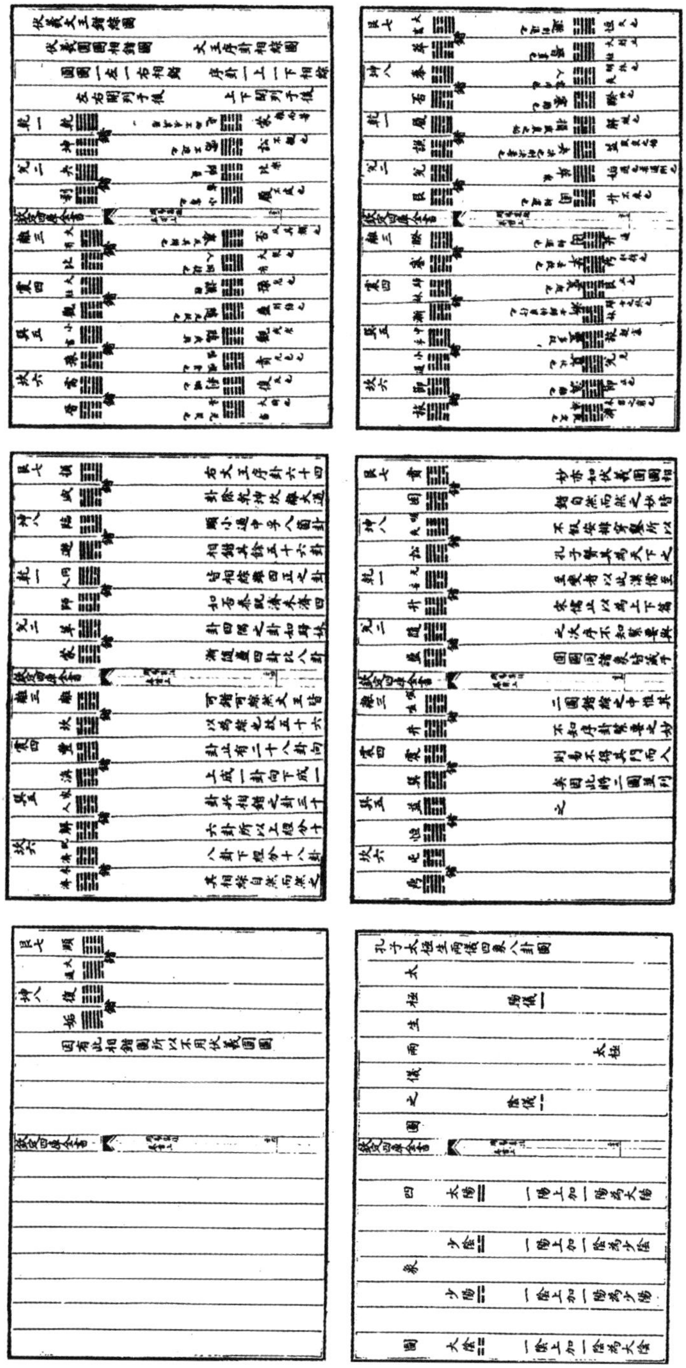

图 6－2 伏羲文王错综图

卦齐备，下方的相综图只有五十六卦，若不补上乾坤坎离大过颐小过中孚八个相错的卦，则下方的相综图无法反映六十四卦全貌。上方的相错图按照邵雍乾一兑二离三震四巽五坎六艮七坤八的次序排列，则乾兑离震四卦所属自然而然与坤艮坎巽四卦所属相错，实际上就是邵朱所说的大横图，将坤艮坎巽所属各卦逆向排列，一一分附在乾兑离震所属各卦的左侧。下方的相综图将《杂卦传》的文字分附在各卦之下，如屯卦下附"见而不失其所居"（四库本无此"见"字，高崙映本有此"见"字），蒙卦下附"杂而著"，其他五十四卦仿此。所缺的乾坤坎离大过颐小过中孚等八个相错的卦因在上方图中，不在下方图中，故而没有分附《杂卦传》相关文字，如"乾刚坤柔"，"离上坎下"，"大过颠也，颐养正也"，"小过过也，中孚信也"等《杂卦传》文字就无法呈现在来氏的这幅错综图中。

来氏自称其圆图包含了伏羲先天图和文王后天图，又自称其错综图可容纳伏羲圆图相错图和文王序卦相综图，表明其圆图与其错综图的精神实质是一致的。来氏此图下方相综卦部分，其思想主旨并非来氏首倡，俞琰《读易举要》中的《卦变》篇、刚来柔来上下图对此已有表达，俞琰、来知德都称自己从《杂卦传》和卦序中看出了端倪，但俞琰的思考重心在于将解经与占筮区别开来，认为传统的卦变说用于占筮，不宜用来解经，解经则须用俞氏所发明的前后两卦互参的倒体卦对说。来氏的思考重心不局限于解经，他不满于朱熹以先在之理为作《易》本原的说法，而是试图将圣人之心对错综之理的发明确立为作《易》之原。四库馆臣撰元陈应润《周易爻变义缊提要》称：

> 其书大旨谓义理元妙之谈堕于老庄，先天诸图杂以《参同契》炉火之说，皆非《易》之本旨。故其论八卦，惟据《说卦》"帝出乎震"一节为八卦之正位，而以"天地定位"一节邵氏指为先天方位者，定为八卦相错之用。谓文王演《易》必不颠倒伏羲之言，致相矛盾。……盖自宋以后毅然破陈抟之学者，自应润始。[①]

陈应润指出邵雍先天图乾南坤北之说杂以道教《参同契》丹经之学，并非《易》之本旨，质疑其"八卦未生，安得先有揲蓍之法"，指出邵雍以太少阴阳为四象的错误在于混淆了伏羲画八卦的作《易》之事和揲蓍之法的用《易》之事，由此宣告邵雍伏羲先天后天之说不成立。陈氏认为，

---

① （清）永瑢：《四库全书总目》卷4，中华书局1965年版影印本，上册，第27页。

邵雍据"天地定位"节所炮制的先天八卦方位是对孔子《说卦》文的误解，文王演《易》必然不会颠倒伏羲所确立的八卦方位，致使出现两种不一致的八卦方位。陈氏主张应以《说卦》"帝出乎震"为准，"天地定位"所定的就是乾西北坤西南之位，离南坎北，震东兑西，乾西北坤西南，巽东南艮东北就是伏羲所定八卦正位。邵氏所谓的乾南坤北之位，只不过是八卦相错之用，陈氏解"天地定位"四句为："夫天地之位既定（乾西北坤西南），艮东北，兑正西，少男少女之气感说，故曰山泽通气。震东方，巽东南，长男长女体乾用事，位相逼近，故曰雷风相薄。至于离南坎北，地相远也，故曰水火不相射。"①陈氏此解舍弃了邵朱以三画的八经卦为方位上正相反对的意见，坚持了《说卦》"帝出乎震"节所定的八卦方位。陈应润对邵氏先天图的否定是彻底的，他主张八卦方位图只有一个，邵氏主张的所谓伏羲先天图乾南坤北之说来自道教炼丹学，并非《易》之本旨。来氏取消先后天二图的划分，但仍信奉邵氏先天图为真，这与陈应润的立场不同。

本章小结

朱熹承认错综皆是言揲蓍求卦之事，并尝试从对待流行的视角使用错综范畴，自觉地以其交易变易说统摄对待流行说和反对说。来氏在朱熹基础上又以其筮法上的错综说涵蕴哲学上的交易变易说和对待流行说，使得错综范畴突破了单纯的易学意义而成了六十四卦的取象通例以及等价于对待流行说的阴阳二气运动变化法则的哲学理论。来氏对孔颖达"非覆即变"说做了哲学阐发，认为《周易》六十四卦卦序体现了天道和人事变化的规律，八卦中的错综之理，乃天地阴阳之对待和流行法则在《周易》中的反映。来氏从对待流行相须不离的观点出发，推导出伏羲文王二图不分先后的结论，反对朱熹以画前先在之理为作《易》之原，而认为圣人发明对待流行之理的心易才是作《易》本原。来氏认为汉儒、宋儒将卦序仅看作上下篇次序，却不知道卦序是《周易》的紧要处，易象都藏在这幅错综图里，而理又以易象为寓所，故而来氏称其自创的伏羲文王错综图是《周易》的入门处，可以代替伏羲文王之图。来氏试图取消先后天二图的

---

① （元）陈应润：《周易爻变易缊》卷首，《景印文渊阁四库全书》，台湾商务印书馆1986年版影印本，经部易类，第27册，第8页上栏。

划分，并以其自创的错综图取代伏羲文王先后天图，其背后的原因即在于试图以发明错综之理的圣人心易取代朱熹太极之理作为圣人作《易》的根原。来氏借助六十四卦内在的错综之理与其统一形式的错综之象以易学形态表达了理寓于卦象之中并为之主宰的哲学思想，这实质上同朱熹"与道为体"的道器一而二、二而一的思想是一致的。

第七章　错综说与易学史上卦变诸说

元代易学家解蒙注讼象云："先儒曰：《象传》论卦变自讼始，泰、否、随、蛊、噬嗑、贲、无妄、大畜、咸、恒、遁、晋、睽、解、升、鼎、渐、涣十九卦，多夫子所取也。"① 此十九卦象文涉及刚柔往来上下之辞，易学史上对此讨论甚夥，卦变诸说由此而起，来氏错综说即是其中一种。明代易学家魏濬《易义古象通》云："予尝总《象》之具有变义，凡十九卦，三阴三阳之卦十，二阴四阳之卦五，二阳四阴之卦四，而卦之一阴一阳者不与焉。盖阴阳各有其偶而后上下往来之象著，若本无所偶，而孤阴孤阳上下其间，变亦隐而不可见矣。"② 魏濬发现，十辟卦变说涵括了一阴一阳之卦到三阴三阳之卦，然而《象传》所论此十九卦没有一阴一阳之卦。魏濬解释称孤阴孤阳不成其变，阴阳各有其偶而后上下往来之象著，无偶则变隐。魏濬以阴阳对待作为变化的前提，其对《象传》"刚柔往来上下"等变辞的解释具有理学色彩。魏濬所谓"阴阳各有其偶而后上下往来之象著"，亦是来氏错综说所要表达的阴阳对待流行之意。后世所谓的卦变诸说在荀爽、虞翻为代表的汉易中基本都能找到其源头。程颐《易传》主乾坤卦变说，朱熹《本义》卷首卦变图采用十辟卦变说，但六十四卦经文注解多用汉易中的两爻挨换法，《易学启蒙》则采用《易林》一卦变六十四卦法。胡一桂指出朱熹在卦变问题上"前后不免异例"。俞琰认为，卦变从用途看，可以区分为用于占法和用于解经两种，用于解经的卦变法可以归一到反对卦变说，但俞琰卦变图也只罗列了 22 卦，并未真正完成其归一工作。董守谕《卦变考略》称朱子上经释变卦者九，唯讼卦与卦变图同，不免前后异例。卦变之说纷纷，成为来氏提出错综说（反

---

① （元）解蒙：《易精蕴大义》卷 2，《景印文渊阁四库全书》，台湾商务印书馆 1986 年版影印本，经部，第 25 册，第 572 页上栏。

② （明）魏濬：《易义古象通》总论，《景印文渊阁四库全书》，台湾商务印书馆 1986 年版影印本，经部，第 34 册，第 177 页。

对卦变说）的一个助缘。来知德创作错综图，欲以此讲通卦爻辞，并从中发挥出对待流行之理。黄宗羲、毛奇龄等明清之际易学家对易学史上的卦变说进行系统总结，对来氏错综说在易学史上的地位重新评估。来氏错综说与易学史上的卦变诸说既有区别，又存在着密切的关联。综卦说、卦综说异名同谓，均指除去乾坤坎离大小过颐中孚等八个相错卦之外，其余五十六卦两两相综，实为二十八对，如正看为屯，覆视为蒙。错综说，即所谓反对卦变说，包含相错的八卦和相综的五十六卦两种情形，错卦为反，综卦为对。来氏错综说出于孔疏的非覆即变说。来氏不仅以错综说解释卦序安排，还以此解说卦爻辞。来氏并非要追求六十四卦象辞关系的绝对一致，而是认为无论变与不变，《易》都不能脱离错综体例。汉代以来，反对卦变说（即来氏错综说）与其他卦变诸说多数时候是并存的状态，但也有分裂、斗争的阶段，厘清它们之间的分合斗争历程有助于加深我们对来氏错综体例的认识。

第一节　汉至两宋时期反对卦变说的提出与发展

错综说（即反对卦变说）是来氏最为得意的易学发现，来氏《集注·自序》云"又六年而悟卦变之非"，指以其自悟的错综说取代传统卦变说。来氏错综说分错卦说和综卦说两个方面而以综卦说为其主干内容。来氏以错综解刚柔上下等辞，自认为他的这一发现结束了千年来易象问题上的漫漫长夜，这一自诩性的表述招致种种非议和驳难，清四库馆臣称其孤陋寡闻、夜郎自大，明末以降的易学研究者基本达成共识，认为来氏之前确有易学家以反对卦变说解象辞，来氏并非第一人。接下来我们依时间顺序对错综说（反对卦变说）源流做一个纵向的考察。

一　反对卦变说的发端

《系辞》《说卦》《序卦》《杂卦》《象传》等十翼文本反映了通行本《周易》卦序安排的基本原则，《象传》刚柔往来上下之辞及相关爻辞表明反对卦变现象是《周易》固有之义。事实上，历代易学家也多据此阐发反对卦变。就其发端而言，大概有以下几种说法。

（一）扬雄说、虞翻蜀才说

税与权《易学启蒙小传序》持扬雄说：

《易》函万象者也，三易经卦皆八，其别皆六十有四，至孔子时《周易》独存，汉魏诸儒颇纷错之。朱文公采二吕氏、晁氏所传，著《易本义》，厘正文王、周、孔、上下经与十翼，共十二篇，而各还其旧。又以伏羲先天理数之原，特于《易学启蒙》而抉其秘，图象咸本诸邵氏。间与袁机仲谈后天易，则谓"尝以卦画纵横反覆求之，竟不得文王所以安排之意，是以畏惧勿敢妄为之说"。与权向从先师鹤山魏文靖公讲切邵氏诸书，乃于《观物篇》得《后天易上下经序卦图》，反覆视之，皆成十有八卦，然后知乾坤坎离颐中孚大小过不易之八卦为上下二篇之干，其互易之五十六卦为上下二篇之用。自汉扬子云谓"文王重《易》六爻，互用两卦十二爻"，而唐孔颖达亦谓"验六十四卦，二二相偶，非覆即变"，孔子就上下经名而序其相次之义。非邵氏此图，则后天易之旨千载不明矣。

……呜呼！孔子《杂卦》一传专以反对而发后天易互用两卦十二爻之深旨也。学者潜玩《杂卦》而参以子云、颖达之说，则于邵氏此图信其为写出天地自然之法象矣。朱文公殆亦留斯义以俟后人邪？辄不自揆，敬述而申之，曰《易学启蒙小传》。淳祐戊申中元日巴郡税与权序。[1]

税与权提到的《后天易上下经序卦图》在四库本邵雍《观物篇》中有说无图，税与权据邵雍叙述而补作此图，托言邵雍所作。[2] 税与权认为西汉扬雄"文王重《易》六爻，互用两卦十二爻"之说，专以反对而发后天易卦序之旨，其意义如同唐孔颖达所提出的六十四卦卦序"二二相偶，非覆即变"。如果税与权所引属实，则反对卦之说乃扬雄首倡。翻检《太玄经》《法言》《扬子云集》，未见扬雄此语，姑且存此一说，以备再考。[3]

---

[1] （宋）税与权：《易学启蒙小传序》，《易学启蒙小传》卷首，《景印文渊阁四库全书》，台湾商务印书馆1986年版影印本，经部，第19册，第2—3页。

[2] 邵雍《击壤集·观物吟》云："耳目聪明男子身，洪钧赋予不为贫。因探月窟方知物，未蹑天根岂识人？乾遇巽时观月窟，地逢雷处看天根。天根月窟闲来往，三十六宫都是春。"此处三十六宫是就邵氏先天易而言。邵雍《观物外篇》云："体者八变，用者六变，是以八卦之象，不易者四，反易者二，以六卦变而成八也。重卦之象，不易者八，反易者二十八，以三十六变而成六十四也。"此是就后天易而言上下经卦序。

[3] 《扬子云集》卷四云："宓牺氏之作《易》也，绵络天地，经以八卦，文王附六爻，孔子错其象而象其辞，然后发天地之藏，定万物之基。"《扬子法言》卷四载："或曰：经可损益欤？曰：《易》始八卦而文王六十四，其益可知也。"此两条材料均未明言文王持反对卦之说，只是主文王乃重卦之人，"孔子错其象"可解为两卦互参取象，如天行健、地势坤之类。

　　黄宗羲称反对卦变说肇始于虞翻、蜀才。黄氏云："然虞仲翔之释比曰'师二上之五，得位'，蜀才曰'此本师卦，六五降二，九二升五'，亦已发其端矣，特未以此通之于别卦也。"① 黄氏所据为李鼎祚《周易集解》，今检李氏《集解》所载比卦象辞注原作："虞翻曰：师二上之五，得位，众阴顺从，比而辅之，故吉""蜀才曰：'此本师卦'。案，六五降二，九二升五，刚往得中，为比之主，故能原究筮道以求长正而无咎矣"。② 则知黄氏误以李鼎祚的按语作蜀才注文的部分内容，两者虽主旨一致，但严格说来并非出自一人之笔。黄氏称虞翻、蜀才开了反对卦变说的先河，但没有将此法通之于别卦。

　　（二）王弼说、陆希声说

　　毛奇龄指出王弼"卦以反对"说属毛氏五易中的反易。王弼《周易略例·明卦适变通爻》及邢璹注云：

　　　　夫卦者，时也；爻者，适时之变也。夫时有否泰，故用有行藏；卦有小大，故辞有险易。一时之制，可反而用也；一时之吉，可反而凶也。故卦以反对，而爻亦皆变。

　　　　卦者，统一时之大义；爻者，适时中之变通。泰时则行，否时则藏。阴长则小，阳生则大。否卦辞险，泰卦辞易。一时有大畜之制，反有天衢之用；一时有丰亨之吉，反有羁旅之凶是也。诸卦之体，两相反正，其爻随卦而变。泰之初九拔茅汇征吉，否之初六拔茅汇贞，卦既随时，爻变亦准也。③

　　王弼提出了"卦以反对，而爻亦皆变"的观点，这是易学史上首次明确以反对形容两卦间的关系，并自觉地用反对卦变的思想解《易》中卦爻辞。邢璹注列举了否泰、大畜无妄、丰旅三组反对卦予以说明。否泰二卦既言卦体整体险易小大相反对，亦言两卦之初爻"征""贞"反对；丰旅就二卦整体反对而言吉凶；无妄"不利有攸往"、大畜"利涉大川"，无妄初九"往吉"，大畜初九"有厉，利已"，无妄上九"行有眚，无攸利"，大畜上九"何天之衢，亨"，其卦爻皆反对。将二卦合观，因包含艮

---

① （清）黄宗羲：《易学象数论》卷2，《景印文渊阁四库全书》，台湾商务印书馆1986年版影印本，经部，第40册，第31页下栏。

② （唐）李鼎祚：《周易集解》卷3，巴蜀书社1991年版点校本，第52页。

③ （魏）王弼：《周易略例》，《周易注》卷10，《汉魏古注十三经》，中华书局1998年版影印本，上册，第69页下栏。

体，无妄、大畜二卦都有"守""止""制"之义，后来黄宗羲《易学象数论》将邢璹此句发挥作"行有无妄之守，反有天衢之用"，这一发挥符合王弼、邢璹本义。

《周易义海撮要》收录有唐人陆希声注 232 条，陆氏注升卦九二云"升与萃为反对，萃之六二以尽诚于五，升之九二以推诚于五，故皆利用禴"，[①] 这是唐人采用反对卦体例注爻辞的一个具体事例，通过参看两卦，解释升萃二卦第二爻均出现"利用禴"一词的现象。与虞翻、蜀才相比，王弼、陆希声都明确使用了"反对"一词，且所涉卦体的解说符合后世通行的反对卦变说。

二　孔颖达、李挺之反对卦变说的系统化工作

孔颖达"二二相偶，非覆即变"的理论仅从卦序安排规律的意义上对六十四卦做了形式上的系统性表述，并未将此理论应用到解说卦爻辞中去。李挺之变卦反对图则以卦图排列和旁注的形式对六十四卦的卦象卦义做了系统化的处理。

（一）孔颖达就六十四卦的卦序安排提出"二二相偶，非覆即变"的论断

> 正义曰：序卦者，文王既由六十四卦分为上下二篇，其先后之次、其理不见，故孔子就上下二经各序其相次之义，故谓之《序卦》。焉其周氏就《序卦》以六门主摄。第一天道门，第二人事门，第三相因门，第四相反门，第五相须门，第六相病门。如乾之次坤、泰之次否等是天道运数门也。如讼必有师、师必有比等是人事也。如因小畜生履、因履故通等是相因门也。如遁极反壮、动竟归止等是相反门也。如大有须谦、蒙稚待养等是相须门也。如贲尽致剥、进极致伤等是相病门也。韩康伯云："《序卦》之所明，非《易》之缊也，盖因卦之次，托象以明义。"不取深缊之义，故云非《易》之缊，故以取其义理也。今验六十四卦二二相偶，非覆即变。覆者，表里视之遂成两卦，屯蒙需讼师比之类是也。变者，反复唯成一卦，则变以对之，乾坤坎离大过颐中孚小过之类是也。且圣人本定先后，若元用孔子《序卦》之意，则不应非覆即变。然则康伯所云"因卦之次，托象以

---

① （宋）李衡：《周易义海撮要》卷 5，上海古籍出版社 1989 年版影印本，第 155 页下栏。

明义"，盖不虚矣，故不用周氏之义。[①]

孔颖达认为，文王将《周易》分上下经并排列六十四卦卦序，孔子则就文王分篇和卦序安排的义理撰成《序卦传》一文。孔颖达引用了周氏"六门"之说，认为此说与孔子《序卦传》的说法都不能体现"二二相偶，非覆即变"的卦序排列思想，故孔颖达不用周氏之义，也含蓄地表达了对孔子《序卦传》不能真正揭示文王卦序安排精蕴的不满。孔颖达赞同韩康伯的看法，即孔子《序卦传》并非《周易》之缊，其作用也仅限于借助卦次，托象明义。孔颖达"二二相偶，非覆即变"的主张是真知灼见，就王弼"卦以反对"说进一步推导出六十四卦普遍适用的准则，使反对卦变说得以系统化。但孔颖达只以此表达卦序安排的规律，并未以此解说卦爻辞。

（二）李挺之变卦反对图、六十四卦相生图中的反对卦变思想

黄宗羲认为，北宋李挺之是继虞翻、蜀才之后真正懂得卦变的人。黄氏云："至李挺之所传变卦反对图，可谓独得其真，而又与六十四卦相生图并出，则择焉而不精也。"[②] 李挺之的变卦反对图和六十四卦相生图凭借朱震《汉上易传》得以传世。图 7-1 为《汉上易传》所载李挺之变卦反对图。[③]

李挺之变卦反对图共计八幅，第一幅为易之门万物之祖图，第二幅为不反对图，后六幅统称反对卦变图，这样其变卦反对图就包含不反对图和反对图两种异质的东西，其反对卦变说在后六幅二十八组反对卦里是通例，超出这个范围，即在前二幅图四组不反对卦里成了变例。李挺之所谓不反对卦即来氏所谓错卦，所谓反对卦即来氏所谓综卦。

下面分析这八图。第一图乾坤二卦为易之门万物之祖图，以乾坤为父母卦，卦画两侧象辞"万物资始""乾道变化""万物资生""坤厚载物"，象辞"天行健""地势坤"，卦辞"乾元亨利贞""坤元亨利牝马之贞"，爻辞"用九天德不可为首""用六利永贞"及《说卦》取象"称乎父""称乎母"皆两两对举，卦画、卦义相反合。第二图乾坤相索三交变六卦不反对图，是六画卦的乾坤相索，是对《说卦》三画卦乾坤相索生六子的发挥。李挺之所谓反对指的是屯蒙相反对之类，颐大过之类则是不反对关系。"坤体而乾来交""乾体而坤来交"，表明颐小过坎三卦本是坤体，大过中孚离三卦本是乾体。六画之卦，按天地人三才区分，上中下应各具两

① （唐）孔颖达：《宋本周易注疏》，中华书局 1988 年版影印本，下册，第 833—834 页。
② （清）黄宗羲：《易学象数论》卷 2，《景印文渊阁四库全书》，台湾商务印书馆 1986 年版影印本，经部，第 40 册，第 31 页下栏。
③ （宋）朱震：《汉上易传·卦图》卷上，上海古籍出版社 1989 年版影印本，第 314—317 页。

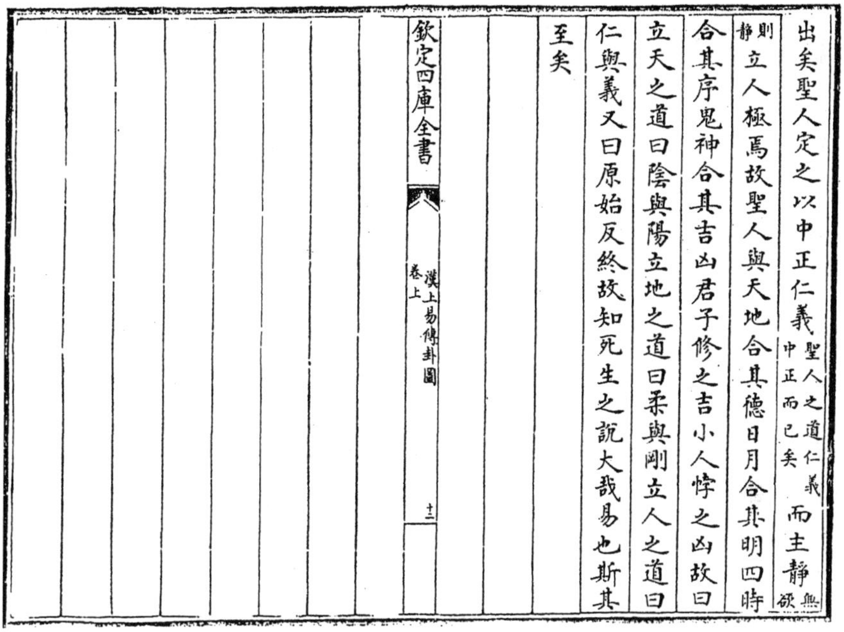

钦定四库全书　汉上易传卦图　卷上

出矣聖人定之以中正仁義而主靜（聖人之道仁義而已矣）（中正而已矣）（無欲故静虚　静則硬）
則立人極焉故聖人與天地合其德日月合其明四時
合其序鬼神合其吉凶君子修之吉小人悖之凶故曰
立天之道曰陰與陽立地之道曰柔與剛立人之道曰
仁與義又曰原始反終故知死生之說大哉易也斯其
至矣

钦定四库全书　汉上易传卦图　卷上

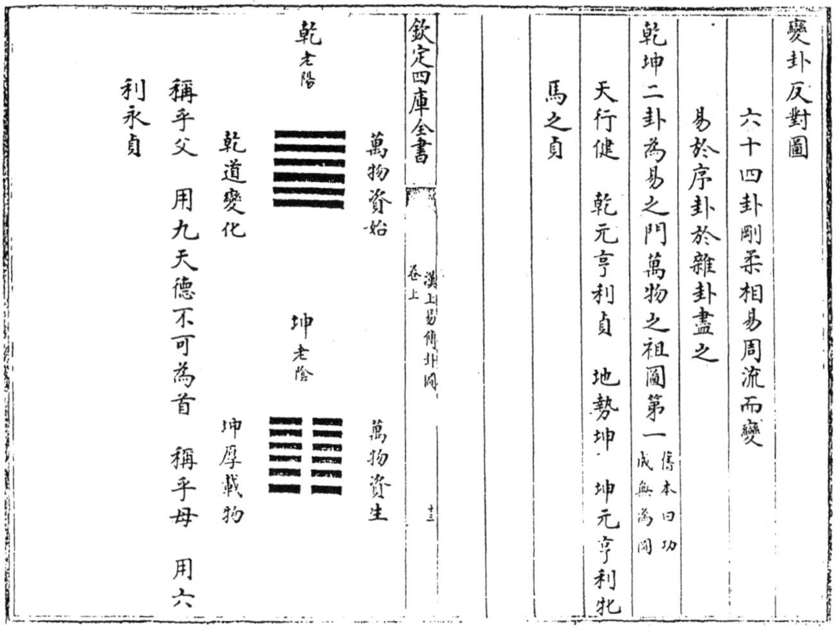

變卦反對圖

六十四卦剛柔相易周流而變
易於序卦於雜卦盡之（傳本曰功）（成無為間）
乾坤二卦為易之門萬物之祖圖第一
天行健　乾元亨利貞　地勢坤　坤元亨利牝
馬之貞

乾老陽　萬物資始　乾道變化
坤老陰　萬物資生　坤厚載物
稱乎父　用九天德不可為首　稱乎母　用六
利永貞

图7-1　《汉上易传》所载李挺之变卦反对图（1）

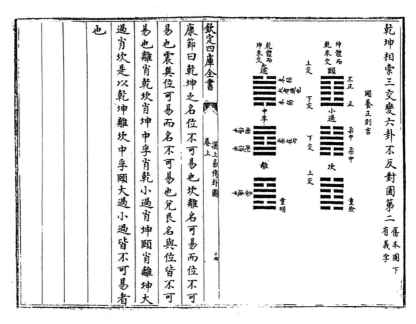

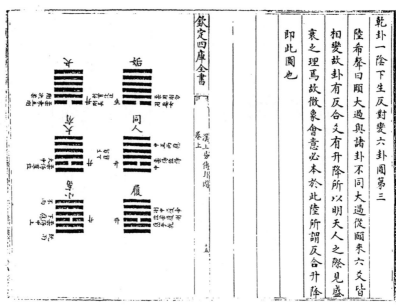

图7-1 《汉上易传》所载李挺之变卦反对图 (2)

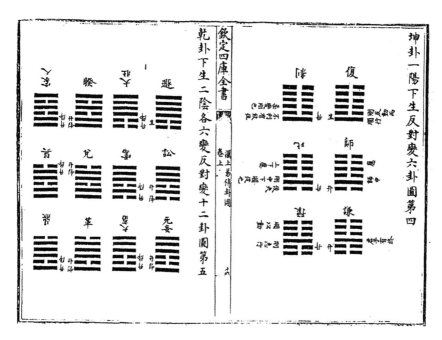

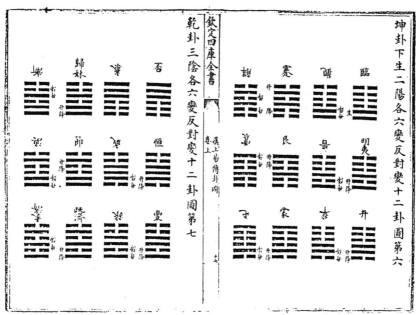

图7-1　《汉上易传》所载李挺之变卦反对图（3）

坤卦下生三陽各六變反對變十二卦圖第八

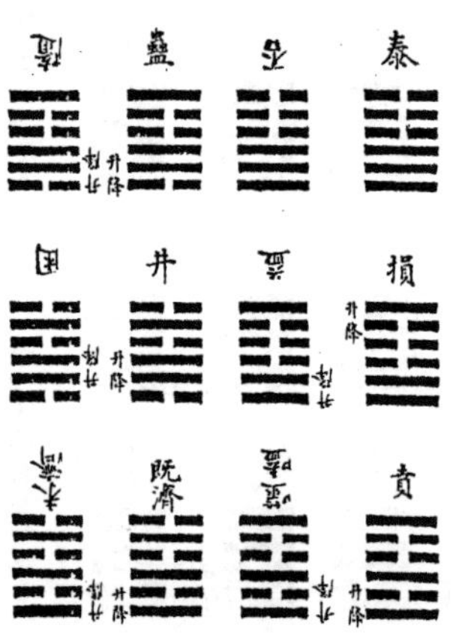

泰　損　賁

蠱　井

既濟　困

欽定四庫全書　漢上易傳卦圖　卷上

右李挺之變卦反對圖八篇康節曰卦之反對皆六陽
六陰也在易則六陽六陰者十有二對也去四正者八
陽四陰八陰四陽者各六對也十陽二陰十陰二陽者
各三對康節所謂六陽六陰者否變泰恒咸豐旅歸妹
漸節渙既濟未濟十二卦泰變否損益賁噬嗑蠱隨井
困既濟未濟十二卦四正頤大過中孚小過也所謂八
陽四陰八陰四陽者遯變大壯大過需无妄大畜睽家人
兌巽革鼎十二卦臨變觀明夷晉升萃寒解艮震蒙屯

欽定四庫全書　漢上易傳卦圖　卷上

十二卦十陽二陰十陰二陽者姤變夬同人大有履小
畜六卦復變剝師比謙豫六卦乾坤天地之本坎離天
地之用乾坤交而為泰坎離交而為既濟乾生於子坤
生於午坎終於寅離終於申也置乾於
西北曰乾上坤下坎退坤於西南坎先乾統
三男而長子用事坤統三女而長女代母坎離得位而
兌艮為耦以應天時也王者之法盡於是
故易始於乾坤終於坎離既濟未濟而泰否為上經
矣坎離咸恒為下經之首乾坤本也坎離用也乾坤坎離
之中咸恒為下經之首乾坤本也兌艮震巽下篇之用
上篇之用也咸兌艮也恒震巽也兌艮震巽下篇之用
也頤大過小過中孚二篇之正也故曰至哉文王之作
易也其得天地之用乎

图7-1　《汉上易传》所载李挺之变卦反对图（4）

画。"上交""下交、"本弱""末弱""大者过也""正""不正""颐养正则吉"等标注想要说明二卦卦义相反。图二后附文曰：

> 康节曰：乾坤之名位不可易也，坎离名可易而位不可易也，震巽位可易而名不可易也，兑艮名与位皆不可易也（宜作皆可易）。离肖乾，坎肖坤；中孚肖乾，小过肖坤；颐肖离坤，大过肖坎。是以乾坤离坎中孚颐大过小过皆不可易者也。①

　　所附邵雍这段话可视作前二图的图说，主要说明此四组八卦为何不可易（不反对）。其议论顺序是乾坤、坎离、中孚小过、颐大过，则图二的三组卦是从下往上看。邵雍"乾坤之名位皆不可易，坎离名可易位不可易，震巽位可易名不可易，艮兑名位皆可易"，清人王植《皇极经世书解》补注可作为参考。② 三画的乾坤坎离为不易之卦，艮兑震巽为可易之卦，邵雍通过颐大过中孚小过对乾坤坎离卦象上的相肖及相生关系，来说明此四卦也是不易之卦。《邵雍集》云："乾坤坎离为上篇之用，兑艮震巽为下篇之用也。颐中孚大小过为二篇之正也。"张行成注云："乾坤坎离不变者也，天之资也；震巽艮兑变者也，人之资也。上经天道，故不变者为之用；下经人道，故变者为之用。颐中孚大小过变中之变者，故为二篇之正也。颐大过肖乾坤，故为上篇之正；中孚小过肖坎离，故为下篇之正。"③ 邵雍重视颐大过中孚小过四卦，视其为二篇之正，其师李挺之变卦反对图首列此八卦，并标注相关象辞，从卦象相生、相肖关系推导至卦象相反、卦义亦相反的关系。

　　按照《杂卦》前五十六卦的体例，末八卦应是大过颐、姤夬、渐归

---

① （宋）朱震：《汉上易传卦图》卷上，《汉上易传》，上海古籍出版社 1989 年版影印本，第 315 页上栏。

② "补注：名谓阴阳之名，位谓反易之位。盖乾坤坎离四正之位，故不可易；震巽兑艮四维之位，故可易也。雷在天而当夜之星，则阳中有阴；坎在地而当昼之土，则阴中有阳；震当天之辰，始交阴，阳生而阴尚多；巽当地之石，始消阳，阴生而阳尚多；兑当天之月而阳长，艮当地之火而阴长，故乾坤巽震之名不可易，而坎离兑艮之名可易也。"详四库本《皇极经世书解》卷 10，第 805 册，第 549 页下栏。今人郭彧注云："先天图乾反为乾，坤反为坤，乾上坤下为天地定位，故名与位不可。离东坎西，离反为离，坎反为坎，其位不可易，日离月坎，日月可居东居西，水火不相射，故其名可易。震反为艮，巽反为兑，震雷巽风，雷风相薄，其位可易而名不可易。兑反为巽，艮反为震，名与位皆可易。"此注结合邵氏先天图及《说卦》加以解释，难通。详见《邵雍集·观物外篇中之上》，第 110—111 页，中华书局 2010 年版点校本。

③ （宋）邵雍：《观物外篇中之中》，《邵雍集》，中华书局 2010 年版点校本，第 125 页。

妹、既济未济两两成对出现，但《杂卦》打乱其次序。项安世《末章八卦不对说》《八卦之序》二篇认为从君子小人阴阳势力消长看，大过为乱之极，姤为小人初长，乱之始，渐为小人窥伺君子，颐为君子遭变自养，既济为君子善处小人，归妹为小人遇合，未济为君子失位，夬为君子决小人，拨乱反正，故《杂卦》末八卦的排序是合理的，并非错简。[①] 项安世注《杂卦》"大过颠也""颐养正也"称："颠与正皆主阳言之，阴陷阳为颠，阳养阴为正。"[②]《杂卦》末八卦未按卦序成对出现，但项安世仍以其卦义相反注解。俞琰《读易举要》载："冯深居曰：'《杂卦》以两两反对为义，其大过而下八卦不以反对者，何也？为邵子之易者曰此八卦者不用也，不用者八，用者五十六，犹《序卦》上篇不言乾坤，下篇不言咸，虚其三，用其六十一，以是为藏诸用也。'"[③] 冯氏认为依邵雍之说，大过、姤、渐、颐、既济、归妹、未济、夬的排序体现了此八卦为不用之体，前面两两反对的五十六卦为用，故《杂卦传》末八卦不再两两反对为义。

前二图是不反对图，后六图则是反对图。图三附文道：

> 陆希声曰："颐大过与诸卦不同，大过从颐来，六爻皆相变。故卦有反合，爻有升降，所以明天人之际，见盛衰之理焉。故征象会意必本于此。"陆所谓反合升降，即此图也。[④]

"卦有反合，爻有升降"，前二图可见卦体相反相合，不见升降，第三第四图标注"生""升"，没有"降"，后四图则有升有降。陆希声认为从卦体反合和爻位升降中可以窥见天人之际、盛衰之理。

乾卦一阴下生反对变六卦图第三，姤夬反对，姤卦初六左侧旁注"生"字，即乾卦一阴下生而成姤卦之意，右侧旁注"柔用（宜作遇）刚勿用娶女"，姤初上升为夬上，故夬上六旁注"升"字，指此爻从

---

① （宋）项安世：《周易玩辞》卷16，《景印文渊阁四库全书》，台湾商务印书馆1986年版影印本，经部，第14册，第447页下栏。

② （宋）项安世：《周易玩辞》卷16，《景印文渊阁四库全书》，台湾商务印书馆1986年版影印本，经部，第14册，第446页下栏。

③ （宋）俞琰：《读易举要》卷3，上海古籍出版社1990年版影印本，第34页下栏。

④ （宋）朱震：《汉上易传卦图》卷上，《汉上易传》，上海古籍出版社1989年版影印本，第315页下栏。

姤初而来。夬上旁注象辞"柔乘五刚""刚决柔""利有攸往""刚长"。又同人大有反对，二卦之间标注两个"升"字，指同人六二、大有六五都自姤初而来。同人六二旁注"柔得位得中"、九五旁注"中正而应"，大有六五旁注"柔得尊位大中"，卦体旁注二卦象辞"上应""下应"。又履小畜反对，二卦之间标注两"升"字，义同上。履卦旁注"刚中""履帝位""柔履刚""应乎乾"，小畜上标"既雨"、下标"不雨"、中标"柔得中（宜作位）上下应"。三组卦在卦画、卦义上两两反对。

坤卦一阳下生反对变六卦图第四，三组卦复剥、师比、谦豫，互为反对的二卦之间标注的"生""升"的解读同上。旁注"刚反""动而顺行""不利有攸往""柔变刚也""师中""应""后夫""刚中""下顺从也"，"上下应"，"君子有终"，"刚志行""顺以动"，对应一卦主爻或者重要爻的爻辞。

后四图未标注各卦象辞，有前四图示例，则后四图不言自明。乾卦下生二阴各六变反对变十二卦图第五，大壮六五上六自遁初六六二上升而来，标注"升降"是指遁下二阴爻自大壮上二阴爻下降而来，这样遁与大壮的爻位升降关系是互逆的，照应"六十四卦刚柔相易周流而变"之意。升降主两组卦之间而言，如遁大壮、需讼两组反对卦，遁之六二升为讼之六三，遁之九三降为讼之九二，即朱熹《本义》卷首卦变图所说的凡二阴二阳之卦皆自临遁而来，[1] 又朱注讼卦称"且于卦变自遁而来"。[2] 升降是讲两组卦之间的爻位变动，有别于图二陆希声"卦有反合，爻有升降"反对二卦之间正视覆视带来的爻位升降。坤卦下生二阳各六变反对变十二卦图第六，同上。图七图八的第一组卦中间皆无标注，按前例，图七否卦下三爻旁、图八泰卦下三爻旁都应标"生""升降"等字，今缺，泰否、既济未济两组反对卦重出。

八图之后附文道：

> 右李挺之变卦反对图八篇。康节曰："卦之反对，皆六阳六阴也。在《易》则六阳六阴者十有二对也。去四正者。八阳四阴、八阴四阳

---

① （宋）朱熹：《周易本义图目》，《周易本义》卷首，中华书局2009年版点校本，第19—20页。

② （宋）朱熹：《周易本义》卷1，中华书局2009年版点校本，第59页。

者各六对也，十阳二阴、十阴二阳者各三对。"康节所谓六阳六阴者，否变泰恒咸丰旅归妹渐节涣既济未济十二卦，泰变否损益贲噬嗑蛊随井困既济未济十二卦；四正，颐大过中孚小过也；所谓八阳四阴、八阴四阳者，遁变大壮讼需无妄大畜睽家人兑巽革鼎十二卦，临变观明夷晋升萃蹇解艮震蒙屯十二卦；十阳二阴、十阴二阳者，姤变夬同人大有履小畜六卦，复变剥师比谦豫六卦。

乾坤天地之本，坎离天地之用，乾坤交而为泰，坎离交而为既济。乾生于子，坤生于午，坎终于寅，离终于申（小字注：《连山》也），以应天时也。置乾于西北（小字注：伏羲初经乾上坤下，故曰天尊地卑，乾坤定矣），退坤于西南（小字注：《归藏》以坤先乾），乾统三男而长子用事，坤统三女而长女代母，坎离得位而兑艮为偶（小字注：复归于伏羲之初经），应地之方也。王者之法尽于是矣。

故《易》始于乾坤，终于坎离既济未济，而泰否为上经之中，咸恒为下经之首。乾坤本也，坎离用也。乾坤坎离，上篇之用也。咸，兑艮也。恒，震巽也。兑艮震巽，下篇之用也。颐大过小过中孚，二篇之正也。故曰：至哉，文王之作《易》也，其得天地之用乎！①

图说主干内容引自《皇极经世书》，小字注以及从"康节所谓"至"谦豫六卦"属引述者的话。图说是引述者采撮李挺之弟子邵雍的言论而成，有杂凑的迹象，图与文难以相互发明。图文关联对应度高的是"康节曰卦之反对"至"者各三卦"所述十辟基础上的反对卦变说。图说提到的先天卦位"乾生于子，坤生于午，坎终于寅，离终于申"、后天卦位"置乾于西北，退坤于西南"云云以及"咸恒为下经之首""颐大过中孚小过二篇之正也"等在变卦反对图中都找不到对应点。此篇图说旨在说明文王六十四卦卦序安排及其义理是对王弼"卦以反对"、孔颖达"二二相偶，非覆即变"及孔颖达《论分上下二篇》一文的继承发挥。引文有两处讹误：一是"卦之反对，皆六阳六阴也"，疑当作"卦之反对，非皆六阳六

---

① （宋）朱震：《汉上易传卦图》卷上，《汉上易传》，上海古籍出版社 1989 年版影印本，第 317 页。

阴也";二是"去四正者"为衍文或下有阙文交代所去四卦。① 邵雍所谓
"卦之反对",来自王弼"卦以反对"的表述,都是将相反对的两卦合观。
邵雍称反对之卦有六阳六阴十二对、八阳四阴八阴四阳各六对、十阳二阴
十阴二阳各三对等几种情形,不赞成仅将六阳六阴卦视作反对卦。邵雍易
学体系里泰否统领六阳六阴之卦,复姤统领十阴二阳十阳二阴之卦,六阳
六阴并不比十阴二阳十阳二阴之卦更重要。邵雍列举的几种情形共计 30
对,去掉六阳六阴重复出现的否泰、既济未济两对,则是 28 对。邵雍这
段话主旨是"卦之反对"的思想,其师李挺之变卦反对图前二图是不反对
图,后六图是反对图,如果要去就不止是去四卦,而是去前二图不易之八
卦,故"去四正者"应属衍文,"卦之反对,皆六阳六阴也"应作"卦之
反对,非皆六阳六阴也"。

　　从思想来源看,李挺之变卦反对图与六十四卦相生图都包含了复、
姤、临、遁、泰、否变生他卦的内容。反对图相反对的两卦成对出现,坎
离颐大过中孚小过六卦是乾坤二体相交而生,单列于图二,有特殊的地
位,相生图各组卦非成对出现,此六卦隶属临遁之例,不具有特殊地位。

---

①　四库本《皇极经世书》作:"四正者,乾坤坎离也,观其象无反覆之变,所以为正也。卦
之反对,皆六阳六阴也。在《易》则六阳六阴者十有一对也。去四正者。八阳四阴、八
阴四阳者各六对也,十阳二阴、十阴二阳者各三对。"(第 1065 页下栏)参校《通志堂经
解》所载《汉上易传·李挺之变卦反对图》,所引邵雍语作:"卦之反对,皆六阳六阴也。
在《易》则六阳六阴者十有二对也。去四正者。八阳四阴、八阴四阳者各六对也,十阳
二阴、十阳二阳者各三对。"(江苏广陵古籍刻印社 1996 年版影印本,第 275 页中栏)据
此,《汉上易传》所引邵雍原文缺"四正者,乾坤坎离也,观其象无反覆之变,所以为正
也"句,下文"去四正者",应指乾坤坎离,《汉上易传》引邵氏文者认为是指颐大过中
孚小过,可能是引文不全所致。《汉上易传》所谓"去四正者"与邵雍原文不合,却也有
其道理。四库本王植《皇极经世书解》注"卦之正变共三十六"节云:"补注:不易者,
八卦之正也;反易者,二十八卦之变也。共三十六卦二百一十六爻,所以合一卦用数之
策也。三十六去四谓乾坤坎离,又去四并颐中孚大小过,又去四并震泰既济也。……
张氏《衍义》曰:兑与巽、震与艮、泰与否、既济与未济皆反复互用之卦也,兑震泰既
济属天地之位,不用也。"(第 552 页。此处所注正文作:"卦之正变共三十六,而爻又有
二百一十六,则用数之策也。三十六去四则三十二也,又去四则二十八也,又去四则二
十四也。故卦数三十二位,去四而言之也;天数二十八位,去八而言之也;地数二十四
位,去十二而言之也。四者,乾坤坎离也;八者,并颐中孚大小过也;十二者,兑震泰
既济也。")这样,"去四"就有了三种可能。乾坤坎离颐大过中孚小过是大成卦中的不易
之卦,前两次"去四"是容易理解的。兑震泰既济则是反易之卦,邵雍赋予这四卦"天
地之位,不用也"的特殊意义,不用者为体,故去之,这是因为后天卦位以坎离震兑为
四正,震东兑西,且震兑卦画皆上阴下阳,有泰卦天地定位之象,而既济则是男女正位
而定。这可以解释邵雍所谓"去四"的第三种情形,即此段引文中间出现的"去四正
者",又有可能是指这二十八对中所包括的兑震泰既济未济,而非指乾坤坎离颐大过中孚
小过等本就不属于邵雍所谓反对卦的不易之卦。

相生图乾坤一交生复姤，再交为临遁，三交为否泰，乾坤大父母，复姤、临遁、否泰都是小父母。相生图前置图说云：

> 虞仲翔于小过曰"当从四阴二阳临观之例"，于丰曰"当从三阴三阳泰之例"，于无妄曰"此所谓四阳二阴，非大壮则遁来"，又问剥之变于彭城蔡景君。大过或变于五之初，或以谓三之五，暌或变于大壮上之三，或以谓无妄二之五。盖是时其图未见，故难于折衷，亦莫得其纲要。诸儒各伸臆说，至于纷然，而仲翔则知有此图也。①

《周易集解》虞翻注小过云"晋上之三，当从四阴二阳临观之例"，注谦卦云"乾上九来之坤"，注暌卦认为自大壮来或自无妄来，注小过认为自晋而来，同时又从临观之例，大过自大壮来或自兑来，② 其所自来有十辟卦、有六子卦两说并存，相生图以复姤临遁泰否为乾坤之外的五十六卦所自来，如主张大过自遁卦来，形式上简明整齐，与虞翻之说相去甚远。相生图后附图说云：

> 右李挺之六十四卦相生图一篇，通变卦反对图为九篇。康节之子伯温传之于河阳陈四丈，陈传之于挺之。始虞氏卦变，乾坤生坎离，乾息而生复临泰大壮夬，坤消而生姤遁否观剥。自复来者一卦（豫），自临来者四卦（明夷解升震），自泰来者九卦（蛊贲恒损升归妹丰节既济）（升，宜作井，形近讹），自大壮来者六卦（需大畜大过暌鼎兑），自夬来者一卦（同人），自遁来者五卦（讼无妄家人革巽），自否来者八卦（随噬嗑咸益困渐涣未济），自观来者五卦（晋蹇颐萃艮），自剥来者一卦（谦），而屯生于坎，蒙生于艮，比生于师，颐小过生于晋，暌生于大壮，咸生于无妄，旅生于贲，咸生于噬嗑，中孚生于讼，小畜变需上，履变讼初，姤无生卦。师同人大有兑四卦阙，李鼎祚取蜀才、卢氏之书补其三卦（大有阙）。而颐卦，虞以为生于晋，侯果以为生于观。今以此图考之，其合于图者三十有六卦，又时有所疑；不合者二十有八卦。

---

① （宋）朱震：《汉上易传卦图》卷上，《汉上易传》，上海古籍出版社 1989 年版影印本，第 318 页上栏。

② "大过或变于五之初，或以谓三之五"有误，《周易集解》注大过云"虞翻曰大壮五之初，或兑三之初"（《周易集解》卷 6，巴蜀书社 1991 年版点校本，第 121 页），故此处宜作"大过或变于大壮五之初，或以谓兑三之初"。

　　夫自下而上谓之升，自上而下谓之降。升者，上也，息也；降者，消也。阴生阳，阳生阴，阴复生阳，阳复生阴，升降消息，循环无穷。然不离于乾坤一生二，二生三，至于三，极矣。故凡卦五阴一阳者，皆自复来，复一爻五变而成五卦（师谦豫比剥）。凡卦五阳一阴者，皆自姤来，姤一爻五变而成五卦（同人履小畜大有夬）。凡卦四阴二阳者，皆自临来，临五复五变而成十四卦（明夷震屯颐升解坎蒙小过革观蹇晋艮）。凡卦四阳二阴者皆自遁来，遁五复五变而成十四卦（讼巽鼎大过无妄家人离革中孚大畜大壮睽需兑）。凡卦三阴三阳者，皆自泰来，泰三复三变而成九卦（归妹节损丰既济贲恒井蛊）。凡卦三阳三阴者皆自否来，否三复三变而成九卦（渐旅咸涣未济困益噬嗑随）。

　　乾坤大父母也，复姤小父母也。坎离得乾坤之用者也，颐大过小过中孚得坎离者也，故六卦不反对。而临生坎，遁生离，临生颐小过，遁生大过中孚。

　　或曰：先儒谓贲本泰卦，岂乾坤重而为泰，又由泰而变乎？曰：此论之卦也。所谓之卦者，皆变而之他卦也。《周易》以变为占，七（宜作一）卦变而为六十三卦，六十四卦变而为四千九十六卦，而卜筮者尚之，此焦廷寿之《易林》所以兴也。圣人因其刚柔相变系之以辞焉，以明往来屈信利害吉凶之无常也，故君子居则观其象而玩其辞，动则观其变而玩其占。占与辞一也，故乾坤重而为泰者，八卦变而为六十四卦也；由泰而为贲者，一卦变而为六十三卦也。

　　或曰："刚柔相易皆本诸乾坤也，凡三子之卦言刚来者，明此本坤也，而乾来化之；凡三女之卦言柔来者，明此本乾也，而坤来化之，故凡言是者，皆三子三女相值之卦也。非是卦则无是言也。谓泰变为贲，此大惑也。"曰："不然也。往来者，以内外言也，以消息言也。自内而之外谓之往，自外而之内谓之来，请复借贲卦言之。柔来而文刚者，坤之柔自外卦下而来文乎乾之刚也；分刚上而文柔者，乾之刚自内卦上而往文乎坤之柔也。于柔言来，则知分刚上而文柔者，往也；于刚言上，则知柔来而文刚者，下也。上者出也，下者入也，此所谓其出入以度内外，此所谓上下无常也。"

　　若言"柔来者，明此本乾也"，则不当言"分刚上而文柔"，当曰"刚来而文柔"矣。无妄之彖曰"刚自外来而为主于内"，外卦乾已三画矣，谓之自外来，则当自卦外来乎？故乾施一阳于坤，以化其一阴而生三子；坤施一阴于乾，以化其一阳而生三女者，乾坤相易以生六子成八卦也。上下往来周流无穷者，刚柔相易以尽其爻之变也。爻之言往来言上下内外者，岂唯三子三女相值之卦而已哉？故曰"刚柔相推，变在其中矣"，又曰"往来不穷谓之通"，又曰"变动不居，周流六虚"。谓之"周流六虚"，则其往其来非谓三画之卦也。

　　近世杨杰、鲍极论卦变之义。杨曰："泰者，通而治者也，故圣人变于节贲损蛊恒归妹大畜之象，以为御治之术焉；否者，闭而乱者也，故圣人变于咸益随涣噬嗑无妄讼之象，以为救乱之术焉。"鲍曰："遁，阴长之卦，邪道并兴，圣人易一爻而成无妄，欲以正道止其邪也。"杨谓否变无妄讼，亦误矣，然触类而长，六十四卦之相变，其义可推矣。①

　　朱震称"右李挺之六十四卦相生图一篇，通变卦反对图为九篇"，将相生图与《反对卦变图》作为一个整体看。相生图后置图说有四句可对应反对图："始虞氏卦变，乾坤生坎离，乾息而生复临泰大壮夬，坤消而生姤遁否观剥"，将坎离置于十辟卦之前，在反对图有体现；"夫自下而上谓之升，自上而下谓之降"句出自《皇极经世书》，其升降之义在反对图后六图有体现；"乾坤大父母也，复姤小父母也。坎离得乾坤之用者也，颐大过小过中孚得坎离者也，故六卦不反对。而临生坎，遁生离，临生颐小过，遁生大过中孚"，此句解释了坎离颐大过中孚小过六卦不反对的原因，并主张此六卦为临遁所生，属十辟卦生六子卦；"爻之言往来言上下内外者，岂唯三子三女相值之卦而已哉"句可对应反对图图说"卦之反对，（非）皆六阳六阴也"句。

　　相生图将《集解》所载虞翻卦变之例分为自十辟卦来和非自十辟卦来两类。"今以此图考之，其合于图者三十有六卦，又时有所疑；不合者二十有八卦"，实际上所列虞翻卦变之例与相生图相合者只有27卦：自复来者一卦（豫），自临来者四卦（明夷解升震），自泰来者九卦（蛊贲恒损升归妹丰节既济）（升，宜作井，形近讹），自遁来者五卦（讼无妄家人革巽），自否来者八卦（随噬嗑咸益困渐涣未济）。其他如自大壮来者六卦（需大畜大过睽鼎兑），自夬来者一卦（同人），自观来者五卦（晋蹇颐萃艮），自剥来者一卦（谦），与相生图不合。相生图中仅有复姤临遁泰否主变之卦，没有壮夬观剥主变之目，这是因为它将夬剥所生之卦例合并到复

---

① （宋）朱震：《汉上易传卦图》卷上，《汉上易传》，上海古籍出版社1989年版影印本，第320—322页。

姤之例，将壮观所生之卦合并到临遁之例，相生图实际只有六辟主变，这与虞翻十辟主变不同。虞翻所举来自十辟卦之外的 15 个卦例也与相生图不合，加上虞翻所举的自壮观夬剥所来的 13 卦，共有 28 卦与相生图不合，与图说一致。

《集解》载荀爽虞翻皆主贲卦自泰卦来，[①] 程子《易传》注贲卦反对王弼乾坤重而为泰又由泰变而为贲之说，程子认为诸卦都是乾坤所生。相生图后置图说认为王弼乾坤重而为泰说的是八卦变六十四卦，泰变而为贲说的是一卦可变为其他六十三卦，是占法中的之卦。相生图称贲卦等卦的象辞刚柔往来是从内卦外卦的阴阳消息而言的，讲的是阴阳在卦之六位周流而变的情形，是就一卦下体和上体而言往来，不同于反对图将相反对的两卦合观言升降。相生图后置图说认为象辞言刚来柔来者并非苏轼所谓皆三子三女相值之卦，也有无妄这种四阳二阴之卦。"上下往来周流无穷者，刚柔相易以尽其爻之变也"，象辞刚来柔来之说只是想要穷尽爻变的各种可能。相生图后置图说最后指出否变无妄，遁变无妄，意在说明一卦可变为六十三卦，六十四卦可以相生，是从占法用《易》角度去讲的，杨杰、鲍极附会为圣人变卦以图治乱之说。

图 7 - 2、图 7 - 3 为《易学象数论》所载李挺之变卦反对图和六十四卦相生图，与《汉上易传》所载在文本上差异甚大。[②]

文本差别主要表现在：

第一，《汉上易传》在第一幅图前有"六十四卦刚柔相易，周流而变，《易》于《序卦》、于《杂卦》尽之"一句，黄宗羲所引变卦反对图无此句。此句总括变卦反对图作图大旨，交代文本依据，所据为《系辞》"《易》之为书也不可远，为道也屡迁，变动不居，周流六虚，上下无常，刚柔相易，不可为典要，惟变所适"节，及《序卦》《杂卦》文。此节与"大衍之数五十"谈占法一节，都属于《系辞》谈卦变爻变之处。《说卦》"震一索而得男"节是六十四卦既成之后，圣人从中看出的父母六子的卦变关系，与《系辞》占法所谓卦变有别。李挺之变卦反对图的编者（朱震或他人）将《系辞》"变动不居，周流六虚，上下无常，刚柔相易"句与

---

① （唐）李鼎祚：《周易集解》卷 5，巴蜀书社 1991 年版点校本，第 100 页。虞翻曰："泰之乾二，乾二之坤上，柔来文刚，阴阳交，故亨也。"荀爽曰："此本泰卦。谓阴从上来，居乾之中，文饰刚道，交于中和，故亨也；分乾之二，居坤之上，上饰柔道，兼据二阴，故小利有攸往矣。"

② （清）黄宗羲：《卦变》，《易学象数论》卷 2，《景印文渊阁四库全书》，台湾商务印书馆 1986 年版影印本，经部，第 40 册，第 37—38 页。

《序卦》相因、《杂卦》相反的道理糅合在一起，以此总括变卦反对图大旨，故此句宜存，黄宗羲删削之举不妥。

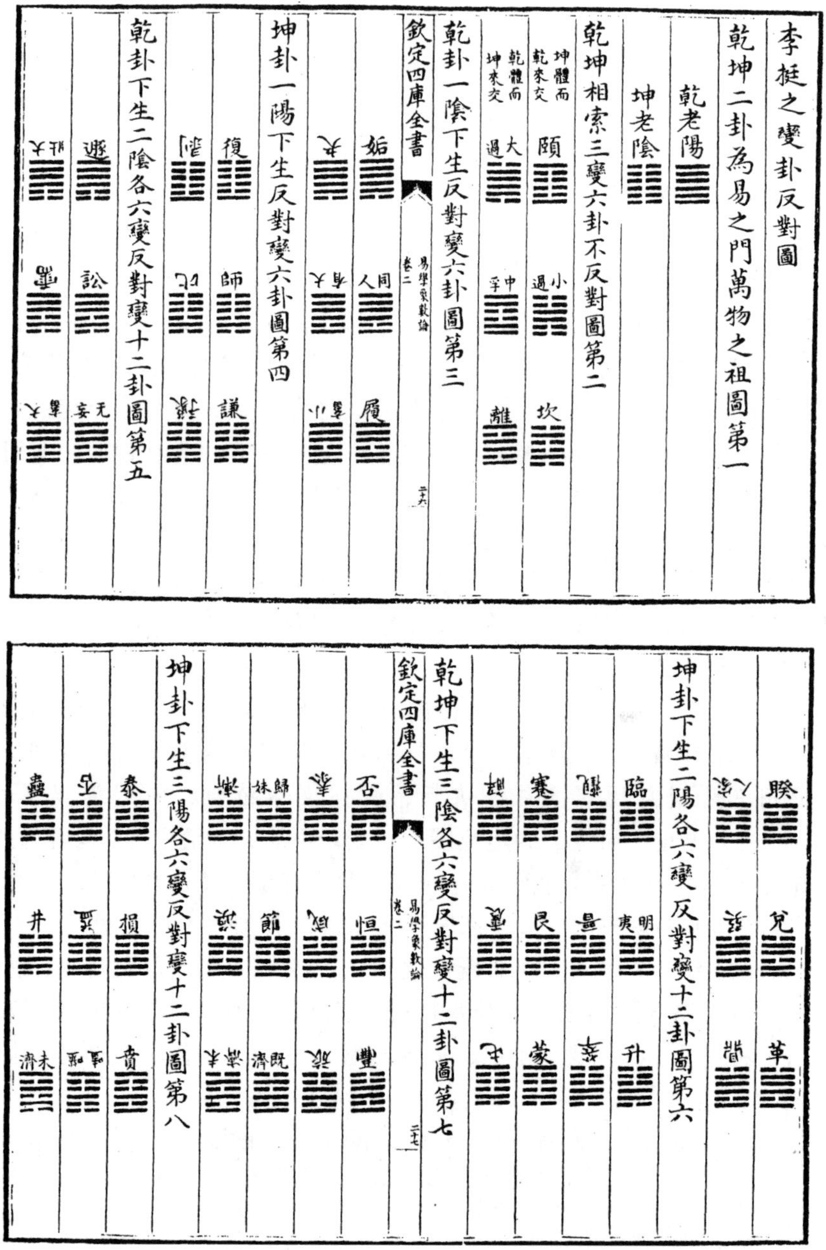

李挺之變卦反對圖

乾坤二卦為易之門萬物之祖圖第一

乾老陽　坤老陰

乾坤相索三變六卦不反對圖第二
乾體而坤來交　坤體而乾來交
大過　頤　小過　中孚　坎　離

乾卦一陰下生反對變六卦圖第三
姤　同人　履

欽定四庫全書　易學象數論　卷二

坤卦一陽下生反對變六卦圖第四
復　師　謙

乾卦下生二陰各六變反對變十二卦圖第五
遯　訟　无妄

坤卦下生二陽各六變反對變十二卦圖第六
睽　兌　革

乾坤下生三陰各六變反對變十二卦圖第七
否　恒　豐
臨　賽　艮　蒙　升
明夷

欽定四庫全書　易學象數論　卷二

坤卦下生三陽各六變反對變十二卦圖第八
蠱　泰　井
師　歸　節　既濟　損　賁　未濟

图7-2　《易学象数论》所载李挺之变卦反对图

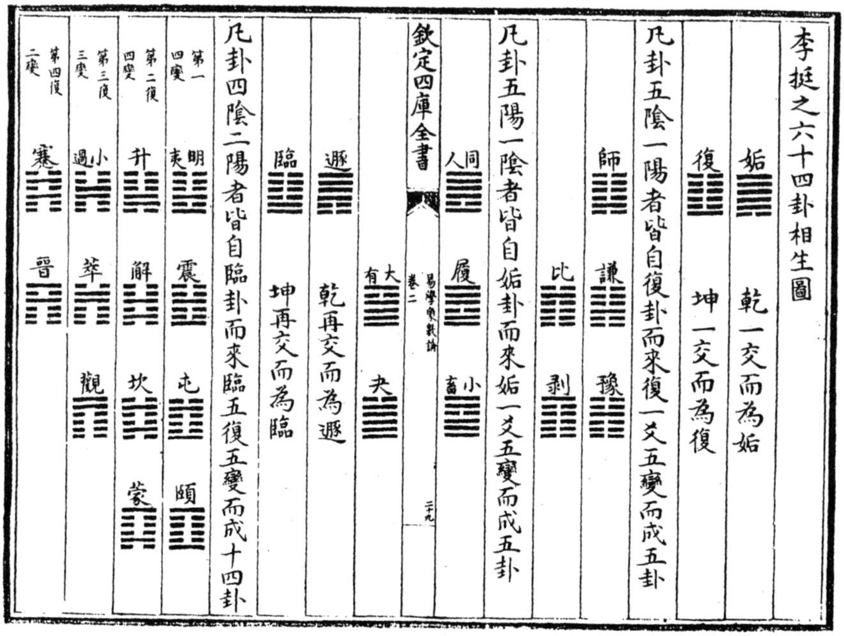

李挺之六十四卦相生圖

乾一交而為姤　　姤

坤一交而為復　　復

凡卦五陰一陽者皆自復卦而來復一爻五變而成五卦
師　比　謙　豫　剝

凡卦五陽一陰者皆自姤卦而來姤一爻五變而成五卦
同人　履　小畜　大有　夬

欽定四庫全書　易學象數論　卷二

凡卦四陰二陽者皆自臨卦而來臨五復五變而成十四卦
坤再交而為臨　　臨

乾再交而為遯　　遯

第一變　明夷　震　升　小過　晉

第二變　夷　屯　解　萃

第三變　頤　坎　觀

第四變　蒙

二變

圖 7-3　《易学象数论》所载李挺之六十四卦相生图

第二，李挺之变卦反对图第一幅图题为乾坤二卦为易之门万物之祖图，没有称其为不反对图，但二卦卦画相反，有对待之义，属于邵雍所说的八个不易之卦，标题没有出现"不反对图"，是想要突出乾坤两卦的"门""祖"地位高于其他组的不反对卦及反对卦。从标题看，图一表达的是乾坤二卦相对待是变化的根源，是六十四卦之父母。《汉上易传》的第一幅图中乾卦与坤卦的卦体是上下排列的，乾卦在上，坤卦在下，与《系辞》"天尊地卑"相合，乾卦卦体的上方和两边有"天行健""乾元亨利贞""乾老阳""乾道变化""万物资始""称乎父""用九天德不可为首"，坤卦卦体的上方和两边对应的有"地势坤""坤元亨利牝马之贞""坤老阴""坤厚载物""万物资生""称乎母""用六利永贞"等辞，来自《说卦》及乾坤二卦的卦辞、彖辞、象辞。"乾老阳""坤老阴"于《周易》经传无据，最早见于李鼎祚《周易集解》引崔憬注："大衍之数五十"节，注云"艮为少阳，其数三；坎为中阳，其数五；震为长阳，其数七；乾为老阳，其数九；兑为少阴，其数二；离为中阴，其数十；巽为长阴，其数八；坤为老阴，其数六。八卦之数，总有五十，故云大衍之数五十也"[1]。后见于朱震《汉上易传》注"易有太极，是生两仪，两仪生四象，四象生八卦"句。[2] 黄宗羲所引的变卦反对图只见"乾老阳""坤老阴"六字，并且将乾坤二卦的卦体横向并列排出，与《系辞》"乾坤成列""乾坤其易之门耶""乾阳物也，坤阴物也"相合，也可通。黄宗羲删掉这些文辞，图一仅余标题、卦象和"乾老阳""坤老阴"六字，乾坤为易之门万物之祖的基本意思也能表达清楚，但没有了乾坤两卦彖辞、象辞等的对照，其卦义相反的意蕴却丢失了。

第三，《汉上易传》的第二幅图的六个卦象周边有"正""不正""柔中""上交""下交""本弱""末弱""大者过也""颐养正则吉""重险""重明""柔在内""刚得中""柔丽中"等辞，其后附有"康节曰"一段文字。《易学象数论》不见这些辞和文字，只保留了"坤体而乾来交""乾体而坤来交"两句。其交体的情形有三种：一是交二五爻，成坎离二卦；二是交三四爻，成中孚小过二卦；三是交初上爻，成颐大过二

---

① （唐）李鼎祚：《周易集解》卷14，巴蜀书社1991年版点校本，第275页。

② （宋）朱震：《汉上易传》卷7，上海古籍出版社1989年版影印本，第242页上栏。注云："阴阳，匹也，故谓之仪。太极动而生阴阳，阳极动而生阴，阴极复动而生阳。始动静者，少也；极动静者，老也，故生四象。乾老阳也，震坎艮少阳也，坤老阴也，巽离兑少阴也，故四象生八卦。卦有爻，爻有位，刚柔相交有当否，故八卦定吉凶。有吉凶则有利害，人谋用矣，故生大业。"

卦。旁注有"上交""下交"，却没有中交，这些注文大概来自邵雍语录"太极既分，两仪立矣，阳下交于阴，阴上交于阳，四象生矣"，[①] 此处用弟子邵雍语录中的用词注其师李挺之所制卦图，虽不能完全契合，但也有几分相搭。此外，变卦反对图图二的这三组卦由乾坤交体而成，也受了《说卦》乾坤生六子"一索""再索""三索"之说的影响。

第四，《汉上易传》的第三幅图的前面有"陆希声曰"一段话，这段话总括图三至图八之义。此图所包含的六个卦象两边有"升""生""上应""下应""柔遇刚勿用取女""刚中""履帝位""柔履刚""应乎乾""柔得位得中""中正而应""既雨""柔得中上下应""不雨""柔得尊位""大中""柔乘五刚""刚决柔"等辞，《易学象数论》于此不见此段文字和辞，仅有卦名和卦体。《皇极经世书》云："自下而上谓之升，自上而下谓之降，升者生也，降者消也，故阳生于下而阴生于上，是以万物皆反生。阴生阳，阳生阴，阴复生阳，阳复生阴，是以循环而无穷也。"[②] 变卦反对图后六图旁注小字"生""升""升降"大概采邵雍此说之义。

第五，《汉上易传》的第四幅图所包含的六个卦象，卦象两边皆附辞，如"生""升""君子有终""刚反，动而顺行""刚志行""顺以动""后夫""刚中，下顺从也""上下应""不利有攸往""柔变刚也"等辞，《易学象数论》于此仅有卦名和卦象。

第六，《汉上易传》后四幅图在两相反对的卦象之间有"生""升降"等辞（除否泰二卦外），《易学象数论》于此仅列出卦象和卦名，不见这些辞。

第七，《汉上易传》在八幅图后有"康节曰"一段话和朱震的一大段按语，《易学象数论》不见这些文字。

《汉上易传》保留这些旁注，表明互为反易或不易的两卦不仅卦画相反或相颠倒，其对应的卦义表现在象辞上、爻辞上也是相反的，这实际上是一种注经的形式。李挺之没有流传下《周易》卦爻辞的注解，但是其变卦反对图以图文混排的方式启发人们"卦之反对"是释读卦爻辞必须采纳的视角。黄宗羲《象数论》所载李挺之变卦反对图经过了高度简化，略去《汉上易传》本的诸多旁注，仅余每幅图的标题、图示，包括卦名、卦象和"乾老阳""坤老阴""坤体而乾来交""乾体而坤来交"四句。黄宗羲

① （宋）邵雍：《皇极经世书》卷10，《景印文渊阁四库全书》，台湾商务印书馆1986年版影印本，子部，第805册，第543页上栏。

② （宋）邵雍：《皇极经世书》卷14，《景印文渊阁四库全书》，台湾商务印书馆1986年版影印本，子部，第803册，第1076页下栏。

删掉文辞的可能原因一是嫌其烦琐，二是不确定这些文辞是否出自李挺之本人。陆希声是唐人，"陆希声曰"一段可能出自李挺之本人，也可能是朱震或其他编纂者添加的。邵雍是李挺之弟子，"康节曰"可以断定不是出自李挺之，可能是出自朱震。诸如"生""升""升降""刚得中""柔得中""不利有攸往"等辞难以判定是李挺之本人的，还是朱震或其他编纂者加入的。对照《汉上易传》所载变卦反对图，黄宗羲所改造过的图式更为简明直观，其逻辑性、系统性也更为彰显。第一幅图的两个卦象将《汉上易传》的乾上坤下改造为乾左坤右，这一改动带来的后果有二：其一是左右并排的图式与后七图在形式上保持了一致。其二是丢失了乾上坤下所特有的内涵。假如乾坤二卦卦体周围的文字是李挺之本人的，李挺之迫于此两卦附加文字太多而将乾坤作上下排列，那么黄宗羲的改造就是符合李挺之的本旨的。假如李挺之将乾坤二卦的卦象作上下而非左右排列是出于诸如"乾天坤地""周流而变"等义理性的考虑的话，那么黄宗羲的这一改造就偏离了李挺之的本意。被黄宗羲删去的文辞大多来自象传，将这些文辞合观，不难发现刚柔往来上下正是反对变卦说的主要特征。没有这些文辞，黄宗羲只能靠图式来表达这层含义。黄宗羲称这八幅图独得卦变之真，视之为《周易》卦变说之"归一"处，不仅在于它们较为自然、合理地解决了象与辞之间的对应关系，更与整个图式内在系统性的严密有关。

三　反对卦变说在两宋的扩大运用

前面我们谈到，北宋李挺之据《序卦》《杂卦》将六十卦的卦爻辞与卦象较为系统地关联起来，并将这种关联直观地呈现在反对或不反对两卦的卦象参看中，其图文混排一定程度上起到了注经的作用。李挺之在乾坤卦变说的基础上，以卦图的形式向我们展示了反对卦变说，而其六十四卦相生图同时还保留了十辟卦变说。传世文献中未见李挺之对六十四卦卦爻辞的注解，我们只能据图及其配文断定李挺之有反对卦变说的思想。此后，苏轼、薛温其、朱震、郑刚中、郭雍、张栻、赵彦肃、项安世、赵善誉、徐总干、税与权等在注《易》实践中，自觉地采用反对卦变说解说卦爻辞或《杂卦》文，反对卦变说受到了两宋易学家越来越多的重视，其应用范围也逐渐扩大。试简要介绍其说。

（一）苏轼"理二数三"之说

苏轼《东坡易传》在注六十四卦的时候没有采用反对卦变说，但在注《杂卦传》时提出了"两两相从而明相反之义"的论断，这实际上是继承了孔颖达"非覆即变"的思想，在卦序安排问题上坚持了反对卦变说。

> 未济所以为无穷也，以《杂卦》观之，六十四卦皆两两相从非覆则变也。变者八，乾坤也，颐大过也，坎离也，中孚小过也。覆变具者八，泰否也，随蛊也，渐归妹也，既济未济也。其余四十八皆覆也。卦本以覆相从，不得已而从变也。何为其不得已也？变者八，皆不可覆者也。《杂卦》皆相反，《序卦》皆相因，此理也，而有二。变者八、覆变具者八、覆者四十八，此数也，而有三。然则六十四卦之叙果何义也？曰理二，曰数三，五者无不可，此其所以为易也。①
>
> 《杂卦》自乾坤以至需讼，皆以两两相从而明相反之义，自大过以下则非相从之次，盖传者失之也。凡八卦，今改而正之。曰：颐养正也，大过颠也；姤遇也，柔遇刚也，夬决也，刚决柔也，君子道长，小人道忧也；渐女归待男行也，归妹女之终也；既济定也，未济男之穷也。其说曰：初上者本末之地也，以阳居之则正，以阴居之则颠，故曰颐养正也，大过颠也。艮下巽上为渐，男下女非其正也，故曰渐女归待男行也，兑下震上为归妹，男女之正也，当以是终，故曰归妹女之终也。离下坎上为既济，男女之正也，故曰既济定也。坎下离上为未济，男失其位，穷之道也，故曰未济男之穷也。如此，而相从之次相反之义焕然若合符节矣。②

苏轼称"卦本以覆相从，不得已而从变也"，主张六十四卦以覆为主，不可覆者方从变。苏轼认为《杂卦》蕴含了相反之理，《序卦》蕴含了相因之理，此相反相因之理即是六十四卦排序的两种理据。苏轼将孔颖达"非覆即变"的二分法进一步改造为"三数"，即三分法，其变者八与孔氏同，覆者五十六中又分出覆变具者八，分别是泰否、随蛊、渐归妹、既济未济，此八卦卦画两两相反，符合变的情形，覆看则泰成否、随成蛊等，又符合覆的情形，故称为覆变具者，剩余四十八卦则纯粹是覆卦的情形。苏轼认为六十四卦的卦序所蕴含的义理可以用理二数三加以概括。苏轼发现《杂卦》乾坤至需讼两两相从其卦义相反，但从大过以下八卦其相从之次打乱了，他推测其原因是传者失之，即流传过程中出现了差错，而

---

① （宋）苏轼：《东坡易传》卷9，上海古籍出版社1989年版影印本，第152页。据四库馆臣《东坡易传提要》、苏籀《栾城遗言》，知《东坡易传》实为苏洵、苏轼、苏辙父子三人合著，苏轼统其稿，为叙述方便，称其为苏轼所作。

② （宋）苏轼：《东坡易传》卷9，上海古籍出版社1989年版影印本，第154页。

非作《杂卦》者原本如此，为此，他对《杂卦》末八卦的次序作了改正，重新恢复其两两相从之次和两两相反之义。后世的蔡渊、来知德等人也都据卦序的反对逻辑对《杂卦》末八卦次序作了重订工作，这一工作可以追溯到苏轼。苏轼的这一改正工作反映了他对六十四卦两两相从相反的关系比较重视，力图将其贯彻到底，但他也仅仅论及卦序安排中的逻辑及其对卦义的影响，并未将此理念应用到六十四卦的经文注解中。

（二）薛温其以反对说注释蹇解二卦往来之辞

清人江永指出，北宋薛温其注蹇卦象辞"利西南，往得中也"，解卦卦辞"其来复吉，乃得中也"，采用了反对卦变说，举蹇解二卦为反易之卦，将二卦象辞相互参看。

> 然则卦变竟无知其说者乎？曰：有之，有薛温其者，在朱子之前，说蹇卦云："诸卦皆指内为来，外为往，则此往得中谓五也，蹇解相循，覆视蹇卦则为解，九二得中，则曰其来复吉，乃得中也。往者得中，中在外也；来复得中，中在内也。"按，此说正得卦变之义，举蹇解以为例，凡反易之卦皆相循也，皆可覆视也，即二卦而他卦皆可通矣。此说房审权载之《义海》中，惜其名不甚显，朱子亦未见其说。今定此说为主，并通考文王演《易》所以用反对为次序之故，往来上下自是《易》中堂堂正正之一义，非若纤巧凿智者比。先儒意向有偏，是以舍近而求诸远尔，逐卦考之于后。①

房审权《周易义海》在陈振孙《书录解题》时已失传，一说残存四卷，今传本李衡《周易义海撮要》是对房审权此书的节略，兼补苏轼、程子、朱震三家之说。《撮要》载有薛温其释蹇解二卦象辞的这段材料，江永所引材料不完整，段首掉了"否泰"二字。《周易义海撮要》此段原作："否泰诸卦皆指内为来，外为往，则此'往得中'谓五也，自内而外，往得中位。盖蹇解相循，覆视蹇卦则为解，覆视解卦则为蹇。九二得中，则曰'其来复吉，乃得中也'。往者得中，中在外也；来复得中，中在内也。二者覆中，故离位求应，皆为利也。薛。"②《周易义海撮要》未收录薛温其用反对卦体例解否泰二卦"大往小来""小往大来"的内容，收有薛温其注节卦辞："涣之象曰刚来而不穷，自否而来也；节之象曰刚柔分，

---

① （清）江永：《卦变说》卷5，《河洛精蕴》，学苑出版社2007年版点校本，第139—140页。
② （宋）李衡：《周易义海撮要》卷4，上海古籍出版社1989年版影印本，第127页。

自泰而分也。以节继涣，犹以泰继否也。泰之象后以财成辅相天地之道，以此卦为彼象之用也。节以礼为界，其道乃亨，过苦伤陋，亦不可以为正也。薛。"① 薛温其主张涣自否来，节自泰来，属虞翻十辟卦变说的传统讲法，薛温其未将节涣二卦作为反对卦相互参照去解二卦中的刚来、刚柔分等辞。《周易义海撮要》采用薛温其之说共计52次，只在释蹇解二相反对卦上采用了二卦参照互释的方式，没有推及他卦，这一点与虞翻、蜀才、李鼎祚释师比二卦象辞的情形类似，属零星采用，十辟卦变说或消息卦变说、六子卦变说仍是主流的讲法。李衡《撮要》补入朱震注睽卦云："睽自家人反，明其本同也，惟本同，故有合睽之道。……柔进而上行，得中而应乎刚，自家人六二之五言之。"② 由此李衡《撮要》还采入了其他易学家运用反对卦变说的注经实例。

（三）朱震兼采反对说与其他卦变说注《易》

今人郭彧在《俞琰卦变说辨析》一文中称俞氏并非反对卦变说的首倡者，两宋之际的"朱震《汉上易传》已发其端"，并认为朱震以反对释《彖传》处共计十条，涉及屯蒙、同人大有、谦豫、无妄大畜、晋明夷、家人睽、蹇解、萃升、震艮、巽兑十组相反对的卦。郭文云：

> 《汉上易传》以反对卦变释《彖传》之文共有十处：以屯反蒙而曰"蒙者屯之反，屯者物之稚，故蒙而未亨，有屯塞之义"；以同人反大有而曰"盖六五自同人之二，固始以正矣，以时而行，是以元亨。此合两体推原六五，言大有之才也"；以谦反豫而曰"豫，谦之反。谦九三反而之四，四动，群阴应之，其志上行，以顺理而动也"；以大畜反无妄而曰"无妄，大畜之反，大畜上九之刚自外来为主于内，主言震也"；以晋反明夷而曰"明夷，晋之反，离为文明，坤为柔顺"；以家人反睽而曰"睽自家人反，明本同也。……自家人六二之五言之，柔进而上行，得中而应乎刚"；以蹇反解而曰"解者，蹇之反，解之九二乃蹇之九五也，九四乃蹇之九三也。坤为西南，其体顺，自艮反有平易之意，坤又为众，当蹇难之后，人皆厌乱，四以平易之道往顺乎众，而众与之，是以得众"；以萃反升而言"升者，萃之反，柔在下者也，以时而升乎上，上巽乎下者，坤可升之时也"；

---

① （宋）李衡：《周易义海撮要》卷6，上海古籍出版社1989年版影印本，第214页上栏。

② （宋）李衡：《周易义海撮要》卷4，《景印文渊阁四库全书》，台湾商务印书馆1986年版影印本，经部，第13册，第397页下栏。

以震反艮而言"艮者，震之反，艮止也、静也，震动也、行也，艮直坤之初六可止之时也，震直大壮之九四可行之时也"；以巽反兑而言"兑，巽之反，初六之上，六四之三，柔说于外，不失其中。以说行刚而刚柔皆亨，故曰兑亨。《彖》曰'兑，说也'，此合两体卦变而言兑也"。[1]

朱震论屯蒙处有误（或是书板之误），屯"元亨"、蒙"亨"，而非"蒙而未亨"，《序卦传》"蒙者物之穉"，而非"屯者物之穉"，但朱震确以屯蒙相反取义。朱震论大有彖文，称"合两体推原六五"，即合观同人大有两卦论大有六五之才，这是典型地以反对卦变解爻辞的做法。朱震所论十组反对卦都是就两卦合观而阐释其彖辞，所涉爻也基本都是卦之主爻。从这一点看，朱震也是在讲成卦之由和所变之爻，但取的是"合两体卦变而言"，这对程子所主张的成卦之由所变之爻说是一个极其重要的发展。郭文此论于易学研究有功，但上文已论，早于朱震提出并运用反对卦变说的已有多位易学家，朱震不是反对卦变说的发端者，而是此说的扩大化运用者。朱震还同时保留了其他卦变形式解释卦爻辞，其《丛说》云：

> 三者，《易》之数也。小成之卦三，大成之卦六，六即三也。故《杂卦》反对，阳生者六，阴生者六，而卦变本于阴阳所生十二卦，他卦之变本于十二卦往来升降而成，所谓旁行而不流。或者复以八卦所生变六十四卦解之，不知其变具于十二卦中，师道不立，有不知而作者也。[2]

材料显示，朱震反对京房以乾坤六子八纯卦所生变六十四卦的解法，主张卦变本于阴阳所生十二卦，即十二消息卦往来升降变作其他五十二卦，实际上是推宗虞翻十二消息卦变杂卦的思想。孟喜虽早于京房、虞翻提出了四正卦和十二月卦之说，但主要是用于其卦气说，不用于说卦变。朱震注谦卦云"复三变，剥四变，皆成谦"，[3] 注巽卦云"巽自遁来，讼之变，六三之四"，[4] 一方面主张杂卦自十二辟卦来，另一方面主张通过爻位互换，一阳五阴之卦可以互变，四阳二阴之卦可以互变等，加之采用反

---

① 此文载郭彧新浪博客 http://blog.sina.com.cn/s/blog_67eb6ee501014moj.html。
② （宋）朱震：《汉上易传丛说》，上海古籍出版社 1989 年版影印本，第 383 页下栏。
③ （宋）朱震：《汉上易传》卷 2，上海古籍出版社 1989 年版影印本，第 59 页下栏。
④ （宋）朱震：《汉上易传》卷 6，上海古籍出版社 1989 年版影印本，第 198 页。

对卦变说，则知其卦变之法纷然淆乱，不求归一，故朱熹称其书如百衲衲。卦变本是《易》中复杂话题，朱震《汉上易传》保留了汉易卦变诸说，亦为有功。

（四）郑刚中兼采反对说与其他卦变说注《易》

《周易窥余》多处采用反对卦变说释卦爻辞，且所释不限于彖辞中有刚柔往来上下的十九卦。其注师卦彖辞云："比与师皆以一阳为五阴之主，比居五，师居二，此君臣上下之位，师与比所以相反对也。"①注益卦彖辞云："益者损之反，损反则兑反为巽，艮反为震。曰'利有攸往'，何也？损反则九二升为九五，此所谓利有攸往。……且以反对言之，益之初九即损之上九也，故其爻有'弗损，益之'之辞。"②注升卦九二云："升者，萃之反，升之二五与萃相反，爻辞象意反复无异者，以明爻虽变，而其为君为臣者，孚不可改也。……卦无七庙之象，而亦曰利用禴者，与萃为反对，象在其中矣。"③从升萃反对关系，解释利用禴之辞和七庙之象，此以反对取象，可谓来知德以错综取象之先声。注巽卦初六云："履之六三，巽之初六，皆有武人之称，盖履之下卦兑也，与巽反对，兑正秋肃杀之气为武，六三不知才智之短，履刚趋上，故有武人为于大君之象，反而为巽，则六三变为初六，向之刚躁于履者，今皆柔伏而巽矣。然武人之志终在也。武人以刚躁为失，柔巽为正。武人贞则其志治，命行之初，人怀不果，惟若武人刚而贞，巽而果，然后为利。此处初六之道也。"④此以履卦下体兑与三画的巽相反对，《说卦》"兑，正秋也"、巽"为进退、为不果"，郑刚中认为秋肃杀，故兑有武象，三为人位，巽为兑之反对，故巽卦初爻言"进退，利武人之贞"。在用语上，郑刚中所谓反对，即来氏所谓相综。郑刚中在自觉使用反对卦变说解释卦爻辞的同时，也保留了汉代的乾坤卦变说，如其注益卦彖辞云："益自否变渐、涣而为益，曰'利涉大川'，何也？否一变渐，再变涣，二体皆有坎，此所谓利涉大川。《易》推原益之所自来，故以利往、利涉为卦之本，象又极其义而申言于后，损乾之九三益坤之上六为损下益上，则损乾之九四益坤之初六为损上益下明矣。"⑤认为推原益卦，乃否一变为渐，再变为涣，三变为益，这是取李挺之六十四卦相生图之例。解益卦"损上益下"、损卦"损下益上"，郑刚

---

① （宋）郑刚中：《周易窥余》卷 2，上海古籍出版社 1989 年版影印本，第 23 页上栏。
② （宋）郑刚中：《周易窥余》卷 10，上海古籍出版社 1989 年版影印本，第 126 页上栏。
③ （宋）郑刚中：《周易窥余》卷 11，上海古籍出版社 1989 年版影印本，第 142 页上栏。
④ （宋）郑刚中：《周易窥余》卷 14，上海古籍出版社 1989 年版影印本，第 180 页下栏。
⑤ （宋）郑刚中：《周易窥余》卷 10，上海古籍出版社 1989 年版影印本，第 126 页上栏。

中又取程子的乾坤卦变说。^① 郑刚中综合运用各种卦变说，说明反对卦变说在宋代易学界虽受到了重视，但汉魏以降的消息卦变说仍然具有旺盛的生命力，其他卦变说也都并行不悖。

（五）郭雍兼采反对说与其他卦变说注《易》

程子主乾坤卦变说，认为乾坤变而为六子，八卦重为六十四，卦之变皆自乾坤，反对荀爽、虞翻、孔颖达等所主张的贲卦是"乾坤变而为泰，又自泰而变"的卦变说，其注复卦"七日来复"、临卦"至于八月有凶"，虽取阴阳消长义，但不取十辟卦变说。^② 四库馆臣《郭氏传家易说提要》称"要其学，为程子之支流"，^③《传家易说自序》称其父郭忠孝从业程子二十余年，尽心于程氏易学、春秋学及四书学，自己为接续程子道学和父亲家学，故作此书。此书称引伊川之说达 73 次，此说似可通，然而在卦变这一重大问题上，郭雍并没有恪守程子的乾坤卦变说，反倒是走向了程子所批评的"贲自泰来"的卦变说。《郭氏传家易说》认为随、噬嗑、咸、益、旅、涣六卦自否来，蛊、贲、恒、损、节五卦自泰来（于丰卦无说），在具体论述上，郭雍没有径直否定程子的乾坤卦变说，而是采取温和方式对之加以修正。程子明确反对将刚上柔上刚下柔下看作卦中升降，认为变爻并非自本卦上体或下体来，而郭雍所主张的三子三女相值之 11 卦自否泰来的说法，是程子明确反对的。其注泰卦九二道："九二以君德而为臣，观爻象之辞尽坤含弘光大之义矣，所谓大人之事也，而不言大人者，以否之辞可互见也，故乾之九二'善世而不伐，德博而化'，而泰之九二'包荒，用冯河，不遐遗'近之，坤之六五'黄裳，元吉'，而泰之六五'帝乙归妹，以祉元吉'近之，非得于乾坤用九用六之道，不足以成泰也，九二所谓见群龙无首者也，六五所谓永贞以大终者也。"认为泰卦九二近于乾九二含弘光大之义，泰卦六五近于坤六五黄裳元吉之义，故泰卦此二爻得于乾坤用九用六之道，实则是认为泰卦由乾坤此二爻之变而成卦。郭雍认为泰卦二五爻自乾坤而来，此说发程子所未发，是符合程子乾坤卦变说基本精神的。《郭氏传家易说》注《说卦》"乾天也，故称乎父"

---

① 程子注益卦道："阳下居初，阴上居四，为自上下下之义。"注损卦道："又下兑之成兑，由六三之变也，上艮之成艮，自上九之变也。三本刚而成柔，上本柔而成刚，亦损下益上之义。"详中华书局 1981 年版点校本下册《二程集·周易程氏传》第 906、912 页。

② （宋）程颢、程颐：《周易程氏传》卷 2，《二程集》，中华书局 1981 年版点校本，下册，第 794、818 页。

③ （宋）郭雍：《郭氏传家易说提要》，《郭氏传家易说》卷首，《景印文渊阁四库全书》，台湾商务印书馆 1986 年版影印本，经部，第 13 册，第 2 页下栏。

节云:"故乾坤主父母而言,六子之变自下为先,震自坤变而得阳画于初,
巽自乾变而得阴画于初,故皆曰一索而为长男长女也……王氏云'索,求
也,自坤而求阳皆男也,自乾而求阴皆女也',卦变之义盖始于此,文王
之重卦亦无以异也,故《说卦》首章曰'观变于阴阳而立卦'。"认为
《周易》经传谈卦变是从《说卦》乾坤相索而生三子三女变而为八卦开始
的,文王重八卦为六十四卦的卦变过程也是乾坤之体向对方索求阴阳的过
程。郭雍的这一论述也是符合程子卦变思想的。郭雍没有论及泰否以外的
八辟卦复姤、夬剥、临遁、大壮观是否是其他杂卦的成卦之由,其所论主
要集中在上述 11 个三子三女相值之卦。其注睽卦云"六五上行得中而下
应九二之刚",① 睽卦是四阳二阴之卦,或曰二女之卦,郭雍并未言明睽卦
自何卦而来,与程子乾坤卦变说相比,郭雍所主张的卦变说具有局限性和
不彻底性,亦难以贯通六十四卦。

　　除泰否卦变说外,郭雍多处采用了反对卦变说。其《总论·序卦》
云:"孔颖达曰六十四卦二二相偶非覆即变,覆者,表里视之,遂成两卦,
屯蒙需讼之类皆是也,变者,反覆惟成一卦,则变以对之,乾坤坎离大过
颐中孚小过八者皆是也,此盖卦变反对之象,先天之学详矣。"② 郭雍认为
孔颖达之说,以及邵雍先天之学,都已申明了卦变反对之象,故其《易
说》多处采用反对卦变说注解卦爻辞。其注讼卦卦辞道:"需讼一体也,
相亲而需则为需,相违而讼则为讼,性情之异耳,然性情之异而有孚则同
者,亲而无孚,需之妄也,讼而无孚,讼之妄也。"③ 认为需讼一体,卦义
相反,《杂卦》言"讼不亲也",则需有"相亲"之义,又二卦都含坎水
刚中有孚之象,其性情异中有同,郭雍有意识地将《杂卦》之文应用到卦
爻辞注解中,是宋人以传解经的新举。又云"需之利涉大川,险在前也;
讼之不利涉大川,险在下而必陷也",④ 认为二卦象辞在是否利涉大川上相
反,剥复二卦"利有攸往"和"不利有攸往"之反与此相类。注临卦卦辞
"元亨利贞,至于八月有凶"道:"自一阳生而为复,长而为临,凡八变而
得遁,遁,临之反也,有临之大亨,是以知遁之有凶也。"此承程注,以

① (宋)郭雍:《郭氏传家易说》卷 4,《景印文渊阁四库全书》,台湾商务印书馆 1986 年版
　影印本,经部,第 13 册,第 135 页下栏。

② (宋)郭雍:《总论·序卦》,《郭氏传家易说》卷首《目录》,《景印文渊阁四库全书》,
　台湾商务印书馆 1986 年版影印本,经部,第 13 册,第 10 页下栏。

③ (宋)郭雍:《郭氏传家易说》卷 1,《景印文渊阁四库全书》,台湾商务印书馆 1986 年版
　影印本,经部,第 13 册,第 33 页上栏。

④ (宋)郭雍:《郭氏传家易说》卷 1,《景印文渊阁四库全书》,台湾商务印书馆 1986 年版
　影印本,经部,第 13 册,第 33 页下栏。

临遁参看而非临观相反来解"至于八月有凶",所取为阴阳消长说而非反对卦变说。又下注临卦彖辞云:"自九二成卦之爻言之,则曰刚中而应……九二刚中之德足以有临,其有不大亨以正者乎?且刚柔之义相反以相生,故泰中有复,否中有倾,而临之中有八月之凶也,君子知几之义,欲其辨早而思其亡之戒也。"[①] 认为刚柔之义相反相生,故临卦主爻大亨以正同时潜伏了八月有凶的危险,泰上六城复于隍,否上九倾否,都包含了向对立面转化的意义。注大过卦辞云:"颐之虚中,虚故受实,实则刚,刚而后过,二卦之象相终始也,故颐以虚为主,而过以刚为义。"[②] 将颐大过二卦合看,认为二卦的中四爻有虚实之别,颐因虚中故能受养,大过因刚中故能当大任。注姤卦卦辞云:"夬之一阴,将消之阴也;姤之一阴,方长之阴也。其阴虽同,所以为阴则异。故夬姤卦象反对,其义正相反。"[③] 认为夬姤卦象反对,其卦义也相反,两卦主爻一为将消之阴,一为方长之阴,其趋势相反。注益卦六二云"损益本一道,相须以相成,以二卦反对言之,则损之上益之初,损之五益之二也,故损上益初其辞相属,而损五益二又大同矣。"[④] 又注损卦六五云:"六五之辞与益之六二同者,损至六五疑于益矣,又其反对之义同也。"[⑤] 认为损六五与益六二爻辞相同,损益之义本相反,正如坤卦上六"阴疑于阳",损至于六五反疑似益,故其辞称"或益之十朋之龟",此处则是因反对而其义相同。注复卦六四云:"剥之六三与复之六四反对,其义相类,故在剥则取失上下,以应乎阳,在复则取其独复,以从道也。"[⑥] 剥复二卦反对,剥六三与复六四二爻亦反对,其爻义相类,剥六三小象"剥之无咎,失上下也",复六四"中行独复,以从道也",其义皆取此爻离绝同类而应从卦中独阳。注未济九四云:"既济九三、未济九四皆有伐鬼方之象者,二卦三四为反对,故其

---

① (宋)郭雍:《郭氏传家易说》卷2,《景印文渊阁四库全书》,台湾商务印书馆1986年版影印本,经部,第13册,第73页。

② (宋)郭雍:《郭氏传家易说》卷3,《景印文渊阁四库全书》,台湾商务印书馆1986年版影印本,经部,第13册,第106页下栏。

③ (宋)郭雍:《郭氏传家易说》卷5,《景印文渊阁四库全书》,台湾商务印书馆1986年版影印本,经部,第13册,第153页下栏。

④ (宋)郭雍:《郭氏传家易说》卷4,《景印文渊阁四库全书》,台湾商务印书馆1986年版影印本,经部,第13册,第147页上栏。

⑤ (宋)郭雍:《郭氏传家易说》卷4,《景印文渊阁四库全书》,台湾商务印书馆1986年版影印本,经部,第13册,第144页下栏。

⑥ (宋)郭雍:《郭氏传家易说》卷3,《景印文渊阁四库全书》,台湾商务印书馆1986年版影印本,经部,第13册,第95页上栏。

象同，与损益二五言十朋之龟，夬姤三四言臀无肤其行次且同义。"①认为既济未济反对，既济九三未济九四反对，故二爻皆有伐鬼方之象，损益二五都有十朋之龟之象，夬姤三四都有臀无肤其行次且之象。郭雍自觉利用《杂卦》之文，从两卦反对，进而论述到卦中对应两爻反对，以此解释其卦义相反、爻义相同或相类、爻象相同等，在使用"贲自泰来"的卦变说和反对卦变说的同时，对程子的乾坤卦变说进行了修正，兼采众说而不追求体例的统一，这一点与李挺之、朱震、郑刚中都是一致的。

（六）张栻将六十四卦分为反对卦和无反对卦

《南轩易说》不注《周易》上下经，仅注《系辞》上下、《说卦》《序卦》《杂卦》，其书共五卷，以补程氏《易传》之缺。其卷三注《杂卦传》，以卦画相反的两卦为无反对，以同一卦体正看覆看为两卦的为反对。其注坎离云："此卦无反对之画，乃相对而变者也。离火炎上，坎水流下，其自然之性，不可易也。"《杂卦》云"离上而坎下也"，张栻认为坎离二卦虽不反对，但属相对而变者，其卦德一上一下相反。其注师比云："《序卦》所以言易道之常，《杂卦》所以言易道之变，此古有是言也。殊不知《易》之《杂卦》乃言卦画反对，各以类而言，非杂也。于杂之中有不杂存焉。乾三画奇，刚也；坤三画偶，柔也。比一阳居五而民乐而从之，师一阳居二而民忧而畏之。"认为《杂卦》并不杂，成对出现的两卦卦画反对，如乾三画奇坤三画偶，《杂卦》云"乾刚坤柔"，其刚柔之性情相反；如师比反对，《杂卦》云"比乐师忧"，比五之乐与师二之忧其德性亦相反。注夬姤云："一阴始生乃柔遇也，作《易》者进阳而退阴，以一阴之生为遇，言出其不意也，一阳之生为复，言反其所也。"此处虽以夬姤为反对，却将姤之一阴始生与复之一阳之生对照来看，而非将夬姤合看，张栻认为，复卦一阳生是返其所，姤卦一阴生则属意外之遇，其中包含了作《易》者进阳退阴的忧患意识。注丰旅云："天下丰大之时，其事故云多也，在旅之时，失上下之交，故为亲寡。"认为丰旅反对，其卦义亦多寡相反。但张栻以《杂卦》"丰多故"之故为事故之故，而非故交之故，则难以与"亲寡旅"之亲相反对，这一点后来项安世给予了纠正。注需讼云："需者有所待，故不进，讼者险而健，人谁亲也。"认为需讼相反对，故有待不进与冒险健进亦相反。其注颐卦云："此卦无反对，所养不正，则是养其小者以害其大者也。"注大过云："此卦无反对之画，当本末弱之

<hr>

① （宋）郭雍：《郭氏传家易说》卷6，《景印文渊阁四库全书》，台湾商务印书馆1986年版影印本，经部，第13册，第213页上栏。

时，当从权以济其难，盖时之颠危故也。"认为大过与颐不构成卦画反对的关系。注中孚云："与小过卦相对而变者也，天之生民，其中有信，此信由中也，故为中孚。"注小过云："此卦无反对之画，天下失其中者，故小有所过以复其中，是过也，乃所以救其不中者乎？"认为中孚与小过不构成反对关系，属相对而变。又云："中孚颐八卦无反对，此圣人之深意，惟穆伯长、老苏明之，诸家并不达此。"[①] 张栻将《序卦》《杂卦》二篇合看，认为《序卦》言易道之常，《杂卦》言易道之变，但《杂卦》虽杂亦不杂，其卦画反对大有深意，遂将卦序出现的两两成对的卦分为反对和无反对两类，乾坤坎离四卦他也承认了其卦义卦德相反，但颐大过、中孚小过四卦他视作卦画相对而变，没能指出其卦义卦德上的关联，即在无反对的八卦上他未能做到一贯。在相反对的五十六卦上，他自觉地从卦义相反上去讲，但在丰旅等卦的训诂上仍有偏差。总的来说，张栻已有意识地依据《序卦》《杂卦》将相从两卦前后参看来取义。

（七）项安世应用两卦或两卦对应两爻的反对释卦爻辞

《周易玩辞》兼采反对卦变说和消息卦变说来解说卦爻辞，并对其体例多有阐发。其注师卦九二云："师自五至二历三爻故为三锡，犹比自二至五为三驱也。二卦反对，故各于主爻言之。"[②] 认为师比二卦反对，师卦九二、比卦九五分别是二卦主爻，师九二"王三锡命"、比九五"王用三驱"都是就本卦二至五历经三爻而言"三"之象。《同人上九大有初九》篇云："大有与同人反对，大有之初九即同人之上九，皆远于柔者也，故同人六爻独上九为不得志，大有六爻独初九为无交也。"[③] 认为同人大有二卦相反对，大有初九即是同人上九，都远离本卦的主爻（唯一的阴爻），处境类似，故同人上九小象"同人于郊，志未得也"，大有初爻"无交害，匪咎，艰则无咎"，二爻之义相类。《臀无肤其行次且》篇云："益之六二即损之六五，故皆曰或益之十朋之龟，弗克违。姤之九三即夬之九四，故皆曰臀无肤，其行次且。夬之九四志欲上同，而后迫于三、前阻于五，姤之九三志欲下行，而后迫于四、前阻于二，虽前后不同，若以反对观之，

---

① （宋）张栻：《南轩易说》卷 3，《景印文渊阁四库全书》，台湾商务印书馆 1986 年版影印本，经部，第 13 册，第 676—680 页。

② （宋）项安世：《周易玩辞》卷 2，《景印文渊阁四库全书》，台湾商务印书馆 1986 年版影印本，经部，第 14 册，第 251 页下栏。

③ （宋）项安世：《周易玩辞》卷 3，《景印文渊阁四库全书》，台湾商务印书馆 1986 年版影印本，经部，第 14 册，第 270 页下栏。

其实一也。其厉如此而无大咎者，三与初非比非应，本不相及也。"① 认为
夬九四、姤九三的危险处境在于与本卦唯一的阴爻非比非应却欲纳交，且
都面临着前阻后迫的压力，故其辞同义同。项安世列举了同人大有、夬
姤、损益为例，认为这几组反对卦中的某些对应的爻其实是同一的，如夬
九四即姤九三、损六五即益六二、同人上九即大有初九。《孚乃利用禴》
篇云："萃与升相反，而孚乃利用禴皆在下卦之中爻，何哉？盖禴所以亨
上也，六二求萃于上，九二亦求升于上，故其义皆同。"② 萃六二与升九二
皆云"孚乃利用禴"，按照前述同人大有、夬姤、损益之例，升萃二卦反
对，其下体中爻之辞相同，而非二五爻的爻辞相同，项安世认为这是因为
禴祭是享祀在上之鬼神，故"孚乃利用禴"之辞都应当置于升萃二卦之下
体，一个是求萃于上，一个是求升于上，其义皆同。《巩用黄牛之革》篇
云："六二自大壮六五来，大壮六五即遁六二之反对，其辞故曰执之用黄
牛之革也。"③ 认为大壮六五言"丧羊于易"，遁六二来自大壮六五，二者
其实是同一爻，故遁六二言"执之用黄牛之革"。由此，项安世所谓反对，
不仅用来指称两卦的关系，还用于指称反对卦对应的两爻的关系，即两爻
相反对。又云："大过内外卦反对，皆为木，故有内棺外椁之象。"④ 按，
《系辞》云："古之葬者，厚衣之以薪，葬之中野，不封不树，丧期无数，
后世圣人易之易棺椁，盖取诸大过。"项安世据此认为大过有棺椁之象，
其下体巽木，上体兑覆视亦为木，上下体反对，故有内棺外椁之象，这不
再是两卦反对取象，而是一卦上下体反对取象。又云"泰九三于无咎之下
言有福，否九四于无咎之下言畴离祉者，二爻当天命之变，正君子补过之
时也"⑤，以泰九三否九四同值天变之际，君子皆能补过应变，故皆能无咎
获福，其义相类。《反复其道七日来复》篇云："复与剥相反，剥卦覆而成
复，故曰反覆其道，剥之初升为上，上降为初，一与六爻则其数七，故曰

① （宋）项安世：《周易玩辞》卷9，《景印文渊阁四库全书》，台湾商务印书馆1986年版影
　印本，经部，第14册，第349页下栏。
② （宋）项安世：《周易玩辞》卷9，《景印文渊阁四库全书》，台湾商务印书馆1986年版下
　印本，经部，第14册，第354页下栏。
③ （宋）项安世：《周易玩辞》卷10，《景印文渊阁四库全书》，台湾商务印书馆1986年版
　影印本，经部，第14册，第362页上栏。
④ （宋）项安世：《周易玩辞》卷14，《景印文渊阁四库全书》，台湾商务印书馆1986年版
　影印本，经部，第14册，第415页下栏。
⑤ （宋）项安世：《周易玩辞》卷3，《景印文渊阁四库全书》，台湾商务印书馆1986年版影
　印本，经部，第14册，第266页上栏。

七日来复。"① 此注不同于程说，程子认为姤卦一阴始变历经七变成复故云七日来复，是取消长义。项安世认为复剥相反对，同一卦体反覆看，剥之初上升为复之上，剥之上下降为复之初，其历数七，故卦辞云七日来复，采取的是反对卦变说。作为程氏后学，其对程说的发展于此可见一斑。《一阴一阳卦义》篇云："一阴一阳之卦在下者为复姤，在上者为夬剥，其义主于消长也。在二五者，阳在二为师之将，在五为比之王；阴在二为同人之君子，在五为大有之君子，其义主于得位也。在三四者，阳在三则以刚行柔，为劳谦，在四则以刚制柔，为由豫；阴在三则以柔行刚为履，在四则以柔制刚为小畜，其义主于用事也。大抵用事之爻在下者为行己之事，在上者为制人之事。行己以刚为贵，故行刚者曰谦；制人者柔易悦而刚难制，故制柔者曰豫，制刚者曰畜。"② 认为一阴一阳之卦，两两反对，且初上、二五、三四之爻也构成反对关系，如谦九三即豫九四，一阴一阳在初上之位主阴阳消长而言，在二五之位主得位而言，在三四之位主用事而言。项安世将复姤合观，夬剥合观，进而将复姤夬剥四卦合观；将师比合观，同人大有合观，进而将师比同人大有四卦合观；将谦豫合观，小畜履合观，进而将谦豫小畜履四卦合观，以此阐发其反对取义之例，项安世此论甚为精当。

《周易玩辞》末卷注《杂卦传》，就各组反对卦卦义予以释读，各组卦独立成篇。《井困》篇云："以通与遇为反对，则遇为相抵而不通之象矣。巽之上爻主塞坎水之上流，而井之坎乃出其上，盖塞而复通者也，故谓之通。兑之下爻主塞坎水之下源，而困之坎适在其下，正遇其塞，所以困也。"《杂卦》言"井通而困相遇也"，项安世认为井卦九三（下体巽之上爻）本阻塞坎水上出，但井卦上体坎表示坎水已出于其上，故为塞而复通而成井之象；困卦上体兑之下爻（即困九四）阻塞下体之坎水上出，故有遇其塞而成困之象。此处不仅井困二卦相反对，井九三与困九四两爻也相反对，井之通义与困之塞义根据此二爻相对于卦中坎水能否上出而得解。《大有同人》篇云："大有同人皆以离之中爻为主，在上则人归乎我，是故谓之众，在下则我同乎人，是故谓之亲。"认为同人大有二卦反对，其主爻都是卦中一阴，大有阴爻在五得尊位，故归我者众，同人阴爻在下体之二，故我亲附于人，其义相反。此是以二卦卦主之义相反言二卦卦义相

---

① （宋）项安世：《周易玩辞》卷5，《景印文渊阁四库全书》，台湾商务印书馆1986年版影印本，经部，第14册，第298页上栏。

② （宋）项安世：《周易玩辞》卷2，《景印文渊阁四库全书》，台湾商务印书馆1986年版影印本，经部，第14册，第260页。

反。《小过中孚》篇云："小过四阴在外而过其常，中孚二阴在内而守其常，二义正相反对，皆主阴言之。"认为中孚小过构成反对关系，其卦名主阴而言，道之常是内阴外阳，阳主外阴主内，中孚二阴在内合乎常道故得名中孚，小过四阴在外二阳在内背离常道故得名小过，其义相反。《丰旅》篇云："卦名皆在句上，旅独在下者，取其韵之叶也。以多故对亲寡，则故非事故之故矣。凡物之情，丰盛则故旧合，羁旅则亲戚离。作《易》者，其知之矣。"①《杂卦》言"丰多故也，亲寡旅也"，项安世纠正了张栻的说法，认为故乃故旧之故，非事故之故，故旧与亲戚反对，事业丰大之时高朋满座，羁旅失所之时门可罗雀，二卦卦义相反。用语上，项安世除了将井困、丰旅同体相综两卦称为反对外，还将中孚小过卦画相反的两卦也称作反对卦，也就是说，项安世所谓的反对卦实际上包含了来氏错卦和综卦两种情形。

项安世主张杂卦皆自十二消息卦来，如《九二归逋邑户无眚》篇云："逋与逾皆指变象言之，遁之九三来居二而成讼，二复归逋则讼息矣，故不谓之逾而谓之逋，逋即遁也。……此爻以逋明遁，所以发凡起例，使人知六十四卦皆复姤十二卦之所变也。"②认为讼自遁变，讼九二"归而逋"，即九二回归到三，变回到遁卦，如此则讼息，并认为讼九二发凡起例，依此类推，则知六十四卦皆复姤十二辟卦所变。《变卦主爻例》篇云："反对卦皆自消息卦变，一升一降而成卦，以义重者一爻为主；消息卦皆自乾坤变，一阴一阳者以初上为主，复夬乾之初上，姤剥坤之初上，二阴二阳、三阴三阳皆以二五为主。不反对八卦皆自坎离变，乾之二五、中孚之三四、大过之初上，皆与离之二五相易而成卦；坤之二五、小过之三四、颐之初上，皆与坎之二五相易而成卦。两升两降，亦以一爻重者为主，大过颐象一阴一阳之卦，以初上为主；坎离小过中孚象二阴二阳之卦，乾坤象三阴三阳之卦，皆以二五为主。"项安世认为反对卦皆自消息卦变，而消息卦皆自乾坤变，将反对卦变说和消息卦变说结合起来，在消息卦变说的基础上以爻之升降去谈反对卦变，这一点与李挺之变卦反对图是一致的，但他主张不反对卦从属于坎离，包括乾坤在内的八个不反对卦自坎离变，则与李挺之变卦反对图图二乾坤相索变生坎离等六个不反对卦的思想相悖。此处又明确以乾坤坎离中孚小过颐大过等八卦为不反

---

①　（宋）项安世：《周易玩辞》卷16，《景印文渊阁四库全书》，台湾商务印书馆1986年版影印本，经部，第14册，第437—448页。

②　（宋）项安世：《周易玩辞》卷2，《景印文渊阁四库全书》，台湾商务印书馆1986年版影印本，经部，第14册，第248页上栏。

对卦。又云："无妄自遁来，下卦本艮，一刚在外来内为初，遂为一卦之主爻也。"① 认为无妄来自遁。又云："萃自观来，四上相变成萃，五在其中独未尝变，是以六二不失其应，故曰中未变也。"② 为讲通"中未变"，不以萃自临来，而认为萃自观来，四上相易而成。又云："革自大壮变，六五降而为二，九二升二为五，二五相变故谓之革。"认为革来自大壮，二五相易而成。《萃升》篇云："升自临变，……萃自观变……"③ 注困卦象此云："困自否变。"④《柔进而上行》篇云："《易》象辞言柔上行者皆谓六五，噬嗑贲睽鼎是也。今按噬嗑自否初进五，晋自观四进五，鼎自遁二进五，皆为上行，独睽卦以大壮三上相易，五未尝动则于例不通。虞翻以为无妄之二进为睽五，亦未之允。然则当是离卦在上即谓之柔进而上行尔。盖三女之卦独离柔在上为得尊位，大中而行之故谓之上行。巽在六四例谓之上合、上同，兑在上六例谓之上穷，皆不得得上行也。"⑤ 项安世未取睽卦自大壮来的消息卦变说，因为五未动而六为下行，其说不通，也未取虞翻睽自无妄来的说法，而是另创体例，认为睽为三女之卦，当以离柔在上居中位为例解"柔进而上行"，如此则可贯通噬嗑贲睽鼎四卦。同为程子后学，与郭雍重点谈三子三女相值之卦从何而来不同，项安世对五阴一阳、五阳一阴之卦，四阳二阴、四阴二阳之卦也予以明确的解释，指出其从何卦而来，其所承主要是《周易集解》的说法，当遇到睽卦以十辟卦变说解不通时，他又自创体例将其贯通，这体现了他在继承程子易学成卦之由说的基础上，对易象和卦变问题的一种新的探索。由于重视以辞说《易》，项安世被视作程子后学，但他并未固守程子乾坤卦变说，而是因袭李挺之卦变说又有所变化。李挺之和项安世都以消息卦变说为反对卦变说基础，李挺之将变卦反对图与六十四卦相生图并存，项安世则将反对卦变说与其消息卦变说并存。

① （宋）项安世：《周易玩辞》卷 5，《景印文渊阁四库全书》，台湾商务印书馆 1986 年版影印本，经部，第 14 册，第 301 页上栏。

② （宋）项安世：《周易玩辞》卷 9，《景印文渊阁四库全书》，台湾商务印书馆 1986 年版影印本，经部，第 14 册，第 352 页下栏。

③ （宋）项安世：《周易玩辞》卷 9，《景印文渊阁四库全书》，台湾商务印书馆 1986 年版影印本，经部，第 14 册，第 352 页下栏。

④ （宋）项安世：《周易玩辞》卷 9，《景印文渊阁四库全书》，台湾商务印书馆 1986 年版影印本，经部，第 14 册，第 354 页下栏。

⑤ （宋）项安世：《周易玩辞》卷 7，《景印文渊阁四库全书》，台湾商务印书馆 1986 年版影印本，经部，第 14 册，第 327—328 页。

（八）赵善誉以反对卦变说总结用刑四卦

《赵氏易说》亦采用反对卦变说释卦爻辞。《旅卦说》篇云："离下震上，明以动也，其卦为丰，丰之上九曰窥其户阒其无人，丰大者必失其居也，故丰之反对，则其卦为旅，以其止而丽乎外也。"认为丰旅相反对，《序卦》言"穷大者必失其居"，丰卦上九言"窥其户阒其无人"，已寓示其穷旅之灾，旅卦内艮外离，有止而丽乎外之象，以此成旅。又云："尝试推之，噬嗑之利用狱、丰之折狱致刑，皆以有震之威、离之明也。然噬嗑之后继之以贲，丰之后继之以旅，则离明如故而震为艮止明矣。明无时而不然，威有时而当止，故圣人于贲之象曰君子以明庶政无敢折狱，于旅之象曰君子以明慎用刑不留狱，知圣人无敢之辞，又知圣人慎而不留之辞，则知震变为艮之义矣。《易》言用刑之卦反对相继者唯此四卦，而其象辞切至如此，则用刑之际，可不谨哉！"[1] 赵善誉总结丰旅噬嗑贲等四用刑之卦，认为四卦中离明如故，惟有震动艮止之别，故用刑与否取决于卦体中是震还是艮。震艮相反对，丰噬嗑或下体或上体为震动，故利用狱，可以折狱致刑；旅贲或下体或上体为艮止，故旅卦慎重用刑，慎重不留狱（慎重折狱），贲卦无敢折狱。赵善誉运用反对卦变说对用刑四卦所作的总结是极具说服力的，这一成果后为来知德吸收。

（九）徐总干

《易传灯》卷三《易有四象》篇云：

> 前章圣人设卦观象系辞而明吉凶也，其所为象者，何象也？即后章言"易有四象，所以示也；系辞焉，所以告也；定之以吉凶，所以断也"。其四象谓老阳老阴少阳少阴也，老阳老阴，乾坤也，少阳，震坎艮也，少阴，巽离兑也，言四象则包八卦矣。苟非此之谓，则前后两卦之四象也。盖圣人设卦，非说一卦而止也，其卦两两反对，如屯蒙相连，需讼相继，小畜之与履，师之与比，有如《杂卦》所言两卦之义。每两卦上下反对，故圣人言四象以示，系辞以告，定吉凶以断也。如屯卦坎上震下，及为蒙则艮上坎下，兹有四象所示，又于每卦系辞以告，定吉凶以断，以全四象卦义。[2]

---

① （宋）赵善誉：《赵氏易说》卷4，《景印文渊阁四库全书》，台湾商务印书馆1986年版影印本，经部，第14册，第504—505页。

② （宋）徐总干：《易传灯》卷3，《景印文渊阁四库全书》，台湾商务印书馆1986年版影印本，经部，第15册，第836—837页。

　　徐总干从《系辞》"易有四象"切入，在乾坤为老阴老阳六子为少阴少阳四象旧说的基础上，又提出了前后反对两卦上下体构成四象的新说。这个说法严格讲是不成立的，六十四卦上下两体都是八个小成卦，徐总干的说法不是四象生八卦，而是先有八卦后有四象了。但徐总干的用意不是要训诂"易有四象"的本义，而是要阐发《杂卦》所言每两卦反对之义，即主张圣人设卦不是止说一卦，而是前后两卦四体合看始得。又《易传灯》卷四《序卦反对》篇云：

　　　　《易》之序卦有天命存焉。圣人即所重卦象，推反对之画，明先后之时。盖卦体有乾坤坎离者，其体相禅。如前震为后之艮，前艮为后之震，前巽为后之兑，前兑为后之巽。若乾坤坎离者，《易》以上下为先后也。考之于《易》，始其坎上震下为屯，及易变艮上坎下则为蒙；始其坎上乾下为需，及易变乾上坎下则为讼矣；始其坤上坎下为师，及易变坎上坤下则为比矣；始其巽上乾下为小畜，及易变乾上兑下则为履矣。
　　　　卦变不穷，时变亦不一，皆八卦变化推移，相为上下，圣人遂以卦画反对序其先后。故前有屯蒙，后有革鼎；前有需讼，后有晋明夷；前有师比小畜履，后有同人大有谦豫；前有泰否随蛊，后有咸恒损益；前有临观，后有遁大壮；前有噬嗑贲，后有困井；前有剥复无妄大畜，后有夬姤萃升；前有震艮丰旅，后有巽兑涣节；前有家人睽，后有蹇解；前有颐大过坎离，后有中孚小过既济未济。兹圣人分二篇之卦，每以两卦反对为先后，明国家治乱盛衰之时焉，君子于此可推卦之缊矣。有能即序卦以推在昔历代之世变，虽继周百世可知也。愚谓序卦该天命，信言也。①

　　此段"序卦反对"，即卦序反对，说的仍是《杂卦传》，不是《序卦传》。徐总干以此篇作为《易传灯》全书之终结，认为卦序安排体现了天命（即天理），圣人分上下二篇，以两卦反对为先后，君子从中可推卦之缊（即卦义），明国家治乱盛衰之时。徐总干明确称反对二卦为卦变，举屯蒙、需讼、师比、小畜履四组反对卦，连用四个"及易变"，实际上是以屯蒙的上下覆看引起的卦体变化为卦变。反对二卦所处的时不同，此为

_____

① （宋）徐总干：《易传灯》卷4，《景印文渊阁四库全书》，台湾商务印书馆1986年版影印本，经部，第15册，第848—849页。

时变。对于乾坤坎离颐大过中孚小过等八个不反对的卦，徐总干没有特别予以说明。徐总干认为圣人以卦画反对序其先后，各组反对卦之间的卦序安排也是有讲究的，如前有屯蒙，后有革鼎云云，其言甚简，此处不便臆度，故从略。徐总干明确将反对说归于卦变，但并没有使用反对卦变说解说卦爻辞，而是将两卦或两组反对卦合看，揭示其总体卦义上的关联以及卦序安排上的合理性。

（十）税与权以后天周易序卦图补《启蒙》之不足

《易学启蒙小传》未注六十四卦经文，而是据《杂卦》及邵雍《观物篇》相关论述绘制了后天周易序卦图（图 7 - 4）并附图说，以此表达了其反对卦变思想。

> 窃尝考之，先天之易有画无辞而经卦重卦已具，后天之易有画有辞而经卦重卦加详。羲文机轴皆不出河图洛书之九位与乾坤奇偶之九画而已。自开辟以来，五十五为天地生成全数，然始于一中于五而极于九，故河图以十附五而居中，洛书以六极附九五福之畴，而十无位焉。大抵伏羲则河图九位而定乾坤奇偶之画，肇经卦而重为六十四；文王则洛书之九畴亦本乾坤奇偶之九画，总重卦而约为三十六。先天卦以对待观，图虽列左右而画皆十有八；后天卦以反覆观，经虽分上下而卦皆十有八。非邵子此图，孰知羲文心画之出于天地自然而明白简易哉？自汉扬子云谓文王重易六爻互用两卦十二爻，唐孔颖达谓验六十四卦二二相偶非覆即变，则邵子盖知《周易》一书六十四卦始终反覆二二相偶者，文王以两卦十二爻互观阴阳之消长祸福之倚伏，如乾之刚健反则为坤之柔弱，晋之明出地上反则为明夷之明入地中，履之蹢躅艰危反则为小畜之安富，丰之丰盛反则为旅之失次，既济之实受福反则为未济之不知节。举一二而学者可以类推焉。呜呼！后天易反对之义，孔子以《杂卦传》而发之于千载之前，邵子以序卦图而述之于千载之后，今取《观物篇》所叙为图，以补朱文公《启蒙》之所未及。①

税与权称河图洛书、羲文之易其数皆不出乎九，自称据邵雍《观物篇》相关叙述作后天周易序卦图，认为先天卦以对待观，图列左右画皆十

---

① （宋）税与权：《易学启蒙小传》，《景印文渊阁四库全书》，台湾商务印书馆 1986 年版影印本，经部，第 19 册，第 9—10 页。

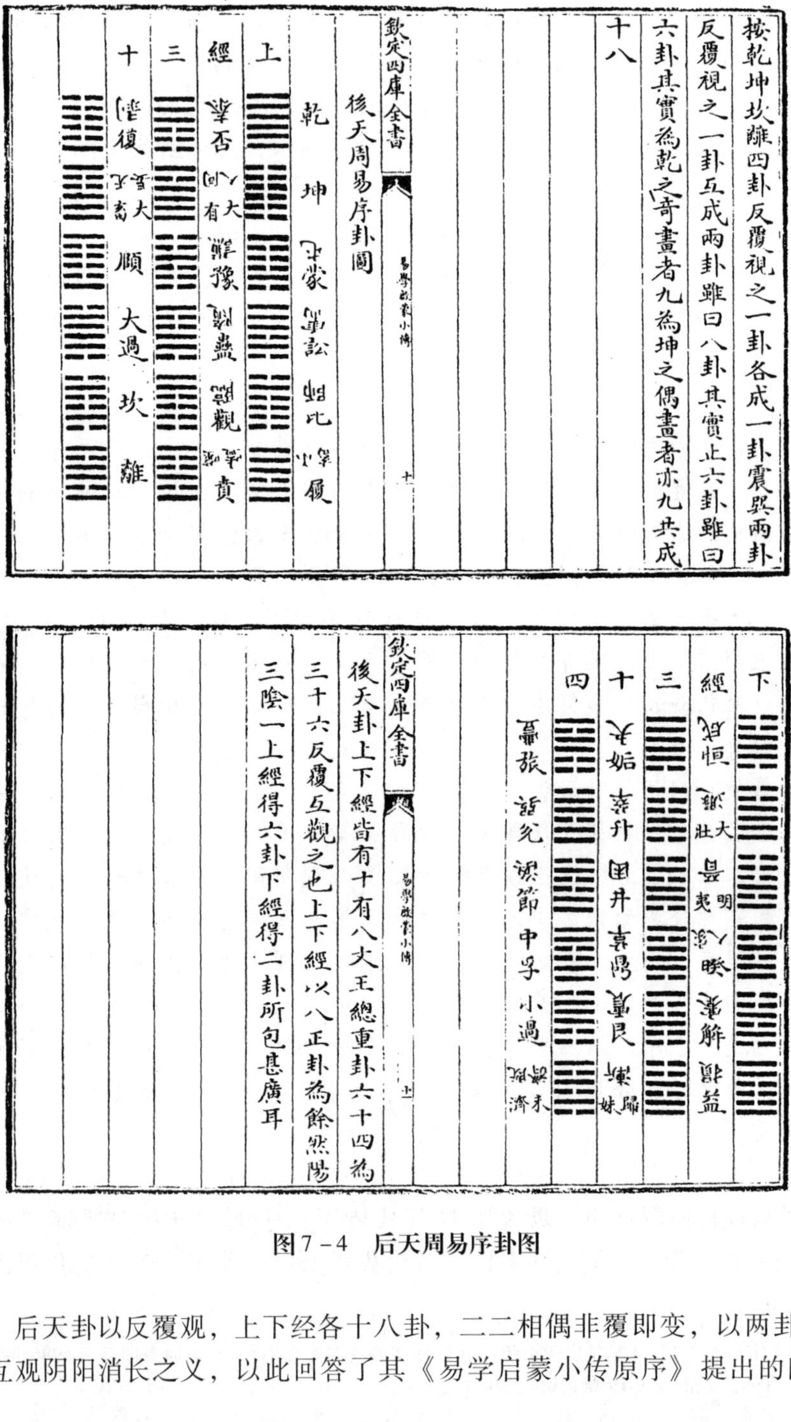

图7-4　后天周易序卦图

八，后天卦以反覆观，上下经各十八卦，二二相偶非覆即变，以两卦十二
爻互观阴阳消长之义，以此回答了其《易学启蒙小传原序》提出的问题，

即朱熹所谓"尝以卦画纵横反覆求之，竟不得文王所以安排之意，是以畏惧勿敢妄为之说"。税与权认为，扬雄、孔颖达虽早有其说，但属只言片语，且未曾作图以明之。税与权自谓从《杂卦传》和邵雍《观物篇》的叙述中悟出文王卦序安排之意，并作为此图。公允地说，税氏此图在易学史上具有重要价值，后世胡一桂、来知德、王植等所作文王卦序图基本不出其意。朱熹《易学启蒙》未申明六十四卦反对之义，《周易本义》也未曾将相从的两卦合观展开注解工作。朱熹也曾留意过卦序反对之义，如《语类》云：

> 《序卦》《杂卦》，圣人去这里见有那无紧要底道理，也说则个了过去。然《杂卦》中亦有说得极精处。渊。
> "《杂卦》反对之义只是反覆，则其吉凶祸福动静刚柔皆相反了。"曰："是如此。不知如何数卦又不对了。'大畜时也'，也晓不得又与无妄不相反是如何。临观更有与求之义，临以二阳言之，则二阳可以临上四阴，以卦爻言之，则六五上六又以上而临下，观自下而观上则为观，是平声，自上而为物之观，是去声。'噬嗑食也，贲无色也'，义虽可通，但不相反。'谦轻'是以谦抑不自尊重，女待男而行，所以为渐。"
> "谦轻而豫怠"，轻是卑小之义，豫是悦之极，便放倒了，如上六"冥豫"是也。去伪。①

朱熹认为《序卦》《杂卦》虽圣人所作，有个别地方说得极精，但总体上说的是一些不甚紧要的道理，不如《十翼》其他篇章如《系辞》《文言》《彖传》《象传》《说卦》等重要，故《本义》对《序卦》基本无注，对《杂卦》所注也极其简略。朱熹也看到了《杂卦》卦象反覆卦义相反，但又疑惑"不知如何数卦又不对了"，认为大畜无妄、噬嗑贲、谦豫、渐归妹卦义皆不相反，临观与求卦义相反但又难以确解。《本义》注《杂卦》云"兑阴外见，巽阴内伏""随前无故，蛊后则饬""咸速恒久""火炎上，水润下"，认可并昭示其相反之义；注"大畜时也，无妄灾也"云"止健者时有适然，无妄而灾自外至"，认为二卦都强调时、灾等非主观因素的作用，注"大壮则止，遁则退也"云"止，谓不进"，强调处壮之道在不进，处遁之道在退，此两处都不言卦义相反，而是着眼于反对卦卦义

---

①　（宋）黎靖德：《朱子语类》卷 77，中华书局 1986 年版点校本，第五册，第 1976 页。

的相似处；又注"井通而困相遇也"云"刚柔相遇，而刚见掩也"，着眼于卦画之象，注"丰多故也"云"既明且动，其故多矣"，着眼于二体之象，也未从反对立意；于乾坤、师比、震艮、损益、萃升、谦豫、噬嗑贲、剥复、晋明夷、涣节、蹇解、家人睽、否泰、大有同人、革鼎、小过中孚、丰旅、需讼、颐大过、夬姤、渐归妹、既济未济等无注。又云："自大过以下，卦不反对，或疑其错简，今以韵协之，又似非误，未详何义。"朱熹对《杂卦》大过以下末八卦的不反对现象感到费解，认为末八卦音韵相协，似非错简，未再深究。[①]《易学启蒙》的《原卦画》《考变占》章都未言及卦画反对现象。《原卦画》据《说卦》"天地定位""雷以动之"两节言邵氏先天学，八卦相错而成六十四卦，朱熹从邵氏之说绘制出先天横图和圆图，意在说明卦画之成与卦气之运；又论《说卦》"帝出乎震""神也者妙万物而为言也"节及广八卦之象、乾坤相索生六子等，认为是就已成之卦推未明之象，是邵氏所谓后天入用之学。《考变占》阐发用九用六之凡例并作一卦可变六十四卦图，也未及反对卦变现象。《本义》《语类》相关材料反映出朱熹对《序卦》《杂卦》持轻视的态度且不曾深究，则《易学启蒙》对六十四卦的反对现象重视不足而未予讨论也是自然的了。税与权认为忽视卦序的反对现象是《易学启蒙》的不完备之处，故作《小传》补其未及。客观地说，税与权的这一工作是必要的，也是富有成效的，其上下经皆十八卦之说是易学史上的经典之论，是对邵雍三十六宫说法的进一步发展，是来知德以《杂卦》错综论卦序的先声。与李挺之变卦反对图一分为八不同，税与权此图一体完具，并无分图。税李之图表达的反对卦变之义基本一致，形式上税与权此图将反覆二卦的卦体合一，因而显得更为简洁，但李挺之将各卦象辞等标注在卦象旁，从卦象反对到卦义反对，又多了一层注经的意味。用语上，"乾之刚健反则为坤之柔弱，晋之明出地上反则为明夷之明入地中"，表明税与权所谓"反"包括了来氏错卦、综卦两种情形。

　　本节梳理了苏轼、薛温其、朱震、郑刚中、郭雍、张栻、项安世、赵善誉、徐总干、税与权等易学家的反对卦变思想，两宋时期，汉易多种卦变说并行不悖，十辟（消息）卦变说仍占据主流，反对卦变说异军突起，从最初的零星应用到广泛应用，从局限于对《序卦》《杂卦》二传的解说，到自觉运用《杂卦》反对之义注解六十四卦卦爻辞，渐成燎原之势。税与权《后天周易序卦图》据孔颖达"二二相偶，非覆即变"及邵雍相关

---

① （宋）朱熹：《周易本义》卷4，中华书局 2009 年版点校本，第 271—273 页。

论述，将六十四卦化约为三十六卦，上下经各十八，每两卦十二爻互观其阴阳消息，将其卦序的反对关系呈现于一图之中，形式上比李挺之变卦反对图更简洁，系统性更强。税图仅用于卦序考察，尚未用于注经，但为后世俞琰、来知德据此卦序理论注经奠定了基础。

第二节　元初到明中后期反对卦变说的归一工作

"归一"见于邢璹注王弼《周易略例》"夫动不能制动，制天下之动者，贞夫一者也"句："……然则一为君体，君体合道，动是众，众由一制也，制众归一，故静为躁君，安为动主"，[①] 以"归一"论一卦主爻。此外，魏伯阳《周易参同契》三五至精图下一白圈指丹药，水火直通向此白圈，又陈抟《无极图》中的第三层五气朝元图、周敦颐《太极图》第三层五气顺布图下方白圈皆所谓归一处。俞琰《周易参同契发挥》云："人能回光返照，以吾自己阴阳交媾于内，则刚柔配合，三五归一，何必他求"，[②] 将道教炼丹学与易学相结合，提出其三五归一说。俞琰自宋入元，以倒体说变，试图将易学史上卦变诸说归一为反对卦变说。程朱不取反对卦变说，元代官方易学代表人物胡一桂、胡炳文、董真卿皆宗朱，俞琰之后的一百多年，反对卦变说较为沉寂，言之者寡。朱伯崑《易学哲学史》元代易学部分仅选取雷思齐《易图通变》、俞琰《易外别传》、张理《易象图说》及萧汉中《读易考原》四人易著进行探讨，[③] 义理派的胡一桂、胡炳文、董真卿等易学家的著作因其笃守程朱建树甚少而未置一词，对许衡、吴澄、王申子、熊良辅、李简、梁寅等入选四库的元代易著也未作讨论。王申子《大易缉说》作反对图，并附图说"《序卦》《杂卦》皆反对卦也，先儒已图之矣，但其说未备，且不及《杂卦》，兼未正《杂卦》之错简，故此复图之，上篇十八卦……"云云，[④] 其图其说均未能超越税与权等宋儒识度。张理《大易象数钩深图》有六十四卦反对变图四幅，题为

① （魏）王弼：《明象》，《周易略例》，《汉魏古注十三经》，中华书局1998年版影印本，上册，第67页下栏。

② （宋）俞琰：《周易参同契发挥》卷中，《景印文渊阁四库全书》，台湾商务印书馆1986年版影印本，子部，第1058册，第704页上栏。

③ 四库全书将雷思齐、俞琰易著归为宋代易学，朱伯崑则将其归为元代易学，二人皆由宋入元，两种归类各有所取。

④ （元）王申子：《大易缉说》卷1，《景印文渊阁四库全书》，台湾商务印书馆1986年版影印本，经部，第24册，第41页下栏。

一阴五阳反对变六卦一阳五阴反对变六卦、二阳四阴反对变十二卦二阴四阳反对变十二卦、反对不变八卦、三阴三阴反对变二十卦，又有复姤临遁泰否六卦生六十四卦图，[①] 皆袭取李挺之反对相生二图而有所变化，可以视作元代言说反对卦变的代表，但其意不在注经。萧汉中《读易考原》探讨六十四卦的逻辑结构，不取孔子《序卦传》以名序卦说、伊川阳盛阴盛分篇说、朱熹简帙重大分篇说，亦不取上下经各十八卦之说，而是因袭邵雍先天图，以反对论上下经卦序，主张上经为《易》之阳体，以乾坤坎离四正卦为主，下经为《易》之阴体，以兑艮震巽四隅卦为主，论上经三十卦下经三十四卦分体合体多寡分合之不可易，自谓"伏羲文王本定先后，以两卦之对为次序，非以一卦之名为次序"，[②] 又云"以先天图观之，乾坤坎离四正卦也，虽非无阴，然阳为贵；震巽艮兑四偏卦也，虽非无阳，然阴为贵。何以明之？上经乾与坤为对，乾南坤北则乾尊坤卑也，坎与离为对，坎西离东则坎先离后也，岂非四正之卦以阳为贵乎？下经震与巽为对，巽居上而震反居下，艮与兑为对，兑居上而艮反居下，岂非四隅之卦以阴为贵乎？所以坤离虽属阴，无害乎上经之为阳体，震艮虽属阳，无害乎下经之为阴体也。又上经乾与坤为对，坎与离为对，四正之卦相与贯属，所以同居上经。下经震不与巽对，艮不与兑对，震艮乃自为一对，巽兑亦自为一对，其四隅之卦子立于四正之外，若不相属，所以别为一经云"，[③] 又云"因取上下经卦，每两卦作一对，一直具十二画而观其象，颇悟圣人序卦之意……惟以两卦为对而观，则是乾之六画在上，坤之六画在下，乾为坤从，乾其义始明，《大传》曰'天尊地卑，乾坤定矣'，定于乾上坤下之对，非定于乾坤也"。[④] 萧汉中据邵氏先天图，从两卦反对论上下经分篇及卦序中的尊卑主客及主从先后之理，其意亦不在注经。元代大儒吴澄虽传授程朱之易，但其释《易》一决于象，主理在象中，在哲学上阐发了理不离气说。明初胡广编《周易传义大全》延续元代传统，合程氏《易传》、朱熹《本义》为一书，取二董二胡之传疏。明初薛瑄、蔡清虽宗朱熹，但也提出象理合一说，在本体论上断言理气无先后，为理学向气

---

① （元）张理：《大易象数钩深图》卷中，《景印文渊阁四库全书》，台湾商务印书馆1986年版影印本，经部，第25册，第34—37页。

② （元）萧汉中：《原上下经分卦第一》，《读易考原》，《景印文渊阁四库全书》，台湾商务印书馆1986年版影印本，经部，第25册，第510—511页。

③ （元）萧汉中：《原上下经合卦第二》，《读易考原》，《景印文渊阁四库全书》，台湾商务印书馆1986年版影印本，经部，第25册，第524页。

④ （元）萧汉中：《原上下经卦序第三》，《读易考原》，《景印文渊阁四库全书》，台湾商务印书馆1986年版影印本，经部，第25册，第525页。

学的过渡创造了条件。明嘉靖年间熊过《象旨决录》上接俞琰反对卦变
说，重新以倒体两卦解说卦爻辞，之后来知德专以反对说变，将卦变诸说
归一为错综说，董守谕护卫朱说而攻之。黄宗羲《象数论》清算卦变诸说
而又难免失察，其门人万斯同亦作《卦变说》对易学史上的卦变诸说作
结。晚明杨时乔、郝敬以反对说卦变，大体不出前人之上。

万斯同《群书辨疑·卦变说》云"其以反对言卦变者，薛温其、俞玉
吾、简辅、熊叔仁、来矣鲜、杨止庵、郝京山也"①。薛温其以反对释蹇解
往来得中之辞，上节已有讨论。本节重点讨论俞琰、来知德二人对卦变说
所作的归一工作，并参照董守谕和黄宗羲的意见对其得失作一重估，其间
穿插述评简辅、熊过、杨时乔、郝敬四人的反对卦变说，附论反对卦变说
在清代的余绪。

一　俞琰破除卦变诸说而欲归一到倒转卦对说

俞琰，字玉吾，吴人，人称石涧先生，宋亡后隐居著书，是两宋易学
的殿军。俞琰著有《周易集说》《读易举要》和《易外别传》等，乾隆时
期四库馆臣从《永乐大典》中辑出《读易举要》。《读易举要提要》称：
"臣等谨案：《读易举要》四卷，宋俞琰撰，是书《文渊阁书目》、焦竑
《经籍志》、朱睦㮮《授经图》皆著于录，然外间传本殊稀，故朱彝尊
《经义考》亦云未见。今惟《永乐大典》尚散见于各韵之中，可以采辑，
谨裒合编次，仍定为四卷。考琰之《集说》以朱熹为宗，而此书论刚柔往
来则以两卦反对见义，例以泰否二卦象辞，较朱熹卦变之说更近自然。"②
《读易举要》在明初《文渊阁书目》等目录学著作有著录，且《永乐大
典》亦有收录，但世间流传不广。四库馆臣称赞俞琰以两卦反对论刚柔往
来较朱熹卦变说更近自然，且于泰否象辞有据，这一评价是中肯的。除
《读易举要》发明反对卦变体例外，俞琰《周易集说》也将其反对卦变说
落实到了上下经卦爻辞的注解中。

为了讲清楚俞琰的倒转卦对说，我们先须交代荀爽卦变说和程子卦变
说等相关背景思想材料。朱伯崑认为，荀爽释《文言》"本乎天者亲上，
本乎地者亲下"，提出乾升坤降说，以乾九二上升坤五之位，坤六五下降
乾九二之位为爻变的基本规则，惠栋《易汉学》将其解释为"以阳在二者
当上升坤五为君，阴在五者当降居乾二为臣"。荀爽并不一例遵从此规则

---

① （清）万斯同：《群书辨疑》卷1，清嘉庆二十一年刻本，第4页。
② （宋）俞琰：《读易举要》卷首，上海古籍出版社1990年版影印本，第1页。

解经，而是有诸多变例，有时甚至主阴升阳降说，走向此规则的反面。[①]
荀爽应用乾升坤降说有时用来解象文，有时用来解爻辞或小象文，大体有
以下几种情况。一是乾九二上升坤五之位，坤六五下降乾卦九二之位，这
是其乾升坤降说的基本规则。二是乾上九降居坤三，"乾来之坤"，则成谦
卦，以此解释谦象"天道下济而光明"，三上相应，此为乾降而非乾升。
三是一卦上下二体也存在阳升阴降现象，如其释需卦上六爻辞"有不速之
客三人来，敬之终吉"，认为三人指下三阳之乾，当升上君位，上体之坎
当降下循臣职，故敬之终吉，这里互易的不是两爻，而是卦的上体三爻和
下体三爻。荀爽以爻变解经还有其他情形，一是相邻两爻爻位互换，如解
屯象"刚柔始交而难生"，认为坎初六升二，九二降初，故刚柔始交，这
实际上是阴升阳降，与上述体例相违背。又如蒙本艮卦，艮卦二三爻互换
爻位而成蒙，遁卦二三爻互易成讼卦等。二是互易的两爻既不相邻也不相
应，如其释困象"险以说"，认为此本否卦，二上两爻互易得困卦，阳降
为险，阴升为说。又其解井卦"往来井井"，认为此本泰卦，初五两爻互
换爻位，则成井卦象，由下到上为往，由上到下为来，所以说往来井井，
又如否卦三五爻互易成旅卦。三是相应的两爻互易，如泰卦三六爻互易成
损卦，否卦二五爻互易成未济，泰卦二五爻互易成既济等。据此，荀爽从
其乾升坤降说发展为卦变说，并以此解经，没有贯穿始终的体例，或为比
邻两爻互易，或为相呼应的两爻互易，或为既不比邻又不相应的两爻互
易，诸杂卦或来自六子卦，或来自十二消息卦，或来自乾坤父母卦，并无
定准。荀爽的卦变思想非常复杂，为后世的卦变诸说提供了丰富的思想
资源。

程颐主乾坤卦变说，认为"卦之变皆自乾坤"，"乾坤变而为六子，八
卦重而为六十四，皆由乾坤之变也"，象辞讲到刚柔往来上下之辞，并非
指卦中升降，不是某爻自卦之下体升到上体或从上体降到下体，而是都从
乾坤卦体而来，这些卦的卦变，以卦义言之，都是讲成卦之由。如释渐卦
云："乾坤之变为巽艮，巽艮重而为渐。"[②] 释贲卦云："下体本乾，柔来
文其中而为离；上体本坤，刚往文其上而为艮……分刚上而文柔，故小利
有攸往，分乾之中爻，往文于艮之上也。"[③] 释随卦云："卦所以为随，以

---

① 朱伯崑：《易学哲学史》卷1，华夏出版社1995年版，第204—210页。

② （宋）程颢、程颐：《周易程氏传》卷4，《二程集》，中华书局1981年版点校本，下册，
第972页。

③ （宋）程颢、程颐：《周易程氏传》卷2，《二程集》，中华书局1981年版点校本，上册，
第807页。

刚来而下柔，动而说也。谓乾之上九来居坤之下，坤之初六往居乾之上，以阳刚来下于阴柔，是以上下下，以贵下贱，能如是，物之所随也。"[1] 又释随卦名云："又以卦变言之，乾之上来居坤之下，坤之初往居乾之上，阳来下于阴也，以阳下阴，阴必说随，为随之义也。凡成卦既取二体之义，又有取爻义者，复有更取卦变之义者，如随之取义尤为详备。"[2] 随卦下震上兑，阳下阴上，有以阳下阴，动而悦随之象，故名为随。渐贲随都是三子三女相值之卦，乾坤先变为六子，六子再重为渐贲随。

　　俞琰论卦变的材料主要是《读易举要》的《卦变》《刚来柔来上下图》和《卦义》三篇，还有一些材料散见于《周易集说》卦爻辞注解中。《读易举要》卷一《卦变》篇云：

　　　　卦变：乾初九变姤，九二变同人，九三变履，九四变小畜，九五变大有，上九变夬，春秋时蔡墨所谓乾之姤，又谓其同人、其大有、其夬是也。

　　　　孔成子筮立絷，遇屯之比，晋侯筮勤王，遇大有之睽，此筮而以卦变言也。乃若知庄子曰在师之临，游吉曰在复之颐，此不筮而亦以卦变言也。易，变易也，故古人之于易，不问筮与不筮，皆论其变。

　　　　卦变之说用之占法则可，用之解经则不可，盖忘其本爻之义也。都圣与田惠叔皆用此解经，差矣。

　　　　主卦变之说者皆谓一阴一阳卦自复姤来，二阴二阳卦自临遁来，三阴三阳卦自泰否来。朱子《易学启蒙》有图，凡一卦变为六十四卦。或曰卦变之说李隆山、王童溪深诋之，古注、程传皆不取，而朱子取之，何也？曰：朱子存而不泥，盖占法用之，不可废也。

　　　　古注、程传皆不取卦变，不取诚是也。朱汉上则取变卦，观其考古注、程传之说云："弼注贲曰：'坤之上六来居二位，柔来文刚之义也，乾之九二分居上位，分刚上文柔之义也'，此即卦变也，而弼力诋卦变，是终日数十而不知二五也。""伊川传损六三曰：'三阳同升则损九三以益上，三阴同行则损上六以为三'，此正论卦变也。"愚谓：汉上但见古注解象传、程传解爻辞皆就一卦之中往来上下，殊不知象传盖兼论两卦反对之刚柔，爻辞则论本卦两爻相应之刚柔，各有

　① （宋）程颢、程颐：《周易程氏传》卷2，《二程集》，中华书局1981年版点校本，下册，第784页。

　② （宋）程颢、程颐：《周易程氏传》卷2，《二程集》，中华书局1981年版点校本，下册，第783页。

所取也。

古注论贲，不曰噬嗑之六五来为贲之六二，而曰坤之上六来居二位，不曰分噬嗑之初九上为贲之上九，而曰乾之九二分居上位，盖不知卦对之妙也。程传论损之六三则自是爻辞之义，与象传之义不同，汉上攻之过矣。或疑程传解损之象传曰"如刚上柔下，损上益下，谓刚居上柔在下，损于上益于下，据成卦而言，非谓就卦中升降也"，解损之六三乃曰"上与三虽本相应，由二爻升降而一卦皆成两相与也"，何其说之自相戾也？愚谓："程子两说皆是也。象自是象义，爻自是爻义，岂相戾哉？象传每以两卦相并而言，故不就本卦升降取义，爻辞或以两爻相应而言，则就本卦升降取义。读《易》者宜审思而明辨之，不可执一而废一也。"

程子解贲之象传云："卦之变皆自乾坤，先儒不达，故谓贲本是泰卦，岂有乾坤重而为泰，又由泰而变之理？"解随之象传则曰："乾之上九来居坤之下，坤之初六往居乾之上，是谓刚来而下柔。"或者难之曰："乾坤重而为泰，乃三画之乾坤，夫三画之乾坤安有所谓上九初六哉？但当云乾之刚坤之柔，不当云上九初六。"愚应之曰："谓乾九坤六者非也，谓乾刚坤柔者亦非也，当知象传所谓刚柔上下，不过以两卦前后相并而对取其义耳，何必舍近而求远，去此而取彼哉？"

蔡节斋曰："乾刚交坤而成震坎艮，坤柔交乾而成巽离兑，故言刚来刚下者，明乾刚在上而下交坤，言柔来柔下者，明坤柔在上而下交乾也。若刚上之与柔上（宜作下），则又乾刚在下而上交坤，坤柔在上而下交乾也，是皆本于乾坤之交而互取之尔。"愚谓："以本卦两体互取乾坤之交，惟三阴三阳卦乃可，如四阳四阴卦则其说穷矣。且如讼之刚来，自何爻而来耶？又如无妄之刚自外来，指何爻为外耶？"

或曰：卦体有内外上下之分，凡阳爻为主于内则曰刚来曰刚下，有一于外则曰刚上，凡阴爻在内则曰柔来曰柔下，在外则曰柔进曰柔上，此说最干净，亦不必曰从乾来从坤来，毕竟《象传》但言刚柔，未尝言乾坤。愚谓：此说固干净矣，若以《象传》观之，则孔子释象之本旨尽自详密，不如是之阔疏也。

朱汉上曰："或谓乾当在上，处乎下则必升，坤当在下，处乎上则必降，此言否泰可也，于讼无妄不通矣。盖讼者遁三之二，无妄者遁三之初。"愚谓：或者之说固失之矣，汉上之说亦未为得也。当知《象传》赞成卦之主爻，遂就主爻上推出刚柔上下与来。盖以二卦相并而言，讼之刚实自需来，无妄之刚实自大畜之外来，谓自乾坤来者非也，谓自遁来者亦非也。

　　或疑卦序先需后讼，先无妄后大畜，谓讼之刚自需而来则可，谓无妄之刚自大畜来则不可，殆不深思耳！《序卦》先泰后否，《杂卦》则曰否泰反其类也，何为颠倒之邪？泰上六曰城复于隍，泰极则反而为否也，否上九曰倾否，否终则倾而为泰也，盖以两卦对取其义，不以先后拘也。《彖传》亦然。讼云刚来，讼之刚盖自需而来，涣云刚来，涣之刚盖自节而来，讼以前卦之需取义，需倒转而为讼也。涣以后卦之节取义，节倒转而为涣也。随倒转而为蛊而云刚上柔下者，在随为上六初九，在蛊则为上九初六也。蛊倒转为随而云刚来而下柔者，蛊之上九来为随之初九而居六二之下也。噬嗑与节皆云刚柔分者，一刚一柔分居上下而各为之主也，噬嗑倒转为贲，则六五来为六二而文两刚，又分初九之刚上为上九而文两柔，是谓柔来而文刚、分刚上而文柔。剥倒转为复，则剥上九反而为复初九，是谓刚反。大畜云刚上而尚贤，无妄初九之刚上为大畜之上九，而六五自下承之也。无妄云刚自外来而为主于内者，无妄初九之刚实自大畜上九来为内卦之主也。咸倒转为恒，恒倒转为咸，故咸云柔上而刚下，恒云刚上而柔下。明夷倒转为晋，家人倒转为睽，革倒转为鼎，三卦皆以六二进为六五，故皆云柔进而上行。睽鼎以前卦取义，晋则以后卦取义也。归妹倒转为渐，则六三进为六四，故曰进得位，亦以后卦取义也。乃若中孚小过不可倒转，中孚则云柔在内刚得中，小过则云柔得中刚失位，无非皆就两卦之相比取义。后卦或取前卦而言，前卦或取后卦而言，前后旁通，惟变所适，盖不拘也。自秦汉之后唐宋以来诸儒议论绝无一语及此，何不思之甚欤？[1]

　　朱伯崑认为，王弼曾依荀爽乾升坤降说释贲象，程颐吸收了这一点，但他不赞成爻有往来升降说，而主乾坤卦变说，此说大概来自李之才的卦变说。程颐认为彖文中的刚柔往来并非自下体而上或自上体而下，而是指刚柔居上下之位，"柔来而文刚"指柔居下体乾刚之中位，贲卦来自乾坤，非来自泰卦。程颐所说的"先儒不达"，指孔疏本于虞翻的卦变说认为贲自泰变。[2] 王弼注贲彖云："刚柔不分，文何由生？故坤之上六来居二位，柔来文刚之义也。柔来文刚，居位得中，是以亨。乾之九二分居上位，分

　　① （宋）俞琰：《读易举要》卷1，上海古籍出版社1990年版影印本，第14—17页。
　　② 朱伯崑：《易学哲学史》卷2，华夏出版社1995年版，第184—185页。

刚上而文柔之义也。刚上文柔，不得中位，不若柔来文刚，故小利有攸往。"① 朱震指出王弼此处使用了汉代卦变说，是符合事实的。王弼使用卦变说是无疑的，他所批评的应是滥用卦变牵强附会的注经之风，而非指定卦变一无所取。

俞琰据春秋筮例，认为卦变包含两种情形，一是乾初九变姤，九二变同人直至上九变夬，此即一阴一阳卦自复姤来；二是屯之比，大有之睽，师之临，复之颐等，此即一卦变为六十四卦。古人有时就占筮实践谈卦变（如立絷、勤王之卜），有时只笼统地谈某卦之某卦，并无卜问之事。断卦未必取本卦变爻之义，可能只就上下卦体及贞悔二卦的变动决断。俞琰认为，卦变的应用限定于占法，不可用于解经，因为解经推求卦爻辞本义，而占法忘其本爻之义。李隆山、王童溪攻击"一阴一阳卦自复姤来，二阴二阳卦自临遁来，三阴三阳之卦自泰否来"的十辟卦变说，程传亦不取此种卦变说，俞琰认为，这是因为李王程都是仅从解经的角度去看待《周易》。王弼、程子等不取占法之卦变是对的，王程解经关注的是《易》中的天道性命之理，而非占筮之用。王弼、程子不取春秋筮例中的卦变之义，而朱熹取之，是因为朱熹视《易》为卜筮之书，故存此占法，但又不拘泥于此。

程子主乾坤卦变说，认为卦之变皆自乾坤，乾坤变而为六子，八卦重而为六十四，其注贲卦象辞发凡起例，称彖传中的刚来柔来刚上柔上之说非指卦内升降，非自本卦下体上体而来，程子注随蛊贲咸恒损益涣讼无妄等卦象辞贯彻了其乾坤卦变说。程子在注贲象时，论损卦象辞道："如'刚上柔下'、'损上益下'，谓刚居上，柔在下，损于上，益于下，据成卦而言，非谓就卦中升降也，"② 其注损象云："又下兑之成兑，由六三之变也，上艮之成艮，自上九之变也，三本刚而成柔，上本柔而成刚，亦损下益上之义也。"③ 据此，程子注损象时确实坚持了乾坤卦变说，反对卦内两爻升降说。但其注损六三极易引起误解，注云："三人谓下三阳、上三阴。三阳同行则损九三以益上，三阴同行则损上六以为三，'三人行则损一人'也。上以柔易刚而谓之损，但言其减一耳。上与三虽本相应，由二爻升降而一卦皆成两相与也。初二二阳、四五二阴同德相比，三与上应，

① （魏）王弼：《周易》，《汉魏古注十三经》，中华书局1998年版影印本，上册，第17页下栏。
② （宋）程颢、程颐：《周易程氏传》卷2，《二程集》，中华书局1981年版点校本，下册，第808页。
③ （宋）程颢、程颐：《周易程氏传》卷3，《二程集》，中华书局1981年版点校本，下册，第906页。

皆两相与，则其志专，皆为'得其友'也。"① 有人质疑程子此注走向了他自己所批评的就卦内升降而言变化的观点。事实并非如此。程子认为，损卦来自六画的乾卦、坤卦之变，取乾卦下体而变其第三爻成兑，取坤卦上体而变其上爻成艮，兑艮相重而成损，此为损卦的成卦之义，故言"三本刚而成柔，上本柔而成刚"，由六三、上九之变。三人行则损一人，指的就是上三阴、下三阳各损其一阴一阳。"上与三虽本相应，由二爻升降而一卦皆成两相与也"，二爻升降不是指泰卦九三与上六升降而变成损卦，而是上文所说的乾卦下体九三变六三成兑为阴降，坤卦上体上六变上九成艮为阳升，兑艮所重而成的损卦就呈现初四、二五、三上皆阴阳相应而两相与的情形。因此，程子注损六三所谓"二爻升降"与其乾坤卦变说反对的卦内两爻升降原则并不矛盾。俞琰针对质疑者对程子的这一攻击，为程子辩护道："程子两说皆是也。象自是象义，爻自是爻义，岂相戾哉？象传每以两卦相并而言，故不就本卦升降取义，爻辞或以两爻相应而言，则就本卦升降取义。"这一辩护并未尊重程子乾坤卦变说的本义，而是以俞琰自己主张的反对卦变说强加于程说，且等于是承认了攻击者所说的程子注损六三违背了其"非谓就卦中升降"的原则。

俞琰称"汉上但见古注解象传、程传解爻辞皆就一卦之中往来上下，殊不知象传盖兼论两卦反对之刚柔，爻辞则论本卦两爻相应之刚柔，各有所取也"，上文已论，程传解损六三爻辞依然贯彻了其"非谓就卦中升降"的原则，所以俞琰"程传解爻辞皆就一卦之中往来上下"之说是对程子乾坤卦变说的曲解。其所谓"古注解象传"事实上亦存在多种卦变说，并非"皆就一卦之中往来上下"。据《汉上易传》收录李挺之变卦反对图，朱震本人自然知道两卦合观解刚柔往来上下之体例。王弼解贲，认为贲上九自乾九二来，贲六二自坤上六来，亦有贲自泰来和贲自乾坤来两种可能，若是贲自泰来，则可以说是就一卦之中往来上下，若是贲自乾坤来，则不能如此说。若程子解损六三认为损自泰来（实际上程子不这样认为），则可以说是就一卦之中往来上下。所以俞琰"汉上但见古注解象传、程传解爻辞皆就一卦之中往来上下，殊不知象传盖兼论两卦反对之刚柔，爻辞则论本卦两爻相应之刚柔，各有所取也"，认为朱震、王弼、孔颖达、程颐等主张的乾坤卦变说、十辟卦变说都是就一卦之中往来上下，俞琰此说反映了他并不懂程颐乾坤卦变说的本义。事实上，朱震意在说明王弼、程子

---

① （宋）程颢、程颐：《周易程氏传》卷3，《二程集》，中华书局1981年版点校本，下册，第910页。

义理派在注《易》实践中使用了他们所批评的象数易卦变说，其关注点并不在象辞爻辞之解是否就一卦之中往来上下，俞琰如此武断，只不过是想通过象爻分观说确立其反对卦变说。关于《象》中常出现的刚柔往来上下之辞，俞琰之前的反对卦变说一般都主张相从两卦合观，俞氏在此基础上还主张象爻分观，即"象每以两卦相并而言，故不就本卦升降取义；爻辞或以两爻相应而言，则就本卦升降取义。读《易》者宜审思而明辨之，不可执一而废一也""当知《象传》所谓刚柔上下不过以两卦前后相并而对取其义耳"，俞氏刚来柔来上下图即是据此而作。据《提要》，四库馆臣汰除他图，唯留此图，即是认为此图最为符合俞琰主旨。

《汉上易传》采用李挺之变卦反对图和六十四卦相生图的卦变思想（在乾坤卦变说、十辟卦变说基础上的反对卦变说）注解卦爻辞。程子不取十辟卦变说，但多次采用乾坤卦变说谈象传中的刚来柔来之辞，朱震指责程子不取卦变是指责程子不守汉代卦变诸说的师法、古法。朱熹既取十辟卦变说，又取两爻挨换说和焦赣一卦变为六十四卦说。俞琰摆出朱震攻击王程使用卦变说的公案，但并未断好此案，只是借此抛出自己的倒转卦对说。俞琰认为古注（主要指王弼注贲象）不知卦对之妙，从前面我们对反对卦变说的溯源看，王弼《略例》"卦以反对，而爻亦皆变"中已包含反对卦变之义，韩康伯注更以丰旅无妄大畜四卦相反对补充说明，王韩并非不知卦对之妙，只是王弼注贲时没有与噬嗑合观。上节论到，《汉上易传》有十卦采用反对卦变说注解卦爻辞，俞琰之前的两宋易学家以反对言卦变的不在少数，所以俞琰"自秦汉之后唐宋以来诸儒议论绝无一语及此"的判断并非事实。

俞琰对十辟卦变说、乾坤卦变说、一卦变六十四卦说等逐一评析，主张卦变只能用于占法，不可用于解经，用于解经的应是其所谓的倒转卦对说。这样，他将易学史上的卦变说归一到反对卦变说的意图昭然若揭。除了反驳朱震的攻击外，俞琰《卦变》文还涉及以下几个问题。

第一，取消重而为泰的乾坤是三画六画的问题。程子以其乾坤卦变说注贲象、随象，认为没有乾坤重而为泰，又由泰变为贲之理，随卦是乾上九来居坤之下，坤初六往居乾之上，是谓刚来而下柔。有人问难道，乾坤重而为泰，是三画的乾坤，三画的乾坤没有六位，何来上九初六呢？应当改称乾之刚坤之柔往来换位。俞琰认为，说乾上九坤初六往来易位是错的，说乾之刚坤之柔往来易位也是错的，象传所谓的刚柔上下以两卦前后相对取义，不须远近相取换来换去。问难者对程子的乾坤卦变说并非真的领悟，程子明确反对乾坤重而为泰的说法。俞琰只是简单重申了他主张的反对卦变说，对这一问难的处理草率而武断，没有细致分析症结所在，径直取消了这一问题。《系辞》云"六爻之动，三极之道也"，"爻也者，言乎变者也"，"八卦成列，象在其中矣，因而重之，爻在其中矣"，三画卦不称爻，因重之后的六画卦始称各画为爻。程子注贲云"分乾之中爻，往文于艮之上也"，明言"乾之中爻"，则其乾坤卦变说主变之卦是六画的乾坤无疑。

第二，质疑讼无妄之刚从何而来。蔡渊认为，《说卦》乾坤相索而生六子，故象传言刚来刚下者，乾刚本在上体而下交坤体，将下体变作震坎艮三子之卦；象传言柔来柔下者，表明坤柔本在上体而下交乾体，将下体变作巽离兑三女之卦；若是象传言刚上柔下（即恒卦象传），则是乾刚本在下体而上交坤体，将上体变作震坎艮三子之卦，坤柔本在上体而下交乾体，将乾体变作巽离兑三女之卦，总之，都是本于乾体坤来交或坤体乾来交，乾坤相交而互取以成卦。俞琰认为，蔡渊所说是以本卦上下二体互取乾坤之交，只适用于三阴三阳之卦，于四阴四阳之卦不通，讼之刚来，无妄之刚自外来，从何而来？俞琰所引蔡渊的这段材料不完整。此段原文作："象传言刚柔上下往来者八卦，随蛊贲咸恒损益涣也，止言刚来者讼无妄二卦。在八卦者或曰柔上刚下，或曰刚上柔下，或止曰上下，然其为卦皆三阴三阳，本具乾坤之体而上下交往来也。乾刚交坤而成震坎艮……而互取之耳。至于讼与无妄则止言刚来、刚自外来，盖其为卦皆四阳二阴，非乾坤上下之交者，故乾体居上不动，而所以为坎为震之刚者，皆自外来也。夫子言卦变之义，于此可见其两端焉。"[1] 据此，蔡渊论象传刚柔上下往来之辞，取程子的乾坤卦变说，所论比程子更为详细。蔡渊认为随蛊贲咸恒损益涣八卦是三阴三阳之卦，本具乾坤之体，有其卦体上的优势，所以其上下往来易明，然而讼、无妄是四阳二阴之卦，乾体居上不动，两卦下体的刚爻不是从上体来，只能是从外来。蔡渊没有进一步说从外面何处而来。俞琰抓住这一点攻击蔡渊，认为他说不清楚讼无妄二卦下体之刚从何而来，那么他主张的乾坤卦变说就不能贯通六十四卦象传刚来柔来上下之辞，俞琰认为自己的卦对说可以解决蔡渊说暴露出的这一问题。

第三，驳以变爻处内外卦论刚柔上下。有人主张凡阳爻为主于内，则曰刚来刚下，阳爻有一于外则曰刚上，凡阴爻在内则曰柔来柔下，在外则

---

① （宋）蔡渊：《易象意言》，《景印文渊阁四库全书》，台湾商务印书馆1986年版影印本，经部，第18册，第110页。

曰柔进柔上，这样就可以避开从乾坤来、六子来、十辟卦来还是从其他杂卦来的争论，所以此说最干净。况且象传也只是说刚柔上下往来，并未指定从乾坤来。俞琰认为此说固然干净，但孔子象传详密，此说太阔疏，太粗略，难尽象辞之本旨。俞琰的批评是中肯的，此说简明但不精确。

第四，驳朱震讼自遁来之说。俞琰所引朱震这段材料来自《汉上易传·丛说》。有人说乾当升，处下则必升，坤当降，处上则必降，朱震认为乾升坤降说适用于否泰，于讼无妄则不通，讼、无妄皆自遁来，由遁卦下体艮爻位互易而成。俞琰认为，"或者"之说不对，朱震之说也是错的，象传所谓刚柔上下与来之辞都是从成卦主爻推出，不能局限在本卦升降去讲，而应就两卦相并而言，讼之刚来自需卦来，无妄刚自外来自大畜来，说从乾坤来是错的，说从遁来也是错的。俞琰通过否定朱震讼自遁来的十辟卦变说，间接地否定了朱熹《本义》两爻挨换的卦变法，也否定了程子的乾坤卦变说。

第五，驳后卦之刚不可自前卦来之说。有人认为，卦序先需后讼，先无妄后大畜，说讼之刚自需来是可以的，说无妄之刚自大畜来则不可，即据卦序安排，后卦之刚不可自前卦来。俞琰反驳道，按照卦序先泰后否，但《杂卦》云"否泰反其类也"，为何《杂卦》颠倒其序呢？从泰上六、否上九爻辞看，泰极反否，否终则泰，两卦对取其义，不拘先后。不仅爻辞如此，象传也是如此。俞琰列举了泰否、讼需、涣节、随蛊、噬嗑贲、剥复、大畜无妄、咸恒、晋明夷、家人睽、革鼎、归妹渐等可倒转之卦，以佐证其象传中的刚柔上下与来之辞或以前卦取义，或以后卦取义，不拘先后。又列举了中孚小过不可倒转之卦，其象传在刚柔得中失位上也是两卦相比取义，前后旁通，亦不拘先后。

《读易举要》卷一《刚来柔来上下图》（图 7–5）以图文的形式重申其倒转卦对说，兹录于下。[1]

> 案：诸图误入是书者皆删去，此图与前文正相发明，故列于此。
> 剥复。剥倒转为复，复象传云"刚反"，盖自剥之上九反而为复之初九。反与返同，自外而内谓之反。
> 需讼、涣节。需倒转为讼，讼之"刚来"，谓九二自需九五来。节倒转为涣，涣之"刚来"谓九二自节九五来。讼以前卦取义，涣以

---

① （宋）俞琰：《读易举要》卷 1，《景印文渊阁四库全书》，台湾商务印书馆 1986 年版影印本，经部，第 21 册，第 411—413 页。为节省空间，此处剪接后重排。

之剛實自大畜上九來為內卦之主也咸倒轉為恒恒倒轉為咸故咸云柔上而剛下恒云剛上而柔下明夷倒轉為晉家人倒轉為睽革倒轉為鼎三卦皆以六二進為六五故皆云柔進而上行睽鼎以前卦取義晉則以後卦取義也歸妹倒轉為漸則六三進為六四故曰進得位亦以後卦取義也乃若中孚小過不可倒轉中孚則云柔在內剛得中小過則云柔得中剛失位無非皆就兩卦之相比取義後卦或取前卦而言前卦或取

後卦而言前後旁通惟變所適蓋不拘也自秦漢之後唐宋以來諸儒議論絕無一語及此何不思之甚歟

剛來柔來上下圖　棄諸圖誤入是書者皆刪去此圖與前文正相發明故列於此

剝

復

剝倒轉為復復彖傳云剛反蓋自剝之上九反而為復之初九反與返同自外而內謂之反

需　渙

訟　節

需倒轉為訟訟之剛來謂九二自需九五來節倒轉為渙渙之剛來謂九二自節九五來訟以前卦取義渙以後卦取義其情旁通唯變所適不以先後拘也

隨

蠱

隨云剛來而下柔者蠱上九來為隨初九而居六二之下也蠱云剛上而柔下者在隨為初九上六倒轉為蠱則初九之剛上為上九上六之柔下為初六也

无妄

大畜

无妄倒轉為大畜則初九之剛上而為上九而六五之君自下承之故曰剛上而尚賢大畜倒轉為无妄則上九之剛來為初九故曰剛自外來而為主於內

噬嗑

賁

图 7－5　刚来柔来上下图（1）

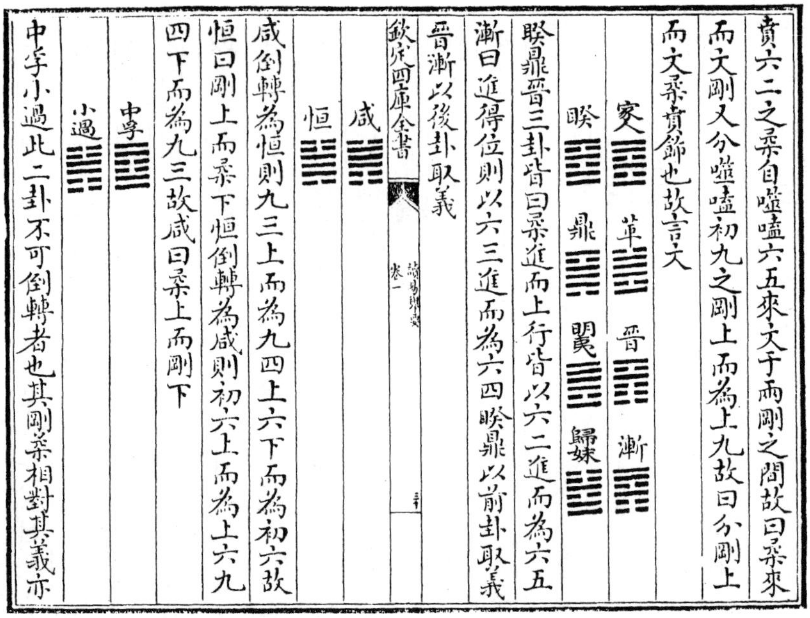
賁六二之柔自噬嗑六五來文于兩剛之間故曰柔來
而文剛又分噬嗑初九之剛上而為上九故曰分剛上
而文柔賁飾也故言文

家　革　晉　漸

睽　鼎　巽　歸妹

睽鼎晉三卦皆曰柔進而上行皆以六二進而為六五
漸曰進得位則以六三進而為六四睽鼎以前卦取義
晉漸以後卦取義

欽定四庫全書　讀易舉要　卷一

咸

恒

咸倒轉為恒則九三上而為九四上六下而為初六故
恒曰剛上而柔下恒倒轉為咸則初六上而為上六九
四下而為九三故咸曰柔上而剛下

中孚

小過

中孚小過此二卦不可倒轉者也其剛柔相對其義亦

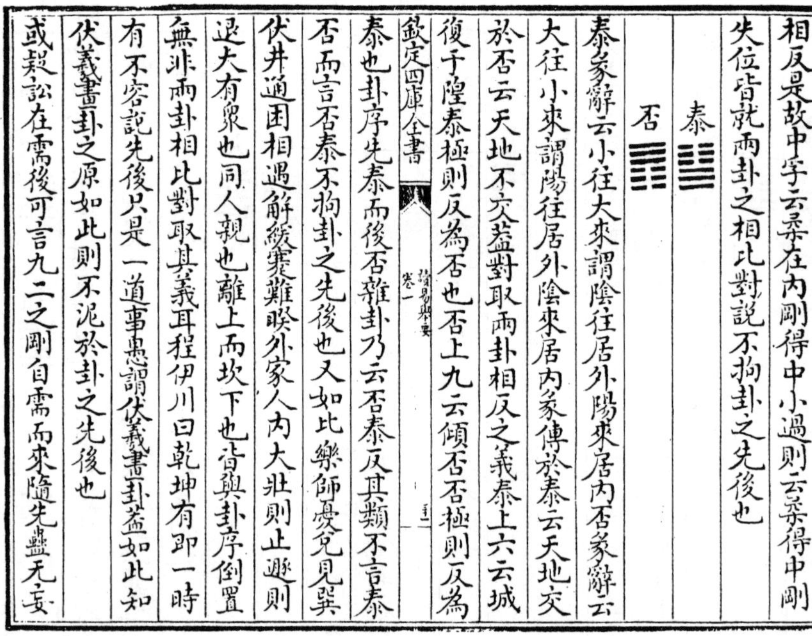
相反是故中孚云柔在內剛得中小過則云柔得中剛
失位皆就兩卦之相比對說不拘卦之先後也

泰

否

泰彖辭云小往大來謂陰往居外陽來居內否彖辭云
大往小來謂陽往居外陰來居內象傳於泰云天地交
於否云天地不交蓋對取兩卦相反之義泰上六云城
復于隍泰極則反為否也否上九云傾否否極則反為

欽定四庫全書　讀易舉要　卷一

泰也卦序先泰而後否雜卦乃云否泰反其類不言泰
否而言否泰不拘卦之先後也又如比樂師憂兌見巽
伏井通困相遇解緩蹇難睽外家人內大壯則止遯則
退大有衆也同人親也離上而坎下也皆與卦序倒置
無非兩卦相比對取其義耳程伊川曰乾坤有即一時
有不容說先後只是一道事愚謂伏羲畫卦蓋如此知
伏羲畫卦之原如此則不泥於卦之先後也
或疑訟在需後可言九二之剛自需而來隨先蠱无妄

图 7－5　刚来柔来上下图（2）

后卦取义。其情旁通，唯变所适，不以先后拘也。

随蛊。随云"刚来而下柔"者，蛊上九来为随初九而居六二之下也。蛊云"刚上而柔下"者，在随为初九上六，倒转为蛊，则初九之刚上为上九，上六之柔下为初六也。

无妄大畜。无妄倒转为大畜，则初九之刚上而为上九，而六五之君自下承之，故曰"刚上而尚贤"，大畜倒转为无妄，则上九之刚来为初九，故曰"刚自外来而为主于内"。

噬嗑贲。贲六二之柔自噬嗑六五来，文于两刚之间，故曰"柔来而文刚"，又分噬嗑初九之刚上而为上九，故曰"分刚上而文柔"。贲，饰也，故言文。

家人睽、革鼎、晋明夷、渐归妹。睽鼎晋三卦皆曰"柔进而上行"，皆以六二进而为六五。渐曰"进得位"，则以六三进而为六四。睽鼎以前卦取义，晋渐以后卦取义。

咸恒。咸倒转为恒，则九三上而为九四，上六下而为初六，故恒曰"刚上而柔下"，恒倒转为咸，则初六上而为上六，九四下而为九三，故咸曰"柔上而刚下"。

中孚小过。中孚小过，此二卦不可倒转者也，其刚柔相对，其义亦相反，是故中孚云"柔在内，刚得中"，小过则云"柔得中，刚失位"，皆就两卦之相比对说，不拘卦之先后也。

泰否。泰象辞云"小往大来"，谓阴往居外，阳来居内。否象辞云"大往小来"，谓阳往居外，阴来居内。象传于泰云"天地交"，于否云"天地不交"，盖对取两卦相反之义。泰上六云城复于隍，泰极则反为否也；否上九云倾否，否极则反为泰也。卦序先泰而后否，《杂卦》乃云"否泰反其类"，不言泰否而言否泰，不拘卦之先后也。又如"比乐师忧"，"兑见巽伏"，"井通困相遇"，"解缓蹇难"，"睽外家人内"，"大壮则止，遁则退"，"大有众也，同人亲也"，"离上而坎下也"，皆与卦序倒置，无非两卦相比对取其义耳。程伊川曰："乾坤有即一时有，不容说先后，只是一道事。"愚谓：伏羲画卦盖如此，知伏羲画卦之原如此，则不泥于卦之先后也。

或疑讼在需后，可言九二之刚自需而来，随先蛊，无妄先大畜，岂可言随初九来自蛊之上，无妄初九来自大畜之外耶？吁！未之深究耳！象传取义，盖不以先后拘也。一说云：一阴一阳卦自复姤来，二阴二阳卦自临遁来，三阴三阳卦自泰否来。又一说云：乾坤交而为六子，凡刚柔皆自乾坤来。要之，指一阴一阳卦自复姤来者非也，指刚柔皆自乾坤来者亦非也。盖乾坤交而生六子，此乾坤及三画之卦，象传言刚柔上下乃六画之卦，谓六子生于三画卦之乾坤则可，若以三画卦之乾坤论象传六画卦之刚柔上下，则不可也。①

《刚来柔来上下图》以图文形式正面论证，与其《卦变》篇文义大体一致。程颐认为"乾坤有即一时有，不容说先后"，邵雍先天之学加一倍法则是六十四卦一时俱生，不以乾坤为父母卦，俞琰引用程邵之说，来论证反对二卦不分先后。俞琰刚来柔来上下图传达的主旨是：象传刚柔上下与来之辞是赞成卦之主爻的，故俞琰列出的这十三幅卦图，每幅图都紧扣刚柔上下与来之辞与成卦主爻这两个要素。俞琰的这一说法来自程子注贲象时提出的成卦之由与所变之爻的观点。但在释象传刚柔上下与来及成卦本原问题上，程子主乾坤卦变说，认为变爻从乾坤来，俞琰主反对卦变说，认为变爻是从倒转卦来。俞琰刚来柔来上下图与李挺之变卦反对图的共同之处是都用来揭示反对二卦象辞刚柔上下的对应关系，形式上也都是将互为反对的两卦卦象并排列出，但李挺之仍以汉魏相传的十辟卦变说为基础论变卦反对关系，俞琰则撇开十辟卦变说，甚而否定了以十辟卦变说和乾坤卦变说解释刚来柔来上下之辞的做法，径直论倒转卦对之合理性，这体现了俞琰将卦变诸说归一为反对卦变说的意图。俞琰认为，程颐苏轼等主张的乾坤卦变说的错误在于"以三画卦之乾坤论象传六画卦之刚柔上下"，由三画的乾坤到六画的六十四卦，中间的变化过程苏未能交代清楚，俞琰借此否定此说用于释象传刚来柔来上下之辞的有效性。上文已论程颐乾坤卦变说的乾坤是六画的乾坤，俞琰对程颐乾坤卦变说缺乏同情的了解和深入准确的把握，故而他对程颐卦变说的批评是建立在曲解基础上的。李挺之变卦反对图将六十四卦统收其中，分反对和不反对两部分，而乾坤二卦作为易之门万物之祖在反对卦与不反对卦之上，朱伯崑据此认为程颐乾坤卦变说来自李挺之，也不为无据。俞琰刚来柔来上下图仅列举十二组反对卦外加一组不反对卦，未能将其倒转卦对说通贯六十四卦。

《读易举要》卷二《卦义》篇也论及六十四卦皆以二卦两两相对取义：

《易》六十四卦皆以二卦两两相对取义，孔子于《杂卦》云"乾刚坤柔，比乐师忧"，其示人也明矣。人但知孔子于《杂卦》云尔，而不知《象传》亦然。如剥"穷上反下"为复，而复曰"刚反"，盖

<hr>

① （宋）俞琰：《读易举要》卷1，上海古籍出版社1990年版影印本，第17—19页。

谓剥上九反而为复初九也。随倒转为蛊，而初九上而为上九，上六下而为初六，则曰"刚上而柔下"，蛊倒转为随，而上九来为初九，则曰"刚来而下柔"。无妄倒转为大畜而刚在上，则曰"刚上而尚贤"，大畜倒转为无妄而刚在初，则曰"刚自外来而为主于内"。又如损曰"损下益上"，益则曰"损上益下"，悉以两卦相对而取义。此岂孔子自立新意哉？盖发明文王彖辞爻辞之本意也。彖辞如临言"八月有凶"，八月指观而言，观与临对也；泰言"小往大来"，否言"大往小来"，否泰相仍，此又最明白者也。爻辞如"臀无肤其行次且"，夬言于四，姤言于三，夬姤盖相对也；"或益之十朋之龟，弗克违"，损言于二，益言于五，损益盖相对也。"伐鬼方"，既济言于三，未济言于四，无非皆以两卦相对而取其义也。夫易之为言，阴阳相易也，有阴则必有阳，有阳则必有阴，二者常相为用，读乾卦而不通坤卦之义不可也，读坤卦而不通乾卦之义亦不可也，其余诸卦皆然。若读一卦而只守一卦之说，则又安知夫两卦相对而有彼此旁通之妙也哉？

　　《彖传》言刚上柔下、刚下柔下、刚来柔来，何不言刚往柔往？盖尝反复绅绎而思之，乃得其说，真足以破彼卦变牵合附会之缪，而为吾两卦对取其义之证也！夫《彖传》所谓刚来柔来，盖推原此卦刚柔之所自来，非谓就本卦六爻之中升降上下而自相往来，所以言来而不言往者，以两卦对取其义，或自前卦来，或自后卦来，既来则其位一定而不易，无所谓往矣，非若一卦以六爻之应就卦中升降上下而有来有往也。或者难之曰："泰云小往大来，否云大往小来，大小即刚柔也，刚柔岂不言往？"愚应之曰：小往谓阴往居外，大往谓阳往居外，小来谓阴来居内，大来谓阳来居内，大小，卦之才也。刚柔，爻之才也。彖辞指卦体之阴阳，故言小大。《彖传》指爻画之九六，故言刚柔。大小自是大小之义，刚柔自是刚柔之义，奚可概言哉？"或又难之曰："渐云'进得位，往有功也'，柔盖言往矣。"愚曰："不然，渐云进得位，盖指六四；往有功，盖指占者而言。且如晋睽鼎，皆云柔进而上行，并不言往，若以为柔之往，则晋睽鼎但曰柔往而上行，渐曰往得位可也，何必言进？尝试考之《彖传》，言往有功者屡矣。如蒙，如坎，如蹇，如解，皆指占者之往，非谓爻画之往也。窃谓往有功之往，与利有攸往、往吉、往吝、往无咎之往同，皆指占者而言。明乎此，则知《彖传》所谓刚柔上下、刚来柔来，不过两卦对取其义耳！圣人之意坦然明白，昧者自不之察，盖不必深求其义而为众说之所乱也。"①

俞琰认为，六十四卦皆以二卦两两相对取义，最有支撑力度的两个文本是《十翼》的《杂卦》和《彖传》，人们往往知道《杂卦》反对取义，却忽略《彖传》也是两卦反对取义，所以围绕彖辞刚来柔来上下等辞，卦变诸说纷然杂陈，不能归一。俞琰认为这不是孔子立新，而是孔子发明文王卦爻辞之本义。乾坤二卦旁通，若读乾卦不通坤卦之义，读坤卦不通乾卦之义，仅守一卦之说，则难知二卦相对之妙。两卦相对取义，既体现在彖辞上，如临"八月有凶"指观、泰否"小往大来""大往小来"相仍；也体现在爻辞上，如夬姤"臀无肤其行次且"、损益"或益之十朋之龟，弗克违"、既济未济"伐鬼方"等。上节我们梳理了两宋易学家论反对卦变，俞琰所列举的这些彖辞、爻辞反对取义的情形前人都已经谈过，此不赘述。接下来，俞琰提出了一个疑难问题：《彖传》言刚上柔上，刚下柔下，刚来柔来，为何不言刚往柔往？俞琰自称反复绅绎方得其解："夫《彖传》所谓刚来柔来，盖推原此卦刚柔之所自来，非谓就本卦六爻之中升降上下而自相往来，所以言来而不言往者，以两卦对取其义，或自前卦来，或自后卦来，既来则其位一定而不易，无所谓往矣，非若一卦以六爻之应就卦中升降上下而有来有往也。"并自称此悟"真足以破彼卦变牵合附会之缪，而为吾两卦对取其义之证也"。俞琰认为，《彖传》言刚柔来而不言其往，此刚爻柔爻指的是变爻，且往往是该卦主爻，刚来柔来是说此变爻从倒转卦而来，而非从本卦六爻上下升降而来，既来之后则定位不移，故无所谓往了。俞琰此处对彖传刚柔为何言来而不言往的解释也是基于其倒转说。大抵程子讲成卦之由是从成卦的本原讲的，如认为贲直接来自乾坤，不用经过泰卦这个中间环节；俞琰则是就既成之卦讲的，如贲卦缘何得名为贲，须参看其倒体噬嗑。俞琰设想了两个诘难，并予以反击。第一个诘难是，泰否二卦象辞明言小往大往，大小即刚柔，岂非刚往柔往？俞琰反击道，泰否二卦卦辞中的大小指的是卦，即其上下体之三画乾或三画坤，而《彖传》中的刚柔指的是九六之爻，象是象，爻是爻，小大并非刚柔，要注意区分。俞琰的这一回答虽勉强可通，但《杂卦》"乾刚坤柔"又当作何解释？第二个诘难是，渐卦"进得位，往有功也"是讲柔往。俞琰回答道，进得位指六四而言，往有功指占者而言。蒙坎蹇解诸卦象传皆言"往有功"，都是指占者之往，而非爻画之往。俞琰道："且如晋

① （宋）俞琰：《读易举要》卷2，上海古籍出版社1990年版影印本，第26—27页。

睽鼎，皆云柔进而上行，并不言往，若以为柔之往，则晋睽鼎但曰柔往而上行，渐曰往得位可也，何必言进？"晋睽鼎渐四卦言柔爻之变，都用进字，不用往字。故往有功之往指占者之往，而非爻画之往。往有功之往，与利有攸往、往吉、往吝、往无咎之往，都是指占者之往，都是占辞，而非描述爻画变动的象辞。俞琰此论秉承了朱熹象占之分的传统，是颇有见地的。俞琰总结道"《彖传》所谓刚柔上下、刚来柔来，不过两卦对取其义耳"，其破除卦变诸说而归一为倒体说的结论在这个意义上可以成立的。

二　熊过对俞琰倒体说的传承和修正

简辅其人不详，其以反对言卦变见于熊过之书。熊过，字叔仁，四川富顺人，嘉靖己丑（1529）进士（来知德5岁），著《周易象旨决录》七卷，与来知德并称明代以象言易的代表。《象旨决录提要》云："自序又称初闻闽人蔡清善为《易》，购得其书，惟开陈宗义，不及象，于是稍记疑者为赘言，辛丑谪入滇，晤杨慎，慎始劝成此书。盖初读宋易，觉不合乃去，而为汉易，故其说以象为主。"[1] 经考，嘉靖辛丑（1541）熊过流放云南，杨慎劝成此书，嘉靖辛亥（1551）熊过自序称此年书成（来知德27岁，距其始注《易》尚有十八年），嘉靖丁巳（1557）杨慎为之作序，[2] 则熊过《象旨决录》较之来氏《集注》万历二十六年（1598）成书要早47年。熊过《象旨决录》载有简辅反对卦变说一例："柔得中上行，对贲言之，谓居尊在上而行事也。朱义自益六四来，非矣。简辅曰：'先言得中，后言上行，因贲之离居下也，如《本义》，当作柔上行而得中矣。'简言是已。"[3] 此解噬嗑彖辞，简辅不同意《本义》噬嗑六五自益六四来的说法，认为噬嗑"柔得中而上行"是就贲卦下体离而言，应将噬嗑贲二反对卦合看，熊过赞同简辅此说，由此，万斯同称简辅、熊过以反对言卦变是符合实际的。《象旨决录》中熊过本人以反对言卦变可见多例：如注贲彖云："贲乃噬嗑倒体，六二之柔自噬嗑六五而来文内卦，上九之刚自噬嗑初九而分文上卦，胡、俞说是也。程先生以贲自泰来下文九二之刚，二文上六之柔，朱义又推损与既济，以迂曲矣。"明确采用俞琰反对

①　（明）熊过：《周易象旨决录提要》，《周易象旨决录》卷首，《景印文渊阁四库全书》，台湾商务印书馆 1986 年版影印本，经部，第 31 册，第 421 页下栏。

②　（明）熊过：《周易象旨决录原序》，《周易象旨决录》卷首，《景印文渊阁四库全书》，台湾商务印书馆 1986 年版影印本，经部，第 31 册，第 429—433 页。

③　（明）熊过：《周易象旨决录》卷 2，《景印文渊阁四库全书》，台湾商务印书馆 1986 年版影印本，经部，第 31 册，第 483 页下栏。

卦变说，不取十辟卦变说及两爻换换说。熊过误以为程子主贲自泰来，是其未详考程子卦变说所致。又注复卦云："复，出入，古注'入则阳反，出则刚长'，盖剥一阳在外，倒转为复，则反于内也。"[1] 又注井象"改邑不改井"云："《周礼》四井为邑，《春秋·井田记》曰因井而市，交易而退，是邑有改象。以井困倒体明之，巽为邑，升下卦、无妄互体见之，向在上之兑，今改为巽邑，然在上在下皆此坎尔，是井不改也。"[2] 又注益卦初九云："倒体卦益之下即损上也。说者以为上易有功则利倍，罪则责薄，故损之上仅能无咎而已，正其吉；下虽有功，归于上，罪先其责，故益之初至于元吉，然后无咎，其所居非厚事之地。"[3] 又注否上九云："倾者，倒也。否者泰之倒体，否极则倒而成泰矣。"[4] 从以上所举几例看，熊过并未突破两宋易学家以反对言卦变所达到的高度和广度，但熊过对诸卦变说亦有所质疑，并未一味因循。其注渐象云："俞氏指为归妹倒体，三进为四，则虽近似，然《易》之倒体多列正卦于先，而后著倒体之象，今渐在归妹之先，疑非其义矣。进以正，可以正邦，其位刚得中，此明利贞之义也。谓女进以正，刑于之化可成，因可正邦，其位刚得中，明妇道无成，正邦之功因九五刚中，非四所能专也。前明渐之意，故曰进得位，后明渐之贞，故曰刚得中，所指各不同也。"熊过认为俞琰指渐卦为归妹倒体乱了正卦在先之例，渐卦"进得位"是指九五刚得中，而非俞琰所谓的归妹六三进为渐六四，对俞琰反对卦变说持批判继承的态度。又注明夷六四"于出门庭"云："吴氏谓三四五艮之反体，艮为门阙，五在门阙之外者，近凿。"[5] 又注离卦九三"大耋之嗟"云："吴氏二三四互倒兑口者，凿。"[6] 批评了吴幼青释明夷六四、离卦九三两处使用倒体，穿凿不通，体现了他反对滥用倒体的治《易》精神。又注随象辞及大象云："刚柔，震刚而兑柔也，阳上阴下者，体也，今震阳在下，若自上而来，故称来内辞

---

① （明）熊过：《周易象旨决录》卷2，《景印文渊阁四库全书》，台湾商务印书馆1986年版影印本，经部，第31册，第489页上栏。

② （明）熊过：《周易象旨决录》卷4，《景印文渊阁四库全书》，台湾商务印书馆1986年版影印本，经部，第31册，第542页下栏。

③ （明）熊过：《周易象旨决录》卷3，《景印文渊阁四库全书》，台湾商务印书馆1986年版影印本，经部，第31册，第528页上栏。

④ （明）熊过：《周易象旨决录》卷1，《景印文渊阁四库全书》，台湾商务印书馆1986年版影印本，经部，第31册，第467页。

⑤ （明）熊过：《周易象旨决录》卷3，《景印文渊阁四库全书》，台湾商务印书馆1986年版影印本，经部，第31册，第516页下栏。

⑥ （明）熊过：《周易象旨决录》卷2，《景印文渊阁四库全书》，台湾商务印书馆1986年版影印本，经部，第31册，第503页下栏。

也。虞翻、蜀才、吴幼青皆以为自否来，朱义主困噬嗑未济三卦，俞琰主蛊，皆非也。""九家易曰兑泽震雷八月之时，雷藏于泽者，得之。……今自震东趋兑西，向晦之象，卦互巽入艮止，入而止息之象也。"① 熊过注随象"刚来而下柔"，不取虞翻十辟卦变说，不取朱熹《本义》卦变说，也不取俞琰反对卦变说，而是采用了九家易之说，以《说卦》"震为雷""兑，正秋也"等卦象卦气说卦变，又以大象辞佐证，以《说卦》八卦方位震东兑西及雷八月收声的自然现象解随象，体现了他不盲从权威，不拘泥于俞琰卦变体例归一说的求真精神。

三　来知德、黄宗羲破斥卦变诸说而欲归一到反对卦变说的工作

来氏《集注》虽未提俞琰其名，但多采其说，其论易象和卦变受俞琰影响较大。黄宗羲作《卦变》三篇梳理反对卦变说，江永著《河洛精蕴》论反对卦变，黄江二人只言来知德，不言俞琰，原因应是二人均未读到俞琰易著。万斯同在黄江之间，应是接触到了俞琰易著，故能将俞琰列为反对卦变说的代表人物。

上章已对来知德错综说作了较为详细的论述，本节结合黄宗羲评议，从卦变说源流角度对之再作审视。黄宗羲《易学象数论》三篇《卦变》文，列举了荀爽、蜀才、李挺之、朱震、程颐、方实孙、苏轼、朱熹、朱风林、来知德等诸易学家的卦变说，在三篇《卦变》文之后，还列举了古卦变图、李挺之变卦反对图、李挺之六十四卦相生图、朱子卦变图、朱风林卦变图、来矣鲜错综图六种卦变图。黄氏认为诸说纷然杂出，卦变之本义淹没不明，即无法归一。黄氏撰《卦变》三篇，即是对诸家卦变说逐一清理，历数其优弊。此三篇，第一篇梳理李挺之和来知德所代表的反对卦变说，并指出其困难和解决办法；第二篇清算虞翻一系的卦变说，并指出其短；第三篇探讨朱熹卦变图之失。我们主要录取第一篇，以此作为考察来氏错综说的思想史材料。黄宗羲论曰：

> 卦变之说由泰否二卦象辞"小往大来""大往小来"而见之，而夫子《象传》所以发明卦义者于是为多，顾《易》中一大节目也。上经三十卦，反对之为十二卦；下经三十四卦，反对之为十六卦。乾、坤、颐、大过、坎、离、中孚、小过不可反对，则反其奇偶以相配。

① （明）熊过：《周易象旨决录》卷2，《景印文渊阁四库全书》，台湾商务印书馆1986年版影印本，经部，第31册，第475—476页。

卦之体两相反，爻亦随卦而变。顾有于此则吉，于彼则凶；于彼则当位，于此则不当位，从反对中明此往来倚伏之理，所谓两端之执也。行有无妄之守，反有天衢之用；时有丰亨之遇，反有羁旅之凶，是之谓卦变，非以此卦生彼卦也，又非以此爻换彼爻也。

　　朱子言"以彖辞考之，说卦变者凡十九卦，盖言成卦之由，彖辞不言成卦之由，则不言所变之爻"，此是朱子自言其卦变也。《系》曰"爻者，言乎变者也"，《易》中何卦不言变？辞有隐显，而理无不寓，即证之彖辞，亦非止十九卦也。讼"刚来而得中"，以需之反对观之，彼得正又居中，此但得中，不能得正。泰否之"往""来"，所谓"反其类"。随"刚来而下柔"，蛊"刚上而柔下"，二卦反对，蛊上之刚自外卦来初，居二三之下，随初刚自下而上，上柔自上而下。噬嗑"柔得中而上行"，贲"柔来而文刚，分刚上而文柔"，前卦言六二上行为五，后卦言六五自外卦而入内，初九从下卦而至上。无妄"刚自外来而为主于内"，大畜"刚上而尚贤"，无妄之初九自大畜上爻外卦来为内卦之主，大畜之上九自无妄初爻而上。咸"柔上刚下"，恒"刚上柔下"，咸指上六九三，恒指九四初六。晋"柔进而上行"，明夷之六二上行为六五。睽"柔进而上行"，家人之六二上行为六五。蹇"往得中也"，解"其来复吉，乃得中也"，蹇之九五自解内卦，故曰"往"，解之九二自蹇外卦，故曰"来"。升，"柔以时升"，升上卦之柔皆萃下卦所升。鼎"柔进而上行"，鼎五由革二而上。渐"进得位"，渐九五当，归妹居二为不得位。涣"刚来而不穷"者，节五来二，"柔得乎外而上同"者，柔在三失位，在四得位。此朱子所谓十九卦之彖辞皆以反对为义者也。

　　需"位乎天位以正中也"，自讼九二而来，得中又得正。损，"损下益上，其道上行"，益，"损上益下，自上下下"，由损观之，似以三爻益上爻，由益观之，似以四爻益初爻。小畜"密云不雨"，反对为履，履下之兑，泽气成云，故曰"密云"，兑变而巽，风以散之，故曰"不雨"。大有"应乎天而时行"，方其同人在二之时，应乎天也，今时行而居其位。谦"地道卑而上行"，地道指坤，豫在下卦为卑，谦在上卦为上行。临"至于八月"，观二阳在上，临二阳在下，自临至观，历八爻，故言"八月"。复"七日来复"，剥一阳在上，复一阳在下，自剥至复，历七爻，故言"七日"。明夷"初登于天"言晋，"后入于地"言明夷。夬"所尚乃穷"，对姤为言。井"改邑不改井"，兑为刚卤之地，变而为巽，则"近利市三倍"，是改邑也。坎不变，是不改井也，皆对困言之。归妹"征凶，位不当也"，渐之二五皆当位，至归妹皆不当。旅"柔得中乎外"，在丰为得中乎内。巽"柔皆顺乎刚"，兑"刚中而柔外"，兑柔不顺乎刚，巽柔中而刚外，二卦相反。既济"刚正而位当"，未济"不当位"，二卦亦相反。此朱子十九卦以外，亦皆以反对为义者也。

反对之穷，而反其奇偶以配之，又未尝不暗相反对于其间。如中孚上爻之"翰音"，反对即为小过初爻之"飞鸟"；颐之"口实"由大过之兑，大过"士夫""老夫"由颐之艮震。此序卦之不可易也，奈何诸儒之为卦变纷然杂出而不能归一乎？

然虞仲翔之释比曰"师二上之五，得位"，蜀才曰"此本师卦，六五降二，九二升五"，亦已发其端矣，特未以此通之于别卦也。至李挺之所传变卦反对图可谓独得其真，而又与六十四卦相生图并出，则择焉而不精也。

其后来知德颇以此说变，而以反对者为综，奇偶相反者为错。于颐、过八卦相反之外，取反对者而亦复错之，不知奇偶相反之中暗寓反对，非别出一义也。若又有相反一义，何以卦爻略不之及乎？为卦爻之所不及者，可以无待于补矣。①

下面拟从三个方面对黄宗羲此文展开探讨。

第一，关于朱熹《本义》十九卦卦变问题。黄宗羲称，朱熹主张有十九卦象辞说到卦变，大概是讲成卦之由，象辞不谈成卦之由的，就不言所变之爻，言成卦之由的，所变之爻一般是该卦主爻。黄宗羲所谓朱熹的这一说法实际上是程子提出的。② 黄宗羲认为《系辞》明言爻者言乎变，爻效法天下之变，《易》六十四卦没有一卦不言变的，但辞有隐显而已，不能因为有些卦的象辞中没有出现往、来、上、下、进等表征变化的言辞，就说这些卦不言成卦之由或不言卦变，即便以象辞为证，讲卦变的也不止朱熹所列举的十九卦。

---

① （清）黄宗羲：《易学象数论》卷2，《景印文渊阁四库全书》，台湾商务印书馆1986年版影印本，经部，第40册，第30—31页。

② （宋）程颢、程颐：《周易程氏传》卷1，《二程集》，中华书局1981年版点校本，下册，第728页。程子注讼卦象辞"讼有孚，窒惕，中吉，刚来而得中也"云："又据卦才而言，九二以刚自外来而成讼，则二乃讼之主也。……卦有更取成卦之由为义者，此是也。卦义不取成卦之由，则更不言所变之爻也。据卦辞，二乃善也，而爻中不见其善。盖卦辞取其有孚得中而言，乃善也；爻则以自下讼上为义，所取不同也。"

黄宗羲列举了朱熹所说的言卦变的十九卦。翻检朱熹著作，其谈卦变材料仅有两条与此相关，朱熹本人未曾主张十九卦象辞言卦变，黄宗羲此处失察。十九卦象辞言卦变之说出自《文公易说》：

> 问："近略考卦变，以象辞考之，说卦变者凡十九卦，盖言成卦之由。凡象辞不取成卦之由，则不言所变之爻。程子专以乾坤言变卦，然只是上下两体皆变者可通，若只一体变者则不通。两体变者凡七卦，随蛊贲咸恒渐涣是也，一体变者两卦，讼无妄是也。七卦中取刚来下柔，刚上柔下之类者可通，至一体变者则以来为自外来，故说得有碍。大凡卦变须观两体上下为变，方知其所由以成之卦。"

> 先生曰："便是此处说得有碍。且《程传·贲卦》所云'岂有乾坤重而为泰，又自泰而变为贲之理？'若其说果然，则所谓'乾坤变而为六子，八卦重而为六十四，皆由乾坤而变'者，其说不得而通矣。盖有则俱有，自一画而二，二而四，四而八，而八卦成，八而十六，十六而三十二，三十二而六十四，而重卦备，故有八卦则有六十四矣，此康节所谓先天者也。若'震一索而得男'以下，乃是已有此卦了，就此卦生出此义，皆所谓后天之学。今所谓卦变者，亦是有卦之后，圣人见得有此象，故发于象辞，安得谓之乾坤重而为是卦，则更不可变而为他卦耶？若论先天一卦亦无，既画之后，乾一兑二离三震四至坤居末，又安有乾坤变而为六子之理？凡今《易》中所言，皆是后天之易耳，以此见得康节先生后天之说最为有功。董铢录。"①

材料显示，提出十九卦象辞言卦变的不是朱熹，而是其门人董铢。董铢据程子讼卦象辞言成卦之由，讼九二言所变之爻之说，提出象辞言卦变者凡十九卦，上下两体皆变者可通，一体变者有碍，卦变须观上下两体变方知其成卦之由。董铢于此有疑，故问于朱熹。朱熹并不同意程子象辞卦变言成卦之由的说法。程子注贲卦象辞道："下体本乾，柔来文其中而为离；上体本坤，刚往文其上而为艮。"程颐列出七种成卦之由，否定了先儒荀爽关于贲本泰卦上六九二升降易位而成的说法，②认为贲卦成卦之义有二，一是二体刚柔交错有文饰之象，二是乾坤卦变说，即下体本乾，上

---

① （宋）朱鉴：《朱文公易说》卷1，上海古籍出版社1989年版影印本，第9—10页。
② （唐）李鼎祚：《周易集解》卷5，巴蜀书社1991年版点校本，第100页。《周易集解》载："荀爽曰：此本泰卦。谓阴从上来，居乾之中，文饰刚道，交于中和，故亨也。分乾之二居坤之上，上饰柔道，兼据二阴，故小利有攸往矣。"

体本坤，故象辞有柔来文刚，分刚上文柔之说。[①] 程子不同意荀爽乾坤变而为泰，泰变而贲的说法，朱熹则由此出发驳难程子卦变说：如果真如程子所说乾坤变泰再变为贲不成立，那么以乾坤为父母卦，相索而成六子卦，此八卦再相重为六十四卦，六十四卦都由乾坤变得的说法也讲不通了。朱熹主张六十四卦有则俱有，从伏羲画一画到成六十四卦，自然而然，不待安排，没有乾坤生六子再重为六十四卦的先后之说，只有乾一兑二到艮七坤八的自然次序，这就是邵康节所谓的先天之易。"震一索而得男"等乾坤生六子之说，是已经有了六十四卦之后，又从卦中生发出乾坤父母卦、震巽坎离艮兑六子卦之说，邵雍称为后天之学。朱熹认为，所谓卦变都是有了六十四卦之后的事，圣人从卦中见得有此象，故发于象辞，又怎能说乾坤重为泰卦，就不能再从泰卦变为贲卦了呢？伏羲画卦从乾一到坤八，哪里有乾坤变生六子之理？今天所说的《易》是文王之《易》，后天之学，卦变之说仅适用于后天六十四卦既成之后。朱熹对程子乾坤卦变说提出质疑和批评，实际上是在维护荀爽、虞翻为代表的汉易卦变说，《本义》卷首第九图卦变图所呈现的也正是荀虞之说。黄宗羲误以问者之见为朱熹之说，却未细察朱熹在卦变问题上宗汉学，而不同意程子之说。

黄宗羲列出此十九卦为：讼需、泰否、随蛊、噬嗑贲、无妄大畜、咸恒、晋明夷、睽家人、蹇解、升萃、鼎革、渐归妹、涣节共十三组反对卦，黄宗羲称"此朱熹所谓十九卦之象辞皆以反对为义者也"。黄宗羲又补充损益、小畜履、大有同人、谦豫、临观、复剥、明夷晋、夬姤、井困、归妹渐、旅丰、巽兑、既济未济十三组反对卦，称"此朱熹十九卦以外亦皆以反对为义者也"。其中渐归妹、晋明夷等卦重复，但黄宗羲所列反对之处不同，故又不为重复。考之《本义》，朱熹言卦变，并未采用反对卦变说，如注讼卦卦辞云"且于卦变自遁而来，为刚来居二，而当下卦之中，有有孚而见窒，能惧而得中之象"，[②] 主张讼来自遁，用的是《本义·卦变图》的体例，并未联系需卦去讲；注泰卦卦辞"小往大来"也没有联系否卦去讲，既不用反对卦变说，也不用其《本义·卦变图》之卦变说，[③] 则黄宗羲提到的朱熹十九卦象辞以反对言卦变之说及十九卦以外以反对为义实际上是在陈述黄氏自己赞同的反对卦变之例，并非说朱熹以反对卦变说注解这些卦。

---

① （宋）程颢、程颐：《周易程氏传》卷 2，《二程集》，中华书局 1981 年版点校本，下册，第 807—809 页。

② （宋）朱熹：《周易本义》卷 1，中华书局 2009 年版点校本，第 59 页。

③ （宋）朱熹：《周易本义》卷 1，中华书局 2009 年版点校本，第 74 页。

朱熹也曾讨论过反对之义，但并未将之视作卦变说：

> 《杂卦》反对之义只是反覆，则其吉凶祸福动静刚柔皆相反了。
> 曰：是如此，不知如何末梢数卦又不对了。"大畜时也"，晓不得又与
> 无妄不相反是如何。临观更有"与""求"之义，临以二阳言之，则
> 二阳可以临上四阴，以卦中爻言之，则六五上六又以上而临下，观自
> 下而临上，则为观，是平声，自上而为物之观，是去声。"噬嗑食也，
> 贲无色也"，义可通，但不相反。"谦轻"是自谦，抑不自尊重。"女
> 待男而行"，所以为渐。①

有人问《杂卦》反对之义，认为反对二卦的吉凶祸福动静刚柔皆相
反。朱熹答道并非所有反对卦都是如此，有些反对卦如大畜无妄、噬嗑
贲，其义并不相反。朱熹卦变图已申明其卦变说，故朱熹虽留意过反对之
义，但并未主张此说。

第二，黄宗羲对来氏错综图的批评和修改意见。黄宗羲批评来氏错综
说道："其后来知德颇以此说变，而以反对者为综，奇偶相反者为错。于
颐、过八卦相反之外，取反对者而亦复错之，不知奇偶相反之中暗寓反
对，非别出一义也。若又有相反一义，何以卦爻略不之及乎？为卦爻之所
不及者，可以无待于补矣。"黄氏以中孚小过、颐大过两组奇偶相反的卦
的爻辞对应关系作为实证，黄氏将中孚上爻之"翰音"与小过初爻之"飞
鸟"说成"暗寓反对"是可以的，然而拿颐、大过两卦卦爻辞中的"口
实""老夫"和"士夫"来佐证"奇偶相反之中暗寓反对"则不甚贴切。
黄氏认为，兑为口，三画兑为大过上体，故颐卦卦辞云"口实"；震为长
男，三画震为颐下体，故大过九二云"老夫"；艮为少男，三画艮为颐上
体，故大过九五云"士夫"。换言之，黄氏认为颐大过奇偶相反，大过九
五"士夫"之象来自颐卦上体艮，大过九二"老夫"之象来自颐卦下体
震，颐卦卦辞"口实"之象来自大过上体兑。黄氏列举的这三处因两卦卦
画相反而取象是可以说通的，但在用语上，黄氏"奇偶相反"指的是来氏
的错卦说。黄氏认为来氏错综图上方的相错图是多余的，错综图整体上不
够简洁紧凑。来氏错综图将本来只有乾坤坎离中孚小过颐大过八卦相错扩
展到其余五十六卦也两两相错，此相错图依据乾一兑二到坤八的八宫顺序
排列，在黄宗羲看来，来氏这一扩展是多余的，即"不待于补"，这五十

---

① （宋）朱鉴：《朱文公易说》卷 17，上海古籍出版社 1989 年版影印本，第 366 页上栏。

六卦两两相错的关系暗藏于相综之中，不须明确表达出来。事实上，来氏错综图上方的相错图补上其余五十六卦的相错之卦是有价值的，在《周易》文本中也能得到佐证，并不多余，反倒是来氏易学的精华特色之处，如来氏汲取俞琰之说注同人九五"大师克相遇"道"且本卦错师，亦有师象"，① 即是应用错卦之例。来氏本义即是要把此卦例通行于六十四卦，所以才作错综图。

黄宗羲认为卦变就是反对卦变，不是此卦生彼卦或此爻换彼爻，这实际上是主张易学史上卦变诸说归一到反对卦变说。黄宗羲指出反对卦变说也有"穷"（说不通处），即乾坤颐大过坎离中孚小过等八卦反覆看仍是自身，不成他卦。黄宗羲认为，此八卦两两成对，反其奇偶相配，六爻皆阴阳相反，其中又暗相反对，如小过初六"飞鸟以凶"之飞鸟即中孚上九"翰音登于天"之翰音，颐彖辞"观颐，自求口实"、初九"舍尔灵龟，观我朵颐"来自大过上体之兑，大过九二"老夫"、九五"士夫"分别来自颐卦下体震、上体艮，黄宗羲认为这是文王安排的卦序不可变乱的原因所在。黄宗羲所列举的颐大过、中孚小过所包含的暗相反对的情形是成立的，有说服力的。这样一来，反对卦变说"穷"处也可以讲通了。

第三，来氏错综图与李挺之、税与权、俞琰、胡一桂及清人王植相关易图之间的因革关系。黄宗羲认为反对卦变说可以追溯到《周易集解》所载的虞翻释比，但只是发其端而未通之别卦。李挺之变卦反对图独得其真却又与六十四卦相生图并出，未能汰除六十四卦相生图所包含的卦变旧说。来知德以反对者为综，奇偶相反者为错，以此代替传统卦变说来解释象辞、爻辞中的刚柔往来上下进等辞，黄宗羲认为，来氏的弊病体现在其错综图"于颐、过八卦相反之外，取反对者而亦复错之，不知奇偶相反之中暗寓反对，非别出一义也"。图 7-6 为黄宗羲《易学象数论》所列之《来矣鲜错综图》。②

黄宗羲认为错综图上方所谓"一左一右曰错（本圆图）"的相错图是多余的，可以将其中的乾坤颐大过坎离中孚小过等四组相错的卦并入下方所谓"一上一下曰综（本序卦）"的相综图里。黄宗羲对来氏错综图的修正意见，宋元人早有表述，如上节所论南宋税与权周易上下经卦序图已有充分体现，元代胡一桂《周易启蒙翼传》所载文王六十四卦反对图（图 7-7）也

---

① （明）来知德：《周易集注》卷4，《景印文渊阁四库全书》，台湾商务印书馆1986年版影印本，经部，第32册，第131页上栏。

② （清）黄宗羲：《易学象数论》卷2，《景印文渊阁四库全书》，台湾商务印书馆1986年版影印本，经部，第40册，第44—45页。

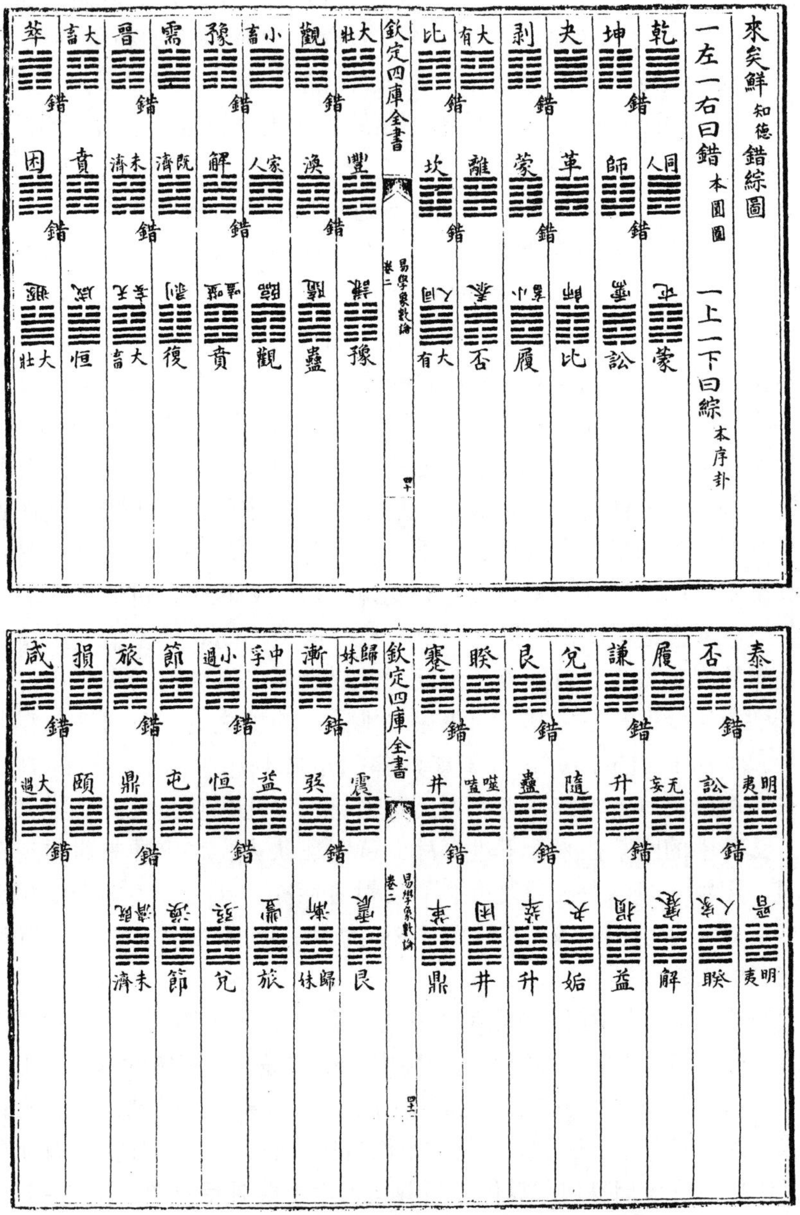

图 7-6　《易学象数论》所载《来矣鲜错综图》（1）

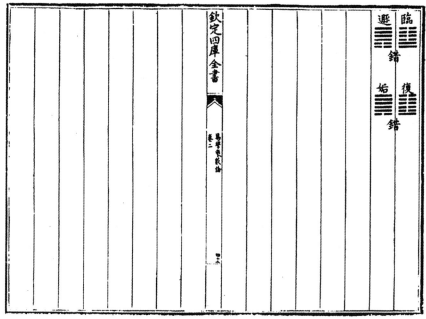

图7-6　《易学象数论》所载《来矣鲜错综图》(2)

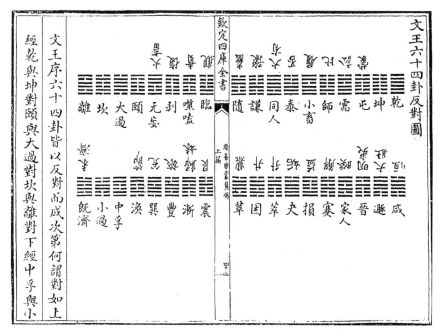

图7-7　《周易启蒙翼传》所载文王六十四卦反对图

有体现。①

另胡一桂《周易启蒙翼传》所载文王六十四卦次序图以乾坤自对，屯鼎、蒙革对等，即来氏相错图之意。此外，黄宗羲对来氏错综图的修改意见在清人王植《六十四卦错综之图》（图7－8）亦得以落实。②

王植《六十四卦错综之图》所附图说引用清初进士邵嗣尧语，称"六十四卦曾无二例，故知后天卦变取反对"，则反对卦变说主后天卦序而言，通行于六十四卦，为通例而无所谓变例，这样与邵雍朱熹所主张的先天卦序也不冲突，邵嗣尧的这一说法是对黄宗羲修改意见的一种提炼总结。

在其首篇《卦变》文中，黄宗羲指出卦变说的文本依据是泰否二卦的彖辞"小往大来""大往小来"，孔子据此发明卦义。黄氏肯定了卦变是《易》中一大节目，不是凭空杜撰，认为卦变存在的合理性不容否定。黄氏认为，六十四卦中反对卦有二十八对，计五十六卦，乾坤颐大过坎离中孚小过等八卦不可反对，此八卦卦体两两相配且奇偶相反。无论反对之卦还是不可反对之卦，都是成对出现，其卦体都呈现出两两相反的情形（即孔颖达所谓二二相偶非覆即变），其爻之吉凶、当位与否也随卦而变。从这种互为反对的关系中可以发现其往来倚伏之理，前后二卦相互参看方能全面把握卦义，即黄氏所谓两端之执。黄氏采用了王弼、邢璹的说法解丰旅无妄大畜四卦：行事坚守无妄之道，反得大畜之极天衢之通；时逢丰亨之吉，也应豫防穷途羁旅之灾。黄氏认为互为反对或不可反对的两卦合观，互为参照，方能讲通彖辞、爻辞刚柔往来上下等辞，这才是真正的卦变。所谓卦变，不是指以此卦生彼卦的相生关系，也不是以此爻换彼爻的爻位互易关系。黄宗羲这一看法主要来自俞琰《读易举要》。俞琰仅列出二十二卦来说明其"前后两卦相并而对取其义"的观点，对于那些彖辞中未出现或未体现刚柔往来上下之意的卦则未置一词。论反对卦时，缘于对彖辞某些涉及往来进退之辞的理解不同，朱震取十卦，俞琰取二十二卦，来知德取二十九卦，江永取二十二卦。形式上，俞琰刚来柔来上下图两卦是并排的，来氏错综图相综二卦共用同一卦体，卦名分写在卦象的上下两端。从易学史看，俞琰采用的是李挺之变卦反对图的编排形式，来知德采用的是税与权、胡一桂的编排形式。第六章已论，来氏伏羲文王错综图由伏羲圆图相错图和文王序卦相综图组成，两幅图上下并排。来氏《集注》

---

① （元）胡一桂：《周易启蒙翼传》上篇，《景印文渊阁四库全书》，台湾商务印书馆1986年版影印本，经部，第22册，第222—223页。

② （清）王植：《皇极经世书解》卷首下，《景印文渊阁四库全书》，台湾商务印书馆1986年版影印本，子部，第805册，第292—293页。

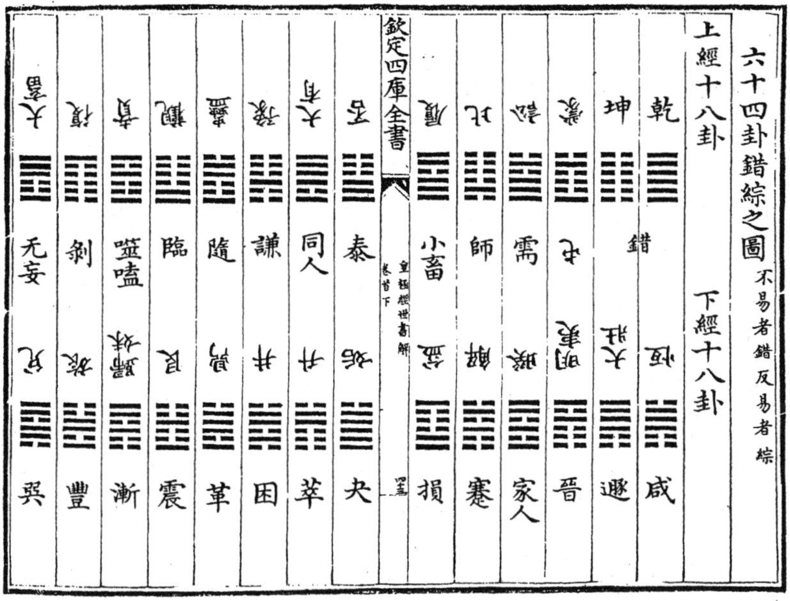

六十四卦錯綜之圖　不易者錯反易者綜

上經十八卦　　　下經十八卦

欽定四庫全書　皇極經世書解　卷首下

乾　坤　錯

屯　蒙　需　訟　師　小畜

泰　同人　謙　隨　臨　噬嗑　剝　无妄　巽

否　大有　豫　蠱　觀　賁　復　大畜

履　比　晉　家人　蹇

損

夬

震　漸　豐

困　革

顺　大過　坎　離

錯　中孚　小過　既濟　渙

邵子曰重卦之象不易者八反易者二十八

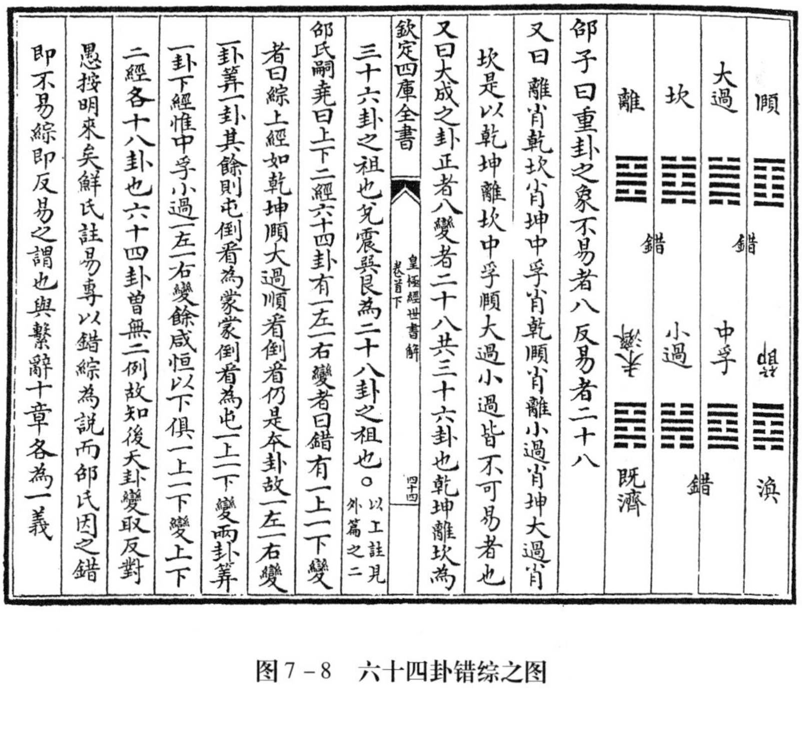

坎是以乾坤離坎中孚頤大過小過皆不可易者也

又曰離肖乾坎肖坤中孚肖乾頤肖離小過肖坤大過肖坎

又曰大成之卦正者八變者二十八共三十六卦也乾坤離坎為

三十六卦也兑震巽艮為二十八卦之祖也。

邵氏嗣堯曰上下二經六十四卦有一左一右變者曰錯有一上一下變

者曰綜上經則屯蒙倒看為蒙屯倒看仍為屯蒙是本卦故一左一右變

卦算一卦如乾坤頤大過順看倒看皆一上一下變算

一卦下經惟中孚小過一左一右變餘卦咸恒以下俱一上一下變

二經各十八卦也六十四卦曾無二例故知後天卦變取反對

愚按明來矣鮮氏註易專以錯綜為說而邵氏因之錯

即不易綜即反易之謂也與繫辭十章各為一義

欽定四庫全書　皇極經世書解　卷首下　以工註見外篇之二　四十四

图7-8　六十四卦错综之图

以错综说（或反对卦变说）对二十九卦的象辞作注，其卷首相综图中则将五十六个反对卦尽数列出，视综卦说为二十八对卦的通例，其他卦虽无刚柔往来上下之辞，亦不出此例。

在前文述及李挺之变卦反对图时，我们注意到黄宗羲略去了此图前置图说"六十四卦刚柔相易周流而变，《易》于《序卦》于《杂卦》尽之"，这句话同来知德的易学哲学关系至为密切。来氏《集注·自序》中称自己错综说得之于文王序卦和孔子《杂卦》，错综图之始即申"圆图一左一右相错（本圆图）""《序卦》一上一下相综（本序卦）"之意，这是来氏的文本依据，而北宋李挺之变卦反对图前置图说亦明确指出此文本依据。来氏错综图以两卦相错为对待之数，以两卦相综为上下一气流行，与其自画的来氏太极图相呼应。来氏从纯粹的经学延伸到理学，以此谈反对卦变，这是对俞琰经学视角的拓宽。李挺之变卦反对图前置图说"六十四卦刚柔相易周流而变"可以视作来氏之说的先声。来氏对待流行说固然来自宋儒，尤其是朱熹、蔡渊，然而以其自创的错综新说来统合传统的对待流行说则是对朱熹易学哲学的继承和发展。

四　董守谕对来知德错综说的批评和对朱熹卦变说的维护

明董守谕《卦变考略》梳理了历史上主要的卦变说，对汉易中的卦变说给予了肯定，并以朱熹卦变说为正统，对来知德所主张的错综说则予以否定。

> 郎凯曰："《京氏传》云：'噬嗑本自否来，六五由初而往，故象曰"柔得中而上行"。'"卢氏亦曰："此本否卦，乾之九五分降坤初，坤之初六分升乾五，是'刚柔分'也。"谕曰："卢氏之变精矣。若来氏之综，则噬嗑柔得中而上行者，以贲下卦离之柔得中上行居于噬嗑之上卦为六五也，贲之柔来文刚者，噬嗑上卦之柔来文贲之刚也，分刚上而文柔者，人分噬嗑下卦之刚上而为艮以文柔也，故《杂卦》一上一下，画若天然。可曰噬嗑自贲来，贲自噬嗑来乎？"
>
> 郎凯曰："《京氏传》云：'贲自泰来，柔自上来文二而为离，故文明而亨；刚自二文上为艮，故止而小利有攸往。'"荀爽亦曰："此本泰卦，谓阴从上来居乾之中文饰刚道，交与中和，故亨也。分乾之二居坤之上，上饰柔道，兼据二阴，故小利有攸往。"王弼亦曰："刚柔不分，（文）何由生，故坤之上六来居二位，柔来文刚之义也；乾之九二分居上位，分刚上文柔之义也。"孔颖达亦曰："阳本在上，阴

本在下，应分刚而下分柔而上，何因分刚向上分柔向下者，今谓此本泰卦也。"

《本义》曰："卦自损来者，柔自三来而文二，刚自二上而文三；自既济而来者，柔自上来而文五，刚自五上而文上。"谕曰："贲自泰来，汉魏诸家相传已久，去古未远，自无可议。考亭之变，必自有说也。独眉山苏氏好自立异，则曰：'《易》有刚柔往来上下相易之说，而其最著者贲之象也，故学者沿是争推其所从变，曰泰变为贲，此大惑也。一卦之变为六十四，岂独为贲也哉？学者徒知泰之为贲，又乌知贲之不为泰乎？凡《易》之所谓刚柔相易者，皆本诸乾坤也。凡三子之卦有言刚来者，明此本坤也，而乾来化之；凡三女之卦有言柔来者，明此本乾也，而坤来化之。故凡言此者，皆三子三女相值之卦也，非是卦也，则无是言也。'"

苏氏引蛊、贲、咸、恒、损、益六卦为据。愚考之，《易》亦有三子三女不相值之卦而亦言刚柔往来者，如无妄震下乾上，曰"刚自外来而为主于内"；大畜之乾下艮上，曰"刚上而尚贤"；晋之坤下离上，曰"柔进而上行"，则又何说也？安得谓非是卦则无是言耶？眉山本诸乾坤之论与伊川同，不能一一无漏，荀京之变似未可轻誉也。朱子不云乎？"古注说贲卦自泰来，后儒非之，以为乾坤合而为泰，岂有泰复变为贲之理，殊不知若论伏羲画卦，则六十四卦一时俱了，虽乾坤亦无能生诸卦之理，若如文王孔子之说，则纵横曲直翻覆相生无所不可。"由考亭之正论，推眉山之驳辨，古注可横议乎？眉山尚不容立异，何况末流之学哉？①

董守谕否定来知德综卦说，只是简单概括了来氏此说的主要观点，以一句反问作结，并没有提出充足的理由从易学理论上进行系统反驳。《京氏易传》和《周易集解》所载卢氏说都认为噬嗑自否而来，董守谕《卦变考略》认为京氏、卢氏之说很精到。董守谕列举了《京氏易传》、荀爽、王弼和孔颖达对贲卦的注解，其中王弼注云"故坤之上六来居二位，柔来文刚之义也；乾之九二分居上位，分刚上文柔之义也"，孔颖达疏称贲自泰来，这样就与京房、荀爽达成一致，但实际上王弼此注可以解释为贲自泰来，也可解释为自六画的乾坤二卦而来。董守谕引此四人之注，是为了

① （明）董守谕：《卦变考略》卷上，《景印文渊阁四库全书》，台湾商务印书馆1986年版影印本，经部，第35册，第661—662页。

证明贲自泰来，泰自乾坤相重而来的说法是从两汉晋到唐的相传之说，不可轻易诋毁。程颐、苏轼怀疑此说，都主张用乾坤卦变说取代此说。董守谕对程苏的说法予以反驳，其所持论在李挺之六十四卦相生图后置图说中已经有表达，董守谕只是增添了两个证据："愚考之，《易》亦有三子三女不相值之卦而亦言刚柔往来者，如无妄震下乾上，曰刚自外来而为主于内，大畜之乾下艮上，曰刚上而尚贤，晋之坤下离上，曰柔进而上行，则又何说也？"在无妄卦旧例的基础上增添了大畜、晋二卦象辞作为反例来驳斥苏轼之说。董守谕在《卦变考略》卷上之终对朱熹《本义》释变作了总结，称其为正论。

> 谕按，朱子《本义》上经释变有九，其与汉魏古注同者，唯讼自遁来一卦而已，其余或主汉儒之变，不自立异，未可知也。家盘涧氏有云："以象辞考之，说卦变者凡九卦，盖言成卦之由，凡象辞不取成卦之由，则不言所变之爻。"其然，岂其然乎？先儒胡一桂则曰："《本义》上下经所释卦变凡十九卦，且所释讼晋与图同，余皆不合，如随自困、噬嗑、未济来，据图则自否、泰来。"然则朱子释变，原不拒于一隅，亦自与汉魏诸家有神交也。愚又考之卦变图，凡一阴一阳之卦皆自复姤来，二阴二阳之卦皆自临遁来之类，其大旨自然精当，但后学未窥其奥，不能辄了，因参考古注及汉晋逸篆逐卦陈之，亦稽变之一助也。①

家盘涧氏指董铢。《文公易说》载董铢问卦变于朱熹："问：近略考卦变，以象辞考之，说卦变者凡十九卦，盖言成卦之由，凡象辞不取成卦之由，则不言所变之爻"云云。② 董守谕"岂其然乎"的反问表明他不赞同董铢此说。董铢据程子之说，认为考察象辞，有九卦谈到卦变，董铢又称"程子专以乾坤言变卦，然只是上下两体皆变者可通，若只一体变者则不通。两体变者凡七卦，随蛊贲咸恒渐涣是也。一体变者两卦，讼无妄是也。七卦中取刚来下柔、刚上柔下之类者可通，至一体变者，则以来为自外来，故说得有碍。大凡卦变须观两体上下为变，方知其所由以成之卦"③。接下来我们就董铢提到的程子对这九卦的相关注解作简要梳理。

---

① （明）董守谕：《卦变考略》卷上，《景印文渊阁四库全书》，台湾商务印书馆 1986 年版影印本，经部，第 35 册，第 664—665 页。
② （宋）朱鉴：《朱文公易说》卷 1，上海古籍出版社 1989 年版影印本，第 9 页。
③ （宋）朱鉴：《朱文公易说》卷 1，上海古籍出版社 1989 年版影印本，第 9 页。

程颐注讼卦彖辞"讼，有孚，窒惕，中吉，刚来而得中也"云："讼之道固如是。又据卦才而言，九二以刚自外来而成讼，则二乃讼之主也。……二以阳刚自外来而得中，为以刚来讼而不过之义，是以吉也。卦有更取成卦之由为义者，此是也。卦义不取成卦之由，则更不言所变之爻也。据卦辞，二乃善也，而爻中不见其善。盖卦辞取其有孚得中而言，乃善也；爻则以自下讼上为义，所取不同也。"①程子认为讼卦上下二体险健相接，故名为讼，由二体而成卦，九二作为变爻从外来而居中，成为讼卦之主爻，守中而不过讼，故能有孚而亨，此是彖辞以所变之爻言成卦之由。至于九二爻辞"不克讼，归而逋"不善，是因其"自下讼上"所致。程子认为彖辞讲到刚柔往来之辞，并非指卦中升降，不是某爻自卦之下体升到上体或从上体降到下体，而是都从乾坤卦体而来。程子认为这些卦的卦变，以卦义言之，都是讲成卦之由。

程子认为如果彖辞不取成卦之由，则不言所变之爻。比如其释涣卦彖辞"刚来而不穷，柔得位乎外而上同"道："涣之成涣，由九来居二，六上居四也。"此处以九六释刚柔，九六指乾坤二体的阴阳之画。释咸卦彖辞"柔上而刚下"道："柔上变刚而成兑，刚下变柔而成艮。"坤之柔爻上行变乾体之刚而成上体兑，乾之刚爻下行变坤体之柔而成下体艮，兑艮相重成咸卦。释恒卦彖辞"刚上而柔下"道："谓乾之初上居于四，坤之四下居于初，刚爻上而柔爻下也。二爻易处则成震巽，震上巽下，亦刚上而柔下也。"明确交代了乾坤是指六画的乾坤。乾初爻上居坤四得上体震，坤四爻下居乾初成下体巽，震巽相重而为恒卦。释贲卦彖辞道："下体本乾，柔来文其中而为离；上体本坤，刚往文其上而为艮，乃为山下有火，止于文明而成贲也。"认为下体本乾，上体本坤，但贲卦并非从下乾上坤的泰卦变化而来，而是经过两步而成，第一步从乾坤二卦变出上体艮、下体离，第二步艮离相重成贲卦。释随卦彖辞"刚来而下柔"道："谓乾之上九来居坤之下，坤之初六往居乾之上。"六画的乾坤二体相交易，生出震兑，震兑重而为随。释蛊卦彖辞"刚上而柔下"道："谓乾之初九上而为上九，坤之上六下而为初六也。"乾坤变而为艮巽，艮巽重而为蛊。释渐卦称"乾坤之变为巽艮，巽艮重而为渐"，但其注渐卦彖辞"进得位"云"四复由上进而得正位，三离下而为上"，则是不通。

以上七卦是程子《易传》注彖辞应用到卦变说的卦例，董铢列出这七

<hr />

① （宋）程颢、程颐：《周易程氏传》卷1，《二程集》，中华书局1981年版点校本，下册，第728页。

卦，认为它们的共同特点是上下两体皆变，则程子提出的"卦之变皆自乾坤"，"乾坤变而为六子，八卦重而为六十四，皆由乾坤之变也"的说法可通。董铢又列出讼无妄二卦，认为这两卦只有一体变（下体变，上体不变），程子的乾坤变卦说"自外来"不通，董铢因此得出结论认为凡卦变须观上下两体皆变，方知其成卦之由，并以此请教于朱熹。程子释讼卦象辞"刚来而得中"道："九二以刚自外来而成讼，则二乃讼之主也。……二以阳刚自外来而得中，为以刚来讼而不过之义，是以吉也。"此处没有明言讼卦九二自外来是从何而来，所以董铢认为程子的乾坤卦变说此处有碍。程子释无妄象辞"刚自外来而为主于内"道："坤初爻变而为震，刚自外来也。震以初爻为主，成卦由之，故初为无妄之主。……以刚变柔，为以正去妄之象。"认为无妄初九来自坤卦初爻之变，没有交代坤初之柔变刚如何发生的。讼卦九二的情形与无妄初九类似。董铢认为讼无妄上体皆乾，只有下体发生变化，而上体未变，若应用程子乾坤卦变说有困难。

实际上此二卦仍适用于程氏乾坤卦变说。程子在注贲卦时，谈到了成卦之由的七种情形，然后称"如刚上柔下、损上益下，谓刚居上，柔在下，损于上，益于下，据成卦而言，非谓就卦中升降也。如讼、无妄云刚来，岂自上体而来也？凡以柔居五者，皆云柔进而上行，柔，居下者也，乃居尊位，是进而上也，非谓自下体而上也。卦之变皆自乾坤，先儒不达，故谓贲本是泰卦，岂有乾坤重而为泰，又由泰而变之理？下离本乾，中爻变而成离；上艮本坤，上爻变而成艮。离在内，故云柔来，艮在上，故云刚上，非自下体而上也。乾坤变而为六子，八卦重而为六十四，皆由乾坤之变也。"[①] 此段特别提到了讼、无妄二卦，指出其刚来不是自本卦上体而来，不是就卦中升降而言，而是在讲成卦之由，讼、无妄下体本坤，"刚来而得中"或"刚自外来为主于内"的刚爻来自外面六画的乾卦，刚来则下体坤变作坎或震，与上体乾相重成讼、无妄。只不过此二卦不像随蛊贲咸恒渐涣七卦是三子三女相重之卦，而是乾坤父母卦与六子卦相重而成，这并不违背程子所说的"卦之变皆自乾坤""乾坤变而为六子，八卦

---

① （宋）程颢、程颐：《周易程氏传》卷2，《二程集》，中华书局1981年版点校本，下册，第808—809页。程子注贲象所列出的七种成卦之由是："凡卦，有以二体之义及二象而成者，如屯取动乎险中与云雷、讼取上刚下险与天水违行是也。有取一爻者，成卦之由也，柔得位而上下应之曰小畜、柔得尊位大中而上下应之曰大有是也。有取二体又取消长之义者，雷在地中复、山附于地剥是也。有取二象兼取二爻交变为义者，风雷益兼取损上益下、山下有泽兼取损下益上是也。有既以二象成卦复取爻之义者，夬之刚决柔、姤之柔遇刚是也。有以用成卦者，巽乎水而上水井、木上有火鼎是也。鼎又以卦形为象。有以形为象者，山下有雷颐、颐中有物曰噬嗑是也。此成卦之义也。"

重而为六十四"的乾坤卦变说基本法则。因此，董鋆提出的疑问不能动摇程子的乾坤卦变说。

董守谕提出，胡一桂认为《本义》朱熹有十九卦释变，但仅晋讼二卦与其卦变图相合，其余十七卦都不合于卦变图。四库馆臣《卦变考略提要》称朱熹卦变说"不免前后异例"，即是据胡一桂的这一发现而言的。[①]胡一卦认为朱熹《易学启蒙·考变占》一卦可变六十四卦，是取焦赣《易林》的说法，是从占法上讲的。朱熹在卦变问题上所取体例不能归一，因其所取的视角不一，与其所坚持的"易本卜筮之书"的立场是相关的。董守谕认为朱熹注贲未取京房、荀爽、王弼、孔颖达自泰而来之说，而是认为自损或既济而来，与其《本义》卷首卦变图十辟卦变说也不相合，但朱熹此说仍应视作正论，因其符合《左传》及汉代以来的卦变古法，这些古法不可废。董守谕认为朱熹释变意在占法而不在诂经，故一卦变六十四卦说、两爻挨换说和十辟卦变说兼采。董守谕为朱熹《本义》卦变说的"前后异例"极力回护，反映了他维护程朱官方正统易学的立场，也反映了卦变问题本身的复杂性。董守谕否定来知德的反对卦变说，并将李挺之变卦反对图和相生图所蕴含的体例不一的矛盾揭示出来，试图予以定论，认为卦变说应归一到朱熹。

客观地讲，李挺之相生图后置图说提出了荀虞乾坤重而为泰又变而为贲属于占法中的之卦说，启发了俞琰在卦变问题上区分占法和解经两种基本用途，黄宗羲又取俞琰之说，其《易学象数论·卦变》文称，《易学启蒙》信奉焦赣《易林》所主张的一卦变六十三卦，六十四卦相生，然而此主张用于占法则可，用于解经则不可。变卦反对图和相生图列举了诸多卦变体例，俞琰、来知德、黄宗羲认为诸说纷然，主张将其归一到反对卦变说，其得失在清代仍有争议。清代易学家钩沉虞氏易，其试图回归汉易的学术立场决定了他们不会同意将卦变诸说归一到反对卦变说。

第三节　晚明及清代学者对反对卦变说的
继承、反思和批评

万斯同提到反对卦变说在明清之际的代表人物有杨时乔、郝敬等，这

[①]　今检胡一桂《易附录纂注》《周易启蒙翼传》二书，未见胡一桂论朱熹《本义》释十九卦卦变前后异例之说，姑存董守谕此说，以俟再考。胡一桂主张随蛊自否泰来，其在卦变问题上所持立场正是程子所反对的"乾坤变而为泰，又自泰变而为贲"之说。

里做一个简要的介绍。此外，本节顺带介绍明末经学家何楷及清代易学家毛奇龄等对于卦变诸说的评议。

一 晚明及清代反对卦变说的继承者

(一) 杨时乔

杨时乔，号止庵，嘉靖四十四年进士，著《周易古今文全书》二十一卷，入《存目》。其注贲彖云："贲亨小利有攸往者，卦变以噬嗑六五柔来居二，变柔为六二，故曰柔来。二比三，三主贲为文，而文初九之刚，故三主贲而二亨，曰贲亨。以噬嗑初九刚往居上，变刚为上九，故曰分刚。上应位三，三主贲为文，而文四五两柔，故四五小。初以五上，利应四有，专向四往极上，故曰小利有攸往。此所以诸爻皆受三之贲也。"[1] 杨注琐细，认为贲卦九三是卦主，卦中诸爻皆受三之文饰，既经由贲二而文初九之刚，又通过上九应三而文四五两柔，据此解通贲彖"贲，亨，小利有攸往"，其注兼取古今文之《易》，不甚合乎寻常文法，然其将噬嗑与贲两卦合观释卦爻辞，足见其继承反对卦变说以注《易》的立场。

(二) 郝敬

郝敬，湖北京山人，万历十七年进士，著《周易正解》二十卷，《读易》一卷，《易领》四卷，皆入《存目》。其注蛊卦云："蛊本地天泰，坤上一阴来居乾下，是为父之肖子，故有承考之孝、干蛊之功，获承先之誉，而不夺义士之守，子道也。"又注蛊卦辞云："甲者，日之首，凡首事者称甲。甲为木，巽象也。初六，巽首也。自随上来为蛊之主，在随为先，在蛊为后。先三后三，上兑下巽，三爻往来之象。先三日至甲终也，后三日自甲始也。……先甲后甲，因先后二卦正倒取象，犹八月有凶、改邑不改井之类，巽九五云先庚三日后庚三日者，巽反为兑，兑居庚方，后庚三日以癸为终，而先庚三日无可为始，故云无初有终，所以与甲异。"又下注蛊象云"蛊者随之反"。[2] 其注临卦辞云："盖临反为观，则阳消阴长，临上四阴反为观下四阴，往来有八月之象，犹蛊之先三后三也。八月，夏正建酉之月。阳生于十一月，至十二月二阳升，上余四阴，临之象也。阴生于五月，至八月四阴升，上余二阳，观之象也。月主阴，日主

---

[1] （明）杨时乔：《周易古今文全书》卷3，《四库全书存目丛书》，齐鲁书社1997年版影印本，经部，第8册，第480页上栏。

[2] （明）郝敬：《周易正解》卷6，《四库全书存目丛书》，齐鲁书社1997年版影印本，经部，第15册，第129—130页。

阳，临忧阴故称月，复喜阳故称日。"① 由此，郝敬解说卦爻辞时，既采用汉代十辟卦变说，如称"蛊本地天泰"，即蛊自泰来，同时还采用反对卦变为说，如称临观相反，随蛊相反，巽反为兑等，体现了对易学史上既有卦变说的继承。

（三）来氏易学在清代的传承者

王夫之乾坤并建的卦变说提出三种图式，来氏错综说以及"错综"的语言范式即为其吸纳，得到了他的认可，王夫之"易之全体在象""象外无道"的命题也可以看作对来氏"假象以寓理""舍象不可以言易"说的继承和发展。胡煦是来氏易学在清代的继承者，胡煦循环太极图对来氏圆图做了重要的改造。又胡煦云："错综谓参伍之数杂乱颠倒之妙，错谓相并而交错，如乾坤坎离也，综谓上下往复，如屯蒙需讼也。"② 表明他采用了来氏"错综"语言范式表征比邻两卦非覆即变的关系。清顺治时人李开先撰《周易辨疑》，四库馆臣评价称其易学受于邻人来知德，其书诠解象数，多推阐其师错综之例，惟卦变之说与知德不合，驳《本义》者颇多，然多立新义，其说近凿。③ 清乾隆戊午举人张祖武撰《来易增删》八卷，保留了其错综、变爻、中爻、大象、卦情、卦画、卦占等体例，补以程颐《易传》及朱熹《本义》。④ 清吴鼎撰《十家易象集说》九十卷，多采来易之说。⑤ 乔莱《乔氏易俟提要》称："于卦变亦不取虞翻以下诸家，而取来知德之反对。"乔氏亦是来氏反对说的传承者。⑥

二　晚明及清代学者对卦变诸说的反思和批评

上文介绍了黄宗羲《易学象数论》、董守谕《卦变考略》对卦变说的总结，明清其他学者如胡渭、何楷、万斯同、毛奇龄、江永等也都对卦变进行了反思、总结和批评。胡渭有《易图明辨》，江永之说前文已有介绍，这里我们主要介绍何楷、万斯同、毛奇龄等人的基本观点。

（一）何楷

何楷，漳州人，天启乙丑进士，著《古周易订诂》十六卷，自称"其

---

① （明）郝敬：《周易正解》卷 7，《四库全书存目丛书》，齐鲁书社 1997 年版影印本，经部，第 15 册，第 133 页上栏。

② （清）胡煦：《周易函书约注》卷 14，《周易函书约存》，《景印文渊阁四库全书》，台湾商务印书馆 1986 年版影印本，经部，第 48 册，第 721 页下栏。

③ （清）永瑢：《四库全书总目》卷 9，中华书局 1965 年版影印本，上册，第 71 页。

④ （清）永瑢：《四库全书总目》卷 10，中华书局 1965 年版影印本，上册，第 84 页中栏。

⑤ （清）永瑢：《四库全书总目》卷 10，中华书局 1965 年版影印本，上册，第 85—86 页。

⑥ （清）永瑢：《四库全书总目》卷 6，中华书局 1965 年版影印本，上册，第 38 页。

诸家所言卦变、卦综之说，愚皆不取"，即不取十辟卦变说、六子卦变说、卦综说等，惟取苏轼乾坤主变说，以其能贯通众卦《象传》刚柔上下往来之文。其释讼彖云"刚来得中谓九二，所以曰刚来者，坎本坤体，乾一画来居其中则为坎，故曰刚来也"，[①] 即持乾坤主变说。何氏道：

> 愚按，来氏之说较为顺妥，盖据两卦自相反对以求其义，唯贲一卦不无可疑。贲与噬嗑反对，初上皆阳，二五皆阴，两卦同也，何得以贲之六二来自噬嗑之六五，而噬嗑之初九分而为贲之上九乎？且既云"文刚""文柔"，则必先有纯刚纯柔之体，而后刚柔来文之，是贲果从泰来也。窃谓往来上下者实皆乾坤所为。……岂拘拘哉？然亦有三子三女不相值之卦而刚柔往来者，如讼之坎下乾上曰"刚来"，无妄之震下乾上曰"刚自外来而为主于内"，大畜之乾下艮上曰"刚上而尚贤"，晋之坤下离上曰"柔进而上行"是也。愚独有取于苏子"乾来化坤成三男，坤来化乾成三女"之说，以合于程子专以乾坤言变卦之旨，则讼之"刚来"、无妄之"刚自外来"无不可通，而亦可省从来穿凿附会之喋喋矣。订说如左（卦画略）：
>
> 乾坤。乾三画下，坤三画上，曰泰，故卦辞曰"小往大来"。坤三画下，乾三画上，曰否，故卦辞曰"大往小来"。乾上画来，坤上画往，曰咸。坤初画来，乾初画往，曰恒。咸之象曰"柔上而刚下"，恒之象曰"刚上而柔下"。乾上画来，坤中画往曰困。坤中画来，乾初画往，曰井。困之象曰"刚掩也"，谓上阳来为坎中之九二也。井之象曰"巽乎水而上水"，谓初阳往为坎中之九五也。乾上画来，坤初画往，曰随。坤上画来，乾初画往，曰蛊。随之象曰"刚来而下柔"，蛊之象曰"刚上而柔下"。乾中画来，坤上画往，曰旅。坤初画来，乾中画往，曰丰。旅之象曰"柔得中而顺乎刚"，丰之象不用卦变。乾中画来，坤中画往，曰未济。坤中画来，乾中画往，曰既济。未济之象曰"亨，柔得中也"，指六五。既济之象曰"初吉，柔得中也"，指六二。乾中画来，坤初画往，曰噬嗑。坤上画来，乾中画往曰贲。噬嗑之象曰"柔得中而上行"，贲之象曰"柔来而文刚，故亨，分刚上而文柔，故小利有攸往"。乾初画来，坤上画往，曰渐。坤初画来，乾上画往，曰归妹。渐之象曰"进得位，往有功也"。归妹之

---

① （明）何楷：《古周易订诂》卷1，《景印文渊阁四库全书》，台湾商务印书馆1986年影印，经部第36册，第45页上栏。

象曰"无攸利，柔乘刚也"。乾初画来，坤中画往，曰涣。坤中画来，乾上画往，曰节。涣之象曰"刚来而不穷，柔得位乎外而上同"，节之象曰"刚柔分而刚得中"。乾初画来，坤初画往，曰益。坤上画来，乾上画往，曰损。"损上益下"曰益，"损下益上"曰损，皆以阳言之。

　　右三阴三阳之卦二十而皆有往来上下之义，唯丰无之，皆从乾坤往来者。此外独有四阳之卦三，讼之象曰"刚来而得中"，大畜之象曰"刚上而尚贤"，无妄之象曰"刚自外来而为主于内"，皆从乾生者也。四阴之卦二，晋之象曰"柔进而上行"，升之象曰"柔以时升"，皆从坤生者也。自余无取往来之义者矣。[①]

　　何楷认为来知德改卦变为卦综以求其义，总体比较顺妥，唯贲卦难通。何楷质疑道，来氏称贲与噬嗑反对，贲之六二来自噬嗑之六五，贲之初六来自噬嗑之上九，然而贲象既然说文刚、文柔，则必先有纯刚纯柔，然后刚柔来文之，今二卦初上皆阳，二五皆阴，若从来氏贲与噬嗑反对求义，则贲象柔来文刚、分刚上而文柔的"文"字无从落实，故贲不应从噬嗑来，而应从泰来。何楷的言外之意是，苏程乾坤主变说主张上下体的六子卦都来自纯阳纯阴的乾坤，这样"分"字就能解释为从乾坤纯体分出一爻去文饰性质相反的卦体，此二动爻上下往来，从而重组为贲卦。何楷虽在很大程度上认可了反对卦变说两卦自相反对以求其义的解释效力，唯独觉得贲卦文刚文柔不够顺妥，故认为不如贲自泰来，泰又自乾坤来顺妥，这表明何楷在坚持乾坤主变说的前提下，在一定程度上承认了十辟卦变说的合法性，这一点与程颐乾坤卦变说不同。

　　何楷论证了苏轼乾坤卦变说的优长，认为无论三子三女相值之卦，还是不相值之卦，其象辞中的刚来刚上柔进等辞都可以通过苏轼乾坤卦变说贯通求解其义。何楷进一步明确了三阴三阳之卦中的刚柔往来上下具体是指哪些爻在动，使用了"上画""下画""中画""初画"等定位词，但出于简明的考虑，他没有指出是上体还是下体的上画、中画、下画、初画，读者于此须注意分辨。何楷乾坤主变说受到了毛奇龄的批评，毛氏质疑何氏乾坤主变图道："四阳从乾生，则必此卦外另有一乾卦矣。且此有四乾，则生此者必六乾卦矣。六乾皆刚，知此刚从何爻来？六刚皆可来，则必不

　① （明）何楷：《古周易订诂》卷1，《景印文渊阁四库全书》，台湾商务印书馆1986年影印，经部第36册，第45—50页。

却二五矣，何以曰来而得中？且卦之有上下，有内外，以两体言也。今混然六爻，不辨两体，纵有所来，亦焉知其自内自外，自上自下？而《象传》凿凿然曰刚上，曰自外来，曰为主于内，此非可胡突应也。"① 认为何楷之说对于三阴三阳之卦上下体之辨虽无可指摘，但对于四阴四阳之卦不辨上下两体则难以讲明象传"刚上""自外来""为主于内"等辞，这实际上是批评何楷对前人朱升分别上下两体的理论价值认识仍未真正到位，其四阳之卦皆从乾生的说法不能成立。毛奇龄认为，何楷乾坤卦变说面对四阳之卦的困难有，一是能生此四阳卦，则外边必有另一六画的乾卦，那么，来此四阳卦的"刚"位于六阳乾卦的第几爻呢？这中间必不能排除第二爻、第五爻，二五已然是中爻，怎能再说来而得中？况且怎知来爻是自此六阳乾卦的上体还是下体？《象传》言之凿凿说"刚上""自外来""为主于内"，应该有确定所指，而何氏乾坤卦变说对这些问题的回应都极其模糊。毛奇龄又质疑称："升进无解，且何以曰上行，曰时升也？"② 认为升卦上体三爻皆阴，时升之爻不明所指，下体有二阳爻，亦不知从下体哪一爻位所升，因此何氏乾坤卦变说亦不能讲通升象"柔以时升"，其四阴二阳之卦从坤生的说法也不能成立。毛奇龄作此诘难，目的是通过揭示乾坤卦变说之短，树立自己推易法来解决象辞刚来柔来上下问题。

（二）万斯同

万斯同《卦变说》一文较为全面地总结了易学史上的卦变说，并对反对卦变说也作了简要的溯源：

> 按，先儒言卦变者不一。其以十二辟卦为主，去乾坤不用而以复姤临遁泰否壮观夬剥十卦主变者，自荀九家、虞仲翔、荀慈明、王辅嗣、范长生、卢氏、孔仲达，以至鲜于子骏、刘长民、朱子发、郭子和、王逢皆是也。朱子卦变图亦用十辟卦，而卦皆重出，及释《象传》文，与此说异。其以十辟卦为主，复用六子分主者，吴草庐、朱风林、罗一峰也。其于十辟卦之中去壮观夬剥不用而以六卦主变者，赵汝楳也。其专以乾坤主变者，程正叔、苏子瞻、王童溪、徐进斋、马仲房、丰存叔、何享子也。其以反对言变者，薛温其、俞玉吾、简辅、熊叔仁、来矣鲜、杨止庵、郝京山也。其不主乾坤，不用十辟，专以爻画挨换为变者，朱紫阳也。朱子释《象传》之说如此，较诸说

---

① （清）毛奇龄：《推易始末》卷4，《毛奇龄易著四种》，中华书局2010年点校本，第53页。
② （清）毛奇龄：《推易始末》卷4，《毛奇龄易著四种》，中华书局2010年点校本，第54页。

中此最不合理。其不言卦变，但以刚上柔下为定体，而以刚下柔上言往来者，石徂徕、湛甘泉、刘念台也。数者为说不同，惟程苏之说独得作《易》之本原，故今特取之。盖所谓变者，非六十四卦既成彼此互易为变也。自无而有之谓变，当圣人初画乾坤时，未尝有六子也，六子之卦由乾坤而变，变即生之谓也。程子言乾坤变而为六子，八卦重而为六十四卦，故专以乾坤言变，方得画卦之本原。若谓六十四卦既成，然后彼此互易而为变，则非本原之谓，而圣人亦不若是其多事矣。盖由朱子确信康节一每生二之说，谓乾坤无生六子之理，是以反诋程子为牵强也。自程苏而外，惟十辟之说为近，盖淮南九家已有此说，其来最久也。第乾坤生六子，八卦重六十四卦，则十辟卦亦乾坤重六子而成，今乃谓震坎艮二阳四阴之卦自临观而变，巽离兑二阴四阳之卦自遁壮而变，岂六子反为十辟所生乎？总由不知成卦之本原，是以若此颠倒也。若来氏综卦之说，蜀才亦有之，其来亦久，第反对之卦乃文王所次，未必尽伏羲之旧，则来氏所取之卦变乃六十四卦既成而后见，亦非成卦之本原也。其他若吴草庐之说，既以十辟主变，又分六子以主蹇蒙十二卦，是何头绪之多乎？总之，言卦变者能合作《易》之本原方为有理，若不得其本原而沿流逐末，说虽巧，吾不取也。[①]

　　万斯同认为，易学史上的十辟卦变说、六子卦变说、六辟卦变说、反对卦变说、两爻挨换卦变说等都是就六十四卦既成而后彼此互易言变，都不能正确解释成卦之本原，惟程颐、苏轼等人的乾坤卦变说独得作《易》之本原，六子卦由乾坤而变，十辟卦亦是乾坤重六子而成。万斯同此论实际上是主张卦变诸说应归一到程苏乾坤卦变说。万斯同是黄宗羲的门人，黄宗羲主张卦变诸说应归一到反对卦变说，在此问题上师徒二人意见相左。万斯同指出朱熹《本义》卷首第九图卦变图主十辟卦变说，但在注彖文刚柔上下往来之辞时，又多以爻画挨换为说，显得最不合理。事实上，不仅朱熹在卦变问题上自相龃龉，李鼎祚《集解》所载虞翻等易学家也是以多种卦变说并立。

　　万斯同列举了反对卦变说的几个代表人物，认为来知德综卦说可以追溯到蜀才，后世通行的六十四卦卦序所寓反对之义是文王所定，未必与伏羲画卦时的卦序相同，由此反对之卦进而可以追溯到文王序卦之本义。朱

---

① （清）万斯同：《群书辨疑》卷1，清嘉庆二十一年刻本，第4—5页。

熹主张邵雍一每生二的伏羲画卦次序客观反映了六十四卦的生成次序，是先天之易，《说卦》乾坤生六子则是六十四卦既成之后孔子据已成之卦象所作的推衍，是后天之易。万斯同不同意朱熹的这一主张，不认可邵雍朱熹一每生二的先天之说，而是据《说卦》，主张乾坤生六子即是伏羲画卦之事，即是乾坤生六子及六十四卦的次序。朱熹攻击程颐乾坤卦变说不够自然，深信邵雍一每生二的先天卦序说，认为此说乾坤与六子一时俱生，乾坤亦不能生六子，在六十四卦生成的问题上持先天后天之说。万斯同反驳道，卦变之变，是自无生有之义，是成卦本原问题，《说卦》乾坤生六子，因重为六十四，即是回答六十四卦的成卦问题。六十四卦之间彼此互易，是诸卦既成之后的事情，已非作《易》本原问题，圣人也不会如此多事。参考俞琰之说，六十四卦彼此互易是用《易》之事，属占卜实践问题。从占法上讲，六子可以为十辟所生，但从成卦之由上，六子岂可为十辟所生？万斯同认为，反对卦变说虽巧妙，但同十辟卦变说和六子卦变说、爻画挨换说一样，都是在六十四卦既成之后去阐发的道理，若要论作《易》之本原，惟有程苏乾坤卦变说得其真谛。事实上，朱熹自然懂得程颐乾坤卦变说之用意，但他认为邵雍先天之学从初未有画讲到六画满，在作《易》本原问题上，比起《说卦》乾坤相索生六子的说法更为究竟，也更为自然。万斯同对反对卦变说所作的溯源极其简略，基本符合事实。

（三）毛奇龄

毛奇龄《推易始末》也总结了反对卦变说的流变，认为孔子作《杂卦传》将前后两卦对待合看，已包含了反对之义，汉晋儒者如虞翻将临观、晋明夷等卦作反对卦合看，王弼《略例》言"卦以反对"，至唐代孔颖达讲"二二相偶，非覆即变"，宋之后陈抟邵雍之易不言反对，"至赵宋儒生窃其说而扩大之"，再到后来朱升（实为萧汉中）、来知德专以反对立说。毛氏的这一溯源工作虽不够全面详尽，但基本脉络是不差的。

毛奇龄《仲氏易》提出五易说，以交易、变易为伏羲先天之易，以反易、对易、移易为文王后天之易。关于先天易，毛奇龄作伏羲八卦图演绎《说卦》乾坤三索生六子的过程，又作伏羲六十四卦图演绎八小成卦交易而成六十四卦的过程，认为伏羲画卦的次第是，先画三画之乾，此即是参天、成象，在乾三画旁再画三阳，遂成坤三阴，即所谓两地、效法，由乾而坤即阳变阴，乾坤交索而生六子则是阴阳互变，以上是伏羲变易之易。伏羲未曾画六十四卦，只画小成八卦，以三画的乾坤与三画的六子卦遍交，因而重之成六十四卦，此为伏羲交易之易，其卦序与后来文王重新排定的六十四卦的卦序不同。关于后天易，毛奇龄认为，"夫子于两《系》《说卦》，切指推易之法，而以《序卦》释对易，《杂卦》释转易，三易之赞，至此始全"①，又称"则夫序卦分篇皆演《易》之所偶及，而专以移易一法为象为象，即曰演《易》用移易"，认为伏羲画八卦并因重而成六十四卦，文王则就已成之卦据卦画的顺逆向背重新安排卦序，上下经各十八卦，仅一次第而已，并无深意，文王演《易》的工作重心在《彖》《象》《系辞》《说卦》所包含的推易（即移易），至于序卦赞对易、分篇用反易（即转易）只是偶及之事。

毛奇龄推易折中图参订旧说，在十辟卦变说的基础上，提出其推易之法：凡一阳五阴之卦皆自剥复而来，凡二阳四阴之卦皆自临观而来，凡三阳三阴之卦皆自泰否而来，凡四阳二阴之卦皆自遁大壮而来，凡五阳一阴之卦皆自姤夬而来。毛氏认为，从《周易》经文看，乾坤是不易之卦，不与其他卦通变。乾坤之外的六十二卦分为聚卦、半聚卦、子母聚卦、分卦四种，所谓推易即分卦自聚卦而来，以此解释《彖传》刚柔往来上下之辞。毛奇龄在十聚卦之外增添半聚卦、子母聚卦作变母，所谓推易实质上是升级改造了的李挺之、朱升十辟卦变说。聚卦指阴阳各聚一方，为分移之主，即复、剥、临、观、泰、否、遁、壮、姤、夬十辟卦。朱升卦分内外体，毛奇龄在此基础上提出夬姤分母，批评朱熹卦变图姤夬互母与李挺之相生图夬自姤来的思想不合《彖传》。毛奇龄视李挺之反对图乾下生姤说为乾坤主变说之开端，并明确反对此说，认为十聚卦、半聚卦、子母聚卦自身可作变母，十聚卦在经文中未见与乾坤通变。如虞翻称泰卦"阳息坤，反否也"，否卦"阴消乾，反泰也"，来知德据此以卦综说解否泰彖辞小往大来、大往小来，毛奇龄认为泰否为聚卦，为变母，本无所自，泰卦非自坤卦来、否卦非自乾卦来，来氏以泰否互母则须三爻联动。又如虞翻云临反观，来知德据此以卦综说释此二卦，蜀才云观卦本乾，侯果云大壮本坤，毛奇龄认为经文中没有乾坤与十聚卦通变之辞，乾坤不参与推易，来氏卦综说若运用于十辟卦则会出现临观互母多爻联动的情形，侯果之说属"于聚卦妄扳所自"，犯了乾坤主变的错误。又如中孚、小过二卦，前人或误以为来自乾坤而陷入乾坤主变说，或误以六子卦变、十辟卦变说、相生图来解释此二卦的来源，却看不到这些说法都须两爻连易，违背了一爻往来的推易法则，于是毛氏将此二卦定为半聚卦，认为它们本无所来而

---

① （清）毛奇龄：《仲氏易》卷30，《景印文渊阁四库全书》，台湾商务印书馆1986年版影印本，经部，第41册，第476—477页。

有可往，可以作聚主，小过为萃升之母，中孚为无妄大畜之母。所谓子母聚卦是指本卦为他卦所移为子，然又可移作他卦为母，具体指咸、恒、损、益、萃、升、颐、大过、无妄、大畜十卦。如移否之上九为九三而为咸，是咸为否子，然又可移咸之九五为九二而为恒，是咸又为恒母。毛奇龄认为咸恒互母，损益互母，均合乎一爻往来主变之法。咸卦除自恒来外，还可自否卦来，亦属一爻主变。此十卦皆有二母，其中咸、恒、损、益四卦两两互母。剩余四十卦阴阳分而不聚，不可以作变母，谓之分卦。李挺之反对图可分三层：以乾坤主变为基础，以十辟卦变为主干，以两两反对为呈现的最终特征。首列乾坤为易之门万物之祖，从乾卦一阴下生，坤卦一阳下生到乾卦下生三阴、坤卦下生三阳，属乾坤主变说；其次五阳一阴自姤夬来，五阴一阳自剥复来等属十辟主变说；再次所生诸卦两两反对，属反对卦变说。李挺之相生图所据为虞翻"小过当从四阴二阳临观之例""丰当从三阴三阳泰之例""无妄此所谓四阳二阴，非大壮则遁来"等说法，毛奇龄认为相生图临卦第一二复遵循了一爻变动的法则，但第三四五复都出现二爻动，已看不出这些卦的卦母是临卦，朱熹《本义》卦变说因袭李挺之此误，逐渐偏离了推易之法。毛奇龄将李挺之十辟卦变说升级改造为推易说，并用以解释刚柔往来上下之辞，摒弃了李挺之二图所包含的乾坤主变说、反对卦变说。

毛奇龄推易原则是分从聚来，聚可来分，分不可来聚，仅一爻移动。他作《汉魏晋南北朝唐儒推易遗文》，溯源并评议了前人应用推易之法的得失，认为《大传》已明言推易之义，只是后人不能领悟，焦赣《易林》"一阴一阳自复姤来，五阴五阳之卦自夬剥来"开推易之端，虞翻主张丰从泰来，节本泰卦，明夷乃临三之二，姚信云旅本否卦，蜀才云同人本夬卦等仅就个别卦偶论推易之法，未竟其说，且各守师承，彼此未备。毛奇龄指出前人不辨聚卦分卦，有时以分卦为变母，遂有杂变之误。如虞翻、蜀才主张丰从噬嗑来，比自师来，又如《本义》升自解来，泰自归妹来，否自渐卦来，贲自既济，睽自离、家人来，随自困、噬嗑、未济来，咸自旅来，恒自丰来，渐自涣来，涣本渐卦，皆是误以分卦作变母，不得要领之杂变。北宋李挺之作相生图、反对图，从一阴一阳之卦论到三阴三阳之卦而止，稍具规模，但将推易误名为卦变，程颐、苏轼不取李挺之二图，而专主乾坤卦变说，不懂得乾坤是不易卦，不与诸卦通变。朱熹认为《彖传》诸辞非卦变不解，于是作卦变图置于《本义》卷首，在李挺之相生图论到三阴三阳而止的基础上，又论及四阴四阳之卦、五阴五阳之卦所自来，恢扩以尽其变，毛奇龄赞其"于推易秘旨十得八九"，①如称《本义》"噬嗑自损、贲自益皆推易之至精者"，②因其体现了分卦自子母聚卦来的推易法则，又如《本义》云解自升，毛奇龄赞其"甚善"，③《本义》云睽自中孚来，毛奇龄赞其"此直推易卓见"，④《本义》云蹇自小过来，毛奇龄认为朱熹能舍弃观临而取小过，汉代以后无人有此洞见，赞其"真是卓识"。⑤毛奇龄认为蹇卦有观、小过、升、萃四变母，遗憾的是朱熹仅及小过。毛奇龄评朱熹卦变图称："图甚合推易，而《本义》所注又复推广未备，杂易他卦以尽其变，深得再推三推之旨，特未获纲要，未免取卦过杂耳。然亦几几得十九矣。"⑥朱熹《本义》主张一卦可变六十三卦，不区别聚卦分卦，为合乎彖辞，取其方便之卦，不拘卦变图几阴几阳之例，在正文注中主张一卦可有多个变母。毛奇龄认为朱熹突破了其卷首卦变图几阴几阳之例，《本义》注文取某卦自某卦来，有再推三推之意，为求合于彖辞而主张一卦有多个变母，比起前人更能得推易之旨，但又背离了分卦自聚卦来且仅有一爻动的推易原则，蹈蜀才、虞翻之误而未获纲要，取卦过杂。"惜其图概从一卦所推，而所著《本义》每卦下已旁及他卦，然究非夫子所云类聚群分之旨"，⑦如《本义》注文称贲自损、既济两卦而来，但卷首卦变图则自泰卦而来，据毛氏推易之法，贲自泰、自损成立，自既济不成立，因泰为聚卦，损为子母聚卦，可作变母，既济为分卦，不可作变母，指出朱熹虽能旁及他卦，但尚未真正把握孔子类聚群分的推易之旨，即不懂得分卦不可作变母。朱熹卦变图三阴三阳之卦皆自泰否，首尾互变，四阴四阳之卦皆自壮观而来，五阴五阳之卦皆自夬剥而来。何楷认为一阴一阳即五阴五阳之卦，二阴二阳即四阳四阴之卦，朱熹没有必要在李挺之三阴三阳基础上追加四阳四阴、五阴五阳之卦，另外朱熹主张三阴三阳之卦混属否泰，且否泰互为首尾，何楷则认为此二十卦应截然分属否泰，《本义》所释十九卦卦变，唯有讼、晋二卦与卦变图相同，余皆不合，毛奇龄《推易始末》批评朱熹一阴一阳与五阴五阳之卦宜合未合，三阴三

①　（清）毛奇龄：《仲氏易》卷2，《景印文渊阁四库全书》，台湾商务印书馆1986年版影印本，经部，第41册，第195页下栏。
②　（清）毛奇龄：《推易始末》卷3，《毛奇龄易著四种》，中华书局2010年点校本，第38页。
③　（清）毛奇龄：《推易始末》卷4，《毛奇龄易著四种》，中华书局2010年点校本，第61页。
④　（清）毛奇龄：《推易始末》卷4，《毛奇龄易著四种》，中华书局2010年点校本，第64页。
⑤　（清）毛奇龄：《推易始末》卷4，《毛奇龄易著四种》，中华书局2010年点校本，第60页。
⑥　（清）毛奇龄：《推易始末》卷3，《毛奇龄易著四种》，中华书局2010年点校本，第36页。
⑦　（清）毛奇龄：《仲氏易》卷2，《景印文渊阁四库全书》，台湾商务印书馆1986年版影印本，经部，第41册，第195页下栏。

阳分属否泰的二十卦宜分未分，正是吸收了何楷以上见解。何楷不同意
《本义》随卦可从困、噬嗑、未济等多卦来，故不取朱熹卦变说，毛奇龄
则肯定了朱熹一卦可从多卦来的思想，并据此提出其推易法。元末明初易
学家朱升作十辟卦变图、六子卦变图，将六画卦分内外体，如称一阳在内
体自复变，一阳在外体自剥变，一阴在内体自姤变，一阴在外体自夬变，
较好地解决了朱熹一阴一阳与五阴五阳之卦分合上的困难，毛奇龄称这一
创举"于推易较亲切，此卦变之极则"。① 朱升认为，二阴二阳之卦其专在
内体或专在外体者自临观遁壮而变，其分在内外两体者自六子卦而变，以
其六子卦变补其十辟卦变之不足。朱升分别内外卦体，主张师、谦从复
来，豫、比从剥来，四卦分属于不同的变母，毛奇龄则以剥复为聚卦，认
为师、谦、豫、比等分卦既可自剥来，又可自复来，此四卦皆有剥复二
母。与朱升之说相比，毛奇龄之说明显扩大了变母的范围，扩大了解说卦
爻辞的空间。毛奇龄指出，如果采用朱升分内外卦体的说法，则豫卦应从
剥来，而不可从复来，这样只能讲通上爻之辞，初爻"鸣豫"无解，但如
果不分内外卦体，豫卦也可从复来，则初爻"鸣豫"可从"震为鸣"处得
解，故分内外体只能照应《象传》，不能照应到爻辞与卦象，事实上豫之
"鸣豫"当自复，履之"夬履"当自夬。此外，四阳二阴之例，临观二聚
卦的分卦有屯、蒙、坎、晋、明夷、蹇、解、震、艮，而临卦二易卦又可
推出颐、小过、萃、升四易卦，这样屯自临观来之外，又可自萃颐来，蒙
自临观来，又可自升颐来，临观所派生的诸分卦就都有四变母，更便于讲
通其爻辞。对于朱升分别内外体的做法，毛奇龄在一阴一阳与五阴五阳之
卦分合问题上、中孚小过二半聚卦的问题上予以采用，在多个变母的问题
上又予以扬弃。朱升六子卦变出现一卦出现两爻俱动，偏离了推易之法，
毛奇龄则予以舍弃。

　　毛奇龄认为来知德卦综说得自汉学，但仅得汉学十分之一，称来氏
"不讲卦变，窃取卦之反对者，名之为综，其不反对者名之为错，以为
《象传》所云刚来、柔进皆从两卦上下错综而得之，遂改卦变为卦综。然
仍多不合，盖推易、倒易截然两事，而欲强混而一之，宜其舛也"，② 认为
卦综说只不过是五易中的倒易（即反易），主要用于卦序安排，不可用于
释象，传统卦变说则近乎五易中的推易，推易专用于释象，推易、倒易所

①　（清）毛奇龄：《推易始末》卷3，《毛奇龄易著四种》，中华书局2010年点校本，第43页。
②　（清）毛奇龄：《推易始末》卷3，《毛奇龄易著四种》，中华书局2010年点校本，第48—
　　49页。

指不同，来氏专主倒易而否定推易，以卦综代替卦变，不懂得二者应用范围有别，故在解说象辞时多有不合。如来氏以需讼相综解说讼卦象辞，毛奇龄评议道：

> 据例以两卦为颠倒上下，则所云"刚来下柔"，将必需上之刚可下于讼之柔也。今在需为乾内坎外，在讼为坎内乾外，二五皆阳，则上下皆刚。下之坎刚所自有，何藉于来？上之乾三刚如故，从未来下。夫卦变之所以纷纷者，只为此《彖传》数语也。今开手一卦，而《彖传》矛盾乃尔，况其他乎？则亦何足辨卦变耶？①

毛奇龄称，讼卦下体坎中爻是坎所自有，无须从外来，上体乾三阳爻也并未移他处，据此否定来氏需讼相综释象文的做法。其实毛氏此说宜用来反诘《彖传》原文，即"刚来而得中"之刚爻从何而来？若从上体乾来，为何乾不见损而仍有三刚，若从他卦来，则具体从何卦而来？此处毛奇龄引用有误，讼卦《彖传》作"刚来而得中"，不作"刚来而下柔"。又如前文何氏《订诂》反驳来氏贲与噬嗑相综释贲象之举云："贲与噬嗑反对，初上皆阳，二五皆阴，两卦同也。何得以贲之六二来自噬嗑之六五，而噬嗑之初九分而为贲之上九乎？且既云文刚、文柔，则必先有纯刚纯柔之体，而后刚柔来文之。"毛奇龄附和道："岂有刚自刚，柔自柔，而漫然曰分、曰来、曰文者？误矣！误矣！"② 赞同何楷对来氏的批评质疑，认为来氏综卦说不能讲通贲卦象辞。

邵雍划分先后天之易，朱熹就伏羲画卦而言认为作《易》之旨在于交易、变易，卦变只是《易》中一义，毛奇龄则提出五易说，否定了邵雍先后天易学之说，并重新定义了先后天之易。毛奇龄认为文周演辞所据为推易，"乌知文周属辞专以是耶"，③ 是说文王周公作卦爻辞内在包含了《彖传》刚柔往来上下之义，推易是《周易》固有要义，而非仅仅是《易》中之一义。孔子作《彖》《象》主要据《系辞》"方以类聚，物以群分""刚柔相推而生变化"等命题所包含的推易法。毛奇龄整合了前人卦变诸说，否定了乾坤主变说、卦综说、六子卦变说等，认为反易、对易之法应用范围应限定于序卦分篇，不应用于释象，易学史上的卦变诸说应归一为

---

① （清）毛奇龄：《推易始末》卷3，《毛奇龄易著四种》，中华书局2010年点校本，第49页。
② （清）毛奇龄：《推易始末》卷3，《毛奇龄易著四种》，中华书局2010年点校本，第49—50页。
③ （清）毛奇龄：《推易始末》卷3，《毛奇龄易著四种》，中华书局2010年点校本，第35页。

其所谓的推易。毛氏在十聚卦为变母的旧说（即十辟卦变说）基础上增补了半聚卦、子母聚卦作为变母，否定了李挺之、来知德等宋明儒据卦序、《杂卦》反对思想释象的合法性，将《彖传》刚柔往来上下之辞归结为推易之法的专有应用范围。

（四）清代其他学者对来氏错综说的检讨

李塨、陈法对来氏错综说的批评在本书第六章已有论述。王琬（琰）著《周易集注》十一卷，《图说》一卷，四库《提要》称"论来知德所谓错卦即横反对卦，所谓综卦即竖反对卦，不必添立名目"，认为来氏错综说实际上是前人的反对说，只不过添立名目而已，对其价值未予以重视。[1]刘鸣珂著《易图疏义》，《提要》称："至于本来知德之说以羲易为错、文易为综，益强生区别矣。"[2]四库馆臣认为来氏将伏羲文王之易分属错综牵强不通，刘鸣珂却采用了来氏此说。黄家杰著《易经辑疏》，《提要》称："又谓来知德之卦错卦综胜于卦变，而不免仍用卦变之说。"[3]四库馆臣清楚来氏错综说与传统卦变说的异同，指出黄家杰在传统卦变说取舍上存在矛盾态度。朱轼撰《周易传义合订》，《提要》称："卦有对易反易，反易之义先儒言之已备，来知德谓之卦综，谬矣""程子不取卦变，凡卦皆自乾坤来，然合之《彖传》究未尽协，今一遵朱子一阴一阳自姤复来之说"。[4]朱轼以朱熹卦变说为宗，不取程子乾坤卦变说，并称来氏卦综说不过是先儒反易之义。陈梦雷撰《周易浅述》，《提要》称："大旨以朱子《本义》为主，而参以弼注，孔颖达疏，苏轼传，胡广《大全》，来知德注。诸家所未及所见与《本义》互异者，则别抒己意以明之。其诠理虽多尊朱子而不取其卦变之说，取象虽兼采来氏而不取其错综之论，亦颇能扫除缪轕。"[5]陈氏在取象上能兼采来氏之说，但不取其错综说。四库馆臣《周易集注提要》称：

> 此书其数说专取《系辞》中"错综其数"以论易象，而以《杂卦》治之。错者，阴阳对错，如先天圆图乾错坤、坎错离、"八卦相错"是也。综者，一上一下，如屯蒙之类，本是一卦，在下为屯，在上为蒙，载之文王序卦是也。其论错有四正错，有四隅错，论综有四

---

① （清）永瑢：《四库全书总目》卷10，中华书局1965年版影印本，上册，第86页下栏。
② （清）永瑢：《四库全书总目》卷10，中华书局1965年版影印本，上册，第87页上栏。
③ （清）永瑢：《四库全书总目》卷10，中华书局1965年版影印本，上册，第87页下栏。
④ （清）永瑢：《四库全书总目》卷6，中华书局1965年版影印本，上册，第41页。
⑤ （清）永瑢：《四库全书总目》卷6，中华书局1965年版影印本，上册，第39页。

正综，有四隅综，有以正综隅，有以隅综正。其论象有卦情之象，有
卦画之象，有大象之象，有中爻之象，有错卦之象，有综卦之象，有
爻变之象，有占中之象。其注皆先释象义、字义及错综义，然后训本
卦本爻正意。皆由冥心力索得其端倪，因而参互旁通，自成一说，当
时推为绝学。然上下经各十八卦，本之旧说，而所说中爻之象，亦即
汉以来互体之法，特知德纵横推阐，专明斯义，较先儒为详尽耳。其
自序乃高自位置，至谓孔子没后而《易》亡，二千年有如长夜，岂非
伏处村塾，不尽睹遗文秘籍之传，不尽闻老师宿儒之论，师心自悟，
偶有所得，遽夜郎自大哉？故百余年来，信其说者颇多，攻其说者亦
不少。然易道源神，包罗众义，随得一隙而入，皆能宛转关通，有所
阐发，亦不必尽以支离繁碎斥也。①

四库馆臣将来氏错综思想文本依据归纳为《系辞》"错综其数""八
卦相错"节、《杂卦传》、先天圆图、文王序卦、邵朱四正四隅卦说等，这
一概括是比较准确全面的。四库馆臣指出上下经各十八卦及中爻互体之
说，乃先儒旧说，来氏只不过讲得更为详尽，这一评价也是中肯的。但四
库馆臣对来氏易学为何在当时被推为绝学发掘不够，未能正视其错综说的
独特贡献，甚至讥讽其夜郎自大，这是有失公允的。

本章小结

本章溯源来氏反对卦变说（错综说），并梳理其与易学史上其他卦变
诸说的分合斗争。来氏反对卦变说是易学史上众多卦变说的一种，此说发
端者有扬雄、虞翻、蜀才等，王弼、陆希声在注《易》实践中也都在某些
卦上零零星星采用过反对卦变说。孔颖达"二二相偶，非覆即变"揭示了
六十四卦卦序安排的通例，孔氏主要是在卦象上讲，并未自觉地将此说应
用于疏解卦爻辞。李挺之变卦反对图、六十四卦相生图据卦序和《杂卦》
进一步揭示了六十四卦相反对的两卦在整体卦义及某些主爻上的内在关
联，使反对卦变说在形式上得以系统化。李挺之之后，苏轼、薛温其、朱
震、郑刚中、郭雍、张栻、赵彦肃、项安世、赵善誉、徐总干、税与权等
两宋易学家在注《易》实践中，自觉地采用反对卦变说解说卦爻辞或《杂

---

① （清）永瑢：《四库全书总目》卷5，中华书局1965年版影印本，上册，第30页。

卦》文，反对卦变说受到了越来越多的重视，其应用范围也逐渐扩大，呈燎原之势，从最初的零星应用到广泛应用，从局限于对卦序安排及《杂卦》的解说，到自觉运用《杂卦》反对之义注解六十四卦卦爻辞，规模逐渐壮大，但此时乾坤卦变说和十辟卦变说仍然占据主流。

　　元明时期，俞琰、来知德、黄宗羲试图将易学史上卦变诸说归一到反对卦变说上，他们做出了杰出的工作，努力就六十四卦卦爻象和卦爻辞建立起一个逻辑严密的系统，但仍不免与其他卦变说争锋。俞琰破除卦变诸说而欲归一到倒转卦对说，主张其他卦变说只能用于占法，不可用于解经，用于解经的只能是其所谓的倒转卦对说，因此主张将易学史上的卦变诸说归一到反对卦变说，这一主张在诂经意义上可以成立。熊过传承了俞说并予以修正，但他未能突破两宋易学家以反对言卦变所达到的高度和广度。来知德反对卦变说（错综说）浓缩于其伏羲文王错综图中，他视其错综说为六十四卦的通例，尽管有些卦无明确反映错综关系之辞，但仍不出此例。来氏错综图兼具易学、理学两层意蕴。黄宗羲继承了俞琰占法解经二分的卦变理论，认为《易学启蒙》信奉焦赣《易林》所主张的一卦变六十三卦说，六十四卦相生，此说用于占法则可，用于解经则不可。黄宗羲认为来氏错综图上方的相错图是多余的，可以将乾坤颐大过坎离中孚小过等四组相错的卦并入下方的相综图里，卦序仍是文王所安排的六十四卦的卦序。黄宗羲对来氏错综图的批评忽视了来氏相错图单列于错综图上方以彰显其贯穿六十四卦通例之意，故而是偏颇的。黄氏此意见在南宋税与权周易上下经卦序图及元胡一桂六十四卦反对图早有体现，在清王植的相关易图亦有落实。

　　明末易学家何楷承认来氏以卦综代卦变求其义较为顺妥，只是贲卦有疑。万斯同认为，易学史上的卦变诸说都是就六十四卦既成而后彼此互易言变，都不能正确解释成卦本原，惟程颐、苏轼等人的乾坤卦变说独得作《易》本原，主张卦变诸说应归一到程苏乾坤卦变说，认为来知德综卦说能得文王序卦之本义，但其价值也仅限于此。毛奇龄试图恢复汉易诸卦变体例，力主将来氏卦综说的应用范围限定在卦序安排上并取消其释象的合法性，即认为反对卦变说只可以用来序卦，不可以用来解经，要讲通《象传》中的刚柔往来上下诸辞，主要靠毛氏所发明的推易之法。

结　语

　　来知德立志注《易》求象，契机在于他落第后赋闲在家，读到《周易大全》和《性理大全》时，很怀疑宋儒"象不可求"的说法。这两部《大全》对明代读书人的影响很大，来氏《周易集注》中的诸多观点与此二书相关联。两汉象数之学盛行，后为王弼扫除，唐人李鼎祚收拾残局而辑成《周易集解》一书。北宋周敦颐《太极图说》重新接续上了象学传统，然而所指更多的是图象之象。程氏《易传》舍象不谈。两宋之间朱震努力恢复象数易学的工作在南宋反响并不大，朱熹对易学的研究则自觉地设立了一个禁区和盲区，承认易学离不开象，却又认为象不可求。来氏求象的背景大致如此。与义理派传统相比，来氏之前的象学派传统显得时断时续，几度中绝。勾勒和重现这一历史线索的成果有山东大学林忠军的《象数易学发展史》等专著。

　　来氏圆图是其易学哲学思想的形象表达。此图将理、气、象、数四者寓于一图之中，具有丰富的内涵，体现了明代易学领域内理学派、气学派、象学派、数学派及心学派合流的趋势和理论诉求，是对周敦颐太极图、邵雍先天图及朱熹《周易本义》卷首九图的熔铸和改造，来氏易学思想的精华即浓缩于此图中。来氏在本体论上倾向于理气分属形上下实体，性体心用，在功夫论上又强调以理胜气，其学以程朱理学为宗，又能对气学、心学、数学等相关思想兼收并蓄。来氏圆图中间的小白圈代表的是太极之理，来氏借用朱熹用语，将太极之理与太极之气的关系仍然表述为不离不杂，但来氏过度强调有物方有理、太极为气，使得太极之理似乎失去了在阴阳之上、在阴阳之先作为阴阳存在根据的超越地位，但实际上来氏在保留在中之理的实体地位的同时，并没有放弃太极之理的超越本体地位。来氏认为朱熹未有天地之先毕竟先有此理的说法疑似老子孤悬实体说故弃而不用，更多地采用了程颐体用一源显微无间的弱实体的表述，虽有去实体化的意味，但最终还是保留了太极之理的本体和实体地位。来氏圆图同时也贯通了其天道性命思想，既可以作为其本体论思想的表达，也可以作为其心性修养功夫论的图式，黑白二路象征着功夫进路中理欲二者的消长，是功夫效验的直观呈现。来氏格去物欲说及其诚、敬、贞一的功夫历程是其"愿学孔子""圣人可学"等人生价值理想的具体践履和落实。来氏圆图体现了心理合一、理气合一、理数合一的太极观，是对朱熹道体说的图式化修正。

　　来氏自称其学本原孔孟，对宋明理学、心学等各派多有不满和批评，但实际上他又对理学、心学、气学、数学、象学等都有所吸收。来氏对象的探索，对"错综"二字的易学和哲学创发都是基于朱熹易学进行的，其《集注》也多针对朱熹的相关论断阐发。来氏《周易集注》是集注性质，除了周张二程邵，所采撷前贤之注甚夥，如来氏注《文言》乾九四"不干时以行险，此其所以无咎也"句即采自《诚斋易传》，[1] 来氏《日录》云"圣人作《易》惟教人以中以正，杨诚斋文节公知此意"，[2] 坦言自己受了《诚斋易传》的影响。综观来氏思想，其学调和周张气学、程朱理学、陆王心学和刘牧蔡元定邵雍数学等，并能采撷史上诸多易学家成说，其中以俞琰《读易举要》所列卦象说及前后卦并观释象爻辞的思想为重中之重，其他如虞翻、王韩、孔颖达、朱熹、胡宏、蔡元定、项安世、蔡渊、胡炳文、胡一桂、蔡清等人的思想皆有所取，来氏这种采集前贤之长而又敢于理论创新的治学之风是极其可贵的。来氏将程朱之理安置为其圆图中间小白圈，并否定它是逻辑在先的太极本体，这是来氏对程朱理学最重要的修正。来氏并没有采取罗钦顺理气一物的去实体化立场，而是采取了薛瑄实理实气分属形上下实体但仍以理为世界本原的思想。朱熹从形上、形下两个层次谈理本和气本，但他终究是以理为世界本原，薛瑄、来知德继承了朱熹的这一讲法。来氏所谓主宰者理实际上就是阴阳二气对待流行之理，理即是神，是阴阳运动变化的内在动因，来氏在这一问题上汲取了张载的一物两体说和神化说。来氏以圣人之心易为作《易》之本，受了邵雍心为太极说的影响，但又赋予心以先验的伦理品格。来氏易学哲学最终落实到了易简仁义之德上。

　　反对卦变说在易学史上源远流长，来氏将卦变诸说归一到反对卦变说

① （明）来知德：《周易集注》卷1，《景印文渊阁四库全书》，台湾商务印书馆1986年版影印本，经部，第32册，第73页下栏。

② （明）来知德：《省觉录》，《来瞿唐先生日录》（一）内篇卷4，《四库全书存目丛书》，齐鲁书社1995年版影印本，子部，第85册，第765页下栏。

的工作实际上是对俞琰相关工作的继承和发展，这一工作受到了黄宗羲的肯定，但也招到了何楷、毛奇龄等人的批评，毛氏更是否定以反对卦变说解经的合法性，而主张将反对卦变说的应用限定在卦序安排上。朱伯崑也认为来氏寻求象辞之间的逻辑统一性是一种失败的尝试。但是检视来氏《集注》，又不得不承认其反对卦变说在解释诸多卦的卦爻辞象方面有着极强的说服力，毛奇龄、朱伯崑等对来氏错综说在解经方面合法性的一概否定有失公允。

参考文献

一　古籍

（汉）京房：《京氏易传》，《景印文渊阁四库全书》，台湾商务印书馆1986年版影印本。

（汉）郑玄注：《周易乾凿度》，《景印文渊阁四库全书》，台湾商务印书馆1986年版影印本。

（魏）王弼注、（晋）韩康伯：《周易注》，《易学集成》，四川大学出版社1998年版影印本。

（魏）王弼注、（晋）韩康伯注、（唐）孔颖达疏：《宋本周易注疏》，中华书局1988年版影印本。

（魏）王弼注、（晋）韩康伯注、（唐）孔颖达疏、陆德明音义：《周易注疏》，上海古籍出版社1989年版影印本。

（晋）韩康伯：《周易系辞注》，《汉魏古注十三经》，中华书局1998年版影印本。

（唐）孔颖达：《宋本周易注疏》，中华书局1988年版影印本。

（唐）孔颖达：《周易正义》，《十三经注疏》，上海古籍出版社1990年版影印本。

（唐）李鼎祚：《周易集解》，《北京图书馆古籍珍本丛刊》，书目文献出版社1988年版影印本。

（唐）李鼎祚：《周易集解》，巴蜀书社1991年版点校本。

（宋）蔡渊：《易象意言》，《景印文渊阁四库全书》，台湾商务印书馆1986年版影印本。

（宋）陈淳：《北溪字义》，中华书局1983年版点校本。

（宋）程颢、程颐：《二程集》，中华书局1981年版点校本。

（宋）程颐：《伊川易传》，上海古籍出版社1989年版影印本。

（宋）冯椅：《厚斋易学》，《景印文渊阁四库全书》，台湾商务印书馆 1986
年版影印本。

（宋）郭雍：《郭氏传家易说》，《景印文渊阁四库全书》，台湾商务印书馆
1986 年版影印本。

（宋）胡方平：《易学启蒙通释》，《景印文渊阁四库全书》，台湾商务印书
馆 1986 年版影印本。

（宋）黄榦：《勉斋集》，《景印文渊阁四库全书》，台湾商务印书馆 1986
年版影印本。

（宋）黎靖德：《朱子语类》，中华书局 1986 年版点校本。

（宋）李衡：《周易义海撮要》，上海古籍出版社 1989 年版影印本。

（宋）欧阳修：《文忠集》，《景印文渊阁四库全书》，台湾商务印书馆 1986
年版影印本。

（宋）欧阳修、宋祁：《新唐书》，中华书局 1975 年版点校本。

（宋）邵伯温：《易学辨惑》，《景印文渊阁四库全书》，台湾商务印书馆
1986 年版影印本。

（宋）邵雍：《皇极经世书》，《景印文渊阁四库全书》，台湾商务印书馆
1986 年版影印本。

（宋）邵雍：《邵雍集》，中华书局 2010 年版点校本。

（宋）税与权：《易学启蒙小传》，《景印文渊阁四库全书》，台湾商务印书
馆 1986 年版影印本。

（宋）苏轼：《东坡易传》，上海古籍出版社 1989 年版影印本。

（宋）项安世：《周易玩辞》，《景印文渊阁四库全书》，台湾商务印书馆
1986 年版影印本。

（宋）徐总干：《易传灯》，《景印文渊阁四库全书》，台湾商务印书馆 1986
年版影印本。

（宋）杨甲：《六经图》，《景印文渊阁四库全书》，台湾商务印书馆 1986
年版影印本。

（宋）俞琰：《读易举要》，上海古籍出版社 1990 年版影印本。

（宋）俞琰：《易外别传》，《景印文渊阁四库全书》，台湾商务印书馆 1986
年版影印本。

（宋）俞琰：《周易参同契发挥》，《景印文渊阁四库全书》，台湾商务印书
馆 1986 年版影印本。

（宋）俞琰：《周易集说》，《景印文渊阁四库全书》，台湾商务印书馆 1986
年版影印本。

（宋）俞琰：《周易集说》《读易举要》，上海古籍出版社 1990 年版影印本。

（宋）张栻：《南轩易说》，《景印文渊阁四库全书》，台湾商务印书馆 1986 年版影印本。

（宋）张载：《横渠易说》，上海古籍出版社 1989 年版影印本。

（宋）张载：《张载集》，中华书局 1978 年版点校本。

（宋）张载：《张子全书序》，《张子全书》卷首，《景印文渊阁四库全书》，台湾商务印书馆 1986 年版影印本。

（宋）赵如楳：《周易辑闻》，《景印文渊阁四库全书》，台湾商务印书馆 1986 年版影印本。

（宋）赵善誉：《赵氏易说》，《景印文渊阁四库全书》，台湾商务印书馆 1986 年版影印本。

（宋）郑刚中：《周易窥余》，上海古籍出版社 1989 年版影印本。

（宋）周敦颐：《元公周濂溪集》，《宋集珍本丛刊》，线装书局 2004 年版影印本。

（宋）周敦颐：《周敦颐集》，中华书局 1990 年版点校本。

（宋）周敦颐：《周元公集》，《景印文渊阁四库全书》，台湾商务印书馆 1986 年版影印本。

（宋）朱鉴：《朱文公易说》，上海古籍出版社 1989 年版影印本。

（宋）朱熹：《晦庵集》，《景印文渊阁四库全书》，台湾商务印书馆 1986 年版影印本。

（宋）朱熹：《四书章句集注》，中华书局 1983 年版点校本。

（宋）朱熹：《御纂朱子全书》，《景印文渊阁四库全书》，台湾商务印书馆 1986 年版影印本。

（宋）朱熹：《周易本义》，中华书局 2009 年版点校本。

（宋）朱熹、蔡元定：《易学启蒙》，《性理大全》，山东友谊书社 1989 年版影印本。

（宋）朱震：《汉上易传》，《景印文渊阁四库全书》，台湾商务印书馆 1986 年版影印本。

（宋）朱震：《汉上易传》，《通志堂经解》，江苏广陵古籍刻印社 1996 年版影印本。

（宋）朱震：《汉上易传》，上海古籍出版社 1989 年版影印本。

（元）陈应润：《周易爻变易缊》，《景印文渊阁四库全书》，台湾商务印书馆 1986 年版影印本。

（元）胡炳文：《周易本义通释》,《景印文渊阁四库全书》,台湾商务印书馆 1986 年版影印本。

（元）胡一桂：《周易启蒙翼传》,《景印文渊阁四库全书》,台湾商务印书馆 1986 年版影印本。

（元）解蒙：《易精蕴大义》,《景印文渊阁四库全书》,台湾商务印书馆 1986 年版影印本。

（元）梁寅：《周易参义》,《景印文渊阁四库全书》,台湾商务印书馆 1986 年版影印本。

（元）王申子：《大易缉说》,《景印文渊阁四库全书》,台湾商务印书馆 1986 年版影印本。

（元）吴澄：《吴文正集》,《景印文渊阁四库全书》,台湾商务印书馆 1986 年版影印本。

（元）萧汉中：《读易考原》,《景印文渊阁四库全书》,台湾商务印书馆 1986 年版影印本。

（元）张理：《大易象数钩深图》,《景印文渊阁四库全书》,台湾商务印书馆 1986 年版影印本。

（明）蔡清：《易经蒙引》,《景印文渊阁四库全书》,台湾商务印书馆 1986 年版影印本。

（明）曹端：《太极图说述解》,《景印文渊阁四库全书》,台湾商务印书馆 1986 年版影印本。

（明）曹端：《通书述解》,《景印文渊阁四库全书》,台湾商务印书馆 1986 年版影印本。

（明）董守谕：《卦变考略》,《景印文渊阁四库全书》,台湾商务印书馆 1986 年版影印本。

（明）古之贤：《太史来瞿唐先生年谱》,《北京图书馆藏珍本年谱丛刊》,北京图书馆出版社 1999 年版影印本。

（明）郭孔延：《资德大夫兵部尚书郭公青螺年谱》,《北京图书馆藏珍本年谱丛刊》,北京图书馆出版社 1999 年版影印本。

（明）郭子章：《蠙衣生傅草》,《四库全书存目丛书》,集部,齐鲁书社 1997 年版影印本。

（明）郭子章：《豫章诗话》,《四库全书存目丛书》,齐鲁书社 1997 年版影印本。

（明）韩邦奇：《启蒙意见》,《景印文渊阁四库全书》,台湾商务印书馆 1986 年版影印本。

（明）郝敬：《周易正解》，《四库全书存目丛书》，齐鲁书社 1997 年版影印本。

（明）何楷：《古周易订诂》，《景印文渊阁四库全书》，台湾商务印书馆 1986 年版影印本。

（明）胡广：《性理大全》，山东友谊书社出版 1989 年版影印本。

（明）来知德：《来瞿唐日录》，《四库全书存目丛书》，齐鲁书社 1995 年版影印本。

（明）来知德：《易经集注》，《景印文渊阁四库全书》，台湾商务印书馆 1986 年版影印本。

（明）来知德：《易经集注》，北京师范大学图书馆藏万历三十八年本。

（明）来知德：《易经集注》，上海书店 1988 年版影印本。

（明）来知德：《易经集注图解》，巴蜀书社 1989 年版影印本。

（明）来知德：《易经集注图解》，北京国家图书馆藏高奣映、凌夫惇刻本。

（明）来知德：《重刻来瞿唐日录》内篇、外篇，上海古籍出版社 2003 年版影印本。

（明）来知德：《周易集注》，台湾“国家图书馆”藏“万历二十七年”戴诰刻本。

（明）来知德：《周易集注》，中华书局 2019 年版点校本。

（明）李春熙：《道听录》，清钞本。

（明）罗钦顺：《困知记》，《景印文渊阁四库全书》，台湾商务印书馆 1986 年版影印本。

（明）王守仁：《王文成全书》卷 3，《景印文渊阁四库全书》，台湾商务印书馆 1986 年版影印本。

（明）魏濬：《易义古象通》，《景印文渊阁四库全书》，台湾商务印书馆 1986 年版影印本。

（明）熊过：《周易象旨决录》，《景印文渊阁四库全书》，台湾商务印书馆 1986 年版影印本。

（明）薛瑄：《读书录》，《景印文渊阁四库全书》，台湾商务印书馆 1986 年版影印本。

（明）薛瑄：《读书录》，山东友谊书社出版 1991 年版影印本。

（明）杨时乔：《周易古今文全书》，《四库全书存目丛书》，齐鲁书社 1997 年版影印本。

（明）赵撝谦：《六书本义》，《景印文渊阁四库全书》，台湾商务印书馆

1986 年版影印本。

（清）陈法：《易笺》，《景印文渊阁四库全书》，台湾商务印书馆 1986 年版影印本。

（清）陈梦雷：《松鹤山房诗文集》，清康熙铜活字印本。

（清）胡渭：《易图明辨》，《景印文渊阁四库全书》，台湾商务印书馆 1986 年版影印本。

（清）胡煦：《周易函书约存》，《景印文渊阁四库全书》，台湾商务印书馆 1986 年版影印本。

（清）黄宗羲：《明儒学案》（修订本），中华书局 2008 年版点校本。

（清）黄宗羲：《易学象数论》，《景印文渊阁四库全书》，台湾商务印书馆 1986 年版影印本。

（清）江永：《河洛精蕴》，学苑出版社 2007 年版点校本。

（清）李道平：《周易集解纂疏》，上海古籍出版社 1994 年版点校本。

（清）李塨：《周易传注》，《景印文渊阁四库全书》，台湾商务印书馆 1986 年版影印本。

（清）李光地：《注解正蒙》，《景印文渊阁四库全书》，台湾商务印书馆 1986 年版影印本。

（清）陆世仪：《思辨录辑要》，《景印文渊阁四库全书》，台湾商务印书馆 1986 年版影印本。

（清）毛奇龄：《推易始末》，《毛奇龄易著四种》，中华书局 2010 年点校本。

（清）毛奇龄：《仲氏易》，《景印文渊阁四库全书》，台湾商务印书馆 1986 年版影印本。

（清）任启运：《周易洗心》，《景印文渊阁四库全书》，台湾商务印书馆 1986 年版影印本。

（清）孙奇逢：《理学宗传》，清康熙六年刻本。

（清）谈迁：《国榷》，中华书局 1958 年版点校本。

（清）万斯同：《明史》，上海古籍出版社 2008 年版影印本。

（清）万斯同：《群书辨疑》，清嘉庆二十一年刻本。

（清）王植：《皇极经世书解》，《景印文渊阁四库全书》，台湾商务印书馆 1986 年版影印本。

（清）永瑢：《四库全书总目》，中华书局 1965 年版影印本。

（清）张伯行：《太极图详解》，学苑出版社 1990 年版影印本。

（清）张夏：《雒闽源流录》，《四库全书存目丛书》，齐鲁书社 1996 年版影印本。

（清）张云章：《钦定续文献通考》，《景印文渊阁四库全书》，台湾商务印
书馆 1986 年版影印本。

（清）张宗法：《三农纪校释》，农业出版社 1989 年版点校本。

二　今人研究论著

陈来：《诠释与重建——王船山的哲学精神》，生活·读书·新知三联书店
2010 年版。

陈来：《宋明理学》，华东师范大学出版社 2004 年版。

陈来：《有无之境》，北京大学出版社 2006 年版。

陈来：《朱子哲学研究》，华东师范大学出版社 2000 年版。

方克立：《中国哲学史上的知行观》，人民出版社 1982 年版。

冯友兰：《中国哲学史》，华东师范大学出版社 2000 年版。

冯友兰：《中国哲学史新编》，人民出版社 1998 年版。

高怀民：《两汉易学史》，广西师范大学出版社 2007 年版。

高怀民：《宋元明易学史》，广西师范大学出版社 2007 年版。

高怀民：《先秦易学史》，广西师范大学出版社 2007 年版。

郭彧：《易图讲座》，华夏出版社 2007 年版。

侯外庐、邱汉生、张岂之：《宋明理学史》，人民出版社 1997 年版。

金景芳、吕绍纲：《周易全解》（修订本），上海古籍出版社 2005 年版。

李景林：《教化的哲学》，黑龙江人民出版社 2006 年版。

李申：《易图考》，北京大学出版社 2001 年版。

李申：《周易与易图》，沈阳出版社 1997 年版。

廖名春：《周易经传十五讲》，北京大学出版社 2004 年版。

廖名春：《周易经传与易学史新论》，齐鲁书社 2001 年版。

林忠军：《明代易学史》，齐鲁书社 2016 年版。

林忠军：《象数易学发展史》第一卷，齐鲁书社 1994 年版。

林忠军：《象数易学发展史》第二卷，齐鲁书社 1998 年版。

刘大钧：《象数易学研究》，巴蜀书社 2003 年版。

刘大钧：《纳甲筮法》，齐鲁书社 1995 年版。

刘玉建：《两汉象数易学研究》，广西教育出版社 1996 年版。

蒙培元：《理学范畴系统》，人民出版社 1989 年版。

牟宗三：《心体与性体（一）》，《牟宗三先生全集》，联经出版事业有限公
司 2003 年版。

潘雨廷：《易学史论丛》，上海古籍出版社 2007 年版。

潘雨廷：《周易虞氏易象释易则》，上海古籍出版社 2009 年版。

彭国翔：《良知学的展开——王龙溪与晚明的阳明学》，生活·读书·新知三联书店 2005 年版。

山西省图书馆：《山西省古籍善本书目》，山西省图书馆编印 1981 年版。

孙钦善：《中国古文献学史简编》修订本，北京大学出版社 2008 年版。

唐琳：《朱震的易学视域》，中国书店 2007 年版。

王铁：《宋代易学》，上海古籍出版社 2005 年版。

向世陵：《宋代经学哲学研究（基本理论篇）》，上海科学技术文献出版社 2015 年版。

徐芹庭：《来氏易经发微》，中国书店 2010 年版。

徐芹庭：《来氏易经象数集注》，中国书店 2010 年版。

严绍璗：《日藏汉籍善本书录》，中华书局 2007 年版。

杨国荣：《王学通论——从王阳明到熊十力》，华东师范大学出版社 2003 年版。

杨立华：《气本与神化——张载易学述评》，北京大学出版社 2008 年版。

杨庆中：《二十世纪中国易学史》，人民出版社 2000 年版。

杨庆中：《周易经传研究》，商务印书馆，2005 年版。

杨柱才：《道学宗主——周敦颐哲学思想研究》，人民出版社 2004 年版。

余敦康：《汉宋易学解读》，华夏出版社 2006 年版。

余敦康：《易学今昔》，广西师范大学出版社 2005 年版。

张立文：《宋明理学研究》，人民出版社 2002 年版。

张学智：《明代哲学史》，北京大学出版社 2000 年版。

张学智：《心学论集》，中国社会科学出版社 2006 年版。

张学智：《中国儒学史》明代卷，北京大学出版社 2011 年版。

郑吉雄：《易图象与易诠释》，华东师范大学出版社 2008 年版。

郑万耕：《易学名著博览》，学苑出版社 1994 年版。

郑万耕：《易学源流》，沈阳出版社 1997 年版。

中国古籍善本书目编辑委员会编：《中国古籍善本书目》（经部），上海古籍出版社 1989 年版。

重庆市政协主编：《锦绣梁平》，重庆出版集团、重庆出版社 2007 年版。

朱伯崑：《易学基础教程》，广州出版社 1993 年版。

朱伯崑：《易学漫步》，沈阳出版社 1997 年版。

朱伯崑：《易学哲学史》，华夏出版社 1995 年版。

朱伯崑:《周易知识通览》,齐鲁书社 1993 年版。

［英］丽雅各:《周易》(英译)*Book of Changes*,湖南出版社 1993 年版。

三　论文

陈来:《元明理学的"去实体化"转向及其理论后果》,《中国文化研究》 2003 年第 2 期。

陈来:《中国哲学中的"实体"与"道体"》,《北京大学学报》2015 年第 3 期。

陈来:《朱熹〈太极解义〉的哲学建构》,《哲学研究》2018 年第 2 期。

高新满:《俞琰易学发微》,《周易研究》2015 年第 5 期。

姜真硕:《朱熹"与道为体"思想的哲学意义》,《孔子研究》2001 年第 3 期。

李景林:《冯友兰后期哲学思想的转变》,《文史哲》2016 年第 6 期。

李景林:《儒学心性概念的本体化——周濂溪对于宋明理学的开创之功》, 《北京师范大学学报》2004 年第 6 期。

林忠军:《来知德易象说及其意义》,《周易研究》2009 年第 4 期。

苏正道:《江永"卦变"说浅析》,《湖南科技学院学报》2014 年第 4 期。

田智忠:《简论陈淳与"去实体化"路向趋势的开启》,载《百年东亚朱 熹学》,商务印书馆 2016 年 5 月版。

王棋:《来知德舍象不可以言易的易学思想探析》,《江西社会科学》2007 年第 9 期。

向世陵:《论朱熹对"继善成性"说的规范》,《周易研究》2011 年第 1 期。

向世陵:《张载"合两"成性义释》,《哲学研究》2005 年第 2 期。

向世陵:《中国哲学"反本""复性"论研究》,《中国人民大学学报》2007 年第 5 期。

谢莺兴:《来知德周易集注版本考述》,《东海中文学报》2001 年第 13 期。

尹辰霆:《论来知德易学中的理气之辨》,《周易研究》2014 年第 4 期。

余光贵:《明末隐士来知德的哲学思想》,《孔子研究》1990 年第 2 期。

赵中国:《来知德易学三题》,《周易研究》2016 年第 5 期。

赵中国:《论来知德学术根柢是太极之学》,《周易研究》2017 年第 6 期。

钟彩钧:《来知德哲学思想研究》,《中国文哲研究集刊》2004 年第 24 期。

陈竹义:《来氏易经理数思想之研究》,硕士学位论文,台湾中国文化大学 哲学研究所,1988 年。

官岳：《来知德易学研究》，博士学位论文，山东大学，2008 年。

江可欣：《来知德易经集注发挥虞翻易义之疏释》，硕士学位论文，台湾彰化师范大学国文研究所，2006 年。

刘体胜：《大义入象》，硕士学位论文，武汉大学，2005 年。

王诚：《先天后天——邵雍哲学思想研究》，博士学位论文，北京大学，2009 年。

郭彧：《俞琰卦变说辨析》，网址：http：//blog. sina. com. cn/s/blog_ 67 eb6ee501014moj. html。

致　　谢

　　本书是在我的博士学位论文基础上修改完善而成。2009 年郑万耕教授为我选定了来知德易学哲学研究这个方向并做了指导，我的博士导师魏常海老师、硕士导师李景林老师全程给予了悉心的指导。本书的后期写作吸收了博士毕业论文答辩会上汤一介、李中华、张学智、王博、杨庆中、梁涛、孙钦善、甘祥满等专家的意见，定稿时吸收了国家社科基金后期资助各位评审专家的修改意见。

　　此外，本书写作过程中还得到了宋清华、雷永强、李畅然、沙志利、陈静、王奉先、田智忠、翟奎凤、游腾达、张凯作、王宏涛、庹永、刘敬超、扈孟德等老师和同人的指导和帮助。责编孙萍为本书的完成做了大量的工作，提供了宝贵的支持。在此谨向以上专家和同人们致以诚挚的感谢！

陈培荣

2022 年 6 月